Gerard Piel

Erde im Gleichgewicht

Wirtschaft und Ethik für *eine* Welt

Aus dem Englischen
von Achim Schneider
unter Mitarbeit von
Gabriele Forberg, Gerda Killer
und Sabine Seifert

Klett-Cotta

Klett-Cotta
Die Originalausgabe erschien
unter dem Titel „Only One World:
Our Own to Make and to Keep" bei
W. H. Freeman and Company, New York
© 1992 by Gerard Piel
Für die deutsche Ausgabe
© J. G. Cotta'sche Buchhandlung Nachfolger GmbH,
gegr. 1659, Stuttgart 1994
Alle Rechte vorbehalten
Fotomechanische Wiedergabe nur mit
Genehmigung des Verlags
Printed in Germany
Schutzumschlag: Klett-Cotta-Design
Gesetzt aus der Baskerville
von Steffen Hahn GmbH, Kornwestheim
Auf säure- und holzfreiem Werkdruckpapier gedruckt
und gebunden von Gutmann, Heilbronn

Die Deutsche Bibliothek – CIP-Einheitsaufnahme
Piel, Gerard
Erde im Gleichgewicht: Wirtschaft und Ethik für eine Welt/
Gerard Piel. Aus dem Engl. von Achim Schneider unter
Mitarb. von Gabriele Forberg... – Stuttgart: Klett-Cotta, 1994
Einheitssacht.: Only one world <dt.>
ISBN 3-608-91679-2

Für
Sarah Harfield und Katherine Harfield
Chase Benjamin, Joshua Gerard und Samuel Harriss

Möge ihr Jahrhundert der Auftakt
zu einem glücklicheren Jahrtausend werden

Das Wesen der Freiheit
ist die Erreichbarkeit des Ziels.
Alfred North Whitehead

Inhalt

Vorwort	XIII
Danksagung	XV

Kapitel 1
Biologie und Mensch — 3
   Industrielle Revolution — 5
   Die Beschleunigung des historischen Prozesses — 11
   Der Demographische Übergang — 15
   Die Evolution der Werkzeugmacher — 19
   Erste industrielle Revolution — 23
   Aufstieg der Industriestaaten — 27
   Die unterindustrialisierte Welt formiert sich — 32
   Wirtschaftlicher Zwang zu wirtschaftlicher Hilfe — 37
   Die nächsten fünf Milliarden: Herzlich Willkommen! — 43

Kapitel 2
Biosphäre — 55
   Ursprung des Lebens — 58
   Die ersten Ökosysteme — 64
   Die Biosphäre umhüllt die Erde — 70
   Optimale Energienutzung — 79
   Unsicherheitsfaktor Mensch — 85
   Die Vielfalt des Lebens nimmt ab — 92
   Fossile Brennstoffe stören das Gleichgewicht — 98
   Wirtschaft, Umwelt und Politik — 101
   Fallstudie saurer Regen — 104
   Ausverkauf der Zukunft — 109

Kapitel 3
Conditio Humana — 117
   Der Demographische Übergang ist geschafft — 122
   Das wirtschaftliche Grundproblem ist gelöst — 129

Industrielle Revolution nach Plan	136
Unterindustrialisierte Staaten	142
Auf dem Weg zum Industriestaat	143
Die sechs Regionen der unterindustrialisierten Welt	145
Chinas Weg in die industrielle Revolution	149
Indiens Weg in die industrielle Revolution	157
Südostasien auf dem Weg zu gemeinsamer Prosperität	169
Gibt es eine Arabische Nation?	172
Die afrikanische Misere	174
Unterentwickeltes Lateinamerika	181
Arme Staaten – Reiche Staaten	188

Kapitel 4
Energie 191
Energieseligkeit	195
Auftritt OPEC	202
Das Ende des Erdölzeitalters	206
Energie ohne Kohlendioxid	213
Solarer Wasserstoff	220
Energie durch bessere Technik	228

Kapitel 5
Landwirtschaftliche Revolution 237
Genetische Vielfalt und Versorgung mit Nahrungsmitteln	243
Die grüne Revolution	250
Chancen und Grenzen der Bewässerung	258
Das Problem der Verteilung	264
Umkehr von Angebot und Nachfrage	270

Kapitel 6
Die industrielle Revolution 283
Zirkuläre und kumulative Verursachung	286
Vereinte Nationen und wirtschaftliche Entwicklung	288
Kalter Krieg und wirtschaftliche Entwicklung	290
Multinationale Konzerne und Entwicklung	295
Der komparative Kostenvorteil der Armut	304
Die städtische Enklave als Entwicklungskeim	308
Entwicklung in Theorie und Praxis	311
Staatliche Industrieunternehmen	313

Eine „Neue Internationale Wirtschaftsordnung"	316
Die alte internationale Wirtschaftsordnung	319
Schwellenländer	321
China	324
Indien	326
Ost- und Südostasien und Japan	329
Die arabische Nation	332
Schwarzafrika	333
Lateinamerika	334

Kapitel 7
Soziale Entwicklung der Menschheit 341

Industrielle Revolution bedeutet Umweltschutz	342
Die Rezession bremst die Entwicklung	346
Die Armut strömt in die Stadt	351
Licht- und Schattenwirtschaft	359
Entwicklungsindex	362
Das Ende des Bevölkerungswachstums	370
Die wirtschaftliche Entwicklung beschleunigen	375
Der Nutzen der Entwicklungshilfe	379
Lebensqualität macht sich bezahlt	383
Gleichheit und Entwicklung	386
Der volkswirtschaftliche Zwang zur Entwicklungshilfe	387
Entwicklungshilfe kostet wenig	390
Erde im Gleichgewicht	396

Anmerkungen und Literatur 399

Nichtstaatliche Organisationen und private Initiativen 427

Register 441

Vorwort

Gerard Piel zeigt in seinem großartigen Buch, wie stark der Gang der menschlichen Entwicklung von der Interaktion natürlicher und sozialer Systeme bestimmt wurde. Unter Einbeziehung der Geschichte entwirrt er das komplizierte Knäuel aus Ursache und Wirkung, das die Umwelt mit den Folgen menschlichen Verhaltens verbindet. Mit einer Fülle von lebendigen und überzeugenden Details dokumentiert er Umwelt und Entwicklung

Insgesamt mahnt uns dieses Buch, daß wir *Business as usual* nicht länger fortsetzen können. Unsere Lebensqualität wird im wesentlichen davon abhängen, bei welcher Zahl sich die Weltbevölkerung des nächsten Jahrhunderts stabilisieren wird und mit welcher Geschwindigkeit der demographische Übergang der unterindustrialisierten Welt vor sich geht. Der Schlüssel zu diesem Übergang ist die Verminderung der Kindersterblichkeit und in der Folge das Absinken der Geburtenziffern. Aus diesem Grund und nicht nur aus humanitärer Verpflichtung müssen wir dem Kampf gegen die Armut und der Befriedigung der Grundbedürfnisse aller Menschen der Erde absoluten Vorrang geben.

Wie sich das Leben auf dieser Erde entwickelte und zum Wunder der menschlichen Existenz führte, wie die Menschen den Planeten in einer geologisch kaum meßbaren Zeit spürbar veränderten, das schildert der Autor mit einer stilistischen Leichtigkeit und Eleganz, die den Leser kaum bemerken läßt, welcher Reichtum an wissenschaftlichen Informationen darin verborgen ist. In der gesellschaftlichen Entwicklung des Menschen erkennt Piel die Voraussetzung für eine nachhaltige Entwicklung der Erde, und er legt dar, welches die Grundbedürfnisse des Menschen an Nahrung und Energie sind und welche Kapazität das System Erde besitzt, sie zu befriedigen.

Das Buch ist von einem Weltuntergangsszenario ebenso weit entfernt wie von einer Technik-Euphorie. Es schlägt uns ein ausgewogenes Rezept für eine gesicherte Zukunft vor: die neue Partnerschaft zwischen Entwicklungs- und Industrieländern. Die Völker der Industriestaaten werden ihr Leben so organisieren müssen, daß es weniger nichtregenerative Ressourcen benötigt und weniger Dreck erzeugt, und die Völker der unterindustrialisierten Staaten werden mehr und gezieltere Unterstützung bekommen müssen bei ihrem Bemühen um eine Lebensgestaltung, die ihre Umwelt und die Ressourcenbasis für die Zukunft nicht zerstört. Dafür bedarf es wesentlich größerer technischer und finanzieller Hilfe an die Entwicklungsländer. Die bedrückende Last aus Schulden, Armut und Unterentwicklung muß ihnen abgenommen werden, damit sie den Übergang von der Abhängigkeit in die Unabhängigkeit schaffen. Der Schlüssel zum Erfolg ist ein Quantensprung bei der alles entscheidenden Investition in die Entwicklung der Menschen: Ausbildung und Fortbildung als Grundlagen für die Aufgaben der Industrialisierung. Der Autor hebt dabei die besonderen Aufgaben und Vorteile der Regionalisierung hervor.

Dieses Buch ist eine Glanzleistung. Als Gründer des *Scientific American,* wie wir ihn seit 1948 kennen, ist Piel der Doyen aller Wissenschaftsjournalisten. Mit seinem tiefen Verständnis für gesellschaftliche Systeme, für die Bedeutung der Demokratie und für die kluge Balance zwischen den Regeln des freien Marktes und notwendigen staatlichen Interventionen, und dank seiner hervorragenden Darstellung von wissenschaftlichen Details und historischen Perspektiven hat er uns mehr als nur eine wissenschaftliche Betrachtung vorgelegt. Das Buch lebt von den Einsichten und dem aufgeklärten Denken eines wahren Weisen von universellem Geist.

Erde im Gleichgewicht erläutert Probleme und deren Hintergründe, die auf dem Erdgipfel in Rio de Janeiro 1992 im Mittelpunkt standen. Das Buch ist ein zeitgerechter, unschätzbarer Beitrag auf der Suche nach dem Weg in die neue und hoffnungsfrohere Zukunft des 21. Jahrhunderts, deren erste Konturen in Rio sichtbar wurden.

MAURICE F. STRONG

*Generalsekretär
der Konferenz der Vereinten Nationen
für Umwelt und Entwicklung.
Chairman, The Earth Council.*

Danksagung

Mein erster und besonderer Dank gilt René Dubos, Roger Revelle und Gunnar Myrdal. Ohne sie und ihre Werke zu kennen, hätte ich wichtige Gedanken dieses Buches nicht formulieren können. René verdanke ich die hoffnungsvolle Vision, daß die Menschheit sich der Treuhandschaft über die Erde, die sie sich untertan machte, bewußt werden wird; Roger konnte mich davon überzeugen, daß die Erde großzügig ist und bereit, einem fürsorglichen Treuhänder noch mehr zu geben; Gunnar verdanke ich die Einsicht in das Prinzip der zirkulären und kumulativen Verursachung; es beschreibt die Welt so, wie sie ist. Ich bin stolz, daß ich nicht nur Verleger und aufmerksamer Leser der Schriften dieser Männer war, sondern im Laufe der langjährigen Zusammenarbeit jeden von ihnen zum Freund gewinnen konnte.

Das Bild, das ich mit diesem Buch zu zeichnen versuche, ist aus wissenschaftlichen Ergebnissen und Informationen von Fachleuten zusammengesetzt, die mehr über den beschriebenen Sachverhalt wissen als ich. Sie haben das Manuskript in unterschiedlichen Stadien seiner Entstehung kritisch gelesen. Ich danke ihnen herzlich und nenne in alphabetischer Reihenfolge: Noel Brown, Bernard T. G. Chidzero, Ruth und William Eblen, Pupul Jayakar, Arthur E. Goldschmidt, Genady Golubev, Sergei P. Kapitza, Philip Morrison, Thomas Odhiambo, James A. Perkins, Anthony Piel, James R. Sheffield, Theodore Taylor und Zhang Zhenbang. Maurice F. Strong danke ich für die freundlichen einleitenden Worte und seinen nie versiegenden Zuspruch seit dem ersten Tag meiner Arbeit an dem Buch. Keiner dieser Spezialisten ist für irgendeinen Fehler verantwortlich, der in sein Fachgebiet fällt. Die Verantworturng für alles, was im Buch gesagt wird, trage allein ich.

Eleanor Jackson Piel hat während der ganzen Zeit laut mit mir gedacht und jede Fassung des Manuskripts aufmerksam gelesen. Das Geschliffene stammt von ihr, das Ungehobelte von mir.

Heute danke ich Achim Schneider, der sicher einer der gründlichsten Leser meines Buches geworden ist. Er, seine Frau Gabriele und ihre Mitarbeiterinnen haben mein amerikanisches Englisch in echtes Deutsch übertragen.

New York City
31. Juli 1994   Gerard Piel

1

Biologie und Mensch

Seit der zweiten Hälfte dieses Jahrhunderts hat sich die Lage der Menschheit verändert. Mühsal und Not sind nicht mehr unüberwindbarer Bestandteil des menschlichen Lebens. Die industrielle Revolution, die vor vierhundert Jahren begann, befreite mehr als eine Milliarde Menschen von der größten Not; auf der Erde aber wohnen fünf Milliarden.

Die glückliche Milliarde kann in der Gewißheit leben, daß ihre erstgeborenen Kinder überleben. Nie zuvor in der Geschichte war einer so großen Minderheit eine solche Zuversicht beschert worden. Unter ihrem Schirm konnte sich eine Fähigkeit entfalten, die nur die Humanbiologie kennt: Das Hirn des Individuums bestimmt die Vermehrung der Spezies. Aus Liebe zu ihren Kindern beschränken Menschen bewußt ihre Fruchtbarkeit, nach dem Motto „je weniger Kinder, um so mehr für jedes". Auf allen Kontinenten steht die Bevölkerung der Industriestaaten vor dem Nullwachstum.*

Wir haben zu prüfen, ob die Mehrheit der Menschheit, die in der unterindustrialisierten Welt lebt – in den „armen" oder „unterentwickelten" oder „Entwicklungs"-Ländern –, den gleichen Zustand erreichen kann. Dort sind die Lebensbedingungen seit Urzeiten vom Mangel geprägt, den auch mühselige Arbeit nicht beheben kann. Gegen hohe Sterberaten, vor allem der Kinder unter fünf Jahren, setzen sie hohe Geburtenraten. Die vielbeklagte „Explosion" dieser Bevölkerung trug den Löwenanteil zur Verdoppelung der Menschheit in der zweiten Hälfte des 20. Jahrhunderts bei.

Vielleicht werden wir die Bevölkerungsexplosion bald als ein positives Zeichen werten. Denn sie ist nicht die Folge erhöhter Fruchtbarkeit, sondern erhöhter Lebenserwartung. Diese wiederum weist auf eine beginnende industrielle Revolution hin. Die Produktion der lebensnotwendigen Güter wächst schneller als die Bevölkerung; die materiellen Umstände haben sich fühlbar verbessert. Hält die Verbesserung an, läßt sie sich sogar beschleunigen, dann werden die Existenzgrundlagen durch eine industrielle Revolution eher früher als später verändert; dann wird es der Menschheit möglich sein, ihr Wachstum auf einem Niveau zum Stillstand bringen, das von der Erde ohne Beeinträchtigung ihrer Substanz nachhaltig verkraftet werden kann.

Seit 1970 sinkt die Wachstumsrate der Weltbevölkerung. Die Aussicht, daß sich die Weltbevölkerung bei einem Grenzwert – der wahrscheinlich doppelt so hoch sein wird wie die heutige Weltbevölkerung – stabilisiert, ist realistisch. Daran kann sich jeder orientieren, der Freude an Nachkommen hat.

Wer Technik einsetzt, bedient sich einer Energie, die von außen kommt und nicht aus seinem Körper; mit dieser Energie kann er, offensichtlich ohne Limit, den Ertrag seiner Ressourcen steigern. In den letzten fünfzig Jahren wurde die Nahrungsmittelproduktion der Welt mit einer Kombination von Technik und elektrischer Energie, die sich als Stickstoffdünger materialisierte, mehr als verdoppelt. Natürlich mußte die Nahrungsmittelproduktion auch in der Vergangenheit immer verdoppelt werden, wenn sich die Zahl der Münder verdoppelt hatte. Das ließ sich durch Verdoppelung der Ackerfläche relativ einfach bewerkstelligen. Diesmal wurde der Ernteertrag pro Fläche verdoppelt. Den größten Zuwachs erzielten dabei die Industriestaaten; doch die „Grüne Revolution" wird dafür sorgen, daß sich der Erfolg weltweit verbreitet.

Ähnliche Reaktionen zwischen vorhandener Ressource und zugeführter Energie sind auch in anderen technischen Bereichen ohne Schwierigkeiten möglich und können den Menschen der unterindustrialisierten Staaten weiterhelfen. Die industrielle Revolution wird dafür sorgen, daß die wachsende Bevölkerung nicht nur über genügend Nahrungsmittel verfügt, sondern auch über alle anderen Mittel, von denen das Überleben der Erstgeborenen abhängt. Dazu gehören Trinkwasser, eine hygienische Beseitigung der Exkremente und eine wetterfeste Behausung. Wer die industrielle Revolution schon hinter sich hat, hält das alles für selbstverständlich; er hat sich an ganz andere Errungenschaften gewöhnt: an elektrisches Licht, um den Tag zu verlängern, an Haushaltsgeräte als stumme Sklaven, an grenzenlose persönliche Beweglichkeit und an öffentliche Dienste wie Telefon und Nahverkehr, Sicherheit, medizinische Versorgung, Bildung und Ausbildung. Diese Dienste werden durch die Wertschöpfung, den „Mehrwert", bezahlt, der aus den Ressourcen mit Hilfe der Technik geschöpft wird, den gleichen Ressourcen, die in der einen oder anderen Kombination auch in allen unterindustrialisierten Ländern vorhanden sind.

Dort bleiben zur Zeit die Ressourcen Mensch und Natur aus Mangel an Industrie unterbeschäftigt und unterentwickelt. Nur eins kann Abhilfe schaffen: Technologie-Transfer aus den Industriestaaten. Der Transfer hat, wenn auch langsam, begonnen: Gesundheitsfürsorge und Ausbildung nehmen zu, Technik, die sich mit Händen greifen läßt, entsteht beim Bau von Eisenbahnen, Straßen und Häfen. Noch dienen sie dazu, Rohstoffe, die selbst zu verwerten man in den unterindustrialisierten Ländern noch nicht gelernt hat, in die Industriestaaten zu exportieren. Diese Rohstoffe sind Grundlage und Antrieb für die enorme wirtschaftliche Expansion in den Industriestaaten. In den unterindustrialisierten Staaten kommt die Produktion von Gütern für den Bedarf der wachsenden Bevölkerung und die erforderliche Verbesserung ihrer materiellen Umstände zu langsam voran. Soll sich die Weltbevölkerung möglichst bald und bei einer möglichst niedrigen Zahl stabilisieren, dann ist schneller Technologie-Transfer im Rahmen massiver Wirtschaftshilfe notwendig; das Wichtigste sind Bücher, Werkzeuge und Maschinen, weil in ihnen der Stand der Technik verkörpert ist.

Die Aussicht auf Hilfe wird vom althergebrachten Verhältnis zwischen Arm und Reich begrenzt. Seit dem Beginn der Zivilisation haben sich die Menschen soziale Einrichtungen geschaffen, um die ungleiche Verteilung der Güter, von denen es zu keiner Zeit genügend gab, zu institutionalisieren. Jetzt ist die Ungleichheit internationalisiert. Menschen sind entweder Einwohner reicher Staaten oder armer Staaten. Und wie immer leben die Reichen auf Kosten der Armen.

Aus historischer Gewohnheit machen Regierungen eine Politik und verankern Menschen ihre moralischen Vorstellungen an der falschen Vorstellung, daß es für alle nie genug geben könne. Die industrielle Revolution hat diesen Trug längst widerlegt. Wenn Menschen die Technik klug und weise benutzen, werden sie vielleicht, in den Worten von Indira Gandhi, „unsere *eine* Welt zur Heimat für alle Menschen machen".

INDUSTRIELLE REVOLUTION

Wie man einen armen Staat in einen reichen verwandelt, haben am besten die Japaner gezeigt. Auf ihrem Inselbogen gibt es keine anderen Ressourcen als Regen, etwas Ackerland und die Menschen.

Energie, Rohstoffe und alles andere müssen importiert werden. 1991 schufen sie nur aus diesen Importen Güter für 27 000 Dollar pro Kopf, dank einer Produktionstechnik, die zwar auch importiert wurde, die heute aber von eigenen Innovationen vorangetragen wird. Nach Wertschöpfung durch Weiterverarbeitung und Veredlung entstand

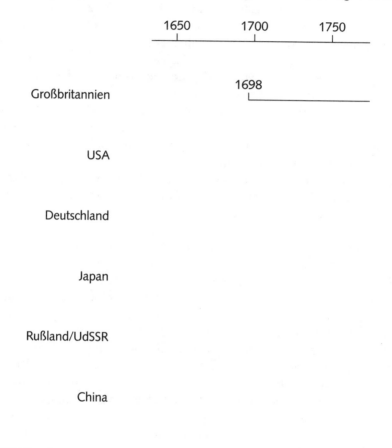

Bild 1: Die industrielle Revolution in sechs wichtigen Ländern. Anfang und Ende haben eher symbolische Bedeutung. In England beginnt sie um 1700 mit der Dampfmaschine von Newcomen und endet unter Disraeli in der Wahlreform von 1867 mit dem Stimmrecht für Arbeiter. Bismarck legte mit seiner Sozialversicherungsgesetzgebung den Grundstein für den ersten Wohlfahrtsstaat Europas: Krankenversicherung 1883; Unfallversicherung 1884; Alters- und Invalidenversicherung 1889. In den USA kulminiert die industri-

Industrielle Revolution

1991 ein Bruttosozialprodukt von 3340 Milliarden Dollar, während der Wert der eingesetzten Rohstoffe und Energie nur 233 Milliarden Dollar betrug, etwa 7 Prozent des Bruttosozialprodukts. Sie wurden durch Exporte in Höhe von 10 Prozent mehr als kompensiert, ein Vorteil der hohen Wertschöpfung.

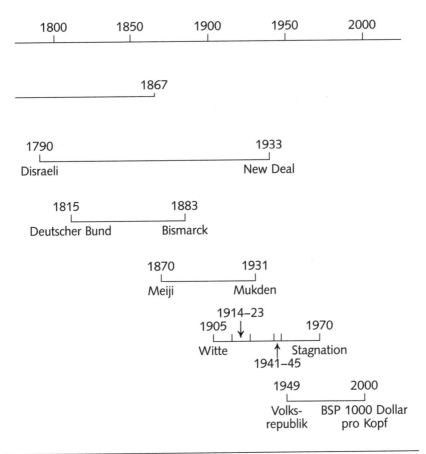

Bild 1 (Fortsetzung):
elle Revolution 1898 im Spanisch-Amerikanischen Krieg; der Sozialstaat mußte bis zu Roosevelts New Deal 1933 warten. Japan krönte seine Revolution 1931 mit der Besetzung der Mandschurei. Rußlands industrielle Revolution wurde durch die Oktoberrevolution, den Bürgerkrieg und den Zweiten Weltkrieg unterbrochen. China will im Jahr 2000 ein Bruttosozialprodukt von 1000 Dollar erreichen.

Die industrielle Revolution fand in so vielen Ländern unter so verschiedenen Umständen statt, daß ihr Ablauf heute eigentlich zu steuern sein müßte. Das lange Leiden der Menschen während der ersten industriellen Revolution muß sich nicht wiederholen.

Geht man (etwas willkürlich) von der ersten funktionierenden Dampfmaschine Thomas Newcomens um 1700 aus und rechnet bis zur Gründung des Sozialstaats durch Benjamin Disraeli Mitte des 19. Jahrhunderts, benötigte die industrielle Revolution in England mehr als 150 Jahre. Der Sozialstaat ist das äußere Zeichen für die politische Anerkennung der städtischen Industriearbeiter und für die moralische Anerkennung der Tatsache, daß es langsam, aber sicher genug für alle gab. Auf dem Weg dahin mußte die Revolution immer wieder innehalten, bis die Produktionstechnik so weit fortgeschritten war, daß sie einen neuen Schritt nach vorn machen konnte.

Schon die zweite der industriellen Revolutionen holte sich Technologie bei der ersten. 1793 stahl Samuel Slater die Konstruktionsunterlagen der Spinnmaschine von Richard Arkwright und baute in Providence, Rhode Island, die erste Textilfabrik Amerikas. Dieses Ereignis stand am Anfang der zweiten industriellen Revolution, die das 19. Jahrhundert bestimmte.* Ein Strom britischen Kapitals floß auf den nordamerikanischen Kontinent, Eisenbahnen wurden gebaut und Rohstoffreserven erschlossen. Der Reichtum des Landes, die blühende Sklaverei und ein aus den Zwischendecks quellender, endloser Einwandererstrom (35 Millionen von 1865 bis 1915) verzögerte den Aufbau des amerikanischen Sozialstaats bis 1933.

Alle späteren Revolutionen konnten sich auf ständig erweiterten technischen Grundlagen entfalten; sie durchliefen die Etappen schneller. Deutschland, das die staatliche Einheit gewonnen hatte, nachdem seine Duodezfürsten zuvor durch Napoleon gedemütigt worden waren, entwickelte sich ab 1883 mit den Sozialgesetzen Bismarcks zum Sozialstaat. Japan brauchte von der Meiji-Regierung 1870 an nur noch fünfzig Jahre, bis es 1920 als Weltmacht die Bühne betreten konnte. Die Japaner schickten ihre gescheitesten jungen Leute in den Westen, um das gesammelte technische Wissen zu plündern, und handelten sich den schlechten Ruf ein, alles nachzuahmen. Im Rahmen seiner intakt gebliebenen Feudalordnung war Japan stets ein Sozialstaat. Um 1870 kam eine Forschergruppe der Harvard Medical School nach Tokio; sie registrierte eine niedrigere Kindersterblichkeit als in Boston.

Zieht man Kriegs- und Revolutionsjahre ab, dann dauerte auch die industrielle Revolution in Rußland nicht länger als fünfzig Jahre, vom Bau der transsibirischen Eisenbahn durch Graf Witte um die Jahrhundertwende bis zur wirtschaftlichen, den Zusammenbruch des Sowjetsystems einleitenden Stagnation der siebziger Jahre, als die gigantische Industrie auf vollen Touren arbeitete, doch kein Markt zu finden war, der ihre Produkte haben wollte.

Gelingt es den Chinesen, im Jahr 2000 ihr selbstgestecktes Ziel von 1000 Dollar Jahreseinkommen pro Kopf zu erreichen, dann wird auch ihre industrielle Revolution innerhalb von fünfzig Jahren vollendet sein. Sie haben rigoros durchgesetzt, daß der Erfolg der steigenden Wirtschaftsleistung gerecht verteilt wird und damit vorab zahlreiche Ziele des Sozialstaats erreicht, vor allem eine rasch sinkende Geburtenrate. Andere Staaten mußten erst ein sehr viel höheres Durchschnittseinkommen erzielen, um so weit zu kommen.

Wir lernen aus der Geschichte, daß der Fünfzigjahresplan zur industriellen Revolution eines unterindustrialisierten Landes keine Utopie ist. Wird der Plan eingehalten, dann wird der Lebensstandard ein Niveau erreichen, das jeder Familie das Überleben ihrer Erstgeborenen garantiert. Dann wird die Weltbevölkerung bis auf zehn Milliarden wachsen – nicht weiter. Das Vierfache der heutigen Weltwirtschaftsleistung genügt, um dieses Ziel zu erreichen. Ebenfalls um das Vierfache haben die Industriestaaten ihre Wirtschaftsleistung in den letzten fünfzig Jahren erhöht, mit der Folge, daß ein Viertel der Weltbevölkerung beim Nullwachstum angelangt ist.

Es bedarf keines Durchbruchs in der Grundlagenforschung, um die weltweite Versorgung sicherzustellen; die technischen Voraussetzungen dafür sind geschaffen. Sie sind abrufbereit, ihre Beweglichkeit ist groß und wird jeden Tag größer. Selbst die Produktion von Stahl, bisher die schwerste aller Industrien, ist mobiler geworden. Dank elektronisch gesteuerter Stranggußverfahren entsteht das Endprodukt direkt aus dem flüssigen Metall. Gigantische Stahlwerke arbeiten nun nicht mehr wirtschaftlicher als kleine Einheiten. Die moderne Schiffahrt macht den relativen Vorteil eigener Eisenerze zunichte. Die Rohstoffkosten japanischer Stahlwerke sind niedriger als die der Stahlwerke in den USA. Heute kann jedes Land Stahl erzeugen, das einen Tiefwasserhafen besitzt.

Die Ressourcen sind da. Was eine Ressource ist, bestimmt die Technik. Die Chippewa-Indianer hatten keinen Bedarf für die Erze der Mesabi Range am Oberen See, als sie auf den Hügeln Hirsche jagten. Im Chatanooga-Schiefer unter dem Kohlerevier der Appalachen befindet sich Uran mit – unter den technischen Bedingungen des heutigen Brennstoffkreislaufs – mehr potentieller Energie, als im dortigen Kohlerevier (von der Bedeutung des Ruhrgebiets) gesteckt hat, bevor die erste Tonne Kohle abgebaut wurde.

Fünfzig Jahre sind vergangen, seit die dringende Notwendigkeit einer weltweiten industriellen Revolution verkündet und in die Statuten der Vereinten Nationen geschrieben wurde. Damals hatten sich die Industriestaaten verpflichtet, den sogenannten „unterentwickelten Staaten" technische und wirtschaftliche Hilfe zu leisten. Das Versprechen ist bis heute nicht eingelöst, obwohl es von den Vereinigten Staaten und in ihrem Schlepptau vom Rest der Industriestaaten in den sechziger Jahren noch einmal erneuert wurde. Genau in diesen fünfzig Jahren aber hat sich die Weltbevölkerung verdoppelt.

Jetzt tauchen Zweifel auf, ob die Erde den Geistern der Industrialisierung standhalten und die Bedürfnisse einer wachsenden Weltbevölkerung decken kann; entstanden sind sie aus der Art und Weise der wirtschaftlichen Expansion in den reichen Ländern und der wachsenden Verzweiflung in den armen. Schon bringen die Feuer unter den Kesseln der Kraftwerke und in den Zylindern der Motoren die natürliche Abwandlung der Sonnenstrahlung durch die Atmosphäre aus dem Gleichgewicht. Eine Klimaveränderung und ein Steigen des Meeresspiegels drohen, möglicherweise mit katastrophalen Folgen für Arm und Reich. In den armen Ländern legen Viehzüchter, Ackerbauern und Menschen ohne Land den Urwald in Asche und tragen das Ihre dazu bei, das Gleichgewicht zu stören; außerdem leisten sie einer um sich greifenden Desertifikation Vorschub, die die eingespielte Choreographie des Weltklimas durcheinanderzubringen droht. Die lieblose Bearbeitung der Böden untergräbt ihre Kapazität, in Industriestaaten wie in unterindustrialisierten Ländern. Auf ihre spezifische Weise verschmutzen die Abwässer der Armen und der Reichen Flüsse, Seen und Meere. Immerhin zwingt uns der Rückgang der Artenvielfalt, davon Kenntnis zu nehmen, daß das Überleben der Menschheit von dieser Artenvielfalt abhängig ist.

Die neue Situation läßt sich durch zwei Fragen beschreiben. Die erste lautet: Wird es gelingen, im Sinn einer übergreifenden Menschlichkeit die Kluft zwischen einigen, die ihr Leben in Reichtum verbringen und der Mehrheit, die in Armut stirbt, zu überwinden? Und die zweite lautet: Wird die Erkenntnis einiger Menschen den Rest der Menschheit schnell genug dazu veranlassen, die Erde als den einzigen Planeten zu respektieren, von dem wir wissen, daß er Leben trägt? Beide Fragen resultieren aus einer Feststellung: Die Erde wird den wahnsinnigen Wohlstand und die verzweifelte Armut unserer Tage nicht mehr lange überstehen.

Die Beschleunigung des historischen Prozesses

Es wäre nicht richtig zu behaupten, die Menschheit hätte nicht rechtzeitig erkannt, daß sich ihre Lebensumstände und ihre Zukunftsaussichten ändern. Die Veränderungen haben sich über vierhundert Jahre hinweg angebahnt, aber erst seit kurzem wissen wir, daß ihre Kurve exponentiell verläuft.

Die Verdoppelung der Weltbevölkerung seit 1950 brachte den größten absoluten Zuwachs an Menschen, doch war die Zeit, die dafür nötig war, die kürzeste der Geschichte. Die doppelte Zahl von Menschen produzierte mehr als die doppelte Nahrungsmenge, verdoppelte die Masse des geformten Eisens, das sich auf der Erdoberfläche befindet, und produzierte mehr Eisen und Stahl als in der gesamten Epoche seit Ende der Bronzezeit. Dafür und für tausend andere Zwecke verbrauchte sie in den letzten fünfzig Jahren zwei Drittel der Kohle, des gesamten Erdöls und Erdgases, die bislang gefördert wurden, und neun Zehntel des seit der Erfindung des Dynamos erzeugten Stroms. Ein großer Teil der Primärenergie aus fossilen Brennstoffen wurde für die neue Mobilität geopfert. Mehr Menschen denn je reisen heute weiter und schneller in alle Richtungen um die Erde. Durchschnittlich legt jeder jährlich mehr als 10 000 Kilometer zurück; das ist ein Viertel des Erdumfangs.*

Gleichzeitig verbesserte die Spezies Mensch mit Hilfe der Halbleiterelektronik den Zugriff auf Naturkräfte und Ressourcen. Mit einer Technik, deren wichtigste Prinzipien auf einen Computerchip passen, erweiterte der Mensch die Reichweite seines Hirns, so wie er vor zweihundert Jahren die Kraft seiner Muskeln mit der Dampfmaschine verstärkte. Für einen Beobachter im Weltraum schimmert die Erde im Strahlenspektrum der Kommunikationsnetze, des zum Kollektiv erweiterten Nervensystems des Menschen.

Das Eindringen der Halbleitertechnik in alle Zweige des menschlichen Lebens ist deswegen erstaunlich, weil sie auf einer Wissenschaft beruht, die angeblich kein Mensch versteht. Die Quantenelektrodynamik entzieht sich dem gesunden Menschenverstand. Ursache und Wirkung sind aufgehoben; der Pfeil der Zeit ist nicht mehr eindeutig gerichtet; sie setzt sich über die Topologie der Welt, wie sie von den menschlichen Sinnen ohne Hilfsmittel erfaßt wird, hinweg. Dennoch können die Gleichungen der Quantenmechanik Ereignisse und Zustände mit einer Genauigkeit von vielen Stellen rechts vom Komma beschreiben und menschlichen Zielen dienstbar machen, die die Grenzen des von den bloßen Sinnesorganen Beobachtbaren weit überschreiten. Seit 1950 hat die technische Anwendung der Quantenmechanik die menschliche Wahrnehmungsfähigkeit um mehrere Dimensionen erweitert.

Das Instrumentarium der Wissenschaft umfaßt jetzt 42 Zehnerpotenzen, von zehn hoch minus 16 (10^{-16}) Meter bis hin zu zehn hoch 25 (10^{25}) Meter. 10^{25} Meter sind eine Milliarde Lichtjahre, eine schwer vorstellbare Entfernung, die zurückzulegen das Licht bei einer Geschwindigkeit von 300 000 Kilometern pro Sekunde eine Milliarde Jahre braucht. Bei dieser Entfernung bewegen wir uns im Bereich kosmischer Megastrukturen wie der „Großen Mauer" aus Galaxienhaufen, die sich über einen bestimmten Himmelsausschnitt erstreckt. Ebenso unvorstellbar bleiben 10^{-16} Meter: das Millionstel eines Millionstels eines Zehntelmillimeters. Das ist ungefähr der Durchmesser eines Atomteilchens. Aus beiden extremen Dimensionen arbeiten sich die Beobachter voran und suchen nach Antworten auf die ältesten Fragen der Menschheit: nach der Schöpfung und der Natur von Raum und Zeit, von Materie und Energie.[4]

Im Kopf allein läßt sich keine Antwort auf diese Fragen finden. Die neuesten Erkenntnisse zeigen uns, in den Worten des Physikers und Philosophen Percy Bridgman*, daß sich das denkende Hirn mit dem, was außerhalb des Kopfes vor sich geht, in Harmonie befinden muß. Auf diese Weise konnten in den letzten fünfzig Jahren Erkenntnisse auf Gebieten gewonnen werden, die mit dem praktischen Leben unmittelbarer verbunden sind: über die Dynamik des Erdinneren, die Erdbeben entfesselt und Kontinente bewegt; über die molekulare Struktur und die Physiologie der lebenden Zelle; über die Entstehung des Menschen aus einer Entwicklungsreihe werkzeugherstellender Primaten.

Mit der Liebe zum Werkzeugherstellen machte sich die Spezies Mensch die Erde untertan. Erst als die evolutionär weiterentwickelte Liebe unerwartete Folgen zeigte, erkannten einige plötzlich, welche Dimension die neue Verantwortung angenommen hatte.

Neben der Erde gibt es keinen Planeten im Sonnensystem, der von einer Biosphäre umhüllt ist, wie uns neue Kenntnisse über die anderen Planeten und bessere Kenntnisse über unseren eigenen lehren. Die Biosphäre ist das lebendige Gespinst, das Luft, Wasser und Erde – Atmosphäre, Hydrosphäre und Lithosphäre – durchdringt und verbindet. Die Menschheit entdeckt gerade, wie eng sie dieses Gespinst mit allen anderen Organismen verknüpft. Und sie entdeckt dabei auch, und vielleicht gerade noch rechtzeitig, daß das vielzitierte „Macht euch die Erde untertan" ihre eigene Existenz in Gefahr gebracht hat.

Der im Vergleich zu 1950 nahezu auf das Vierfache gestiegene Jahresverbrauch fossiler Brennstoffe stört den globalen Gasaustausch zwischen Atmosphäre, Hydrosphäre und Lithosphäre und der alles durchdringenden und verbindenden Biosphäre. Was aus Schornsteinen und Auspuffen an Kohlendioxid quillt, erreicht zwanzig Prozent des Kohlenstoffs, der im natürlichen Kreislauf der beiden wichtigsten Lebensprozesse umgesetzt wird: Photosynthese und Respiration. Künstlich fixierter Stickstoff und seine Verbindungen, Kunstdünger vor allen anderen, führen Luft, Wasser und Boden genau so viel Stickstoff zu, wie im natürlichen Stickstoff-Kreislauf bei Bildung und Verwesung von Eiweiß in den Zellen aller Lebewesen bewegt wird. Bei Schwefel und Phosphor sind die natürlichen Kreisläufe bereits übertroffen. In der Atmosphäre reichert sich Methan an. Ein Fünftel davon entsteht in den Verdauungstrakten von Menschen und Wiederkäuern und in mehreren tausend Quadratkilometern Reisfeldern. Naturfremde, künstlich hergestellte flüchtige Verbindungen wie Fluorchlorkohlenwasserstoffe (FCKW), die immer noch als Kühlflüssigkeit und Aufschäumgas verwendet werden, haben neue, bisher unbekannte photochemische Zyklen der Zerstörung und Neukombination von Molekülen in der Atmosphäre in Gang gesetzt, mit dem Ergebnis, daß die Ozonschicht, der Filter für ultraviolette und noch härtere Strahlen der Sonne, dünner wird.

Lokale Luftverschmutzung, regionaler saurer Regen, mögliche globale Erwärmung und ein „Loch" in der Ozonschicht legen deutlich Zeugnis ab davon, welche globale Auswirkung die industrielle Revolution besitzt. Neben stinkenden Müllhalden, giftigem Sondermüll, versauerten Seen, vergiftetem Grundwasser, verseuchten Flüssen und Küsten, verstärkter Bodenerosion auf allen Kontinenten und der Verarmung der Ökosysteme überall dort, wo der Mensch eingedrungen ist, stehen die Verstöße von heute und die Bedrohung von morgen unter dem Stichwort „Umwelt" auf der politischen Tagesordnung aller Regierungen dieser Welt.

Das alles ist der Preis, den die Erde dafür zu zahlen hat, daß es dem glücklichen Viertel der Menschheit in den Industriestaaten wohl ergeht. Es verbraucht 75 Prozent der so enorm gestiegenen Weltproduktion materieller Güter. Zum erstenmal in der Geschichte sind die Bevölkerungen von Nationen reich.

Sie sind reich in dem fundamentalen Sinn, daß für sie das wirtschaftliche Grundproblem gelöst ist, das Adam nach der Vertreibung aus dem Paradies zu der Frage trieb: „Wann essen wir?" Der Menschen Mühsal ist nicht mehr ihr Los, sie essen ihr Brot nicht mehr im Schweiße ihres Angesichts. Maschinen verrichten ihre Arbeit unter ökonomischen Bedingungen, die immer weniger Handarbeit verlangen. In den USA, auf deren Wirtschaftssystem alle zusteuern, arbeiten weniger als 3 Prozent der Erwerbstätigen in der Landwirtschaft, weniger als 30 Prozent in der Industrieproduktion. An den Arbeitsplätzen ist das Hirn gefragt; Maschinen sind zu bedienen und zu warten, die mehr als doppelt so viele Güter für die heutige „Dienstleistungsgesellschaft" erzeugen wie 1950. Alle übrigen Erwerbstätigen haben Arbeitsplätze gefunden, auf denen sie ihr Hirn einsetzen, um mit anderen in Kontakt zu treten oder Ideen oder Informationen zu erzeugen, aber keine Sachen. Langsam aber werden auch sie aus diesen Beschäftigungsfeldern verdrängt, und zwar von den Geräten der Halbleiterelektronik, mit denen viele von ihnen arbeiten.

Bis jetzt konnte die vom Fortschritt der Technik verursachte Arbeitslosigkeit in Amerika und in anderen Industriestaaten von einem elastischen ökonomischen und sozialen Netz aufgefangen werden. Verkürzung der täglichen und der jährlichen Arbeitszeit, eine um Jahre verlängerte Ausbildung und vorzeitige Pensionierung sind das wichtigste Ergebnis der automatisierten Produktion. In den USA kommt die Hälfte der heranwachsenden Generation in den Genuß einer Hochschulausbildung. Ähnliches gilt für die Kinder der meisten anderen Industrienationen. Der Wert dieser Jahre läßt sich nicht quantifizieren. Im Bruttosozialprodukt erscheint er nicht. Und die höheren Werte jenseits des Ökonomischen, die sich bilden, wenn die menschliche Kraft von der Beschaffung des täglichen Brotes befreit wird, übersteigen alle Vorstellungen.*

Der demographische Übergang

Die veränderten Lebensbedingungen in der industrialisierten Welt spiegeln sich in der Bevölkerungsstatistik. Die Lebenserwartung entspricht der biologischen Lebenszeit und überschreitet fast überall die Grenze von siebzig Jahren. Die Sterberaten fielen auf zehn und weniger pro Tausend. Die Geburtenraten sanken weniger schnell; jetzt treffen sie sich mit den Sterberaten auf dem gleichen niedrigen Niveau. Überall in der industrialisierten Welt liegt das Bevölkerungswachstum unter einem Prozent und verlangsamt sich noch; in einigen Ländern ist es ganz zum Erliegen gekommen.

Dieses Viertel der Weltbevölkerung schaffte den „Demographischen Übergang". Bis 1600, wo wir den Beginn der industriellen Revolution ansetzen, lag die durchschnittliche Lebenserwartung des Menschen bei fünfundzwanzig Jahren. Um die hohen Sterberaten, besonders der Kinder, zu kompensieren, hielten die Leute an hohen Geburtenraten fest. Da sie selbst gerade lange genug lebten, um sich zu vermehren, pendelte sich das Wachstum der menschlichen Bevölkerung dennoch nahe bei Null ein. Heute nähert sich die Bevölkerung der Industriestaaten wieder der Null-Wachstumsrate, dieses Mal als Folge niedriger Geburts- und Sterberaten (Bild 17).*

Die Menschheit scheint also doch dem ewigen Elend entkommen zu können, das ihr Thomas Malthus im Jahr 1798 prophezeite. Seine Schicksalsgleichung bewies, daß sich die Bevölkerung in geometrischer Reihe 1, 2, 4, 8, 16 und so weiter vermehrt, während die Produktion von Nahrungsmitteln nur in der arithmetischen Reihe 1, 2, 3, 4, 5 und so weiter steigen könnte. Wie man leicht sehen kann, hätte die vierfache Nahrung nach der vierten Verdoppelung der Bevölkerung kaum noch für jeden dritten gereicht. Doch das zweite Glied der Malthusschen Gleichung war schon in dem Augenblick überholt, als er es niederschrieb.* Die Liebe zum Werkzeugmachen hatte sie ad absurdum geführt. In Großbritannien wuchs die Nahrungsmittelproduktion schneller als die Bevölkerung. Seither ist auch das erste Glied der Gleichung von der Erfahrung widerlegt worden. Bisher reduzierte jedes Volk, das seine Nahrungsmittelversorgung pro Kopf verbessern konnte, seine Fertilität.

Die einzelne Familie dagegen bleibt eine malthusianische Einheit: je weniger Münder, desto mehr für jeden. Das ist nicht alles. In der Industriegesellschaft werden Kinder eine finanzielle Belastung. Der

Geldwert ihrer Aufzucht und Ausbildung fließt nur selten an die Eltern zurück. Sobald das Überleben ihrer Erstgeborenen sichergestellt ist, stehen die Eltern deshalb vor der ganz persönlichen Entscheidung, ob sie weitere Kinder zeugen wollen. In manchen Familien machen sich dabei weitergehende Überlegungen geltend: das Verhältnis zur Gesellschaft und zur Umwelt. Die Statistik ist so gut fundiert, daß die Demographen beruhigt den Schluß ziehen, die Weltbevölkerung werde nach der nächsten Verdoppelung von fünf auf zehn Milliarden nicht mehr wachsen. Ende des 21. Jahrhunderts soll es so weit sein. Die Verdoppelung, an der wir heute teilnehmen, schreitet bereits mit geringerer Geschwindigkeit voran als die vorhergehende. Seit Erreichen einer Höchstrate von etwas über zwei Prozent um das Jahr 1970 sinkt die Wachstumsrate langsam, aber stetig.*

Die Prophezeiung, daß sich die Weltbevölkerung bei rund zehn Milliarden stabilisieren wird, beruht auf einer wichtigen Voraussetzung: In den unterindustrialisierten Ländern müssen drei Viertel der Menschheit den demographischen Übergang ebenfalls vollziehen. An den meisten von ihnen ist der Strom materiellen Überflusses vorbeigeflossen, der sich seit 1950 Bahn brach. Ihre Ernährungslage hatte sich im Zuge der Verdoppelung der globalen Nahrungsmittelproduktion etwas verbessert, aber seit 1970 wirft die Ernährung der Ärmsten schon wieder riesige Probleme auf. In den unterindustrialisierten Ländern war die Zahl der Notleidenden in den letzten fünfzig Jahren größer als je zuvor.

Die Mehrzahl der Armen lebt in der klassischen Dorfgemeinschaft. Es gibt etwa zwei Millionen Dörfer, jedes mit rund eintausend Einwohnern. Sie existieren auf der Grundlage einer Selbstversorger-Landwirtschaft ohne nennenswerte Verbindung zur Außenwelt. „Klassisch" heißt, daß sich die Lebensweise kaum von der unterscheidet, die zur Jungsteinzeit in den Dörfern der Alten Welt herrschte.

Die meisten Dorfbewohner fristen ihr Dasein dank einer Technik, die Ernteertrag und Lebensweise nicht weit über den Stand hebt, der vor zehntausend Jahren viele Menschen veranlaßte, dem ruhelosen Jäger- und Sammlerleben zu entsagen und die Seßhaftigkeit vorzuziehen. Je nachdem, was sie in ihrer Umgebung finden, wohnen sie in Hütten aus Gras, Zweigen, Lehm oder aus ungebrannten Ziegeln; sie bauen, wie sie es von den Vorfahren lernten. Auch heute noch versorgen sich die Dorfbewohner weitgehend selbst, fertigen Nahrung, Wohnung, oft auch ihre Kleidung mit eigenen Händen. Arbeitsteilung gibt es kaum, außer zwischen Männern und Frauen.

Die Armut in den Dörfern ist relativ im Vergleich mit dem Leben in den Industriestaaten, doch absolut, wo das Bevölkerungswachstum der letzten Jahre die Leistungsfähigkeit der überlieferten Einrichtungen und Techniken überfordert.

In den unterindustrialisierten Ländern ziehen immer mehr Menschen ohne Land aus dem Dorf in die neue, ungewohnte Welt der Großstadt. 1980 gab es auf der Erde sieben Großstädte mit mehr als zehn Millionen Einwohnern, vier davon in unterindustrialisierten Ländern. Für das Jahr 2000 werden dreiundzwanzig Städte dieser Größe erwartet, davon siebzehn in unterindustrialisierten Ländern (Bild 37). In den agrarisch geprägten Hochkulturen der Vergangenheit gab es keine Städte mit mehr als 500 000 Einwohnern. Die Städte der Armen wachsen; im Jahr 2000 wird über die Hälfte der Weltbevölkerung aus Städtern bestehen. Schon heute lebt jeder zweite in Shantytowns am Rand der Städte in einer selbstgebastelten Behausung, ohne die Annehmlichkeiten, die eine Infrastruktur und öffentliche Einrichtungen der Stadt für den Rest der städtischen Bevölkerung bereitstellen.

Die Lebensbedingungen in den armen Ländern werden von der Bevölkerungsstatistik klar widergespiegelt. Die Säuglingssterblichkeit bis zum fünften Lebensjahr überschreitet in Asien 100 von 1000 Lebendgeborenen, in Lateinamerika 125 und in Afrika 150; in den Industriestaaten liegt sie unter 15. Das Leben in den unterindustrialisierten Ländern wird von der hohen Säuglingssterblichkeit und vom Tod im Kindbett beherrscht. Die Unsicherheit, ob die Kinder überleben, führt zwei- bis dreimal so häufig zur Mutterschaft wie in den Industriestaaten. Unfälle, Komplikationen und Infektionen bei der Entbindung wurden zur vorrangigen Todesursache der Frauen in den reproduktiven Jahren.

Ihre Sterberaten trotzen der allgemeinen Abnahme der Sterblichkeit seit 1950. Die Einführung der ersten Anzeichen einer technischen Zivilisation, wie Lesen und Schreiben, Abfallbeseitigung und Hygiene, bewährte sich als wirksame Gesundheitsmaßnahme, besonders in den Städten. Sie dienen vor allem denjenigen, die das fünfte Lebensjahr überschritten haben. Ihre Zahl vergrößerte sich schnell, besonders unter der städtischen Bevölkerung. In der ganzen unterindustrialisierten Welt stieg die Lebenserwartung seit 1950 um mehr als ein Jahrzehnt: auf mehr als sechzig Jahre in Lateinamerika, auf knapp sechzig in Asien und nahezu fünfzig Jahre in Afrika. Mit hoffnungsvollem Blick auf die Stabilisierung der Weltbevölkerung zum Ende des nächsten Jahrhunderts läßt sich sagen, daß die unterindustrialisierte Welt in die erste Phase des demographischen Übergangs eingetreten ist: Die Sterberaten sinken.

Die gleiche Statistik läßt sich auch als Bevölkerungsexplosion interpretieren. Die Verdoppelung der Weltbevölkerung resultiert daraus, daß die Bevölkerung der unterindustrialisierten Staaten sich mehr als verdoppelte. Der Anteil der Armen der Welt stieg vom 1,8fachen zum Dreifachen der Bevölkerung der Industriestaaten. Das ist die sogenannte „Bevölkerungsbombe". In Wahrheit ist ein Säugling in einem klassischen Dorf natürlich eine viel geringere Last für die Ressourcen dieser Erde als ein Baby in den USA, für dessen Lebensunterhalt jedes Jahr zehn Tonnen fossile Brennstoffe verfeuert werden müssen.

Auch Armut belastet die Umwelt, aber auf eher heimtückische Weise. Für die meisten Armen dieser Welt, das heißt für die Hälfte der Weltbevölkerung, ist Brennholz neben dem Stoffwechsel des eigenen Körpers die einzige Energiequelle. Vierhundert Millionen Menschen leiden unter Brennholzknappheit; anders gesagt, sie haben bereits alle Bäume, Sträucher und Büsche, die sie in ihrer Umgebung fanden, verfeuert. Auf dem längst entwaldeten indischen Zentralplateau werden Kuhfladen als Brennstoff verwendet. Abrupter schreitet die Entwaldung dort voran, wo Wanderfeldbau betrieben wird. Jahrhundertelang hatte sich die Praxis bewährt, den von der Asche des verbrannten Waldes gedüngten Boden zu bestellen und das Feld nach einigen Jahren der Brache und dem neu wachsenden Urwald zu überlassen. Auf diese Weise konnten Menschen auf allen Kontinenten überleben. Unter dem Druck der wachsenden Bevölkerung werden die Brandzyklen schneller als das Nachwachsen des Urwalds, so daß der Boden sich nicht erholen kann.*

Durch gezielte Rodung wurde der größte Teil des tropischen Trockenwaldes vernichtet, um Äcker und Weiden anzulegen. Jetzt drängt die Invasion in den tropischen Regenwald. Für Holzwirtschaft, Bergbau, Viehzucht und Plantagen größten Stils und ebenso für landlose Arme gehen jedes Jahr rund zweihunderttausend Quadratkilometer Regenwald [halb Deutschland] in Flammen auf. Die Wolken über dem Regenwald werden immer kleiner oder bilden sich gar nicht, die fragilen Böden sind schnell erschöpft. Die Desertifikation greift um sich. Dem 25prozentigen Anteil an der Weltwirtschaft entsprechend tragen die unterindustrialisierten Länder auch 25 Prozent zur Überlastung des natürlichen Kohlenstoffzyklus durch den

Menschen bei, wenn auch auf andere Weise als die Industriestaaten. Währenddessen wächst die Besorgnis; denn die Zerstörung der tropischen Regenwälder wird wahrscheinlich eine weitere Variante zur Veränderung des globalen Klimas beisteuern.

Natürlich sind die Industrieländer die Hauptschuldigen beim Mißbrauch der Ressourcen, der ihren Wohlstand bedroht. Schon 1949 gab es jemanden, der versuchte, dies klarzumachen. Arthur Goldschmidt, damals Chef des Energieressorts im Innenministerium der USA und später einer der Spitzenbeamten für Entwicklungshilfe im Generalsekretariat der Vereinten Nationen, erklärte bei einem Vortrag vor der Amerikanischen Akademie für Kunst und Wissenschaft: „In den Regionen der Erde, die bisher nur als Rohstoffquelle benutzt wurden, denen die Partnerschaft beim weltweiten Wirtschaftswachstum verwehrt wird, bei denen es kein Gleichgewicht zwischen Industrie und Landwirtschaft gibt, bleiben auch die Methoden des nachhaltigen Wirtschaftens in höchst beklagenswerter Weise auf der Strecke, und der Druck der wachsenden Bevölkerung auf die natürlichen Ressourcen wird überall erkennbar."

Die Evolution der Werkzeugmacher

Jeder Mensch sehnt sich nach mehr Sicherheit und Glück, als die heutige Welt zu bieten vermag. Die Geschichte und vor allem die letzten fünfzig Jahre lehren, daß die Menschheit ihr Schicksal selbst in der Hand hat. Der Zusammenhang ist unverkennbar: Die Menschen entwickelten nicht nur ihre Werkzeuge weiter, sondern auch sich selbst. Ihre Geschichte ist gerichtet. Auf dem Pfeil der Zeit häuft sich empirisches Wissen an, und von Epoche zu Epoche wiederholt sich die Verlaufsform der Geschichte: Eine Menschheit, die das Heute erreichte, kann die Richtung des Wegs in das Morgen wählen.

Alle Indizien sprechen dafür, daß die Akkumulation empirischen Wissens vor rund drei Millionen Jahren in Ostafrika einsetzte, im Großen Rift Valley. Dort wurden Steinwerkzeuge zusammen mit den fossilen Resten kleiner, etwa vierzig Kilo schwerer Primaten gefunden. Am Anfang mußte der genetische Vorteil des Werkzeugmachens durch Vererbung und Darwinsche Selektion an die nächste Generation weitergegeben werden. Dabei wurden Individuen selektiert, die genetisch codiert hatten, daß Werkzeugmachen einen zunehmend wichtigen Beitrag zum Überleben lieferte. Etwas später war die biologische Evolution so weit fortgeschritten, daß die von einer Generation erzielten Verbesserungen der Werkzeuge auch durch die nichtgenetische Institution des Lernens an die nächste Generation weitergegeben werden konnten. Die Akkumulation empirischen Wissens gewann an Schwung.*

Bei der Herstellung der Instrumente erkannten und nutzten die frühen Werkzeugmacher die besonderen physikalischen Eigenschaften ihres Materials. Sie begriffen, daß jedes andere Stück des gleichen Materials die gleichen Eigenschaften besitzen würde, wenn sie es in der gleichen Weise bearbeiteten. Über das Material entdeckten sie das Werkzeug und die Wahrheit. Was sie erkannten, war objektiv wahr, weil unterschiedliche Menschen zum gleichen Resultat kamen, wenn sie das gleiche Problem dem gleichen Test unterwarfen. Wissen akkumuliert, weil jede Erkenntnis wenigstens eine neue Frage nach sich zieht und eine neue Antwort meist auch die Lösung der alten Frage in sich birgt. Die Akkumulation des Wissens beschleunigt sich, weil die meisten Antworten mehr als nur eine einzige neue Frage nach sich ziehen. Die Verbesserung und Verfeinerung der Steinwerkzeuge, aus dem Material, das als einziges alle Zeiten überdauerte, sind erste Protokolle von der Entwicklung der beiden Großhirnhälften.

Lange vor dem Auftreten des *Homo sapiens* stoßen wir in Afrika und Eurasien auf die gleichen unzweideutigen Zeugnisse für den Erwerb von Sprache und die Einführung einer notwendig mit sittlichen Werten verbundenen sozialen Ordnung. Denken und Handeln unserer Vorgänger entwickelten sich parallel zum Körperbau und zum Stoffwechsel auf uns zu. Knochenfunde sind rar, weil Jagen und Sammeln die Menschen veranlaßte, sich an See- oder Flußufern und an Meeresküsten aufzuhalten, Orten, die geologischen Veränderungen ausgesetzt sind. Nach der sehr sorgfältigen Schätzung von Edward S. Deevey, dem verstorbenen Pionier der neuen Wissenschaft Ökologie, müssen in den 3000 Jahrtausenden, bevor der *Homo sapiens* zum erstenmal auf der Erde erscheint, mehr als 36 Milliarden Menschen auf die Welt gekommen und sie wieder verlassen haben. Deevey stützte seine Schätzung auch auf die Anzahl der gefundenen Steinwerkzeuge; sie sind, bemerkte er, „das häufigste Fossil des Pleistozäns".

Aus dieser langen Kulturrevolution entsprang die Spezies *Homo sapiens* und wurde über Nacht ein biologischer Erfolg. Bei der ersten Bevölkerungsexplosion kurz darauf, vor weniger als 3000 Jahrhunderten (Bild 17), schlugen sich die Emigranten bis an die äußersten Grenzen der Kontinente durch, von der Arktis beinahe bis zur Antarktis und bis zu den kleinsten Inseln im Pazifik. Die Bezeichnung „primitiv", mit der man sie schnell belegte, sollte man nur als einen enggefaßten Begriff aus der Kunstgeschichte akzeptieren. Wir kennen die Art ihrer Sprache dank der wenigen „primitiven" Kulturen, die lange ohne Kontakt zur modernen Welt geblieben waren. Ihre Grammatik und Syntax sind mindestens so komplex wie in jeder anderen Sprache, und semantisch sind sie ebenso reich. Von den Bildern an den Höhlenwänden fühlt sich der Betrachter auch nach fünfundzwanzigtausend Jahren angesprochen. Textilien aus fünfzehntausend Jahre alten prähistorischen Funden zeigen eine Webkunst, die alles andere als primitiv war. Mit Präzision und Schärfe nahmen sie ihre Welt wahr; Botaniker berichten, daß die Indianer am Amazonas fast jede Pflanze ihres Territoriums verwenden: als Werkzeug, für Wohnung und Kleidung, als Nahrungsmittel oder Getränk, als Rauschmittel oder als Medizin.

Nur in einem Sinn kann man die Bezeichnung „primitiv" stehen lassen: Die Lebenserwartung lag unter fünfundzwanzig, gerade lange genug, um die nächste Generation zu zeugen und zu gebären. Bei diesen hohen Geburts- und Sterberaten läßt sich die Vermehrung nur in geologischen Zeitspannen messen. Dennoch addieren sich nach Deevey auch die Mitglieder der Spezies *Homo sapiens* zu dreißig Milliarden „Primitiven", die bis zum Beginn der landwirtschaftlichen Revolution vor einhundert Jahrhunderten die Erde bevölkerten.*

In der landwirtschaftlichen Revolution kulminierte die immer raffiniertere Technik des Jagens und Sammelns. Sie war unausweichlich, was sich daran ablesen läßt, daß sie dreimal, zu unterschiedlichen Zeiten an voneinander unabhängigen Orten, stattfand. Die Völker des „fruchtbaren Halbmonds" in Kleinasien begannen im achten Jahrtausend vor unserer Zeitrechnung, Weizen zu züchten; in den Überschwemmungsgebieten Indochinas pflanzte ein Volk Reis an, und nur wenig später baute in Mittelamerika ein anderes Volk Mais und Kartoffeln an und mit der Kartoffel die Nachtschatten-Cousinen Paprika und Tomate. An allen drei Orten wurde es erst mit dem Brennen von Ton möglich, die Ernte aufzubewahren; die Domestizierung von Tieren erschloß eine neue Quelle biologischer Energie und brachte tierisches Eiweiß auf die Speisekarte.

Mit der Niederlassung in Dörfern kam es zu einer revolutionären Veränderung der Sozialstruktur in den Zentren. In den Worten des russischen Adligen und Revolutionärs Alexander Herzen aus dem frühen 19. Jahrhundert: „Am Anfang der Zivilisation stand die Sklaverei." Eine kleine Minderheit schaffte es, Erträge aus der Landwirtschaft für sich abzuzweigen, sich von Mühsal und Not zu lösen und in neugewonnener Freiheit Städte zu gründen und zur ersten Hochkultur zu führen; die Geschichte begann. Heißeres Feuer – nach neueren Erkenntnissen wurde Feuer schon vor den *Homo sapiens* als Werkzeug genutzt – brachte erst Kupfer, dann Eisen in Gebrauch und erlaubte es den Inhabern der Macht, sich mit Gold und Silber zu schmücken. Die Erfindung des Rads in Eurasien trieb die Besiedlung von Neuland voran und beschleunigte die Verbreitung neuer Techniken. Mit dem Rad ließ sich die Energie strömenden Wassers nutzen, während mit dem Segel Wind in Energie umgewandelt wurde.*

In jener Geschichtsperiode akkumulierte das empirische Wissen der technischen Zivilisation immer schneller. Dennoch nahm die Produktivität nicht in einem Maße zu, das den Ertrag menschlichen Fleißes während einer Lebensspanne erkennbar gesteigert hätte. Die Vermehrung der Verbrauchsgüter blieb hinter der der Bevölkerung zurück.

Bertrand de Jouvenel brachte es auf die Formel, daß unter diesen Umständen, „ein Mensch nur dann zu Reichtum gelangen kann, wenn er sich die Arbeit eines anderen zunutze macht... Alle alten Hochkulturen basierten auf der nicht geprüften Hypothese, daß sich die Produktivkraft des Individuums nicht steigern läßt." Die beiden Erfahrungen genügten, hinter den roten Mauern der Red Forts in Indien und der verbotenen Städte in China vor viertausend Jahren große Reiche zu organisieren und zu lenken. Nur wenig später entstanden offenere maritime Reiche rund um das Mittelmeer.

Die Größe der für eine Familie lebensnotwendigen Fläche reduzierte sich von zwei bis fünf Quadratkilometer, als sie von Jagen und Sammeln lebte, auf zwei bis fünf Hektar, als sie Ackerbau und Viehzucht betrieb, auf ein Hundertstel. Das löste die zweite Bevölkerungsexplosion aus, die im Gegensatz zur heutigen jedoch im biologischen Rahmen blieb. Die Wachstumsrate bewegte sich kaum über Null und hielt mit hohen Sterberaten, hohen Geburtenraten und großem Elend ein makabres Gleichgewicht. Deevey schätzt, daß in jenen 100 Jahrhunderten 25 Milliarden Menschen die Erde bevölkert hatten, bis zum 16. Jahrhundert hatte die Weltbevölkerung auf rund 500 Millionen Menschen zugenommen.

Am biologischen Erfolg dieser Spezies bestand kein Zweifel mehr. Kein Tier von ähnlicher Größe hatte je in solcher Zahl die Erde bevölkert. In der Biologie ist die Einheit, an der Erfolg und Mißerfolg gemessen werden, die Spezies; das Individuum zählt nur als Träger der Gene, die überleben müssen. So erwartete auch nur wenige Menschen in dieser geschichtlichen Epoche ein anderes Leben, als es Thomas Hobbes beschrieb: leidvoll, grausam und kurz.

Es ist nicht lange her, daß es dem einzelnen möglich wurde, sich über den Erfolg der Spezies zu erheben. Sein individueller Erfolg ist humaner und moralischer. Die Einheit der industriellen Revolution ist der einzelne Mensch. Er mißt Erfolg in der Erfüllung seiner Fähigkeiten und Hoffnungen.

DIE ERSTE INDUSTRIELLE REVOLUTION

Um 1600 setzte die erste industrielle Revolution, und zwar in Europa, ein. Warum sie in Europa begann, einer in ihrer Entwicklung zurückgebliebenen Halbinsel des eurasischen Kontinents, diese Frage zu beantworten bedarf es noch ausgedehnter Forschung. Die damals schon alten Hochkulturen Indiens, Chinas und des islamischen Reichs, das sich von Kleinasien und Nordafrika bis Spanien erstreckte, waren reicher und technisch weiter entwickelt. Der indische Großmogul Akbar gebot über einen Staatsschatz, der zehnmal so groß war wie der Ludwigs XIV. und vierzigmal so groß wie derjenige Elisabeths von England. Als europäische Seefahrer die Neue Welt erschlossen und die Erde umsegelten, stand ihnen der Reichtum Indiens und Chinas vor Augen. Ein Jahrhundert zuvor hatten chinesische Astronomen auf den größten Schiffen vor den Dampfschiffen den südlichen Sternenhimmel kartiert und waren ins Reich der Mitte zurückgekehrt. Zwar gelang in Europa der Anbau von Mais und Kartoffeln aus der Neuen Welt, und man konnte den Ertrag der Weizenfelder steigern, doch der Ertrag auf den Reisfeldern des Ostens blieb höher.*

Es mag sein, daß die europäische Gesellschaft seit der griechischen und römischen Zivilisation mehr Gleichberechtigung kannte. Und vielleicht war sie auf den Wogen des Mittelmeers entstanden; ein Sturm macht alle zu Kameraden, die gegen ihn ansegeln. Der Unterschied zwischen Arm und Reich war groß, aber die Kluft war nicht so tief wie in den östlichen Kaiserreichen. Im Vergleich zu der Pracht, die sich hinter den ockerfarbenen Festungen orientalischer Despoten entfaltete, steht die Akropolis eher bescheiden da; aber sie bietet sich allen Augen dar. Die Ratgeber und Befehlshaber von Elisabeth I. waren weniger servil als die Akbars, und sie konnte sich auf ihr Urteil verlassen.

Die gerechtere Teilhabe am gesellschaftlichen Vermögen ließ die Lebenserwartung der Europäer steigen. Wenn ein Individuum fünfundzwanzig Jahre hinter sich hatte, wurde es zur Respektsperson. Im 16. Jahrhundert predigte Martin Luther die religiöse Eigenverantwortlichkeit des Individuums; im 17. Jahrhundert verkündete John Locke die politische Verantwortung des einzelnen.

Aus praktischer Erfahrung respektierte die europäische Gesellschaft das Individuum. Die Unantastbarkeit des Lebens verdrängte die Göttlichkeit der Herrscher. Industrielle und demokratische Revolution marschierten in der Geschichte immer Hand in Hand. Wenn in jüngster Vergangenheit die eine der anderen vorausging, holte sie die andere bald wieder ein.

Die industrielle Revolution wurde ohne Zweifel vom wachsenden Vertrauen des Individuums in seine Fähigkeiten angestoßen. Kopernikus hatte 1543 die heliozentrische Kosmologie vorsorglich Papst Paul III. gewidmet. Galilei, der unter Hausarrest stand, weil er die kopernikanische Ketzerei in Umlauf gebracht hatte, umging die Inquisition, indem er 1638 seine mathematische Vereinheitlichung von Himmelsmechanik und Freiem Fall, den „Dialog, zwei neue Wissenschaften betreffend", in Holland erscheinen ließ. *Probalilitas* – wahr, weil der Beweis nicht ausgeschlossen ist – nahm ihren Platz ein neben *Veritas* – wahr, weil der Beweis erbracht ist. Noch bevor Galileis Werk erschien, konnte Francis Bacon verkünden, daß der neue Weg zur Erkenntnis „alle Dinge betreffen werde, die möglich sind". Im Jahr 1687 vollendete Newton die Vereinheitlichung von kosmischer und irdischer Mechanik.

Nicht nur im Scherz behauptete Lord Ritchie-Calder, verstorbener Wissenschaftsjournalist und Labour-Mitglied des Oberhauses, die industrielle Revolution sei das Ergebnis einer Verschwörung. Er hatte erkannt, daß die Diskussionen der *Lunar Society* im Birmingham* des 18. Jahrhunderts weit über technische Erfindungen im strengen Sinne hinausgegangen waren. Männer wie Erasmus Darwin, Matthew Boulton, James Watt und William Small (den Benjamin Franklin in die

Lunar Society eingeführt hatte und der Thomas Jeffersons Lehrer in Naturwissenschaft gewesen war) ergingen sich auch in Spekulationen über die langfristig positiven gesellschaftlichen Folgen der Einführung von Dampfkraft in den Fabriken.

Die überlieferten sozialen Strukturen beherrschten den Bau der ersten Anlagen und Maschinen während der industriellen Revolution. Humphry Davy, Begründer der Elektrochemie und Lehrer Michael Faradays, fühlte sich 1802 zu der Erklärung genötigt: „Die ungleiche Verteilung von Arbeit und Vermögen, die Unterschiede in Stellung und Lebensbedingungen sind die Kraft und der Antrieb für Zivilisation und Fortschritt, sie sind sozusagen ihre Seele." Es wurde zunehmend attraktiver, Geld in Fabriken anzulegen, als es für Prunk und Protz auszugeben und die ungerechte Verteilung von Einkommen und Vermögen zur Schau zu stellen. Der Besitz von Vermögen stieg auf der Werteskala in den Rang einer verdienten Belohnung für den Verzicht auf sofortigen Genuß, auch „Sparen" genannt.

Das während der industriellen Revolution angelegte Kapital verschlang nicht nur die Ersparnisse der Besitzenden, es mästete sich auch an der erzwungenen Sparsamkeit derer, die nichts ihr eigen nannten. Das meiste Kapital wurde tatsächlich durch unfreiwilliges Sparen angesammelt. Der kanadische Wirtschaftswissenschaftler B. S. Keirstead wußte damals: „Es ist ausgeschlossen, daß sich Menschen, die am Rand des Existenzminimums leben, freiwillig einschränken." Im Zuge der „Enclosure Acts" [Landgesetze], die im 18. Jahrhundert von einem englischen Parlament beschlossen wurden, dessen Abgeordnete Landbesitzer und Kaufleute waren, entstanden nicht nur riesige Weideflächen, auf denen die Wolle für die neue Textilindustrie heranwuchs, sondern auch eine Arbeiterschaft aus vertriebenen, verarmten Kleinbauern, denen nichts anderes übrigblieb, als sich zu niedrigem Lohn in den neuen Fabriken zu verdingen. Am Ende des Jahrhunderts wurden in England zweihundert unterschiedliche Eigentumsdelikte mit der Todesstrafe geahndet. Die Welt von morgen, wie sie sich die Mitglieder der *Lunar Society* vorgestellt hatten, mußte erst noch durch den Pauperismus hindurch, den Charles Dickens in seinen Romanen beschrieben hatte.

Während der großen irischen Hungersnot in den vierziger Jahren des vorigen Jahrhunderts legten Wissenschaftler vor einer königlichen Kommission dar, daß nach der Malthusschen Volkswirtschaftslehre Irland ohne eine Million arbeitsloser Iren reicher wäre. Nur mit

Abscheu blickten die Romantiker auf die Folgen des kohlegeschwärzten Kapitalismus. Der Wirtschaftshistoriker Asa Briggs sieht an diesem Punkt den ersten Bruch zwischen Geisteswissenschaft und Naturwissenschaft. Die industrielle Revolution hat eine eigene, bisher verborgene Geschichte, die von der Wissenschaft erst noch entdeckt und beschrieben werden muß. In der offiziellen Geschichtsschreibung sind die „Ludditen", die Maschinenstürmer unter Ned Lud, als fortschrittsfeindlich verschrien. Der Wirtschaftshistoriker E.P. Thompson zeigte jedoch in seinem Buch *The Making of the English Working Class,* daß die Zerstörung der Webstühle die einzige ökonomische Waffe darstellte, die ihnen noch verblieben war.

Durch die neuen Länder jenseits der Meere wurde die Kapitalakkumulation verstärkt. Der Handel mit Sklaven, Baumwolle, Zucker, Textilien und Rum vermehrte in Boston, Charleston und in London das Investitionskapital. Die Plünderung der indischen Fürstentümer unter Robert Clive, die Thomas Babington Macaulay wortgewaltig verdammte, wurde in den Schatten gestellt, als die dörfliche Textilwirtschaft dieses unglücklichen Landes durch die dampfgetriebenen Textilfabriken in Lancashire zerstört wurde. Im Vertrag von Nanking, der 1842 den Opiumkrieg beendete, wurde China gezwungen, nicht nur Hongkong an Großbritannien abzutreten, sondern auch die Häfen Amoy (Xiamen), Kanton, Fuschun, Ninghsien und Schanghai dem Handel zu öffnen und britische Niederlassungen zuzulassen. Nach und nach mußte das chinesische Kaiserreich allen Staaten, die Großbritannien in die industrielle Revolution gefolgt waren, ähnliche Konzessionen einräumen. 1885 teilten die Kolonialmächte in Berlin die zerstückelten Reste Afrikas unter sich auf, überließen einige Stückchen auch dem neugegründeten Deutschen Reich und nahmen es in den Kreis der Großmächte auf.

Etwa zur gleichen Zeit begann in Japan die industrielle Revolution. Es zeigte aller Welt, daß technische Begabung und Geschicklichkeit weder auf die weiße Rasse noch auf die europäische Kultur beschränkt sind. Für alle nichteuropäischen Völker, die auf ihre Chance warten, lehrt der japanische Erfolg, daß man sich einem Kolonialsystem entziehen kann, das den Rest der Welt dazu brachte, für die industrielle Revolution im Westen Kapitalhilfe zu leisten.

Später als in Japan setzte die industrielle Revolution in Rußland ein. Krieg und Revolution hatten das Land zurückgeworfen, es mußte 1920 noch einmal, diesmal mit einer neuen Methode der Kapitalakkumulation anfangen. Die Industrialisierung ging mit Riesenschritten voran, so daß die Waffen der Roten Armee im Februar 1943 bei Stalingrad das Rückgrat des deutschen Heeres brachen.

AUFSTIEG DER INDUSTRIESTAATEN

Um 1950 hatte der industrialisierte Teil der Welt die klassische Landwirtschaft hinter sich gelassen. Die biologische Energie von Männern, Frauen und Zugtieren war schon lange durch mechanische Energie ersetzt worden. Die Menschen bestritten ihren spärlichen Lebensunterhalt nicht mehr als freie Bauern aus dem, was sie dem Boden abgewinnen konnten. Sie waren in die Städte gezogen und hatten sich bei Unternehmen Arbeit gesucht, die mit mechanischer Energie immer mehr und immer neue Güter herstellten. In der seit dem 19. Jahrhundert technisierten Stadt fand ihre Existenz ein bequemes Umfeld. Sie tauschten ländliche Freiheit gegen städtische Freizeit. Solange die Produktion schneller wuchs als die Bevölkerung, verbesserte sich auch die physische Existenz ganzer Bevölkerungsgruppen in den Industriestaaten.

Die europäische Phase der dritten Bevölkerungsexplosion endete in der Mitte unseres Jahrhunderts. Seit 1600 waren fünfzehn Milliarden Menschen gekommen und gegangen. Um 1600 stellten die Völker Europas weniger als ein Zehntel der damaligen Weltbevölkerung von rund fünfhundert Millionen. 1950 waren sie auf ein Drittel einer Weltbevölkerung angewachsen, die inzwischen zweieinhalb Milliarden betrug; die Europäer hatten sich verzwanzigfacht und waren wie eine Lawine über die Neue Welt, über Australien und über Ozeanien hereingebrochen. In der gleichen Zeit hatte sich der Rest der Weltbevölkerung etwas mehr als verdreifacht.

Seit 1800 waren die Sterberaten in Europa steil nach unten gefallen. Die Geburtenraten folgten – allerdings so langsam, daß sich bei der Regelung des Bevölkerungswachstums rauhe Sitten einbürgerten. Nach William L. Langer, Historiker der Bismarckschen Staatskunst, der sich am Ende seiner wissenschaftlichen Laufbahn auch anderen Geheimakten zuwandte, war Kindsmord durch Aussetzen in den europäischen und nordamerikanischen Großstädten des 19. Jahrhunderts ebenso häufig wie Abtreibung.* Erst als 1950 die Geburtenraten schneller als die Sterberaten sanken, wurden ethisch akzeptablere Methoden der Empfängnisverhütung allgemeine Praxis.

Während der beispiellosen wirtschaftlichen Expansion der letzten fünfzig Jahre funktionierten die sozialen Einrichtungen der Industriestaaten offensichtlich reibungslos. Das für die Expansion notwendige Kapital fiel als Nebenprodukt der gesteigerten Produktion ab. Die Einkommensverteilung spiegelt den Bedarf an Facharbeitern der verschiedensten Berufe; sie war egalitärer als jemals in einer Massengesellschaft. Auf ein Fünftel (die Statistiker sagen ein Quintel) der Bevölkerung kam das höchste Einkommen, doch vom Bruttoinlandsprodukt entfiel auf dieses Fünftel im Vergleich zum Quintel mit dem niedrigsten Einkommen weniger als das Zehnfache. Das galt für die Vereinigten Staaten genauso wie für die Sowjetunion.

Die Mehrzahl der Menschen erfreute sich nicht nur eines steigenden Wohlergehens; sie genoß genauso sehr die Vorfreude darauf, daß ihr Einkommen weiter steigen würde, um 50 bis zu 100 Prozent und mehr. Vor allem dort, wo die Marktwirtschaft herrschte, wurden völlig neue Kategorien in die Werteskala für Lebensqualität einbezogen: Gesundheit und langes Leben, Besitz der neuesten Gebrauchsgüter, Sport und Spiel, Massenunterhaltung und „ernste" Kultur, bequeme Nachrichtenübermittlung, Reisen in ferne Länder, auch eine Zweitwohnung und vor allem eine Zukunft, in der sich die eigenen Kinder noch freier entfalten können. Auch wer am steigenden Überfluß nicht ganz und gar teilhatte, ließ sich integrieren in der Erwartung, daß er bald seinen Teil erhalten würde. Einkommensunterschiede kompensierte das Wirtschaftswachstum, weil immer mehr Menschen an die Krippe kamen. Die Ressourcen sprudelten, Luft und Wasser wurden fast überall als Freigut betrachtet.

Erst in der Mitte unseres Jahrhunderts wurde die Kluft zwischen den veränderten Lebensbedingungen in der industrialisierten Welt und der traditionellen Armut dort, wo dörfliche Landwirtschaft das Leben beherrschte, politisch diskutiert. Noch während des Zweiten Weltkriegs und unter der Drohung von Atombomben wagten die Industrienationen den Versuch, die internationale politische und wirtschaftliche Ordnung neu festzulegen.

Schon im Jahr 1944 – deutsche Divisionen standen noch in der Sowjetunion, und die Japaner hielten Südostasien und die pazifische Inselwelt besetzt – standen in Bretton Woods* in New Hampshire Fragen der Weltwirtschaft auf der Tagesordnung. Hier legten die Alliierten den Grundstein für die Wirtschaftsordnung der Nachkriegszeit. Weltweiter Freihandel sollte das Fundament bilden, mit dem

Internationalen Währungsfond IMF *(International Monetary Fund)* und der Weltbank *(International Bank for Reconstruction and Development)* als schützendem Dach. Der IMF sollte die Einzelstaaten auf den Freihandel verpflichten, indem er mit Devisenanleihen über temporäre Defizite in der Handelsbilanz hinweghalf. Die Weltbank sollte den Wiederaufbau der kriegführenden Industrienationen finanzieren und gleichzeitig Mittel für die Entwicklungshilfe bereitstellen, um die Kluft zwischen dem Reichtum der Industriestaaten und der Armut der restlichen Welt zu schließen.

Bis 1948 gelang es den Alliierten nicht, eine internationale Handelsorganisation auf die Beine zu stellen. Dann versuchten sie, den freien Handel durch ein allgemeines Zoll- und Handelsabkommen *(General Agreement on Tariffs and Trade:* GATT) zu sichern. Die Verhandlungen dauern bis heute an. Noch immer sind nicht alle Handelsschranken zwischen den Industriestaaten eingerissen; Freihandel für die Waren der unterindustrialisierten Länder liegt in weiter Ferne.

Im Jahr 1945 – der Krieg im Pazifik war noch nicht zu Ende – gründeten die Industriestaaten auf der Suche nach einer internationalen politischen Ordnung in San Francisco die Organisation der Vereinten Nationen. Ihr Forum sollte den Frieden sichern, ein starkes Sekretariat die Beschlüsse durchsetzen, und im Sicherheitsrat sollten alle Konflikte ausgetragen werden; so wurde es beschworen. Im Wirtschafts- und Sozialrat sollten Maßnahmen entwickelt werden, um die wirtschaftliche Entwicklung der sogenannten „unterentwickelten Länder" voranzubringen; so wurde es versprochen.

Der Begriff „unterentwickelte Länder" tauchte zum erstenmal in einer Resolution auf, die 1949 von der Vollversammlung in ihrem provisorischen Hauptquartier Lake Success bei New York angenommen wurde: Resolution 408(V) forderte dazu auf, die wirtschaftliche Entwicklung dieser Länder voranzutreiben. Es war von „Ländern" und nicht von Staaten die Rede, weil die meisten noch unter der Jurisdiktion des Treuhandrates standen, der für die Abwicklung der in Auflösung befindlichen Kolonialreiche der europäischen Industriestaaten eingerichtet worden war. In der Bezeichnung „unterentwickelt" kam die in den Industrienationen empfundene moralische Pflicht zum Ausdruck, den unannehmbaren Zustand durch aktive Maßnahmen zu ändern.

Mit Resolution 408(V) wurde eine Expertengruppe* eingesetzt. Sie rechnete aus, daß die unterentwickelten Länder bei einem Transfer von Technik und Kapital im Wert von 19 Milliarden Dollar jährlich bis zum Jahr 2000 ihre industrielle Revolution erfolgreich durchlaufen könnten. Finanziert werden sollte sie aus Exporten der Entwicklungsländer und aus niedrig zu verzinsenden Anleihen der Industriestaaten; hinzu kam eine großzügige, nicht zurückzahlbare finanzielle und technische Unterstützung. Man war sich einig, daß bis zur Eigenkapitalbildung als Überbrückung Entwicklungshilfe notwendig sei. Entwicklungshilfe sollte insbesondere die Entbehrungen vermeiden, unter denen die Menschen in der ersten Phase aller bisherigen industriellen Revolutionen gelitten hatten. Eine arme Gesellschaft zum Sparen zu zwingen erfordert, in den Worten des Wirtschaftswissenschaftlers John Kenneth Galbraith, einen Druck, mit dem man aus „einem Stein Blut" pressen könnte. Dagegen sei Entwicklungshilfe „ein Prozeß, bei dem Sparkapital aus Ländern, in denen man relativ schmerzlos sparen kann, in die Länder transferiert wird, wo Sparen besonders wehtut".

Harry S. Truman verkündete 1949 als vierten Punkt seiner Antrittsrede verstärkte Maßnahmen zur Entwicklungshilfe und fand damit positive Resonanz in der amerikanischen Öffentlichkeit. Die Vision einer auf konstruktive Friedensaufgaben eingestimmten Nachkriegswelt war noch nicht einer durch den Kalten Krieg geteilten Welt gewichen. Nach dem Vorbild des Marshallplans, der die Erholung Westeuropas vorantrieb, wollten die amerikanischen Wähler den unterentwickelten Ländern über die Schwelle einer industriellen Revolution hinweghelfen.

Naturwissenschaftler aller Länder stellten sich in den Dienst dieses großen Ziels. Sie hatten als erste die Dringlichkeit der Aufgabe begriffen, die Technik fest im Griff und machten sich Gedanken über Ressourcen und Bevölkerungswachstum (wenn nicht sogar schon über die „Umwelt"). Sie fühlten sich nach der symbolischen Teilung der Wissenschaft, die C.P. Snow in seinem kontroversen Essay über „die zwei Kulturen" eingeführt hatte, von den „anderen" verlassen, Widerstand aus den Geisteswissenschaften ließen weder Sinn noch Interesse für die *Conditio humana* erkennen: Humanisten ohne Humanität.*

Mit den im Krieg gesammelten politischen Erfahrungen stellten sich die Naturwissenschaftler den Vereinten Nationen zur Verfügung und richteten technische Dienste ein. John Boyd-Orr kümmerte sich um den Aufbau der *Food and Agricultural Organization* FAO; er wurde ihr erster Direktor. Der Kinderarzt hatte sich Anfang des Jahrhunderts ins britische Unterhaus wählen lassen, weil er verstanden hatte, daß seinen Schützlingen in den Slums von Glasgow mit Medizin allein nicht zu helfen war. Den Psychiater Brock Chisholm trieb die Kluft zwischen Medizin und Gesundheit zur Gründung der Weltgesundheitsorganisation WHO *(World Health Organization)*. Der Biologe Julian Huxley und der Geophysiker Pierre Auger engagierten sich für den Aufbau der UNESCO *(United Nations Educational, Scientific and Cultural Organization)*; die Entsendung von Büchern und Lehrern sollte wissenschaftliches und technisches Wissen in die Dörfer bringen. Im Lauf der Jahre mobilisierten noch zahlreiche andere Sonderorganisationen der UN Zehntausende von Naturwissenschaftlern und Ingenieuren aus allen Ländern für ihre Sache; sie verschafften den Vereinten Nationen nicht nur in den Hauptstädten, sondern auch in den Dörfern der unterindustrialisierten Staaten Präsenz.

Das internationale Forum der Wissenschaftler formulierte 1960 in der Erklärung von Rehovot zum Abschluß einer Konferenz in Israel seine Ansichten über die Rolle der Wissenschaft bei der wirtschaftlichen Entwicklung:

> Es gibt kein Naturgesetz, das wissenschaftlichen und technischen Fortschritt auf die entwickelten Staaten des Westens beschränkt. Die neuen Staaten sollten nicht ebenfalls den langen und beschwerlichen Pfad durchlaufen müssen. Sie können die schwierigen Phasen überspringen, durch die sich die industrielle Revolution des Westen quälen mußte. Genausowenig besteht die Notwendigkeit, das Leid in Kauf zu nehmen, das den Menschen im Westen im Lauf der Jahrhunderte auferlegt wurde... Den neuen Staaten ist mehr Glück beschieden als den älteren Industriestaaten, denn sie können auf die Wissenschaft des 20. Jahrhunderts bauen – und auf das soziale Gewissen des 20. Jahrhunderts.

Seit der Gründung der Vereinten Nationen stand der Sicherheitsrat im Vordergrund. Die Verfasser der Charta der Vereinten Nationen hatten genug praktischen Verstand, um vorzusehen, daß die drängendsten Probleme von den industrialisierten Weltmächten, insbesondere von den beiden Supermächten, nur einstimmig gelöst werden konnten. Gab es keine Übereinstimmung, dann lag die Aufgabe der Vereinten Nationen darin, die Supermächte im Sicherheitsrat und in unendlichen Abrüstungsverhandlungen im Gespräch zu halten und die Sorgen der Welt in Resolutionen der Vollversammlung zu artikulieren. Der Wirtschafts- und Sozialrat wurde indessen nicht müde, an das offene Versprechen zu erinnern. Die Jurisdiktion des Treuhandrats hatte sich auf die letzten Zipfel der früheren Reiche reduziert und auf die Küsten einiger Inseln im Pazifik, die im Zweiten Weltkrieg von amerikanischen Truppen besetzt worden waren.

Die unterindustrialisierte Welt formiert sich

Innerhalb von zehn Jahren waren aus den europäischen Kolonien selbständige Staaten mit Sitz in der Vollversammlung der Vereinten Nationen geworden. Aus 51 Gründungsmitgliedern wurden bis 1994 178 Mitglieder. Immer wieder erinnerten die neuen Staaten in der Vollversammlung an die Pflicht zu wirtschaftlicher und technischer Hilfe, die auf dem Gewissen der Völkergemeinschaft des 20. Jahrhunderts lasten müßte. Noch deutlicher mußten sie an dieses Gewissen appellieren, als es darum ging, faire Handelsbedingungen für ihre Exporte und Importe zu gewähren.

So gering die wirtschaftliche und technische Hilfe auch war, die durch die Kanäle der Unterorganisationen der UN floß, es war auf jeden Fall die beste. Nie hat sie fünfzehn Prozent der Wirtschaftshilfen und der Investitionen überschritten, die von der industrialisierten an die unterindustrialisierte Welt flossen. Doch die multilateralen Leistungen gaben der wirtschaftlichen Entwicklung den größten und nachhaltigsten Auftrieb und fördern sie noch heute. Zunächst war es mobiles technisches Wissen: Lehrer, Bücher, sanitäre und medizinische Versorgung. Auch wenn einige Staaten nicht mehr erhielten, etwas gewannen alle: Die Arbeitskraft wurde, gemessen am Grad der Alphabetisierung und am Rückgang von Sterbe- und Geburtenraten, gestärkt.

Auf Initiative des Entwicklungsprogramms UNDP *(United Nations Development Program)* wurden Luftbilder angefertigt und jeder Staat mit topographischen Karten ausgestattet; die alte Welt hatte für die Entwicklung höhengenauer Karten im Maßstab 1:25 000 Jahrhunderte gebraucht. Mit verschiedenen Prospektierungsmethoden wurden vom Flugzeug aus Ackerboden, Wald und Mineralvorkommen erfaßt. Dank dieser Inventur nahm die Waldfläche Mexikos um sechzehn Millionen Hektar zu, und in Chile wurde eine Lagerstätte mit zehn Milliarden Tonnen sechzigprozentigen Eisenerzes gefunden. Sogar als das Militär in Kambodscha, Laos und Vietnam Gesellschaft und Landschaft verheerte, wurden Untersuchungsbohrungen zur Kartierung des Mekongtals durchgeführt, um erste Maßnahmen zur Hochwasserkontrolle dieses Stromes vorzubereiten. Aquakultur auf allen Kontinenten mit *Tilapia,* dem Petersfisch aus dem See Genezareth, liefert heute dringend benötigtes Eiweiß. Fossiles Wasser aus Wasserhorizonten des Pleistozäns unter der Sahara und der arabischen Halbinsel bewässert – bis die sich nicht regenerierenden Horizonte erschöpft sind – neues Ackerland. Die Pocken sind ausgerottet, und man bekommt die krankheitserregenden Parasiten in den Flußtälern Asiens und Afrikas in den Griff, die Landwirtschaft verhindern und Leben zerstören.

Mit dem Kalten Krieg verlegten sich die meisten Industriestaaten auf direkte Entwicklungshilfe an Empfänger ihrer Wahl und umgingen die multilateralen Programme. Aus den deutlich breiteren Strömen bilateraler Hilfe wurden große Summen für Einzelprojekte hoher politischer oder militärischer Bedeutung zugunsten der Satellitenstaaten der Supermächte und der früheren Kolonien der europäischen Industriestaaten abgezweigt. Wenn die Summen groß genug waren, wie bei der Wirtschafts- und Militärhilfe der Vereinigten Staaten für Taiwan und Südkorea, und die Begleitumstände günstig, weil zum Beispiel Japan in den beiden Ländern investierte, dann wurde damit auch eine wirtschaftliche Entwicklung in Gang gesetzt. Meistens aber blieb der Einfluß auf die Entwicklung folgenlos oder negativ, so groß die Summen auch waren, wie in Ägypten, wo die Sowjetunion und die Vereinigten Staaten um die Wette zahlten. Die Enttäuschung der Wähler über die negative Bilanz dieser Art von Entwicklungshilfe und die Enttäuschung der Politiker darüber, daß sie auch politisch folgenlos blieb, ließ die „Entwicklungshilfe" auf den letzten Platz auf der politischen Prioritätenliste der USA und der meisten anderen Industriestaaten fallen.

Wirtschaftlich am engsten sind die industrialisierte und die traditionelle Welt durch Investitionen multinationaler Konzerne und durch private Bankkredite miteinander verkettet; diese Entwicklung begann zögernd, die Summen überstiegen aber bald alle Regierungsprogramme. Der private Geldstrom war in diesem Fall sogar noch stärker kanalisiert als die öffentlichen Gelder. Mehr als sechzig Prozent flossen in sechs unterindustrialisierte Länder, deren Bevölkerung weniger als zehn Prozent der unterindustrialisierten Welt ausmachte: Argentinien, Brasilien, Mexiko, Südkorea, Malaysia und Singapur. Doch auch für die übrigen unterindustrialisierten Länder, die sich den Rest teilen mußten, blieben diese Kredite und Investitionen die engste Verkettung mit der Weltwirtschaft.*

Die multinationalen Konzerne sind eine Erscheinung der letzten fünfzig Jahre. Sie verkörpern eine weltumspannende Souveränität völlig neuer Art. 1985 gab es nur vier unterindustrialisierte Staaten, deren Bruttosozialprodukt größer war als der Umsatz des größten Multi (Bild 32). Nach dem gleichen Maßstab war 1989 ein Drittel der 159 Mitglieder der Vereinten Nationen kleiner als der kleinste der 350 größten Multis.

Die multinationalen Konzerne tendierten zunächst dahin, ihre Investitionen in die ehemaligen Kolonien ihres Heimatstaates oder, im Fall der Vereinigten Staaten, nach Lateinamerika und den Philippinen zu lenken. Auf den Plantagen, in den Bergwerken und in den Industrieanlagen der Multis entsteht durchschnittlich ein Drittel der Produktion des jeweiligen Gastlandes, beschäftigt werden hier aber weniger als fünf Prozent der Erwerbstätigen. Wenn man von den Arbeitsplätzen absieht, die die Präsenz der Multis in den Großstädten entstehen läßt, blieb ihr Einfluß auf die Wirtschaftsentwicklung gering. Allerdings wird ein Drittel des Handels zwischen den beiden Welten durch die Multis abgewickelt; und fast die Hälfte davon läuft durch die Bilanzen des jeweiligen Konzerns als interne Transaktion. Im Kapitel 6 werden wir noch ausführlicher beschreiben, wie infolge der von den Multis geschaffenen ökonomischen Strukturen in den Großstädten der armen Länder Inseln des Reichtums entstehen, die den Verhältnissen in den Heimatländern der Multis ähnlicher sind als in dem Hinterland der betroffenen Stadt.

Ende der siebziger Jahre schwollen die Bankkredite flutartig an. Die Ölexporteure hatten die Petrodollars bei den Banken der Öl importierenden Staaten, besonders der USA, deponiert. Die Banken mußten Kunden finden, denen sie die Dollars wieder ausleihen konnten, und sie fanden sie in Lateinamerika. Die Weltbank mußte registrieren, wie die nach Lateinamerika strömenden Devisenkredite durch private Kapitalflucht nach Europa und in die USA wieder neutralisiert wurden.*

Die sich überschlagende Nachfrage der Industriestaaten nach Rohstoffen gab dem Wirtschaftswachstum der unterentwickelten Länder, nicht aber ihrer realen wirtschaftlichen Entwicklung, den wichtigsten Anstoß. In den fünfziger und sechziger Jahren wuchs die Wirtschaft der unterindustrialisierten Länder, in Folge einer sehr kleinen Ausgangsbasis, prozentual stärker als die der Industrieländer. Das blieb so trotz der fallenden Preise ihrer Rohstoffexporte – mit Ausnahme des Erdöls in der kurzen Phase, als die OPEC den Preis bestimmte – und trotz des unerbittlichen Preisanstiegs für importierte Industrieprodukte. Als um 1975 die Wachstumsraten der Industriestaaten sanken, verlor auch die Wirtschaft fast aller unterindustrialisierten Staaten an Fahrt; die ärmsten mußten eine reale Abnahme ihres Bruttosozialprodukts verzeichnen. Gegenwärtig werden durch die aufgenommenen Kredite und die von den Banken verlangten, ja aufgedrängten Sparmaßnahmen die ohnehin stockenden Maßnahmen zur Wirtschaftsbelebung gänzlich abgewürgt.

Die Welt hat in den letzten fünfzig Jahren zusehen müssen, wie die Kluft zwischen den reichen und den armen Ländern tiefer wird, entgegen dem Ziel, das die Vereinten Nationen bei ihrer Gründung verfolgten. Die bedrohliche Entwicklung läßt sich auch in Zahlen ausdrücken: für die Bevölkerung der reichen Staaten steigt der Pro-Kopf-Anteil am Weltsozialprodukt; er schlägt sich nieder als gegenüber den armen Staaten weitaus bessere Lebensbedingungen und höhere Lebenserwartung. Am klarsten wird die Kluft, wenn man sich anschaut, wie schwach die Bindungen während der gegenwärtigen Stagnation der Weltwirtschaft geworden sind.

Vielleicht könnten die Industriestaaten ohne den Rest der Welt gut auskommen, wie ein malthusianisches Irland ohne seine Arbeitslosen. Abgesehen vom Erdöl – dessen Vorräte nicht unermeßlich sind und ohne das auszukommen man ohnehin lernen muß – besitzen die Industriestaaten Ersatzstoffe für alle Produkte, die aus der unterindustrialisierten Welt importiert werden. Die Ersatzstoffe, zum Beispiel Polyäthylen statt Jute, sind Trumpfkarten im Poker mit den armen Staaten um die Handelsbedingungen. Die bestehenden Bindungen treiben, auch wenn sie schwach sind, beide Parteien in eine gegenseitige Abhängigkeit, die letzten Endes den wirtschaftlichen Interessen beider widerspricht.

Als Robert S. McNamara 1976 Präsident der Weltbank wurde, lag das Versagen der „internationalen Gemeinschaft, bei der Entwicklung [der unterindustrialisierten Staaten] zu helfen, offen zutage". In seinem Bericht an den Aufsichtsrat verwünschte er eine Welt, auf der

„schwer benachteiligte Menschen unter so traurigen und erniedrigenden Lebensumständen um ihr Überleben kämpfen, daß es in unserem privilegierten und kultivierten Leben fast die Kraft der Phantasie übersteigt, sich davon eine Vorstellung zu machen".

Hand in Hand schaden Arm und Reich in ihrer glücklosen Gemeinschaft der Biosphäre. Sie gefährden dieses großartige System, weil innerhalb der Staaten und zwischen ihnen Ungerechtigkeit herrscht. Der Anstieg des Kohlendioxidgehalts in der Atmosphäre mag noch rechtzeitig genug erkannt worden sein, so daß die Industriestaaten Alternativen zur Nutzung fossiler Brennstoffe entwickeln können – sowie Möglichkeiten, Energie zu sparen, was die preisgünstigste Alternative sein dürfte. Doch ohne Alternativen, wie sie ihren Hunger stillen können, werden Familien ohne Land weiterhin die tropischen Regenwälder mit Axt und Feuer roden. Vielleicht wird uns die Zeit fehlen, die Folgen auf technische oder andere Art zu reparieren. Die Natur bewegt sich nicht nach Trendlinien. Eine zunehmende globale Erwärmung – falls es das überhaupt gibt – muß nicht der gleichen Linie folgen, auf der die Meßdaten der steigenden Kohlendioxidkonzentration in der Atmosphäre eingetragen sind. Natürliche Vorgänge wie Erdbeben und Wirbelstürme laufen oft unvorhersagbar und katastrophal ab.

Die ersten Warnungen und Reaktionen der Natur haben reiche und arme Staaten daran erinnert, daß sie auf demselben Planeten sitzen. Auf der ersten Umweltkonferenz der Vereinten Nationen 1972 in Stockholm meinten die Vertreter der armen Staaten noch, es sei ein Trick der Reichen, wenn man von ihnen verlange, auf eine Entwicklung zu verzichten, durch die die Umwelt der Reichen beeinträchtigt werden könnte. Seitdem die Verwaltung des Umweltprogramms der Vereinten Nationen in Nairobi angesiedelt ist und sich die intellektuellen Führer der armen Staaten für die Sache des Umweltschutzes engagieren, hat sich der Ton geändert. Im Bericht der Kommission für Umwelt und Entwicklung an die Vollversammlung im Oktober 1989 wurde die Tagesordnung für eine zweite Konferenz der Vereinten Nationen festgelegt, auf der Umwelt und Entwicklung gemeinsam zu behandeln sind. Die Konferenz der Vereinten Nationen für Umwelt und Entwicklung (*UN Conference on Environment and Development,* UNCED) fand im Juni 1992 in Rio de Janeiro statt. Sie diente dazu, eine neue Gemeinsamkeit zwischen zwei Welten und ihren Problemen zu finden – dem Reich der Natur und dem des Menschen.

Verständlicherweise reagierte die Öffentlichkeit in den reichen Staaten schneller auf Umweltprobleme. In Amerika liegt die Giftmüllhalde gleich rechts um die Ecke. Die Menschen in den Industriestaaten merken, daß sie über globale Umweltgefahren nachdenken müssen, wenn sie mit Entwicklungsfragen konfrontiert sind. Die globale Dimension ihrer Lebensweise wird ihnen eines Tages die Augen ganz öffnen für die Tatsache, daß die Verschwendung von Energie und die maßlose Abfallproduktion auf Kosten sowohl aller Menschen als auch der Umwelt gehen. Vielleicht wird dann die Entwicklungspolitik von ganz unten auf der politischen Prioritätenliste wieder nach oben in die Nähe der Umweltpolitik klettern, sogar in den Köpfen der Politiker in den USA und in den anderen Industriestaaten.

WIRTSCHAFTLICHER ZWANG ZU WIRTSCHAFTLICHER HILFE

Schon heute läßt sich der wirtschaftliche Zwang absehen, der die Industriestaaten im nächsten Jahrzehnt zu einer gemeinsamen wirtschaftlichen und technischen Hilfe für die unterindustrialisierten Staaten veranlassen wird, die dem Bedarf wirklich entspricht. Die Notwendigkeit dazu ist durch den plötzlichen Umbruch in Osteuropa nähergerückt. Der Kalte Krieg hat ein abruptes Ende gefunden. Könnten sich die industrialisierten Weltmächte einigen – und die pragmatische Charta der UN setzt dies als eine essentielle Vorbedingung voraus –, dann ließe sich die ungeheure technische Kompetenz der Menschheit dazu mobilisieren, die industrielle Revolution in den unterindustrialisierten Staaten schneller voranzutreiben.

In den Jahrzehnten, die im Kalten Krieg dafür verlorengingen, ist diese Aufgabe beträchtlich gewachsen. Im Jahr 1951 hatte die Expertengruppe der UN den dafür notwendigen Aufwand auf 19 Milliarden Dollar jährlich beziffert. Heute muß mit einer Summe gerechnet werden, die höher ist und möglicherweise 100 Milliarden Dollar übersteigt. Vergleicht man damit die 1000 Milliarden Dollar, die von den Industriestaaten jedes Jahr im Wettrüsten ausgegeben wurden, dann ist die Summe gering. Der ökonomische Zwang, der das Wettrüsten auf beiden Seiten vorantrieb, hat sich nicht geändert. Es käme allen zugute, wenn er sich positiv auf die Wirtschaftsentwicklung auswirken würde.*

Die sowjetische Wirtschaftsform hatte sich nach einer Phase der erfolgreichen Kapitalakkumulation überlebt. 1980 vereinigten die Sowjetunion und Staaten des Comecon 24 Prozent der weltweiten industriellen Wertschöpfung auf sich, Westeuropa 27 Prozent, die USA 21 Prozent, Japan 10 Prozent. Von 1964 bis 1980 war die Wertschöpfung im Ostblock um 60 Prozent gestiegen (Bild 2). Man kann also sagen, daß der Ostblock genauso industrialisiert war wie der Westen. 1984 produzierte die Sowjetunion 154 Millionen Tonnen Stahl – 70 Millionen Tonnen mehr als die USA. Ihre Industrieleistung war nach den USA die zweitgrößte auf der Welt. Doch bei genauem Hinsehen verliert das Bild seinen Glanz. Viele Anlagen sind veraltet, und kaum eine produziert umweltschonend.

Es bleibt eine Schande, wie unfähig die sozialistischen Regierungen waren, die Bevölkerung an den Früchten ihrer erfolgreichen industriellen Revolution teilhaben zu lassen. Die realitätsfremden Phantasien der Industrieministerien in Moskau und in den anderen Zentralen des Comecon blockierten jeden Ansatz, die Nischen zu erkennen, aus denen Konsumentenwünsche sprießen und in denen sich normalerweise mittelständische Industrien mit ihren Vertriebsapparaten ansiedeln. Dorthin wären unter marktwirtschaftlichen Bedingungen die reichlich vorhandenen Produkte der Schwerindustrie von allein geflossen. Aus der Unfähigkeit der Planer erwuchs der ökonomische Zwang zur Rüstungsproduktion.

Auch die Nahrungsmittelproduktion scheiterte in der Sowjetunion. Die Landwirtschaft wurde um Jahrzehnte zurückgeworfen, erst durch die Ermordung von drei bis sieben Millionen Bauern in den dreißiger Jahren, dann durch die Pseudowissenschaft von Stalins Held der Landwirtschaft Trofim Lyssenko.[+] Dank einer gänzlich verfehlten Vorliebe für technisches Gerät wurde die sowjetische Landwirtschaftspolitik von Traktoren beherrscht; Saatzucht und künstliche Düngung brauchten hingegen lange, bis sie den Weg auf die Felder fanden. Allen unglücklichen Maßnahmen der Partei zum Trotz wuchs in den achtziger Jahren auf den Feldern der Sowjetunion dennoch mehr Weizen als in den Vereinigten Staaten. Doch auf dem Weg vom

---

[+] Lyssenko übertrug die Vorstellung, die Umwelt präge die Vererbung stärker als die genetische Veranlagung, auf die Landwirtschaft. Nach jeder Mißernte ließ er folgerichtig die gleiche Weizensorte erneut in Sibirien ansäen, dem Motto folgend: Auch der Weizen wird sich an die Kälte gewöhnen. Anm. d. Übers.

Feld zum Konsumenten ging so viel Getreide verloren, daß Weizen aus Amerika gekauft werden mußte.

In den ersten Jahrzehnten nach dem Zweiten Weltkrieg erreichte die Wachstumsrate der sowjetischen Wirtschaft annähernd 10 Prozent pro Jahr; Mitte der siebziger Jahre dümpelte sie in die Flaute.

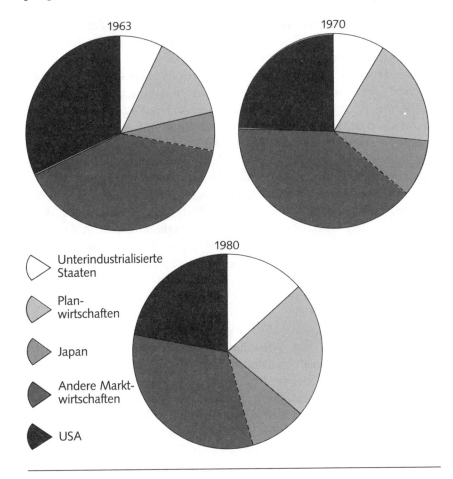

Bild 2: Von 1963 bis 1980 erhöhte sich der Anteil der unterindustrialisierten Staaten an der industriellen Wertschöpfung der Welt von 8 auf 14 Prozent; der Anteil der sozialistischen Planwirtschaften stieg von 15 auf 23 Prozent. Während sich die weltweite Wertschöpfung in dieser Zeitspanne mehr als verdoppelte, sank der Anteil der marktwirtschaftlich orientierten Industriestaaten daran auf 63 Prozent.

Die sowjetische Regierung hat nicht nur die industrielle Revolution bewältigt. Voller Stolz hob sie eine weitere Revolution aus der Taufe, nicht ahnend, daß dies ihr Ende bedeuten würde. Das Analphabetentum wurde überwunden. Prozentual absolvierten mehr Jugendliche Sekundarstufe und Studium als in irgendeinem anderen Land der Welt, ausgenommen die USA. Unter den Universitätsabsolventen waren mehr Naturwissenschaftler und Ingenieure als anderswo. Doch Männer und Frauen, die gelernt haben: „facts kick" – diese Formulierung stammt von dem Soziologen Gunnar Myrdal –, gewöhnen sich an ein Denken, das gegen Autorität von außen resistent ist. Als Michail Gorbatschow an die Macht kam, war eine neue Generation bereit, die Verantwortung mit ihm zu teilen. Die Regimes in Osteuropa verloren ihr Korsett und brachen zusammen.

Für die Gegenseite im Kalten Krieg war diese Entwicklung ein glücklicher Zufall. Die langanhaltende Nachkriegsexpansion der Weltwirtschaft stagnierte, als die OPEC in den siebziger Jahren den Erdölpreis diktierte. 1973 mußte die Regierung Nixon den Dollar, der seit Bretton Woods als Fundament der Weltwirtschaftsordnung gedient hatte, abwerten. Es war eine Art Kapitulation der USA, die in der Folge ihre Hegemonie über die Weltwirtschaft mit dem aufstrebenden Japan und der sich formierenden Europäischen Gemeinschaft teilen mußten, und zwar unter ungeklärten Bedingungen. 1980 begann die „Nachrüstung" und brachte den amerikanischen Haushalt in solche Unordnung, daß die Zahlungsunfähigkeit nur durch Verkauf von Anlagevermögen vermieden werden konnte. Die durch Militärausgaben forcierten Haushaltsdefizite hielten die Wirtschaft bei schleppendem Tempo und federten Rezessionen ab, ganz nach dem Rezept von J.M. Keynes. Aus dem größten Kreditgeber der Erde war ihr größter Schuldner geworden.

Seit 1970 ist die Industrieproduktion der Vereinigten Staaten um 64 Prozent gewachsen, stimuliert durch die Rüstungsproduktion. Doch die zunehmend automatisierte Technik verhinderte, daß in der Produktion Arbeitsplätze entstanden, und auch eine weitere Million Büroangestellte war für die Industrie nicht viel. Hinzu kam, daß der amerikanischen Arbeiterschaft Industrie-Arbeitsplätze verloren gingen, weil die Multis immer mehr Arbeit in die unterindustrialisierten Niedriglohnländer verlagerten. Man gewöhnte sich an Arbeitslosenquoten von fünf Prozent und darüber für ein inflationsfreies Wirtschaftswachstum, obwohl seit 1970 mehr als dreißig Millionen neue Arbeitsplätze entstanden waren.

Aber was für welche? Einer Formulierung des Arbeitswissenschaftlers Eli Ginsberg zufolge handelt es sich bei 23 der 30 Millionen neuen Arbeitsplätze um „lausige Jobs"*; damit bezeichnet er niedrig bezahlte, ungesicherte, häufigem personellen Wechsel unterworfene Arbeitsplätze im Dienstleistungsbereich, von denen ein Haushalt minde-

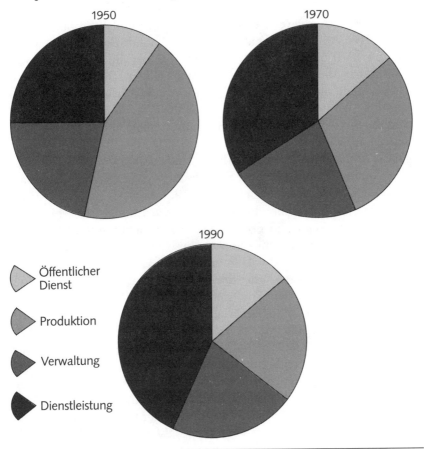

Bild 3: Die Struktur der Berufstätigen in den Vereinigten Staaten hat sich von 1950 bis 1990 durchgreifend verändert. Arbeitsplätze in der Produktion gingen auf zweierlei Wegen verloren: durch Automatisierung und durch Verlagerung lohnintensiver Arbeiten in Niedriglohnländer, eine Spezialität multinationaler Unternehmen. Fast die Hälfte aller Berufstätigen findet sich heute in schlecht bezahlten Dienstleistungsberufen wieder. Auch dort übernehmen jetzt Computer eine Reihe von Aufgaben.

stens zwei braucht, um über der Armutsgrenze zu bleiben (Bild 3). Von Januar 1991 bis Dezember 1991 bewegte sich das Durchschnittseinkommen eines amerikanischen Haushalts, inflationsbereinigt, von der effektiven Höhe des Jahres 1972 zu der des Jahres 1973. Das hat zur Folge, daß viel mehr Menschen Arbeit suchen als vor zwanzig Jahren.

Entsprechend ungerechter sind Einkommen und Vermögen heute verteilt. Der Anteil des Quintels mit dem niedrigsten Einkommen sank von 1970 bis 1986 um 24 Prozent von 5,4 auf 4,2 Prozent des Einkommens aller Haushalte, wobei alle sozialen Transferzahlungen berücksichtigt sind. Aus diesem Topf und aus Verlusten der beiden folgenden Quintele nährten sich die Spitzenverdiener des obersten Quintels. Ihr Anteil am Einkommen aller Haushalte der USA stieg von 40,9 auf 46,1.

Diese Statistiken führen zu anderen Statistiken: Gewaltverbrechen, Drogensucht (Crack-Kokain ist der schnellste Weg, Harlem zu verlassen, wie einst Gin im Birmingham des 19. Jahrhunderts), Bettler und Obdachlose. Die kommende Generation wird noch größere soziale Probleme bekommen: 25 Prozent der Jugendlichen unter 18 Jahren wachsen in Armut auf, die meisten in Haushalten mit nur einem (weiblichen) Elternteil. Die Demontage der Umverteilung von Einkommen und Vermögen führt dazu, daß die staatliche Infrastruktur verfällt, von öffentlichen Diensten wie Großstadtschulen bis zum Schlagloch auf dem Interstate Highway.

Ein Staatsdefizit hält den Konsum aufrecht. Der Militärhaushalt läßt sich durch öffentliche Aufträge im eigenen Land und eine ernstzunehmende Verpflichtung zur Entwicklungshilfe ersetzen. Die Ausgaben dafür würden, wie bei der militärischen Beschaffung, zum größten Teil im Lande bleiben. Hilfszahlungen an das Ausland könnten neue Exportmärkte öffnen. Jeder Dollar, der für „friedliche Güter" statt für Rüstungsgüter ausgegeben wird, läßt anderthalb mal so viele Arbeitsplätze entstehen, und zwar keine aus der Kategorie der „lausigen Jobs". Staatsdefizite, mit denen Entwicklungsausgaben bestritten werden, egal ob sie an einheimische oder ausländische Empfänger gehen, haben nicht nur eine antizyklischen Wirkung, sondern führen auch dazu, daß die Disparität zwischen den Einkommensgruppen nicht größer wird.

Die Verpflichtung zur Entwicklungshilfe wurde allen Industriestaaten auch von Edward Schewardnadse, als er noch Außenminister der

Sowjetunion war, ans Herz gelegt, weil alle Industriestaaten unter den gleichen ökonomischen Zwängen litten. Im Oktober 1989 erklärte er vor der amerikanischen Gesellschaft für auswärtige Politik in New York:

> Vor unser aller Augen schlittert die Welt in eine tiefe Depression. Die Schulden der Staaten der Dritten Welt, die Zinsen, die sie darauf zu entrichten haben, das geringe Tempo ihrer wirtschaftlichen Entwicklung: sind das nicht Anzeichen einer bevorstehenden Katastrophe?...Entschiedene, mutige Schritte müssen unternommen werden, nach der Art des New Deal*; wir müssen eine Politik in Angriff nehmen, die die Entwicklungsländer in die wissenschaftliche und technische Revolution des Informationszeitalters einbezieht.

Sein Vorschlag fand bei den Vereinigten Staaten unter Führung von George Bush wenig Resonanz. Doch die Probleme drängten sich nicht nur in den USA auf die Tagesordnung. Jeder Industriestaat wird auf seine Weise ökonomisch und politisch gezwungen, sich neuen Aufgaben zu stellen. England, Frankreich und Deutschland haben folgerichtig Maßnahmen eingeleitet, die den osteuropäischen Staaten über die unsicheren Phasen beim Aufbau der Marktwirtschaft hinweghelfen sollen.

Ob und wie die Erde eine Bevölkerung von zehn Milliarden Menschen so angemessen und zuverlässig ernähren kann, daß die Menschen ihre Vermehrung bremsen, ist längst mehr als eine akademische Frage oder eine Sache des Gefühls. Klare Fragen warten auf Antworten. Sie zu stellen ist um so dringender, als die heutige Zukunftsplanung, auf die sich Wirtschaft und Politik der internationalen Gemeinschaft einzustellen scheinen, einer Prüfung nicht standhält. Erst muß die Frage nach der Realisierbarkeit dieser Faustischen Vision beantwortet sein, bevor sich irgend jemand dafür engagieren wird. Ehe wir einen bestimmten Weg in die Zukunft wählen, müssen wir wissen, ob er zum Ziel führt.

DIE NÄCHSTEN FÜNF MILLIARDEN: HERZLICH WILLKOMMEN!

Im Jahr 1950 hat kein Mensch für die Bedürfnisse einer Bevölkerung geplant, die sich bis heute auf fünf Milliarden verdoppeln würde. Nach einer nochmaligen Verdoppelung auf 10 Milliarden sind größere absolute Zahlen im Spiel. Bis zum Jahr 2100 werden wir weitere fünf Milliarden Mitmenschen willkommen heißen und in die bereits bedrohte Biosphäre integrieren müssen. Das erfordert Nachdenken, besser noch Planung. Der Bedarf einer Bevölkerung von zehn Milliarden läßt sich auf der Grundlage dessen hochrechnen, was heute fünf Milliarden benötigen.

Angenommen, der Durst von zehn Milliarden Menschen kann durch den ausreichend großen Trinkwasservorrat der Erde gestillt werden – der größte Teil aller Haushalte hat noch immer einen Kilometer oder mehr bis zur nächsten Wasserstelle zurückzulegen –, dann stellt sich die Frage nach den Nahrungsmitteln. Von Roger Revelle, dem großen Ozeanographen, der als erster den Kohlendioxidgehalt der Atmosphäre regelmäßig gemessen und damit die Grundlage für die heutige Klimaforschung gelegt hat, stammen die wichtigsten Hochrechnungen. Dabei halfen ihm Erfahrungen in den salzvergifteten Bewässerungsfeldern Pakistans und Studien zur Bevölkerungsentwicklung an der Universität Harvard.*

Revelle legte den Jahreskonsum der heutigen Weltbevölkerung zugrunde, das heißt 2,8 Milliarden Tonnen pflanzliches Gewebe. Darin sind der unmittelbare menschliche Verzehr, das Futter für Haustiere und 0,4 Milliarden Tonnen Verlust durch Schädlinge, Abfall und Verschwendung enthalten. Verteilt man die verbleibenden 2,4 Milliarden auf die Weltbevölkerung, würde jeder knapp 500 Kilogramm jährlich oder 1,4 Kilogramm täglich erhalten. Diese Menge liefert 2600 Kalorien (eigentlich Kilokalorien, besser 10 800 Kilojoule), die sich aus Kohlenhydraten sowie – auf dem Umweg über die Fütterung von Haustieren – Eiweiß und Fett zusammensetzen. Doch die Jahresmenge ist ungerecht verteilt. Ein Viertel der Menschheit, die Bevölkerung der Industriestaaten, zweigt eine Milliarde Tonnen pflanzliches Gewebe für sich ab; sie erhält nicht 500, sondern 800 Kilogramm pro Kopf und Jahr oder mehr als zwei Kilogramm täglich. Zwei Drittel werden verfüttert und kommen als 1000 Kalorien Eiweiß in Form von Fleisch, Milchprodukten und Eiern auf den Tisch. Ein Drittel wird als Kohlenhydrate verzehrt und ergibt 2000 Kalorien. Zusammen sind das 3000 Kalorien durchschnittlicher Tagesverbrauch.*

Drei Viertel der Menschheit teilen sich in den Rest von 1,4 Milliarden Tonnen Pflanzengewebe, 370 Kilogramm pro Kopf jährlich oder ein Kilogramm täglich. Sie nehmen zwei Drittel als Kohlenhydrate direkt zu sich und verfüttern ein Drittel an ihre Haustiere, die ihnen dafür 200 Kalorien Eiweiß am Tag liefern. Diese für eine gesunde Ernährung sehr knappe Menge wird so schlecht verteilt, daß mehr als eine Milliarde Menschen unzureichend ernährt ist, die meisten davon sind Kinder.

Um im Jahr 2100 zehn Milliarden Menschen wie die Reichen zu ernähren, werden jährlich zehn Milliarden Tonnen Pflanzenmaterial gebraucht. Jeder wäre dann auch all den Krankheiten ausgesetzt, die man in der reichen Welt dem übermäßigen Genuß von tierischem Eiweiß zuschreibt. Wird die Proteinaufnahme auf vernünftige 700 Kalorien pro Tag heruntergeschraubt, dann könnten zehn Milliarden Menschen nach Revelles Rechnung gut mit 7,3 Milliarden Tonnen Pflanzenmaterial pro Jahr auskommen, ohne an Unterernährung zu leiden. Würde man die landwirtschaftliche Fläche mit heutigen landwirtschaftlichen Methoden bestellen, dann, so Revelle, könnte sie 25 Milliarden Menschen ernähren.

Eine Klimaänderung, die sich möglicherweise als Folge der Kohlendioxidanreicherung in der Atmosphäre entwickelt, ist in diesen Berechnungen nicht berücksichtigt. „Heutige landwirtschaftliche Methoden" schließen Maßnahmen zur Bekämpfung der Bodenerosion ein, gegenwärtig die ernsthafteste Bedrohung für die langfristige Nahrungsmittelproduktion. Um die weitverbreitete Unterernährung zu beseitigen, bedarf es einer gerechteren Verteilung der Nahrungsmittel. Wenn Hungersnöte abgewendet werden sollen wie die, unter denen Afrika in den achtziger Jahren gelitten hat, muß das internationale Verteilungssystem gegen die Unwägbarkeiten von Wetter und Ernteausfall gewappnet sein.

Energie wird nötig sein, vor allem bei einer Landwirtschaft, deren Technik die nur durch Sonnenschein erzeugte Ernte vervielfachen soll. Jeder Amerikaner verbraucht heute bedenkenlos eine Energiemenge, die dem Verbrennen von zehn Tonnen Steinkohle im Jahr entspricht. Multipliziert mit zehn Milliarden würde dieser Energiestandard beim Einsatz von Kohle dreißigmal die gegenwärtige Jahresproduktion erfordern, mit der Folge, daß die Steinkohlenvorräte der Welt in fünfzig Jahren aufgebraucht wären. Mit der entsprechenden Immission von Kohlendioxid in die Atmosphäre würde das größte und auch das letzte Experiment in Sachen Klimaveränderung stattfinden.

Die anderen Industriestaaten kommen mit einem Steinkohlenäquivalent von fünf Tonnen pro Kopf und Jahr gut zurecht. Zehn Milliarden Menschen diesen Lebensstandard zu ermöglichen würde aus allen Quellen die fünffache Energieproduktion erfordern. Auf diesem bescheideneren Niveau würde für die armen Länder etwa fünfmal so viel mechanische Energie bereitstehen wie heute, wo höchstens Stadtbewohner Zugriff auf mechanische Energie haben.*

Die zweite Bedarfsrechnung stellt eine leichter zu erfüllende Forderung an die Reserven fossiler Brennstoffe. Doch der größte Teil des 50-Milliarden-Tonnen-Steinkohlenäquivalents muß aus anderen Quellen geschöpft werden als aus fossilen Brennstoffen. Denn die Biosphäre würde eine Kohlendioxidinjektion dieser Größenordnung in die Atmosphäre nicht überleben. Alternative Energiequellen gibt es genug (siehe das 4. Kapitel über Energie). Es ist eine Frage der Technik, aber es ist sicher die wichtigste, vor der wir stehen.

Keine Technik ohne Rohstoffe. Noch lebt die Welt in der Eisenzeit. Die USA produzieren jährlich mehr als 80 Millionen Tonnen Stahl. Für die Stahlproduktion wird immer wichtiger, wieviel fertiges Eisen sich schon auf der Erdoberfläche befindet. Zwar steigt der Verbrauch von frischem Eisenerz leicht, weil das momentan favorisierte Sauerstoff-Blasstahlverfahren keinen hohen Schrottanteil gestattet. Dennoch nähert sich die Stahlwirtschaft beim Recycling von Schrott einem dynamischen Gleichgewicht. Auf dem Boden der USA stehen 5 Milliarden Tonnen Eisen, 20 Tonnen pro Einwohner. In den übrigen Industriestaaten sind es 10 Tonnen pro Kopf. Um 10 Milliarden Menschen auf den 10-Tonnen-Standard zu bringen, müßte die Stahlmenge über dem Erdboden verfünffacht werden. Dazu ist nur die Verdoppelung der heutigen Stahlproduktion der Welt von 750 Millionen Tonnen notwendig; danach könnte das Recycling von Schrott den Stahlbedarf decken.

Lagert noch genug Eisenerz unter der Erdoberfläche? Falls das sechzigprozentige nicht reichen sollte: Erz mit 50 Prozent Eisengehalt gibt es zehnmal so viel. Seine Verhüttung erfordert allerdings mehr Energie.

Wir brauchen bessere Informationen, als sie das Domesday Book des Jahres 1068 bietet, in dem Wilhelm der Eroberer Einwohnerzahl und Ressourcen des eroberten England notieren ließ. Ressourcen sind nicht statisch, sondern eine variable Funktion der jeweiligen Technik. Die Biosphäre ist ein dynamisches, entwicklungsfähiges System, und die Handlungen des Menschen sind Variable in diesem System, die es nicht immer zum Schlechteren verändern. Die Menschen erweitern den Einfluß der Biosphäre auf die Lithosphäre, indem sie ihr immer mehr Eisen entziehen. Der Biosphäre wird mehr Energie von außen verschafft, ohne daß dabei die Vorräte fossiler Brennstoffe angegriffen werden.

Auf lange Sicht, weit ins nächste Jahrhundert und darüber hinaus, müssen die Menschen ihr Handeln so planen, daß die Biosphäre eine „angepaßte Entwicklung" durchläuft. So heißt es in einer Studie aus dem Jahr 1987, die sowjetische und amerikanische Wissenschaftler gemeinsam erarbeiteten, als Ende der sechziger und Anfang der siebziger Jahre der Kalte Krieg eine Phase der Entspannung durchmachte. Am Internationalen Institut für angewandte Systemanalyse IIASA in Laxenburg bei Wien haben sich Wissenschaftler aus aller Welt – auch während der wieder einsetzenden Verhärtung der Fronten – mit dem durch elektronische Rechner ungeheuer gesteigerten Vermögen mathematischer Analyse–Probleme aufgegriffen, die sich bisher wegen ihres Umfangs und der Dauer ihrer Berechnung jedem theoretischen Zugriff entzogen hatten.*

So, wie die Menschen lernen, welche ihrer Handlungen der Biosphäre schaden, begreifen sie auch, wohin sie ihre Anstrengungen lenken müssen, um sie weiterzuentwickeln. Vielleicht wird die Vision des russischen Naturforschers W. I. Wernadskij* vom Anfang dieses Jahrhunderts doch noch Realität. Er sah die Biosphäre mit einer, in seinen Worten, *Noosphäre* verzahnt. *Noos*, wie *bios* und *atmos*, stammt aus dem Griechischen und bedeutet *Einsicht, Vernunft*. In Wernadskijs Vision erhielt der Mensch, geschaffen und erhalten von der Biosphäre, seinerseits die Biosphäre.

Noch ist es nicht so weit. Die ungleiche Verteilung von Arbeit und Vermögen, von Humphry Davy vor zweihundert Jahren als eine praktische Vorkehrung gepriesen, gefährdet heute die Biosphäre. Sollte seine Theorie je zu Wohlergehen und Sicherheit der Menschen beigetragen haben, sie hat sich dennoch überlebt. Lebensbedingungen, die nur ein Viertel der Menschheit von Mühsal und Not befreien, sind nicht von Dauer. Die Befreiung muß weltweit sein, bevor die Biosphäre die Menschheit erhalten kann.

Die Trennung in arme und reiche Staaten begann mit der Einführung mechanischer Energie. Für jede Versöhnung bleibt die großzügige Teilhabe an mechanischer Energie die allererste Voraussetzung. In der zweiten Hälfte unseres Jahrhunderts wurde klar, daß die Energieproduktion aus fossilen Brennstoffen noch vor der Landwirtschaft der stärkste menschliche Angriff auf die Biosphäre ist. Ob die Zinsen hoch sind oder niedrig, wir müssen der Entwicklung alternativer Energietechnik höchste Priorität einräumen. Die beste Alternative – die Erde mit Solarkollektoren zu bestücken und den grünen Blättern nachzueifern, die die Biosphäre mit Energie versorgen – ist gegenwärtig auch technisch am ausgereiftesten. Es gibt keinen besseren Weg, die Biosphäre nachhaltig, also frei von unerwünschten Nebeneffekten, zu entwickeln.

Landwirtschaft ist die technische Grundlage jeder Zivilisation. Sie drang in die ursprünglichen Wälder vor – etwa die Hälfte des Waldgebietes wurde gerodet –, legte Sümpfe trocken, bewässerte Trockengebiete und ernährte auf diese Weise bis 1950 eine Weltbevölkerung von zweieinhalb Milliarden Menschen. Die weitere Verdoppelung der Menschheit wurde nicht wie früher durch die Bestellung der doppelten landwirtschaftlichen Nutzfläche möglich, sondern durch die zweifache Ertragsmenge. Dank neuen Wissens um die Physiologie der Pflanzen fährt intensive Landbewirtschaftung heute mehr als die doppelte Ernte pro Hektar ein. Dies ist die einzige Methode, um das Nahrungsmittelangebot zu steigern.

Die besten Methoden moderner Landwirtschaftstechnik ziehen aus einem Acker fünfmal so viel Frucht wie im Weltdurchschnitt. Selbst eine Menschheit, die jeden malthusianischen Alptraum übertrifft – zum Beispiel die 25 Milliarden Menschen aus Revelles Tragfähigkeitsrechnung –, könnte ernährt werden. Doch moderne Landwirtschaftstechnik verschwendet Energie. Pro Hektar muß ein Vielfaches der Menge aufgewendet werden, die beim traditionellen Ackerbau als biologische Energie zwischen Saat und Ernte notwendig war. Die negativen Folgen des hohen Energieaufwandes für die Ökologie der Böden müssen schnellstens aufgefangen werden, um langfristig die Entwicklung der Biosphäre nicht zu beeinträchtigen.

Wo und wie Menschen leben, macht ihr Leben lebenswert, auch wenn diese Aussage tautologisch ist. Die Stadtbewohner in den westlichen Industriekulturen tragen Erinnerungen an eine längst verlorene Vergangenheit. Am schönsten klingt das in den Worten des Wirtschaftshistorikers R.H. Tawney: „Was die Zukunft auch bringen mag, in der Vergangenheit gab es keine bessere Gesellschaftsordnung als die, in der die meisten Menschen Herren des Stück Landes waren, das ihr Pflug umbrach, und der Werkzeuge, mit denen sie schafften, und als sie sich rühmen konnten: ‚Ein Mann kann unbesorgt sein, wenn er vom Eignen lebt und weiß, wer sein Erbe ist.'"

Nach dem Ende des Zweiten Weltkriegs verließen Jahr für Jahr immer mehr Amerikaner die Innenstädte und siedelten sich in Vororten an. Jetzt verlassen sie die Vororte und ziehen aufs Land – das zum neuen Vorort wird. Wollten sich zehn Milliarden Menschen auf der Welt Einfamilienhäuser bauen, würde das eine Umweltbelastung heraufbeschwören, die schwerer wiegt als die Störung der Biosphäre durch zu viel Kohlendioxid. Vielleicht stehen die landlosen Flüchtlinge aus den überfüllten Dörfern der armen Welt, die voller Hoffnung und Träume für eine bessere Zukunft und ohne Abschiedsschmerz das Land verlassen, der Stadt aufgeschlossener gegenüber; die Weltbevölkerung ist zum Stadtleben verurteilt, ob es ihr gefällt oder nicht.

Entwicklung der Biosphäre heißt auch Entwicklung des Menschen. Die industrielle ist zugleich auch eine soziale Revolution. Sie hat das menschliche Leben verändert: aus dem selbständigen und sich selbst versorgenden Bauern auf dem Dorf wurde ein städtischer Arbeiter, der in einer für ihn undurchschaubaren Produktion tätig ist. Mit dem Fortgang der Revolution ist die volle Leistungsfähigkeit der Beschäftigten nicht mehr gefragt. Die Industrie produziert mit einem immer kleineren Teil der Bevölkerung einen immer größeren Überfluß. Die Technik hat die Arbeit vom Produkt entfremdet, und keine Industriegesellschaft fand bisher einen Ausweg aus der entstandenen Wertekrise.

Die alten Werte spiegeln sich im Bemühen wider, den Menschen Arbeit zu verschaffen. Die Anstrengungen richten sich aber nicht darauf, Dinge zu produzieren, sondern daß sie verbraucht werden. Wie können wir den Konsum von der Arbeit abkoppeln? So, wie wir heute organisiert sind, müssen die Menschen sogar in einer vollautomatisierten Wirtschaft Arbeitsplätze besitzen, um sich als Konsumenten zu qualifizieren.

Schon der oberflächliche Blick auf gestaltete und natürliche Umwelt der reichsten Nation der Welt zeigt, daß viel Arbeit einfach liegenbleibt. Schlimmer noch, die Arbeit, die für die Zukunft der Gesellschaft am wichtigsten ist – bessere Bildung und Ausbildung der nächsten Generation –, wird am schlechtesten bezahlt. Arbeit, die liegenbleibt, und Arbeit, die nicht richtig bezahlt wird, bedürfen größerer staatlicher Nachfrage. Ein freier Markt schafft das nicht. Auf einer noch zu entwickelnden neuen Werteskala für Politik und Wirtschaft müssen diese Arbeiten ideell und materiell neu eingestuft werden; denn sie machen die Industriegesellschaft reicher als der materielle Überfluß.

Welche Verzweiflung die Wertekrise dem glücklichen Viertel der Menschheit auch bereitet, die unter Armut und Not leidenden Menschen werden sich nicht davon abschrecken lassen, sich dem gleichen Dilemma auszusetzen. Es gab mehr als eine industrielle Revolution. Sie wurde so oft geprobt, daß die nächste Vorstellung weniger brutal und weniger teuer werden wird. Kein einziges Mal vollzog sie sich bei wirtschaftlicher Hilfe aus den reichen Staaten. Vielleicht gelingt es, den 3,75 Milliarden Armen von heute, ihren Kindern und Enkeln – schätzungsweise zehn Milliarden Menschen –, die Leiden zu ersparen, die die industrielle Revolution begleitet haben.

Um die Umwelt zu schützen und die notwendige Entwicklung zu garantieren, bedarf es einer moralischen Umkehr. Wer die Natur ausbeutet, wird sie in seine Obhut nehmen müssen; wer Menschen ausbeutet, wird sich in die Familie der Menschen eingliedern müssen. Investitionen, über die heute entschieden wird, sollten von einem Abschlag auf die Kapitalzinsen begünstigt werden, der sie dahin lenkt, wo sie auch nach fünfzig Jahren noch keine irreparablen Folgen hervorgerufen haben. Die Ressourcen der Erde liefern für zehn Milliarden Menschen alle notwendigen Güter; die Nachfrage ist berechenbar. Die Gier nach Statussymbolen ist unberechenbar. Die Belohnung für Tüchtigkeit muß auf ganz anderen Gebieten angestrebt werden.

Soll die Spezies Mensch eine Zukunft haben, dann müssen die Menschen Mut und guten Willen zeigen und handeln. Am wichtigsten sind richtige Vorgaben und eine richtige Politik. Aber nur das vielgepriesene Individuum kann sie in die Tat umsetzen. Den Versuch schuldet jeder einzelne der Welt. Daß heute eine wachsende Zahl von Menschen diese Verpflichtung fühlt und einlöst, läßt hoffen und darauf vertrauen, daß die notwendige moralische Revolution stattfindet.[+]

In der Sowjetunion und Osteuropa gab es immer aufrechte Menschen, wie der Triumph der Jahre 1989, 1990 und 1991 zeigte. Doch Einzelgänger wagten sich auch im Westen nach vorn. Der Kampf für die Umwelt wurde nicht in Amtsstuben vorbereitet. Heute existiert in jedem westlichen Industriestaat eine Umweltbehörde, doch der An-

---

[+] Vgl. die Liste der Nichtstaatlichen Organisationen und privaten Hilfegruppen im Anhang S. 427

stoß dazu kam weder vom Staat noch von der Wirtschaft. Weniger ins Auge fällt die Arbeit Tausender, die Mittel und Wege fanden, sich dort, wo sie wohnen, und mit ihren eigenen Möglichkeiten für die Entwicklungshilfe zu engagieren.

In einer Gesellschaft ohne Mühsal und Not sind die Verhältnisse aus der Zeit des Mangels auf den Kopf gestellt. Der einzelne kann sein Leben, wenn er es auf Kosten anderer führt, nicht mehr genießen. Das angenehme Leben des Individuums verliert seine Annehmlichkeit bei der gleichzeitigen Verarmung der Gesellschaft. Am Beispiel der USA läßt sich leicht erkennen, wie die Armut zunimmt, seit die Umverteilung von Einkommen und Vermögen rückgängig gemacht wird. Der einzelne kann sein Leben heute nur bereichern, solange auch die Gesellschaft reicher wird. Für dieses Ziel zu arbeiten müßte jeder einzelne seinen Willen und seine Kraft mobilisieren.

2

Biosphäre

Acht der neun Planeten, die um die Sonne kreisen, wurden von der Erde aus besucht. Die beiden erdähnlichen Planeten Venus und Mars, dem Sonneninferno relativ nahe, zeigten den halbleiterbestückten, ferngesteuerten Raumsonden eine unfruchtbare Landschaft, wie wir sie vom Mond kennen. Krater, überprägt von neuen Kratern, zeugen vom Erstarren ihrer Kruste vor mindestens einer Jahrmilliarde. Weit entfernt von der Umlaufbahn des Mars reflektieren vier kalte Zwergsterne, die großen Jupitermonde, das Licht der nicht mehr so nahen Sonne. Noch ist sie stark genug, in ihren gasigen Tiefen träge, Jahrhunderte anhaltende Stürme zu entfachen. Keine Lebensspur findet sich dort draußen.

Auf der 145 Millionen Kilometer von der Sonne entfernten Erde treffen 173 000 Milliarden Watt Strahlungsenergie ein sowie ein tosender Sonnenwind aus energiereichen Teilchen. Leben, wie wir es heute kennen, könnte im gleißenden Schein dieses Sterns nicht existieren, würde nicht das Leben selbst die Erde vor diesen Strahlen schützen. Lebende Organismen haben die einzigartigen physikalischen Bedingungen geschaffen, bei denen Sonnenenergie in Lebensenergie umgewandelt wird, und sie schaffen sie täglich neu.

Hoch oben im blauen Himmel, dem Kennzeichen unseres Planeten, absorbieren und streuen Sauerstoff- und Ozonmoleküle die lebensfeindlichen ultravioletten und die noch kürzeren Wellenlängen der Sonnenstrahlung. In den unteren Schichten der Atmosphäre wandeln Kohlendioxid und andere Spurengase die von der Erde reflektierte Sonnenstrahlung im langwelligen Bereich des sichtbaren Spektrums noch einmal ab. Dieser „Treibhauseffekt" hält die Temperatur der Erdoberfläche wie ein Thermostat innerhalb des engen Bereichs, in dem Wasser seinen flüssigen Zustand bewahrt (Bilder 4 und 6). In den dünnen Schichten an ihrem oberen Rand und in dichteren unteren Schichten absorbiert und streut die Atmosphäre die energiereichen Teilchen des Sonnenwinds und anderer, aus den Tiefen des Weltalls kommender Energieströme. Nur die Lebensprozesse selbst können das lebenserhaltende und lebensschützende Gleichgewicht der Gase in der Atmosphäre erzeugen (Bild 4).

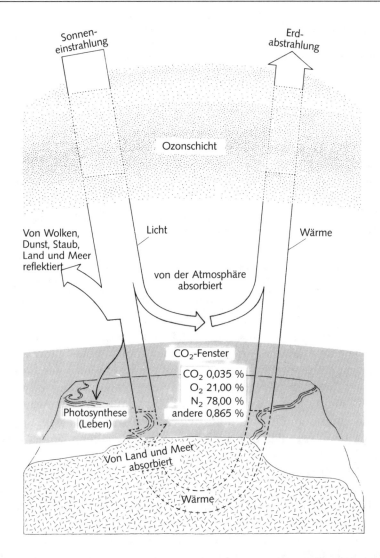

Bild 4: Das Licht der Sonne wird von der Ozonschicht, die abgestrahlte Wärme der Erde vom Kohlendioxid moduliert. Beide Effekte gemeinsam erzeugen die für das Leben optimale Umwelt. Die Ozonschicht absorbiert einen Teil der ungefiltert tödlich wirkenden, energiereichen Sonnenstrahlung aus ultravioletten und noch kürzeren Lichtwellen. Das Kohlendioxid wirkt, analog zu seiner Menge, wie ein Fenster, das mehr oder weniger infrarote Wärmestrahlung von der Erde in den Weltraum entläßt. Dieser „Treibhauseffekt" reguliert die Temperatur von Luft, Land und Meer.

Im ältesten bekannten Sedimentgestein aus der ersten der viereinhalb Milliarden Jahre dauernden Erdgeschichte findet sich ein Beweis für die damalige Präsenz lebender Zellen. Die Tatsache, daß lebende Zellen auftraten, sobald es Temperatur und chemische Voraussetzungen zuließen, spricht dafür, daß die Entstehung des Lebens unvermeidlich war und keinem Zufall zu verdanken ist.

Die Erde umkreist die Sonne im richtigen Abstand; sie ist weder zu nah, um zu heiß, noch zu fern, um zu kalt zu sein. Sie hat eine optimale Größe, ihre Masse reicht aus, um den Kern aus Eisen und Nickel flüssig zu halten, was der Erde hilft, die richtige Temperatur zu erhalten. Die Temperatur des Erdinnern war zum Zeitpunkt ihrer Entstehung beim Gravitationskollaps sehr hoch. Ihre Auskühlung wird zusätzlich durch die Wärme verzögert, die aus dem Zerfall radioaktiver Elemente in Erdkern und Erdmantel hervorgeht. Konvektionsströme im glutflüssigen Erdkern lassen um die Erde ein Magnetfeld entstehen, das den Sonnenwind weit über der Atmosphäre ablenkt (Bild 7). Konvektionsströme im Erdmantel fördern flüssiges Gesteinsmaterial nach oben, bilden neuen Meeresboden und bringen die Kontinente in Bewegung. Die Abtragung der dabei aufgeworfenen Gebirge und die von der Atmosphäre beeinflußte Verwitterung der Erdoberfläche haben längst alle Krater eingeebnet, die einst entstanden waren, als das Schwerkraftfeld der Erde Trümmer aus dem Sonnensystem auf sich zog. Auch geologisch gesehen lebt die Erde.*

Die Masse der Erde bedingt eine hohe Fluchtgeschwindigkeit. Schneller als 11,7 Kilometer pro Sekunde muß ein Molekül – oder eine Rakete – fliegen, um in den Weltraum entkommen zu können. Die hohe Fluchtgeschwindigkeit verhindert, daß die leichten Elemente Wasserstoff, Kohlenstoff, Stickstoff und Sauerstoff, aus denen der Stoff des Lebens vor allem besteht, verlorengehen. Stickstoff und Sauerstoff sind die wichtigsten Bestandteile der Atmosphäre. Sauerstoff und Wasserstoff verbinden sich zu Wasser (H_2O). Das Wasser ist, wie auch die Gase der Atmosphäre, aus seiner ursprünglich chemischen Bindung in der Kristallstruktur der Gesteine entwichen. „Juveniles" Wasser und Gase werden bei jedem Vulkanausbruch freigesetzt, bei dem geschmolzenes Gestein aus der Tiefe an die Erdoberfläche gelangt. Hier muß der Anfang des Lebens liegen, als die auf der Erdoberfläche herrschende Temperatur dem Wasser zum erstenmal erlaubte, flüssig zu werden.

Das Leben ist offensichtlich einzigartig innerhalb des Sonnensystems, aber nicht, weil es an sich unwahrscheinlich ist; das Besondere ist vielmehr die Konstellation der äußeren Bedingungen auf der Erde. Die Wahrscheinlichkeit, daß das gleiche Ereignis auch irgendwo anders im Universum auftritt, basiert darauf, daß es sehr viele Orte mit den erforderlichen Bedingungen geben kann. Die Sonne gehört zu einer Sternenklasse, die schon in unserer eigenen Galaxie, der Milchstraße, unter mehreren Milliarden anderen Sternen einige hundert Millionen zählt. Unter den mehreren Milliarden Galaxien im beobachtbaren Teil des Universums gehört die Milchstraße zu einer Klasse von spiralförmigen Galaxien, die ebenso häufig auftreten. Unter den vielen anderen Planetensystemen müßte sich folglich ein anderer, der Sonne vergleichbarer Stern befinden, der in der optimalen Entfernung auf einen anderen, der Erde vergleichbaren Planeten scheint. Die Existenz der Erde läßt mit einer Wahrscheinlichkeit von nicht weniger als eins zu mehreren hundert Millionen darauf schließen, daß ein anderer solcher Planet irgendwo im Universum oder möglicherweise sogar in der Milchstraße existiert oder existiert hat. Die Wahrscheinlichkeit spricht dafür, daß es anderswo im Universum Leben gibt.*

Wie von einem Tag zum anderen geriet das Leben auf der Erde in die Obhut des Menschen. Die Wahrscheinlichkeit dieses Ereignisses ist so gering, daß sie nicht einmal mit astronomischen Zahlen auszudrücken wäre. Außerdem ist dieses Ereignis von Faktoren begleitet, die nicht dem Zufall zuzuschreiben sind. Die Menschen besitzen die Fähigkeit, empirisches Wissen zu speichern und dementsprechend vernünftig zu handeln. Lange bevor die äußeren Umstände die Frage nach dem Anfang des Lebens sinnvoll erscheinen ließen, versuchten die Menschen, eine Antwort darauf zu finden. Seit ihr Einfluß das Leben auf der Erde bestimmte, ist es für sie unentbehrlich geworden, zu wissen, wie es begann und wie es dazu kam, daß es die Erde besetzte und sie umhüllt. Die Hülle des Lebens um die Erde, die Biosphäre, hat einen Anfang und eine Geschichte; ihre Zukunft ist aber nicht gesichert. Die ständig steigende Zahl von Menschen innerhalb des Systems hat einen großen Einfluß auf diese Zukunft.

Der Ursprung des Lebens

Obgleich flüssiges Wasser dafür unabdingbar ist und fast drei Viertel der Erde von Wasser bedeckt sind, entstünde unter heutigen Bedingungen kein Leben. Wie auch immer die Atmosphäre sich zusammengesetzt haben mag, sie enthielt damals keinen Sauerstoff. Da Sauerstoff sich schnell mit anderen Elementen chemisch verbindet, würde er rasch aus der Atmosphäre auf die Erdoberfläche zurückkehren, falls er nicht durch den massiven Umsatz atmosphärischer Gase in der Biosphäre ständig wieder ersetzt würde. Ausgehend von verschiedenen Erwägungen und dem Wissen über dichte (Venus) und dünne (Mars) Atmosphären anderer Planeten, nimmt man an, daß sich die Erdatmosphäre der Frühzeit nur aus Methan (einer Verbindung aus einem Kohlenstoffatom und vier Wasserstoffatomen, CH_4), Ammoniak (ein Stickstoff- und drei Wasserstoffatome, NH_3) sowie Kohlendioxid (ein Kohlenstoff- und zwei Sauerstoffatome, CO_2) in wesentlich höherer Konzentration als heute zusammensetzte. Die offensichtlich dünne Atmosphäre bot nur einen schwachen Schirm vor den Röntgen- und Gammastrahlen und dem ultravioletten Spektrum im Sonnenlicht und schützte noch weniger vor dem Sonnenwind.

Wenn man im Reagenzglas eine Mischung aus Wasserdampf und Gasen einer vergleichbar harten Strahlung aussetzt, führt diese zur Synthese von kleinen organischen Molekülen, die im wesentlichen aus Kohlenstoff, Wasserstoff und Sauerstoff, häufig auch aus Stickstoff bestehen. Sie werden als „organisch" bezeichnet, weil derartige Verbindungen von den Chemikern des 19. Jahrhunderts, die ihre Zusammensetzung entschlüsselten, zunächst als Produkte von Lebensprozessen aufgefaßt wurden. Doch sie lernten bald, diese Stoffe synthetisch herzustellen. Als später die gleichen Verbindungen in kohlenstoffhaltigen Meteoriten entdeckt wurden, meinten einige Wissenschaftler, daß die ersten Keime des Lebens durch Meteoriten auf die Erde gebracht worden seien. Wie dem auch sei: Unter den kleinen organischen Molekülen, die bei Nachbildungen der früheren Atmosphäre synthetisiert wurden, fanden Forscher einfache Grundbestandteile und nannten sie „Monomere"; sie verbinden sich zu langkettigen Molekülen, den „Polymeren", und bestimmen die Prozesse der lebenden Zelle.*

Daß die Doppelhelix des DNA[4]-Polymers den Bauplan des Lebens in sich trägt und bei Teilung eine identische Zelle entstehen läßt, gehört heute zum Allgemeinwissen. Auch die Rolle der Proteine ist mittlerweile bekannt. Sie liefern Energie, um chemische Reaktionen zwischen Atomen, zwischen Atom und Molekül oder zwischen Molekülen zu beschleunigen, die ohne diese Hilfe viel zu langsam ablaufen würden. Proteine mit ihrer spiralförmigen Grundstruktur tragen den Bauplan der Zelle in sich. Die Frage, wie die in rußigen Meteoriten und sauberen Reagenzgläsern gefundenen Monomere sich zu diesen bemerkenswerten Polymeren zusammenfanden, beschäftigt zahllose gescheite Biochemiker. Eine faszinierende Erklärung lautet, daß Tonminerale, das sind langgestreckte, mit Aluminium und anderen Metallen sowie mit Sauerstoff und Wasserstoff verbundene Siliziumkristalle des frühen Meeresbodens, als gestaltgebender Model dienten, an dem sich die Monomere ablagerten, aufreihten und zu Polymeren zusammenfügten. Sequenzen mit den richtigen Eigenschaften konnten sich davon wieder ablösen. Auf welche Weise sie sich dann zu einer lebenden Zelle verbanden, wirft neue atemberaubende Fragen auf.

Biochemiker können mit Grund auf Antworten hoffen. Von der lebenden Zelle isoliert, zeigen Protein- und DNA-Moleküle die gleichen chemischen Reaktionen, die – wenn sie in der Zelle zusammenwirken – aus der Zelle einen lebenden Organismus entstehen lassen. Überdies wiesen Geologen nach, daß derartige Moleküle sich in den letzten einhundert Millionen Jahren der ersten Jahrmilliarde der Erdgeschichte zu lebenden Zellen zusammenschlossen. Die präbiotische, chemische Phase der Evolution verlief also relativ schnell.

Wesentlich mehr Zeit benötigte die Evolution für den bedeutenderen Schritt von der ersten lebenden Zelle zur Genese mehrzelliger Organismen. Dieser Prozeß nahm die längste Phase der Erdgeschichte in Anspruch, annähernd drei Milliarden Jahre, bis weit in die jüngste Jahrmilliarde hinein. Aus der langen Entwicklungsgeschichte zum mehrzelligen Organismus sind kaum Fossilien erhalten. Die Paläontologie der Zellentwicklung muß ihre Antworten in der Anordnung der Zellen in heute lebenden Organismen suchen.

Zellen, die wahrscheinlich mit den frühen Abkömmlingen der ersten Zellen sehr viel gemeinsam haben, finden sich heute in sauerstoffarmer Umgebung, beispielsweise in Sumpflandschaften, im Schlamm des Ozeanbodens, im Wiederkäuermagen von Rindern (wo sie zur Verdauung von Zellulose dienen, dem häufigsten organischen Molekül), in den Gärkammern des Hinterdarms von Termiten und im menschlichen Darm. Ihr Stoffwechsel funktioniert sehr gut ohne Sauerstoff und folgt bestimmten Schemata. Solche anaeroben Stoffwechselvorgänge nutzt man auch für Vergärungsprozesse in der Industrie. Zum Beispiel könnte man Methan als potentiellen Treibstoff für Kraftfahrzeuge in anaerober Gärung herstellen, um die Erdölvorräte zu schonen.

Die ersten lebenden Zellen erhielten Nahrung aus organischen Molekülen, die in der Ursuppe durch Sonnenlicht photosynthetisch zusammengesetzt wurden. Die in den Aufbau eines Moleküls eingebrachte Sonnenenergie kann durch Spaltung des Moleküls wieder freigesetzt werden und die nächste biochemische Reaktion in der Zelle anregen. Zur Umwandlung des Sonnenmannas dient den Zellen Schwefel. Schwefel besitzt ähnliche, aber etwas schwächere chemische Bindungskräfte als Sauerstoff, und er kommt nicht annähernd so häufig vor. Doch wegen seiner geringeren Reaktionsfreudigkeit stand freier Schwefel häufiger ungebunden zur Verfügung. Das Leben war begrenzt auf Nischen, auf Gewässer, in denen die Nahrungsversorgung gesichert war und den Organismen Schutz vor der energiereichen, kurzwelligen Strahlung bot, die gleichzeitig ihre Nahrung erzeugte.*

In der zweiten Jahrmilliarde auf Erden erwarben lebende Zellen eine neue Fähigkeit. Bestimmte Zellen entwickelten Pigmente, um die kleinen Energiequanten der längerwelligen Strahlen im sichtbaren Spektrum des Sonnenlichts aufzunehmen; mit Hilfe dieser Energie waren sie in der Lage, aus anorganischen Elementen ihre Nahrung in Form organischer Moleküle selbst herzustellen. Kohlendioxid (CO_2) verbanden sie mit Wasserstoff, der zunächst dem Schwefelwasserstoff-Molekül (H_2S) entzogen wurde, um das organische Basismolekül (CH_2O) zu bilden; der Schwefel kehrte als Nebenprodukt in den Kreislauf zurück. Eine Zelle, die zur Photosynthese fähig war, hatte einen großen Vorteil. Als Selbsternährer – Autotropher – konnte sie in Gewässern mit wenig oder keinem organischen Fremdmaterial leben. Der Erwerb an Autonomie, an Unabhängigkeit von der unmittelbaren Umwelt, ist ein häufig zu beobachtender Trend in der Evolution.

Neben den Autotrophen lebten Organismen mit einem primitiven Stoffwechsel, die weiter davon abhängig blieben, daß die Sonne ihre Nahrung synthetisierte. Man bezeichnet sie als Heterotrophe. Eine Vergesellschaftung mit den neuartigen Autotrophen erleichterte es ihnen, sich mit dem für ihren Stoffwechsel erforderlichen Schwefel zu versorgen.

In einem späteren Schritt der Photosynthese wurde das Wasser in seine beiden Atome zerlegt, und der Sauerstoff blieb als Nebenprodukt übrig. Auf die Zellen, auf das ganze damalige Leben wirkte er als Gift. Die Zellen mußten den Sauerstoff mit Eisen binden und in Form

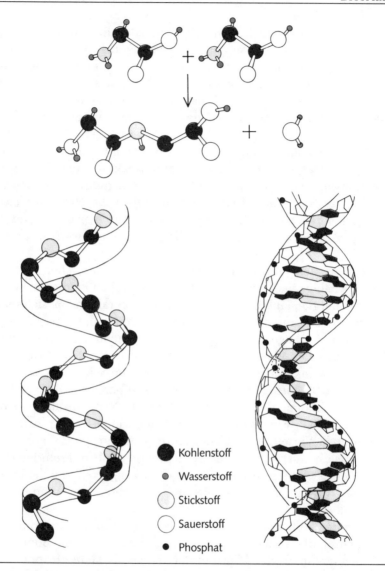

Bild 5: Das Leben resultierte aus der Einwirkung des ungefilterten Sonnenlichts auf einzelne Elemente im Meer und in den Gasen darüber. Dabei kam es zu einfachen Verbindungen wie der Aminosäure Glycin (oben). Die entstehenden „Monomere" hängen sich aneinander und werden zu „Polymeren", wie die einfache Helix eines Proteins (links) und die Doppelhelix der DNA (rechts). Die DNA kann sich verdoppeln und ist der Code für den Bau der Proteine.

von Eisenoxid unschädlich machen. Da Wasser viel mehr verbreitet ist als Schwefelwasserstoff, konnten die neuen Zellen ein wesentlich größeres Gebiet besiedeln. Ihren Erfolg bezeugen die gebänderten, 2,8 Milliarden Jahre alten Eisensteine. Der Wechsel der Bänder mit hoher und niedriger Eisenkonzentration spiegelt die wechselnde Stärke der Zellpopulationen wieder – und damit die Zu- und Abnahme der Sauerstoffkonzentration in der Atmosphäre.*

Der Erfolg dieser Photosynthese blieb lokal begrenzt, bis einige Zellen die Fähigkeit entwickelten, den Sauerstoff für ihren Stoffwechsel einzusetzen, das heißt, die als Nahrung aufgenommenen Moleküle zu spalten und die dabei freiwerdende Energie zu nutzen. Der Stoffwechsel mit Hilfe von Sauerstoff – bei dem heutigen Sauerstoffgehalt der Luft auch aerober Stoffwechsel genannt – stellt die Photosynthese auf den Kopf. Durch Verbrennung oder Oxidation der Nährstoffmoleküle wird die eingeschlossene Sonnenenergie freigesetzt, und die ursprünglichen Bausteine Wasser und Kohlendioxid werden zu Abfallprodukten. Der aerobe Stoffwechsel birgt einen ungeheuren Vorteil, denn er ist rund sechsmal so leistungsfähig wie anaerober Stoffwechsel. Im Fall des anaeroben Stoffwechsels in der menschlichen Zelle werden bei der Oxidation nur zwei ATP-Moleküle, die Energieträger in der Zelle, aufgeladen, beim aeroben Kreislauf dagegen achtunddreißig.

Die photosynthetisch aktiven Autotrophen, die am Anfang die von ihnen abhängigen ersten Heterotrophen mit Nährstoffen versorgt hatten, übernahmen nun die Aufgabe, andere, neue Heterotrophen mit Sauerstoff zu versorgen, so wie heute die Pflanzen die Tiere am Leben erhalten. Die sauerstoffatmenden Heterotrophen belohnten ihre Wohltäter, indem sie Wasser und Kohlendioxid abgaben und der Photosynthese Rohstoff zuführten, so wie heute die Tiere den Pflanzen.

Bald nach dieser Entwicklung machte sich der steigende Sauerstoffgehalt der Atmosphäre auf der ganzen Erde bemerkbar; die gebänderten Eisensteine oxidierten erneut, und in den „Red Beds", den Rotsedimenten, die knapp zwei Milliarden Jahre alt sind, lagerte sich Eisenoxid ab. Die Lebensprozesse gaben damals nur wenig Sauerstoff in die Atmosphäre ab; seine Konzentration erreichte nur 0,2 Prozent, ein Hundertstel der heutigen Konzentration. Immerhin gelangte genug in die oberen Schichten der Atmosphäre, um dort einen wirksamen Ozonschirm gegen die energiereiche, vor allem ultraviolette Sonnenstrahlung aufzubauen.* Im Schutz des Ozonschirms konnten lebende Zellen alle Ozeane und Gewässer besiedeln, eine riesige Oberfläche. Es entstand das Phytoplankton, jene Schicht aus photosynthetisch aktiven Organismen, die der Zündstoff für das Leben im Meer geworden ist.

Die Evolution ließ mittlerweile eine neue Art von Zelle entstehen. In den primitiven Zellen, die das Leben durch die ersten zwei Milliarden Jahre trugen, schwammen die DNA-Moleküle, in denen die genetische Information verschlüsselt ist, ohne Hülle in der Zellsubstanz, wie dies heute noch bei den Bakterien der Fall ist. In der neuen, vielseitigeren Zelle befindet sich der entsprechend kompliziertere genetische Apparat innerhalb einer Membran und bildet den „Nukleus". Der „Eukaryont", die Zelle mit Zellkern, besitzt außer dem Zellkern noch viele andere Organellen mit eigener Membran und manchmal sogar mit einem eigenständigen genetischen Hilfsapparat (Bild 6).

Die ersten Ökosysteme

Aus der Zeit des Ursprungs der Zellentwicklung im Präkambium – in den vier Milliarden Jahren bis zum Auftauchen des ersten vielzelligen Organismus – ist ein wichtiges Fossil vorhanden. Das mit dreieinhalb Milliarden Jahren älteste bekannte Sedimentgestein, das in Australien vorkommt, enthält „Stromatolithen", ausgedehnte, in Kolonien zusammengeschlossene Zellmatten, deren Photosynthese Ähnlichkeit mit lebenden blaugrünen Bakterien aufweist. Koloniebildende Algen wachsen heute noch im seichten Ozeanwasser zu Stromatolithenmatten zusammen.

In der Ursuppe, aus der die fossilen Stromatolithen stammen, mußte der Zusammenschluß in Kolonien den einzelligen Organismen bedeutende Vorteile verschafft haben: bessere Nutzung von Nährstoffkonzentrationen und Wiederaufbereitung von Nährstoffen, die von anderen Zellen nur unvollständig umgesetzt worden waren. Man kann sich leicht vorstellen, daß sich in solchen Gemeinschaften später Individuen entwickelten, die auf die eine oder andere Stoffwechselfunktion spezialisiert waren. Jeder neue Organismus, der sich in einer Nische ausbreiten konnte, bot seinerseits einem neuen Organismus eine Nische. Gemeinsam bildeten sie die ersten Ökosysteme, Gemeinschaften auf der Grundlage von Abhängigkeit und gegenseitiger Unterstützung.

In den Gemeinschaften lieferten Zellen mit der Fähigkeit zur Photosynthese ihr Nebenprodukt aus dem Stoffwechsel an jene Zellen als Nahrung ab, die über diese Fähigkeit nicht verfügten. Eine symbiotische Vereinigung dieser Art mag wohl mehr als einmal beide Partner zu einer einzigen Zelle verschmolzen haben. Dieser Vorgang könnte der Pflanzenzelle ihren Chromophor zugeführt haben – die Organelle, die in den Chloroplasten eines grünen Blattes aufgereiht und für die Aufnahme von Sonnenenergie bei der Photosynthese zuständig ist – zugeführt haben. Der Chromophor gehört zu den Organellen, die in ihrer eigenen Membran eingeschlossen sind und ihre eigene DNA besitzen. Der aerobe Stoffwechsel, auch Atmung genannt, wird von einer anderen Organelle geleitet, dem Mitochondrium, das ebenfalls über eine eigene Membran und eine eigene DNA verfügt. Daß es in allen pflanzlichen und tierischen Zellen vorkommt, mag wohl auch darauf zurückgehen, daß ein effektiver Stoffumsetzer mit einer anderen Zelle nach langer Nachbarschaft verschmolzen ist.

Symbiotische Gemeinschaften werden heute überall in der Natur gefunden und als Zeichen einer auf gleichem Weg fortschreitenden Evolution gewertet. Lynn Margulis ist eine engagierte Vertreterin dieser Hypothese. Die Wurzelhaare von Hülsenfrüchten umschlingen beispielsweise stäbchenförmige Rhizobium-Bakterien, die Stickstoff aus der Luft binden; sie setzen diese Tätigkeit selbst dann fort, wenn sie mit den Wurzelhaarzellen der Pflanze innig verknotet sind. Korallenpolypen verbinden sich ähnlich eng mit kohlenstoffbindenden (das heißt photosynthetisch aktiven) Algen. Flechten, auf den ersten Blick Einzelorganismen, sind eigentlich symbiotische Gemeinschaften aus Pilzen und photosynthetisch aktiven Algen. Bei günstigen Umweltbedingungen können die Partner einiger Flechtenarten auch noch unabhängig voneinander leben.*

Vor ungefähr einer Milliarde Jahren schlossen sich die ersten Zellen mit Zellkern und der Fähigkeit, Sonnenenergie zu speichern und zu nutzen, zusammen. Der erste Bauplan für einen vielzelligen Organismus entstand und führte in kürzester Zeit zu zahlreichen weiteren. Der einzigartige Fossilienschatz aus Weichkörperorganismen in den Rocky Mountains von British Columbia – die Fossilien des Burgess-Schiefers – bezeugt einen Überschwang an Erfindungsgeist. Die Vielfalt der jüngeren Fossilien und der heutigen Lebensformen scheint nur ein dürftiger Ausschnitt der vielen Experimente zu sein, die dort versteinert sind.

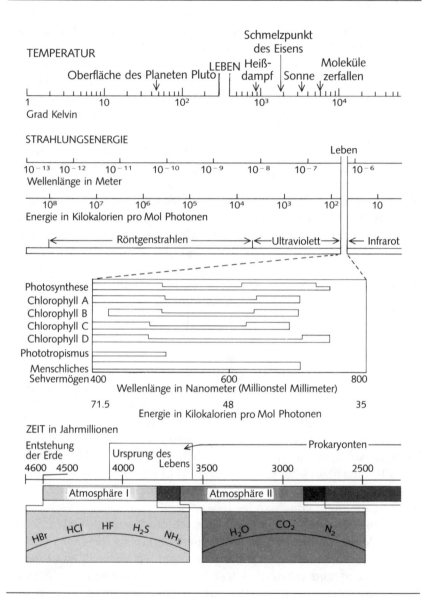

Bild 6: Die schmale Nische, in der Leben möglich ist, umfaßt nur 100 Grad auf der kosmischen Temperaturskala von einer Milliarde Grad Kelvin (oberste Skala). Im Spektrum der Strahlungsenergie (zweite und vierte Skala) bildet sie eine knappe Oktave; darin liegen die Photosynthese, die Zellbewegung (Phototropismus) und das menschliche Sehen. Die wichtigsten Ereignisse der

Die ersten Ökosysteme 67

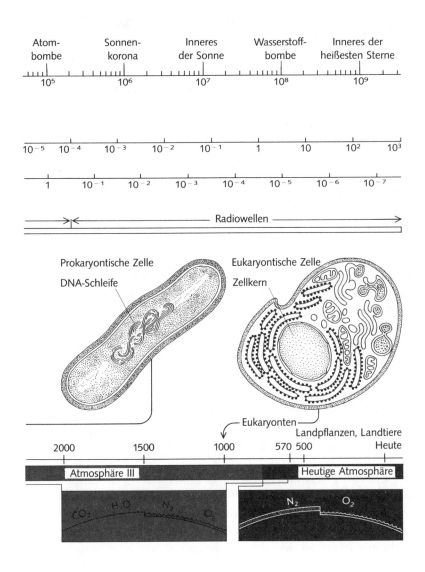

Bild 6 (Fortsetzung):
Evolution sind auf der Skala der Erdgeschichte dargestellt. Schon in der ersten Jahrmilliarde erschienen primitive Zellen. Nach drei Milliarden Jahren traten Zellen mit Zellkern auf, schnell darauf folgten vierzellige Organismen. Die Evolution des Lebens steuerte die Evolution der Atmosphäre.

Aus der ursprünglichen Vielfalt der grundlegenden Baupläne, die im Burgess-Schiefer aufbewahrt sind, und den unergründlichen Auswahlkriterien schließt der Harvard-Paläontologe Stephen J. Gould, daß die Evolution vielleicht die Erde mit einer Ansammlung von Organismen, die sich vollkommen von den uns bekannten unterscheiden, nur schmücken wollte und daß sie den *Homo sapiens* sicherlich nicht geschaffen hat, diese zu bestaunen. Mit dieser Überlegung weist Gould auch die Möglichkeit zurück, daß die Evolution des Lebens irgendwo anders im Universum eine Art hervorbringen könnte, die der menschlichen ähnelt.

Als die Organismen des Burgess-Schiefers im Schlamm konserviert wurden, vor ungefähr 650 Millionen Jahren, hatte die Sauerstoffkonzentration in der Atmosphäre etwa zehn Prozent ihres heutigen Gehaltes erreicht. In einer Art regenerativem Austausch ging die Zunahme von Sauerstoff einher mit der Fähigkeit, ihn zu nutzen. Bald besiedelten die ersten Landpflanzen und Insekten die Kontinente – luftatmende, auf dem Land lebende Abkömmlinge der erfolgreichen marinen Arthropoden, das sind Tiere mit Außenskelett, wie Hummer und Krabben. Der Grundbauplan der Wirbeltiere, die später an Land gingen – Zentralnervensystem, bilaterale Symmetrie, vier Gliedmaßen, Kopf, Kiefer und so weiter – wurde ebenfalls unter Wasser entwickelt.

Die Aktivität der Biosphäre läßt sich auch an Spuren nachvollziehen, die sie in der Erdkruste, der Lithosphäre, hinterließ. In jüngeren geologischen Epochen wurde als Produkt der Photosynthese massenweise Kohlenstoff als fossiler Brennstoff abgelagert. Das Gewicht der Kohlenstoffe übersteigt den Gehalt der heutigen Biomasse, der Masse alles Lebendigen, um mehr als das Fünfzigfache. Doch lange bevor vielzellige Organismen auftauchten, lagerten photosynthetisch aktive Einzeller und die von ihnen Abhängigen eine noch größere Menge Kohlenstoff ab. Einen Querschnitt ihrer Arbeit bieten Seebodensedimente, die heute als Teil der Landschaften von Kontinenten wahrgenommen werden: das Calciumkarbonat der weißen Klippen von Dover oder das Öl im Schiefer der Rocky Mountains sind ihr Produkt. Insgesamt gab die Biosphäre damals, grob geschätzt, 20 000 000 Milliarden Tonnen Kohlenstoff an die Lithosphäre zurück.

Auch die Vorgänge in der Lithosphäre waren für die Evolution des Lebens bedeutsam. Vor über zweihundert Millionen Jahren begann der Zerfall des Superkontinents Pangaea; die entstandenen Kontinentalblöcke drifteten in gemäßigte Zonen, die Küstenlänge vervielfachte sich, und mehr Land profitierte vom ausgeglichenen ozeanischen Klima (Bild 12).* Mehr geographische Nischen öffneten sich der Besiedlung durch Leben und forderten die Entfaltung vielzelliger und einzelliger Organismen und deren Gemeinschaften heraus.

Das Reptil erschien. Mehr als einhundert Millionen Jahre beherrschte es die Biosphäre. Aus der Entwicklung der Reptilien gingen die größten Landtiere hervor. Das Leben an Land muß in jenen Tagen leichter gewesen sein. Der Stoffwechsel der Reptilien arbeitete bei annähernd gleicher Temperatur wie der der Säugetiere, aber er war auf von außen zugeführte Wärme angewiesen, damit er in Schwung kam. Zuverlässig versorgt mit Wärme und einer üppigen Vegetation konnten die Dinosaurier ihre Nahrungsmittelzufuhr in Wachstum umsetzen. Größe bedeutete einen Vorteil: Die Gewebemasse des Barosaurus, des größten Landtiers aller Zeiten, hielt die lebenswichtige Wärme zurück, sowohl die von außen zugeführte als auch die in seinem Inneren vom Stoffwechsel erzeugte. Die Entwicklung der Gewebemasse der Saurier widerspricht der jüngst vorgetragenen Ansicht, daß sie Warmblütler waren, wie die von ihnen abstammenden Säugetiere und Vögel.

Immer wieder stellten Ereignisse in der Lithosphäre die Widerstandskraft der Biosphäre auf eine harte Probe. Aktiver Vulkanismus, der das Auseinanderbrechen und Zusammenstoßen von Kontinenten begleitete, führte zu Perioden plötzlicher Abkühlung, weil vulkanische Asche und Gase den Himmel verhüllten. Das in die Atmosphäre geschleuderte Kohlendioxyd brachte lange Perioden mit warmem Klima. Die Biosphäre überlebte selbst die katastrophalen Veränderungen nach dem Einschlag großer Meteoriten. Ein Einschlag am Ende der Kreidezeit vor siebzig Millionen Jahren hinterließ verstreut um den ganzen Globus eine dünne Schicht iridiumreichen Gesteins. Damit wird das relativ abrupte Aussterben der Dinosaurier und vieler anderer Lebensformen in Zusammenhang gebracht.*

Die heftigsten Schwankungen von Temperatur und Klima der jüngsten Zeit, zu denen wohl auch tektonische Prozesse beitragen, brachten fünf große Eiszeiten. Man nimmt an, daß eine Eiszeit vor allem vom periodischen Zusammentreffen der Neigung der Erdachse mit dem wechselnden Abstand der Erde von der Sonne zusammenhängt: Zufälle im millionenfachen Durchlaufen der elliptischen Bahn seit dem Auftreten eines vielzelligen Organismus.

Die Lebensprozesse führten vor ungefähr fünfzig Millionen Jahren zur heutigen Atmosphäre aus 21 Prozent Sauerstoff und 78 Prozent Stickstoff. Im restlichen Prozent ist Kohlendioxid mit heute 0,035 Prozent als häufigstes Spurengas vertreten. Endlich stand ausreichend Sauerstoff zur Verfügung, um das hohe Stoffwechseltempo zu ermöglichen, durch das die Körperwärme von Vögeln und Säugetieren bei einer Temperatur um 37 Grad Celsius konstant gehalten werden kann. Da für diesen Stoffwechsel der größte Teil der Nahrung eines Säugetiers verwendet wird, können Landsäuger nicht so groß werden wie Dinosaurier. Ein Produkt des Säugetierstoffwechsels ist der Blauwal, der im Wasser noch größer werden konnte als jeder Dinosaurier.

Heute gibt es nur noch verhältnismäßig wenige Reptilienarten. Ihr Vorkommen beschränkt sich auf Gebiete, wo eine zuverlässige Wärmezufuhr gewährleistet ist. Die Unabhängigkeit von der Umgebungstemperatur ist wohl der wichtigste Schritt hin zur Autonomie – vor der Entwicklung der menschlichen Hirnrinde.

Bei einer etwas höheren Sauerstoffkonzentration als in der Biosphäre mit 21 Prozent kann die Reaktionsfreudigkeit des Sauerstoffs im pflanzlichen Gewebe und, bei noch höherer Konzentration, sogar im Gewebe von Säugetieren spontane Verbrennung hervorrufen. Die Biosphäre hält die Sauerstoffkonzentration unter dem kritischen Prozentsatz. Sie bedient sich dabei bestimmter Rückkopplungseffekte in chemischen Kreisläufen, die nicht völlig geklärt sind; auch der Ausstoß von Methan aus verschiedenen Quellen gehört dazu.

DIE BIOSPHÄRE UMHÜLLT DIE ERDE

Die Biosphäre hat die Erde völlig eingehüllt. Ihre untere Grenze findet man in den Tiefseegräben, 10 000 Meter unter dem Meeresspiegel, wo Millionen Jahre alte Ablagerungen marinen Lebens unter jüngeren begraben liegen. Wenn in mittelozeanischen Spalten neues Gestein nach oben steigt und den Meeresboden unter die Kontinente drückt (Bilder 15 und 16), wird dieser Teil der Biosphäre bald wieder in die Lithosphäre eingehen; die Subduktion zieht den Ozeanboden an den Tiefseegräben unter die Kontinentalplatte (Bilder 14–16). Nach Millionen Jahren wird er als Staub und Dampf bei vulkanischen Eruptionen wieder in die Biosphäre zurückkehren.

Die Obergrenze der Biosphäre könnte über der dreißig bis fünfzig Kilometer hohen Ozonschicht in der Stratosphäre gezogen werden. Bis hierher kommt der Sauerstoff aus der Transpiration von Pflanzenblättern. Man kann sie auch, weniger extrem, in die äolischen Höhen des Himalajas legen, wo noch einfache Algen das Sonnenlicht aufnehmen. Die größte Masse lebenden Gewebes der Biosphäre befindet sich zwischen dem Boden der Schelfmeere in vielleicht 1000 Metern Tiefe und der Baumgrenze der Gebirge in rund 3000 Metern Höhe. Auf der Oberfläche eines Globus mit einem Meter Durchmesser wäre diese Schicht weniger als einen Millimeter dick (Bild 8).

Die Biomasse, die Masse lebenden Gewebes in der Biosphäre, hat ein Trockengewicht (also abzüglich des Wassers, das in ihr vorübergehend enthalten ist, wie in grünem Gras, bevor es zu Heu getrocknet ist) von 1200 bis 1800 Milliarden (1,2 bis 1,8 $\times$ 10^{12}) Tonnen – für menschliche Maßstäbe eine riesige Zahl; sie beziffert aber nur einen winzigen Bruchteil, ein Milliardstel (10^{-9}) der Erdmasse. Dieser winzige Bruchteil beweist umgekehrt, welchen enormen Einfluß die Lebensprozesse auf die Erdgeschichte haben.

Die Schätzungen der Biomasse umfassen nicht das tote organische Material im Schlamm des Meeresbodens und in der Erde der Kontinente. Berücksichtigt werden nur Pflanzen und pflanzliche Stoffe: die Phytomasse. Alle anderen Lebewesen zusammen ergeben einen so vernachlässigbar geringen Teil des Ganzen – weniger als 1 Prozent –, daß sie in den Berechnungen unberücksichtigt bleiben können. Dazu gehören neben den Tieren die Bakterien (allerdings nur die heterotrophen Arten, die autotrophen oder photosynthetisch aktiven Bakterien zählen zur Phytomasse), die Protisten (eukaryontische Zellen, wie die Amöbe oder das Plasmodium der Malaria) und die Pilze. Die drei Gruppen stellen die größte Fraktion in dem knappen Prozent, das nicht zum pflanzlichen Leben gehört. Was übrig bleibt, gehört den fünf Milliarden Menschen und allen bepelzten, gefiederten und flossentragenden Geschöpfen, die die meiste Aufmerksamkeit der Menschen auf sich ziehen (und derentwegen hundertmal mehr Besucher in zoologische Gärten gehen als in botanische).*

Das Gewicht der Biomasse verteilt sich zu fast 99 Prozent auf Luft und Wasser, Atmosphäre und Hydrosphäre. Ihr Volumen besteht zu mehr als 99 Prozent aus Luft und Wasser. Für den schwachen Unterschied ist der Wasserstoff verantwortlich; das leichteste aller Atome trägt nur 6,5 Prozent der Masse von 1800 Milliarden Tonnen bei, stellt aber fast die Hälfte aller in der Biomasse vorkommenden Atome bereit. Sauerstoff und Kohlenstoff, aus der Atmosphäre entnommen und konzentriert, bilden fast 93,5 Prozent der Biomasse, bringen aber nur knapp die andere Hälfte der Atome mit.

Der bei weitem größte Gewichts- und Volumenanteil des lebenden Gewebes besteht aus Zellulose, jener Faser, aus der auch das Papier dieses Buches gemacht wurde. Zellulose ist ein Polymer aus Kohlenhydrat-(Zucker-)Monomeren, bestehend aus Kohlenstoff, Wasserstoff und Sauerstoff. Die Proteine in der Biomasse entstehen durch Aufnahme und Einbau von Stickstoffmolekülen aus der Luft.

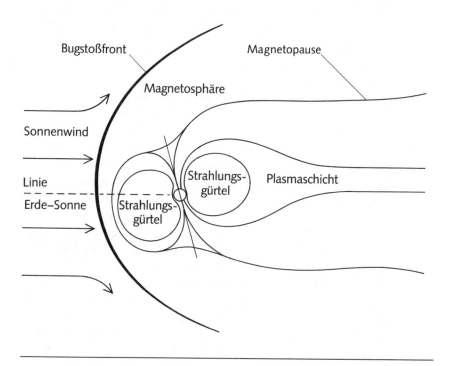

Bild 7: Das Magnetfeld der Erde ist die „vorderste Verteidigungslinie" der Biosphäre. Sie lenkt die energiereichen Elektronen und Ionen des tödlichen Sonnenwinds ab. Die ersten Partikel werden an der Bugstoßfront elektromechanisch abgelenkt, andere Partikel im Strahlungsgürtel über dem Äquator abgefangen und in die windabgewandte Plasmaschicht geschickt.

Den vier Elementen aus Atmosphäre und Hydrosphäre fehlt als Beitrag der Lithosphäre, aus Fels und Boden, nur noch eine Prise: 1,2 Gewichtsprozent. Schwefel wird gebraucht, um in den langen, zusammengefalteten Proteinmolekülen die nebeneinanderliegenden Ketten miteinander zu verbinden und sie in ihrer biochemisch aktiven Lage zu befestigen. Phosphor im ATP und in verwandten Molekülen nimmt Energie auf und gibt sie in Form von elektrischen Ladungen (bei jeder Reaktion) weiter. Mit einem elektrotechnischen Fachausdruck könnte man sagen, daß diese Moleküle die Ladungen wie ein Supraleiter weitergeben, ohne Widerstand und Energieverlust. Natrium, Kalium, Calcium und manchmal Lithium sind notwendig, um elektrische Ladungen durch die Membranen zu bewegen. Calcium und Silicium härten das äußere oder das innere Skelett. Ein einziges Magnesiumatom in jedem Zwischenraum der Chlorophyllmoleküle aktiviert die Aufnahme von Sonnenlicht im Chromophor des grünen Blattes. Eisenatome in den Windungen des Hämoglobinmoleküls führen Sauerstoff zu den Atmungsorganen in den Zellen aller Vertebraten und auch einiger Evertebraten. Die Biomasse einschließlich ihres menschlichen Ablegers besteht mehr aus Gas als aus Staub; ihr größter Teil wird wieder zu Luft und Wasser.*

Soviel zur Anatomie der Biomasse. Ihre Physiologie – die photosynthetische Herstellung organischer Moleküle und deren Spaltung durch oxidative Prozesse beim Stoffwechsel – sichert die Erhaltung der Biosphäre durch Selbsterneuerung. Die photosynthetisch aktive Phytomasse – die Pflanzen, aus denen die Biomasse besteht – verwandelt die Energie des Sonnenlichts in chemische Bindungsenergie, um aus Kohlendioxid und Wasser Pflanzengewebe herzustellen.

Bild 8: Die Linie entspricht in Krümmung und Dicke den vier Kilometern der Biosphäre von 1000 Meter Meerestiefe bis zu einer Höhe von 3000 Meter über dem Meeresspiegel auf einem Globus mit einem Meter Durchmesser. In diesem Bereich leben 95 Prozent der Biomasse. Vom Erdmittelpunkt bis zur Ionosphäre sind es 8700 Kilometer.

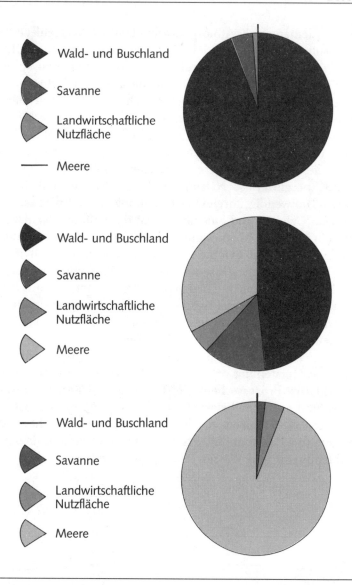

Bild 9: Den größten Teil der Biomasse, gerechnet als Trockengewicht allen lebenden Gewebes, stellen Wälder und Buschland. Dort entsteht auch der größte jährliche Zuwachs an Biomasse. Die Produktivität (Zuwachs/Masse) ist hingegen im Meer am größten; dort entsteht, nach den Wäldern, der zweitgrößte absolute Zuwachs. Die Biomasse der Tierwelt und der Menschheit ist so gering, daß sie auf dem Diagramm nicht darstellbar ist.

Absorption und Reflexion durch Ozon, Wasserdampf und Kohlendioxid senken die Leistung des Sonnenlichts, so daß den Boden nur noch 1000 Watt pro Quadratmeter erreichen. Wenn diese Strahlung ohne Verlust in Elektrizität umgewandelt werden könnte, ließen sich zehn Glühbirnen mit je 100 Watt zum Leuchten bringen. Von den 1000 Watt dient der größte Teil dazu, den Boden und die Luft zu erwärmen. Die Phytomasse braucht davon nur ein Prozent, um Energie für die Photosynthese bereitzustellen.

Das Pigment Chlorophyll der grünen Pflanzen, des größten Teils der Phytomasse, nimmt die Energie des Sonnenlichts auf. Dieses Pigment ist auf die Wellenlängen zweier schmaler Bänder im roten und violetten Bereich des Sonnenlichts abgestimmt; jedes Band ist ein Zehntel des sichtbaren Spektrums breit. Mit bewundernswertem Wirkungsgrad fängt das Chlorophyll über zehn Prozent der Energie ein, die auf diesen Wellenlängen übermittelt wird. Die Photosynthese arbeitet mit höchster energetischer Effizienz: Es genügen vier Lichtquanten, um die beiden Wasserstoffatome aus dem Wassermolekül zu lösen. Nur um die stabilen Sauerstoff-Wasserstoff-Bindungen in H_2O aufzubrechen, wird überhaupt externe Energie gebraucht. Danach laufen die meisten Reaktionen ohne weitere Energiezufuhr von außen ab; die Energie wird zunächst als Bindungsenergie von CH_2O gespeichert, wobei Kohlendioxid den Kohlenstoff liefert; danach steht die Energie für die Synthese viel größerer und viel komplizierterer Moleküle im Gewebe der Biomasse bereit. Das ist der lange Weg, auf dem die Phytomasse neues Gewebe Atom für Atom zusammenbaut.

Im Wald dringt das Sonnenlicht nur bis zu den ersten fünf Blattschichten vor; mehr Oberfläche stellt die Phytomasse nicht bereit. Im Wasser wäre die Schicht der photosynthetisch aktiven Organismen dünner als einen Millimeter, würde man alles, was im lichtdurchdrungenen obersten Meter lebt, an der Oberfläche ausbreiten. An dieser Oberfläche spielt sich der wichtigste Lebensprozeß ab: Bei der Photosynthese atmet die Phytomasse Kohlendioxid ein und Sauerstoff aus.

Trotz aller Feinheiten des Entstehungsprozesses wird Biomasse in einem gigantischen Umfang produziert. Die Phytomasse wächst jährlich um 120 bis 180 Milliarden Tonnen, also um rund zehn Prozent der vorhandenen Masse. Der Zuwachs steht mehr oder weniger im Gleichgewicht mit der Menge der Abfallprodukte aus dem Stoffwechsel der Heterotrophen, die an Atmosphäre und Hydrosphäre zurückgegeben wurden. Um ihren Kreislauf in Betrieb zu halten, muß die

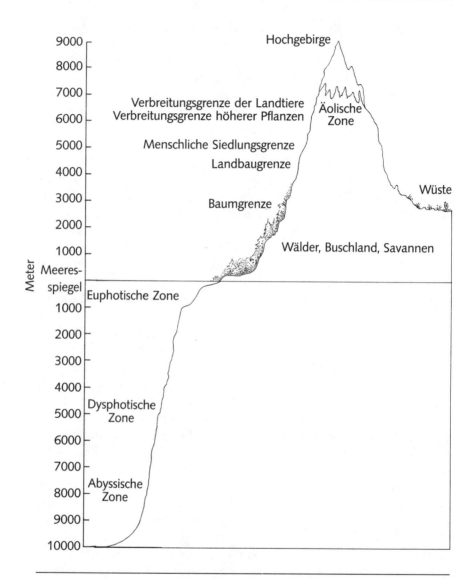

Bild 10: Querschnitt der Biosphäre; sie reicht im Prinzip von der abyssischen Zone der Weltmeere, wo noch Lebensformen ohne Sonnenlicht existieren, über die lichtarmen (dysphotischen) und lichtreichen (euphotischen) Zonen des Meeres bis zu den höchsten Gipfeln, wo Einzeller überleben. Fast die gesamte Biomasse lebt im Bereich des Sonnenlichts zwischen 1000 Metern unter dem Meeresspiegel bis zur Baumgrenze in 3000 Metern Höhe.

Phytomasse viel Bodenwasser durch ihre Gefäße pumpen und verdunsten lassen. Dabei sind die vierzig Prozent der Sonnenenergie, mit denen Luft und Boden erwärmt werden, durchaus nützlich: 2000 Tonnen Wasser müssen verdunsten, um Pflanzenmaterial von fünf Tonnen Trockengewicht zu erzeugen, in dem wiederum drei Tonnen Wasser eingebunden werden. Um zehn Prozent Zuwachs zu produzieren, muß die Biomasse jedes Jahr 60 000 Kubikkilometer Wasser durch ihr Gewebe pumpen. Auf dem Weg über chemische Bindung im Gewebe wird in 15 Millionen Jahren einmal die komplette Hydrosphäre umgesetzt. Der bei der Zerlegung des Wassers freiwerdende Sauerstoff wird an die Atmosphäre abgegeben. Aus der Atmosphäre entnimmt die Biomasse acht Millionen Kubikkilometer Luftgemisch, entzieht ihm Kohlendioxid und bindet die Atome von 60 Milliarden Tonnen Kohlenstoff an den Wasserstoff aus dem zerlegten Wasser. Bei der Photosynthese wird der Kohlenstoff der Atmosphäre in ungefähr einem Jahrhundert einmal umgesetzt. Der gesamte Stickstoff der Atmosphäre läuft bei der Herstellung von Proteinbausteinen einmal in hunderttausend Jahren durch den Kreislauf der Biomasse. Für ihren eigenen Stoffwechsel verbraucht die Phytomasse rund die Hälfte der aufgenommenen Sonnenenergie und die Hälfte des Sauerstoffs, den sie der Hydrosphäre entzieht.

Obwohl die Heterotrophen – die ihre Nährstoffe nicht selbst erzeugen – nur einen verschwindend kleinen Anteil der gesamten Biomassen ausmachen, fressen sie jedes Jahr die komplette Neuproduktion pflanzlichen Gewebes, manchmal ein bißchen weniger; dabei nimmt die Phytomasse zu. Die Heterotrophen verwerten pflanzliches Gewebe bei ihrem Stoffwechsel, entziehen der Atmosphäre den Sauerstoff, den die autotrophe Phytomasse erzeugt hat, und zerlegen den Jahreszuwachs wieder in die Bestandteile Wasser und Kohlendioxid. Die Rückgabe der Ausgangsstoffe an Atmosphäre und Hydrosphäre stimuliert die Lebensprozesse der – autotrophen – Phytomasse.

Photosynthese und aerober Stoffwechsel garantieren nicht nur die ständige Erneuerung der Biomasse, sondern auch das Gleichgewicht des Gasgemischs in der Atmosphäre. Das Gasgemisch steuert die Einstrahlung und Abstrahlung von Sonnenenergie, schirmt tödliche Strahlen ab und hält die Temperatur der Erdoberfläche in einem engen, lebensfreundlichen Bereich.

Unter diesem Gesichtspunkt mag man die Biosphäre – und auch die von der Biosphäre umhüllte Erde – als einen lebenden Organismus betrachten. Der britische Ökologe J.E. Lovelock betrachtet das Wissen über die Erde und ihre Biosphäre im neuen Licht seines Gaia-Konzepts. Vor allem fordert er, den Rückkopplungseffekten, die das System zusammenhalten, mehr wissenschaftliche Aufmerksamkeit zu schenken. Einige Leser Lovelocks stellen Gaia auf den Altar und machen aus seinen Gedanken einen Kult. Man sollte das zumindest als Ausdruck dafür respektieren, wie sehr den Menschen das Wohlergehen Gaias am Herzen liegt, obwohl sie selbst nur einen Bruchteil ihrer Gesamtmasse bilden.*

Die Ökologie, das Studium der wechselseitigen Beziehungen der Organismen untereinander sowie zwischen ihnen und ihrer abiotischen Umwelt – der Biosphäre und ihrer Ökosysteme –, ist die jüngste Disziplin unter den Biowissenschaften. Noch ist sie damit beschäftigt, ihr geistiges Instrumentarium zusammenzustellen. Ihre Vorgehensweise steht zwangsläufig im Widerspruch zu allen Methoden, denen sich das menschliche Wissen seit den letzten vier Jahrhunderten verdankt. Sachwissen ist das Ergebnis einer Analyse: einer Zerlegung des Ganzen, um die Teile zu verstehen. Die Herausforderung von heute heißt, die Teile wieder zusammenzufügen.

Warren Weaver war einer der ersten, die Antworten auf die Orientierungskrise suchten. In den dreißiger und vierziger Jahren unseres Jahrhunderts konnte er die bescheidenen Mittel der *Rockefeller Foundation* zur Förderung der Wissenschaft dafür einsetzen, Fragen des Lebens mit physikalischen Methoden zu untersuchen. Es ist sein Verdienst, daß das Fach Molekularbiologie mindestens ein Jahrzehnt früher etabliert wurde. Damals von ihm geförderte Wissenschaftler erhielten siebzehn Nobelpreise für Entdeckungen auf diesem Gebiet.

Strategisch gesehen deutete Weaver die Krise ungefähr so: Mit der Newtonschen Mechanik umfaßte die Wissenschaft das Reich der geordneten Einfachheit; mit der statistischen Mechanik des 19. Jahrhunderts das Reich der ungeordneten Einfachheit; mit der Quanten-Elektrodynamik des 20. Jahrhunderts das Reich der ungeordneten Komplexität; und heute sieht sich die Wissenschaft mit dem Reich der geordneten Komplexität konfrontiert.

Die Ökologie muß alle Fachrichtungen einbeziehen, die den Menschen die Teile in die Hände gespielt haben, um die Zusammensetzung der einzelnen Teile zu einem sinnvollen Ganzen möglich zu machen. Erstaunlicherweise scheint das gar nicht so schwierig zu sein. Gerade rechtzeitig, um mit der Komplexität fertig zu werden, hat sich das menschliche Hirn der Megabyte-Kraft des Computers versichert.

Jedes Ökosystem beruht auf einer grundlegenden Strategie des Lebens, der nachzueifern immer wieder eine neue Herausforderung bleibt. Im Gegensatz zur Volkswirtschaft rechnen Ökosysteme niemals damit, daß Energie, Luft, Wasser und Boden unendlich wären. In einer endlichen Welt heißt die Strategie des Lebens, aus dem Vorhandenen das Mögliche herauszuholen.

Optimale Energienutzung

Ein Ökosystem optimiert Aufnahme und Speicherung von Sonnenenergie bis zu seinem „Klimaxstadium"; das Volumen der Biomasse wächst, und die Vielfalt pflanzlichen Lebens nimmt stetig zu. Manche Pflanzen verwerten das Licht zunächst in den Baumwipfeln, andere dann in den mittleren Stockwerken und wieder andere schließlich am Boden. Jede Pflanze nutzt die auf ‚ihrem Stockwerk' ankommende Lichtmenge optimal. In jedem Stockwerk wird die gespeicherte Energie an andere Heterotrophen weitergereicht, worauf deren Anzahl und Vielfalt ebenfalls zunimmt. Nahrungsketten entstehen, werden länger und vernetzen sich in alle Richtungen. Die Pflanzenfresser, zahlenmäßig die häufigsten Heterotrophen, ernähren sich von den autotrophen Pflanzen. Dann werden sie zur Beute der Karnivoren, und die Karnivoren erster Ordnung zur Beute der Karnivoren zweiter Ordnung. Dazwischen gibt es noch Omnivoren, von denen *Homo sapiens* sicherlich die interessanteste Spezies ist.

Auf alle Lebewesen lauern zuletzt die Destruenten – kleine Invertebraten (wie Nackt- oder Gehäuseschnecken), Pilze, Bakterien und andere einzellige Lebewesen. Von manchen Destruenten ernähren sich erst noch einmal andere Lebensformen, bevor alle das Ende ereilt. Pilze und Bakterien zerlegen auf ihrer Station das organische Material endgültig. Sie erhalten sich durch den letztmaligen Austausch der Quanten jene Energie, die von einem photosynthetisierenden Pigment am Anfang der vielgliedrigen Kette aus dem Licht der Sonne abgefangen wurde. Im sauerstofflosen Milieu von Humus, Sumpf und Ozeanschlamm ernähren sich einige Destruenten von Stoffwechselzyklen, die sehr gut auch in der Ursuppe funktioniert hätten und möglicherweise dort ihren Ursprung haben.

Bei der Resteverwertung bleiben nur noch lösliche Mineralien übrig. Sie kehren entweder durch den Boden in die Pflanzenwurzeln zurück, oder sie werden weggespült. Natürlich könnte die Energie auch direkt vom Autotrophen zum Destruenten fließen, wie beim *Phragnites australis,* einem hohen, unverdaulichen Grabenschilfrohr mit federartiger Spitze. In sein Gewebe sind feinste Quarzkristalle eingelagert. Nur einige Destruenten sind imstande, es abzubauen.

Von Glied zu Glied in der Nahrungskette, von Knoten zu Knoten im Netz des Ökosystems werden weniger Stoffe und weniger Energie umgesetzt. Als Regel gilt, daß das Stoffvolumen mit jedem Glied ein Zehntel abnimmt. Neun Zehntel werden verbraucht, um die wesentlich höhere Stoffwechselgeschwindigkeit der Heterotrophen zu erhalten; diese 90 Prozent stehen den 50 Prozent Sonnenenergie gegenüber, die bei der Erzeugung des Pflanzengewebes verbraucht wurden. Das erklärt, weshalb die vernachlässigbar geringe Masse der Heterotrophen jährlich ein Zehntel der Biomasse konsumieren muß.

Annähernd das halbe Stoffvolumen wird in Waldökosystemen umgesetzt, davon wiederum die Hälfte in tropischen Regenwäldern, weitere 20 Prozent durch Savannen, Wiesen, Sümpfe und Äcker, und das restliche Drittel übernehmen die Ozeane, die zwei Drittel der Erdoberfläche bedecken. Der jährliche Stoffumsatz pro Flächeneinheit verteilt sich nach der gleichen Rangfolge: Tropenwälder produzieren 1 bis 3,5 Kilogramm Trockengewicht pro Quadratmeter und Jahr, die Wälder der gemäßigten Zonen 0,6 bis 2,5 Kilogramm, Savannen und Wiesen 0,2 bis 2 Kilogramm, Ozeane im weiten pelagischen Bereich 0,022 bis 0,4 Kilogramm und 0,2 bis 0,6 Kilogramm im flachen Schelfbereich.

Die Produktivität der drei Bereiche steht allerdings im umgekehrten Verhältnis zur Masse. In den Wäldern befinden sich mehr als 90 Prozent der Biomasse, doch der insgesamt riesige jährliche Zuwachs beträgt weniger als fünf Prozent. Denn ein großer Teil ihrer Biomasse ist von der Außenwelt abgeschlossen und befindet sich als Zellulose und Lignin in Baumstämmen, Ästen und Zweigen. Zellulose und Lignin haben die Aufgabe, die Blätter nach der Sonne auszurichten und durch dünne aktive Zellschichten unterhalb der Rinde eine Verbindung der Blätter mit den Wurzeln herzustellen. Würde man die Biomassenproduktion der Wälder nur dem kleinen Bruchteil photosynthetisch aktiven Baumgewebes zuschreiben, dann wäre die Produktivität wesentlich höher. Allerdings kann man sich nicht vorstellen, wie das photosynthetisch aktive Gewebe seine Oberfläche der Sonne entgegenhalten sollte, hätte es vorher keine Baumstämme, keine Äste, Zweige und Blätter geformt.*

Die Produktivität der übrigen festländischen Biomasse liegt bei 30 Prozent, landwirtschaftlich genutzte Flächen bei circa 65 Prozent. Die nur dünn verteilte Biomasse der Meere liegt bei weniger als 0,5 Prozent, erreicht aber eine Produktivität von knapp 1500 Prozent; um ein Drittel zum Gesamtumsatz der Biosphäre beizutragen, muß sie ihre Substanz jährlich fast fünfzehnmal umsetzen. Am Ursprungsort des Lebens ist die Produktivität pro Gramm Gewebe am höchsten. Heterotrophe und Autotrophe auf dem Festland müssen sich sichtlich anstrengen, um auch nur in die Nähe solcher Werte zu kommen.

Die Entfaltung der Heterotrophen steht der pflanzlichen Lebens nicht nach; in jedem Lebensraum wird fast jeder Teil der Pflanzen verspeist: Bohrer machen sich über Wurzeln her, Blattläuse zapfen den Saft zarter Blätter und Triebe ab, Würmer nisten im Obst. Die Spezialisierung funktioniert in beiden Richtungen: Heterotrophe, die einer Pflanze nützliche Dienste leisten wie Bestäubung (Bienen und Fledermäuse) und Samentransport (Vögel und Kleinsäuger), fördern damit ihre Verbreitung und öffnen ihr neue Nischen. Wie in der Ursuppe wird jeder Nischenbewohner selbst wieder zur Nische für andere: Maulwürfe fangen Bohrer, Ameisen melken Blattläuse, und Vögel picken Würmer.

Schon in der Ursuppe, wo Nährstoffe, wenn überhaupt, nur zufällig vorkamen, herrschte das Gesetz der Sparsamkeit, das noch heute alle Ökosysteme auszeichnet. Diese Sparsamkeit drückt sich, so paradox es klingt, in einer scheinbar verschwenderischen Großartigkeit aus. Erst nach längerem Studium lernten die Ökologen, wie sich das Netz der Nahrungsketten, der Querverbindungen und Rückkopplungseffekte aufdröseln läßt, durch die alle Organismen in einem System gegenseitiger Erhaltung miteinander verbunden werden und in dem kaum eins der von den Chloroplasten abgefangenen Photonen verschwendet wird.

In den tropischen Regenwäldern blicken die Ökosysteme auf mehrere zehn Millionen Jahre Evolution zurück; Entfaltung und Diversifikation schufen das dichteste und komplizierteste aller Netze. Taxonomen, die fortsetzen, was im Garten Eden begann, nämlich den Pflanzen und Tieren Namen zu geben, schätzen, daß neunzig Prozent der Arten im Regenwald noch nicht bestimmt sind. Ist die Zahl der Arten pro Hektar ungewöhnlich hoch, dann muß die Zahl der Individuen einer bestimmten Art pro Hektar so klein wie möglich bleiben. Diese Notwendigkeit macht das System nicht nur kompliziert, sondern auch stabil. Parasiten sind gut beraten, mit ihrem Wirt eine Symbiose einzugehen, anstatt ihn umzubringen. Wenn der Artgenosse eines getöteten Wirts erst einen Hektar weiter zu finden ist, wird der tödliche Parasit keine Epidemie entfesseln, sondern mit seinem Wirt gemeinsam sterben.

Auch für Stabilität fordert die Natur einen Preis, um der Art die zur Fortführung der Evolution notwendige genetische Vielfalt zu erhalten. Eine fortpflanzungsfähige Population von mindestens fünfhundert Individuen ist notwendig. Solch eine Population beansprucht in den Tropen ein wesentlich größeres Territorium als in Ökosystemen der gemäßigten Zone, wo gesunde Individuen einer Art näher beieinander leben. Wo sich Menschen in zunehmender Zahl niederlassen, geraten Tier- und Pflanzenarten, die zu ihrer Erhaltung große Territorien beanspruchen, automatisch in Gefahr.*

Viele Arten – schätzungsweise mehrere zehntausend – überleben heute nur in „Insel"-Ökosystemen und werden selbst dort von menschlichen Ansiedlungen bedroht. Eine kleine Zahl begehrter Arten, die Harthölzer der Regenwälder, wird dem Exporthandel zum Opfer fallen, der zur Devisenbeschaffung notwendig ist, damit Auslandsschulden bedient werden können.

Tropische Wälder sind noch aus einem anderen Grund gefährdet. Sie stehen in Afrika und Südamerika auf alten Kontinentalschilden, die das letzte Mal vor zweihundert oder mehr Millionen Jahren von Gletschern überformt wurden. Gemeinsam mit der Antarktis und dem indischen Subkontinent bildeten sie einst den Kontinent Gondwanaland, der in höheren Breiten der südlichen Hemisphäre lag (Bild 12). Der Kontinent zerbrach unter der Gewalt der Plattentektonik, seine Fragmente drifteten an ihre heutige Position nahe dem Äquator. Nach Jahrtausenden der Verwitterung sind nur noch die löslichen Minerale der Lithosphäre übrig, die in den Pflanzen und im Humusboden der Wälder zirkulieren. Ein herabgefallenes Blatt wird sofort von Pilzen besiedelt, und seine Minerale befinden sich innerhalb von Stunden oder Tagen wieder in lebendem Gewebe, und nicht erst nach Monaten und Jahren wie anderswo.

Vor allem in den Regenwäldern Afrikas, Lateinamerikas und Indonesiens kann man nicht mehr von potentiellen, man muß von unmittelbar drohenden Gefahren sprechen. Das Schrumpfen der Waldareale durch das beständige Vordringen des Menschen bedroht die Artenvielfalt sogar außerhalb des Waldstückes, das gerade durch

Feuer und menschliche Ansiedlung zerstört wird. Wo der Mensch Wald abholzt und durch Feuer rodet, gibt er den Boden der Auslaugung preis; die letzten löslichen Minerale werden herausgewaschen. Nach mehreren Regenzeiten ist der Boden unfruchtbar; alte Lateritböden werden hart wie Beton.*

Im Amazonasbecken ist jeder Versuch gescheitert, Monokulturen einzurichten. Der Para-Gummibaum *Hevea brasiliensis* lebt in seinem natürlichen Verbreitungsgebiet im Urwald des Amazonas in Symbiose mit einheimischen Pilzen. Doch Gummiplantagen, mit denen man dort zu Beginn des 20. Jahrhunderts experimentierte, wurden durch die Pilze schnell zerstört. Mit Samen aus dem Amazonasgebiet wurden darauf in der südwestpazifischen Inselwelt Kautschukplantagen eingerichtet. Dort, weit entfernt von den Pilzen, hatten die Pflanzer Erfolg.

Die Ökosysteme der gemäßigten Zonen stehen unter umgekehrten Vorzeichen gegenüber den tropischen: Vorteile werden zu Nachteilen und umgekehrt. In den viel jüngeren Wäldern leben wesentlich weniger Arten. Weniger Arten auf einem Hektar bedeutet, daß die Individuen in nächster Nähe zueinander aufwachsen; ein vermehrungsfähiger Bestand beansprucht nur ein kleines Gebiet. Stehen die Individuen enger beieinander, werden sie aber auch anfälliger für Epidemien und Insektenplagen. Die Wälder gemäßigter Zonen wachsen auf Böden, die im Pleistozän zehnmal vereist waren, zuletzt vor zwanzigtausend Jahren. Da sie während der Vegetationsperiode mehr Sonnenlicht erhalten, sind sie robuster, ertragen die Umwandlung in eine Monokultur besser und erholen sich schnell von Bränden, Ungeziefer und Kahlschlag.

Dennoch verlieren selbst Ökosysteme in gemäßigten Zonen ihre Vielfalt, wenn sie der Ausbeutung oder dem Vordringen menschlicher Siedlungen ausgesetzt sind. Eine Art ist genauso sicher wie ihr Lebensraum. Die drastischen Bestandseinbußen des Mittelspechtes in den letzten Jahren sind die Folge der Umwandlung altholzreicher Buchenwälder in Fichtenmonokulturen. Das Fehlen von geeigneten Bruthöhlen und der Nahrungsmangel in totholzarmen Fichtenforsten trugen zum Rückgang der vormals weitverbreiteten Vogelart bei.

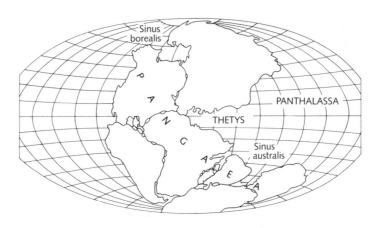

Bild 11: Rekonstruktion des Superkontinents Pangaea und des Weltmeers Panthalassa mit den Teilmeeren Thetis, Sinus borealis und australis. Grundlage der Rekonstruktion bilden die heutigen Kontinentalränder, die Richtung des Magnetfelds im erstarrten Gestein und die Richtung der heutigen Kontinentaldrift. Vor 200 Millionen Jahren lag ein großer Teil des Landes in kalten und ariden höheren Breiten, entfernt von der Küste, und beherbergte wenig Leben.

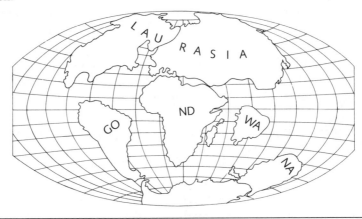

Bild 12: Als Pangaea zerbrach und die Kontinente zu driften begannen (Bilder 13 und 14), entstanden neue Küsten; das Meer drang weit in das bisherige Landesinnere ein. Die Anzahl und Vielfalt lebensfreundlicher Nischen stieg, es entwickelten und verbreiteten sich neue Arten. Dargestellt ist der Zustand vor 135 Millionen Jahren, dem „Zeitalter der Reptilien". Östlich von Afrika befindet sich Indien auf dem Weg nach Norden.

Unsicherheitsfaktor Mensch

Dreieinhalb Milliarden Jahre lang hing die Zukunft der Biosphäre nur davon ab, daß die Sonne konstant strahlte. Jetzt regiert der Mensch. Menschliches Handeln hat die Größenordnung aller Aktivitäten in der Biosphäre erreicht. Das läßt sich leicht daran ablesen, daß eine Bevölkerung von fünf Milliarden zur Ernährung und zu anderen Zwecken fast die Hälfte des jährlichen Biomassenumsatzes braucht.

Zu diesem Ergebnis kamen die Ökologen Robert H. Whittaker und Gene E. Likens. Sie berechneten, daß der Ertrag aus den drei Prozent landwirtschaftlich genutzter Erdoberfläche dank der hohen Produktivität moderner Landwirtschaft zehn Prozent des jährlichen Biomassenumsatzes entspricht. Der Umsatz der Savannen und Weideflächen dient als Viehfutter – das sind weitere zehn Prozent; nach den Gesetzen der Nahrungskette tragen sie nur ein Prozent zur menschlichen Ernährung bei. Zu den zwanzig Prozent festländischen Umsatzes müssen noch einige Prozent aus dem Drittel des Biomassenumsatzes der Meere hinzugezählt werden. Als Whittaker und Likens ihre Schätzungen vornahmen, hatten sich die Fänge aus der weltweiten Fischerei bei etwa 60 Millionen Tonnen eingependelt und hielten sich auch mehrere Jahre auf diesem Niveau. Inzwischen ist der jährliche Fischfang bei über 100 Millionen Tonnen angelangt und steht an der Grenze des natürlichen Zuwachses. Nur Aquakultur in den küstennahen Gewässern könnte künftig noch die Produktion und Produktivität des Meeres steigern.

Dies treibt den Gesamtumsatz der Biosphäre, der für die Zwecke der Menschheit abgezweigt wird, auf vierzig Prozent oder, grob gesagt, auf „fast die Hälfte".

Um weitere fünf Milliarden Menschen auf der Erde willkommen heißen zu können, müßte das Wachstum der Biomasse verstärkt und abgezweigt werden. Das wird nur gelingen, wenn die Biomasse selbst vergrößert (oder ihre ursprüngliche Größe wieder hergestellt) wird. Zunächst bedeutet das eine Steigerung jener zehn Prozent des Biomassenumsatzes, die derzeit von der Landwirtschaft aus drei Prozent der Fläche erwirtschaftet werden; es bedeutet aber auch, die Landwirtschaft auf Neuland auszuweiten. Gleichzeitig könnten die Erträge der Weltmeere durch Aquakultur gesteigert werden. Der Spielraum ist eng, und jede Maßnahme beeinflußt zwangsläufig die ganze Biosphäre.*

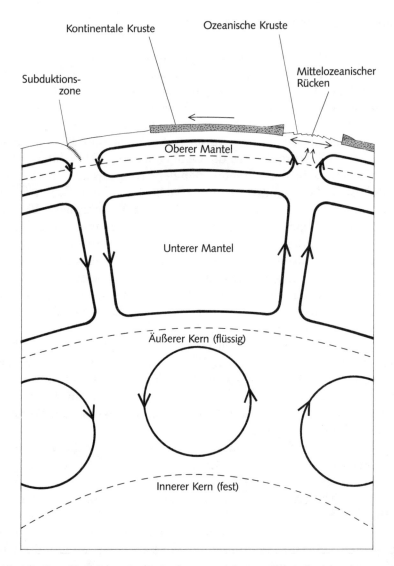

Bild 13: Die Kontinentalverschiebung wird von Konvektionsströmen im dickflüssigen Material des Mantels verursacht. Restwärme aus dem Entstehungsprozeß der Erde und der ständige Zerfall radioaktiver Elemente liefern die Wärme für das langsame „Brodeln". Abwärtsbewegung führt zur Subduktion (Bild 14), horizontale Bewegung läßt die Kontinente driften (Bild 15), aufsteigendes Material spreizt den Meeresboden und bildet mittelozeanische Rücken.

Die Menschen müssen ihr Wissen um die Ökosysteme rasch vergrößern, und sie müssen vor allem den Willen aufbringen, vernünftig danach zu handeln. 1990 wurde von der Internationalen Vereinigung wissenschaftlicher Gesellschaften (ICSU) das internationale Geosphären-Biosphären-Programm (IGBP) ins Leben gerufen. Es soll die Auswirkungen menschlicher Tätigkeit auf die Biosphäre erfassen und darf nicht wieder eingestellt werden. Das Programm liefert über Veränderungen der Biosphäre regelmäßig zuverlässige Daten, die dem Management der Weltwirtschaft neben Verbraucherpreisindex, Arbeitslosenzahl und ähnlichen Wirtschaftsindikatoren als Entscheidungsgrundlage dienen müssen.

Natürlich trägt die Biosphäre die Spuren des Menschen schon seit Tausenden von Jahren. Lange vor der landwirtschaftlichen Revolution erschlossen Menschen die Wälder für die Jagd. Die Verantwortung für das Aussterben der Großsäuger auf den Kontinenten Nordamerika und Eurasien haben vermutlich Steinzeitjäger. Kein Zweifel besteht an der Mittäterschaft des Menschen, wenn es um die großen Verluste an Masse und Vielfalt geht, die die Biosphäre seit der landwirtschaftlichen Revolution erlitten hat.

Bis 1850 verschlang die Landwirtschaft weltweit 15 Millionen Quadratkilometer Wald. Im Jahrhundert darauf wurden noch einmal 25 Millionen Quadratkilometer Wald geschlagen oder verbrannt. Die Hälfte aller Wälder fiel bislang dem Menschen zum Opfer. Die Biomasse verringerte sich dadurch in historischer Zeit um ein Drittel, mehr als die Hälfte in den letzten eineinhalb Jahrhunderten.

Die Entwaldung gefährdet auch jede Zunahme der Biomasse. Kahlschläge in Höhenlagen setzen die Hänge der Erosion aus und das Gebiet flußabwärts der Überschwemmung, weil der Wald den Niederschlag nicht mehr ganz auffangen kann. Werden am Unterlauf des Flusses Felder angelegt, wo einst Wald wuchs, so steigt die Erosionsrate auf das Hundert- bis Tausendfache; lösliche Minerale werden bereits aus dem Boden eines reifen, unverletzten Waldes ausgelaugt. Wird die Grasnarbe aufgebrochen, beschleunigt die Erosion diesen Prozeß um das Zwanzig- bis Zweihundertfache.

Kürzlich wurde ein Radioisotop des Leichtmetalls Beryll mit einer Halbwertszeit von eineinhalb Millionen Jahren zur Messung der Bodenerosionsrate in den wichtigsten Wassereinzugsgebieten eingesetzt. Das Isotop entsteht mit konstanter Rate in der oberen Atmosphäre bei energiereichen, vom Sonnenwind und kosmischen Strah-

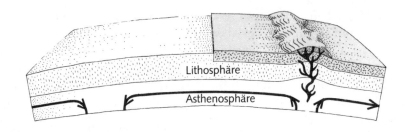

Bild 14: Ein Kontinent wird gespalten, wenn die Konvektionsströme zwischen zwei Kammern auseinanderstreben. Die spezifisch leichteren Gesteine des Kontinents gleiten auf der Lithosphärenplatte wie ein Floß. Lava, die sich aus dem flüssigen Mantelmaterial differenziert und heraufdrängt, schwächt und zerbricht die kontinentale Kruste.

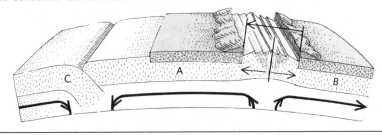

Bild 15: In den Graben zwischen den beiden Kontinentalplatten (A) und (B) des gespaltenen Kontinents dringt Lava von unten her ein, treibt die Platten auseinander und bildet zwischen ihnen eine dünne ozeanische Kruste. Die Drift der kontinentalen Platten wird von den horizontalen Kräften der darunterliegenden Konvektionsströmung verstärkt.

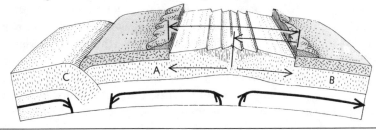

Bild 16: Auf dem ersten Graben bildet die heraufdrängende Lava einen untermeerischen, mittelozeanischen Rücken. Der Meeresboden wird weiter auseinandergespreizt. Die Verbreiterung des Ozeans wird durch die Subduktion von Meeresboden (C) unter die ankommende Kontinentalplatte kompensiert, wobei die Konvektion der nächsten Kammer hilft.

len verursachten Kernreaktionen. Der Regen wäscht es aus der Atmosphäre und lagert es am Boden ab. Im Einzugsgebiet eines Flußsystems wird Boden erodiert und im Delta der Flußmündung und im angrenzenden Schelfgebiet als Sediment wieder abgelagert. Entnimmt man daraus Bohrproben, dann kann man an der Häufigkeit des Isotops die Erosionsgeschwindigkeit der Böden ablesen; seine lange Halbwertszeit ermöglicht eine weit zurückreichende, genaue Dokumentation über Alter und Ablagerungsgeschichte. In neun Einzugsgebieten schritt der Bodenverlust schneller voran, als er durch physikalische und biochemische Prozesse der Gesteinsverwitterung stromaufwärts wieder ersetzt werden konnte – mit dem Faktor 1,2 im Einzugsgebiet des Susquehanna in Pennsylvania, mit dem Faktor 14 im riesigen Einzugsgebiet des Gelben Flusses in China, mit dem Faktor 24 im Narmadatal in Indien.

In den Ländern mit den ältesten Hochkulturen liegen die am stärksten beanspruchten und ausgelaugten Landschaften der Welt. Sicherlich besteht ein Zusammenhang zwischen der unwissentlichen und rücksichtslosen Plünderung der Umwelt und dem Niedergang der großen landwirtschaftlichen Hochkulturen. Zweifellos ist diese Plünderung für die Armut auf der Erde heute mitverantwortlich. Abholzung in den Hochländern, gefolgt von Überschwemmung und Erosion im Tiefland führten zur Abtragung der griechischen Landschaft, die Platon bereits vor 2300 Jahren beklagte. Der gleiche Prozeß, die gleichen tagtäglichen kleinen Entscheidungen und Handlungen der Menschen, die dort wohnen, führte dazu, daß das Mittelmeer von kahler Landschaft umgeben ist. Man kann sich kaum vorstellen, daß diese Gebiete im klassischen Altertum genügend Getreide, Oliven und Wein erzeugten, um sich selbst und die Bewohner der großen Städte zu versorgen. Daß das Land aber schnell wieder fruchtbar gemacht werden kann, läßt sich in Israel und in Marokko nachprüfen.

In der Blütezeit der Han-Dynastie vom 7. bis zum 9. Jahrhundert n. Chr. verlor China den letzten Wald, der auf dem Lößplateau zwischen der Chinesischen Mauer und den regenarmen Grassteppen der Mongolei gestanden hatte. Damals erhielt der Gelbe Fluß seinen Namen. Der Löß besteht aus feinen Staubkörnern, die der Wind aus den innerasiatischen Wüsten heranwehte und auf dem heutigen Plateau ablagerte. Seit der schützende Wald abgeholzt wurde, mischen die erodierenden Gewässer an den schlimmsten Stellen einen

Kubikmeter Schlamm in jeden Kubikmeter Wasser, den der Gelbe Fluß südlich am Plateau vorbeiführt. Weiter flußabwärts, auf seinem Weg durch die flachen Reisfelder Nordchinas zum Chinesischen Meer, brachte er jedes Jahr verhängnisvolle Überschwemmungen, weil der bei langsamer Strömung wieder abgelagerte Lößschlamm das Flußbett schnell über das Niveau der Reisfelder wachsen ließ, vom Jangtsekiang im Süden bis zum Bergland von Dschehol an der Grenze zur Mandschurei.

Fünftausend Jahre lang verließ der Fluß jährlich sein überhöhtes Bett und suchte sich einen neuen Lauf. Sein Delta wanderte entlang der Küste des Chinesischen Meeres vierhundert Kilometer von Süden nach Norden. Seit 1850 wird sein Unterlauf mit heroischer Anstrengung und geschickter Manipulation in Dämme gezwängt – die einzige gerade Strecke auf seinem fünftausend Kilometer langen Lauf. Das Delta hat nur noch vierzig Kilometer Spielraum. Der „Fluch der Söhne von Han" lastet weiterhin auf China; denn das Bett des „schwebenden" Flusses liegt inzwischen rund acht Meter über den Häusern von 250 Millionen Menschen.

Mit keiner Aktion wurde die Zukunft billiger verkauft als mit der Erschließung der letzten 850 Millionen Hektar Prärie für Farmland. Große Regierungsentscheidungen ebneten kleinen individuellen Eingriffen den Weg. In den Vereinigten Staaten wurde ohne Rücksicht auf die Morphologie der Landschaft ein rechtwinkliges Gitternetz über die Prärie gelegt. Ein haarfeines Netzwerk aus Eisenbahnschienen erleichterte den Transport des Weizens.

Der Pflug, mit dem die Ebenen nördlich des Ohio und westlich des Mississippi umbrochen wurden, zog tiefe Furchen in ein zehntausend Jahre altes Ökosystem. Viele einheimische Gräser und Blütenpflanzen verschwanden. Zwar gelang es Botanikern, einzelne Überlebende in Botanischen Gärten zu retten, speziell im Arboretum der Universität von Wisconsin, aber die Pflanzengemeinschaft ist für immer verloren. Auch Bison und Gabelbockantilope, die von der Prärie ernährt wurden, überlebten, aber nicht in dem Ökosystem, das sie genährt hatte und das sie wiederum produzierten auf ihren Wanderungen durch den Kontinent. Der Eingriff in die Prärie entwässerte auch weite Feuchtgebiete im Becken des Mississippi und seiner Nebenflüsse. Der Rückgang der Feuchtgebiete auf ein Drittel ihrer ursprünglichen Ausdehnung wirkte sich auf den ganzen Kontinent aus. Die Zugvogelpopulationen der Wasser- und Küstenvögel verringerten sich drastisch. Die mittelkontinentale Zugroute ist eingeengt und teilweise unterbrochen; die letzten Feuchtgebiete müssen von den Entenjägern eifersüchtig verteidigt werden.

Verfrachtet wurde auch – damit schob der Mississippi sein Delta weit hinaus in den Golf von Mexiko – die Hälfte des 1,80 Meter tiefen Oberbodens, der sich in zehntausend Jahren aufgebaut hatte. Im Jahr 1936 bliesen Staubstürme weite Flächen westlich der 500-Millimeter-Niederschlagslinie und entlang dem hundertsten Längengrad aus; die aufgerissene Bodenkrume hielt in trockenen Jahren nicht mehr zusammen.

Trotz allem bleibt die ehemalige Prärie eine der reichsten Ressourcen der USA, und heute ist sie eine der wenigen Quellen für Exporteinnahmen. Der eßbare Teil der Getreideernte wiegt auf, was das natürliche Ökosystem an Trockengewicht pro Quadratmeter produziert. Die Entscheidungen für die Zukunft, die jetzt von den großen landwirtschaftlichen Unternehmen getroffen werden, lassen allerdings nichts Gutes erwarten. Traktoren, die nur noch über satellitengesteuerte Ortungssysteme feststellen können, wo sie sich befinden, pflügen quer über die Grenzen, die früher Farmen voneinander trennten. Schon werden Furchen quer über Schutzgürtel gezogen, die man nach den Staubstürmen im Jahr 1936 zum Schutz des Bodens vor Erosion anlegte. Wegen der riesigen Entfernungen zwischen Weide und Kornfeld ist es wirtschaftlicher, im Einzugsgebiet des Mississippi Millionen Tonnen Dung in die Flüsse zu spülen und die Pflanzen mit Kunstdünger zu ernähren, dessen Reste Boden und Grundwasser verseuchen. Innerhalb von dreißig Jahren wurden die fossilen Grundwasserreserven in den Oglala-Schichten (unter den Staaten Colorado, Nebraska, Kansas, Oklahoma und Arkansas) verbraucht; Gebiete mit geringen Niederschlägen sind wiederum schutzlos den Staubstürmen ausgesetzt.

Seit der Mitte dieses Jahrhunderts dringt die Bevölkerung in bislang unberührte Wälder und Grasländer in Afrika, Südasien und Südamerika ein. Die Rodung der Urwälder schreitet mit rund 200 000 Quadratkilometern pro Jahr voran. In einigen Gebieten Afrikas und Südasiens hatten die Menschen lange Zeit ihren Wanderfeldbau in vernünftiger Symbiose mit dem Wald betrieben. Der Bevölkerungsdruck hat den Kreislauf aus Brandrodung und Regeneration verkürzt oder zum Stillstand gebracht; das Land bleibt gerodet und verliert seine Produktivität. Von dem weltweiten Waldverlust gehen in Amazonien

35 Prozent, in Süd- und Südostasien 50 Prozent und in Afrika 70 Prozent auf das Konto der Einheimischen. Landlose Siedler, die die Wälder fällen oder abbrennen, um Land für den Ackerbau zu gewinnen, zeichnen für einen wesentlichen Teil der übrigen Waldvernichtung in Asien und Afrika verantwortlich.*

In Lateinamerika wird der von den Besitzlosen angerichtete Schaden nur von Großunternehmen übertroffen, die immer noch daran glauben, daß die fragile Opulenz des Waldes eine reiche landwirtschaftliche Nutzung verspricht. Während der Boden keinen Ertrag mehr abwirft, wenn er gerodet und mit Monokultur bepflanzt wird, lernen Siedler und kleine Unternehmen, daß der Wald kultiviert werden kann. Das Institut für Wirtschaftsbotanik im Botanischen Garten von New York hat in ethno-botanischen Untersuchungen gezeigt, daß die Bewirtschaftung des Waldes mit ihrem Ertrag an Früchten und anderen Nahrungsmitteln sowie an Latex zur Gummiherstellung zwei- oder dreimal so viel Wert erzeugt wie Holzeinschlag oder Rodung, um Weideland zu schaffen. Miniökosysteme aus Menschenhand mit aufeinander abgestimmten Fruchtbäumen und Feldfrüchten werden mit wachsendem Erfolg dem Wald eingepaßt, in dem Maße, wie Erfahrungen gewonnen werden.

In Brasilien werden die kleinen Entscheidungen einzelner durch die große, von der Weltbank geförderte Entscheidung erleichtert, lange Verkehrsschneisen in den Regenwald zu schlagen. Meteorologen befürchten eine abrupte Eskalation der Folgen: Die Hälfte des Niederschlags am Oberlauf des Amazonas stammt aus Regenwolken, deren Wasser sich aus der Transpiration der Wälder im näher am Atlantik gelegenen Unterlauf regeneriert. Wird am Unterlauf gerodet, fällt am Oberlauf weniger Regen; der Amazonas führt weniger Wasser, der Wald nimmt weiter ab, es regnet noch weniger; der Regenerationszyklus ist auf den Kopf gestellt. Am Ende droht die Sahara der Neuen Welt.

Die Vielfalt des Lebens nimmt ab

Die Ausdehnung der Landwirtschaft ging meistens Hand in Hand mit einer Abnahme der Lebensvielfalt in der natürlichen Landschaft. Die ursprünglichen Pflanzengesellschaften müssen Monokulturen weichen, deren Pflanzen für die menschliche Ernährung gezüchtet und geerntet werden. Auch die Gesellschaft der einheimischen Heterotrophen verschwindet. Der kalifornische Kondor, dessen Lebensraum durch Ansiedlung und Aktivitäten des Menschen eingeengt ist, überlebt nur noch in Vogelgehegen; seine Geschichte hat ein Ende gefunden, da es weniger Exemplare gibt, als für eine fortpflanzungsfähige Population notwendig sind. Dem Andenkondor steht die gleiche Zukunft bevor. Kleine isolierte Organismen wie Miss Furbishs Läusekraut oder der Wüstenzahnkärpfling müssen das Feld räumen, noch bevor ihnen ein wissenschaftlicher Name zuteil wurde. Namenlos werden unzählige Bakterienarten in entwaldeten oder von rücksichtsloser Bewirtschaftung mißbrauchten Böden ausgelöscht.

Das Aussterben oder die Gefährdung einer Art kann auch eine unbeabsichtigte Folge anderer Eingriffe sein. Die Raubvögel, Karnivoren der zweiten Ordnung an der Spitze der Nahrungskette, wurden durch das DDT dezimiert, das sich im Gewebe ihrer Beute angesammelt hatte. In Neuengland wechselte man von der Silierung von Grünfutter zur zweimaligen Mahd. Die erste Mahd erfolgt in der Jahreszeit, in der Reisstärling, Wiesenstärling und die Puerto-Rico-Nachtschwalbe normalerweise ihre Jungen großzuziehen versuchen; sie verdrängte die bodenbrütenden Vögel fast aus dem ganzen Land. Noch überleben sie auf wieder stillgelegten Wiesen im nördlichen Vermont und in New Hampshire, aber der wieder vordringende Wald wird ihnen den Lebensraum rauben.

Ein Ökosystem muß nicht völlig kahlgeräumt werden; seine Vielfalt läßt sich auch dadurch reduzieren, daß nur einzelne Pflanzen aussortiert werden. Nach der Ankunft der englischen Siedler verschwanden aus den Wäldern von Neuengland zuerst die höchsten Weißkiefern; mit dem breiten Pfeil des Königs markiert, wurden sie gefällt, um zu Schiffsmasten zu werden. Dann wurde zwei Jahrhunderte lang Sägeholz aus den Wäldern geholt; mit dem Holz wurden weißgetünchte Städte, Farmhäuser und Scheunen errichtet. Heute werden die Häuser ausgeschlachtet, um die schönen, 45 Zentimeter breiten Weißkieferbretter zurückzugewinnen. Die großen Holzgesellschaften und kleinen Sägemühlen ziehen inzwischen das in dritter oder vierter Generation gewachsene Industrieholz aus den Wäldern; als die Weichhölzer abgeholzt waren, stellten sich Zellulosewerke und einige Mühlen auf die Verwertung von Hartholz und von Rinden, Ästen und Blättern um.

Aus den tropischen Regenwäldern Amazoniens und der Antillen holen organisierte Schatzsucher Teak und Mahagoni und verkaufen es in neureiche Industriestaaten. Staatlich subventionierte Habgier flößt bestimmte Langhölzer aus der Aleutenkette in Alaska zu den neuen Massenmärkten auf der anderen Seite des Pazifik, in Länder, die seit ihrer landwirtschaftlichen Hochkultur entwaldet sind. Die gleiche Selektionsmethode hat in der Fischerei die Populationen beliebter und bekannter Speisefische dezimiert; heute kommen Arten auf den Tisch, über die man früher die Nase rümpfte.

Die Gewebemasse eines Ökosystems und seine Artenvielfalt vermindern sich gleichzeitig. George Woodwell faßt das Resultat zusammen: Werden Verbindungen im Ökosystem unterbrochen und Nahrungsketten verkürzt, dann werden (1) Populationen aus kleinen, winterharten Pflanzen, (2) sich schnell reproduzierende Herbivoren mit kleinem Körperbau, und (3) kurze, schnell zur Destruktion führende Nahrungsketten begünstigt. Werden Verbindungen unterbrochen, kommt es zum Verlust an Selbststeuerung; die Populationsdichte der kleineren, schneller reproduzierenden Organismen, die der früheren Regulierung widerstanden, verändert sich rasch. So entsteht die Landschaft, wie wir sie entlang den Highways sehen und als verunkrautete Wiesen und Waldstücke am Rand der amerikanischen Städte kennen.

Ein so düsteres Szenario muß nicht zwangsläufig jede menschliche Besiedlung begleiten. René Dubos*, ein Optimist, zitierte gern Rabindranath Tagore, der aus einem Land stammte, das längst durch Armut und Verschwendung einer alten Hochkultur ausgelaugt war. Tagore schrieb: „Auf einer Reise mit der Eisenbahn von Brindisi nach Calais, durch halb Europa, betrachtete ich diesen Kontinent mit großem Entzücken und Staunen, wie er dank der jahrhundertelangen Fürsorglichkeit seines ritterlichen Liebhabers, der westlichen Humanitas, im Überfluß schwelgt ... das herrliche Liebesabenteuer des Okzidents, der der Erde seine tätige Liebe beweist."

Henry R. Luce, der seinen Stolz auf Amerika, auf die Sierra und die Rockies, durch ein Panorama der Alpen gedemütigt sah, fragte seinen österreichischen Gefährten: „Warum sind diese Berge so wunderschön?" „Weil sie bewohnt sind."

Es klingt paradox und ist doch wahr. An Gebieten, die jahrhundertelang in feudalem Besitz und danach in Staatsbesitz waren, läßt sich zeigen, daß Biosphäre gepflegt werden kann. In bewirtschafteten Forsten, wo auf Flora und Fauna geachtet wird, wächst Holz und gedeiht jagdbares Wild. Gemüsegärten, Weinberge und Bergwiesen, die über Generationen im Besitz einer Familie sind, entwickeln sich zu Symbolen eines Lebensgefühls. Zwar kommen die alten Zeiten nicht wieder, aber die Existenz solcher Ökosysteme könnte den Willen stärken, sie nachzubilden.

Im Nordwesten der Vereinigten Staaten bewirtschaften große Holzgesellschaften eigene Wälder in einem fünfzigjährigen (oder noch längeren) Einschlagzyklus. Es wäre wünschenswert, wenn sie in den Staatswäldern die gleiche Umsicht walten ließen oder vom staatlichen *Forest Service* dazu gezwungen würden. Die Kahlschläge und verlassenen Farmen im Nordosten der USA, auf denen jetzt die dünnen Stämmchen eines Sukzessionswaldes wachsen, schreien nach Wiederaufforstung und Pflege, und obwohl es an beidem mangelt, zeigt die Landschaft die Heilkraft der Biosphäre in den gemäßigten Breiten. In Massachusetts und Connecticut stellen die Städter, die sich in den Farmhäusern der letzten entmutigten Milchbauern Ferienwohnungen einrichteten, mit Freude die Rückkehr von wilden Truthähnen, Coyoten und Schwarzbären fest. Noch sind sie zu zartbesaitet, um die Zahl der Hirsche unter Kontrolle und damit die Tiere bei Gesundheit zu halten. Im engeren Umkreis der Städte simulieren Bäume und Rasen den natürlichen Wald-Wiesen-Saum, mit der Folge, daß die Populationen vieler Singvogelarten eine noch nie dagewesene Größe erreicht haben. Gleichzeitig müssen sich die Vögel darauf gefaßt machen, daß ihre Wintergebiete in der Karibik, in Zentralamerika und im nördlichen Südamerika reduziert werden.

Das derzeitige Aussterben von Pflanzen- und Tierarten ist nur mit der Katastrophe am Ende der Kreidezeit zu vergleichen, als die Dinosaurier ausgelöscht wurden. Nach der letzten Zählung seit dem 16. Jahrhundert sind 211 Arten von Säugern, Beuteltieren und Vögeln ausgestorben, 81 Arten bis zum Beginn des 20. Jahrhunderts; die meisten wohnten auf isolierten Inselhabitaten. Inzwischen greift die Extinktion auf die Kontinente über. Die Vernichtung der tropischen Regenwälder führt nach optimistischen Schätzungen dazu, daß zwanzig bis hundert Pflanzenarten pro Jahr aussterben, Pessimisten rechnen mit eintausend Arten. Zur Erhaltung der tropischen Pflanzen- und Tiergemeinschaften sind große, geschlossene Areale erforderlich; werden sie in ökologische Inseln zerteilt, sind die Gemeinschaften vom Massensterben bedroht. Nach den Beobachtungen der Ökologen O.H. Frankel und M.E. Soulé „hängt die Stabilität von Ökosystemen, besonders in den Tropen, oft davon ab, daß wenigstens einige

Exemplare einer Art hier existieren; das gilt besonders für Großsäuger, bestimmte Insekten und Vögel sowie für bestimmte Schlüsselpflanzen. Sollte nur eine Art aussterben, könnte das eine Lawine von Extinktionen ökologisch miteinander verbundener Arten auslösen."

Die Internationale Naturschutzunion (IUCN) hält zwanzigtausend Arten für gefährdet: eintausend Wirbeltiere, allein in Europa sechstausend Insekten und etwa zehn Prozent aller bekannten Pflanzenarten. Das Schicksal vieler Großsäuger und Pflanzen ist schon besiegelt. Von den 291 seltenen oder gefährdeten Säugetieren können 162 nur in Zoos überleben. Dreißig konnten mit Erfolg gezüchtet werden, und es besteht Hoffnung auf ihre Wiedereingliederung in die Natur. Ihre genetische Fitness und ihre Verhaltensänderung lassen jedoch an der Eignung der Tiere für ein Leben in der Wildnis zweifeln.

Die Population des Przewalski-Pferdes – des letzten Wildpferdes, das in den innerasiatischen Steppen an Chinas Grenze beheimatet war und heute nur noch im Zoo lebt – umfaßt etwa fünfhundert fortpflanzungsfähige Paare. Alle sind Nachkommen der letzten drei Hengste und sieben Stuten, die im Hochland der Wüste Gobi gefangen wurden. Ihr Genpool ist kleiner als jener der wilden Herde, durch den die mongolischen Pferde des Dschingis Khan eine enorme Ausdauer trotz dürftiger Ernährung besessen haben sollen. Die Zoopferde zeigen erste Anzeichen von Domestikation: sie gelangen früher zur Geschlechtsreife und haben den jahreszeitlichen Fortpflanzungsrhythmus verloren.

Nach Frankel und Soulé können die großen Pflanzen und Tiere mit dem Tempo, wie der Mensch die Erdoberfläche verändert, nicht Schritt halten. Kein Farmer würde darauf wetten, daß ein Weißes Leghorn, die am weitesten verbreitete Hühnerrasse in Amerika und Europa, in einer wilden Hecke überleben könnte.

In den letzten fünfzig Jahren hat der Begriff „Wildnis" seine Bedeutung verloren. Die Obhut der Menschheit erstreckt sich über die ganze Erde. Schon hat China angekündigt, daß es in der Qian Tang-Region an seiner ariden Nordgrenze einen Park für seltene Tiere schaffen will, größer als die Nationalparks Yukon und *Arctic National Wildlife Refuge* in Alaska, bislang die weltgrößten. Andere Naturschutzgebiete, die groß genug sind, um bedeutende Ökosysteme zu erhalten, sind nicht zu erwarten. Nach der IUCN ist knapp eine Million Quadratkilometer für Schutzgebiete reserviert, doch nur 24 umfassen eine Fläche von mehr als 10 000 Quadratkilometern.

Die größten Schutzgebiete der USA liegen auf staatlichem Land, das auf Druck der Naturschutzbewegung bereitgestellt wurde, die Theodore Roosevelt und Gifford Pinchot im ersten Viertel dieses Jahrhunderts anführten. In Afrika erstrecken sich, auf Nationalparks verteilt, 15 Prozent der Schutzgebiete der Welt; dennoch ist kein Park groß genug, den darin lebenden Gemeinschaften aus pflanzenfressenden Großsäugern (insbesondere Huftiere) und ihren natürlichen Feinden eine evolutionäre Entwicklung in gegenseitiger Abhängigkeit zu gewährleisten. Manchmal leben wenigstens sämtliche Individuen einer Art in einem einzigen Schutzgebiet. Die letzten indischen Nashörner (sie haben nur ein Horn) sind auf zwei getrennte Schutzgebiete verteilt. Geht in einem Gebiet eine größere Anzahl an einer Seuche zugrunde, erreichen die dort überlebenden nicht mehr die für eine fortpflanzungsfähige Population erforderliche Mindestzahl. Wenn heute eine aktive Naturschutzbewegung sinnvoll handeln will, dann sollte sie die Wilderei in den großen Schutzgebieten bekämpfen, die immer noch den Schwarzmarkt mit Elfenbein und dem Horn der Rhinozerosse beliefert.

Naturschutzgebiete sollen nicht Nostalgie und Schuldbewußtsein pflegen. Sie dienen dem praktischen Zweck, die zukünftige Ernährung der Menschheit zu sichern. Den Bewohnern der Industriestaaten stehen heute nicht mehr als zehn Pflanzenarten (einschließlich derer, die erst durch die Mägen des Schlachtviehs wandern) als Grundnahrung zur Verfügung; in Standardkochbüchern tauchen weniger als einhundert Arten auf. Sie sind der Rest von schätzungsweise eintausend Arten, die nach der landwirtschaftlichen Revolution einmal verbreitet waren. Seit der Industrialisierung der Landwirtschaft in den letzten hundertfünfzig Jahren nahm die Zahl der kultivierten Arten auch deswegen so schnell ab, weil die lange Verteilerkette bis zum Markt Standardisierung erfordert. Die Sorten der wenigen Arten werden auf einer sich zunehmend verengenden genetischen Grundlage gezüchtet und die besonders profitablen Hybriden aus immer weniger Grundsorten gezogen.

Die Hybriden des Mais und anderer Getreidesorten blicken nur noch auf eine mütterliche Ahnenreihe. Nur die Eizelle, nicht das mickrige Spermium, besitzt die kleinen Atmungsorganellen der eukaryontischen Zelle und vermittelt sie der nächsten Generation. Wenn eine Pilzkrankheit die Mitochondrien befällt, kann eine Ernte und sogar eine Getreidesorte ausgelöscht werden.

Inzwischen ist es gelungen, die wilden Vorfahren von Mais und Weizen zu bestimmen. Verständlicherweise besitzen die Wildpflanzen mehr als eine mütterliche Linie und können den gezüchteten Sorten eine Menge Gene liefern, sei es für verstärkte Krankheitsresistenz, für höhere Toleranz bei extremen Temperaturen oder Feuchtigkeit. Naturschutzgebiete, in denen die Wildsorten überleben können, sind das wichtigste Mittel, die genetische Vielfalt der lebenswichtigen Naturpflanzen zu erhalten.

In der tropischen Wildnis ernähren sich die Einheimischen von einer reichhaltigen und abwechslungsreichen Flora, die die Wirtschaftsbotaniker nach reizvollen Bereicherungen für die Küche von morgen suchen läßt. Amaranthus, „Inkaweizen", als Zierpflanze Fuchsschwanz genannt, hat Interesse gefunden und wird vielleicht als erste Innovation seit Hunderten von Jahren auf der Kornpalette der Industriewelt landen. Er wäre das erste Getreide, das nicht aus der Familie der Gräser stammt. Nach leichtem „Frisieren" der Gene nahm seine Ertragskraft bereits die Hürde der Wirtschaftlichkeit.

Fossile Brennstoffe stören das Gleichgewicht

Bis 1950 hatten die Menschen der Biosphäre vor allem dadurch geschadet, daß sie Wälder abholzten, um die gespeicherte Sonnenenergie zu nutzen, zunächst auf lokaler, dann auf regionaler und zuletzt auf globaler Ebene. Als sie gelernt hatten, die Energie des Feuers zu zähmen, stießen sie über Nacht eine Entwicklung an, die der Biosphäre im globalen Maßstab zusetzt.

Der Einsatz fossiler Brennstoffe stört das Gleichgewicht zwischen den atmosphärischen Gasen, mit deren Hilfe sich die Biosphäre an beiden Enden des sichtbaren Spektrums vor der erbarmungslosen Sonnenenergie schützt. Kesselfeuer und Verbrennungsmotoren lassen Kohlenstoff in die Atmosphäre aufsteigen, dessen Menge zwanzig Prozent des natürlichen Kohlenstoffumsatzes der Biosphäre erreicht hat. Das erhöht die Kohlendioxidkonzentration in dem langwelligen Fenster, durch das die Erde Sonnenenergie als Wärme wieder abstrahlt.

Feuer und Motoren erzeugen Stickoxide, die in die Stratosphäre geraten und dort in eine katalytische Wechselwirkung mit jenem photochemischen Prozeß, der den Ozonschild gegen die energiereiche Strahlung im ultravioletten und im noch kürzeren Bereich aufrechterhält. Auch Methan wirkt auf die Ozonschicht ein; seine Konzentration in der Atmosphäre ist vom Stoffwechsel anaerober Bakterien abhängig, die in Verdauungssystemen leben und sich mit Rindern und Menschen vermehren. Der Einfall der Chemiker, die Reaktionsfreudigkeit von Fluor und Chlor auf der Erde durch die Zusammensetzung zu Fluorchlorkohlenwasserstoff (FCKW) zu zügeln, verlagerte die Reaktionsfreudigkeit in die Ozonschicht. Lokal, regional und vielleicht schon global gelangen bei der Verbrennung fossiler Rohstoffe Schwefel- und Stickoxide in einer Menge in die Atmosphäre, die den natürlichen Kreislauf der beiden Elemente überstiegen hat. Der dabei entstehende saure Regen zerstört die Arbeit von Mensch und Natur gleichermaßen.*

Zweifellos besteht ein Zusammenhang zwischen der erhöhten Geschwindigkeit der Kohlendioxidimmission in die Atmosphäre und dem seit 1950 um das Vierfache gestiegenen Verbrauch fossiler Brennstoffe. Ebenso sicher ist, daß sich der Kohlendioxidgehalt der Atmosphäre ebenfalls erhöhte. Bisher erfüllte er seine überaus wichtige Funktion bei einer „normalen" Konzentration um 0,033 Prozent. Seit Beginn der sechziger Jahre wird an dem von Roger Revelle gegründeten Observatorium auf dem Berg Mauna Loa in Hawaii die CO_2-Konzentration gemessen. In zwanzig Jahren war sie von 0,033 auf 0,036 Prozent gestiegen. Das ist aber nur die Hälfte dessen, was sich aus der Kohlendioxidimmission von der bekannten Menge fossiler Brennstoffe bei der Verbrennung hätte ergeben müssen. Man vermutet, daß die andere Hälfte die Photosynthese auf dem Land und im Ozean steigert und als Kohlenstoff im pflanzlichen Gewebe und in Sedimenten gespeichert wird.

Der ungarische Agrarwissenschaftler Istvan Szabolcs rechnete vor, daß die Photosynthese auf den weltweit 200 bis 400 Millionen Hektar, deren Bewässerung geplant ist, die Menge des Kohlenstoffs, der jedes Jahr auf landwirtschaftlichen Flächen gebunden wird, mehr als verdoppeln wird. G.E. Likens hält dem entgegen, daß der durch Nutzpflanzen gebundene Kohlenstoff nicht lange gespeichert bleibt, im Gegensatz zur Biomasse eines nachwachsenden Waldes.

Der Anstieg des Kohlendioxidgehalts bewirkt die Verdunklung des langwelligen Fensters. Dadurch wird der Treibhauseffekt, der bei „normaler" Konzentration besteht, verstärkt; eine Verdoppelung der CO_2-Konzentration würde ihn zu einer Gefahr machen. Die Erhöhung ist vorprogrammiert, wenn der vier- oder fünffache Bedarf an mechanischer Energie, der die Industrialisierung der unterindustrialisierten Staaten begleiten wird, aus fossilen Brennstoffen erzeugt werden muß. Der daraus resultierende Anstieg der Erdtemperatur könnte nach einer Schätzung zwischen 1 und 10 Grad Celsius liegen, nach einer anderen zwischen 1,5 und 4,5 Grad.

Weniger Gewißheit herrscht über die Folgen einer Temperaturerhöhung. Selbst wenn sie den unten geschätzten Wert nicht übersteigt, könnte sie Veränderungen der Weltkarte in menschlichem, nicht in geologischem Zeitmaß herbeiführen. Ein geringer Anstieg der durchschnittlichen Temperatur resultiert aus großen Schwankungen der Extremtemperaturen. Würden Teile des grönländischen Eisschilds schmelzen und antarktisches Schelfeis abbrechen, dann stiege der Meeresspiegel, und einige Zentren der Zivilisation mitsamt den Siedlungen der Ärmsten würden überflutet. Auch heute werden Dörfer im weiten Delta des Brahmaputra in Bangladesch überschwemmt, wenn die Monsunstürme bei besonders niedrigem Luftdruck den Meeresspiegel steigen lassen. Die Klimagürtel der Erde könnten nordwärts wandern, mit unberechenbaren Konsequenzen für die Ernährung der Weltbevölkerung. Wenn sich Land und Meer erwärmen, werden zwar die Niederschläge zunehmen, aber die wachsende Wolkendecke kann leicht eine neue Eiszeit auslösen.

Auch wenn wir nicht genau wissen, wie es ausgehen wird: Die Menschheit befindet sich mitten in einem Experiment für Klimaveränderungen im globalen Maßstab. Änderungen des Klimas und ein Steigen des Meeresspiegels, die von Veränderungen in der Konzentration der atmosphärischen Gase ausgelöst werden könnten, werden wahrscheinlich nichtlinear verlaufen, vielleicht sogar mit katastrophaler Beschleunigung. Die Geologen wissen, daß die Biosphäre bereits große Änderungen in der Kohlendioxidkonzentration ihrer Atmosphäre überstanden hat; im Extremfall kam es zur Überflutung großer Landflächen oder zu ihrer Vergletscherung. Historiker kennen dagegen kein Beispiel einer Hochkultur, die eine ähnliche Widerstandskraft gegen äußere Einflüsse und Katastrophen wie die Biosphäre besessen hätte. Gegen die enorme wirtschaftliche und politische Trägheit müssen so bald wie möglich andere primäre Energiequellen als Alternative zu den fossilen Brennstoffen entwickelt werden.

Die heute verbreitete Angst um die Ozonschicht entstand in den frühen sechziger Jahren, als über die Subvention eines Überschall-

Passagierflugzeugs (bekannt als Supersonic Transport oder SST) debattiert wurde. Man befürchtete, daß Auspuffgase – insbesondere Stickoxide – ihren Weg in die Ozonschicht finden würden, wenn eine Flotte dieser Flugzeuge regelmäßig die Stratosphäre durchqueren würde. Stickoxide hatten sich als besonders gefährlich herausgestellt, weil sie wie Katalysatoren wirken: Nach einer Reaktion wird das Stickoxidmolekül regeneriert und kann die nächste Reaktion auslösen. Es bedarf nur weniger Stickoxidmoleküle, um einen ungeheuren Schaden anzurichten. Schon die Ausdünnung der von der Biosphäre selbst geschaffenen Ozonschicht erhöht das Risiko für Hautkrebs und Erblindung (nicht nur beim Menschen). Doch auf dem Spiel steht die ganze Biosphäre, weil eine Störung der Photosynthese nicht auszuschließen ist. Diese Befürchtungen alarmierten seinerzeit eine Öffentlichkeit, deren Nerven durch das Überschallknallen der Militärflugzeuge strapaziert waren, und das Projekt wurde gestoppt. Die hellhörig gewordene Öffentlichkeit reagierte schnell, als bekannt wurde, daß Fluorchlorkohlenwasserstoff (FCKW)-Verbindungen ähnlichen Schaden anrichten könnten.

WIRTSCHAFT, UMWELT UND POLITIK

Was sich daraufhin ereignete, wirft ein bezeichnendes Licht auf die Frage, wann und wie sich Rücksicht auf die Umwelt gegen die wirtschaftlichen und parteipolitischen Interessen, von denen staatliche Handlungen geprägt sind, durchsetzen kann. Zunächst muß betont werden, daß die Photochemie der Stratosphäre außerordentlich kompliziert und unser Wissen lückenhaft ist. Unmittelbare Beobachtungen und Laborexperimente stoßen auf enorme Schwierigkeiten. Was man zu wissen meint, beruht zwar auf gesicherten chemischen Erkenntnissen, kann aber in der Praxis nur in Computermodellen der sonnenbeschienenen oberen Atmosphäre simuliert werden, in welchen bis zu fünfzig verschiedene chemische Verbindungen durch 150 verschiedene Reaktionszyklen geschleust werden, während man die stratosphärischen Strömungen und die Sonnenstrahlung variiert. Beim Studium der FCKW muß man sich mit chemischen Verbindungen und Reaktionszyklen auseinandersetzen, die in der Natur nicht vorkommen.

Für den Bau der ersten Atombombe spielten FCKW eine entscheidende Rolle, um die Uranisotopen voneinander zu trennen. In den folgenden Jahrzehnten fanden sie ihren Weg in Konsumgüter. Bei der Teflonbeschichtung von Bratpfannen und Chemikalienfässern erfüllten sie fast den Traum der Alchemisten vom inerten Stoff. In Kühlanlagen maximieren sie, unter dem Namen Freon, den Wirkungsgrad des elektrischen Stroms. Der Öffentlichkeit war Freon bis vor kurzem besser bekannt als Treibgas in Spraydosen.

FCKW gerieten eher zufällig in der Verdacht, die Ozonschicht zu schädigen. Bei einer Untersuchung der unteren Atmosphäre wurden neuartige Instrumente ausprobiert, die Stoffkonzentrationen von 50 Teilen in 1000 Milliarden Teilen nachweisen sollten. Der Test verlief nicht nur erfolgreich, sondern er zeigte auch, daß sich die „unzerstörbaren" FCKW-Moleküle in den unteren Atmosphärenschichten anreicherten. Die Befürchtung lag nahe, daß sie in die obere Atmosphäre aufsteigen und sich dort unter der ultravioletten und noch energiereicheren Strahlung der Sonne als keineswegs unzerstörbar erweisen könnten.

Eine 1975 veröffentlichte Studie alarmierte die Öffentlichkeit mit der Voraussage, daß die damals übliche Jahresmenge der aus Spraydosen freigesetzten FCKW schnell zwanzig Prozent der Ozonschicht zerstören könnte. Obwohl ihnen außer dieser Studie nur wenige andere Ergebnisse vorlagen, kamen ein staatlicher Sonderausschuß und ein Komitee der Nationalen Akademie der Wissenschaften zu der Einsicht, daß ein „triftiger Grund zur Beunruhigung" bestünde. Daraufhin untersagten die amerikanischen Bundesbehörden jeglichen „nicht unbedingt notwendigen" Einsatz von FCKW. Wenigstens ein verantwortungsvoller Produzent von Haushaltssprays (S.C. Johnson & Son) kam ihnen sogar zuvor. Für die *Food and Drug Administration,* das amerikanische Gesundheitsamt, war es „ein kleiner Schritt angesichts eines katastrophalen Risikos".

Ähnlich reagierten die Regierungen der anderen Industriestaaten. Ein „großer Schritt" blieb aus, der größte Teil der FCKW wurde als „unbedingt notwendig" eingestuft – zum Beispiel in den Klimaanlagen von Kraftfahrzeugen. Damit war die Verringerung des Ausstoßes, der durch die Verbannung von FCKW aus den Spraydosen erzielt worden war, schnell ausgeglichen und übertroffen. Erst ein Jahrzehnt später wurde der Einsatz von FCKW wieder Ziel heftiger Attacken. Im Jahr 1985 zeigte die Messung der winterlichen Ozonschicht über der Antarktis eine ausgeprägte Ausdünnung über dem Südpol, die von der Presse umgehend als „Ozonloch" präsentiert wurde. Die ständige Überwachung in den folgenden Jahren bestätigte das winterliche Loch über der Antarktis und das Ausdünnen der Ozonschicht weiter nördlich. Im Jahr 1989 sahen sich daraufhin sieben große Industriestaaten veranlaßt, die historische Konvention von Montreal zur Ozonschicht zu formulieren und zu unterzeichnen. Sie einigten sich darauf, die Verwendung von FCKW innerhalb der nächsten zehn Jahre auf die Hälfte zu reduzieren, während gleichzeitig nach Ersatzstoffen gesucht werden sollte, damit man schließlich die ganze Gruppe vergleichbarer Verbindungen verbieten könnte. Sofort erklärte sich DuPont, Erfinder und größter Hersteller von FCKW, der Konvention verpflichtet und versprach, die Produktion noch früher einzustellen.

Die Konvention von Montreal gilt als historisch, weil zum erstenmal in der Geschichte derartig drastische Maßnahmen ergriffen wurden, obwohl als Entscheidungsgrundlage nur eine Theorie und ihre logischen Schlußfolgerungen dienten – so bewährt die Simulation photochemischer Prozesse in großer Höhe auch ist. Bis heute gibt es keinen endgültigen Beweis, daß die FCKW die Ozonschicht angreifen. Man weiß, daß sich dort oben eine ganze Reihe von Chemikalien austobt. Und einige lassen sich nicht so leicht verbieten. Das berechtigt zu dem Verdacht, daß eine neue Konvention gegen sie nicht entworfen wird.

Der geringste Versuch, die Freisetzung von Stickoxiden und Methan zu reduzieren, würde wohl auf unüberwindliche Hindernisse stoßen. Das eine entsteht bei jeder Art von Verbrennung, besonders in Motoren, das andere bei Stoffwechselvorgängen im heterotrophischen Teil der Biomasse. Darüber hinaus bewältigen die beiden allgegenwärtigen Verbindungen noch andere Aufgaben in der Biosphäre. Methan scheint an jenem Rückkopplungseffekt mitzuwirken, der die Sauerstoffkonzentration bei 21 Prozent stabilisiert. Niemand weiß genau, wieviel Methan genug ist. Die Stickoxide führen zur Ozonbildung in niedriger Höhe; für Fußgänger sind sie besonders gefährdend. Die Neubildung von Ozon in der Höhe, wo heute der Flugverkehr tost, könnte vielleicht die Abnahme der eigentlichen Ozonschicht in der Stratosphäre etwas ausgleichen. Doch davon bleibt ein weiterer Effekt der Ozonschicht unbeeinflußt. Dort kommt es bei der Aufnahme energiereicher Sonnenstrahlen nicht nur zu chemischen Reaktionen, sondern es entsteht auch Wärme. Wird die Ozonschicht dünner, wird die obere Stratosphäre kühler, dann könnte das ungeahnte Folgen für das Weltklima haben; denn die Troposphäre, der

Schauplatz des Wettergeschehens, ist mit der Stratosphäre durch Windströmungen eng verkoppelt.

Zur Beruhigung bietet die Biosphäre – oder Gaia selbst – den Ausweg, daß die Zunahme des atmosphärischen Kohlendioxids eine Zunahme des stratosphärischen Ozons zur Folge haben könnte. Die bessere Strategie bleibt auf jeden Fall, die Anpassungskraft der Biophäre – oder Gaias Geduld – durch die Erhöhung der Kohlendioxidimmission nicht übermäßig zu strapazieren.

Für zukünftig notwendige Maßnahmen war der Umgang mit den gefährlichen FCKW eine Fingerübung. Es stand nur ein geringes wirtschaftliches Interesse auf dem Spiel; die wenigen beteiligten Chemieunternehmen bewiesen ein löbliches Verantwortungsbewußtsein für die Gesellschaft. Wenn die Gefahren zunehmen, werden wohl größere wirtschaftliche Interessen auf dem Spiel stehen, wesentlich mehr Betroffene, stärkere Verbraucherwünsche bei weniger Alternativen, um sie zu befriedigen. Angesichts solcher Probleme politische Entscheidungen zu treffen mag schwierig werden, selbst wenn bessere wissenschaftliche Daten kaum angreifbare Schlüsse nahelegen.

FALLSTUDIE SAURER REGEN

Fossile Brennstoffe geben neben Kohlendioxid auch Schwefeloxid und Stickoxide an die Atmosphäre ab. Vom Sonnenlicht aufbereitet und in Regentropfen gelöst, verwandeln sie sich in Schwefel- und Salpetersäure. Sie sind aggressive Bestandteile der Luftverschmutzung in den Städten; jeder hat die Folgen vor Augen: die Dome schwarz und die Skulpturen zerfressen. Rindenbrand bei Pflanzen und tränende Augen beim Menschen ließen die Schornsteine höher werden. Der Rauch vermischt sich mit mehr Luft und wird vom Wind über ein größeres Gebiet verteilt. Höhere Schornsteine machen aus der lokalen Luftverschmutzung eine regionale.

Daß es den sauren Regen gibt und wie er sich auf regionale Ökosysteme auswirkt, wurde in Nordamerika erstmals 1972 von F. H. Borman, N.M. Johnson und G.E. Likens untersucht und nachgewiesen. Auf der Skala für pH-Werte von alkalisch bis sauer reagiert destilliertes Wasser mit dem pH-Wert 7 neutral. Essig mit dem pH-Wert 2,3 reagiert sauer. Die Skala mißt die Konzentration der Wasserstoff-Ionen und drückt das Ergebnis als negativen Logarithmus aus. Je niedriger die Zahl, desto höher die Konzentration der H^+-Ionen, die der Säure ihre Reaktionsfähigkeit verleihen. Der menschliche Körper toleriert pH-Werte zwischen 3 und 8 im Innern, auf der Haut ein bißchen mehr. Für eine Forelle ist ein pH-Wert von 6 fast die untere Toleranzgrenze. An den oberen Hängen der White Mountains in New Hampshire standen Likens und seine Kollegen in einem Regen mit dem pH-Wert 2,8; das ist Essig, kaum verdünnt. In den Bergen der Adirondacks fanden sie Seen mit einem pH-Wert von 5 und weniger.*

Auf dem Mount Washington sehen die Nadelbäume krank aus. In den Adirondacks ist ein Fünftel der Seen so sauer, daß darin keine Forelle mehr lebt. Nur wo die örtlichen Gesteine basisch reagieren wie Kalk und die Säure des Regens neutralisieren, gibt es in Seen und Flüssen noch Leben. Der Regen im Nordosten der USA hat einen pH-Wert von 4,2 bis 4,0. Die geschwächte Vegetation in den höheren Lagen der White und Green Mountains sowie der Adirondacks und die Versauerung der Adirondack-Seen sind als Indizien für ein Verbrechen nicht weniger überzeugend als ein rauchender Colt.

Der saure Regen erreichte nach dem regionalen auch internationalen Status. Ontario und Quebec liegen, ebenso wie die nordöstlichen USA, in Windrichtung des Industriegebiets im Herzen von Pennsylvania, Ohio, Indiana und Illinois, das die Amerikaner *rust belt,* Rostgürtel, nennen. Der saure Regen, der dort gebraut wird, ist eine gemeine Rache für die kristallklare Kaltluft aus den westlichen Provinzen Kanadas, die gelegentlich in die Vereinigten Staaten fließt. Die skandinavischen Staaten klagen darüber, in Windrichtung von Birmingham und Manchester zu liegen. In Windrichtung der Industriegebiete an Saar und Ruhr liegen der Schwarzwald und andere europäische Wälder. Die kranken und sterbenden Nadelbäume bescherten der Welt ein neues Wort aus der deutschen Sprache, das *Waldsterben.*

Ursache und Wirkung lassen sich nur schwer miteinander in Verbindung bringen; das gilt auch für das Waldsterben und die Schornsteine an Ruhr und Saar. Der saure Regen zerstört die Vegetation nicht offen und unmittelbar. Doch die Säureempfindlichkeit der Bodenbakterien ist bekannt; steigt der pH-Wert im Boden zu hoch, dann zerstört er allmählich das Ökosystem, das die Streuschicht der Wälder zu Humus und damit zur Rückkehr in die Phytomasse aufbereitet. Leider war über dieses Ökosystem im Normalzustand, bevor der erste saure Regen fiel, wenig bekannt. Was durch den sauren Regen verändert wurde, kann nur vermutet werden. Aus den Gesteinsresten im Boden wäscht ein saurer Regen wesentlich mehr Elemente aus als ein neutraler Regen, darunter vor allem Metalle, die im Kreislauf der Pflanzenphysiologie nicht nur nicht benötigt werden, sondern ihn angreifen. Das Leichtmetall Aluminium erwies sich dabei als ein besonders starkes Pflanzengift. Schlimmer als die schleichende Vergiftung aber ist, daß der saure Regen den Pflanzengesellschaften wichtige Nährstoffe entzieht.

Die verschiedenen Effekte des sauren Regens addieren sich. Doch lassen sie sich nur schwer von anderen Einflüssen wie einem besonders harten Winter oder mangelndem Niederschlag unterscheiden. So stellten Forstleute und Ökologen in den Wäldern des amerikanischen Nordostens bei manchen Baumarten eine erhöhte Anfälligkeit für Rindenbrand fest; und sie mußten feststellen, daß sich die Bäume vom Befall durch Insekten wie dem Schwammspinner nur schwer erholten. Es wird noch einige Zeit dauern, bis man die Art der Schäden voneinander unterscheiden kann. Sicher entwickeln sie sich nicht linear, und es wird Überraschungen geben wie beim *Waldsterben* in Deutschland.

In den USA wurde 1990 eine Änderung des Gesetzes zur Reinhaltung der Luft von 1970 gefordert, die den Einsatz sauberer Brennstoffe und Rauchwäsche und Filter für die Schornsteine verlangt. Die Gesetzesvorlage ist noch nicht verabschiedet. Die Industrie wirft ihr ganzes politisches Gewicht in die Waagschale. Im *rust belt* leben viele Wähler, die entweder von den Fabriken ihren Lohn beziehen oder jeden Monat an die Kraftwerke ihre Stromrechnung zahlen müssen. Aber der Verantwortliche ist nirgendwo zu sehen, niemand hält einen rauchenden Colt in der Hand, es gibt noch nicht einmal eine Leiche, wenn man von den versauerten Seen absieht.

Die Renaturierung der Seen, so eine Kosten-Nutzen-Analyse von David Stockman, Reagans Finanzverwalter, soll 6000 bis 10 000 Dollar pro Forelle kosten. George Bush, der seinen Wahlkampf nicht zuletzt auch als „Anwalt der Umwelt" führte, ließ gegen allen Widerstand eine fünfzigprozentige Reduktion der Schwefelimmissionen als Zielvorgabe in die Änderung des Luftreinhaltungsgesetzes einbringen.

Wenden wir uns aber wieder dem bodennahen Ozon zu, das mit Vegetationsschäden und Atemwegserkrankungen beim Menschen in einem eindeutig bewiesenen Zusammenhang steht. Vielleicht erzwingen diese Schäden Maßnahmen gegen die anderen Schuldigen am sauren Regen, die Stickoxide. Zusammen mit Sauerstoff sind Stickoxide an einer photochemischen Reaktion beteiligt, bei der Ozon entsteht. Ihre Quelle sind rund 600 Millionen Auspuffrohre, in Nordamerika und Westeuropa jeweils mehr als 200 Millionen, 40 Millionen in Deutschland. Auch hier stehen jedem Eingriff in die derzeitigen Verhältnisse mächtige wirtschaftliche Interessen entgegen.

Der Begriff „Umwelt" hat in der Politik höchste Priorität gewonnen, nicht nur in der amerikanischen. Der aufgeweckte Wähler kann sich jetzt gegen Interessen behaupten, deren Durchsetzung normalerweise nicht durch die öffentliche Meinung behindert wird. Dieser neue, ungewöhnlicher Wähler ist in der Lage, mit seinem Eigennutz langfristige gesellschaftliche Ziele zu verbinden. Er stemmte sich erfolgreich gegen den zwanzig Jahre anhaltenden Trend, die Regierung aus allen zivilen Problemen herauszuhalten; er erreichte in den USA unter George Bush die Einrichtung der Bundes-Umweltschutzbehörde EPA *(Environmental Protection Agency)* und das Versprechen, deren Leiter in den Kabinettsrang zu erheben, sowie die Einrichtung von Umweltschutzbehörden in allen Einzelstaaten.

Einige der übelsten Angriffe auf Umwelt und Öffentlichkeit wurden inzwischen abgewehrt. Wohl der größte Sieg wurde über die Wasserverschmutzung errungen. Direktoren von Papierfabriken weisen heute stolz darauf hin, daß das Abwasser ihrer Unternehmen als Trinkwasser bei Tisch serviert wird. Alse und Lachse wandern vom Atlantik wieder in die Flüsse Neuenglands, in Rhein und Themse erholen sich die Fischbestände.

Die USA können als Warnung dienen für den enormen Vorsprung des technischen vor dem gesellschaftlichen Fortschritt. Nach den Listen der Umweltschutzbehörden müssen 27 000 Giftmüllhalden beseitigt werden, durchschnittliche Kosten: 25 Millionen Dollar pro Halde. Insgesamt sind die Beseitigungskosten so hoch wie ein Drittel des Anlagevermögens der fünfhundert größten amerikanischen Industrieunternehmen. Wer sich um das Grundwasser sorgt, muß sich mit unzähligen unterirdischen Öltanks von Wohnhäusern, Einkaufszentren und Tankstellen auseinandersetzen. Die ersten Anzeichen von Durchlässigkeit haben das Abfüllen von Quellwasser zur Wachstumsindustrie gemacht.

Der technische Fortschritt vergrößert seinen Vorsprung. Jedes Jahr fügt die chemische Industrie den auf dem Markt befindlichen organischen Verbindungen – die Schätzungen schwanken zwischen 40 000 und 70 000 – mindestens 1000 weitere hinzu. Davon verkaufte die amerikanische Industrie im Jahr 1940 insgesamt 5000 Tonnen, 1980 wurden von jeder der wichtigsten achtzig Einzelverbindungen über 50 000 Tonnen, insgesamt 50 Millionen Tonnen verkauft; das ist eine Steigerung auf das Zehntausendfache.

Der Zuwachs resultiert vor allem aus verschiedenen Plastikmaterialien. Nach Volumen – nicht nach Gewicht – nimmt Plastik in der amerikanischen Wirtschaft einen größeren Raum ein als Stahl. Nach einem kurzen Aufenthalt in der Küche leistet der größte Teil der Plastikproduktion einen unvergänglichen Beitrag zum Wachsen der Müllberge.

Pestizide und andere biologisch aktive Produkte unterliegen ähnlich strengen Bestimmungen wie Pharmazeutika. Das ist die politische Konsequenz aus dem leichtfertigen Umgang mit DDT. Dabei kommen die Verbraucher mit den meisten neuen Verbindungen nur indirekt in Berührung. Sie werden als Reagenzien bei anderen Herstellungsprozessen benutzt und können aus kleinen „sauberen" High-Tech-Produzenten am Stadtrand sehr zweifelhafte Nachbarn machen. Für die dort eingesetzten Chemikalien sind die Aufsichtsbehörden für Unfallschutz und Gesundheit am Arbeitsplatz zuständig.

Wenn Unternehmen wegen strenger Umweltbestimmungen ihren Markt in Europa und den USA verloren hatten, konnten sie den Verlust meist durch Verkauf der verbotenen Erzeugnisse ins Ausland wettmachen. Eine Behörde, die diesen Handel unterbinden wollte, müßte vom Hersteller den Beweis fordern, daß das Produkt im Empfängerland zugelassen ist, oder wenigstens, daß die Empfänger nachweislich von seinem Verbot im Ursprungsland unterrichtet sind. Ab und zu gelingt es den amerikanischen Behörden, solche Lieferungen zu stoppen. Die unterindustrialisierten Staaten beklagen sich bitter über die doppelte Moral, die den Verkauf von Produkten ans Ausland gestattet, obwohl sie im Ursprungsland verboten sind. In Unkenntnis oder Verzweiflung benutzen sie die verbotenen Produkte, sogar DDT. Auf ihrer Klageliste steht noch eine weitere Art von Giftexport, auf den sich Multis spezialisiert haben, indem sie sich im Ausland über die strengen Gesundheits- und Unfallschutzbestimmungen ihres Heimatlandes hinwegsetzen und Fabriken bauen, die im eigenen Land verboten sind.*

Ausverkauf der Zukunft

Wirtschaftliches Kalkül machte einst am Mittelmeer aus fruchtbarem Boden eine Wüste. Irgendein Bauer fällte den letzten Baum, Jahrhunderte später fraß eine Ziege das letzte Büschel Gras. Modern ausgedrückt: Die Kalkulation internalisiert den Nutzen und externalisiert die Kosten. Heute zieht die Verpackungsindustrie ihren Gewinn aus Produkten, die auf den Müllhalden landen, morgen wird der Steuerzahler dafür zahlen, die Müllhalden zu sanieren.

Gegensätzliche Interessen werden auf dem Markt über den Preis ausgeglichen, aber nur für eine überschaubare Zeitspanne, die der Diskontsatz diktiert: je höher die Zinsen, um so kürzer die Zeit. Für den richtigen Weg in die Zukunft ist die Politik zuständig. Doch auch sie hat den unmittelbaren Gewinn fester im Blick als den zukünftigen potentiellen Nutzen einer langfristigen Investition. Jeder Mensch lebt nur einmal, und selbst siebzig Jahre Lebenserwartung sind kurz. Wer nutzt den elektrischen Strom, und wer muß mit dem Dreck leben? Das ist eine Interessenkollision, die heute bewältigt werden muß und nicht in der Zukunft. Die Interessenten müssen sich an die Politiker halten, ein Markt kann das nicht leisten. Damit die politischen Einrichtungen der demokratischen Gesellschaften dieser Aufgabe gewachsen sind, müssen die Bürger die Institutionen weiter verbessern.

Als George Bush Präsident war, behauptete ein Regierungssprecher, selbst David Stockmans Kosten-Nutzen-Analyse mit der Schätzung zu übertreffen, man müßte das gesamte Rüstungsbudget einsetzen, um den sauren Regen zu bekämpfen. Die EPA hielt das Leontiefsche Input-Output-Modell der Gesamtwirtschaft dagegen, wonach es weniger als 4 Prozent des Bruttosozialprodukts der USA kosten würde, die gesamte Umweltverschmutzung in den Griff zu bekommen, und daß dabei wesentlich mehr Arbeitsplätze entstünden als bei gleich hohen Militärausgaben; außerdem blieben noch zwei Prozent des Bruttosozialprodukts für den Militärhaushalt übrig.

Die meisten Staaten haben Umweltbehörden eingerichtet, die schon heute von historischer Bedeutung sind, weil sie zum erstenmal Modelle entwickelten, wie der Gegenwert des langfristigen potentiellen Nutzens zu quantifizieren und in politische und wirtschaftliche Kalkulationen einzubringen sei. Eines ihrer Instrumente ist die Umweltverträglichkeitsprüfung. Sie muß bei jeder Planung einer öffentlichen oder privatwirtschaftlichen Anlage durchgeführt werden und zwingt dazu, die bisher leichtfertig externalisierten Kosten zu erfassen, zu bewerten und gegen die möglichen Gewinne abzuwägen.

Sechzehn der vierundzwanzig Mitgliedsländer liefern der OECD, der Organisation für wirtschaftliche Zusammenarbeit und Entwicklung der Marktwirtschaften Europas und Nordamerikas, regelmäßig „Daten zur Umwelt", Berichte über ihre Umwelt. Während im Bericht der USA regelmäßig auch Industrie und „Problemfelder" behandelt und globale Umweltprobleme diskutiert werden, definierten die Kanadier fünfzehn terrestrische Ökozonen und vier aquatische Ökosysteme und berichten über „Wechselbeziehungen zwischen Umweltbedingungen und sozioökonomischer Entfaltung"; politische Grenzen werden dabei ignoriert. Auch der vernünftige Umgang mit der Umwelt gehört zum politischen Handwerk.

Als durch staatliche Bauvorhaben schwere Eingriffe in die Umwelt drohten, gelang es der öffentlichen Meinung zum erstenmal, Einfluß auf die Politik in der Sowjetunion zu nehmen. Seit Lenin, der „Sozialismus plus Elektrifizierung" zum Motto erhoben hatte, sahen sich die Ingenieure endlich wieder herausgefordert, mit bahnbrechenden Projekten aufzuwarten. So kam ein „Jahrhundertprojekt" auf die Tagesordnung. Die nach Norden fließenden großen Ströme Rußlands und Sibiriens sollten nach Süden umgeleitet werden, um die ariden Ebenen Zentralasiens am Fuße des Tienschan zu bewässern und dem Kaspischen Meer frisches Wasser zuzuführen, das die Wolga nicht mehr lieferte, da sie schon zu viel Wasser an Bewässerungssysteme verlor. Es wurde ein erster Kanal gebaut, der Wasser aus der Nördlichen Dwina statt ins Weiße Meer in den Oberlauf der Wolga umleiten sollte. Erst 1985, aber noch bevor Glasnost zum Schlagwort geworden war, ließ das Zentralkomitee das ganze Projekt stoppen.

Der Erlaß nannte die „Öffentliche Meinung" als Quelle dieses weisen Ratschlags. Damals prägten Dichter und Wissenschaftler die Öffentliche Meinung. Die einen verdammten die menschliche Überheblichkeit des ganzen Unternehmens, die anderen trieb die Sorge um die Destabilisierung des Klimas in Sibirien und weiten Teilen der nördlichen Hemisphäre, mit der zu rechnen sei, wenn erst einmal die Permafrostböden austrockneten, weil ihnen die natürliche Wasserzufuhr aus den Flüssen fehlte.

Schon frühzeitig hatte die Wissenschaft begonnen, globale Umweltfragen international anzupacken. Das erste gemeinsame Projekt war das Internationale Geophysikalische Jahr 1957/58. Zum erstenmal konnte eine Zusammenschau aller großräumigen Einflüsse, vor allem des Energieaustauschs zwischen Klima, Wetter, Meeresströmungen und Atmosphäre erarbeitet werden. An dem achtzehnmonatigen Unternehmen beteiligten sich mehr als zehntausend Wissenschaftler aus siebzig Staaten. Es wurde zum Modell für weitere Unternehmungen: das ‚Internationale Jahr der ruhigen Sonne', das ‚Obere Mantelprogramm', die ‚Internationale Magnetosphärenstudie', das ‚Globale Atmosphärenforschungsprogramm', das ‚Internationale Biologische Programm', das Programm ‚Der Mensch und die Biosphäre', das ‚Internationale Hydrologische Programm' und die ‚Internationale Dekade der Ozeanforschung'. All diese Unternehmungen kann man als Vorbereitung für das Internationale Geosphären-Biosphären-Programm betrachten, bei dem von jetzt an alle wichtigen Kreisläufe in Atmosphäre und Hydrosphäre aufgezeichnet und Vorgänge, bei denen der Mensch seine Hand direkt im Spiel hat, wie Bodenerosion und Waldverbrennung, dokumentiert werden.

Die internationale wissenschaftliche Zusammenarbeit brachte der Menschheit auch politisch einen langfristigen potentiellen Nutzen. Man denke an den Vertrag zum Schutz der Antarktis, in welchem eine Reihe von Staaten ihre territorialen Ansprüche dem guten Willen zur Zusammenarbeit opferten. Auch die von 119 Staaten spontan unterzeichnete Seerechtskonvention der Vereinten Nationen gehört dazu. Noch hat sie ihr Ziel, den Schutz und die sorgsame Erschließung der Meere und des Meeresbodens zu gewährleisten, nicht erreicht. Immerhin gelang es, alle Tiefseegebiete zu schützen, die nicht in die neue 250-Meilen-Interessenzone der Nationalstaaten fallen, und dies trotz des Fortschritts der Tiefseetechnik während der langen Verhandlungen. Obwohl sich die Vereinigten Staaten bei den Verhandlungen eine Reihe von Zugeständnissen erkämpften, ratifizierten sie die Konvention bis heute nicht.

Als 1972 in Stockholm die erste Konferenz der Vereinten Nationen über die Umwelt des Menschen eröffnet wurde, hatten schon 26 Staaten Umweltschutzbehörden eingerichtet. Zehn Jahre darauf waren es 144. Das heißt, daß die Umwelt zum Thema auch der intellektuellen Führungsschicht der unterindustrialisierten Staaten geworden war, denn sie sind in der Überzahl. Sie waren es auch, die der Welt den engen Zusammenhang von Umweltschutz und wirtschaftlicher Entwicklung deutlich machten.

Die sogenannte „zweite Stockholmer Konferenz", die Konferenz der Vereinten Nationen für Umwelt und Entwicklung im Juni 1992 in Rio de Janeiro, stellte die Einheit der beiden Probleme klar in den Mittelpunkt und machte sie zum Gegenstand der *Erklärung von Rio zu Umwelt und Entwicklung* (Rio-Deklaration). Bei der Energiedebatte wurde sie am deutlichsten. Es kann nicht länger akzeptiert werden, daß die Respiration der Biomasse erstickt und ihr eingespieltes Verhältnis mit dem Sonnenlicht gestört wird. Schon im nächsten Jahrhundert droht eine erneute Vervierfachung des seit 1950 bereits einmal vervierfachten Verbrauchs fossiler Brennstoffe.

Für die gegenwärtige Krise kann man fast jedem den Schwarzen Peter zuschieben. Der Weltmarkt hat kein Instrument, den echten Seltenheitswert der schwindenden Erdölreserven festzusetzen. Die Organisation der Erdöl exportierenden Staaten (OPEC) versuchte zwar, den ihr nach dem Ertragsgesetz von Ricardo zustehenden Anteil am Ertrag der Erde zu erheben; das scheiterte aber an den Industriestaaten, vor allem den USA, die dank des hohen Ölpreises wieder rentabel gewordene eigene Ölfelder erneut in Betrieb nahmen, sowie an der Habgier und den politischen Gegensätzen unter den Mitgliedern der OPEC. So besteht für die unersättlichen Ölverbraucher kein wirtschaftlicher Anreiz, alternative, umweltfreundliche Energiequellen zu erschließen, bevor nicht die geologischen Verhältnisse eine Festsetzung des wahren Seltenheitswerts des Erdöls wirtschaftlich erzwingen. Die Abhängigkeit der energieverschlingenden amerikanischen Wirtschaft von importiertem Erdöl überschreitet bereits wieder die Vierzig-Prozent-Grenze, die die Panik verursachte, wie sie der arabische Erdölboykott der Nation 1974 bescherte. China hat sich bei seiner stürmischen wirtschaftlichen Entwicklung der eigenen Kohle verschrieben, die voller Schwefel steckt. Indien verfügt ebenfalls über genügend eigene Vorräte. Die anderen Staaten werden der unvermeidbaren Steigerung des Erdölpreises ausgeliefert sein.

Keine Rohstoffbörse und kein Kapitalmarkt kalkuliert den zukünftigen potentiellen Nutzen einer Alternative, für die ein Preis gezahlt werden muß, ein Preis, der wiederum von der zukünftigen potentiellen Notwendigkeit bestimmt wird. Kaum ein Umweltschützer schaut auf die größere Gefahr, die vom Anstieg des Kohlendioxids in der Atmosphäre ausgeht, wenn er sich gegen die Weiterentwicklung der Kernenergie zur Wehr setzt. Der politische Herdentrieb „raus aus der Kernenergie" hat das infrarote Fenster des irdischen Treibhauses schon ziemlich verdunkelt.

Wir werden von der irdischen Katastrophe, die am Ende der steigenden Verbrennung fossiler Rohstoffe wartet, dazu gezwungen, die nukleare Alternative neu zu überdenken. Sonnenenergie wird in den wirtschaftlichen Wettbewerb eintreten, sobald der Preis für Atomenergie und fossile Brennstoffe die wirklichen Kosten enthält; die technische Beherrschung des photoelektrischen Effekts ist weit genug gediehen. Die Situation heute ist schon so prekär, daß auch andere von der Natur frei Haus gelieferte alternative Energie – wie Wind, Gezeiten, Geothermik – neu geprüft werden müssen. Im globalen Rahmen reagiert die Welt mit vernünftigen Initiativen. Auf der Konferenz in Rio wurden beschlossen (auch wenn noch nicht alle Entscheidungen rechtsverbindlich sind): eine Klimakonvention, eine Konvention über die Biologische Vielfalt und eine ‚Walderklärung'. Die Investitionen der öffentlichen Hand in Forschung und Entwicklung müssen, so wurde erklärt, ab heute einen Zeitplan ins Auge fassen, der weit über den Zukunftshorizont reicht, über den Politik und Wirtschaft im allgemeinen nicht hinausblicken.

3

Conditio humana

Fast alle Arten im Tier- und Pflanzenreich haben im Lauf der natürlichen Auslese für ihre Fortpflanzung einen Modus der Verschwendung entwickelt. Ein Baum schüttet so viele Pollen aus, daß sie in der Atmosphäre zu einer meßbaren Größe werden. Ergibt eine Pollenzählung in der Luft von New York den Wert von 1000, dann bedeutet das, daß sich in jedem Kubikmeter Luft 1000 Pollenkörner befinden. Sie wurden wahrscheinlich viele Kilometer entfernt im Wald oder auf der Wiese ausgeschüttet und vom Wind in die Stadt getragen. Im Frühjahr breiten die blühenden Bäume ganze Teppiche unter sich aus. Im Lebenszyklus des atlantischen Lachses legt ein Lachsweibchen 20 000 Eier; daraus schlüpfen 2000 Jungfische; 300 Sälmlinge wandern flußabwärts, 90 erreichen das Meer und nur 3 Salme kehren in ihr Heimatgewässer zurück.

Zeichnet man für irgendeine Art die Kurve ihres Bestandes in entscheidenden Entwicklungsstadien oder im jeweiligen Zustand ihrer Metamorphose, erhält man jedesmal dieselbe geometrische Figur: eine Pyramide. Die jüngste Kohorte mit der größten Zahl bildet die Basis; dann nehmen die Zahlen der folgenden Alterskohorten nach oben rapide ab. Die Spitze bildet ein winziger Rest der Basisgruppe, der es bis zum fortpflanzungsfähigen Alter geschafft hat (Bild 19). Der geschlechtsreife Erwachsene ist der Überlebende eines Ausleseverfahrens, das ungeheuer verschwenderisch mit dem Leben umgeht; doch wiederum nicht so verschwenderisch, daß nicht jedes beim Auslesevorgang geopferte Leben einem anderen Leben zur Erhaltung diente.

Es ist noch nicht lange her, da entsprach die menschliche Alterspyramide der Kohortenstruktur der übrigen Lebewesen. Das war die *Conditio humana* für drei Millionen Jahre.

Die menschliche Spezies bildete gegen die unerbittliche Auslese das zeitlich verlängerte Wachstum und die verhältnismäßig lange Abhängigkeit des Kindes von der Mutter heraus. Durch diese biologische Anpassung kann die Großhirnrinde des Embryos ihre Entwicklung außerhalb des Mutterleibs und unter sozialem Stimulus vollen-

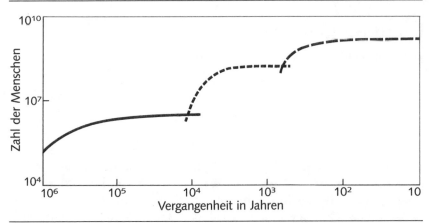

Bild 17: Jede technische Revolution führte zu einer Bevölkerungs„explosion". Vor 5 Millionen Jahren begann die Entwicklung des Menschen aus seiner Ahnenreihe der Primaten mit der Erfindung der ersten Steinwerkzeuge. Vor zehntausend Jahren setzte die landwirtschaftliche Revolution ein; vor nicht ganz fünfhundert Jahren begann die industrielle Revolution. Zahl der Menschen und Zeit in Jahren sind logarithmisch dargestellt.

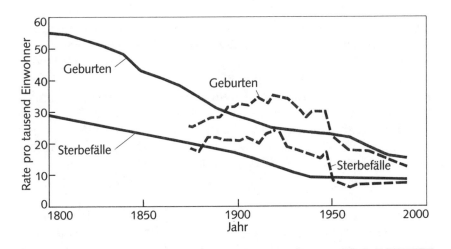

Bild 18: In Richtung Nullwachstum. Die Bevölkerung der USA (durchgezogene Linie) und Japans vollenden den demographischen Übergang, wenn sich ihre Geburten- und Sterberaten auf fast demselben niedrigen Stand eingependelt haben. Ihr größtes Wachstum erfolgte in der Zeit, als der Abstand zwischen Geburtenrate und Sterberate am größten war.

den. Die natürliche Selektion beschränkt sich deshalb auf nackte animalische Stärke bei der Geburt und in den ersten fünf Lebensjahren. Überlebte eine Frau sechs Schwangerschaften, verlor sie durchschnittlich zwei Kinder bei der Geburt und fast immer zwei weitere vor dem fünften Lebensjahr. Das führte nur zu einem unmerklichen Anstieg in der Bevölkerung. Wurde das Kind älter als fünf Jahre, dann waren Auslese und Überleben auch mit den Fähigkeiten verknüpft, die in der Großhirnrinde ausgeprägt waren.

Die auf natürlicher Auslese basierende Alterspyramide läßt sich heute noch bei 75 Prozent der Menschheit erkennen. Die Kurve des Jahres 1985 für Nigeria (Bild 20) zeigt an der Basis die Kohorte von 0 bis 4 Jahre. Es sind die Überlebenden von jährlich 1000 Geburten; 174 haben ihre Geburt nicht überlebt oder sind vor ihrem fünften Geburtstag Infektionskrankheiten oder Verletzungen zum Opfer gefallen. Die untersten drei Kohorten der Pyramide stellen die Hälfte der Bevölkerung. Das Durchschnittsalter in Nigeria liegt tatsächlich bei 15 Jahren. Die ältere Hälfte der Bevölkerung gehört fast ganz zu Kohorten zwischen 15 und 50 Jahren. 1985 lag die Lebenserwartung eines neugeborenen Nigerianers bei 51 Jahren. Zieht man die hohe Sterberate der Kinder unter fünf Jahren ab, dann errechnet sich eine Lebenserwartung von 53 Jahren für alle, die zehn Jahre alt geworden sind. Im Vergleich zu 1950, als die Lebenserwartung eines Nigerianers 40 Jahre betrug, kann man von einer beachtlichen Verbesserung sprechen.

Nigeria durchläuft die erste Phase des demographischen Übergangs. Die Sterberaten sinken schneller als die Geburtenraten. Beruhte das angenäherte Nullwachstum der Bevölkerung früher auf hohen Sterberaten bei gleichzeitig hohen Geburtenraten, so verzeichnet man heute ein schnelles Bevölkerungswachstum, um nicht zu sagen eine regelrechte „Bevölkerungsexplosion", das offensichtlich die erste Phase des demographischen Übergangs begleitet. Sobald die Bevölkerung in die zweite Phase eintritt und die Geburtenraten sinken, wird auch die Wachstumskurve abfallen.

Mit einem Durchschnittsalter von 15 Jahren hat die Hälfte der Bevölkerung das Kinderkriegen noch vor sich. Die Bevölkerungspyramide für Nigeria im Jahre 2015 (Bild 20) zeigt deutlich, wie sehr eine erhöhte Lebenserwartung das Bevölkerungswachstum beschleunigt, bis hin zu der vielbeklagten „Bevölkerungsexplosion": die Kohorte, die 1985 zwischen 0 und 4 Jahre alt war, ist dann zwischen 35 und 39 Jahre alt. Die Gruppe der zwischen 0 und 4 Jahre alten Kinder ist im Jahre 2015 beinahe doppelt so groß. Dabei sind sie die Nachkommen aus einer Fertilitätsrate, die auf weniger als die Hälfte reduziert wurde. Die Kohorte der 0 bis 4 Jahre alten Kinder ist im Jahre 2015 größer, weil die Anzahl der Frauen in der Gruppe der 35 bis 39jährigen (die 0 bis 4 Jahre alten Mädchen aus dem Jahre 1985) beinahe viermal so groß ist wie die Gruppe der 35 bis 39jährigen im Jahr 1985. 86 Prozent der damals (1985) 0 bis 4 Jahre alten Kinder haben überlebt. Die Anzahl der nigerianischen Kinder hat sich verdoppelt, weil mehr Frauen überlebten, die sie austragen konnten. Die Lebenserwartung nach der Geburt ist auf 63 Jahre angestiegen und ist damit höher als die Lebenserwartung der Zehnjährigen. Obwohl ein Absinken der Fertilitätsrate auf den Eintritt in die zweite Phase des demographischen Übergangs hindeutet, nimmt die Bevölkerung immer noch rasant zu.

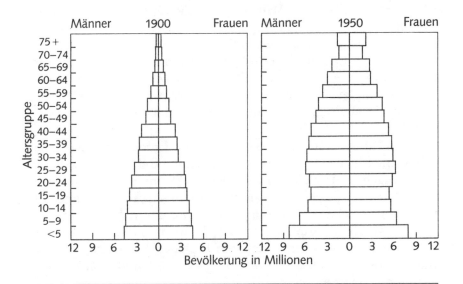

Bild 19: Änderung der Bevölkerungsstruktur der USA zwischen 1900 und 1950 (oben) und zwischen 1985 und 2015 (Seite 121). Deutlich wird der Wandel in der Altersstruktur (vertikale Achse) und die Unterschiede nach Geschlecht (die Anzahl von Männern und Frauen in der jeweiligen Alterskohorte auf der horizontalen Achse). Während die Geburtenrate stetig steigt, nimmt die Bevölkerung dank Einwanderung und verlängerter Lebenserwar-

Wenn die Lebenserwartung weiter steigt, wird auch die Bevölkerung zunehmen, auch wenn die Fruchtbarkeitsrate bis auf das Niveau der Auffüllungsrate gesunken ist – so nennt man die „Nettoreproduktionsrate" von eins, bei der die Frauen im Durchschnitt nur eine Tochter gebären. Die Bevölkerung wächst nur noch deshalb, weil der einzelne die durchschnittliche Lebenserwartung erreicht und die nächste Generation bereits in der Tür steht, um ihn abzulösen.

Die Struktur und Dynamik der nigerianischen Bevölkerung dient hier als Beispiel für die Lebensbedingungen und Aussichten der ärmsten Milliarde der Welt. Weitere drei Milliarden leben unter denselben Bedingungen in den unterindustrialisierten Ländern. Sie leben, keine Frage, wenn auch ihre Gesundheit nicht die beste ist. Sie werden sich fortpflanzen, und ihre Zahl wird steigen. Niemand und nichts, was in menschlichem Ermessen liegt, darf sie aus ihrer Umgebung vertreiben oder ihr Lebensrecht beschränken. Niemand kann

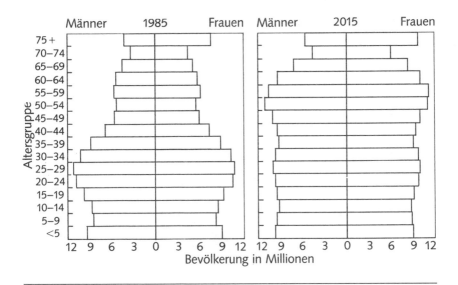

Bild 19 (Fortsetzung):

tung zu. Folglich steigt die Bevölkerung weiter an, auch nach Erreichen des Nullwachstums der Geburtenrate im Jahr 1980. Die Alterskohorte, die am schnellsten wächst, ist die der über 75jährigen.

ihnen verbieten, sich fortzupflanzen. Es ist ihr Schicksal, daß sie mehr und mehr werden. Die Aufgabe, die die glücklichere Milliarde in den Industriestaaten übernehmen kann, liegt darin, ihnen bei der Verbesserung ihrer Lebensbedingungen zu helfen und sie bis zu dem Punkt zu unterstützen, an dem sie freiwillig und gern ihrem Bevölkerungswachstum ein Ende setzen.

Der demographische Übergang ist geschafft

Mehr als eine Milliarde Menschen zählt zu den glücklicheren Menschen. Vor dem Hintergrund der gesamten Menschheit gesehen stellt sie zahlenmäßig eine bedeutende Minderheit, die schon bei der Erhaltungsrate angekommen ist oder kurz davor steht. Sie hat den demographischen Übergang geschafft. Wird die Bevölkerung einer Industrienation, in diesem Fall der Vereinigten Staaten, nach Alter

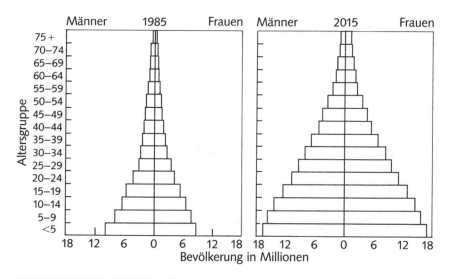

Bild 20: Bevölkerungsexplosion in Nigeria von 1985 bis 2015. Anstieg von 100 Millionen auf 137 Millionen. Wichtig ist die verlängerte Lebenserwartung aller Altersgruppen oberhalb des Balkens der 30- bis 34jährigen. Die Anzahl der Frauen in dieser Altersgruppe wächst in der betrachteten Zeit auf das Vierfache; wegen des erwarteten Sinkens der Geburtenrate wird die Zahl der Kinder zwischen 0 und 4 Jahren nur doppelt so groß werden.

und Geschlecht aufgeschlüsselt, dann ergibt sich eine bestimmte geometrische Figur (Bild 19). In der Kohorte der 0 bis 4jährigen sind 1985 fast alle Neugeborenen enthalten: 988 von 1000 Kindern überlebten. Die Breite der Basis im Vergleich zu den Kohorten darüber weist auf das bevorstehende Ende des natürlichen Bevölkerungswachstums hin. Die breiteren Balken der 20- bis 24jährigen, 25- bis 29jährigen und 30- bis 34jährigen umfassen die Kinder des Nachkriegs-Babybooms, deren Zeugung während des Zweiten Weltkriegs „hinausgeschoben" worden war. Das mittlere Alter der Bevölkerung liegt bei 33 Jahren und damit näher am Ende als am Anfang möglicher Mutterschaft. In einigen europäischen Industriestaaten ist das Durchschnittsalter zwei oder drei Jahre höher. Die Unterschiede zwischen den Altersgruppen zeigen deutlich, daß die Fortpflanzung eine Frage des freien Willens geworden ist. In den USA lag die Nettoreproduktionsrate 1985 unter 1; genau bei 0,904. Die Bevölkerung der Vereinigten Staaten steuert auf das Ende des demographi-

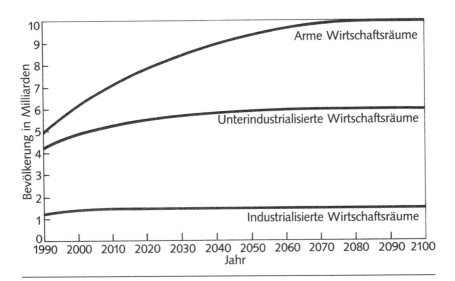

Bild 21: Die Weltbevölkerung im Jahr 2100. Es ist zu hoffen, daß sie 10 oder 11 Milliarden nicht überschreitet. Die Industrieländer mit Nullwachstum im Jahr 2000 stellen 1,5 Milliarden. Die unterindustrialisierten Länder auf dem Weg zur Stabilität, vor allem China und Indien, werden 4,5 Milliarden zählen. Die Ärmsten dieser Welt werden sich von einer Milliarde auf fünf Milliarden vermehrt haben.

schen Übergangs zu: Nullwachstum bei niedrigen Sterberaten und niedrigen Geburtenraten.

An den Balken für die höheren Altersgruppen kann man die kürzere Lebenserwartung der Männer ablesen. 1985 lag sie durchschnittlich bei 71,2 Jahren; Frauen wurden 78,2 Jahre alt. Als Ursache nimmt man Streß und körperliche Verletzungen an, denen Männer stärker ausgesetzt seien. Die Balken für die Gruppe der 60- bis 69jährigen sind mehr als halb so groß wie die der Jüngsten an der Basis, und die Breite des obersten Balkens für die über 75jährigen zeigt, wie viele Menschen über 80 Jahren noch am Leben sind. Wer in einem Industrieland lebt und gesund ist, darf erwarten, daß er die biologische Lebensspanne der menschlichen Spezies auslebt. An der voraussichtlichen Bevölkerungsstruktur der USA im Jahr 2015 kann man ablesen, wie sehr die Bevölkerungszahl durch die verlängerte Lebenserwartung ansteigt (Bild 19). Doch auch dieses gutartige Wachstum wird an die Grenze der natürlichen biologischen Lebenserwartung stoßen.

Der Existenzkampf hat das Leben der meisten Menschen verkürzt. Wenigen war es vergönnt, sorgenfrei länger zu leben, und das auf Kosten der früher sterbenden Armen. Das ging allerdings nur so lange gut – Alexander Herzen hat das richtig erkannt –, wie das Burgfräulein nicht fragte, wer für ihre Bequemlichkeit aufkam, und der Knecht nicht fragte, warum die Früchte seiner Plackerei nicht auf seinem eigenen Tisch landeten, sondern auf einem anderen.

Heute verteilt sich die Weltbevölkerung auf reiche und auf arme Länder. Der hohe Lebensstandard des Viertels in den Industriestaaten wurde im wesentlichen auf Kosten der 75 Prozent in den unterindustrialisierten Ländern erreicht und aufrechterhalten. Langsam wird deutlich, daß das nicht nur absurd ist – darauf sind auch Burgfräulein und Knecht gekommen –, sondern das Überleben der menschlichen Spezies dadurch bedroht wird.

Die Internationalisierung der Ungerechtigkeit ist absurd, weil sie nicht durch einen Mangel an Ressourcen erzwungen ist und weil das Sachwissen der Menschheit, durch das die Ressourcen der Erde seit der Erfindung des ersten Steinwerkzeugs erschlossen werden, zum gemeinsamen Erbe aller Menschen gehört. Sie ist eine Bedrohung, weil die Zerstörung der Biosphäre durch die Reichen noch durch die Armut der verbleibenden 75 Prozent der Menschheit vergrößert wird. Auch wenn die Industrienationen den Schaden zu begrenzen versuchen, werden die Armen in ihrer Hilflosigkeit die Zerstörung vorantreiben.

Ohne die Unterstützung der anderen an der Selbstzerstörung der Spezies beteiligten Seite wird es keinen Ausweg geben. Die Industriestaaten können der Existenzgefährdung durch die wachsende Weltbevölkerung und der von der Armut hervorgerufenen Umweltzerstörung nur entrinnen, wenn sie die unterindustrialisierten Länder an ihrem Wissen und an ihrer Technik teilhaben lassen, mit deren Hilfe sie sich selbst aus der Armut befreien. Für die armen Nationen gibt es ohne diese Hilfe kein Entrinnen. Wissen wird nicht weniger, wenn man es teilt, im Gegenteil, es wird mehr. Abgeben macht die Reichen nicht ärmer. Auch ist Hilfe ein völlig falsches Wort, weil dem Armen das gemeinsame Erbe zusteht, wenn nicht aus Nächstenliebe, dann aus Eigennutz: Die Notwendigkeit, aus der Sackgasse herauszukommen, zwingt die Menschheit dazu, sich zu einer gemeinsamen Spezies zusammenzuschließen.

Die Spezies teilte sich, und Thomas Malthus versuchte, die Weltbevölkerung in Zahlen zu schätzen. Das Bevölkerungswachstum, das er beklagte und das John Stuart Mill als „Dynamik der politischen Ökonomie" bezeichnete, glich einer Explosion. Die europäische Bevölkerung – besser die Bevölkerung aller Europäer, die sich über alle Kontinente ergossen – dürfte zeitweise eine Wachstumsrate von fast 3 Prozent erreicht haben. Schon der Anstieg von 50 Millionen Einwohnern im Jahre 1600 auf 250 Millionen im Jahre 1800 betrug durchschnittlich Jahr für Jahr über 2 Prozent. Bedenkt man die hohen Menschenverluste des Dreißigjährigen Krieges und die Verluste durch Hungersnöte und Epidemien, dann kann man sich ausrechnen, daß die Wachstumsrate im darauffolgenden 18. Jahrhundert bei mehr als 3 Prozent gelegen haben muß. Daß die Bevölkerung wuchs, nachdem das normale Leben wieder zurückgekehrt war, lag natürlich an der erhöhten Lebenserwartung – im Jahre 1800 lag sie in England bei über 40 Jahren – und nicht etwa an landesweiter Zeugungswut.

Ob die Menschheit jemals vorher einen vergleichbaren Wachstumsschub erlebte, wissen wir mangels demographischer Aufzeichnungen nicht. Die Zuwachsrate der Weltbevölkerung außerhalb Europas lag zu Beginn des 19. Jahrhunderts kaum über Null, die Lebenserwartung bei etwa 25 Jahren.

Erst heute ist uns klar, daß die geometrische Reihe des Bevölkerungsanstiegs dem gleichzeitigen und bis dahin einmaligen geometrischen Anstieg der Nahrungsmittelproduktion zu verdanken ist. In *The Rule of Phase Applied in History** versuchte der Historiker Henry Adams 1919 die Beschleunigung der industriellen Revolution zu quantifizieren. Er schreibt: „Die Beschleunigung im 17. Jahrhundert war groß, doch die im 18. Jahrhundert geradezu verblüffend." Und weiter: „Die Beschleunigung wurde sogar meßbar, weil man in der Dampfmaschine Wärme als Energie benutzte. Die zugeführte Energie war meßbar durch die geförderte Kohlenmenge." Seine Ergebnisse und seine Kurven folgten „dem alten, bewährten Gesetz der Quadrate"; selbst von einer logarithmischen Basis aus schwangen sie sich in geometrischer Folge nach oben (Bild 22).

Es gibt kein statistisches Material, aus dem man ablesen könnte, wie sich die Distanzierung der europäischen Völker vom Rest der Menschheit auf die individuellen Lebensbedingungen auswirkte. In der traditionellen bäuerlichen Gesellschaft kamen die meisten Menschen kaum mit Geld in Berührung. Der Wirtschaftswissenschaftler Simon Kuznets von der Harvard University, der in den dreißiger Jahren die Berechnung des „Bruttosozialprodukts" eingeführt hatte, behauptete, daß man in allen Zentren der Zivilisation vom Altertum bis zur Mitte des 19. Jahrhunderts durchschnittlich über das gleiche „Einkommen" verfügte, das heißt, den gleichen Lebensstandard hatte. Er kalkulierte den Geldwert für den durchschnittlichen Lebensunterhalt auf 150 Dollar (Wert 1960). Hier liegt auch das durchschnittliche Einkommensäquivalent der Dorfbevölkerung in den unterindustrialisierten Ländern heute.

Mitte des 19. Jahrhunderts lebten 300 Millionen Europäer verstreut über den Erdball. Ihre Wachstumsrate bewegte sich nach einem Gipfel im 18. Jahrhundert abwärts. Auf der Basis jener 150 Dollar Durchschnittseinkommen für Europäer errechnete der Wirtschaftsexperte Surhendra Patel, daß die damalige Wirtschaftsleistung bei 45 Milliarden Dollar lag. Bis 1960 hatten sich die Europäer fast verdreifacht, auf 850 Millionen Menschen, und ihre Wirtschaftsleistung hatte sich auf 930 Milliarden Dollar verzwanzigfacht. Das ergibt pro Kopf die siebenfache Leistung. Hand in Hand damit sank die Rate des Bevölkerungswachstums in allen Industrieländern. Patel konnte damit zeigen, daß John Stuart Mills „Dynamik der politischen Ökonomie" – seine Ursache-Wirkung-Beziehung von Bevölkerungswachstum und Wirtschaftswachstum – schon in dem Moment darniederlag, als sie als Theorie aufgestellt wurde.

Schon damals bewies das Wirtschaftswachstum eine eigene Dynamik. Stärkster Antrieb dabei war die ungeheure Beschleunigung, mit der sich empirisches Wissen ansammelte. Erzeugung, Umwandlung und Nutzung von Energie in jüngster Zeit lassen sogar an eine Beschleunigung der Beschleunigung glauben.

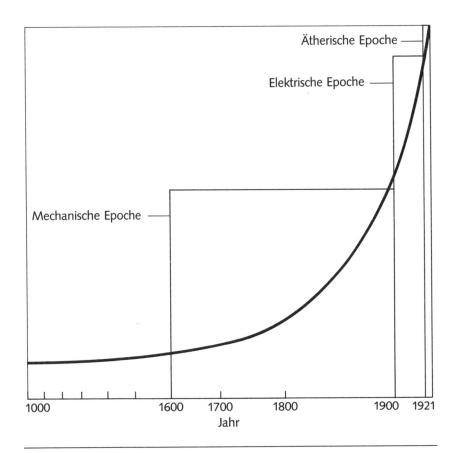

Bild 22: Die Beschleunigung der Geschichte, aufgezeichnet von Henry Adams nach seiner Schätzung des Energieverbrauchs und der Geschwindigkeit des technischen Fortschritts. Die kurze Zeitspanne der „elektrischen" Epoche im Vergleich zur Dauer der „mechanischen" Epoche zeigt deutlich die Beschleunigung, selbst bei logarithmischer Darstellung. Die kurze Dauer der „ätherischen" Epoche ist Ausdruck für Adams Pessimismus im Hinblick auf die Rolle der Technik in der zukünftigen Welt.

Im späten 19. Jahrhundert wurde allmählich die mechanische Kraft der Formeln Isaac Newtons in die elektromagnetische Kraft der Formeln James Clerk Maxwells umgewandelt. Die stetig rotierende Dampfturbine von Sir Charles Algernon Parsons ersetzte das Aufundab der Kolben in der Dampfmaschine von James Watt. Treibriemen und Flaschenzüge wichen der Stromleitung; Elektromotoren gelangten in die Hände des Industriearbeiters oder trieben seine Maschinen an. Zwischen 1885 und 1889 erweiterte Heinrich Hertz das elektromagnetische Spektrum, als er Radiowellen auf der langwelligen Seite des sichtbaren Spektrums, jenseits der Infrarotstrahlung, nachwies. Auf der kurzwelligen Seite fand Wilhelm Röntgen 1895 die nach ihm benannten Röntgenstrahlen jenseits der Ultraviolettstrahlung. Zu Beginn des 20. Jahrhunderts erkannten Max Planck und Albert Einstein die Quantennatur der Strahlungsenergie, und 1920 stellten P. A. M. Dirac, Wolfgang Pauli und Werner Heisenberg die Gleichungen der Quantenelektrodynamik auf. Heute werden Quanteneffekte in der Halbleiterelektronik dazu benutzt, die automatisierte Produktion mit Sinnesorganen, einem zentralen Nervensystem und motorischen Ganglien auszustatten. Ende der fünfziger Jahre begann man, fossile Brennstoffe durch die Einsteinsche Äquivalenz von Energie und Materie als Quelle für Primärenergie zu ersetzen. Die Gleichwertigkeit war von Lord Rutherford während des Zweiten Weltkriegs am Beispiel der starken Kernkraft auch experimentell bewiesen worden.

Die bis 1950 auf das Siebenfache gesteigerte Wirtschaftsleistung der Industriestaaten hat sich seitdem vervierfacht, während ihr Bevölkerungswachstum fast zum Erliegen kam.

Wie man leicht erkennt, brachte die industrielle Revolution vor relativ kurzer Zeit einen abrupten Wechsel der *Conditio humana*. Man kann diesen Wechsel der Lebensverhältnisse nicht verstehen, wenn man sich nur mit seiner wirtschaftlichen Dimension befaßt. Diese Revolution war Teil eines multidimensionalen gesellschaftlichen, kulturellen und politischen Wandels der menschlichen Existenz und zielte sogar in der Industrie weit über alles Technische hinaus.

Die heutigen Nutznießer der ersten industriellen Revolution in der von ihnen so getauften „Freien Welt" erinnern sich nur noch vage an diesen entscheidenden Moment ihrer Geschichte und haben kaum eine Vorstellung von seinen humanitären Kosten. Um ihre Erinnerung aufzufrischen, brauchen sie nur die Begleiterscheinungen der jüngsten industriellen Revolutionen, ihr Entsetzen und die Abneigung gegen die verantwortlichen Regimes mit dem Preis zu vergleichen, den ihre Vorfahren zahlen mußten. Die menschliche Misere aller ersten Revolutionen hat jedenfalls viel länger gedauert.

Wie die Geschichte zeigt, bedurfte es eines besonderen wirtschaftlichen Zwangs, bis ein genügend großer Bevölkerungsteil dazu bereit war, aus hinreichend vorhandenen Ressourcen Kapital zu schöpfen; ohne die politische Erfindung des Nationalstaates wäre das nicht gelungen. Bedingt durch das dichte kulturelle Nebeneinander auf der europäischen Halbinsel hatte diese Erfindung zur Folge, daß vierhundert Jahre lang Kriege geführt wurden, um die Nationen zu festigen. Die Entwicklung gipfelte in den Paroxysmen der beiden Weltkriege des 20. Jahrhunderts. Indem man die Ressourcen rücksichtslos der Kriegsführung zur Verfügung stellte, erzielte man gleichzeitig Fortschritte in der Technik und beim Aufbau der Infrastruktur in den westlichen Industriestaaten.

Den Zweiten Weltkrieg beendeten die Atomwaffen. Ihr erster Einsatz und ihre Weiterentwicklung während des Kalten Krieges, auf Kosten von menschlichen Fähigkeiten und materiellem Wohlstand, setzte der Bedeutung des Nationalstaates ein Ende. Jeder weiß, daß kein Nationalstaat heute die Sicherheit seiner Bürger garantieren kann. Die industrielle Revolution hatte damit die politische Erfindung hinter sich gelassen, die ihr auf die Sprünge geholfen hatte. In ihrem anarchischen Bemühen um Souveränität und bestärkt durch Wasserstoffbomben in ihren Arsenalen bedrohen die Nationalstaaten den Fortbestand der Zivilisation, vielleicht die Menschheit und das vernetzte Leben in der Biosphäre. Während sich die Supermächte gegenseitige Vernichtung androhten, hielten sie für die längste Zeit den Frieden zwischen den industrialisierten Staaten seit dem Ende der napoleonischen Kriege aufrecht. Der Funken Sicherheit, den man dem Besitz von Atomwaffen bisher zubilligen konnte, ist erloschen, seit die Sowjetunion zerbrach, ihre Waffen sich auf unabhängige Nationen verteilten und Atomwaffen in die Hände kleinerer Staaten (und möglicherweise von Diktatoren und Terroristen) gerieten.

DAS WIRTSCHAFTLICHE GRUNDPROBLEM IST GELÖST

Auf den Zweiten Weltkrieg folgten dreißig Jahre Wirtschaftswachstum. Jede Industrienation beschritt dabei ihren eigenen Weg, was mit dem Eintrittsdatum in die industrielle Revolution und der Geschwindigkeit des dabei erzielten Fortschritts zusammenhing. Trotz der Unterschiede in Geschichte, Tradition und Denken marschierten alle in die gleiche Richtung. Wie und wann sie auch angefangen hatten, alle erreichten eine vier- oder fünffache Steigerung der Produktion pro Kopf. Heute steuern sie gemeinsam auf eine weltweite Industriekultur zu.

Bis vor wenigen Jahren lagen die Vereinigten Staaten mit dem höchsten Pro-Kopf-Einkommen vorne. Sie sind das Vorbild, dem die anderen nacheilen. Mit dem kollektiven Gedächtnis eines jungen, wenig geschichtsbewußten Landes wird in den USA die Teilhabe aller am materiellen Überfluß als gottgegeben angesehen. Nur die ältere Generation erinnert sich noch an die beschwörenden Worte von Franklin D. Roosevelt in seiner zweiten Antrittsrede 1937: „Ich sehe eine Nation, in der ein Drittel der Menschen schlecht untergebracht, schlecht gekleidet und schlecht ernährt ist." In Wirklichkeit litten zwei Drittel der Bevölkerung unter den erwähnten Mängeln, wie das Landwirtschaftsministerium der Vereinigten Staaten im Jahr 1936 ermittelt hatte.* Aber Roosevelt fand, seinem Innenminister Harold Ickes zufolge, zwei Drittel seien eine politisch deprimierende Anzahl, und beschränkte sich auf ein Drittel.

Seitdem ist das Sozialprodukt auf das Vierfache gestiegen, während sich die Einkommensverteilung nur geringfügig änderte. Das mittlere Bevölkerungsdrittel ist in bürgerlichen Wohlstand aufgestiegen. Unter Armut leidet heute wirklich nur ein Drittel der Nation. Das Bruttosozialprodukt pro Kopf wurde in den letzten Jahren von der Schweiz, Japan und Norwegen übertroffen. Andere europäische Länder, vor allem Schweden, Dänemark, Finnland und Deutschland, liegen knapp zurück, wobei dort die Einkommen gerechter verteilt sind und keine so große Armut herrscht, wie sie die amerikanische Öffentlichkeit in ihrer Mitte duldet.

Für die überwältigende Mehrzahl der Menschen in den Industriestaaten – und es ist abzusehen, daß dies bald für die gesamte Bevölkerung gelten wird – ist das wirtschaftliche Grundproblem gelöst, auch wenn die moderne Gesellschaft noch nicht vollkommen ist. Den Wandel der *Conditio humana* verursachte die Mechanisierung der Arbeit; die industrielle Revolution hat dem Menschen die Arbeit aus der Hand genommen und ihn von körperlicher Belastung befreit.

Die Not ließ sich nicht vertreiben, ohne der Mühsal zu Leibe zu gehen. Nur indem man das Ausmaß der Schufterei reduzierte, konnte die wirtschaftliche Frage für eine Bevölkerung gelöst werden, die mehr als eine Milliarde Menschen zählt. Menschen allein schafften die Arbeit nicht, die getan werden mußte. 150 Kilowattstunden, das Energieäquivalent eines Mannjahrs, genügten nicht, um das ungeheure Volumen der Ressourcen zu gewinnen. Muskelkraft mußte durch die Megawattleistung der Dynamos und die Pferdestärken der Motoren ersetzt werden.

Landwirtschaft, Bergbau und Grundstoffindustrie, im herstellenden Gewerbe und in der Bauwirtschaft, in den USA bis 1987 auf dreißig Prozent aller Beschäftigten. Engt man den Begriff „Produktion" auf die Arbeit an der Maschine ein, dann sinkt ihr Anteil bis zu zwanzig Prozent. In der Fabrik wird übrigens nicht die Muskulatur, sondern das Nervensystem des Arbeiters eingesetzt, mit dem er die automatisch gesteuerte Produktion überwacht. Erst mit den Facharbeitern und Ingenieuren, die in ihren Büros den Maschinenpark entwerfen, steigt der Anteil der in der Produktion Tätigen auf dreißig Prozent. Seit die USA unterbezahlte Arbeit importieren, in Form von Textilien, elektronischen Schaltkreisen und anderen Produkten, die für die arbeitsintensive Phase ihrer Herstellung von multinationalen Konzernen ins Ausland geschickt werden, sinkt die Zahl der Beschäftigten in der Produktion weiter.

Geht man davon aus, daß in den USA die 500 größten Industrieunternehmen 75 Prozent aller Waren herstellen, dann sind weniger als 15 Prozent der Arbeitskräfte mit der Herstellung beschäftigt. Weitere 7 Prozent arbeiten in den Bereichen Transport, Kommunikation und öffentliche Dienstleistung; die dazu notwendige Energie wird von weniger Menschen erzeugt als die notwendige Nahrung.

70 Prozent der Arbeitsplätze sind nicht mit der Herstellung von Waren verbunden; auf die gehobenen Positionen in der Regierung und im öffentlichen Dienst, auf Stiftungen und gemeinnützige Unternehmen, auf Finanzwirtschaft und freie Berufe, wo Managementqualitäten, Fachwissen und technische Ausbildung gefragt sind, entfällt ungefähr ein Drittel. Die anderen, und das ist fast die Hälfte aller Arbeitsplätze, liegen im tertiären Sektor, in Handel, Verkehr und sonstigen Dienstleistungen, die die Wirtschaft in Schwung halten und den Konsum erleichtern.

Das sind die „lausigen Jobs". Von den dreißig Millionen jungen Männern und Frauen, die seit 1970 im Arbeitsleben stehen, mußten acht von zehn solche Jobs annehmen. Dazu gehören die meisten

Teilzeitjobs, in denen 1987 siebzehn Prozent beschäftigt waren, sowie die Jobs und Zweit- oder Drittjobs, mit denen sich sechs Prozent über Wasser halten (1970 waren es fünfzehn beziehungsweise fünf Prozent). Die Grauzone ungeklärter Dienstverhältnisse weitet sich aus, manchmal ist es schwierig, zwischen Arbeit und Nichtarbeit zu unterscheiden, zwischen Mitgliedschaft im Heer der Beschäftigten und Ausscheiden.

Herkunft des Bruttosozialprodukts nach Sektoren

(Anteile in Prozent)

Land	Landwirtschaft		Herstellendes Gewerbe		Industrie gesamt		Dienstleistungen	
	1965	1988	1965	1988	1965	1988	1965	1988
USA	3	2	28	22	38	33	59	65
Japan	9	3	32	29	43	41	48	57
Deutschland (BRD)	4	2	40	44	53	51	43	47
China	44	32	31	33	39	46	17	21
Indien	44	32	16	19	22	30	34	38
Südkorea	38	11	18	32	25	43	37	46
Thailand	32	17	14	24	23	35	45	48
Philippinen	26	23	20	25	28	34	46	44
Saudi-Arabien	8	8	9	8	60	43	31	50
Nigeria	54	34	6	18	13	36	33	30
Kenia	35	31	11	12	18	20	47	49
Argentinien	17	13	33	31	42	44	42	44
Brasilien	19	9	26	29	33	43	48	49
Costa Rica	24	18			23	28	53	54

Bild 23: Mit der Industrialisierung sinkt zunächst der relative Anteil der Landwirtschaft am Bruttosozialprodukt gegenüber der Industrie, obwohl der absolute Beitrag groß bleibt oder sogar zunimmt. In einem späteren Stadium wächst die Anzahl der Dienstleistungen relativ zur Industrie, obwohl deren absoluter Beitrag gleich bleibt oder weiter steigt. In unterindustrialisierten Volkswirtschaften mit niedrigem Bruttosozialprodukt ist ein großer Teil der Arbeitskräfte auf dem Dienstleistungssektor unterbeschäftigt.

So sehen die Chancen aus, die eine automatisierte Wirtschaft im „Land der unbegrenzten Möglichkeiten" den Anwärtern auf Arbeit bietet. An der Größe des Beschäftigtenheeres wird deutlich, daß viele Menschen arbeiten wollen oder müssen.

Die „Schaffung" von Arbeitsplätzen gibt umgekehrt den Inhabern politischer Pfründe und den Sprechern der Wirtschaft die Gelegenheit, sich selbst auf die Schulter zu klopfen. Keiner der beiden, weder der Anbieter von Arbeit noch der Arbeitsuchende, ist ernsthaft an der Produktion von Waren interessiert. Beide haben nur eins im Kopf: Konsum. Solange unserer Gesellschaft noch eine alternative Einrichtung eingefallen ist, besteht die wirtschaftliche Funktion des Arbeitsplatzes darin, den Konsumenten mit Kaufkraft auszustatten und menschliche Bedürfnisse als wirtschaftliche Nachfrage wirksam werden zu lassen. Die Kapazität der Menschen zum Konsum – Mangel, durch Lohn in Kaufkraft verwandelt – ist kleiner als die Kapazität der Industrie zur Produktion, und nicht alle Menschen werden gebraucht, um die Produktion aufrechtzuerhalten.

Der große amerikanische Traum liegt für viele junge Bürger der Vereinigten Staaten, wenn sie ihre ersten Jobs annehmen und einen eigenen Hausstand gründen, längst in der Vergangenheit, nicht in der Zukunft des Landes. Offensichtlich sind die industrialisierten Marktwirtschaften noch weit davon entfernt, das Verteilungsproblem zur Zufriedenheit aller zu lösen.

Tatsächlich gelöst hat die industrielle Revolution nur das Problem der Güterproduktion. J. M. Keynes schrieb dazu: „... der Kampf ums Überleben war immer und ist bis heute das wichtigste, vordringlichste Problem der Menschheit – und nicht nur der Menschheit, sondern aller biologischen Reiche seit dem Ursprung von Leben in seiner primitivsten Form." Mit der Ansicht konfrontiert, ob die wirtschaftlichen Beschränkungen nicht „das ewige Problem der Menschheit" wären, fragte er: „Müssen wir dann nicht mit einem allgemeinen Kollaps rechnen?"

Vieles spricht dafür, daß der Kollaps nicht lange auf sich warten lassen wird. Institutionen und Werte aus der Zeit von Mangel und Not, wie Arbeit, Sparsamkeit und Eigentum, verlieren ihren Sinn. Ist die Arbeit erst einmal von der Produktion abgekoppelt, dann ist sie nicht mehr als ein Job, der mit dem Gehaltsstreifen einen Konsumenten schafft.

Seit dem Ende der Gründerzeit ist das Sparen von der direkten Investition in neue Produktionskapazität getrennt. Der Preis, den der

Verbraucher für eine Ware zahlen muß, ist neuerdings so hoch kalkuliert, daß Abschreibung und Rückstellungen darin enthalten sind. Auf diese Weise ist die Industrie seit den fünfziger Jahren aufgebaut und modernisiert worden. In den letzten Jahren legten die Manager der größten Unternehmen diese Reserven allerdings anders an. Das fröhliche Treiben mit Fusion, Ankauf, Management-Buyout und Junk-bond, in dem die achtziger Jahre zu Ende gingen, kannte keinen Unterschied zwischen Eigenkapital und Schulden. Papier gegen Papier tauschen wurde lukrativer als das Tauschen von Gütern gegen Geld. In den Worten der Wirtschaftswissenschaftlerin Joan Robinson aus Cambridge: Die Börse ließ ihr Feigenblatt „Sparkapital ist Investitionskapital" fallen.

Auch die Sparsamkeit wurde vom Bedarf abgekoppelt. Mit einem Schuldenberg von 3000 Milliarden Dollar halten die Verbraucher der USA der allseits so beklagten Staatsschuld die Waage. Der Kauf auf Raten verwischt den Eigentumsbegriff für bewegliche Güter. Der Begriff des Grundbesitzes wird durch Hypotheken und durch das Mitspracherecht des Staates bei dem, was der Eigentümer in einer enger werdenden Welt damit anstellen darf, relativiert.

Welche Institutionen und Wertmaßstäbe auch für die Warenverteilung bei knappem Angebot ausgedacht werden, sie werden an der Verteilung des Warenüberflusses scheitern, der nach der industriellen Revolution so reichlich produziert wird oder produziert werden könnte. Das Problem ist natürlich neu. Der riesige Warenausstoß ist jüngeren Datums. Zum Thema Verteilung hat sich die Wirtschaftswissenschaft kaum geäußert. Sie spreche zwar von Kapital und Arbeit, so Robert Heilbronner, aber nicht von den Wohnungen der Kapitalisten und der Arbeiter.

Eine pragmatisch orientierte Politik hat in jeder Marktwirtschaft einen spezifischen Sozialstaat geschaffen. In den Vereinigten Staaten verankerten Franklin D. Roosevelts *New Deal* und Lyndon B. Johnsons *Great Society* den Anspruch auf Sozialhilfe. Die sozialen Leistungen beanspruchen heute 45 Prozent des Bundeshaushalts oder 10 Prozent des Bruttosozialprodukts. Alle Marktwirtschaften retten sich in öffentliche Verschuldung, damit der Konsum auch im Konjunkturtief nicht zurückgeht. Seit 1980 häuften die Vereinigten Staaten jährlich öffentliche Schulden auf, die der Wirtschaft erlauben, wenigstens auf der Stelle zu treten – während die Regierungen laut bekundeten, daß ihnen allein der Gedanke zuwider sei, Schulden zu machen.

Nachdem sich gewisse Wertmaßstäbe für die Regelung der Produktion etabliert hatten, sollte man sich Gedanken über entsprechende Wertsysteme für die Güterverteilung machen. Sie können nur aus zukünftigen Erfahrungen abgeleitet werden. Das Problem drängt sich mit den achtziger Jahren in den Vordergrund, seitdem die automatisierte Produktion kaum noch Arbeitsplätze verlangt und die Konzentration von Einkommen und Vermögen ständig zunimmt. In den USA betrug das Geldeinkommen der Haushalte des Quintels am unteren Ende der Verdienstskala 1,1 Prozent der Summe aller Einkommen, während das höchste Quintel 50,3 Prozent einsteckte, nach Abzug der Steuern. Transfer von Geld und Naturalien aus dem Steueraufkommen anderer Familien hoben den Anteil des unteren Quintels auf 4,2 Prozent (und den Anteil des nächsten Quintels von 8,4 auf 10,4 Prozent), so daß sich das Haushaltseinkommen des höchsten Quintels auf 46,1 Prozent des umverteilten Gesamteinkommens reduzierte.

Eine Minderheit der Bevölkerung lebt in Verhältnissen, die man Armut nennen muß. Das ist offensichtlich ein gesellschaftliches Arrangement, denn an Ressourcen mangelt es nicht. Bettelei, Obdachlosigkeit und steigende Kriminalität sind die Folgen. Die Unterschicht weist darauf hin, daß die staatlichen Maßnahmen zum Ausgleich der Ungerechtigkeit in der Einkommensverteilung unzulänglich sind, und bestätigt die Erfahrung, daß sie meist verspätet in Gang gesetzt werden.

Der Transfer untergräbt die Zufriedenheit der mittleren Einkommensgruppen über der Armutsgrenze. Für eine anständige Wohnung, eine gute Schule und respektierliche Nachbarschaft müssen die meisten Familien tief in die Tasche greifen, und manche nehmen dafür Entbehrungen in Kauf. Die Erhaltung der Lebensqualität, zu der auch Dinge wie öffentliche Bauten und Parks, der öffentliche Verkehr, die Volksbildung und die Erweiterung des menschlichen Horizonts durch Schule und Wissenschaft gehören, verlangt politische Entscheidungen, nicht nur wirtschaftliche. Doch Steuern sind verschrien, der Bürger hütet eifersüchtig sein Einkommen, um damit mehr oder minder langlebige Waren zu kaufen, wie es ihm von den genialen Marketingstrategen der Industrie suggeriert wird. Ohne daran zu denken, daß vor noch gar nicht langer Zeit nicht ein, sondern zwei Drittel der Bevölkerung des Landes schlecht gekleidet, schlecht genährt und schlecht untergebracht waren, zieht die mittlere der drei Einkommensgruppen mit dem oberen Drittel am selben Strang und wählt Abgeordnete, die die Steuern senken wollen. Die Legitimation als Konsument, die auf den Gehaltsstreifen der vom Markt geschaffenen und von der Wählerschaft gutgeheißenen Jobs steht, reicht nicht aus, daß alle Arbeit, die getan werden müßte, auch wirklich getan wird.

Durch den plötzlichen Wandel der *Conditio humana* trat auch anderswo im System der Wertmaßstäbe ein Vakuum ein. Mit dem Ende des Bevölkerungswachstums löste sich der Drei-Generationen-Haushalt und die Großfamilie auf. Die Kleinfamilie mit zwei Kindern und zwei Arbeitsplätzen erwies sich als instabil. Die Hälfte trennt sich durch Scheidung; 20 Prozent der Haushalte mit Kindern unter 18 Jahren werden von einer alleinerziehenden Mutter geführt; knapp 30 Prozent der spanischsprachigen und die Hälfte der schwarzen Haushalte unterstehen einer alleinstehenden Frau. So wachsen die meisten Kinder des Viertels der amerikanischen Bevölkerung auf, die in Haushalten unter der offiziellen Armutsgrenze leben.

In einer Gesellschaft mit Nullwachstum ist die Zwei-Kind-Familie zwangsläufig die Norm und offensichtlich für die Sozialisation der Jugendlichen ungeeignet, vor allem wenn die Eltern kaum selbst über ihr eigenes Schicksal bestimmen können. Der Sozialpsychologe Uri Bronfenbrenner hat die Ökologie der Kindesentwicklung in den Vereinigten Staaten untersucht und gezeigt, daß die meisten Kinder außerhalb der Schule kaum Kontakt mit Erwachsenen haben, nicht einmal mit ihren eigenen Eltern. Sie tauchen in der Gemeinschaft der Gleichaltrigen unter, deren Aktivitäten sie merklich von der Gemeinschaft der Erwachsenen entfremdet.

Entwurzelung und die Sorge um das eigene, vereinsamte Ich sind die zentralen Themen der amerikanischen Popkultur. Daß solche Themen auch in allen anderen Industriestaaten Resonanz finden, läßt auf die Verunsicherung schließen, zu der die Lösung des wirtschaftlichen Problems geführt hat. Die Antwort auf die vereinfachende Frage nach dem Überleben führt zu vielen neuen Fragen, für die man vergeblich passende Antworten sucht.

Industrielle Revolution nach Plan

Der Kalte Krieg hatte die industrialisierte Welt in zwei Hälften geteilt. So konnte unentdeckt bleiben, daß der Fortschritt der zentralen Planwirtschaft in der Sowjetunion zu den gleichen Schwierigkeiten führte. Isoliert vom Welthandel und geschützt vor der ausländischen

Konkurrenz baute das kommunistische Regime unverdrossen die Schwerindustrie als Infrastruktur weiter aus. Unterdessen leistete das Volk geduldig seinen unfreiwilligen Beitrag zur Kapitalbildung: Ein Netz aus strenger politischer Disziplin, Arbeit, Essen, einem Dach über dem Kopf und langen Schlangen, um Waren zu bekommen, die in anderen Industriestaaten an jeder Ecke zu kaufen sind. Zwischen 1950 und 1975 wurde die Kapazität der sowjetischen Stahlindustrie von 50 auf 200 Millionen Tonnen erhöht. Die Stromerzeugung stieg von 300 Milliarden Kilowattstunden im Jahre 1950 auf 1600 Milliarden Kilowattstunden im Jahre 1985, etwa 6000 Kilowattstunden pro Kopf: vergleichbar dem Niveau in Japan. Unter der wissenschaftlichen Leitung des *Akademgorodok* in Nowosibirsk wurden die Rohstoffe Sibiriens erschlossen, und die Sowjetunion stieg zum weltweit größten Erdölproduzenten auf. Um die gefundenen Diamanten auf dem Weltmarkt zu verkaufen, wurde zunächst das Monopol britischer, amerikanischer und südafrikanischer Gesellschaften auf Industrie- und Schmuckdiamanten gebrochen, dann schloß man sich ihm an.

Falls man den Angaben des amerikanischen Verteidigungsministeriums Glauben schenken darf, dann war die industrielle Entwicklung der UdSSR bis hin zur Spitzentechnologie sehr erfolgreich. Trotzdem schleppt die jetzt auf den Weltmarkt drängende Industrie noch ernsthafte Defekte aus der zentral verwalteten Vergangenheit mit sich. Die Schwerindustrie benötigt unverhältnismäßig viel Rohstoff und Energie und belastet die Umwelt mehr als nötig. Die Kraftwerke arbeiten mit einem Wirkungsgrad, den andere Industrieländer bereits 1960 erreicht hatten. Bei den Stahlwerken mit einer Kapazität von 200 Millionen Tonnen gibt es Anlagen, die schon Stahl für den Zweiten Weltkrieg gewalzt haben, und daneben allerneueste Stranggußanlagen. Die weiterverarbeitende Industrie hatte die Armee zum Hauptkunden und wenig Kapazität für zivile Konsumgüter, noch nicht einmal für die veralteten Modelle, die sie den sowjetischen Verbrauchern anbot.

Seinen größten Erfolg verbuchte das zentralistische Management der Sowjetunion zweifellos bei der Urbanisierung der Bevölkerung, die mit der industriellen Revolution in Angriff genommen wurde. Zwischen den beiden Weltkriegen entstanden fast tausend neue Städte. Planungsgrundlage war eine Kerneinheit für rund 10 000 Menschen in Mehrfamilienhäusern. Dazu gehörten, neben den bescheidenen, für europäische und amerikanische Verhältnisse winzigen Wohnungen, eine bestimmte Anzahl von Klassenzimmern für Grundschule und Oberschule, Lebensmittelgeschäfte und andere Dienstleistungseinrichtungen, eine Poliklinik, eine Stadthalle und ein Park. Da Grund und Boden in der sozialistischen Wirtschaft keinen finanziellen Wert besitzt, ließen sich zwischen den einzelnen Kernzellen der neuen Städte und um sie herum großzügige Grünflächen anlegen. Für den Verbund mehrerer Einheiten gab es dann Krankenhaus, Feuerwehr, Polizeiwache, Müllabfuhr, bis hin zur Stadtverwaltung.

In Übereinstimmung mit dem kollektiven Ethos unterstand die Finanzierung, Besiedlung und Verwaltung der Wohnstätten oft direkt der Fabrik, der Regierungsstelle, der Universität oder dem Forschungsinstitut, bei dem die Bewohner beschäftigt waren. In dem Maße, wie es der materielle Fortschritt erlaubte, organisierten die Kollektive für ihre Mitglieder auch Urlaubsplätze und Feriengrundstücke für die unentbehrlichen Datschen. Vom Arbeiter bis zum leitenden Angestellten bekamen alle nahezu die gleiche Quadratmeterzahl Wohnraum zugeteilt. Im großen und ganzen waren die Bürger mit den Verhältnissen einverstanden. Die meisten kannten nichts Besseres, auch ihre Eltern nicht. Und wenn sie auch keine Meinungsfreiheit besaßen, so konnten sie doch, wie der verstorbene Paul Baran feststellte, Professor für Volkswirtschaft an der Stanford University und gleichzeitig an der Moskauer Staatsuniversität, Einfluß auf „unwichtige Fragen" nehmen: die Erziehung der Kinder, die Gesundheitsversorgung, die Gestaltung der Ferien, die unterste Stufe der Rechtspflege mit der Ahndung von Bagatellfällen antisozialen Verhaltens.

Am Eindringen von Rockmusik und Blue Jeans in die Sowjetkultur läßt sich die allgemeine Veränderung ablesen; es kam zum Zusammenbruch der Großfamilie, zu Frauenarbeit außer Haus und all den Folgeerscheinungen des gesellschaftlichen Wandels, den die industrielle Revolution mit sich brachte. In seiner umfassenden Darstellung der modernen sowjetischen Gesellschaft zeigt Basile Kerblay, daß der Anteil der Stadtbevölkerung im Jahre 1940 bei 33 Prozent der Gesamtbevölkerung lag und auf 60 Prozent im Jahre 1970 anwuchs. 1970 bestand der Durchschnittshaushalt aus 3,7 Personen, hundert Jahre vorher waren es sieben. 1970 waren 86 Prozent der arbeitsfähigen Frauen berufstätig, und in 78 Prozent der Haushalte arbeiteten zwei Personen. Die Wachstumsrate war von 1,3 Prozent im Jahre 1940 auf 0,8 Prozent im Jahr 1970 gesunken. Das Bruttosozialprodukt pro

Kopf betrug zwar 1970 nur 25 Prozent der USA, aber es war gerechter verteilt. Die Völker der slawischen Republiken der Sowjetunion hatten ihren demographischen Übergang nahezu abgeschlossen.

Für die eigenen unterindustrialisierten Länder, die islamischen Sowjetrepubliken Zentralasiens mit 50 Millionen Einwohnern im Jahre 1970, entwickelte die Sowjetunion eine eigene Strategie. Man bemühte sich, so wenig wie möglich an traditionelle Sitten und Gebräuche zu rühren, auch nicht an die althergebrachte Lebensweise. Deshalb brachte man die Technik zu den Menschen aufs Land: zunächst Strom, Lesen und Schreiben sowie Penicillin, die beweglichsten Elemente der Industrialisierung. Der Erfolg schlug sich in einer Bevölkerungsexplosion nieder, die die Russen innerhalb der Sowjetunion beinahe zur Minderheit gemacht hätte und dazu führte, daß sich die asiatischen Republiken inzwischen als souveräne Staaten etablieren konnten.

Das sowjetische System hatte versäumt, der Schwerindustrie eine entsprechende Leichtindustrie anzugliedern und die Nachfrage des Verbrauchers, den es mit Kaufkraft ausgestattet hatte, zu befriedigen. Das führte zu einem Kollaps eigener Art. Die Schrecken des Zweiten Weltkriegs hafteten noch im Gedächtnis. Die Menschen hatten genug von bürokratischer Bevormundung und wollten endlich die Früchte der Entbehrungen dreier Generationen genießen. Würde man heute, da sie auf die Politik Einfluß nehmen können, ihre Wertvorstellungen und Verhaltensweisen ausloten, käme man wahrscheinlich zu dem gleichen Ergebnis wie der Soziologe Stefan Nowak in seiner bemerkenswerten Langzeituntersuchung über Polen, in der er aufgrund von periodischen Meinungsumfragen die Wertvorstellungen einer ganzen Generation seiner Landsleute ermittelte.

Diese Werte gingen ins Programm von Solidarność ein und gelangten 1980-81 ins öffentliche Bewußtsein. Seit die Führer von Solidarność in Polen an der Regierung beteiligt sind, gehören diese Werte zum politischen Programm. Nowaks Untersuchungen zeigen, daß Menschen, die sich nach Alter, Einkommenshöhe, Beruf, Dauer der Schulausbildung, Wohnort und früherer Klassenzugehörigkeit voneinander unterscheiden, in ihren Vorstellungen nur gering voneinander abweichen. Prägend ist für alle ein starker Konsens in Grundsatzfragen. Das polnische Volk verlangte vor allem „Chancengleichheit für alle Bürger aus allen sozialen Schichten" und „Garantie eines angemessenen Lebensstandards für alle Bürger". Weniger einmütig, dafür aber von den Jungen mit größerem Nachdruck vorgetragen wurde die Forderung nach „Meinungsfreiheit und Bedingungen, unter denen unterschiedliche Standpunkte ungestraft formuliert und diskutiert werden können", sowie die Forderung nach „Einflußnahme aller Bürger auf die Art und Weise, wie die Gesellschaft regiert wird". Einige legten Wert auf „ungefähr gleiches Einkommen für alle Bürger", „staatliche Industrie" oder „weitgehende Unabhängigkeit der Experten und Fachleute von politischen Interessen". Nur wenige traten für „eine starke Zentralgewalt, die über alle wichtigen politischen Fragen entscheidet", oder für „Einschränkung der Handlungsfreiheit von Regimegegnern" ein, weshalb man mit Recht sagen konnte, das polnische Volk habe sich fast einstimmig gegen derartige Vorstellungen ausgesprochen und sich damit von der eigenen Regierung entfremdet. Entsprechend zeigen Umfragen zwischen 1958 und 1978, daß für polnische Studenten die „unbegrenzte Gewerbefreiheit" für Handwerk, Einzelhandel und kleine Industrieunternehmen an erster Stelle ihrer Forderungen stand. Nachdrücklich sprachen sie sich gegen Gewerbefreiheit für Groß- und Außenhandel, mittlere und Schwerindustrie und gegen Großgrundbesitz aus. Sie lehnten es ab, als „Marxisten" bezeichnet zu werden, setzten ihre Hoffnungen aber auf eine Welt, die „auf eine abgewandelte Form des Sozialismus hinsteuerte".

Gemessen an den Wertvorstellungen amerikanischer Bürger ist der polnische Antwortenkatalog nicht außergewöhnlich, abgesehen natürlich von dem bedingten Bekenntnis der Studenten zum Sozialismus. In den europäischen Marktwirtschaften trifft man auf dieselben Wertvorstellungen. Europäer reagieren nicht annähernd so verschreckt auf Sozialismus wie Amerikaner. Das Gefühl für Demokratie auch in der Wirtschaft ist in der älteren und homogeneren Gesellschaft Europas stärker ausgeprägt. In West- und in Osteuropa haben die Menschen einen Horror vor der wirtschaftlichen Unsicherheit, die mit der in den Vereinigten Staaten ausgeprägten Ideologie des freien Unternehmertums verbunden ist, sogar dann, wenn sie sich aus ihrer zentralisierten Kommandowirtschaft befreien. Zusammenfassend läßt sich sagen, daß die Menschen in allen Staaten – ungeachtet ihrer Geschichte und früheren Lebensbedingungen – wegen der gemeinsamen Lebenserfahrungen in der industriellen Welt die gleichen Werte und Hoffnungen zu teilen scheinen.

Der Zusammenbruch der autoritären Regimes in der Sowjetunion und den osteuropäischen Blockstaaten rückt eine vereinigte industrielle Welt in den Bereich des Möglichen. Bis dahin aber kann mehr Zeit ins Land ziehen, als nach dem Zweiten Weltkrieg die wirtschaftliche Genesung Westeuropas dank des Marshallplans brauchte, und niemand weiß, wie das Ergebnis letztendlich aussehen wird. Zwar kann die Wirtschaft Osteuropas auf Erfahrungen mit einem freien Markt zurückgreifen, doch die Fabriken müssen sich dem Weltmarkt mit Maschinen stellen, die dem Stand der Technik vor fünfundzwanzig Jahren entsprechen. In den Staaten Osteuropas und den Nachfolgestaaten der Sowjetunion führte das Verschwinden der Zentralmacht dazu, daß alte nationalistische Antipathien und ethnische Vorurteile wieder auftauchten und die gesellschaftlichen Kräfte seither von dringenden wirtschaftlichen Problemen ablenken. Die an soziale Sicherheit gewöhnte Bevölkerung schreckt vor den Marktgesetzen zurück, die wirtschaftliche Unsicherheit und unterschiedliche Entlohnung mit sich bringen. Der Zusammenbruch des zentralen Verteilerapparats verstärkt unterdessen diese Unsicherheit bei allem, was früher selbstverständlich war: ein Zustand, der zum Kollaps der labilen öffentlichen Ordnung führen könnte.

Die Westeuropäer haben die zu erwartende Vereinigung der industriellen Welt mit größerem Enthusiasmus angenommen als die Amerikaner; sie helfen ihren Nachbarn mit viel Sympathie auf dem Weg zum Eintritt in die Weltwirtschaft. Auch die Japaner sind ihrer amerikanischen Konkurrenz um Nasenlängen voraus und schieben von ihren in Westeuropa fest verankerten Niederlassungen neue Vorposten nach Osteuropa.

Auch wenn der Weg unsicher ist, die Wiedervereinigung der industrialisierten Welt wird die industrielle Revolution der unterindustrialisierten Staaten fördern. Sie wurde fast fünfzig Jahre lang durch die rivalisierenden Supermächte verzögert, ja verhindert; doch das gehört der Vergangenheit an. Ein gemeinsames Vorgehen eröffnet den Industriestaaten nun Möglichkeiten für große Gemeinschaftsaufgaben und kann sie aus der ökonomischen Flaute manövrieren, in der sie seit den siebziger Jahren herumdümpeln. Die Menschen in der industrialisierten Welt werden aufatmen und sich von der Mühsal und den Sorgen, die ihre eigene Befreiung vom Mangel mit sich brachte, erholen, wenn sie sich endlich den wirklichen wirtschaftlichen Problemen widmen können: den Mangel in einer Bevölkerung von 3,75 Milliarden Menschen abzuschaffen, die im Laufe des nächsten Jahrhunderts auf über 8 Milliarden ansteigen wird (Bild 21).

Unterindustrialisierte Staaten

Mangel ist fast das einzige, was die Völker in den unterindustrialisierten Staaten miteinander verbindet. Andere Gemeinsamkeiten lassen sich zwischen den 130 verschiedenartigen Ländern kaum finden. Sie schlagen unterschiedliche Wege aus der traditionellen Agrargesellschaft in die industrielle Revolution ein. Nur China konnte sich von der Weltwirtschaft abkapseln. Allen anderen Staaten wurde der neue Kurs durch das aggressive Eindringen der industriellen Welt aufgezwungen, die für ihre Wirtschaft, die seit 1950 immerhin auf das Vierfache gestiegen war, neue Ressourcen brauchte.

Im Prinzip hätte der Export von Ressourcen, zusammen mit bescheidener finanzieller und anderer Hilfe der Industriestaaten, ausgereicht, um die notwendige Technologie einzukaufen und dadurch eine eigene industrielle Revolution in Gang zu setzen. In Wirklichkeit half ihnen der Export ihrer Rohstoffe nicht viel weiter, weil ihnen immer weniger dafür bezahlt wurde. Eine Ausnahme war das Erdöl, das einige Länder exportieren konnten. Gewinnung und Export von Rohstoffen schwemmten eine Menge Geld in die Städte und halfen, die Infrastruktur durch den Bau von Eisenbahnen und Hafenanlagen teilweise zu verbessern. Bis 1975 brachte das Eindringen der Industriestaaten einer Reihe von unterindustrialisierten Ländern ein beachtliches Wirtschaftswachstum, das nicht selten schneller als in den Industriestaaten anstieg. Das Wirtschaftswachstum überholte sogar den Bevölkerungszuwachs und führte in einigen Ländern zu einer Steigerung des Pro-Kopf-Einkommens.

Für die meisten Menschen in diesen Ländern ist allerdings das durchschnittliche Pro-Kopf-Einkommen eine sinnlose Größe, auch wenn es in der volkswirtschaftlichen Theorie eine entscheidende Rolle spielt. Solange Einkommen und Vermögen extrem ungerecht verteilt sind, weitaus drastischer als in den Industriestaaten, bleibt für die Menschen am unteren Ende der Einkommensskala nicht viel übrig. Auf sich allein gestellt, kämpfen sie ums tägliche Brot, anders ausgedrückt, um die Lösung des wirtschaftlichen Grundproblems.

Die Lebensbedingungen in den unterindustrialisierten Ländern haben sich kaum verändert. Die Versorgung mit Nahrungsmitteln und anderen Gütern des täglichen Bedarfs ist so schlecht wie immer, ausgenommen in China. Fast 70 Prozent der Bevölkerung leben weiterhin in dörflichen Gemeinschaften auf dem Land; nur in Lateinamerika leben 70 Prozent der Bevölkerung in der Stadt. Die Nahrungsmittelversorgung der afrikanischen Bevölkerung hat sich in den letzten zehn Jahren effektiv verschlechtert.

Eine große Veränderung der Lebensbedingungen hat jedoch stattgefunden: die Bevölkerungsexplosion, die die erste Phase des demographischen Übergangs begleitet. Die Menschen in den Dörfern wurden mehr und mehr, als die Nahrungsmittelproduktion das Bevölkerungswachstum überstieg. Unter Anleitung von Entwicklungshelfern, die von der Weltgesundheitsorganisation geschult waren, führten verbesserte Hygiene und Impfkampagnen trotz des weiter bestehenden Mangels dazu, daß die Lebenserwartung verlängert werden konnte. Gleichzeitig bleibt die Fertilitätsrate hoch, weil in den ärmsten Ländern die Säuglingssterblichkeit hoch ist. Die ärmsten Menschen in Afrika und Lateinamerika können sich mit ihrer primitiven Technik nur ernähren, weil sie die Ackerfläche ausdehnen. Das führt sie auf fragile, wenig nutzbare Flächen und setzt neue Zyklen der Waldzerstörung und Wüstenbildung in Gang. Viele Menschen ohne Land wandern in die Stadt ab und prägen mit ihrer Armut die Shantytowns der Vorstädte.

Das statistisch erfaßte Wirtschaftswachstum der unterindustrialisierten Länder wird vor allem in den Städten erzeugt, die durch ihren Handel mit der Außenwelt verbunden sind. Diese spezielle Art Wachstum vergrößert die Ungerechtigkeiten bei der Verteilung von Einkommen und Vermögen und führt in vielen Ländern zu einem zweigleisigen Wirtschaftssystem: das eine ist eingebunden in den Weltmarkt, das andere krebst auf dem Land isoliert vor sich hin. Die große Ausnahme ist wieder einmal China. Hier war die Spanne zwischen den höchsten und niedrigsten Einkommen am kleinsten.

AUF DEM WEG ZUM INDUSTRIESTAAT

Vier Länder stehen vor dem Übergang zum Industriestaat: Südkorea, Taiwan, Hongkong und Singapur. Ihr rasanter Aufstieg veranlaßte die Buchhalter des Fortschritts dazu, den Kategorien „Industriestaat" und „Entwicklungsland" eine dritte hinzuzufügen: „Schwellenland". Dieser Kategorie ordnen sie noch drei lateinamerikanische Staaten zu: Argentinien, Brasilien und Mexiko.

Die „vier asiatischen Tiger" werden als typisches Beispiel für die unterschiedliche Dynamik der Marktwirtschaft gepriesen. Genau genommen haben in Südkorea, Taiwan und Singapur autoritäre Regierungen mit starken, auf Lebenszeit amtierenden Führerpersönlichkeiten an ihrer Spitze eine moderne Privatwirtschaft eingeführt, die der Staat subventioniert und nach außen abschirmt. Der ökonomische Auftrieb in Südkorea und Taiwan läßt sich auf beträchtliche offizielle Wirtschaftshilfe (mit starker militärischer Ausrichtung) durch die Vereinigten Staaten nach dem Ende des Koreakriegs und während des Vietnamkriegs zurückführen. Der Stadtstaat Hongkong wird von einer kleinen, mächtigen Finanzoligarchie beherrscht.

Arbeitskraft zu Niedriglöhnen war anfangs der Exportschlager der vier Länder. Vor allem Japan und die Vereinigten Staaten, aber auch andere Industriestaaten schickten Textilien zum Nähen und elektronische Bauteile zur Montage. Inzwischen haben Südkorea und Taiwan weitere Stufen auf der Leiter zur Wertschöpfung durch eigene Produktion erklommen. Ihre zunehmend vernetzte Industrie kann sich auf eine inzwischen aufgebaute starke Schwerindustrie stützen. Die Produktion von Gebrauchsgütern, einschließlich der Automobile aus Südkorea, steigert ihre Exporterlöse beträchtlich. Hongkong und Singapur haben dagegen ihre Rolle als Zentren arbeitsintensiver Lohnveredlung von Rohstoffen und Montage von Fertigteilen aus den Industriestaaten beibehalten. Parallel dazu bauen sie auf eigenem Boden eine Leichtindustrie auf und entwickeln sich zu internationalen Finanzzentren.

In Südkorea und Taiwan liegt das jährliche Durchschnittseinkommen bei mehr als 2500 Dollar pro Kopf. Mit einem steigenden Nationaleinkommen wurde auch die Einkommensverteilung gerechter. Materieller Wohlstand breitet sich in allen Einkommensschichten aus, was sich im Absinken der Geburten- und Sterbeziffern widerspiegelt. In Hongkong und Singapur ist die Einkommensverteilung weiterhin ungerechter, was dazu führt, daß die Vorteile eines statistischen Durchschnittseinkommens von 5000 Dollar den obersten Einkommensgruppen vorbehalten bleiben. Dennoch traten alle vier Staaten mittlerweile in die zweite Phase des demographischen Übergangs ein.

Die sechs Regionen der unterindustrialisierten Welt

Es ist zweckmäßig, die übrigen 126 unterindustrialisierten Staaten in sechs geographische und ökologische Regionen zu gruppieren. Nicht alle verfügen über wirtschaftlich entwicklungsfähige Bodenschätze oder Ökosysteme. Die willkürlichen Grenzen zahlreicher heute souveräner Staaten, besonders in Afrika, zementieren einen gedankenlosen Streich der Geschichte, eine bösartige Hinterlassenschaft der einstigen Kolonialherren. Ihre Zukunft kann nur in Wirtschaftsgemeinschaften liegen, die zu politischen Gemeinschaften und letztlich zur Vereinigung mit Nachbarn führen, die dasselbe Los teilen. Insofern ist es sinnvoll, sie in ihrer Region gemeinsam zu betrachten.

Mehr als die Hälfte der Bevölkerung der unterindustrialisierten Welt – mehr als die Hälfte der Armen in aller Welt – lebt in Asien, in Gebieten nördlich und südlich des Himalaja, die von früheren Hochkulturen schon stark ausgebeutet worden waren. China hat sich einen eigenen Weg in die Industrialisierung gebahnt, und sein bevorstehender Erfolg zwingt zu der Überlegung, ob Chinas Weg nicht als ein Modell für die wirtschaftliche Entwicklung der unterindustrialisierten Welt gelten kann, trotz aller Ausschreitungen während der revolutionären Phase. Gegenwart und Zukunft des chinesischen Quintels fallen bei jeder Kalkulation der Endgröße der Weltbevölkerung besonders ins Gewicht.

Auf der anderen Seite des Himalaja, auf dem indischen Subkontinent, lebt in sechs Staaten ein weiteres Fünftel der Weltbevölkerung, mit denselben Problemen und denselben Aussichten. Statistiker fassen diese Staaten als „Südasien" zusammen. Die Bevölkerung Indiens – heute die zweitstärkste Asiens – wird die Bevölkerung Chinas überrunden, bevor beide Länder den Weg durch den demographischen Übergang zurückgelegt und das Nullwachstum erreicht haben. Die Endgröße der Weltbevölkerung wird von der Industrialisierung Indiens genauso beeinflußt wie vom Fortschritt in China.

Eine dritte Region mit gemeinsamen Interessen setzt sich aus den Staaten Südostasiens und der südwestpazifischen Inselwelt zusammen. Ihre Bevölkerung nähert sich der 400-Millionen-Grenze. In einigen Staaten sind zwar die Landreserven bereits erschöpft, doch die Ressourcen riesig: von den Wassermengen der größten Ströme Irawaddy und Mekong über das Erdöl in Indonesien bis zu den Regenwäldern auf den Inseln. Die wirtschaftliche Entwicklung Indochinas ist noch heute von dem grauenhaften Krieg bestimmt, der seit der japanischen Invasion im Jahre 1942 Vietnam, Laos und Kambodscha verwüstete. Thailand, das sich aus dem Krieg heraushalten konnte, Malaysia und Indonesien entwickelten sich Hand in Hand mit dem wachsenden wirtschaftlichen Interesse Japans an der ganzen Region. Südostasien, vor mehr als fünfzig Jahren Opfer der militärischen Aggression Japans, entwickelt sich zu einem wirtschaftlichen Wohlstandsgebiet, zu dem die Festlandsstaaten Südostasiens, der Sunda-Archipel und auch die Philippinen gehören und das von Japan schon vor Pearl Harbor als Einflußgebiet reklamiert und blumenreich als *Greater East Asia Co-Prosperity Sphere* bezeichnet wurde, um den Angriffskrieg gegen die europäischen Kolonialmächte zu rechtfertigen.

Die „Arabische Nation" liefert noch ein anderes Beispiel dafür, wie sich unterindustrialisierte Wirtschaften auf dem Boden einer alten Hochkultur entwickeln. Auf der arabischen Halbinsel und an der Ost- und Südküste des Mittelmeers leben fast 200 Millionen Menschen in 17 Nationen. Sie können kein Land mehr urbar machen, sie können nur versuchen, dem im Laufe einer langen Geschichte ausgepreßten Boden seine Fruchtbarkeit zurückzugeben. Das kahle Land – die Wälder sind längst abgeholzt, der ausgelaugte Boden ernährt kaum noch die Ziegen, die darauf weiden – kann Früchte tragen. Das zeigen nicht nur einige mit fossilem Wasser bewässerte landwirtschaftliche Oasen in der Sahara und auf der arabischen Halbinsel, sondern auf überzeugendste Weise die von ihren semitischen Vettern aus der „Arabischen Nation" ausgegrenzten Juden in Israel. Aus dem Export von Erdöl wurde kaum Kapital für Investitionen im eigenen Land abgezweigt, noch nicht einmal zur Zeit der hohen OPEC-Preise. Wegen ihrer Streitereien untereinander hat es nicht ein einziger arabischer Staat geschafft, ein Entwicklungsprojekt in Angriff zu nehmen, auf das alle stolz sein könnten.

In Schwarzafrika östlich und südlich der Sahara ist alles anders als in China, Indien und den arabischen Staaten. 500 Millionen Menschen weiden ihre Herden, pflanzen Hirse und Bananen und erwirtschaften knapp ihren Lebensunterhalt, manche Stämme unter vorlandwirtschaftlichen, steinzeitlichen Verhältnissen. Allmählich bildet sich eine heimische Intelligenzschicht heraus, die imstande ist, der Außenwelt die Interessen ihrer Länder zu vermitteln. Die Entwicklung dieser Länder wird erleichtert werden durch riesige Landreserven – obwohl die besten Gebiete von Lebewesen befallen sind, die die verheerendsten Krankheiten und Parasiten übertragen – und große Mineralvorkommen, aus denen die industrielle Welt ihr Wachstum bestreitet. Von den 40 ärmsten Nationen der Welt, deren Bevölkerungswachstum von mehr als 2,5 Prozent die ersten zögernden Schritte der Wirtschaftsentwicklung zunichte macht, liegen 26 auf dem afrikanischen Kontinent.

In Lateinamerika erwuchsen aus der von Spaniern und Portugiesen importierten traditionellen Agrarkultur 21 Nationalstaaten. Einigen gelang es, die eingeborenen Indianer und die Nachkommen der schwarzen Sklaven aus Afrika zu integrieren. Aus den 400 Millionen Einwohnern dieser urbanen und kosmopolitischen Länder hat sich eine qualifizierte einheimische Schicht aus Managern und Intellektuellen herausgebildet, die ihr jeweiliges Land in die industrielle Revolution führt. Wenn Argentinien, Brasilien und Mexiko auch als „Schwellenländer" eingestuft werden, der Rückgang ihres Wirtschaftswachstums in den letzten zehn Jahren bis hin zur Stagnation straft diese Klassifizierung Lügen. Die extreme Ungerechtigkeit bei Vermögensbildung und Einkommen schloß die Mehrheit der Bevölkerung dieser und anderer lateinamerikanischer Länder vom Erfolg des Wirtschaftswachstums aus. Die Armut der Mehrheit hält die Wachstumsrate der Bevölkerung auf einem Niveau, das nur knapp hinter dem schwarzafrikanischen liegt. Die Not ließe sich dank der Landreserven und Bodenschätze, auf denen der Kontinent Südamerika seine Entwicklung zu einer integrierten Gemeinschaft von Industriestaaten aufbauen könnte, schnell beseitigen.

Beliebt war bisher der Begriff „Dritte Welt", weil man damit alle Länder, die in die „freie" Marktwirtschaft der Welt eingegliedert waren, zusammenfassen und gleichzeitig Länder wie China, Vietnam, Kuba und Nordkorea ignorieren konnte. Der Ausschluß von China verhinderte einen Vergleich mit Indien, insbesondere was die unterschiedlichen Ansätze zur wirtschaftlichen Entwicklung und den realen Fortschritt seit ihrer Befreiung in beiden Ländern anbelangt.

Beide Länder sind Erben alter Hochkulturen. Ihre Bevölkerung hatte sich in den viertausend Jahren überlieferter Geschichte, während derer die übrige Welt fast im Null-Wachstum verharrte, schon stark entwickelt und stand vor einer explosionsartigen Vermehrung. Ihre Ökosysteme wurden arg strapaziert. Wiederaufforstung der Wälder und Restauration fruchtbarer Böden sind die noch nicht erfüllten

Grundvoraussetzungen für eine erfolgreiche Entwicklung. Die landwirtschaftliche Nutzfläche läßt sich nicht mehr erweitern; aber durch Bewässerung können zwei oder drei Ernten anstatt einer pro Jahr erzielt werden. Beide Staaten verfügen über die Rohstoff- und Energiereserven eines Subkontinents, und in beiden stammt die Intelligenzija aus der traditionsreichen Bildungsschicht der Mandarine oder Brahmanen. Ihre industrielle Revolution wird im nächsten Jahrhundert dazu führen, daß beide Staaten als Weltmächte anerkannt werden.

Chinas Wirtschaft ist das Modell für eine zentral gesteuerte ökonomische Entwicklung nach Plan. Abgeschottet vom Weltmarkt preßte die Revolutionsregierung aus dem Volk – damals das größte Volk der Welt, das in verzweifelter Armut lebte – ein ungeheures Kapital, indem sie es strengster politischer Disziplin unterwarf. Die strikte Rationierung des Wenigen, was es zu verteilen gab, hielt die Moral des Volkes hoch und konnte es überzeugen, daß „kleine Nachteile von heute den großen Vorteilen von morgen untergeordnet werden müssen". Heute besitzt das Land eine beachtliche Schwerindustrie. Doch die trotz regionaler Aufteilung der Verantwortung verbliebene Konzentration wirtschaftlicher Macht in einer Zentrale verhindert nach wie vor, daß China offen am Weltmarkt teilnimmt.

Die demokratische, nichtrevolutionäre Regierung Indiens verfügt über keine dirigistischen Machtmittel, und so konnte sie aus dem zweitgrößten Volk der Welt, das in bitterer Armut lebt, nur wenig Kapital herauspressen. Statt dessen griff sie nach dem riesigen Vermögen, das sich auf der höchsten Ebene der indischen Feudalgesellschaft angehäuft hatte, und nach der beträchtlichen Wirtschaftskraft der marktwirtschaftlich organisierten Städte, die mit der Weltwirtschaft durch Transaktion verbunden waren. Das demokratisch gewählte Parlament setzte Steuern fest und bewilligte der Regierung faktisch ein Staatsmonopol für den Außenhandel. Ergänzt durch Wirtschaftshilfe aus dem Ausland erlangte die Regierung mit diesen Maßnahmen Zugriff auf einen bescheidenen Kapitalfluß. Sie investierte das Kapital nach planwirtschaftlicher Manier in den Aufbau einer Schwerindustrie, lange bevor ein Markt für entsprechende Produkte bestand. Mit einer Industrie, die etwa halb so groß ist wie die chinesische, schuf sich Indien die Grundlage für ein selbständiges Wirtschaftswachstum.

Chinas Weg in die industrielle Revolution

China stand noch unter japanischer Besatzung, als es als Weltmacht anerkannt wurde und einen Sitz im Weltsicherheitsrat erhielt. Warlords hatten das chinesische Staatsgebiet untereinander aufgeteilt; sie bildeten keine Einheit, waren aber mit der Kuomintang-Regierung, die sich nach Tschungking zurückgezogen hatte, verbündet. Vom Nordwesten rückte die Rote Armee in die Mandschurei vor. Zunächst beanspruchte die Kuomintang-Regierung den Sitz im Weltsicherheitsrat, mußte sich aber seit 1949 im Exil in Formosa einrichten. Die Erfolge der chinesischen Revolution waren offensichtlich. In wenigen Jahren hatte ein Viertel der Weltbevölkerung den Übergang von einer landwirtschaftlichen Hochkultur, die lange in ihrer Entwicklung gehemmt gewesen war, zu einer industriellen Revolution vollzogen. Heute, zwanzig Jahre später, überschreitet China die Schwelle zum Industriestaat und erreicht damit real den Status einer Weltmacht. Chinas Marsch durch die industrielle Revolution wird sicherlich der schnellste der Weltgeschichte bleiben.

Einen wichtigen Anteil an den Erfolgen der Revolution muß man sicherlich der Homogenität des chinesischen Volkes zuschreiben. Fast eine Milliarde Menschen, auf einem Subkontinent von der Größe der Vereinigten Staaten, bedient sich der gleichen Bildersprache und kann auf fünftausend Jahre gemeinsame Geschichte zurückblicken. Das steht im krassen Gegensatz zur Verschiedenheit von Sprache, Geschichte und Kultur in Europa westlich des Urals. Anders als die meisten unterindustrialisierten Länder, die der industriellen Revolution entgegensehen, besaß China eine große kosmopolitische Stadtbevölkerung, einen Stamm regierungstüchtiger Beamter aus dem niederen Adel, einen bemerkenswert großen Kader von Intellektuellen, die im westlichen Ausland studiert hatten, und eine städtische Mittelschicht aus Geldhändlern und Kaufleuten, die sich auf dem Weltmarkt auskannten. Nicht alle waren mit der Kuomintang-Regierung nach Formosa gegangen. An sie richtete Mao Tsetung seinen Befehl: „Dem Volke dienen!" Unter streng verordneter wirtschaftlicher und gesellschaftlicher Gleichheit aller trieb die politische Revolution die alte Ordnung in Richtung hin zur industriellen Revolution.

In erster Linie sollte damit den Menschen auf dem Lande gedient sein. Für den Verlauf der chinesischen Revolution war es ohne Zweifel ein Glück, daß ihre intellektuellen Führer aus der Stadt mit den Bauern auf dem Lößplateau in der 2000 Kilometer langen Nordschleife des Gelben Flusses ein hartes Leben in Armut teilen mußten. Ihre Aversion gegen alles Sowjetische saß tief und reichte auf die Rolle Stalins beim Massaker der Kuomintang an chinesischen Kommunisten im Jahre 1927 zurück. Wenige Jahre nach dem Rückzug der Japaner regierte die Revolution das Land, und die Städte waren isoliert.

Die Revolution in den Dörfern verlief nicht ohne Blutvergießen. Grundbesitzer und Geldhändler wurden von ihren Mitbewohnern im Dorf umgebracht, nicht von Truppen aus der Stadt, wie unter Stalin, der Muschiks und Kulaken gleichermaßen hatte niedermetzeln und das Wort „mir" in seiner russischen Bedeutung als „Dorf" aus dem sowjetischen Sprachschatz hatte tilgen lassen. Die chinesische Revolution hielt am Dorf und seinen kommunalen Einrichtungen fest, die von den Bewohnern gegen den Willen der Grundbesitzer betrieben wurden. Sie waren der Keim für die Kollektivierung der Landwirtschaft. Die kluge Zuwendung von Anreizen innerhalb der Kommunen und die Erhaltung wirtschaftlicher Gerechtigkeit führten zum gewünschten Ziel.

Auf manche extreme Ziele der Kollektivierung mußte die Regierung unter dem Druck der Dorfbewohner verzichten, beispielsweise auf gemeinschaftliches Kochen, Essen und Großziehen der Kinder. J. K. Galbraith, in landwirtschaftlicher Ökonomie promoviert, wußte, daß „es in der Macht des Bauern liegt, wenn er für andere arbeitet oder für den Staat, ob er eher weniger arbeitet oder viel; der Unterschied ist gravierend." Der chinesische Bauer nahm jedenfalls die neue Technik, die ihm vom Staat zugewiesen wurde, bereitwillig an und produzierte den landwirtschaftlichen Überschuß, durch den eine Kapitalbildung für die industrielle Revolution möglich wurde.

Ausgenommen das Jahr 1959, stieg die Nahrungsmittelproduktion in dem Maße, wie die Bevölkerung wuchs. Die 1950 geschätzte Zahl von 475 Millionen Menschen schien sich zu verdoppeln. Doch durch die Hungersnot 1959 kamen fast 20 Millionen Menschen um. Die Ursache war eine Mißernte in Südchina und das Chaos, das Mao mit seinem „Großen Sprung nach vorn" geschaffen hatte, als er 90 Millionen Bauern zu industriellen Abenteuern zwang, wie dem Bau von Hinterhof-Hochöfen. Wirtschaftlicher Anreiz, nicht so sehr politische Parolen, veranlaßte die chinesischen Bauern, ihre Produktion auf traditionelle Weise zu steigern. Sie dehnten das Ackerland von 90 auf 100 Millionen Hektar aus. Mit Kapital aus der Hauptstadt vergrößerten sie die bewässerte Bodenfläche von 30 Millionen Hektar im Jahr 1950 auf 45 Millionen Hektar im Jahr 1985. Ertragssteigerung pro Hektar und pro Arbeitsstunde war jedoch der größte Zuwachs, der auch die Zukunft bestimmen wird. Der Verbrauch von Energie, meistens als Kunstdünger, dürfte pro Hektar heute das Hundertfache der körpereigenen Energie des mit Hacke und Sichel ausgerüsteten Bauern betragen. Pro Hektar ist der Ertrag um mehr als das Dreifache gestiegen, von 12 Doppelzentnern im Jahr 1950 auf 38,5 Doppelzentner im Jahre 1985.

Die Wissenschaftler am Internationalen Reisforschungsinstitut in Manila waren erstaunt, als sie entdecken mußten, daß auf chinesischen Reisfeldern einige ihrer ertragreichsten Sorten, die ihr Labor noch gar nicht freigegeben hatte, weit verbreitet waren. Wie die Saat den Weg aus dem Labor gefunden hatte, wurde nicht geklärt; die schnelle Verbreitung in China ist jedoch ein guter Beweis für die Bereitwilligkeit der chinesischen Bauern, jede wirtschaftliche Chance unverzüglich zu nutzen. Arthur Goldschmidt nennt Reis „die grausamste Frucht." Mit den neuen Sorten macht sich das Bücken, um ein einzelnes Hälmchen mit der Hand in die Erde zu stecken, besser bezahlt. Die Gesamtproduktion von Getreide verdreifachte sich von 100 Millionen Tonnen im Jahr 1950 auf 350 Millionen Tonnen im Jahr 1985. Die Anzahl der Kalorien, die ein Chinese täglich zu sich nehmen kann, stieg von unter 2000 auf 2500, und der Anteil der darin enthaltenen Proteine konnte verdoppelt werden.

China ist immer noch einer der größten Nahrungsmittelimporteure der Welt. Doch die Abhängigkeit, das Verhältnis von Import zu Eigenerzeugnis, ist niedrig. Manche verdächtigen China, billigen Weizen zu importieren (oder sich als Hilfeleistung vom Ausland schenken zu lassen), um damit den Reis zu ersetzen, den es mit hohem Gewinn in andere unterindustrialisierte Länder exportiert.

In den Jahrzehnten seit der Revolution richteten zum erstenmal in der Geschichte Chinas die beiden großen Flüsse keine verhängnisvollen Überschwemmungen an. In Körben, die man auf dem Kopf trug, wurden Millionen Kubikmeter Erde bewegt. Jetzt ist der Unterlauf des schlammbeladenen Gelben Flusses auf sein „Hochbett" festgelegt, in dem er 500 Kilometer lang über die nordchinesische Ebene, die aus seinen Ablagerungen aufgeschüttet wurde, fließt, bis er ins Meer mündet. Heute halten schwere Baumaschinen die Deiche instand, da noch keine längerfristige Lösung gefunden wurde. Am fernen Oberlauf des Flusses errichtete man die ersten Staudämme. Sie erzeugen Strom, bewässern Tausende von Hektar, verwandeln arides Land in landwirtschaftliche Nutzfläche und regulieren das Hochwasser zum Schutz des unteren Flußlaufs. In den Anfangsjahren der Revolution wurden auch die ersten Brücken über den Unterlauf des Yangtsekiang gebaut. Seine ungeheuren Wassermengen, die an den Nordhängen des Himalaja entspringen, versorgen einen Großteil der 15 Millionen Hektar neu bewässerten Landes und werden neuerdings auch zur Stromerzeugung genutzt.

Die lange Bewirtschaftung durch den Menschen ging zu Lasten der chinesischen Landschaft. Als die landwirtschaftliche Produktion aufgebaut wurde, mußten gleichzeitig die gröbsten Schäden beseitigt werden. Wiederaufforstung war bei den Massenkampagnen, mit denen der Vorsitzende Mao das Volk aufmöbelte, ein wichtiges Ziel. Die Bepflanzung der Hochebenen diente dazu, die Bodenerosion zu verringern und Regenwasser zu speichern. Die Wiederaufforstung des vor 500 Jahren abgeholzten Lößplateaus steht an vorderster Stelle bei dem Versuch, den Schlammtransport des Gelben Flusses zu verringern. Eine wahrhaft revolutionäre Idee im Aufforstungsprogramm führte dazu, die Landstraßen auf beiden Seiten mit vier bis sechs Baumreihen zu bepflanzen. Lange Galeriewälder umschließen nun die Reisfelder. Die sorgsam ausgewählten, schnell wachsenden Baumarten dienten noch einem anderen Zweck: in den chinesischen Dörfern ist der Mangel an Feuerholz beseitigt.

Wissenschaft und wirtschaftlicher Anreiz führten zu Überschußproduktion, die den Bauern aber, wie in den rauhesten Zeiten des alten Regimes, entzogen wurde. Die Revolution entschädigte ihre Bauern durch Technisierung der Dörfer, sobald Mittel dafür vorhanden waren. Mit der Privatisierung der Landwirtschaft erstattete der Staat den Bauern ihren Kapitaleinsatz für die Industrialisierung zurück.

Das Kapital, mit dem bei dieser Strategie gewuchert wurde, war Humankapital. In erstaunlich kurzer Zeit war aus einer ausreichend ernährten Bevölkerung eine gesunde Bevölkerung geworden. In Städten und Dörfern kümmerten sich „Barfußärzte", die in Hygiene, Erster Hilfe und der Verabreichung von Antibiotika geschult waren, erfolgreich um Vorsorge und Heilung. Wichtige Gesundheitsmaßnahmen gingen über das Medizinische hinaus. So wurde die Schistosomniasis, eine Krankheit, die von Parasiten mit Schnecken als Zwischenwirt übertragen wird, in landwirtschaftlich genutzten Gegenden mit Hacke und Schaufel nahezu ausgerottet: man schüttete die schneckenbefallenen Bewässerungsgräben einfach zu und hob neue aus. Doch die vordringlichste Maßnahme zur Förderung der Gesundheit besteht darin, die Ernährung der Bevölkerung weiter zu verbessern.

Das Humankapital wurde gestärkt durch die erfolgreichste aller Kampagnen in der unterindustrialisierten Welt, die Lesen und Schreiben und den Bau von Schulen auf ihre Fahnen geschrieben hatte. Im Jahr 1985 betrug der Anteil der des Lesens und Schreibens Unkundigen nur noch 35 Prozent. Mindestens 75 Prozent der chinesischen Kinder, das sind der Zahl nach mehr als die Gesamtbevölkerung Westeuropas, besuchte eine Schule, zur Grundschule gingen fast 100 Prozent. Zwei Prozent der Jugendlichen im Hochschulalter, keine geringe Zahl bei einer Bevölkerung von einer Milliarde, absolvierte eine Hochschule, und viele Ingenieure und Wissenschaftler befanden sich zur weiteren Ausbildung in den USA.

Dank der Ressourcen eines Landes von der Größe eines Subkontinents und der Arbeitslust seiner Menschen konnte China die industrielle Revolution in selbstbewußter Abschottung von der Weltwirtschaft durchführen. China erhielt die Abschottung so lange aufrecht, bis es seine industrielle Infrastruktur aufgebaut und deren Belieferung durch die Schwerindustrie sichergestellt hatte; sicherlich spielte dabei eine Rolle, daß die Revolutionäre nur schlechte Erinnerungen an die Konzessionsgebiete der Kolonialmächte hatten. Nach einer Kampagne zum Eisenbahnbau hatte das Transportnetz eine Größe erreicht, die es erlaubte, Kohle und Eisen aus neuen Bergwerken an die Standorte der ersten Stahlwerke des Landes zu bringen; bis heute ist ihre Kapazität auf über 50 Millionen Tonnen gewachsen. Die Energieerzeugung stieg von weniger als 100 Millionen Tonnen Kohleäquivalent im Jahr 1950 auf nahezu 900 Millionen Tonnen heute; in den Kraftwerken sind mehr als 100 000 Megawatt installiert, verglichen mit den kaum erwähnenswerten Elektrizitätswerken einiger Städte im Jahr 1950. Die Leichtindustrie wurde in neue Städte und größere Agrarkommunen verlegt, der Abwanderung der Menschen in die Großstädte wurden starke Barrieren entgegengesetzt. In vielfältigen Kleingewerbebetrieben und in Heimarbeit sind heute 20 Millionen Chinesen beschäftigt und werden ein Viertel aller Konsumgüter produziert.

China zögerte nicht, sich auch als Atommacht zu qualifizieren. Chinesische Physiker, die in der UdSSR und den USA studiert hatten, bauten Atombomben – bereits 1964 wurde eine Wasserstoffbombe erfolgreich gezündet – und lieferten die Interkontinentalraketen gleich mit.

Es ist kein Fehler, daß China die Kerntechnik beherrscht. Denn der geplante Anstieg des Lebensstandards in den nächsten fünfzig Jahren setzt wenigstens den vierfachen Energieverbrauch pro Kopf voraus, ein Drittel dessen, was ein amerikanischer Bürger verbraucht. In diesem Fall würde der Gesamtenergieverbrauch Chinas den der Vereinigten Staaten übertreffen, die heute für ein Viertel der menschlichen Kohlendioxid-Immission in die Atmosphäre verantwortlich sind. Da die Chinesen nur geringe Erdölvorräte besitzen und das Erdölzeitalter ohnehin zu Ende geht, müssen sie Kohle zur Energieerzeugung einsetzen; chinesische Kohle hat einen berüchtigt hohen Schwefelgehalt. Die internationale Staatengemeinschaft wird China dazu drängen müssen, alternative Energiequellen zu entwickeln.

Als die chinesische industrielle Revolution in den späten sechziger Jahren die Schwelle der Hochtechnologie erreicht hatte und auf den Import von erprobter Steuer- und Regeltechnik angewiesen war, mußte es Löcher in die Isolierwand schlagen. Damals verhielten sich die Vereinigten Staaten stur und erkannten nur Taiwan als rechtmäßigen chinesischen Staat an. China wandte sich an Japan und Westdeutschland, um Unterstützung für Automatisierung und Ausrüstung von Erdölraffinerien und petrochemischen Werken zu finden. Als die USA vor der Realität kapitulierten und Nixon und Kissinger 1972 ihren Kotau vor Mao Tsetung und Tschou-en-lai machten, war die chinesische schwerindustrielle Basis in einem Maße ausgebaut, daß die Entwicklung der Verbrauchsgüterindustrie beschleunigt und das Ausland zu Investitionen und Joint ventures ermutigt werden konnte.

Der Fortschritt der industriellen Revolution in China läßt sich am leichtesten an der Bevölkerungsstatistik ablesen. Die Lebenserwartung stieg auf 70 Jahre, die Säuglingssterblichkeit ging auf 30 von 1000 Lebendgeborenen zurück und die Müttersterblichkeit auf 44 bei 100 000 Entbindungen. Diese Zahlen heben China weit über die Kategorie eines unterindustrialisierten Landes. Wie in anderen Ländern in der ersten Phase der industriellen Revolution stellten Eltern in China fest, daß ihre Kinder größer wurden als sie selbst. Vergleicht man eine Untersuchung aus dem Jahr 1936 über Nanking, damals noch Hauptstadt der Kuomintang, mit den Ergebnissen einer Erhebung in derselben Stadt im Jahr 1975, dann zeigt sich, daß die nach der Revolution geborenen achtzehnjährigen Jungen und Mädchen 15 Zentimeter größer und 7,5 Kilogramm schwerer sind als ihre Altersgenossen aus dem Jahr 1936.

Jedes Jahr vermehrt China die Weltbevölkerung um 13 Millionen Menschen, obwohl das Bevölkerungswachstum im Jahr 1960 von 2,5 auf 1,2 Prozent gesunken ist. Mit einer Nettoreproduktionsrate nicht weit über eins steuert China auf ein Nullwachstum zu, und das bei einem Lebensstandard, der niedriger ist als in jedem anderen Land, das vor China in die industrielle Revolution eingetreten ist. Das war nur zu erreichen, weil sein Durchschnittseinkommen heute mit 400 Dollar pro Kopf näher beim Median-Einkommen, dem Einkommen der Mehrheit der Bevölkerung, liegt und deshalb gerechter verteilt ist als in irgendeinem anderen Staat (Bild 24). Das unter den Menschen weitverbreitete Gefühl für soziale Gerechtigkeit führt immer noch zu der Bereitschaft, Anordnungen der Regierung zu befolgen. Diese moralische Haltung ermöglichte es der chinesischen Regierung, mit drakonischen Maßnahmen eine Geburtenkontrolle durchzusetzen: anfangs durch „Zuteilung" von Schwangerschaften an Familien in städtischen und ländlichen Gemeinden und seit einiger Zeit durch die Vorschrift der Ein-Kind-Familie.

Die revolutionäre Gemeinschaft geriet erst unter Druck, als China sich vor zwanzig Jahren dem Weltmarkt öffnete und dem wirtschaftlichen Fortschritt zuliebe marktwirtschaftliche Leistungsanreize einführte. Der auf dem Tian-an-men-Platz brutal zusammengeschlagene Protest der Studenten und der zeitweilige Rückzug der politischen Führung in autoritäre Erstarrung und Isolation von der Außenwelt war durch zwei Forderungen ausgelöst worden: Die Studenten verlangten neben politischer auch wirtschaftliche Demokratie. Den Studenten, auf die eine Zukunft als Angestellte in der Industrie oder in der staatlichen Verwaltung wartete, war nicht nur die autoritäre Regierung ein Dorn im Auge, sondern ebenso der Luxus der aus der privatisierten Landwirtschaft erwachsenen neuen Millionäre. Das war nicht das Ziel, für das Mao sie zum Dienst am Volk aufgerufen hatte. Die zunehmende Ungleichheit in der Einkommensverteilung wird die Durchsetzung der Ein-Kind-Familie und ähnliche Maßnahmen zur Geburtenkontrolle erschweren.

Wenn trotz aller Gefahr das Bevölkerungswachstum in dem Maße abnimmt wie bisher und die Wachstumsrate des chinesischen Fünftels der Weltbevölkerung bis zum Jahr 2000 unter ein Prozent gesunken ist, dann werden vierzig Prozent der Weltbevölkerung am Nullwachstum angekommen sein oder es zumindest fast erreicht haben. Die Chance, das Anwachsen der Weltbevölkerung bis zum Ende des 21. Jahrhunderts zu stoppen, wird dann davon abhängen, wie schnell die industrielle Revolution der anderen 2,75 Milliarden Menschen, die noch in der unterindustrialisierten Welt leben, voranschreitet; besonders vom Fortschritt des nächsten Fünftels der Milliarde Menschen südlich des Himalaja.

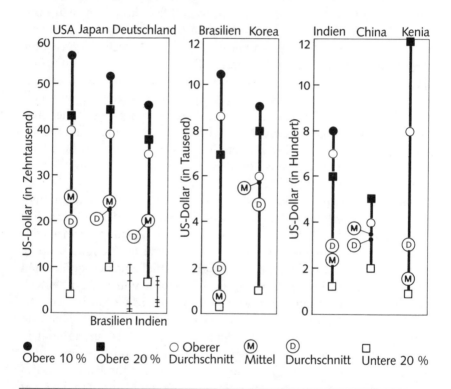

Bild 24: Die Einkommensverteilung verrät internationale und nationale Ungleichheiten. Auf den vertikalen Linien ist das Durchschnittseinkommen der jeweiligen Gruppe angegeben; der leere Kreis steht für das Durchschnittseinkommen der Minderheit, die das halbe Volkseinkommen erhält. In manchen unterindustrialisierten Volkswirtschaften ist die Einkommensverteilung so extrem ungerecht, daß das mittlere Einkommen unter dem Durchschnittseinkommen liegt.

Indiens Weg in die industrielle Revolution

Mit dem Einverständnis des scheidenden englischen Vizekönigs wurde 1947 der indische Subkontinent, der schon immer eine Heimat für viele Völker und Sprachgemeinschaften war, unter seiner hinduistischen und seiner moslemischen Bevölkerung aufgeteilt. So entstanden die Staaten Indien und Pakistan. Ostpakistan trennte sich 1971 von Westpakistan (dem heutigen Pakistan), weil es sich nicht weiter ausbeuten lassen wollte, und machte sich als Bangladesch selbständig. Die Völker dieser drei Staaten, zusammen mit den Völkern der Himalajastaaten Nepal und Bhutan und des Inselstaats Sri Lanka, leben unter sehr ähnlichen Bedingungen. Deutlich wird das am Bevölkerungswachstum, das fast 2 Prozent beträgt, mit hohen Geburten- und etwas weniger hohen Sterberaten. Die Gesamtbevölkerung des Subkontinents ist mit 1,2 Milliarden größer als die chinesische; jedes Jahr nimmt sie um 18,5 Millionen zu, in China sind es 13 Millionen. Pakistan, zeitweise von Militärdiktatoren, dann wieder von Oligarchien der Großgrundbesitzer regiert, hat trotz beträchtlicher militärischer Unterstützung durch die Vereinigten Staaten noch immer nicht seinen Entwicklungskurs gefunden. Bangladesch ist das größte unter den vierzig ärmsten Ländern der Welt. Ob die Geburtenrate des indischen Subkontinents sinkt, auf dem ein Fünftel der heutigen Weltbevölkerung lebt, hängt im wesentlichen davon ab, wie sich die indische industrielle Revolution entwickelt; denn von der einen Milliarde Menschen leben 800 Millionen in Indien.

Der indische Staat selbst ist ein unsicheres Gebilde; eine große Zahl ethnischer, religiöser, sprachlicher und anderer Stammesidentitäten trennen die Menschen voneinander. Die hundert Millionen Moslems sind in Indien eine Minderheit, doch ihre Zahl ist fast so groß wie die Gesamtbevölkerung von Pakistan oder Bangladesch. Die Sikhs, ebenfalls eine Minderheit, spielen eine bedeutende Rolle und bekennen sich zu einem eigenen, monotheistischen, kämpferischen Glauben.

65 Prozent der Inder sind Hindus. Die Hälfte spricht Hindi, der Rest ist in zahlreiche, manchmal militante Sprachgemeinschaften zersplittert. Als 1964 die bereits erfolgte Wahl von Hindi zur Amtssprache rückgängig gemacht werden sollte, floß Blut. Dem Frieden und der Einheit zuliebe beschloß die Regierung dann 1967, ihre offiziellen Dokumente in jeder der 13 Sprachen zu veröffentlichen,

die von mehr als 10 Millionen Indern gesprochen werden, wozu auch Englisch gehört, die Lingua franca des Landes.

Bei aller Verschiedenheit und Armut verbringen die Inder ihr Leben keineswegs in stiller Verzweiflung*: fast in jedem Dorf und fast zu jeder Stunde kommt es aus Gründen, die kein Außenstehender durchschaut, zu Brandstiftung, Körperverletzung, Mord und Totschlag. Mahatma Gandhis Bekenntnis zur Gewaltlosigkeit hat zwar die Briten verjagt, aber sein Land nicht gesund gemacht. Gandhi wurde von einem Hindu ermordet, der ihn damit für die Teilung des Subkontinents bestrafen wollte.

Das berühmt-berüchtigte Kastensystem der Hindus geht zurück auf die steinzeitlichen Stämme und Klans. Es gibt vier hierarchische „Kasten", aber zehntausend Kastengemeinschaften. Jede zählt heute durchschnittlich 50 000 Mitglieder. Sie werden von weitläufig verwandten Familien gebildet, die sich durch Heirat innerhalb des Klans seit prähistorischer Zeit gegen ihre Umgebung abgrenzen. Der britische Biologe J. B. S. Haldane, der seine letzten Lebensjahre in Indien verbrachte, stellte im Blutserum von Mitgliedern einer Kastengemeinschaft die Merkmale genetischer Absonderung fest. In drei Gemeinschaften fand er Sichelzellanämie, ein Merkmal, das auch in Afrika und bei Schwarzamerikanern in den Vereinigten Staaten auftritt. Von einem Elternteil vererbt, verleiht es seinem Träger bis zu einem gewissen Grad Immunität gegen Malaria, aber es zerstört den Blutkreislauf, wenn es von beiden Eltern vererbt wird.

In jedem der 575 000 Dörfer Indiens gibt es zehn oder mehr Kasten; so ist jedem Dorfbewohner eine bestimmte Identität sicher, die er mit allen Mitgliedern seiner Kaste teilt, in welchem Dorf sie auch immer leben mögen. Die Kaste gleicht einer Hilfsgemeinschaft auf Gegenseitigkeit. In Kastengemeinschaften in Kalkutta, deren Mitglieder seit Beginn des 20. Jahrhunderts auf den Gehsteigen schliefen, fand der Anthropologe Nirmal Kumar Bose unter tausend Ehen nur eine, die nicht innerhalb der Kaste geschlossen wurde.

Die Kastengliederung in vier Ebenen bestimmt weitgehend die Machtverhältnisse und die Wirtschaftsstruktur eines indischen Dorfes. Landbesitz konzentriert sich gemeinhin auf die oberen Kasten. Das Handwerk befindet sich meist in den Händen der mittleren Kasten, die insofern auch als Zünfte betrachtet werden können. Abgesondert am Rande des Dorfes lebt die Gemeinschaft der Menschen ohne Kaste, die *outcasts,* das sind 20 Prozent der indischen

Bevölkerung. Mahatma Gandhi hatte versucht, den „Unberührbaren" eine Kastenidentität zu geben. Er nannte sie *Harijans,* das bedeutet „Auserwählte" der Gottheit Vischnu.

Ein Inder empfindet für Kaste und Dorf eine stärkere Anhänglichkeit als für das fernliegende Gebilde der indischen Nation, ganz im Gegensatz zum Bürger eines modernen Industriestaats. Nicht alle Dörfer sind leicht erreichbar, nicht einmal mit dem Jeep. Wegen der Vielzahl und Unzugänglichkeit der Dörfer kann die indische Regierung keine genaue Volkszählung durchführen. Um Trends aufzuspüren, verläßt sie sich auf Stichproben nach den Regeln des Indischen Statistischen Amts in Kalkutta. Die Regeln stammen von seinem Gründer P. C. Mahalanobis, einem Statistiker von internationalem Rang und Fellow der *Royal Society* in London.

Politisch gesehen verleiht das Beziehungsgeflecht in Dorf und Kaste der indischen Gesellschaft eine starre Struktur, besonders im Vergleich mit einer normalen westlichen Demokratie. Deren Bevölkerung ließe sich mit einem Maxwellschen Gas aus identischen Molekülen vergleichen, die auf Änderungen von Druck und Temperatur unmittelbar zu reagieren vermögen. Die Kaste ist dagegen das ideale Fundament für eine landwirtschaftliche Hochkultur; auch dem Ärmsten und Niedrigsten bietet sie eine Identität – nur nicht den *Harijans.* Das ländliche Indien ist nicht gerade das geeignetste Terrain für eine Revolution, doch vielleicht können seine Strukturen die Auswirkungen der industriellen Revolution besser auffangen.

Unter der britischen Herrschaft lernte der Oberbau der indischen Gesellschaft, Landadel, Beamte, Kaufleute, Bankiers und die einheimischen Intellektuellen, die Welt außerhalb Indiens kennen. Anfang des 19. Jahrhunderts gründete der Bengale Raja Mohan Roy eine neue, eher laizistische Hindusekte und Kastengemeinschaft: Brahma Simaj. Ihre Mitglieder engagierten sich dafür, europäische Wissenschaft und Technologie nach Indien zu bringen, zusammen mit den sozialen und politischen Ideen Europas. Im 20. Jahrhundert gehörten Persönlichkeiten wie Rabindranath Tagore, Jawaharlal Nehru und eine Reihe bedeutender indischer Wissenschaftler, Mitglieder der *Royal Society* in London, zur Brahma Simaj. Sie waren die geistigen Väter der indischen Unabhängigkeitsbewegung. Indiens Öffnung zur Außenwelt erhielt neuen Antrieb durch die Familiendynastien der Tata, Birla, Sarabhai und anderer, die weltweite Industrie- und Handelsgesellschaften aufbauten.

Im Jahr 1931 trat die indische Unabhängigkeitsbewegung an die Öffentlichkeit. Der *All-India-Congress* verpflichtete in seiner Abschlußerklärung Moslems und Hindus gleichermaßen, Indien zu befreien, eine politische und wirtschaftliche Demokratie zu entwickeln sowie Bodenschätze, Schlüsselindustrien, Transport- und Nachrichtenwesen wie auch den Außenhandel in Gemeineigentum zu überführen. Dem Kongreß sicherte Gandhi die Unterstützung der Massen, indem er unter den Ärmsten in den Städten, sogar in den Dörfern, eine Welle der Rebellion gegen die Kolonialmacht entfesselte. Die manchmal brutale Reaktion der Briten auf die Provokation durch Gandhis gewaltlosen Ungehorsam einte das ganze Land, mit Ausnahme einiger ewiggestriger Fürsten, gegen die Kolonialherren. Aus dem *Empire* wurde *Commonwealth*. 1947 schuf das Unterhaus mit dem *Indian Independence Act* das unabhängige Dominion Indien (und gleichzeitig das unabhängige Dominion Pakistan). Großbritannien zog sich aus der Regierung des Subkontinents zurück. In Indien wurde die industrielle Revolution durch eine politische, nicht durch eine soziale Revolution wie in China in Gang gesetzt.

Bei der Befreiung 1947 bot sich keine günstige Gelegenheit, die Vergesellschaftung voranzutreiben, über die 1931 heiß debattiert worden war. Nehrus ganz unrevolutionäres „sozialistisches Entwicklungsmodell", das sogar von der Geschäftswelt gutgeheißen wurde, sah genügend Spielraum für eine Regierung vor, die über weniger als zehn Prozent (heute sind es zwölf Prozent) des Bruttosozialprodukts disponieren konnte. Im Geiste Jeffersons, seiner Herkunft aus der oberen Mittelschicht treu, forderte Nehru

1. die Verbesserung der Lage der Armen und sozial Benachteiligten;
2. eine zügige Industrialisierung, gestützt auf Investitionen in der Schwerindustrie, und den Ausbau der staatseigenen Unternehmen;
3. zentrale Planung und Regierungskontrolle über das Wirtschaftsleben, indem in vielen Bereichen die Marktgesetze von Angebot und Nachfrage durch staatliche Kontrolle ersetzt werden sollten;
4. eine pragmatische und flexible Inangriffnahme der Probleme des Landes und
5. Demokratie.

Die Demokratie steht nur deshalb auf dem letzten Platz, weil Nehru Grenzen gesetzt waren, ökonomische Ziele mit staatlicher Macht zu verwirklichen.

Das indische Dorf war nicht annähernd so gut gerüstet wie das chinesische, um Kapital für die Entwicklung des Landes zu bilden. Die Städte des Kolonialreichs Indien waren in die Wirtschaft des britischen Empire, die man seinerzeit mehr oder weniger mit der Weltwirtschaft gleichsetzen konnte, eingebunden und weitgehend abhängig von importierten Nahrungsmitteln. Das Problem war nicht nur, daß die Selbstversorgungs-Landwirtschaft der indischen Dörfer wenig Überschüsse zum Verkauf erzeugte; der Zugang zum Markt und die erforderlichen Verkehrsverbindungen zwischen Stadt und Land waren völlig unzureichend. Bei dieser Ausgangssituation fiel der Regierung die entscheidende Aufgabe zu, die Dörfer, in denen 75 Prozent der Bevölkerung lebten, mit Kapital zu versorgen, und nicht, wie in China, Kapital aus den Dörfern abzuziehen; nur dann konnten sie in die neue Volkswirtschaft des unabhängigen Indien einbezogen werden. Diese Überlegung, wenn auch abstrakt formuliert, stand hinter dem ersten Punkt der Nehruschen Liste und hatte höhere Priorität als die industrielle Revolution, die erst an zweiter Stelle genannt wurde.

Um die eigene bescheidene Kapazität zur Kapitalbildung auszuweiten, wandte sich Indien, wortwörtlich, an „das Gewissen der Menschheit". Im ersten Fünfjahresplan stellte man das benötigte Kapital dem Überschuß aus dem Außenhandel und der Investitionskapazität im eigenen Lande gegenüber und erwartete den Saldo als Wirtschaftshilfe aus den Industriestaaten. Jahr für Jahr entstand bei der Erfüllung des Plans eine Lücke, und sie entsprach genau dem Fehlbetrag der ausgebliebenen Auslandshilfe; besser ließ sich die Qualität der hochentwickelten indischen Planung nicht beweisen.

In den ersten Jahren nach der Befreiung, noch vor jeder Vereinbarung für Wirtschaftshilfe, war Indien auf Almosen angewiesen. Mehrere ausgefallene Monsunregen und Mißernten brachten Hunger in die Dörfer und erhöhten den Bedarf der Städte an importierten Nahrungsmitteln. Glücklicherweise war es der Farmerlobby in den USA gelungen, das *Public Law 480* durchzusetzen. Das Gesetz verpflichtete die Regierung, landwirtschaftliche Überschüsse aufzukaufen und als Wirtschaftshilfe einzusetzen. Die ersten aufgekauften Überschüsse wurden nach Indien geschafft und retteten das Land vor der Hungersnot.

Das Public Law 480 legte fest, daß die Lieferungen in Rupien zu bezahlen waren. Das entstehende Konto sollte für Entwicklungshilfe eingesetzt werden. Oft wurde das Getreide gar nicht erst gegen

Rupien verkauft, sondern ging als Naturallohn an Arbeiter, die staatliche Aufträge ausführten. Und als die Baustellen auf Straßen, Eisenbahnen und an Talsperren von ausgemergelten, sehnigen Körpern wimmelten, verwandelte sich die Energie der Weizenkörner in die Infrastruktur der industriellen Revolution.

Weniger glücklich verlief die Beziehung zwischen Indien und den Vereinigten Staaten auf der Ebene von qualifizierterer wirtschaftlicher und technischer Hilfe. 1962 sollten die USA die technische Ausrüstung für ein Stahlwerk in Bokaro liefern. Sowohl Westdeutschland als auch die Sowjetunion hatten bereits ein Stahlwerk in Indien gebaut. Das Stahlwerk in Bokaro war auf der Grundlage amerikanischer Verfahren und Patente entworfen worden, und zwar von M.N. Dastur, einem Ingenieur aus Kalkutta, der seine Lehrjahre in der Stahlindustrie der Vereinigten Staaten verbracht hatte. Doch John F. Kennedy und das Weiße Haus waren vom Kalten Krieg so stark in Anspruch genommen, daß ein Gutachten von Experten der *United States Steel Corporation* gelegen kam, in dem festgestellt wurde, daß sich in Indien kein Stahl produzieren ließe. Jahre später hat dann die Sowjetunion das Stahlwerk in Bokaro gebaut, aber auf der Basis sowjetischer Technik.

Ohnehin ließ sich die romantische Vorstellung von der Priorität der amerikanischen Wirtschaftshilfe für Indien oder andere unterindustrialisierte Länder, die sich in den ersten Jahren nach dem Krieg herausgebildet hatte, nicht halten. Die Entwicklungshilfe konnte dem Druck, dem der Haushalt durch hohe Militärausgaben ausgesetzt war, nicht standhalten. Schon im ersten Amtsjahr der Kennedy-Regierung wurde der Militäretat zweimal um jeweils 25 Prozent erhöht. Vor allem im Hinblick auf Indien wurde die Stimmung in Washington immer bitterer. Krishna Menon, Indiens ständiger Vertreter bei den Vereinten Nationen, ritt ohne Unterlaß seine scharfen und arroganten Attacken gegen das Gewissen der industrialisierten Welt.

Indien seinerseits war über den wachsenden Schuldenberg beunruhigt, der sich als Ausgleich der versagten Entwicklungshilfe angehäuft hatte, und setzte zunehmend auf Selbstversorgung. Die nächsten Fünf-Jahres-Pläne dienten dazu, Importe durch landeseigene Produkte zu ersetzen und eine positive Handelsbilanz zu erwirtschaften, um leichter Kapitalgüter importieren zu können. Nehrus Chefplaner P.C. Mahalanobis hatte ausgerechnet, daß der Bau einer Düngemittelfabrik für zwei bis drei Milliarden Dollar jährliche Weizenimporte für 30 Milliarden Dollar überflüssig machen würde. Obwohl die marktwirtschaftliche Doktrin des komparativen Kostenvorteils den Import von billigem Weizen aus Amerika oder billigem Kunstdünger aus dem Ausland vorschrieb, akzeptierte George Woods, damals Chef der Weltbank und einer der Bankiers, die sich in ihrer Amtszeit von mancher Lehrbuchweisheit getrennt und radikalere Ansichten gewonnen hatten, die Kalkulation.

Indien hielt den Außenhandel unter strikter Kontrolle der Planungsbehörde und gehörte jahrelang zu den zahlungskräftigsten der unterindustrialisierten Länder. Im Jahr 1988 betrugen seine Auslandsschulden 19 Prozent des Bruttosozialprodukts, und die Tilgung nahm erträgliche 25 Prozent der Exporterlöse in Anspruch. Die Politik, der Privatinitiative größeren Spielraum einzuräumen und damit die wirtschaftliche Entwicklung zu beschleunigen, ließ seitdem die Prozentzahlen beinahe auf 25 Prozent beziehungsweise 30 Prozent steigen. Indiens Zahlungsbilanz wurde negativ.

Nach sowjetischem und chinesischem Vorbild steckte Indien die größten Investitionssummen in die staatseigene Schwerindustrie und in die industrielle Infrastruktur: Stahlproduktion, Maschinenbau, Lagerstättenerschließung, Verkehr und Stromerzeugung. 1991 erreichte Indiens Stahlindustrie eine ausgelastete Kapazität von 17 Millionen Tonnen. Die Erzeugung von Primärenergie übertraf 200 Millionen Tonnen Steinkohlenäquivalent, die Kapazität der Kraftwerke stieg auf mehr als 60 000 Megawatt. Die staatseigenen Chemieunternehmen produzierten den Großteil der vierzig Kilogramm Stickstoffdünger, mit denen jeder Hektar Ackerland jährlich gedüngt wird.

Staatlich geförderte Industrieparks sollten die Entwicklung der privaten Konsumgüterindustrie beschleunigen. Die Fahrradherstellung ist als handwerkliche Grundausbildung besonders beliebt. Kleinstgewerbe und Heimarbeit sind für Indien ebenso wichtig wie für China. 1961 gab es 11 Millionen Heimarbeiter, 4 Millionen arbeiteten in „nicht registrierten" Kleingewerbebetrieben. Die Regierung gestattete auch Joint ventures mit ausländischen Partnern, um neue Technik ins Land zu holen. Sie bekommen die Auflage, Rohmaterial und Vorprodukte in Indien einzukaufen und, wo es sinnvoll ist, Zwischenprodukte und Teile zur Weiterverarbeitung und Endmontage nur an indische Unternehmen zu liefern. Damit gelang es der Regierung, die weiterverarbeitende Industrie anzukurbeln.

Den Atomsperrvertrag, der die Ergänzung nationaler Waffenarsenale mit Atomwaffen verhindern sollte, hat Indien nicht unterschrieben. Das Tata-Institut in Trombay, in der Nähe von Bombay, sollte zum Zentrum der zivilien indischen Atomindustrie werden. Unter der Leitung des Physikers Homi Bhabha, einem anmaßenden Absolventen des Cavendish Laboratory der Cambridge University, bauten indische Atomphysiker jedoch zunächst eine Atomwaffe und führten sie der Welt mit einem unterirdischen Test vor. Der Ausbau der Energieerzeugung hängt dagegen weiter von den überreichen Vorkommen minderwertiger Kohle ab. Das wenige Erdöl, das in Indien gefördert wird, bleibt dem Export vorbehalten und erlöst Devisen auf dem Preisniveau, das die arabischen Nachbarn durchsetzen. Gehen Indiens Pläne zur Entwicklung des Landes in Erfüllung, dann bedeutet das, daß auch Indien den Beitrag der USA zur Konzentration von Kohlendioxid in der Atmosphäre und zum sauren Regen wiederholen wird. Indiens Nachbarn werden sich alle Mühe geben, das Land zur Entwicklung alternativer Primärenergiequellen zu ermuntern.

Von Anfang an waren Investitionen in die Industrie auch dafür gedacht, die Produktivität der Landwirtschaft zu steigern. In den späteren Plänen wurde dann auch die Notwendigkeit berücksichtigt, direkt in das Wirtschaftsleben der Dörfer einzugreifen. Es gab zwei große Kampagnen zur Entwicklung der ländlichen Gebiete; man schickte Tausende von Fachleuten aus den Städten zum erstenmal in die Dörfer. Sie führten in der Landwirtschaft, im Gesundheitswesen und in der Medizin neue Verfahren ein, organisierten Produktions- und Marketinggenossenschaften und versuchten, durch die Gründung von „Dorfräten", den sogenannten *„Panchyati"*, die Basis einer demokratischen Selbstverwaltung zu schaffen.

Die neuen landwirtschaftlichen Verfahren schlugen unverzüglich Wurzeln. Zwischen 1960 und 1970 stieg die Ernte durchschnittlich um ein Prozent im Jahr, ein erster Erfolg. Als in den siebziger Jahren die Saat äußerst ertragreicher Sorten aus den Saatzuchtstationen kam, stieg die Ernte schneller, um 2,5 Prozent pro Jahr. Der Bundesstaat Pandschab, beherrscht von der „puritanischen Ethik" der Sikhs, konnte die Getreideerzeugung mit den neuen Zuchtsaaten um fünf Prozent im Jahr steigern. Bis 1992 hatte Indien die jährliche Getreideernte fast vervierfacht, auf mehr als 200 Millionen Tonnen; im Jahr 1950 waren es 55 Millionen Tonnen gewesen. Der stärkste Zuwachs wurde durch Verdopplung der Hektarerträge von 700 auf 1500 Kilogramm erreicht. Das ist aber immer noch weniger als die Hälfte dessen, was die Chinesen und weniger als ein Viertel von dem, was die Japaner pro Hektar ernten.

Daß der Vergleich für Indien so unvorteilhaft ausfällt, ist nicht die Schuld der indischen Bauern. Er enthüllt den chronischen Planrückstand bei der Produktion von Kunstdünger und der Fertigstellung der Staudämme und Talsperren, die den jährlichen Monsunregen aufnehmen und zur Bewässerung während der neunmonatigen Trockenzeit bereithalten sollen. Ausreichend bewässert, kann das Land jährlich zwei, wenn nicht drei Ernten hervorbringen. Indien verfügt über 170 Millionen Hektar Ackerland zur Ernährung seiner wachsenden Bevölkerung, fast doppelt so viel wie China. Von den 100 Millionen Hektar, die sich zur Bewässerung eignen, sind aber erst 40 Millionen mit Bewässerungsanlagen versehen. Gegenwärtig ist Indien dank seiner industriellen Revolution in der Lage, die Bevölkerung aus eigener Kraft zu ernähren, und es ist zum erstenmal immun gegen Hungersnot. Da die Nahrungsmittelproduktion schneller steigt als die Bevölkerung, stehen inzwischen jedem Inder 2500 Kilokalorien am Tag zur Verfügung, eine ausreichende Menge im Vergleich zu den früheren, dürftigen 1700.

Mittlerweile hat sich die Unionsregierung den schwerer zu bewältigenden Problemen gewidmet, die der landwirtschaftlichen Entwicklung und dem Angebot von Nahrungsmitteln im Weg stehen. 45 Prozent der Bauern, die ärmsten Bauern Indiens überhaupt, bewirtschaften weniger als einen Hektar und verfügen gemeinsam über nicht mehr als 1,3 Prozent des Landes. Wenn sie erfolgreich sind, können sie sich gerade ernähren; zum Verkaufen bleibt nichts übrig. Die nächsten 45 Prozent der Bauern bewirtschaften bis zu fünf Hektar; in ihren Händen befindet sich knapp die Hälfte des Landes, als Besitz oder als Pachtland. Man kann sie bereits zu den Erzeugern rechnen, die ihre Produkte auf dem Markt anbieten, zusammen mit den restlichen zehn Prozent, denen die andere Hälfte des Landes gehört und die es auf Höfen von 5 bis 50 Hektar oder mehr mit Hilfe von Pächtern oder Tagelöhnern bewirtschaften. Wie man sich leicht vorstellen kann, erreichen Technik und Bewässerung die größeren Höfe zuerst. Der Anreiz zur Bodenkonservierung und -verbesserung geht jedoch irgendwo auf dem Weg zwischen Grundbesitzer und Pächter verloren.

Die Verfahren der Grünen Revolution sind für kleine Höfe ebenso nützlich wie für große, sie kommen der intensiveren Landwirtschaft der Kleinbauern besonders entgegen. Doch der Vorteil geht irgendwann verloren, wenn das anhaltende Bevölkerungswachstum auf dem

Lande die Zersplitterung kleiner Felder in immer kleinere zur Folge hat. Zwischen 1960 und 1980 stieg der Anteil der Bauern mit weniger als fünf Hektar von 87 Prozent auf 91 Prozent aller Betriebe. Der Druck der steigenden Bevölkerung auf dem Lande drängt immer mehr Kleinbauern auf weniger fruchtbare Böden und treibt die Besitzlosen ganz fort. Inzwischen gibt es mehr wohlhabende Dorfbewohner als je zuvor, aber die Zahl der verarmten Bauern ist noch schneller gestiegen, ebenso wie die Zahl der Hektar, die inzwischen als unfruchtbar eingestuft werden müssen.

Unionsregierung und Bundesstaaten geben sich alle Mühe, die ungünstige Entwicklung umzukehren. Umfangreiche Melioration und Aufforstung gehen Hand in Hand mit dem Bemühen, mehr Monsunregen zu speichern, um den Boden auch in der Trockenzeit nutzen zu können.

Gegen das traditionelle Verteilungssystem, bei dem die kleinsten Erzeuger und die ärmsten Verbraucher am schlechtesten wegkommen, hatte der Versuch „Ersatz der Marktgesetze durch staatliche Kontrolle" nur mäßigen Erfolg. Der Kleinbauer, der meist nur Pächter ist, muß von seinem Erlös so viel an Grundbesitzer, Geldverleiher und Aufkäufer abgeben, daß für ihn kaum etwas übrigbleibt. Geld fließt nicht hinein ins Dorf, sondern tröpfelt aus ihm heraus, und im Dorf nimmt es als Abgabe den Weg von Arm zu Reich, statt als Lohn von Reich zu Arm.

Die indische Regierung hat alle denkbaren Kunstgriffe probiert, um den Bauern besseren Verdienst und den Verbrauchern niedrigere Preise zu verschaffen; sie hat Preise festgesetzt, Kreditkontrollen vorgenommen, Zwangsablieferungen bei hamsternden Ernteaufkäufern erzwungen, Getreidebanken errichtet, „Niedrigpreis"-Läden geschaffen und landwirtschaftliche Genossenschaften subventioniert. Wann immer eins dieser Mittel griff, es konnte der Manipulation der Märkte durch die Dorfoligarchie nicht lange trotzen.

Für den überwältigenden Teil der indischen Bevölkerung heißt das Schicksal Armut. Einfache Division des Bruttosozialprodukts durch 800 Millionen Menschen ergibt ein Pro-Kopf-Einkommen von 350 Dollar; das ist nicht viel niedriger als die 400 Dollar in China. Doch bei der anderen Verteilung von Einkommen und Vermögen in Indien ist dieses Durchschnittseinkommen weit oberhalb des Medianwerts angesiedelt (Bild 24). Das führt zu sehr unterschiedlichen Existenzbedingungen am oberen und am unteren Ende der Einkommensskala.

Dabei ist die Verteilung nicht einmal so ungerecht; im Vergleich mit fast allen unterindustrialisierten Ländern schneidet Indien vorteilhaft ab. Außerdem vernachlässigt die Statistik beim „monetären" Einkommen das „nichtmonetäre" Erzeugnis von Arbeit und Land, welches den größten Anteil des „Einkommens" der Allerärmsten ausmacht. 300 Millionen der ärmsten Menschen der Welt leben in Indien, gleichzeitig kann Indien sich damit brüsten, daß in seinen Grenzen mehr Superreiche leben als in Frankreich.

In der Bevölkerungsstatistik drückt sich die Armut in einer Lebenserwartung aus, die unter 60 Jahren liegt, und in einer Säuglingssterblichkeit von fast 100 auf 1000 Lebendgeburten. Dennoch tritt Indien mit sinkendem Bevölkerungswachstum – zur Zeit liegt die Rate bei 1,8 Prozent – in die zweite Phase des demographischen Übergangs ein.

Schon vor langer Zeit wurde Familienplanung von der indischen Regierung zum Staatsziel erklärt und mit umfangreichen Programmen gefördert. Bis die Bevölkerung voll und ganz mitmacht, muß die Säuglingssterblichkeit erfolgreich bekämpft worden sein, besonders in den Dörfern, wo sie über dem Landesdurchschnitt liegt. Man braucht eine starke Motivation, um in einer Lehmhütte Verhütungsmaßnahmen zu treffen oder um ganz auf den Geschlechtsverkehr zu verzichten. Indische Ehepaare, die zwei oder mehr Kinder haben, üben in Übereinstimmung mit ihrem *Karma,* dem Lebensplan ihres hinduistischen Glaubens, Enthaltsamkeit. Daß die Dorfbewohner auf die Gewißheit, daß ihre Kinder überleben werden, positiv reagieren, hat sich im Bundesstaat Pandschab gezeigt. Der in den letzten zehn Jahren gestiegene landwirtschaftliche Wohlstand geht Hand in Hand mit einer sinkenden Geburtenrate.

Durch die industrielle Revolution hat sich die indische Wirtschaft zweigleisig entwickelt. Die Marktwirtschaft des modernen, industrialisierten, urbanen Indien steht an elfter Stelle und ist, nach Brasilien, die zweitgrößte der unterindustrialisierten Welt. Dieses Indien beschränkt sich allerdings auf nicht mehr als dreißig Prozent der Gesamtbevölkerung; sie erwirtschaftet sechzig bis siebzig Prozent des Bruttosozialprodukts und erhält einen ebenso großen Anteil vom Gesamteinkommen des Landes. Für diesen Teil der Volkswirtschaft sind die ärmsten Dorfbewohner des traditionellen Indien, die arme Hälfte der Bevölkerung, die weniger als ein Viertel des Gesamteinkommens abbekommt, ebenso überflüssig wie seinerzeit die hungernden Iren für Großbritannien.

Die steigenden Ernten haben der dörflichen Elite Wohlstand beschert. Diejenigen, die im Dorf die wirtschaftliche und politische Macht haben, kassieren 45 Prozent des dörflichen Einkommens und erreichen das Fünf-, Zehn- oder Zwanzigfache des örtlichen Durchschnitts. Für die zweigleisige Wirtschaft sind sie das strategisch wichtige politische Bindeglied zwischen Dorf und Stadt.

Wie in so vielen anderen Ländern an diesem Punkt ihrer Geschichte vollzieht sich auch in Indien ein Wandel der politischen Führung, und die eingeschlagene Richtung ändert sich. Obwohl nach der Nomenklatur von Gunnar Myrdal eine „schwache Regierung", förderte die Regierung von Indien unter Führung der Kongreßpartei und der Nehru-Dynastie mit Mut und Nachdruck die Entwicklung der Industrie, ohne auf die Entwicklung eines freien Marktes zu warten, um die „Situation der Armen und sozial Benachteiligten zu verbessern", wie Nehru in seinem ersten Regierungsprogramm gefordert hatte. Der schnelle Anstieg der landwirtschaftlichen Produktion brachte die Regierungen der Bundesstaaten zunehmend unter die Kontrolle der neureichen Dorfeliten. Im Bündnis mit politischen Köpfen aus der städtischen Geschäftswelt rissen sie die Führung der Kongreßpartei an sich und lieferten dem hinduistischen Fundamentalismus neue Gründe zur Spaltung der Gesellschaft. Der Mord an Rajiv Gandhi hat den fortschrittlichen Kräften der indischen Gesellschaft die beherrschende Symbolfigur im Zentrum der Macht genommen. Ob die neue Führung, die sich nun herausschälen muß, weiter bereit sein wird, die Entwicklung des Landes vor seiner völligen Auslieferung an den freien Markt voranzutreiben und den Kreislauf der kumulativen Verursachung zu bremsen, der das traditionelle Indien in seiner Armut zementiert, ist gegenwärtig die wichtigste Frage an die Zukunft.

Was auch immer geschehen wird: fest steht, daß keine noch so gewaltige Industrialisierung die steigende Zahl der Besitzlosen beschäftigen kann. Eine gesunde Wirtschaft, ganz gleich, ob vom Markt oder vom Plan bestimmt, wird Indien einen Stand der Technik bescheren, dessen Konkurrenzfähigkeit auf dem Weltmarkt in der automatisierten Produktion ohne Arbeiter liegt. Auf jeden Fall muß man sich schon heute über die Beschäftigung der Besitzlosen Gedanken machen; sie müssen im Interesse der Wirtschaft zu Konsumenten werden, auch ohne wesentlich zum Bruttosozialprodukt beizutragen.

Vielleicht findet das Dorf und seine Lebensweise tatsächlich einen Platz in der Industriegesellschaft; eine Vorstellung, für die sich schon

Mahatma Gandhi nachdrücklich einsetzte. Indien blieb bisher von der Implosion der Bevölkerung in die Großstädte verschont, im Gegensatz zu anderen unterindustrialisierten Ländern, wo sie sich vor aller Augen in bestürzender Weise vollzieht. Die Familien der Besitzlosen bleiben in ihren Dörfern und werden jahrelang von Vätern und Brüdern ernährt, die sich als Gelegenheitsarbeiter in Städten oder im Ausland verdingen.

Neben Arbeitskraft und mittlerweile auch Nahrungsmitteln exportieren die Dörfer in Indien noch alle möglichen handwerklichen Gegenstände; was im einzelnen hergestellt wird, hängt davon ab, welche Zunft-Kasten in dem einen oder anderen Dorf ansässig sind. Auf den Frachtbriefen des indischen Exports stehen neben Erdöl handgewebte Textilien, Perlen, geschliffene Edel- und Halbedelsteine und daraus gefertigter Schmuck oder Modeschmuck, Steinintarsien, Schnitzereien aus Holz, Stein und, bis vor kurzem, Elfenbein. Diese Waren finden wachsende Märkte, und es macht ebensoviel Freude, sie anzufertigen, wie sie zu besitzen und zu gebrauchen. Wenn erst die Technik das Land erreicht hat, mit Strom und Penicillin als Vorboten, könnten die Menschen in den indischen Dörfern die größten Gewinner der industriellen Revolution werden.

SÜDOSTASIEN AUF DEM WEG ZU GEMEINSAMER PROSPERITÄT

Für die fast 450 Millionen Einwohner Südostasiens und der Inseln im Südwestpazifik begann die Moderne, als ihre Länder im Zweiten Weltkrieg von Japan erobert und besetzt wurden. Am Ende des Krieges war der Bann der britischen, französischen und holländischen Imperien gebrochen, und die Kolonien wurden in die Unabhängigkeit entlassen. In jeder Vorhersage über die zukünftige Weltbevölkerung sind die Völker dieser Region ein unberechenbarer Faktor. Ihre Zuwachsraten liegen über zwei Prozent im Jahr, einige Völker werden noch schneller wachsen, bevor ihre wirtschaftliche Entwicklung das Bevölkerungswachstum wieder sinken läßt.

Die Region wartet immer noch auf das endgültige Ausklingen des Krieges und seiner Nachbeben. Nach ihrer Entlassung aus dem britischen Commonwealth mußte die Bevölkerung von Burma (heute Myanmar, mit einer Bevölkerung von 40 Millionen Menschen) erst eine Periode der Anarchie von Warlords durchmachen, dann wurden Teile des Landes von den Kuomintangtruppen besetzt, als sich diese aus Südwestchina zurückzogen. Seitdem haben isolationistische Diktatoren das Land von der Weltwirtschaft abgeschirmt. Wenn die industrielle Revolution eines Tages beginnt, kann sie sich auf ein Monsunklima, große Landreserven und bedeutsame Lagerstätten stützen. In der Zwischenzeit wächst die Bevölkerung bei einer Säuglingssterblichkeit von mehr als 60 auf 1000 Lebendgeburten mit einer jährlichen Zuwachsrate von über zwei Prozent.

Für die drei revolutionären Staaten Indochinas – Laos mit vier Millionen Einwohnern, Kambodscha mit acht Millionen und Vietnam mit 65 Millionen – dauert der Krieg, der nach dem Abzug der Japaner als Befreiungskrieg gegen Frankreich begonnen hatte, immer noch an. Der Abzug der Amerikaner aus Vietnam hinterließ 1975 ein total zusammengebrochenes Kambodscha in der Gewalt der Roten Khmer und ihres Diktators Pol Pot, deren wahnsinniges Programm zur „Ruralisierung" des Landes zwei Millionen Kambodschanern (von zwölf Millionen) den Tod brachte. Die Präsenz der Roten Khmer in der provisorischen Koalitionsregierung, die sich 1989 unter der Präsidentschaft des letzten Monarchen, Prinz Sihanouk, gebildet hat, läßt die Zukunft Kambodschas und seiner Nachbarn im Ungewissen. Die Bewässerungsmöglichkeit, die das Hochwasser des Mekong zweimal im Jahr bietet und von dem alle drei Länder und das unabhängige Königreich Thailand gemeinsam profitieren könnten, bleibt folglich wenig genutzt. Während der ganzen Zeit der Kriegswirren und der Revolution gingen die Arbeiten am Mekong Valley-Projekt, das die UN finanziert, weiter. Sobald wieder Ordnung herrscht, wird es das Schmelzwasser des Himalaja und die Monsunregen auffangen und nutzbar machen können. Das Bevölkerungswachstum beträgt fast 2,5 Prozent.

Unterdessen haben die 54 Millionen Einwohner Thailands am Westufer des Mekong die ersten Stufen der industriellen Revolution erklommen, anfangs mit Hilfe gewaltiger Militärausgaben der USA, heute mit Hilfe kommerzieller Investitionen Japans.

Die neugegründeten Staaten Malaysia mit 17 Millionen Einwohnern und Indonesien mit 175 Millionen Einwohnern, vormals Britisch- und Holländisch-Ostindien, brachten ihre wirtschaftliche Entwicklung aus eigener Kraft in Schwung, Malaysia voran. Reiche Bodenschätze und die Nähe zum unersättlichen japanischen Markt begünstigten die Entwicklung. Der Export von Erdöl, Plantagenerzeugnissen und, im Falle Malaysias, handwerklichen Artikeln, trägt 25 Prozent zum Bruttosozialprodukt Indonesiens und genau die Hälfte zu dem von Malaysia bei. Mit dem Haupthandelspartner Japan bauten sie eine arbeitsintensive Leichtindustrie auf. Malaysia kann seine Importe aus Japan durch Exporte in die USA, seinem größten Kunden, wettmachen: in dieser Hinsicht ist Malaysia, wie Südkorea, ein verlängerter Arm der Wirtschaftsmacht Japan. Beide Länder beschleunigten ihre Entwicklung, indem sie relativ gewaltige Auslandsschulden in Kauf nahmen, 50 Prozent des Bruttosozialprodukts im Falle Malaysias, 65 Prozent im Falle Indonesiens, obwohl dessen verstaatlichte Ölquellen beträchtliche Einnahmen bringen.

Der schnelle Eintritt in die Weltwirtschaft ließ Malaysias Bruttosozialprodukt auf 1850 Dollar pro Kopf steigen. Die Verbesserung der Lebensbedingungen spiegelt sich im Absinken der Säuglingssterblichkeit von 88 auf 28 pro 1000 Lebendgeburten. Parallel dazu ging das Bevölkerungswachstum von fast drei Prozent im Jahr 1965 auf knapp unter zwei Prozent im Jahr 1990 zurück. Die Wirtschaft Indonesiens wächst langsamer. Das durchschnittliche Bruttosozialprodukt hat 450 Dollar pro Kopf erreicht. 1988 lag die Säuglingssterblichkeit noch bei 84 auf 1000 Lebendgeburten und sein Bevölkerungswachstum bei über zwei Prozent. Vermutlich ist die ungleiche Einkommensverteilung in beiden Ländern dafür verantwortlich zu machen, daß die Säuglings- und Kindersterblichkeit (und damit die Fertilitätsrate*) in der unverhältnismäßig großen untersten Einkommensschicht so hoch ist.

Weiter im Norden und fern dieser Wirtschaftsbeziehungen liegt die Republik der Philippinen, Schützling der USA. Ihr fruchtbarer Boden und ihre reichen Mineralvorkommen brachten die Inseln im 16. Jahrhundert unter spanische Kolonialherrschaft. Ähnlich wie in den ehemaligen spanischen und portugiesischen Kolonien Südamerikas ist von ihrer Kolonialgeschichte die ungeheure Ungleichheit der Einkommens- und Vermögensverteilung geblieben. Das Bruttosozialprodukt von 33 Milliarden Dollar entspricht etwa dem von Malaysia, die Bevölkerung mit 55 Millionen ist nahezu viermal so groß. Arithmetisch ergibt sich daraus ein relativ anerkennenswertes Bruttosozialprodukt von 600 Dollar pro Kopf, doch die feudale Einkommensverteilung hält die meisten Philippiner in tiefster Armut. Der Außenhandel erbringt rund 20 Prozent des Bruttosozialprodukts; die Auslandsschulden, in erster Linie bei den Vereinigten Staaten, betragen 70

Prozent des Bruttosozialprodukts und die Zinsen 25 Prozent der Exporterlöse. Ein langsamer Wechsel der Handelsbeziehungen deutet an, daß auch die Zukunft der Philippinen im japanischen Wirtschaftsbereich liegen könnte.

Gibt es eine Arabische Nation?

Der grundsätzliche Unterschied zwischen reichen und armen Staaten liegt in der Verfügung über mechanische Energie. Deshalb hat, wer den Rohstoff Erdöl besitzt, auch Macht im Handel zwischen beiden Welten. Es gibt keinen Ersatz für Erdöl und für die Mobilität, die seine Verbrennung gewährt. Ein geologischer Zufall hat die größten Erdölvorkommen außerhalb der GUS den Arabern in die Hände gespielt. Inzwischen ist man auf der weltweiten Suche nach neuen Ölfeldern auch in anderen unterindustrialisierten Ländern, vor allem in Nigeria und Indonesien, auf neue Vorkommen gestoßen. Von allen Gütern, die auf den Weltmeeren transportiert werden, liegt Erdöl quantitativ an erster Stelle, und auch was den Wert des Gutes betrifft, ist Erdöl vorn. Die arabischen Könige hatten den Wert ihres Öls nicht erkannt; die Prinzen, die an der *Cornell University* und der *London School of Economics* studierten, sahen dort, daß die Kunden ihrer Väter an der Zapfsäule mehr Steuern zahlten als Geld für das Benzin. Die Weltwirtschaft änderte sich, als man den Ölpreis neu festlegte; die Lebensbedingungen des arabischen Volkes änderten sich kaum.

Es gibt siebzehn arabische Staaten, – achtzehn, wenn man Israel und die jüdischen Vettern mitzählt. Nicht nur ihre Beziehungen sind haßerfüllt. Ähnliche Antipathien trennen Moslems von Christen, Feudalstaaten, die von Ölgesellschaften ins Leben gerufen wurden, um die Förderung von Erdöl zu legitimieren, von revolutionären Staaten; moslemische Fundamentalisten von unabhängigen Intellektuellen, die aus Ägypten, dem Libanon und dem heimatlosen Palästina in die arabischen Staaten eingewandert sind, und schließlich Arm von Reich in einem für die restliche Welt unvorstellbaren Ausmaß. Die arabischen Staaten haben das höchste Bruttosozialprodukt pro Kopf innerhalb der unterindustrialisierten Welt. In den Vereinigten Arabischen Emiraten lag es 1991 bei 19 000 Dollar, in Quatar bei 16 000, in Bahrein bei 12 000, in Kuwait bei 11 000, in Saudi-Arabien und Oman bei 8000 und selbst in Libyen bei 6000 Dollar. Der kürzlich wiedervereinigte Jemen an der unteren Spitze der arabischen Halbinsel bildet mit 400 Dollar pro Kopf das Schlußlicht.

Es versteht sich von selbst, daß die meisten Araber, ob in armen oder reichen Ländern, in Armut leben. Bevölkerungsstatistiken enthüllen die Ungleichheit der Einkommensverteilung. Trotz der kleinen Bevölkerungen in den Vereinigten Arabischen Emiraten, von Quatar, Bahrein und Kuwait liegt die Säuglingssterblichkeit dort bei beachtlichen 32 auf 1000 Lebendgeburten oder weniger; in Saudi-Arabien sind es 54, in Oman 100, in Libyen 82 und im Jemen 120. Die Lebenserwartung folgt einem entsprechenden Muster. Der Status der Frauen und die allgegenwärtige Armut spiegeln sich in einer Wachstumsrate von mehr als drei Prozent für 200 Millionen Araber.

Über 5000 Jahre landwirtschaftliche Hochkultur haben dem Land in Kleinasien und an den Küsten des Mittelmeers übel mitgespielt. Doch wie die Israelis überzeugend vorgeführt haben, reagiert selbst der ausgelaugteste Boden auf Bewässerung. Im landwirtschaftlichen Forschungszentrum Volcani entstand die Technik der Tröpfchenbewässerung, „more crop for the drop". Diese Bewässerungsmethode bedient sich der Mikrophysik des Bodens und der Wurzelhaarzellen der Pflanzen, um das Wasser aus den Tropfventilen der Bewässerungsleitung direkt zu den Wurzelgefäßen zu bringen. Dabei wird der Boden so wenig angefeuchtet, daß kaum Wasser verdunstet. Durch diese Technik und eine sorgfältige Regeneration des entnommenen Grundwassers behauptet Israel stolz, 110 Prozent seines Wassers zu nutzen. Entsalzungstechnik aus Israel versorgt die arabischen Königreiche mit Wasser aus dem Roten Meer und dem Persischen Golf. Israelische Erfahrungen bei der Bewässerung arider Gebiete helfen, die arabische Landwirtschaft wiederzubeleben.

Die wirtschaftliche Entwicklung Israels ist das beste Beispiel dafür, daß großzügige finanzielle Unterstützung bei der wirtschaftlichen Entwicklung wirksam ist. Die Juden in aller Welt und die Regierung der Vereinigten Staaten waren die bedeutendsten Geldgeber. Und daß israelische Technik trotz politischer Feindschaft verbreitet wird, beweist eindrucksvoll, wie groß die wirtschaftliche Bedeutung technischer Hilfe ist.

Erdöl wäre natürlich die Quelle für das Kapital gewesen, mit dem die arabische Nation ihre wirtschaftliche Entwicklung hätte finanzieren können. Die Preiserhöhung von 5 auf 34 Dollar pro Barrel wirkte auf die Weltwirtschaft wie ein Erdbeben. Den reichen Ländern brachte sie Inflation und Rezession; die Wirtschaft der unterindustrialisierten Länder wurde in die Knie gezwungen. Zur Ehrenrettung der Ölprinzen sei gesagt, daß sie einiges wiedergutmachten, indem sie den ärmsten unterindustrialisierten Ländern Petrodollars als Wirtschaftshilfe bewilligten. Doch der neue Preis hat das alte Leben der Fellachen in Arabien wenig verändert.

Feudalherrscher gewähren ihrem Volk keinen Anspruch auf nationale Reichtümer; die Rechnung des Fürsten unterscheidet kaum zwischen Staatseinkünften und eigenem Portemonnaie. Nicht alle Prinzen sind so gewissenhaft wie der Emir von Kuwait, der öffentlich versprach, die Einkünfte in drei Teile zu teilen: ein Drittel für den Haushalt, ein Drittel für Investitionen im Ausland und ein Drittel für das Öffentliche Wohl. Andere Königreiche und Emirate teilten weniger gerecht. Mit den Einnahmen wurden private Verschwendung und Vermögensanlagen im Ausland finanziert und kleine Renommierprojekte im eigenen Land gefördert.

Unter den sogenannten revolutionären Staaten war der Irak bei weitem der größte Erdölproduzent. Als der Irak in Kuwait einmarschierte, verhängte die UN Sanktionen und limitierte den Erdölexport. Mit den Öleinkünften des Landes finanzierte Saddam Hussein nicht nur seine Kriege, er baute damit auch eine industrielle Infrastruktur auf. Der Höhepunkt der Erdölförderung scheint erreicht; es ist an der Zeit, daß die arabische Nation mit den Exporterlösen ihrer wichtigsten Ressource allmählich die industrielle Revolution in Gang setzt.

Die afrikanische Misere

In Afrika südlich der Sahara liegen die letzten großen Gebiete dieser Welt, die für Erschließung, Besiedlung und wirtschaftliche Entwicklung geeignet sind. Zur Zeit beträgt die Bevölkerungsdichte 18 Personen pro Quadratkilometer. Asien als Ganzes wird von 100, China von 110, Indien von 231 und Bangladesch von 685 Personen pro Quadratkilometer bewohnt. Zu dem unerschlossenen Land, das man landwirtschaftlich nutzen könnte, darf man die Wüsten nicht zählen, ebensowenig die Regenwälder, die bedroht sind von Glücksrittern und Hungernden, die verzweifelt Anbauflächen suchen, und auch nicht die Savannen, wo die immer weniger werdenden Großsäuger dieses

Kontinents leben. Was dann noch übrigbleibt, darf nicht allzu hoch bewertet werden, weil große Flächen des uralten Bodens nur geringe Mengen biologisch unentbehrlicher Nährstoffe enthalten. Hier gab es keine Eiszeit mehr, seit der Kontinent Gondwana vor 200 Millionen Jahren auseinanderzubrechen und der Kontinent Afrika an seine gegenwärtige Position auf der Weltkarte zu driften begann (Bild 11). Trotzdem ist genügend Land vorhanden, um die wachsende Bevölkerung zu ernähren: zehn Millionen Quadratkilometer junger Böden in den Flußauen sowie noch nicht vermessene weite Gebiete mit Böden, deren Nährstoffe von fruchtbarer Vulkanasche erneuert wurden. Der sagenhafte Reichtum afrikanischer Erzlagerstätten, seit hundert Jahren von ausländischen Gesellschaften ausgebeutet, wartet darauf, die Basis für Afrikas eigene industrielle Entwicklung zu werden.

Prinzipiell gehört Afrika mittlerweile den Afrikanern. Die Gründung des Staates Namibia im März 1990 brachte auch dem letzten Kolonialgebiet eine eigene Regierung. Die Regierung Südafrikas hat der schwarzen Mehrheit des Landes nach der ersten freien Wahl die Macht übergeben. Das beschwört eine Zukunftsvision: Südafrika mit seiner entwickelten Industrie könnte seine afrikanischen Bruderstaaten auf dem Weg in ihre industrielle Revolution anführen.

Die Grenzen der 41 Staaten südlich der Sahara richten sich in keiner Weise nach den natürlichen Landschaften, der Ausstattung mit Ressourcen oder nach Kultur und Geschichte. Mit ihren vielen geraden Kanten gehören sie zu einem Puzzlespiel, das auf der Berliner Konferenz von 1885 ausgedacht wurde, als das neu geeinte Deutschland in den Klub der Kolonialmächte aufgenommen wurde. Die Grenzen der neuen Staaten sind identisch mit den Demarkationslinien der ehemaligen Kolonien – manche bloß Verwaltungsgrenzen innerhalb der Kolonien. Von 41 Staaten haben 30 eine Bevölkerung von weniger als zehn Millionen Einwohnern; in 19 Staaten ist die Bevölkerung kleiner als fünf Millionen; und bei 6 Staaten zählt sie keine Million. Nur die größten Staaten verfügen innerhalb ihrer Grenzen über genug Menschen und Ressourcen, um das Wachstum der Wirtschaft aus eigener Kraft voranzutreiben. Erst die zweite Generation ihrer Führungselite konnte die Kräfte hervorbringen, die mit der Außenwelt in Kontakt treten und die wirtschaftliche Entwicklung einfädeln konnten.

In den frühen sechziger Jahren wurden die afrikanischen Kolonien und Protektorate von Großbritannien, Frankreich und Belgien unabhängig, was nicht ohne Blutvergießen vor sich ging. Die Unruhen der fünfziger Jahre, der Guerillakrieg in Belgisch Kongo und in den britischen Besitzungen in Ostafrika machten aus der Verwaltung von Kolonialreichen eine recht unerfreuliche Angelegenheit; überflüssig waren sie ohnehin. Die einheimische Intelligenzija aus Lehrern, Ärzten und Beamten führte die Befreiungsbewegungen an; nach dem Sieg standen sie plötzlich selbst an der Spitze ihrer Länder. Einige waren 1985, fünfundzwanzig Jahre später, immer noch im Amt, wie Julius Nyerere in Tansania, Sekou Touré in Guinea, Félix Houphouet-Boigny in Côte d'Ivoire und Kenneth David Kaunda in Sambia. Nicht alle diese Landesväter hatten geplant, zeitlebens ihre Staaten zu führen. Sie drängten ihre Landsleute zur Demokratie in Politik und Wirtschaft und mußten einsehen, daß ihre Ideale erst nach der industriellen Revolution zu verwirklichen waren. Ohne die versprochene Hilfe aus der industrialisierten Welt mußten sie Chefs von Einparteien-Regierungen bleiben.

In einigen neuen Ländern Schwarzafrikas haben Soldaten und Polizisten gleich zu Anfang die Macht ergriffen, beispielsweise 1960 in Kongo (Brazzaville) und Nigeria; oder es wurde die Intelligenzija durch einen Staatsstreich entmachtet, wie 1966 in Ghana. Sie beziehen die Legitimität ihrer Herrschaft von der Kolonialregierung, durch die sie geschult worden sind und unter der sie gedient haben. Die scheidenden Kolonialherren haben diese Regierungen eingesetzt oder ihre Machtübernahme begünstigt, um die eigenen wirtschaftlichen Interessen abzusichern. So ermutigten die Belgier 1961 Colonel Sese Seko Mobutu, Zaire (vormals Belgisch Kongo) und die Kupferminen von Katanga vor dem verdächtigen Sozialismus von Patrice Lumumba zu retten. Dag Hammarskjöld, damals Generalsekretär der Vereinten Nationen, verlor dabei sein Leben. Noch heute klammert sich Mobutu gegen den wachsenden Unmut der Bevölkerung und seiner früheren Freunde in den Industriestaaten an sein Amt.

Schon für die Befreiung der portugiesischen Kolonien mußte viel Blut vergossen werden. Angola und Mosambik erlangten erst 1975 die Unabhängigkeit, doch das Blutvergießen nahm bis heute kein Ende. In Rhodesien versuchten die britischen Siedler, den südafrikanischen Buren nachzueifern, und verließen das britische Commonwealth, um ihren Kampf gegen die schwarze Mehrheit ungestört fortsetzen zu können. Aus Rhodesien wurde erst 1981 Simbabwe und Robert Mugabe sein Präsident.

Die afrikanische Misere

Statt wirtschaftlicher Entwicklung brachten die ersten fünfzig Jahre der Befreiung Kriege und Stammeskämpfe, unzählige Staatsstreiche der Militärs, jeweils zwischen fünf und zehn Millionen Vertriebene, die brutale Plünderung Ugandas durch Idi Amin, die Operettenkrönung von Bokassa zum Kaiser von Zentralafrika und nicht zuletzt die in Abidjan in Côte d'Ivoire noch ihrer Weihe harrende, größte Basilika der Welt: Sie ist dem Petersdom in Rom nachgebaut, aber ein Drittel größer. Sie soll die Welt an die lebenslange Präsidentschaft des Arztes Félix Houphouet-Boigny erinnern.

Die Industriestaaten haben Blutvergießen und politische Wirren mit Intrigen und Waffen geschürt. Die Supermächte beteiligten sich auch direkt an der Gewalt, im Kleid von Vasallen nur spärlich getarnt. Das begann bei dem Streit um die Kupferminen von Katanga, führte zu den anhaltenden Kleinkriegen und Rebellionen im Sudan, in Somalia, zwischen Somalia und Äthiopien, zu dem jahrelangen Kampf für die Befreiung Südwestafrikas von Südafrika, der erst durch die Gründung des Staates Namibia beendet werden konnte. In den sogenannten „Frontstaaten" entlang den Grenzen von Südafrika, von Angola am Atlantik bis nach Mosambik am Indischen Ozean, terrorisierten Südafrikas Söldner und gekaufte Banden die Dörfer und destabilisierten die anderen Regierungen.

Die Armut Afrikas hat schon harte Männer zum Weinen gebracht, auch den früheren Verteidigungsminister Robert McNamara bei seiner Abschiedsrede als Präsident der Weltbank. In den zwanzig ärmsten Ländern liegt die Sterblichkeit der Kinder unter fünf Jahren bei 300 pro 1000 Lebendgeburten, in den anderen über 200, nur selten knapp darunter. Seit 1984 überziehen Wellen von Hungersnöten eine Reihe von Staaten, von 150 Millionen Menschen sind 30 Millionen chronisch unterernährt, und in den schlimmsten Jahren sterben 5 Millionen Kinder. Arbeit und Leid lastet auf den Frauen, die den primitiven Ackerbau bewältigen. Zwar ist die Lebenserwartung seit 1950 um zehn Jahre gestiegen, doch die Menschen können sich nicht darauf verlassen, daß ihre Kinder die ersten fünf Jahre überleben werden.

Das Bevölkerungswachstum in den 41 Staaten Schwarzafrikas mit einer Gesamtbevölkerung von 400 Millionen liegt bei über drei Prozent; zählt man den Sudan, Somalia und Äthiopien hinzu, drei Länder mit den gleichen Aussichten, sind es 500 Millionen. Diese Region hat halb so viele Einwohner wie der indische Subkontinent und beschert der Welt jedes Jahr genausoviel Nachwuchs, nämlich 18 Millionen Kinder. Bis zum Jahr 2000 wird ihre Einwohnerzahl unweigerlich auf 700 Millionen angestiegen sein. Die meisten Völker Afrikas werden bis dahin immer noch Wachstumsraten über zwei Prozent aufweisen. Das Zentrum der sich anbahnenden Bevölkerungsexplosion liegt in Afrika.

Der Kontinent ist überreif für den Anschub von Entwicklungsprogrammen auf der Grundlage einheimischer Initiative und mit Hilfe von außen. Die Armut ist noch immer am größten auf dem Dorf, obwohl die Stadtbevölkerung schneller wächst als auf jedem anderen Kontinent der Erde. Die primitive Landwirtschaftstechnik ist nicht imstande, die explodierende Bevölkerung satt zu machen. Auch ändert sich die traditionelle soziale Struktur, die Dörfer werden in die Volkswirtschaft integriert. In Afrika wurde Landwirtschaft traditionell von Stammeseinheiten gemeinschaftlich betrieben, auf einem Boden, der allen gemeinsam gehörte. Allmählich geht der Gemeinschaftsbesitz in Privateigentum über. Doch das Land wird gerecht verteilt: 95 Prozent der Bauern bewirtschaften einen Besitz von 5 Hektar oder weniger; das sind zusammen 80 Prozent des Bodens.

Die steigende Anzahl der Bauern und die Erweiterung des bewirtschafteten Landes in den siebziger Jahren brachte den afrikanischen Staaten einen jährlichen Ertragszuwachs von durchschnittlich drei Prozent. Doch in nur 20 Staaten mit zusammen 100 Millionen Einwohnern stieg der Ertrag pro Kopf. Seit 1980 sinkt der Ertrag pro Kopf in ganz Schwarzafrika. Die größeren Staaten mußten ihre Nahrungsmittelimporte seit 1970 von einer Milliarde Dollar auf zehn Milliarden erhöhen, oder von 13 auf 20 Prozent des Gesamtimports, der im Jahr 1985 ein Zahlungsdefizit von vier Milliarden Dollar hinterließ, um die ständig wachsende Stadtbevölkerung zu ernähren.

Dabei spielen landwirtschaftliche Erzeugnisse für den Export afrikanischer Staaten eine immer größere Rolle; für die 25 ärmsten Länder liegt darin die einzige Devisenquelle. Der Staat kauft billig von den Bauern ein und versucht, die Erzeugnisse so teuer wie möglich auf dem Weltmarkt zu verkaufen, im Kampf gegen sinkende Preise. Die von den Gläubigerbanken verordneten Sparmaßnahmen drücken den Preis für die Bauern. Unterentwickelte Technik und niedrige Preise treiben die Menschen auf fragile Böden, die sie schnell zerstören. Am schlimmsten betroffen ist der Südrand der Sahara. Zum ökonomischen Druck kamen in den vergangenen Jahren eine Dürreperiode und ständige Überweidung hinzu, wodurch sich die Grenzen zwischen der Sahara und der Sahelzone verwischten. „Sahelisierung" wurde zum Synonym für Desertifikation, das heißt für Verwüstung.

Wellen des Mitleids waren die Antwort der Welt auf die Hungersnöte seit 1984, und mit dem Mitleid kamen Nahrungsmittel nach Afrika. Dringend notwendig aber ist technische Hilfe, von den technischen Diensten der UN längst entwickelt, aber mangels Finanzierung viel zu langsam verwirklicht. Vielleicht wird uns die Sorge um die Umwelt zu der Einsicht bringen, daß Technologietransfer als Sofortmaßnahme und langfristig in größerem Umfang unabdingbar ist. Bis der Notstand behoben ist, könnten die zuständigen internationalen Finanzinstitute zumindest die aufgezwungenen Sparmaßnahmen lockern, mit denen sie die von der Armut gegeißelten Staaten im Namen der Solvenz in die Zange nehmen.

Mit der Jagd nach Gold, Diamanten und Kupfer erhielt Afrika im späten 19. Jahrhundert auch eine Rolle innerhalb der Weltwirtschaft. Die Hauptverbindung mit der Außenwelt besteht immer noch im Export von unverarbeiteten Bodenschätzen, heute auch von Erdöl. 1970 stellte der Export von Bodenschätzen die Hälfte, 1985 drei Viertel des Gesamtexports, der seit 1970 auf das Vierfache zunahm, Erdöl wurde zum größten Einzelposten. Die Länder, die Erdöl, Erz und Rohmetall exportieren, sind auch am reichsten (oder am wenigsten arm); es sind rund ein Dutzend, darunter die Staaten, deren Namen in der industriellen Welt am bekanntesten sind: Angola, Nigeria, Sambia, Simbabwe und Zaire.

Nur ein Bruchteil der Arbeitskräfte, die jedes dieser Länder mobilisieren könnte, wird benötigt, um die Bodenschätze zu fördern. Ihre Gewinnung dient der Entwicklung der Länder lediglich deswegen, weil sie den Ausbau der Infrastruktur beschleunigen. Die Regierungen konnten die Bodenschätze auch nicht auf eigene Rechnung zur Entwicklung ihrer Wirtschaft einsetzen, weil bei den meisten Rohstoffen ein Überangebot herrscht und nur Erdöl unentbehrlich ist. So begnügten sich die Regierungen damit, für Recht und Ordnung zu sorgen, damit der Verkauf ins Ausland ohne Störungen ablief.

Nur die urbanen Zentren, und dort nur ein kleiner Kreis von Mitarbeitern der Exportindustrie und der Regierung, haben eine Verbindung zur Außenwelt; ins Landesinnere reicht die Verbindung im allgemeinen nicht. Das Einkommen dieser besonderen Gruppe in der Hauptstadt – die oft auch die einzige Stadt ist – läßt eine

Nachfrage nach allen möglichen Dienstleistungen entstehen. Das führt zur Gründung kleiner Unternehmen, die in manchen Städten zusammen mit den öffentlichen Versorgungsbetrieben eine erste Kleinindustrie am Leben erhalten.

Immer mehr mittellose Landbewohner strömen in die afrikanischen Städte, sie fliehen vor der zunehmenden Enge auf dem Land und vor den zerstörten Böden. Oft wuchern die Shantytowns schneller, als die Stadt wächst. In diesen Gemeinschaften entsteht eine Schattenwirtschaft, bei der Dienstleistungen und Waren vornehmlich getauscht werden. Man schätzt, daß ihr Umfang, zusammen mit dem geringen Zustrom von Bargeld aus niedrigen Dienstleistungen, für die offizielle Wirtschaft der Stadt genauso groß ist wie der Umsatz der städtischen Wirtschaft, wenn man den bargeldlosen Tausch in Geldeinheiten ausdrücken könnte*. Daran wird deutlich, daß die Unterentwicklung Afrikas nicht mangelndem Unternehmergeist in die Schuhe geschoben werden kann oder der Unfähigkeit, auf wirtschaftlichen Anreiz zu reagieren.

Die afrikanischen Staaten sind Großschuldner. Der Schuldenberg wuchs, weil sie manchmal riskante Entwicklungsprojekte und – traurig, aber wahr – Extravaganzen ihrer Landeseliten finanzieren mußten. Die langfristigen Auslandsschulden haben 40 Prozent des gemeinsamen Bruttosozialprodukts erreicht. Schuldenzinsen fressen 25 Prozent der Exporterlöse auf. Bei 27 Ländern übersteigen die Schulden 50 Prozent des Bruttosozialprodukts, bei elf Ländern sogar 100 Prozent.

Die Schulden Afrikas betragen ein Zehntel der Gesamtschulden, die die armen Länder der Erde bei den reichen Ländern haben. Das ist mehr als der relative Anteil Afrikas am Bruttosozialprodukt der armen Länder, der nur acht Prozent beträgt. Doch die 500 Millionen Afrikaner stellen dreizehn Prozent der Einwohner aller armen Länder auf dieser Erde. Gemessen an acht Prozent Bruttosozialprodukt für dreizehn Prozent der Menschen in den unterindustrialisierten Ländern, müßte Afrika zwanzig Prozent der technischen und finanziellen Hilfe erhalten, die den Lebensstandard der Weltbevölkerung so weit anheben würde, daß sie nicht mehr weiter wächst. Aber das Sparen, das den afrikanischen Ländern von der internationalen Finanzwelt aufgezwungen wird, brachte die Industrialisierung erst einmal erfolgreich zum Stillstand.

Unterentwickeltes Lateinamerika

In Lateinamerika leben 19 Menschen auf einem Quadratkilometer; große Landflächen können hier noch erschlossen werden. Die 21 Millionen Quadratkilometer dieses Kontinents erstrecken sich über 90 Breitengrade von den nördlichen Subtropen bis zur südlichen Subantarktis. Hier findet man die großartigsten Landschaften der Erde; hier lagert unentdeckter Mineralreichtum und dehnen sich weite Flächen fruchtbaren Ackerlands. Vom großen Gebirgsrücken der Cordillere, der sich an der pazifischen Seite über die ganze Länge des Kontinents hinzieht, fließen mächtige Ströme nach Osten zum Atlantik. Im Becken des 6500 Kilometer langen Amazonas wächst die Hälfte allen Regenwalds, ein Viertel der Waldfläche der Erde.

Ebenso groß und vielfältig ist das Humankapital seiner Bevölkerung. Ein großer Teil der Einwohner lebt in Städten, die älter sind als irgendeine Stadt in Nordamerika. Als Bürger von Staaten mit demokratischer Verfassung verteidigen die Menschen stolz ihr Recht auf Freiheit. Sie sind in den verschiedensten Handwerks- und Industrieberufen ausgebildet, ein großer Prozentsatz hat höhere Schulbildung. Zwar fehlt es an Ingenieuren, aber die lebhafte Intelligenzija ist reich an gut ausgebildeten Juristen und Volkswirtschaftlern.

Wie ist es dann möglich, daß in den Ländern Lateinamerikas fast 100 Millionen Menschen leben, die zu den Ärmsten der Welt zählen? Arm sind alle 400 Millionen Menschen Lateinamerikas, von ganz wenigen Ausnahmen abgesehen. An der Unterentwicklung in Lateinamerika läßt sich studieren, in welchem Maße die Gesellschaftsordnung Armut schafft und erhält. Denn nur sie ist für die Misere der Menschen verantwortlich. Arm sind nicht die Länder, arm sind die Menschen.

Bis in unsere Zeit schleppen die Völker Lateinamerikas die Differenzen der *Conditio humana* mit sich herum, auf denen in der Zeit vor der Industrialisierung jede Hochkultur aufgebaut war. Ganz im Gegensatz zu Nordamerika spiegelt sich in der Gesellschaft Lateinamerikas immer noch die Gesellschaft Europas aus der Zeit der Eroberung und Besiedlung der unermeßlichen Weiten der Neuen Welt.

Lateinamerika wurde von den beiden europäischen Staaten, die als letzte in den Prozeß der industriellen Revolution eingetreten sind, erobert und besiedelt. Früher als Niederländer und Engländer wagten sich Spanier und Portugiesen auf die Weltmeere. Soldaten und Priester aus der Klasse des Landadels unterwarfen die einheimischen Hochkulturen, die noch nicht weit genug entwickelt waren, um sich gegen Stahl und Schießpulver zu behaupten. An die Stelle der Feudalordnung der Azteken und Inkas setzten sie ihre eigene Feudalordnung mit riesigen Plantagen und Weideflächen. Vom Staat auch finanziell unterstützte Siedler wie in Nordamerika gab es nicht.

In den Städten der weltoffenen Staaten Lateinamerikas zeigt sich das Erbe auf den ersten Blick. Wie zu Hause in der Alten Welt errichteten die römisch-katholischen Einwanderer Städte, um Macht und Reichtum ostentativ zur Schau zu stellen; die Künste wurden gepflegt, nicht Handwerk und Handel. Die weiten öffentlichen Plätze sind gesäumt von Kathedralen, Palästen und Kasernen. Man denkt an Madrid oder Lissabon, nicht an Boston oder Philadelphia. Auch wenn heute die Bodenspekulation das Sagen hat und sich die Marktwirtschaft in neuen Hochhäusern abspielt, im Herzen der alten Stadt lebt, gehegt und gepflegt, die Vergangenheit.

Folgen dieser Erbschaft schließen einen zweiten Ring um die alten Städte. In den wildwüchsigen Shantytowns leben ebensoviele Menschen wie in den Städten selbst, und ihre Zahl steigt schneller.

Die Ungleichheit in Lateinamerika beginnt mit dem ungerechtesten System der Landverteilung auf der ganzen Welt. Die instabilen, kleinen Staaten Mittelamerikas ausgenommen, besitzen zehn Prozent der Grundbesitzer 98 Prozent des Bodens in *latifundios,* die größer sind als 50 Hektar. In ihrer Einzigartigkeit verdienen diese Güter, von denen einige unvorstellbare Ausmaße haben, ihren spanischen Namen. Landbesitz ist ein Statussymbol: Statt den Boden zu beackern, läßt man ein paar Rinder darauf weiden. Die verbleibenden zwei Prozent des Bodens werden von selbständigen Bauern, die zwanzig bis dreißig Prozent der Bevölkerung stellen, in Parzellen von weniger als fünf Hektar bewirtschaftet. Sie fristen ihr Dasein auf Böden, die ohnehin keiner wollte. Die siebzig Prozent der Armen, die sich nicht auf dem Land abrackern, leben, anders als in anderen unterindustrialisierten Staaten, in den Städten. Die Hälfte oder mehr bewohnt die Shantytowns. Noch vor nicht allzu langer Zeit stieg ihre Bevölkerung nur durch eigenen Nachwuchs. Heute beobachtet man eine Implosion: Die Besitzlosen strömen vom Land in die Städte.

Die Ungleichheit der Vermögensverteilung führt zur Ungleichheit im Einkommen: Das oberste Quintel beansprucht mehr als die Hälfte des Gesamteinkommens, das sind 52 Prozent in Argentinien,

58 Prozent in Mexiko, 62 Prozent in Brasilien, 68 Prozent in Bolivien und in Kolumbien. In die gleiche Richtung führte die Wirtschaftspolitik von Ronald Reagan und George Bush. Sie haben es geschafft, innerhalb von zehn Jahren den Anteil des Quintels der Bestverdiener von 41 auf 50 Prozent des Volkseinkommens zu verschieben. Die fünf Prozent an der Spitze erzielen Einkommen, die in Argentinien 15mal so hoch sind wie das Durchschnittseinkommen der unteren zwei Quintele, in Bolivien und in Mexiko 22mal so hoch, in Brasilien 25mal so hoch, in Kolumbien 44mal und, im Vergleich dazu, 12mal so hoch in den USA zur Zeit von Ronald Reagan und George Bush.

Die reichen Lateinamerikaner machen ihr Vermögen hauptsächlich durch den Verkauf landeseigener Ressourcen ins Ausland. Siebzig Prozent aller Exporte bestehen aus landwirtschaftlichen Produkten, wie Nahrungsmitteln oder nachwachsenden Rohstoffen, Erzen und Erdöl. Trotz Preisverfall und Verschlechterung der Konditionen wurden diese Artikel, mit Ausnahme von Erdöl, in den letzten Jahren weiterhin vermarktet. Die reichen Leute traf die Abnahme der Exporterlöse härter als die Armen; für den Export arbeitet nur eine kleine Minderheit der Beschäftigten. Die Armen leiden mehr unter dem chronischen Durcheinander der heimischen Wirtschaft mit zweistelligen Inflationsraten. Die Reichen, im Besitz von Devisen, mit denen sie die landeseigene Währung zu jedem Preis kaufen können, bleiben von der Inflation unberührt.

Die Produkte der *latifundios* machen im Durchschnitt nur 15 Prozent des Exports der Gesamtregion aus. Nur in Argentinien sind es 66 Prozent, in Paraguay 90 Prozent und in den kleinen mittelamerikanischen Republiken 70 Prozent. Mit Ausnahme des Quentchens Lithosphäre in Pflanze und Tier wachsen die exportierten Rohstoffe immer wieder nach. Es ist bezeichnend, daß die abhängigen Tagelöhner und Pächter dennoch nicht zur Pflege des Bodens angehalten werden. Die *latifundistas* reagieren auf Marktchancen rein spekulativ. In den letzten Jahrzehnten mußten die mittelamerikanischen Trockenwälder Rinderherden weichen; der nordamerikanische Fast-food-Markt verlangte nach billigem Fleisch. Nachfrage aus dem In- und Ausland verwandelte den tropischen Regenwald im Amazonasbecken in Gummi-, Zucker- und Holzplantagen, die von dem fragilen Urwaldboden nicht getragen werden konnten. Die *latifundios* finden jederzeit zu Billiglöhnen Arbeitskräfte, die auf ihrem eigenen kleinen Landbesitz notfalls auch ohne bezahlte Arbeit überleben könnten. Die meisten lateinamerikanischen Staaten müssen in größerem oder kleinerem Umfang Nahrungsmittel importieren, um die Stadtbevölkerung ernähren zu können.

Die Struktur von Wirtschaft und Gesellschaft läßt sich an der Architektur jeder Provinzstadt, die immer ein verkleinertes Abbild der Hauptstadt ist, wiedererkennen. An der Stirnseite des zentralen Platzes steht die Kirche, an einer Seite das Rathaus und gegenüber die Kaserne. Die Armen leben am Stadtrand, in manchen Ländern sind sie in die Wälder geflüchtet. Bei der Befreiung Kubas fand die revolutionäre Junta 1950 in der Sierra Madre Zehntausende von Menschen, die von keiner Volkszählung erfaßt waren und wie Wilde in der Einöde lebten. Besitzlose wandern in den Urwald am Amazonas ab. Die Guerrilleros des Leuchtenden Pfads haben sich länger als zehn Jahre unbehelligt in den Anden Perus und Kolumbiens aufgehalten und den Coca-Anbau für die internationale Drogenmafia in den unzugänglichen Gebieten erfolgreich behindert.

Der Export von Erzen (gegenwärtig 10 Prozent des Gesamtexports) und Erdöl (50 Prozent), deren Preise auf dem Weltmarkt großen Schwankungen unterworfen sind, greift die Substanz nicht erneuerbarer Ressourcen an. Prinzipiell läßt sich sagen, daß die Andenstaaten Chile, Peru und Bolivien ihre Nichteisenerze vom Fleck weg exportieren; im eigenen Land findet keine weitere Wertschöpfung statt. Im Erzbergbau sind weniger als fünf Prozent der Arbeitskräfte beschäftigt; vom Verkaufspreis fließen nicht mehr als zwanzig Prozent in einheimischer Währung ins Land zurück.

Ein paar Jahre lang war Erdöl eine wahre Goldgrube für Mexiko (60 Prozent der Exporterlöse gegenüber 4 Prozent im Jahr 1970), für Venezuela (91 Prozent der Exporterlöse gegenüber 94 Prozent im Jahr 1970), Ecuador (70 Prozent gegenüber 1 Prozent im Jahr 1970) und für Bolivien (56 Prozent gegenüber 4 Prozent im Jahr 1970). Alle Länder waren Nutznießer der Preiserhöhung, die von den arabischen Erdölexporteuren in den frühen siebziger Jahren durchgesetzt wurde. Die arabischen Staaten konnten sich umgekehrt bei Mexiko und Venezuela bedanken; sie waren die ersten Länder, die der Welt die beispiellose wirtschaftliche Macht des Erdöls demonstriert hatten.

In den zwanziger Jahren war Mexiko unter der Schirmherrschaft nordamerikanischer Ölgesellschaften zum zweitgrößten Erdölproduzenten der Welt nach den USA aufgestiegen. 1938 brachte ein undiplomatisch geführter Lohnstreit die Öffentlichkeit derart in Wut, daß

Präsident Lázaro Cárdenas die mexikanischen Ölfelder unter Beifallsstürmen verstaatlichen konnte. Als Pemex (die neue staatliche Ölgesellschaft Mexikos mit eigenen Raffinerien und Verkauf im eigenen Namen) versuchte, sich Zutritt auf dem Weltmarkt zu verschaffen, wurde mexikanisches Öl von den großen Ölgesellschaften boykottiert: ein Vorgeschmack auf die internationale Souveränität der Multis von heute.

Als Ersatz für das mexikanische Öl forcierten die amerikanischen und britischen Ölgesellschaften die schnelle Entwicklung der venezolanischen Erdölfelder. Sie genossen dabei den wohlwollenden Schutz des Diktators Juan Vicente Gómez. Oft wird konjunktureller Aufschwung, mehr noch als ein Abschwung, von sozialen Unruhen begleitet; der Diktator Gómez mußte bald der gewählten Regierung von Rómulo Gallegos Platz machen. Während des Zweiten Weltkriegs entstand ein Verkäufermarkt, und Gallegos konnte die Ölgesellschaften durch eine angedrohte Verstaatlichung zwingen, die Gewinne aus der Ölförderung 50 zu 50, später 60 zu 40 zugunsten Venezuelas zu splitten. 1976, im Schatten der Reorganisation des Weltmarktes durch die OPEC, verstaatlichte Venezuela die Erdölquellen dann doch. Zwischen 1970 und 1985 konnten Venezuela und Mexiko davon profitieren, daß die Erlöse aus neu erschlossenen Großfeldern von weniger als einer halben auf 3 beziehungsweise 15 Milliarden Dollar pro Jahr emporschnellten.

Exporterlöse in Dollar, die sich in den Händen von einzelnen sammeln, dienen in Lateinamerika dem privaten Luxus, entsprechend dem Status, den man beim internationalen Jet-set genießt. Man hat dort oft mehr Freunde als im eigenen Land. Die Dollars fließen in private Kapitalanlagen im sicheren Ausland; mit Investitionen im eigenen Land hält man sich zurück. Die Kapitalflucht der achtziger Jahre war genau so groß wie der Zustrom von Petrodollars aus Bankanleihen. Heute bremsen die staatlichen Dollarschulden jede Entwicklung der großen Volkswirtschaften Lateinamerikas, am stärksten in Argentinien, Brasilien und Mexiko.

Der dem Staat zustehende Anteil der Exporterlöse dient, nachdem er durch die Mühlräder der Korruption bewegt hat, öffentlichen Investitionen, hauptsächlich für den Teil der Infrastruktur, der den Exportfluß beschleunigt, dem sie ihr Entstehen verdankt. Die Einnahmen aus dem Erdöl haben Caracas aus einer Provinzstadt in eine Musterstadt moderner Architektur und Technik verwandelt. Verdienstvollerweise haben mehrere lateinamerikanische Staaten, besonders Argentinien, Brasilien, Mexiko und Venezuela, beträchtliche Summen aus Exporterlösen und Auslandskrediten in staatseigene Industrieunternehmen investiert.

Während des Zweiten Weltkriegs entfalteten Argentinien, Brasilien und Mexiko ein nachhaltiges Wirtschaftswachstum. Als ihr größter Warenlieferant, die Vereinigten Staaten, mit kriegswichtiger Produktion ausgelastet war, konnten sie die früheren Importe durch selbsthergestellte Waren ersetzen. Die drei Länder nahmen Anlauf, eine eigene Schwerindustrie zu entwickeln, Stahlproduktion inklusive. In den Jahren nach dem Krieg kam Venezuela hinzu und nahm eine staatseigene Industrialisierung in Angriff, finanziert mit Erdölexporten. Nach 1975 wurde das Wirtschaftswachstum in Argentinien langsamer; Brasilien, Mexiko und Venezuela gelang es, den Aufschwung bis in die achtziger Jahre aufrechtzuerhalten. Zur Zeit herrscht große Flaute; man stöhnt allseits über den Schuldenberg, den man während der Boomjahre angehäuft hat.

Der vom Export finanzierte Wohlstand in den Städten Lateinamerikas hat ausländische Direktinvestitionen angelockt, die die Märkte in den Städten beliefern. Doch die lokalen Niederlassungen der Konsumgüter-Multis treiben die Entwicklung nicht voran. Facharbeiter, Rohstoffe und Zwischenprodukte bringen sie von zu Hause mit. Die Wohlstandskerne in den Städten gehen eher Wirtschaftsverbindungen mit den Ländern ein, in die sie exportieren, als mit dem eigenen Hinterland.

Das Wirtschaftswachstum Lateinamerikas kam fast nur den Menschen zugute, die in die offizielle Wirtschaft in den Städten eingebunden sind; es hat das Leben der Menschen in den Shantytowns und auf dem Lande nicht wesentlich berührt. Sogar den sogenannten „Schwellenländern" ist es nicht gelungen, mehr als nur eine kleine Minderheit der Bevölkerung in die industrielle Revolution einzubeziehen.

Die Sicherung stabiler Verhältnisse für den Export unterliegt dem steten Wechsel zwischen demokratisch gewählter Regierung und Militärdiktatur, der für die lateinamerikanische Politik typisch ist. In jüngster Vergangenheit verlief der Zyklus in Venezuela zuerst von Gómez zu Gallegos; 1948 schwang das Pendel zurück, und der Diktator Marcos Pérez Jiménez kam ans Ruder; 1958 trat wieder eine demokratisch gewählte Regierung an. In Chile versuchte Präsident

José Balmaceda um die Jahrhundertwende, einen Teil des Einkommens der Reichen aus den Salpeterexporten für öffentliche Zwecke abzuzweigen. Er wurde Opfer eines Staatsstreichs. Sein Sturz wurde zum Vorbild für die Beseitigung von Salvador Allende im Jahr 1974, dessen Nachfolger, der Diktator Augusto Pinochet, erst jetzt von der politischen Bühne verschwindet. Diese Machtwechsel ziehen unweigerlich das Interesse und manchmal eine Intervention der Vereinigten Staaten nach sich, die wichtigster Exportkunde und Wirtschaftspartner der herrschenden Oligarchien sind. Die Regimes von Kuba und Nicaragua haben mit ihren Revolutionen nicht viel mehr gewonnen als den Ausschluß ihrer Länder aus dem Handelssystem der westlichen Hemisphäre.

Ein Drittel der Exporte und ein Drittel der Importe der lateinamerikanischen Länder werden mit den USA abgewickelt. US-Multis haben auch 40 Prozent des lateinamerikanischen Handels mit Europa und der restlichen Welt in der Hand. US-Banken halten 80 Prozent der Schulden Lateinamerikas in Höhe von 400 Milliarden Dollar, sechsmal mehr als 1970. Lateinamerika vereinigt fast die Hälfte aller Schulden der unterindustrialisierten Länder auf sich; ihre Höhe hat die Hälfte des Bruttosozialprodukts erreicht. Zinsen und Tilgung der Schulden verschlingen 30 Prozent der Exporterlöse. Den Löwenanteil dieser Schulden haben sich Argentinien, Brasilien und Mexiko aufgeladen; auf ihren Exporterlösen lastet ein Schuldendienst von 64 (Argentinien), 35 (Brasilien) und 38 (Mexiko) Prozent. Die drei Länder mußten seit 1979 einen Nettofinanzfluß ins Ausland von insgesamt 30 Milliarden Dollar verkraften, ganz Lateinamerika 50 Milliarden.

Die Bevölkerungsstatistik ist ein klares Abbild der wirtschaftlichen Verhältnisse. Zwei Drittel der Gesamtbevölkerung von 400 Millionen haben eine Lebenserwartung von 65 Jahren oder darunter, die Säuglingssterblichkeit liegt bei mehr als 40 auf 1000 Lebendgeburten. In einigen Staaten mit zusammen 100 Millionen Einwohnern liegt das Bevölkerungswachstum höher als drei Prozent; in den Staaten mit den übrigen 300 Millionen über zwei Prozent. Im Jahr 2000 wird es in Lateinamerika 520 Millionen Menschen geben. Der heute zu beobachtende Trend läßt erwarten, daß 100 Millionen von ihnen ein Bevölkerungswachstum von zwei Prozent pro Jahr noch lange aufrechterhalten werden; das ist die Rate, bei der sich die Zahl der Menschen in einer Generation verdoppelt.

Arme Staaten – Reiche Staaten

Am Ende des vierten Jahrhunderts nach Beginn der industriellen Revolution steht die bittere Erkenntnis, daß ein Viertel der Weltbevölkerung in so erbärmlichen Verhältnissen lebt, vor allem in Asien, Afrika und Lateinamerika, daß noch nicht einmal das Überleben der eigenen Kinder gesichert ist. Unter dem Druck der grausamsten aller Ungewißheiten klammern sich die Menschen an ihre traditionellen Fertilitätsraten. Dabei sind sie längst in die erste Phase des demographischen Übergangs eingetreten: Die steigende Lebenserwartung läßt dieses Viertel der Weltbevölkerung mit einer Rate wachsen, die zwei Prozent pro Jahr übersteigt.

Etwa die Hälfte der Weltbevölkerung, vor allem in Asien, konnte in den letzten vierzig Jahren miterleben, wie sich ihre materiellen Lebensbedingungen meßbar und mehr oder weniger kontinuierlich verbesserten. In der Erwartung, daß ihre Kinder ein noch besseres Leben haben werden als sie selbst, begannen sie, Geburtenkontrolle zu praktizieren. Die halbe Weltbevölkerung tritt in die zweite Phase des demographischen Übergangs ein: ihre Wachstumsrate ist unter zwei Prozent gesunken. Der Rückgang vollzieht sich auf einer Kurve, die ein weiteres Absinken der Wachstumsrate bis auf ein Prozent Ende dieses Jahrhunderts erwarten läßt.

Nur ein Viertel der Weltbevölkerung konnte die industrielle Revolution bisher von Mühsal und Not befreien. Seine Wachstumsrate tendiert gegen Null oder hat Null bereits erreicht. Es bedarf keines weiteren Beweises, daß der ganzen Menschheit eine ähnliche Entwicklung möglich ist. Wieviel davon in den nächsten fünfzig Jahren verwirklicht wird, hängt weitgehend davon ab, ob und wie sich das privilegierte Viertel seiner historischen Aufgabe stellen wird.

4

Energie

Energie ist lebensnotwendig. In unterindustrialisierten Gesellschaften wird die meiste Arbeit mit Hilfe von biologischer, beim Stoffwechsel der Körper von Mensch und Tier erzeugter Energie geleistet; Nahrung ist gleichzeitig Brennstoff für Arbeitsenergie. Zwei Milliarden Menschen in den Dörfern der unterindustrialisierten Länder benutzen neben dem eigenen Körper nur Brennholz als weitere Energiequelle. Mit Brennholz werden Speisen gekocht und Hütten geheizt; Arbeit verrichtet es nicht. Es ist noch keine zweihundert Jahre her, da waren Nahrung, Brennholz und Futter für die Tiere die wichtigsten Energiequellen der Menschheit.

Die Bewohner der reichen Industriestaaten waren die ersten, die sich Arbeitsenergie nicht nur über den Säugetier-Stoffwechsel beschafften, sondern auch aus leblosen Quellen, vorzugsweise aus fossilen Brennstoffen; und das in einer Menge, die zu immer höheren Vielfachen der biologischen Energie ihres eigenen Körpers führte. Mit weniger als 20 Prozent der eingesetzten Energie werden die Nahrungsmittel erzeugt, die ihren Stoffwechsel erhalten. Der Rest der Energie wird gebraucht, um eine komfortable Wohnwelt zu schaffen, die Mobilität zu erhöhen und Erfahrungen zu genießen, die den Menschen in den unterindustrialisierten Dörfern unbekannt sind. Viel Energie wird einfach verschwendet.*

Schon in den ersten Agrarkulturen wurde fließendes Wasser benutzt, um Mühlsteine zu bewegen. Wind erledigte die Arbeit der Ruderer. Mühlrad und Segel verwandeln eine Bewegung mit einer bestimmten Richtung in eine Bewegung mit einer anderen Richtung. Die Windmühle, die eine gerade Bewegung in eine Drehbewegung verwandelt, ist eine viel spätere, europäische Erfindung aus dem 12. Jahrhundert; ihre schnelle Verbreitung quer über den Kontinent, vom Atlantik bis zum Schwarzen Meer, war eine Generalprobe für das Zeitalter der Dampfmaschine. Die Dampfmaschine setzte mit einer völlig anderen Art der Energiewandlung das industrielle Zeitalter in Gang: sie verwandelt Wärmeenergie in Bewegungsenergie.

James Watt prägt den Begriff Pferdestärke (PS), um die übermenschliche Leistung seiner Dampfmaschine auszudrücken. Ihm zu Ehren wird im physikalischen System die Einheit der Leistung „Watt" (W) genannt. (Ein PS hat in Deutschland 735,5 W.) Leistung, anders als Energie, ist die Stärke, mit der eine Maschine Arbeit leisten kann; die Leistung eines elektrischen Generators wird in Kilowatt oder Megawatt ausgedrückt. Energie oder „Arbeit" ist die Arbeitsabgabe eines Generators, dessen Leistung mit der für die Arbeitsabgabe notwendigen Zeit multipliziert und in Kilowattstunden ausgedrückt wird.

Die Nachfolger von Watt erkannten, daß sich Wärmeenergie nicht nur in Bewegungsenergie verwandeln läßt, sondern auch in elektrische Energie, in Lichtenergie, in die Energie chemischer Bindungen, und das alles auch rückwärts und querbeet, von einer Form der Energie in die andere. In der Mitte des 20. Jahrhunderts hatten die energiewandelnden Maschinen den Bewohnern der Industrieländer alle Mühsal abgenommen. Die Maschinen verlangen enorme Energie, um arbeiten zu können; dann aber heben sie und bewegen, hämmern und pressen und produzieren massenweise Gegenstände, mit einer Kraft und einer Geschwindigkeit, die weder Mensch noch Tier aufbringen könnten, und wenn sie in noch so großer Zahl bereitstünden.

Mit reichlich Energie zur Hand vermochte man Werkstoffe anzufertigen, mit deren Hilfe wiederum der Einsatz und die Verwendung der Energie verbessert und verändert werden können. Heute werden Turbinenschaufeln aus Keramik hergestellt und mit einkristallinen anorganischen Fibern verstärkt, um die Arbeitstemperatur einer Gasturbine zu erhöhen, was wieder die Effizienz steigert, mit der sie Wärme in Drehung wandelt. Gegen die enorme Zentrifugalkraft beim schnellen Drehen der Turbine bewahrt Kompositmaterial bei hoher Temperatur seine Zugfestigkeit besser als jedes Metall.

Eine andere Art von Keramik führte zur Entwicklung von Halbleitern, die Energie und Information austauschbar machten. Dafür wird eine Leistung benötigt, die, wie einzelne Nervenimpulse, nur in winzigen Einheiten zu messen ist, in Mikrowatt (ein Millionstel Watt) oder in Bruchteilen davon. Die kleinen Informationseinheiten können gigantische Energieflüsse in Gang setzen und steuern oder subtile Anpassungen vornehmen; in Walzwerken lassen sie die stärksten Elektromotoren in wenigen Sekunden vorwärts oder rückwärts laufen, in Flugzeugen kontrollieren sie Kurs und Lage. Im Wechselspiel zwischen Energie und Information leisten Maschinen heute die Arbeit sowohl der Faust als auch der Stirn.

Vor der industriellen Revolution unterschieden sich Arm und Reich durch den Besitz von Sklaven. Die Reichen ließen sich die Arbeit abnehmen und befahlen den Sklaven, was sie zu tun hätten. Heute scheidet die Frage, wer über wieviel Energie aus seelenloser Quelle gebietet, die Welt in arme und reiche Nationen. Vor noch nicht allzu langer Zeit verbrauchten die Bewohner der Vereinigten Staaten ein Drittel der Weltenergieproduktion, vielleicht auch mehr; inzwischen haben andere Völker einen ähnlichen Lebensstandard erreicht. Aber 5 Prozent der Weltbevölkerung beanspruchen noch immer ein Viertel der jährlichen Weltenergieerzeugung oder das Energieäquivalent von 2,3 Milliarden Tonnen Steinkohle, neun Tonnen pro Kopf und Jahr. (Alle Primär-Energiequellen – Kohle, Erdöl, Erdgas, Wasserkraft und Kernspaltung – werden zum Vergleich miteinander in Steinkohle-Einheiten umgerechnet, das ist die Energie, die beim Verbrennen eines Kilogramms Steinkohle freigesetzt wird.)

Ein Mannjahr körperlicher Arbeit besitzt nach allgemeiner Vereinbarung das Energie-Äquivalent von 150 Kilowattstunden. So gerechnet, läßt in den USA jeder Mann, jede Frau und jedes Kind jedes Jahr zweihundert seelenlose Energiesklaven für seine Bequemlichkeit arbeiten. Darunter befinden sich 70 Stromsklaven, die ein Griff zum Schalter herbeiruft. In Bergbau und Industrie arbeiten 45 Sklaven, 25 heizen und kühlen die Räume, und 56 transportieren Menschen und Dinge.

Der Energiepark – die Anlagen der aristotelischen „Großen Beweger", die Wasser, Wind und Wärme in den gewünschten physikalischen Zustand verwandeln – ist von verschwenderischer Ausdehnung. Er muß so riesig sein, weil die Amerikaner besonders großen Wert auf die „Freie Fahrt" legen, die ihnen die großzügige Energieversorgung gestattet. In den USA steht ein Energiepark von 34 Milliarden Pferdestärken bereit. 32 Milliarden oder 94 Prozent des Energieparks warten in Form von Verbrennungsmotoren am Bordstein auf Abruf.

Jeder Mann, jede Frau, jedes Kind im Lande könnte 126 Pferde anspannen (eine Pferdestärke ist definiert als zehn Sklavenstärken!). Weil die Amerikaner diese Leistung jedoch 96 Prozent der Zeit am Bordstein warten lassen, liefert ihnen die riesige Investition in den Verbrennungsmotorenpark nur fünf Pferdestärkenjahre Transportenergie im Jahr. Aber sie zahlen mit Vergnügen den Preis für ihre Mobilität. Sie gewährt ihnen eine Erfahrungsdimension, die zwei Milliarden Menschen auf den Dörfern der halben Welt fremd ist.

Der winzige Rest von zwei Milliarden Pferdestärken, der in den sechs restlichen Prozent des Energieparks steckt (gerade acht Pferde pro Kopf), leistet wesentlich mehr Arbeit. Die höchste Leistung ist in Elektrizitätswerken, in Kolonnen von Turbinen und Generatoren installiert. Messen wir wieder in Watt statt in Pferdestärken (746 Watt pro U.S.-Horsepower, die amerikanischen Pferde sind stärker als die deutschen), dann steckt in den Generatoren eine elektrische Leistung

Primärenergiequellen und Primärenergieverbrauch der USA im Jahr 1988

	Direktverbrauch von Primärenergie in Milliarden Kilowattstunden					
Art der Energiequelle	Haushalte und Gewerbe	Industrie	Verkehr	Stromerzeugung	Summe (kWh)	Summe (Prozent)
Kohle	52	819	–	4644	5515	23,6
Erdgas	2209	2279	164	797	5449	23,2
Erdöl	791	2474	6228	457	9950	42,5
Wasserkraft u. a.	–	21	–	2490	2511	10,7
Summe (kWh)	3052	5593	6392	8388	23425	–
Summe (Prozent)	13	24	27,2	35,8	–	100
Stromverbrauch	1678	884	4	(2565)		30,6
Verlorene Primärenergie	3808	2006	8	(5823)		69,4
Summe (kWh)	8538	8483	6404	(8388)	23425	
Summe (Prozent)	36	27,5	36,5			100

Bild 25: Energie in fließender Form – Erdöl, Erdgas, Elektrizität – ist auf dem Vormarsch. Steinkohle und Braunkohle dienen kaum zur Raumheizung, sondern zur Erzeugung von elektrischem Strom und Prozeßwärme. In den USA ist Kohle wirtschaftlich konkurrenzfähig und auf dem Vormarsch. Bei der Stromerzeugung gehen zwei Drittel der in der Kohle enthaltenen Primärenergie verloren.

von 280 Millionen Kilowatt. Wenn sie sich vierundzwanzig Stunden am Tag drehen, dann erzeugen sie in einem Jahr 2500 Milliarden Kilowattstunden, 10 000 Kilowattstunden pro Kopf. Rechnet man in Pferdestärken zurück, kommt man auf knapp zwei Pferdestärkenjahre pro Kopf, nicht viel weniger, als aus dem Verbrennungsmaschinenpark herausgeholt wird.

In den Industriegesellschaften ist elektrische Energie so leicht zugänglich wie Luft und Wasser. Auch Strom wurde lange Zeit wie Allgemeingut behandelt, besonders als der Brennstoffbedarf pro erzeugtes Kilowatt Strom sank und ihn verbilligte: der Wirkungsgrad der Kraftwerke wurde jedes Jahr durchschnittlich um vier Prozent verbessert, wenigstens bis 1960. Seitdem verläuft die Kurve flacher. Die Leistung der „Großen Beweger" nähert sich ihrer von den Gesetzen der Physik gezogenen theoretischen Grenze. Der Zeitpunkt rückt unerbittlich näher, auch wenn es keiner wahrhaben will.

In der Mitte des 19. Jahrhunderts wurde Brennholz durch Kohle ersetzt; in der Mitte des 20. Jahrhunderts wich die Kohle anderen Brennstoffen: Erdöl und Gas. Ihre Eigenschaft, durch Pipelines strömen zu können, beschleunigt die Belieferung der Märkte und erleichtert den Gebrauch. Außerdem enthalten Öl und Gas pro Tonne fast doppelt so viel Energie wie Kohle.

Die Verbrennung dieser „sauberen" Brennstoffe provoziert weniger Umweltbedenken. Zwar erhöhen die flüssigen Brennstoffe die Kohlendioxidkonzentration in der Atmosphäre, und die höhere Verbrennungstemperatur hinterläßt giftiges Ozon in der Straßenluft und Stickoxide in der Atmosphäre für den sauren Regen; doch diese Umweltbelastung bleibt mehr oder weniger lokal beschränkt. Kohle, der „schmutzige" Brennstoff, schickt pro erzeugte Kilowattstunde fast doppelt so viel Kohlendioxid in die Atmosphäre, säuert den Regen nicht nur mit Stickoxiden, sondern auch mit Schwefeldioxid und schwärzt Stadt und Himmel mit ihrem Ruß.

ENERGIESELIGKEIT

Der Preis für Erdöl und Erdgas setzt sich aus den Kosten für Prospektion, Erschließung und Förderung zusammen. Nach dem Ende des Zweiten Weltkriegs wurden neue, reiche Großfelder entdeckt. In den fünfziger Jahren begann auf der arabischen Halbinsel und in Ostsibirien die Förderung auf den reichsten Feldern mit den niedrigsten Kosten. Den Industriegesellschaften strömte leicht zu handhabende Energie zu, und sie bemächtigten sich ihrer in einer Orgie von Energieverschwendung bei fallenden Preisen.

Wegen des niedrigen Preises und trotz der nach oben schießenden Verbrauchskurve legte sich kein Mensch darüber Rechenschaft ab, daß der Vorrat an Öl und Gas eines Tages zu Ende gehen könne. Der Energieverbrauch der Industriestaaten hat sich seit 1950 vervierfacht, der Verbrauch pro Kopf verdoppelt, der Einsatz flüssiger Brennstoffe als Energie fast versechsfacht. In den USA stammte 1950 etwas mehr als die Hälfte der Primärenergie-Wärme aus Erdöl und Erdgas; zehn Jahre später waren es 80 Prozent, trotz gestiegenen Energieverbrauchs.

Immer mehr Primärenergie wurde in Elektrizität umgewandelt. Strom ist Energie in der fließendsten und bequemsten Form. Doch nur ein Bruchteil der eingesetzten Wärmeenergie wird zu elektrischer Energie. Das Verhältnis verbesserte sich von 10 Prozent im Jahr 1950 auf mehr als 35 Prozent im Jahr 1987. In der gleichen Zeit hat sich der Primär-Wärmeenergieverbrauch der USA verdoppelt. Ein Öl- oder Kohlekraftwerk neuester Technik verwandelt bis zu 40 Prozent der eingesetzten Wärmeenergie in elektrischen Strom, der bequem aus der Steckdose kommt; mehr als 60 Prozent Wärmeenergie entschwinden durch den Schornstein. Doch die geringen Kosten der Energierohstoffe, der bequeme Zugang zu Öl und Gas sowie die Verbraucherfreundlichkeit elektrischer Energie förderten die Verschwendung. Weltweit gesehen hat sich der Stromverbrauch von 1950 bis 1990 verdreizehnfacht; er stieg von 855 Milliarden Kilowattstunden im Jahr 1950 auf mehr als 11 000 Milliarden Kilowattstunden (11 Terawattstunden) im Jahr 1990; wobei man nicht vergessen darf, daß bei der Stromerzeugung stets doppelt so viel Primärenergie durch den Schornstein entweicht, wie Kilowattstunden erzeugt werden.

Energie in Hülle und Fülle beeinflußte den Alltag der Industriestaaten in jeder Hinsicht. Das reicher gewordene mittlere Drittel der Gesellschaft verließ die Städte und kehrte die Wanderbewegung der letzten hundert Jahre um. Aus Landflucht wurde Landsucht. Dank der neugewonnenen Mobilität erlagen ihr immer mehr Menschen, bis sich alle in den wuchernden Vorstädten wiederfanden.

Die Wiederbesiedlung des Landes wurde von einer Politik gefördert, die auf Individualverkehr setzte und nicht auf öffentlichen

Nahverkehr. In seinem letzten großen Infrastrukturprogramm beschloß der Kongreß der Vereinigten Staaten 1953, durch Tausende von Kilometern Autobahn ein Interstate Highway-Netz zu schaffen, und veränderte dadurch die Landkarte der USA für alle Zeiten. Lagen früher zwischen Boston und Washington fünfundzwanzig Städte mit mehr als 100 000 Einwohnern, so erstreckt sich heute eine einzige Megalopolis mit ineinander gewachsenen Vororten, siebenhundert Kilometer lang und fünfzig bis hundertfünfzig Kilometer breit. In einem halben Dutzend solcher Agglomerationen leben zwei Drittel der amerikanischen Bevölkerung. St. Louis im Staat Missouri, einst eine Stadt am Ufer des Mississippi, ergießt sich heute in ein Dreieck aus drei Interstate Highways westlich des Flusses, jede Seite über dreißig Kilometer lang.*

Die Heizung der neugebauten Einzelhäuser wurde nie auf Kohle ausgelegt, die ursprüngliche Ölheizung schnell durch Gasheizung ersetzt. Zwar tauschte die Eisenbahn ihre kohlebefeuerten Dampflokomotiven gegen Dieselloks aus, doch sie konnte die Bevölkerung in den neuen Agglomerationen nicht versorgen und mußte den Frachtverkehr riesigen Lastzügen auf den neugebauten Autobahnen überlassen. Getreu dem Gesetz vom Circulus vitiosus der kumulativen Verursachung tyrannisieren nun Riesentrucks mit zwei bis drei Anhängern in der Größe von Eisenbahnwaggons den Straßenverkehr.

Die Einfamilienhäuser in den Vororten verschlingen für Heizung, Haushalts- und Gartengeräte, für Warentransport und Mobilität der Bewohner einen größeren Teil des Energiebudgets als in jedem anderen Land. In Haushaltsmaschinen, Gartengeräten und Hobbywerkzeugen steckten 1950 durchschnittlich fünf Elektromotoren pro Haushalt; heute sind es zehn. Doch die Europäer sind bereits dabei, die Amerikaner zu überholen.

Großabnehmer erhalten Elektrizität zu besonders niedrigen Preisen. Wenige Cent pro Kilowattstunde machten Elektrizität zu einem verführerischen und innovativen Produktionsfaktor. Die Riesenkraft der Elektromotoren moderner Walzwerke läßt sich erahnen, wenn man die Stahlplatten der Verrazano-Brücke von Brooklyn nach Staten Island mit dem Filigranwerk der Brooklyn Bridge oder des Eiffelturms vergleicht. In den Hüttenwerken der Eisen- und Stahlindustrie, auch bei der Verhüttung von Buntmetallen, wurden koks- und ölbefeuerte Hochöfen von Elektroöfen abgelöst. Die chemische Industrie ersetzt selbsterzeugte Prozeßenergie durch elektrochemische Prozesse.

Nicht ohne Grund sprachen die Volkswirte der Energieversorgungsunternehmen früher von einer Ursache-Wirkungs-Beziehung zwischen Energieverbrauch pro Kopf und Bruttosozialprodukt. Sie hielten die Nachfrage nach Energie für unelastisch, das heißt unempfindlich gegenüber Preis und Preissteigerung. Die Nachfrage, dachten sie, wachse unendlich. Nur schwer läßt sich eine Prognose aus den Jahren vor 1970 finden, die nicht zumindest von einer Verdopplung des Stromverbrauchs alle fünfundzwanzig Jahre ausgeht, und zwar in alle Ewigkeit (Bild 26).

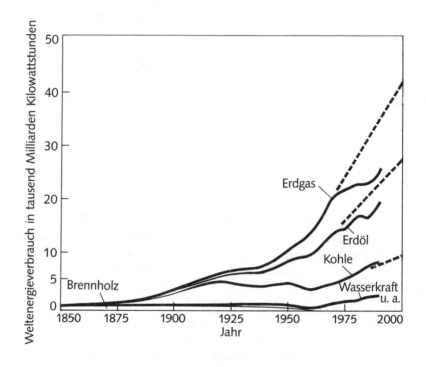

Bild 26: Energieverbrauchskurve, veröffentlicht im Jahr 1971. Die Prognosekurve (gestrichelt) beruhte auf der Annahme, daß der Verbrauch jedes Jahr um drei Prozent stiege und sich innerhalb von 25 Jahren verdopple, falls die Nachfrage nicht auf Preisveränderungen reagiert. Die Erhöhung auf das Dreifache und die Verdopplung sieben Jahre später ließ den realen Verbrauch 25 Prozent unter der Prognose bleiben.

Weil ein Sterblicher seine Lebensspanne gedanklich nur schwer überspringen kann, werden Extrapolationen meistens auf die nächsten zehn oder zwanzig Jahre beschränkt. So stoßen sie nie auf das angrenzende Reich der Absurdität. Hätte irgend jemand einmal ernsthaft – unter Einbeziehung des Bevölkerungswachstums – die angeblich notwendige Verdopplung der Stromerzeugung alle fünfundzwanzig Jahre weitergerechnet, von 1970 bis zu dem Zeitpunkt, an dem die Weltbevölkerung zehn Milliarden erreicht haben wird, dann müßte in Zukunft jeder Erdenbürger zwanzigmal so viel Strom verbrauchen wie ein Amerikaner heute. Anders ausgedrückt, jeder der erwarteten zehn Milliarden Menschen würde dann über mehr als tausendvierhundert Stromsklaven verfügen – und müßte sie Tag und Nacht arbeiten lassen.

Auch wenn sie die Grenze des Absurden überschritten, steckte in allen Verbrauchsschätzungen implizit die Annahme, der Energievorrat sei unendlich. Zu dieser falschen Sicht verführt die Marktwirtschaft. Wie für alle anderen Rohstoffe und Produkte bestimmt der Markt auch den Preis für Erdöl auf der Basis der Kosten des unwirtschaftlichsten Produzenten. Der Seltenheitswert bleibt so lange unbeachtet, bis die Kosten für Suche und Förderung steigen und sich die Erschöpfung der Quellen in einer bisher konkurrenzfähigen Region abzeichnet, wie dies beim Erdöl der Fall war. Das zwingt zur Preiserhöhung.

Im Jahr 1963 waren in den USA 65 Untersuchungsbohrungen erforderlich, um ein neues Erdölfeld zu entdecken. 1945 hatten noch 26 „Wildcats" gereicht. Bei der Förderung verlief die Entwicklung ähnlich. Pro Meter Produktionsbohrung auf einem bekannten Feld konnten 1938, als das große East-Texas-Feld in Produktion ging, 125 Tonnen Erdöl gefördert werden, 1970 nur noch 16 Tonnen. Die wachsenden Schwierigkeiten bescherten den amerikanischen Erdölproduzenten hohe Kosten. Doch angesichts der niedrigen Kosten in anderen Ländern konnten sie an einen Preisaufschlag wegen zunehmender Verknappung nicht denken.

Der Diamantenhandel kann sich wegen seines Monopols über die Gesetze der Marktwirtschaft hinwegsetzen und verlangt einen Seltenheitsaufschlag, der weit über den wahren Produktionskosten liegt. Für eine gewisse Zeit konnte auch der Erdölmarkt, aber in anderer Richtung, manipuliert werden. Die sieben größten Ölgesellschaften bildeten bis 1973 ein Oligopol und setzten den Preis fest, den sie den

Ölproduzenten zahlten. Über die Marktverzerrung kaschierten sie die Knappheit des Rohstoffs Öl, verschleierten seinen wahren Nutzwert und verdrängten andere Energien vom Markt.

In den Industriestaaten verschloß man die Augen vor der Tatsache, daß sie von der unterindustrialisierten Welt abhängig geworden waren, als sie ihren Energiebedarf auf flüssige Brennstoffe ausrichteten; daß ihre Wirtschaft von der Lieferung genau des Stoffs abhing, auf dem der Unterschied zwischen den beiden Formen menschlicher Existenz in den beiden Welten beruht. Die Evolution der Biosphäre hat es so gefügt, daß im Lauf der Erdgeschichte sechzig Prozent allen Erdöls in der unterindustrialisierten Welt abgelagert wurde, das meiste in der Region um den Persischen Golf.

Im Jahr 1970 war die Sowjetunion der einzige Industriestaat, der sich selbst mit Erdöl versorgen konnte. Japan liegt auf vulkanischen Inseln, die erst vor geologisch kurzer Zeit aus der Erdkruste in die Biosphäre aufgestiegen sind und keine fossilen Brennstoffe speichern konnten; so ist Japan nahezu vollständig von importiertem Brennstoff abhängig. Westeuropa erzeugte 1970, trotz eigener, reicher Kohlevorkommen, zwei Drittel der verwendeten Energie aus importiertem Öl. Die USA, früher der größte Erdölförderer der Welt und ihr wichtigster Exporteur, hatten den Gipfel ihrer Produktion überschritten. Über Nacht waren sie der Welt größter Importeur geworden, vierzig Prozent des Ölverbrauchs bestand aus Lieferungen aus anderen Kontinenten.

Wie sehr das Leben in den Industriestaaten von den Ressourcen der unterindustrialisierten Staaten abhängt, läßt sich am Umfang des Öltransports auf den Weltmeeren ablesen. Öl ist das wichtigste internationale Handelsgut. Auf Erdöl fällt ein Achtel des Warenwertes und ein Drittel der transportierten Tonnage. Die tägliche Anlandung von Öl aus unterindustrialisierten Staaten in den Häfen der Industriestaaten stieg von 270 000 Tonnen im Jahr 1950 auf 2,5 Millionen Tonnen 1985. Allein in den Häfen der USA wurden 1985 täglich 400 000 Tonnen gelöscht, 1950 waren es nur 30 000 Tonnen pro Tag.

Während sich die Tankerflotte von 2500 Schiffen auf mehr als 5000 vermehrte, explodierte die Tankergröße. Vor allem japanische Schiffbauingenieure übersprangen die herkömmlichen Grenzen des Stahlbaus und konstruierten schwimmende Behälter mit 300 000 Tonnen Inhalt. Die sich vorwärtsschiebenden Ölseen sind zu breit, um durch den Suezkanal zu fahren, aber groß genug, um auch nach der 15 000

Kilometer längeren Reise um das Kap der Guten Hoffnung noch einen Gewinn abzuwerfen. Die Durchschnittsgröße der Tanker stieg von 25 000 Tonnen im Jahr 1950 auf 100 000 Tonnen im Jahr 1980.

70 bis 100 Millionen Tonnen Öl schwimmen täglich auf den Weltmeeren und mit ihnen eine neue Gefahr für den Globus. Jedes Jahr zerschellen hundert bis zweihundert Schiffe auf Riffen und Untiefen oder sinken auf hoher See, darunter ein bis zwei Dutzend Tanker. Doch die Menge des ausgelaufenen Öls übertrifft die Hälfte der verlorenen Tonnage aller gesunkenen Schiffe. Selbst unversehrte Tanker verschmutzen die Meere. Aus Stabilitätsgründen müssen sie ihre Tanks vor der Rückfahrt mit Seewasser vollpumpen. Bevor sie neues Öl aufnehmen, pumpen sie kurz vor dem Verladehafen das ölverseuchte Ballastwasser einfach ins Meer. Die Mannschaften anderer Schiffe verhalten sich nicht besser. Sie füllen die leergefahrenen Ölbunker mit Ballastwasser, damit das Schiff optimal im Wasser liegt, und leeren sie kurz vor dem Heimathafen wieder aus.

Der Schiffsverkehr mit Erdöl verteert nicht nur Strände und verklebt Seevögel. Das Meerwasser selbst wird verschmutzt. Mit allerfeinsten Netzen nehmen Ozeanographen Proben aus dem obersten Millimeter des Ozeans, um das „Neuston", das Biotop der Grenzschicht zur Atmosphäre, zu erforschen. Bisher haben sie keinen Ozean gefunden, wo der für das Leben auf der Erde äußerst wichtige oberste Millimeter nicht von mikroskopisch kleinen Teertropfen durchsetzt war. In dieser Schicht vollziehen sich die beiden wichtigsten Vorgänge in der Biosphäre: hier werden Sauerstoff und Kohlendioxid zwischen Hydrosphäre und Atmosphäre ausgetauscht und siebzig Prozent der Sonneneinstrahlung aufgenommen, ein Drittel des Energieumsatzes der Biosphäre. Nur gelegentlich stammen die Teerpartikelchen aus lokalen Ölvorkommen im flachen Schelfmeer; über die Herkunft der Hauptmenge der Teertröpfchen besteht kein Zweifel, am allerwenigsten, wenn man sie in den küstenfernen Weiten der Weltmeere findet. Wahrscheinlich reduziert der Schmutz in der obersten Schicht die Wirksamkeit der Photosynthese und vermindert die Kapazität der Meere im Kreislauf von Kohlendioxid, Sauerstoff und anderen Gasen.

Da ständig mehr Bohrmeter aufgewendet werden mußten, um eine neue Erdöllagerstätte zu finden, und gleichzeitig die Fördermenge pro Bohrloch abnahm, wurden die Vereinigten Staaten zum teuersten Erdölproduzenten der Welt. Die Kosten überstiegen das Zehnfache des einen Dollars, der eine Tonne Erdöl aus dem Sand Arabiens ans Tageslicht fördert. Doch an der Ostküste der USA wurde der Weltmarktpreis festgesetzt.

Auftritt OPEC

Die Ölgesellschaften versuchten alles, um sich bei den Verhandlungen mit den Ölscheichs den Löwenanteil der „Phantomkosten" zwischen dem von ihnen festgelegten Weltmarktpreis und den Förderkosten für arabisches Erdöl zu sichern. Sie bildeten eine Einheitsfront und setzten im Jahr 1948 eine Teilung der Erlöse im Verhältnis von 82 zu 18 zu ihren Gunsten durch. 1960 gründeten die Erdölförderländer ihr berühmtes Kartell, die Organisation der Erdöl exportierender Länder OPEC *(Organization of Petroleum Exporting Countries)*. Eine geschlossene Gegenfront am Verhandlungstisch konnte bessere Trümpfe ausspielen; die „Phantomkosten" wurden 50 zu 50 geteilt, ab 1970 sogar 30 zu 70 zugunsten der OPEC-Mitglieder.

Damals wurden sich die OPEC-Mitglieder darüber klar, daß der von den Ölimporteuren festgesetzte Weltmarktpreis in keinem Verhältnis zum wahren Seltenheitswert des Erdöls stand, nicht einmal zum damaligen Nutzwert für die Verbraucher. Jeder Ölproduzent konnte beobachten, daß ein Amerikaner an der Tankstelle mit dem Benzinpreis dreieinhalbmal so viel Steuern an seine Regierung zahlte wie Entgelt an den Produzenten des Erdöls. In Europa erreichten die Steuern das Siebenfache dessen, was der Produzent erhielt. Die Erdöl exportierenden Staaten der unterindustrialisierten Welt leisteten ganz gegen ihren Willen Wirtschaftshilfe an dieselben Industriestaaten, die versprochen hatten, ihre wirtschaftliche Entwicklung finanziell zu unterstützen. Denn neben den Königreichen und Emiraten der arabischen Halbinsel gehören zur OPEC auch eine Reihe unzweifelhaft armer Staaten wie Irak, Iran, Libyen, Algerien, Nigeria und Indonesien.

1973 nutzte die OPEC die Krise, die sich aus dem Ölembargo der arabischen Staaten gegen die USA und die Verbündeten, die im Jom-Kippur-Krieg auf der Seite Israels standen, entwickelt hatte: die OPEC setzte zum erstenmal den Weltmarktpreis für Erdöl selbst fest, und zwar auf 17 Dollar pro Barrel. Das war fünfmal so viel, wie die Ölgesellschaften bisher gezahlt hatten. Dem Endverbraucher dämmerte, daß Erdöl ein knapper Rohstoff sein könnte.

In der industrialisierten Welt entwickelte die Nachfrage nach Energie eine unerwartete Elastizität. In den USA stagnierte der Energieverbrauch, nachdem er regelmäßig jährlich um drei Prozent gestiegen war, und fiel dann bis 1975 um fünf Prozent. Zum Rückgang des Energieverbrauchs trugen die privaten Verbraucher ebenso bei wie die Industrie. Als sich die Autofahrer 1973 zum erstenmal in ihrem Leben an der Tankstelle anstellen mußten, fuhren sie einfach weniger. In den Häusern wurden die Lichter ausgeknipst, die Thermostate niedriger gestellt und Doppelfenster eingebaut. Die Industrie ordnete Energiekosten als Produktionskosten den einzelnen Abteilungen zu und betrachtete sie nicht mehr als Gemeinkosten des Unternehmens. Der Kongreß zwang die Automobilindustrie mit langfristigen Vorgaben, den Benzinverbrauch der neu zu produzierenden Fahrzeuge zu senken und verordnete, daß auf allen Elektrogeräten der Energieverbrauch anzugeben sei. Umweltschützer, Atomkraftgegner und die „Small is Beautiful"-Anhänger E.F. Schumachers fanden neuen Mut, vor den Zäunen im Bau befindlicher Atomkraftwerke zu demonstrieren und gegen die Planung neuer Kraftwerke für fossile Brennstoffe zu opponieren.

Die wirtschaftliche Rezession in Europa und Amerika trug ebenfalls dazu bei, daß die Nachfrage zurückging. Man schätzt, daß die Übergangsphase zu neuen Energiekosten in den Marktwirtschaften einen Produktionsverlust von 1000 Milliarden Dollar verursacht hat.

In den unterindustrialisierten Staaten hatte der neue Ölpreis ganz andere Folgen als eine einfache Rezession. Anders als in Indien und China, wo Energie aus eigener Kohle gewonnen wird, waren die Städte als Zentren des Wirtschaftswachstums vom importierten Erdöl völlig abhängig, es sei denn, der betreffende Staat gehörte selbst zur OPEC. Schon vorher hatte ein weltweiter Rückgang der Rohstoffpreise jeden Überschuß in den Handelsbilanzen der armen Länder aufgezehrt. Der neue Weltmarktpreis für Erdöl trieb alle Länder in die roten Zahlen, auch die wenigen, die sich bis dahin trotz der fallenden Preise für ihre eigenen Rohstoffe über Wasser gehalten hatten.

Die arabischen Ölstaaten zahlten ein Reuegeld in Form von Wirtschaftshilfe. Die Banken der Erdöl importierenden Industriestaaten brachten die sich bei ihnen ansammelnden Petrodollars als Anleihen wieder in Umlauf. Beide Aktionen halfen den unterindustrialisierten Staaten, sich weiter mit Erdöl zu versorgen, und erhielten einigen das Wirtschaftswachstum wenigstens so lange, bis der Ölpreis 1980 zum zweitenmal erhöht wurde. Unter den wachsenden Schuldenbergen verlangsamte sich das Wachstum, stagnierte, und begann zuletzt in fast allen Ländern zu schrumpfen. Am schwersten betroffen waren wieder die Ärmsten, besonders die Staaten Schwarzafrikas. Heute tritt unter der Last der Schulden nicht nur das Wachstum, sondern auch die wirtschaftliche Entwicklung fast überall auf der Stelle.

Die bescheidener gewordenen Vereinigten Staaten waren 1973 sogar bereit, Ratschläge aus dem Kreis der Ölproduzenten anzunehmen. Jihangir Amuzegar, iranischer Missionschef in Washington, schrieb im Juli 1973 in der Vierteljahresschrift *Foreign Affairs**:

> Die Industrieländer haben sich und ihren ungeborenen Generationen unabsichtlich einen vierfachen Streich gespielt ... indem sie den Preis des Erdöls aus dem mittleren Osten absichtlich unter dem wahren Seltenheitswert hielten ... Der niedrige Preis
> a) brachte die Ölproduzenten davon ab, nach neuen Lagerstätten zu suchen;
> b) drückte auf die Preise für Energie aus anderen Quellen wie Kohlevergasung oder Wasserkraft und dämpfte Forschung und Entwicklung gleichermaßen, trotz der hohen Reserven;
> c) verzögerte oder erstickte die Forschung nach wirksamer Energiespartechnik;
> d) förderte die unentschuldbar rücksichtslose Verschwendung des begehrtesten Rohstoffs der Welt und verhinderte seinen rationellen Einsatz.

Präsident Jimmy Carter war Ingenieur mit einem Diplom der U.S. Naval Academy. In seiner Amtszeit wurde das Energieministerium *(Department of Energy)* gegründet. Er nahm sich sofort den Punkt b) des Amuzegar-Katalogs zu Herzen und ließ nicht nur die Technik der Kohlevergasung weiterentwickeln, sondern förderte auch Forschung und Entwicklung bei der Nutzung unerschöpflicher Energiequellen wie Sonne und Wind. Doch als sich die Industrie von der wirtschaftlichen Rezession erholte, stieg auch der Ölverbrauch wieder an, wenn auch nicht so steil.

Letzten Endes blieb die Nachfrage nach Erdöl unelastisch. Der neue Preis konnte sich durchsetzen. Die Bühne für den zweiten Ölschock war vorbereitet. Er kam mit dem Umsturz im Iran: einer der größten Erdölproduzenten stoppte seine Lieferungen. Die OPEC-

Mitglieder nutzten das Durcheinander auf dem Markt und verdoppelten 1980 den Weltmarktpreis, den sie 1973 auf 17 Dollar festgesetzt hatten, auf 34 Dollar pro Barrel (214 Dollar pro tausend Liter, rund 250 Dollar pro Tonne).

Der neue Preis machte die Nachfrage etwas elastischer. Während der nächsten zwei, drei Jahre sank der Erdölverbrauch auf das Niveau von 1973, zeitweise sogar darunter. Gleichzeitig lockte der Preis von 34 Dollar alte und neue Produzenten mit hohen Förderkosten auf den Markt: Punkt a) des Amuzegar-Katalogs. Bereits 1982 war der Markt mit Öl überschwemmt. Unter den OPEC-Mitgliedern machte sich Niedergeschlagenheit breit, die Sturheit der fundamentalistischen Revolutionsregierung im Iran kam hinzu, und der Ölpreis brach zusammen.

Die Regierung Ronald Reagans brüstete sich, das Energieproblem gelöst zu haben und stellte alle Forschungen über alternative Energiequellen ein. Die Nachfrage der Industrieländer stieg wieder auf die Höhe von 1973 und darüber hinaus. Immerhin wuchs sie im Vergleich zur Zeit vor 1973 nur noch mit halber Geschwindigkeit, auch dann noch, als der Ölpreis eine Zeitlang unter den ersten OPEC-Preis fiel. Daran sowie an der Tatsache, daß der Primärenergieverbrauch der Industrieländer zur Zeit ein Drittel unter dem Wert liegt, der sich aus der Prognosekurve von 1973 ergeben hätte, läßt sich die Nachhaltigkeit der Lektion ablesen, die wir gelernt haben; denn inzwischen hat die anhaltende Geldentwertung den nominellen Preisanstieg für Erdöl so abgeschwächt, daß der inflationsbereinigte Preis niedriger ist als der Preis von 1973, bevor ihn die OPEC auf 17 Dollar anhob und damit die Welt in Panik versetzte.

In den Vereinigten Staaten wird heute bereits wieder mehr Primärenergie aus Kohle gewonnen als aus Erdöl, und der Anteil steigt. Kohle wandert vor allem in die Kessel der Kraftwerke und der Industrie. Die Umstellung der Anlagen von Öl und Gas auf Kohle beunruhigte die Bevölkerung und führte 1990 zur Neufassung des Gesetzes zur Luftreinhaltung mit Vorschriften für Rauchgasreinigung und Filter in den Schornsteinen, was hohe Investitionen erfordert.

Zusammen mit Erdgas liefert Erdöl immer noch mehr als die Hälfte der primären Wärmeenergie der USA. Das Land ist damit in die gefährliche Importabhängigkeit zurückgekehrt. 1986 war die Importmenge aus der Zeit vor der OPEC erreicht, jetzt werden 50 statt damals 40 Prozent des verbrauchten Erdöls importiert.

Der Energiekreislauf der westeuropäischen Wirtschaft befindet sich in einer ähnlichen Situation: Kohle verursacht steigende Umweltbelastung, der Ölverbrauch ist über die Marke von 1973 gestiegen und macht die Westeuropäer noch abhängiger von ihren Lieferanten. Die Volkswirtschaften der ehemaligen Sowjetunion und des früheren Ostblocks haben begonnen, sich für die Umweltfolgen ihrer Kohleabhängigkeit zu interessieren und rechnen damit, daß ihnen Öl und Gas zuverlässig und langfristig aus sibirischen Quellen geliefert wird. Japan bleibt, wie immer, hundertprozentig von Importen abhängig.

Die Erdöl importierenden unter den unterindustrialisierten Staaten bleiben dem Weltmarkt auf Gedeih und Verderb ausgeliefert. Jetzt ist der Markt offen, doch bei der nächsten Krise wird der Zugang wieder unterbrochen sein, werden die Verhandlungen zwischen den Oligopolen der Erdölexporteure und der Industrieländer stattfinden, und an die Interessen Dritter wird wieder keiner denken.

Ursprünglich gab es auf der Erde zwischen 180 und 280 Milliarden Tonnen (1350 bis 2100 Milliarden Barrels) förderbares Erdöl. Aus praktischen Gründen legen wir das Jahr der ersten Förderung auf 1950, weil bis dahin der Vorrat kaum angezapft war. Die Welt verbraucht gegenwärtig 3,2 Milliarden Tonnen im Jahr. Bleibt alles beim alten, dann wird das Erdöl vor dem Ende des nächsten Jahrhunderts verbraucht sein. Dieses kleine Einmaleins entspricht recht genau dem detaillierteren Modell von M. King Hubbert, der als Chefgeologe der Erdölabteilung des *U. S. Geological Survey* in den sechziger Jahren Förderung und Verbrauch von Erdöl kalkulierte.* Aus seinen Kurven ergab sich, daß das Erdölzeitalter rund zweihundert Jahre dauern würde, von Colonel Drakes erstem Fund in Pennsylvanien 1885 bis ins Jahr 2075, wenn man das letzte Faß Erdöl ins Museum tragen wird. Man kann an seiner Kurve auch ablesen, daß in den Jahren, in denen die ersten und die letzten zehn Prozent verbraucht werden, Erdöl als Energieträger kaum eine Rolle spielt (Bild 28).

Das Ende des Erdölzeitalters

Entscheidend ist die Produktionsperiode der mittleren 80 Prozent. Hubberts Kurve zeigt, daß 80 Prozent des Ursprungsvorrats in einem Zeitraum von 60 bis 65 Jahren gefördert werden; ihre Förderung beginnt zwischen 1965 und 1970, erreicht in der gegenwärtigen

Das Ende des Erdölzeitalters

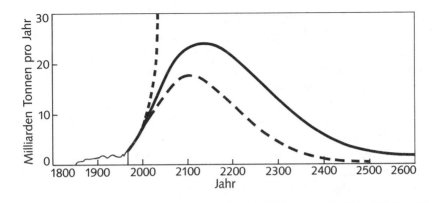

Bild 27: Die Dauer der „Kohlenzeit" wird anhand der Vorratsschätzungen von 4000 und 8000 Milliarden Tonnen und der Verbauchsrate ermittelt. Die Differenz zwischen beiden Schätzungen verändert die Dauer der Kohlenzeit nur wenig. In beiden Fällen werden achtzig Prozent der Kohle zwischen 2000 und 2300 verbraucht werden.

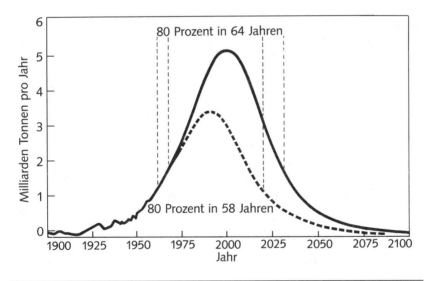

Bild 28: Die Dauer der „Erdölzeit" anhand von Vorratsschätzungen, die eine für 215, die andere für 335 Milliarden Tonnen, und erwarteter Verbrauchsraten. In der Hauptverbrauchsperiode werden achtzig Prozent des Erdöls gefördert; sie begann in den sechziger Jahren und wird ein Menschenalter nicht überschreiten.

Dekade ihr Maximum und endet zwischen 2025 und 2030. Nehmen wir an, daß die Welt ursprünglich mit Erdgas des gleichen Energieinhalts ausgestattet war, dann können wir die Erdgasförderung in einer Kurve darstellen, die parallel zur Erdölkurve verläuft, aber um ein Jahrzehnt versetzt ist.

Das Erdölzeitalter dauerte kein Menschenleben; unausweichlich geht es zu Ende. Die Energieorgie muß so schnell wie möglich aufhören, möglichst noch in diesem Jahrzehnt. Wenn man Mineralölsteuer, Mehrwertsteuer und andere Staatseinnahmen aus dem Import von Erdöl zusammenrechnet, dann subventionieren die Erdölexporteure unter den unterindustrialisierten Staaten die Wirtschaft der Industriestaaten seit fünfundzwanzig Jahren mit durchschnittlich 50 Milliarden Dollar pro Jahr. Je nachdem, ob 17 Dollar oder 34 Dollar dem Nutzwert oder dem Knappheitswert der Energietransfusion besser entsprechen, verdoppelt oder vervierfacht sich die Subvention noch ein weiteres Mal. Die Höhe der Summe übersteigt auf jeden Fall und bei weitem jede offizielle Entwicklungshilfe der Industriestaaten an die unterindustrialisierte Welt, von der ohnehin nur der kleinste Teil eine nützliche Wirtschaftshilfe war, weil man die von den Empfängern mit der Zahlung erzwungenen zivilen und militärischen Dienstleistungen davon abziehen muß.

Es ist an der Zeit, daß die Industriestaaten versuchen, auf eigenen Füßen zu stehen. Die Marktwirtschaft ist in der Lage, sich auf einen neuen Energiepreis einzustellen, der näher am Nutzwert liegt. Solange es Erdöl gibt, wird es für den Verkehr seinen besonderen Wert behalten. Die Beliebtheit des Individualverkehrs wird jedoch sinken, wenn der Kraftstoff zu viel kostet. Will man die wertvolle Ressource klüger einsetzen, dann darf man die Moleküle des seltenen Stoffes nicht verbrennen; sie sind der Rohstoff für Kunststoffe und verschiedene Produkte der organischen Chemie, die vielen nützlichen (und manchen lebenswichtigen) Zwecken dienen.

Alternativen für Erdöl und Erdgas – auch um die Welt mit Brennstoff in flüssiger Form zu versorgen – finden sich in den reichen Lagerstätten der anderen fossilen Brennstoffe. Auch ruht wahrscheinlich noch eine Menge Erdöl unter den fragilen Ökosystemen der äußeren, tiefen Kontinentalabhänge der Schelfmeere und der Arktis. Wer die Kosten nicht scheut und das unvorstellbare Umweltrisiko eingehen will, könnte das Erdölzeitalter notfalls um einige Jahre bis auf eine volle menschliche Lebensspanne verlängern.

Die Athabaska-Teersande im nördlichen Alberta in Kanada und die Ölschiefer in Colorado in den USA waren lange Zeit im Gespräch. Sie enthalten zusammen so viel Kohlenwasserstoffe wie die Ursprungsmenge allen Erdöls. Doch ökologisches Unheil wird anrichten, wer versucht, ihnen den flüssigen Brennstoff zu entziehen. Wer die Teersandlager im Wassereinzugsgebiet des nach Norden fließenden Makkenzie River anschneidet, muß damit rechnen, daß sich die Folgen bis in die Beaufortsee und das nördliche Eismeer bemerkbar machen. Die Aufbereitung der Ölschiefer aus Colorado hinterließe Ascheberge, die schließlich alle Täler der Rocky Mountains in Colorado ausfüllen würden.* Doch bevor der Energiepreis so hoch steigt, daß derartige Unternehmungen, wenn auch nur wirtschaftlich, vertretbar sind und in Gang gesetzt werden, werden Kohleverflüssigung und Kohlevergasung rentabel sein, Techniken, die längst erprobt sind. Kohle ist leichter zugänglich und in größerer Menge vorhanden als Ölschiefer und Teersande.

Hubberts Tabelle für die Förderung und den Verbrauch des Ursprungsvorrats von Kohle zeigt, daß das Zeitalter dieses fossilen Brennstoffs 500 Jahre dauern wird (Bild 27). Die Gewinnung und Verbrennung der mittleren 80 Prozent fallen in eine Dreihundertjahresperiode, die erst mit dem Jahr 2000 beginnt. Der Spitzenverbrauch wird knapp 25 Milliarden Tonnen pro Jahr erreichen und ist erst nach dem Jahr 2100 zu erwarten. Wäre die Welt ausschließlich von Kohle als ihrem einzigen Energierohstoff abhängig, dann rückte der Spitzenverbrauch ins Jahr 2050 vor. Fest steht, die Kohle ist vorhanden; die Nachfrage wäre höchstens achtmal größer als heute.

Die Welt muß nicht fürchten, daß fossile Rohstoffe knapp werden. Vordringlicher ist die Sorge, welche Lasten die Biosphäre tragen muß, wenn der Kohleverbrauch steigt und gleichzeitig die vorhandenen Vorräte an Erdöl und Erdgas verbraucht werden. Auf lange Sicht können wir nicht erwarten, daß die Biosphäre die Energiegewinnung aus fossilen Brennstoffen in der Menge toleriert, die notwendig sein wird, um die Entwicklung der unterindustrialisierten Staaten voranzubringen; aber ohne Energie können wir den Anspruch eines Mitglieds der wachsenden Weltbevölkerung auf ein menschenwürdiges Leben nicht erfüllen.

Die inverse Beziehung zwischen der Verteilung der Kohlenlagerstätten und der Weltbevölkerung muß jeden nachdenklich stimmen, der sich mit dem steigenden Energiebedarf der Welt beschäftigt. Von den unterindustrialisierten Staaten besitzen nur China und Indien nennenswerte Kohlereserven; sie reicht gerade aus, um die ersten Jahrzehnte der Vollindustrialisierung zu überstehen. Der fossile Brennstoff für die Zeit nach der Ära von Erdöl und Erdgas lagert in den Industrieländern und nicht in der unterindustrialisierten Welt.

Sogar bei wesentlich effizienterem Energieeinsatz und bei einer fairen Verteilung der Weltvorräte an fossilem Brennstoff müssen wir mit einer Verdreifachung, zumindest einer Verdopplung des Primärenergiebedarfs der Menschheit rechnen. Dieser Tatsache müssen wir uns im nächsten Jahrhundert stellen. Auch wer sich nicht mit der Umwelt befaßt, muß sich den Kopf darüber zerbrechen, welche Alternativen zur Kohleverbrennung entwickelt werden können.

Für die Wirtschaft wird Kohle voraussichtlich die erste Alternative für flüssige Rohstoffe sein. Der Einsatz von Kohle steigt schon heute schneller als der Gesamtenergieverbrauch. Die Verdopplung der Energieversorgung wird beim Verbrennen von Kohle, in welcher Kombination mit anderen fossilen Brennstoffen auch immer, mehr als doppelt so viel künstlich erzeugtes Kohlendioxid in die Atmosphäre transportieren als bisher. Setzt sich die Störung des natürlichen Gleichgewichts der verschiedenen Gase in der Erdatmosphäre fort, dann gefährdet die erhöhte Immissionsrate langfristig unsere Zivilisation. Vor allem Kohle führt zum bislang noch regional, über kurz oder lang aber global niederfallenden sauren Regen. Schon beim gegenwärtigen Kohleanteil wird die Vegetation auf der windabgewandten Seite der Industriezentren geschädigt, und zwar über große Entfernung. Daß Symptome des Waldsterbens und verwandte Vegetationsschäden auf den sauren Regen zurückzuführen sind, zwingt uns dazu, zweimal zu überlegen, ob der Kohleverbrauch weiter zunehmen darf; die Schäden könnten unheilbar sein.

Glücklicherweise bietet die moderne Technik nicht nur die Möglichkeit, Ölquellen durch Kohlebergwerke zu ersetzen; sie kann auch den Beitrag der Kohle an der Entstehung des sauren Regens einschränken. Der technische Prozeß der Verflüssigung und der Vergasung der Kohlenwasserstoffe in der Kohle wurde der Welt bereits in großem Stil vorgeführt, in Deutschland während des Zweiten Weltkriegs und in Südafrika während des Ölembargos. Diese Technik kann ohne viel Aufwand weiterentwickelt und ihre Effizienz durch Hightech-Prozeßsteuerung verbessert werden.*

Mit moderner Prozeßsteuerung lassen sich entstehende Schwefel- und Stickstoffoxide sofort entfernen, und bei den hohen Investitionen, die für die Kohleveredlung notwendig sein werden, spielen die zusätzlichen Kosten für einen besseren Schutz der Umwelt nur eine untergeordnete Rolle. Wird der Primärprozeß, bei dem die Kohle verflüssigt oder vergast wird, auf Großanlagen konzentriert, dann reduziert sich auch die Zahl der Schornsteine und die Höhe der Investitionen, die für eine nachträgliche Rauchgasbehandlung vorgesehen werden müßten. Keine noch so hohe Investition kann allerdings verhindern, daß Kohlendioxid in die Atmosphäre abgegeben wird.

Kohlenbergbau belastet noch auf andere Weise die Umwelt, wenn auch lokal beschränkt. In den Appalachen und in der Prärie nördlich des Ohio River liegt die von verlassenen Tagebauen verunstaltete Landschaft der ersten Kohlenreviere der USA. Die Umweltgesetzgebung kam zu spät, um die tiefen Löcher und die langgestreckten Abraumhalden im südlichen Illinois zu verhindern und die Flüsse in Westvirginia und Kentucky vor der Vergiftung durch ausgelaugte Kohlenflöze zu bewahren. Ohne strenge Wachsamkeit wird die Erschließung der größten Lagerstätten der USA am östlichen Saum der Rocky Mountains noch schlimmere Folgen haben. Der Tagebau auf Flöze, die bis zu hundert Meter mächtig sind, wird Landschaften zurücklassen, die niemals mehr ihre ursprüngliche Gestalt wiedergewinnen werden. Gewässernetz und Grundwasser können Schäden nehmen, deren Folgen über die Region hinausreichen. Doch das neue Revier hat einen großen Vorteil: es liegt weit vom Verbraucher entfernt. Die Entfernung schafft Bedingungen, die Maßnahmen gegen den sauren Regen wirtschaftlich machen. Es ist billiger, die Kohle erst zu veredeln und die Veredlungsprodukte durch Pipelines zum Markt zu bringen, als die Kohle selbst zu transportieren.

Sieht man von den Umweltproblemen ab, dann kann Kohle noch lange die Energienachfrage der Industrieländer decken. Sie kann die politischen und wirtschaftlichen Erschütterungen mildern, die das nahende Ende der flüssigen Brennstoffe unweigerlich begleiten werden. Doch auch Kohle wird nicht die letzte Antwort auf den Energiebedarf sein. Das Risiko, das von der Vermehrung des Kohlendioxids ausgeht, ist einfach zu groß. Zusammen mit Erdöl und Erdgas sollte auch Kohle besser genutzt und nicht nur verbrannt werden. Regierung, Wirtschaft, Ingenieure und Naturwissenschaftler sind aufgerufen, auf schnellstem Wege wirklich brauchbare Primärenergiequellen zu entwickeln, die kein Kohlendioxid erzeugen.

Es fällt schwer, heute ohne Kopfschütteln an das Versprechen unbegrenzter Energie zu denken, das nach der Explosion der ersten Atombombe gegeben wurde, geschweige denn, es einzufordern. Wer ein Gramm Uran 235 spaltet, erhält nach Einsteins berühmter Gleichung aus der speziellen Relativitätstheorie, Energie. Es sind 22 500 Kilowattstunden Wärmeenergie, so viel wie der Energiegehalt einer Tonne Kohle oder einer halben Tonne Erdöl. Denn bei der Spaltungsreaktion verwandelt sich nur ein kleiner, wenn auch meßbarer Teil des Urans in Energie – 0,0009 Gramm, längst nicht das ganze Gramm. Auch chemische Reaktionen rufen Verlust an Masse hervor, ebenfalls das Kochen oder Kühlen von Wasser, und sogar das Spannen und Entspannen einer Feder: aber diese Massenverluste oder -gewinne liegen an oder jenseits der Grenze des Meßbaren. Ließe sich ein Gramm Uran vollständig in Energie verwandeln, dann gewänne man die Energie von 3000 Tonnen Kohle oder 20 Millionen Kilowattstunden. Von dieser Vorstellung ließ sich H.G. Wells inspirieren, lange vor Hiroshima und Nagasaki, wo das Prinzip der Uranspaltung der Menschheit schmerzhaft demonstriert wurde.

Als es um die Einlösung des Versprechens ging, geriet man schon bei den ersten Versuchen einer friedlichen Nutzung der Atomenergie ins Stolpern. Im Wahn des Rüstungswettlaufs wurde der am weitesten entwickelte Kernreaktor so kompakt gebaut, daß er in Unterseeboote eingebaut werden konnte. Später wurde dieser Kompaktreaktor für größere Leistung ausgelegt und in Kernkraftwerken verwendet. Beim Betrieb dieses speziellen Reaktortyps muß man in gleicher Weise auf der Hut sein wie bei einem Unterseeboot. Die Unfälle in Großbritannien, den Vereinigten Staaten und der Sowjetunion haben gezeigt, daß zivile Angestellte der moralischen Anforderung nicht in gleicher Weise gewachsen sind wie Soldaten. Die sowjetische Industrie war den gleichen bequemen Weg des geringsten Aufwands gegangen und hatte ihre Unterseebootreaktoren genauso für zivile Zwecke vergrößert wie der Westen. Die Wahl des falschen Weges zur friedlichen Nutzung der Kernkraft kann also nicht ausschließlich mit dem Wunsch nach schnellem Profit erklärt werden, der den Energieversorgungsunternehmen vorgehalten wird. Auch die Franzosen wählten später die gleiche Technik; sie erzeugen fast ihren ganzen Strom nuklear und können noch Überschüsse exportieren. Zu ihrem Glück mußte die französische Regierung bisher weder ein Windscale, noch ein Three Mile Island, noch ein Tschernobyl vor ihren Bürgern und ihren Nachbarländern verantworten.

Sehen wir einmal von möglichen Unfällen eines Kernreaktors ab, so bleibt doch unbestreitbar, daß der Einsatz des Brennstoffs Uran radioaktiven Müll hinterläßt. Einige Elemente in diesem Müll haben Halbwertszeiten – Halbwertszeit ist die Zeit, die ein Gramm eines radioaktiven Elements benötigt, bis seine Radioaktivität auf die Hälfte reduziert ist – von Zehntausenden von Jahren. Die politischen Institutionen der irdischen Zivilisationen haben bisher wesentlich niedrigere Halbwertszeiten aufzuweisen: die schwierige Entwicklung einer sicheren Methode, sich des tödlichen Mülls zu entledigen, stellt das bisher unbewältigte und wahrscheinlich unüberwindliche Hindernis dafür dar, einen größeren Teil des Weltenergiebedarfs mit Kernreaktoren zu decken.* Gegen eine größere Investition in die Entwicklung einer denkbaren Endlagerungstechnik spricht eine andere Tatsache. Der Brennstoffkreislauf, mit dem die heutigen Kernreaktoren arbeiten, verlangt die Anreicherung des Kernbrennstoffs Uran mit seinem spaltbaren Isotop Uran-235; die Mischung läuft durch den Reaktor nur in einem einzigen Durchgang. Bleibt die heutige Technik mit diesem Brennstoffzyklus unverändert, dann wird der Weltvorrat gewinnbaren Urans ebenso schnell verbraucht sein wie das Erdöl.

ENERGIE OHNE KOHLENDIOXID

Manche bereits technisch erprobte Kernspaltungszyklen sind aus sich heraus – inhärent – sicher: bricht die Kühlung des Systems zusammen, hört die Spaltung auf. Neben Uran können sie auch mit anderen spaltbaren Elementen betrieben werden. Brüter und die Wiederaufarbeitung abgebrannter Elemente könnten die Rohstoffbasis verbreitern. Doch bleibt das ungelöste Problem der Endlagerung des Atommülls, auch wenn der hochaktive Jahresabfall eines 1000-Megawatt-Atomkraftwerks unter dem Schreibtisch des technischen Direktors Platz hat. Die Emissionen eines gleichgroßen Kohlekraftwerks würde den Himmel um Kubikkilometer von Kohlendioxid bereichern. So lautet das beliebteste Werbeargument der Atomlobby: Energie ohne Kohlendioxid.

Daß Kernkraft dennoch hinter fossilen Brennstoffen die letzte Wahl bleibt, verdankt sie einer anderen Gefahr. Die Pflugschar war einst ein Schwert, und aus dem Brennstoff lassen sich jederzeit Bomben bauen. Ein Sekundärprodukt der Uranspaltung ist das Element Plutonium.

Daraus Bomben zu basteln ist noch leichter. Plutonium wartet auf der ganzen Welt in Tonnen radioaktiven Abfalls auf seine Rückgewinnung. Die Verbreitung der Kerntechnik erlaubt und fördert – stillschweigend und unausweichlich – den Bau von Atombomben. Unsere Gesellschaft hat gelernt, mit der Gefahr zu leben, die von Atommächten und Fast-Atommächten ausgeht. Immerhin handelt es sich dabei um Nationalstaaten. Eine weiter verbreitete Kerntechnik spielt kriminellen und terroristischen Vereinigungen in die Hände.*

Dem Gebiet der früheren Sowjetunion fehlt politische Stabilität. Fraglich ist, ob allein militärische Disziplin genügt, die Hälfte des Weltvorrats von 60 000 einsatzbereiten Atombomben und Mehrfachsprengköpfen unter Kontrolle zu halten. Das nukleare Arsenal der amerikanischen Streitkräfte ist zu einem nicht geringen Teil außerhalb des eigenen Landes stationiert und der Brüchigkeit politischer Bündnisse ausgesetzt. Mehr zivile Kernkraft würde die Gefahr vervielfachen, die von den militärischen Vorratslagern an Massenvernichtungswaffen ausgeht; zu vermuten ist immerhin, daß sie gut bewacht sind.

Die noch grauenvollere Wasserstoffbombe entwickelt ihre thermonukleare Gewalt durch Kernfusionen. Ihre Weiterentwicklung zur kontrollierten Kernfusion birgt dagegen keine neue Gefahr. Energie gewinnt man bei dieser Reaktion aus dem Massenverlust, der bei der Fusion von zwei Atomkernen auftritt. Seit vierzig Jahren hoffen die beteiligten Physiker unbeirrt, daß es ihnen in den folgenden zwanzig Jahren gelingen wird, statt der sofortigen Explosion eine kontrollierte, langsame und anhaltende Fusion zu erzeugen. Die Hoffnung hält jedem Rückschlag stand. Wasserstoff ist das verbreitetste Element. Gelingt es, die Fusion seiner Atome zu erzwingen, dann ist der Brennstoffvorrat so gut wie unendlich. Das Problem ist nur, daß die Fusion eine Temperatur und einen Druck erfordert, wie man sie auf der Erde bisher nur bei einer Atombombenexplosion zuverlässig erzeugen kann.

Zwei Verfahren werden erforscht, um ohne Bombe ans Ziel zu kommen. Beim ersten schließt man die Atome in einer Art magnetischer „Flasche" ein, um sie dort miteinander zu verschmelzen. In der Flasche lassen sie sich erhitzen und zusammenpressen, bis sie die Temperatur und den Druck erreicht haben, die im Inneren eines Sterns herrschen, und miteinander verschmelzen. Beim zweiten Verfahren benutzt man Laserlicht in starken, ineinanderfließenden Strahlen. Sie schließen die Wasserstoffatome ein, erhitzen sie und brechen sie auf, worauf sie miteinander verschmelzen. Beide Verfahren verschlingen ungeheure Mengen Energie, ein Vielfaches der Netto-Energie, die übrigbleiben soll. Gelingt die Fusion, dann wird sie jedoch so viel Energie erzeugen, daß die enorme Betriebsenergie, die beide Verfahren benötigen, davon abgezweigt werden kann. Auf den ersten Blick scheinen die Kosten absurd; sie lassen sich aber vertreten, weil selbst der kleine Bruchteil, der bei der Aktion als Nutzenergie übrigbleibt, den Aufwand mehr als decken wird. Wer den Gral findet, besitzt das Licht der Sterne.

Das Wasserstoffatom ist das einfachste aller Atome. Sein Kern besteht aus einem einzigen Baustein, einem Proton. Die Verschmelzung zweier Wasserstoffkerne, die Proton-Proton-Fusion, ist aber eine sehr unwahrscheinliche Reaktion. Es würde der immensen Gravitationskräfte einer (im wesentlichen aus Wasserstoff zusammengesetzten) Sternenmasse bedürfen, um den Wasserstoff in ihrem Zentrum auf die notwendige Temperatur zu bringen, und es würde Milliarden Jahre dauern, um einen nennenswerten Teil der Masse in Energie umzuwandeln. Die beiden Isotope des Wasserstoffs dagegen setzen der Fusion weniger Widerstand entgegen: Deuterium, das zwei Kernbausteine besitzt, ein Proton und ein Neutron, und Tritium mit drei Kernbausteinen, einem Proton und zwei Neutronen.*

Die Fusion von Deuterium mit Tritium läßt sich bei niedrigeren Temperaturen und kleinerem Druck erzwingen; im Experiment ist das schon öfter gelungen. Bei der Verschmelzung entstehen Helium (zwei Protonen und ein Neutron) und zwei freie Neutronen. Der Engpaß für die Nutzung dieser Reaktion als Energiequelle ist das Tritium. Das kurzlebige radioaktive Wasserstoffisotop Tritium wird gewonnen, indem man das Leichtmetall Lithium der Strahlung eines Kernspaltungs-Reaktors aussetzt. Funktioniert die Kernfusion, erzeugt sie das Tritium nebenbei, und der Menschheit ist dank des reichen, aber auch endlichen Vorrats der Erde an Lithium eine Energiequelle geschenkt, deren Größe der ursprünglichen Ausstattung mit fossilen Brennstoffen die Waage hält.

Deuterium, ebenfalls ein Wasserstoffisotop, ist stabil. Es kommt im Ozean als schweres Wasser sogar natürlich vor, wenn auch in winzigen Mengen. Sollte es – dahinter steht ein gigantisches Fragezeichen – je gelingen, die Fusion von Deuterium mit Deuterium oder gar von Deuterium mit Wasserstoff zu beherrschen, dann würde ein Prozent des im Meereswasser vorhandenen Deuteriums 500 000 Mal so viel Energie freigeben wie in allen fossilen Brennstoffen ursprünglich enthalten war.

Auch Kernfusion läßt sich nicht ohne Strahlenrisiko betreiben. Die beiden freien Neutronen, die bei der Tritium-Deuterium-Verschmelzung übrigbleiben, bestrahlen Geräte und Gebäude, so daß man sie ständig wird erneuern müssen. Doch die Halbwertszeiten der bei dieser radioaktiven Verseuchung entstehenden Isotope sind kurz, ihre Endlagerung wird weniger kompliziert sein als beim Abfall der Kernspaltung. Doch welche Müllprobleme auch auftreten, eins ist sicher: Die Energiegewinnung aus Kernfusion wird kein Kohlendioxid erzeugen.

Verlockend wie Fusionsenergie, doch überall und heute schon zur Hand ist das Licht der Sonne. Wird es eingefangen, so wird kein Kohlendioxid freigesetzt, und der Wärmehaushalt der Erde – was eines Tages vielleicht Bedeutung bekommen wird – bleibt unverändert: die Nutzung des Sonnenlichts erhöht die Temperatur der Erde nicht. Von Kernkraftwerken und Kohlekraftwerken läßt sich das nicht sagen. Sie heizen über zehn Prozent der Gewässer der Industriestaaten auf, und zwar größtenteils mit der Sonnenenergie, die vor Millionen von Jahren in der Biosphäre eingefangen und gespeichert worden ist.

Die Sonnenstrahlen leisten ein Kilowatt pro Quadratmeter Erdoberfläche, eine abgerundete Durchschnittszahl, mit der sich leicht arbeiten läßt. Da Sonnenlicht zu jeder Tageszeit auf 250 000 Milliarden Quadratmeter fällt, ergibt das eine Menge Kilowatt. Doch nur während der fünf oder sechs Stunden, in denen sie hoch am Himmel steht, entwickelt die Sonne ihre volle Leistung von einem Kilowatt pro Quadratmeter. Schwierigkeiten, das Sonnenlicht einzuspannen, bereitet aber gerade die Tatsache, daß es auf 250 000 Milliarden Quadratmeter und damit sehr dünn verteilt ist.

Was uns die Sonne anbietet, ist in den Worten der Thermodynamiker eine Energie geringer Dichte. Pflanzen fangen Sonnenenergie Lichtquant für Lichtquant einzeln ein und brauchen für die Photosynthese nicht mehr als ein Prozent des Energieflusses. Im Lauf eines Tages oder eines Jahres summiert sich auch dabei eine stattliche Energiemenge; sie steht später in konzentrierter Energiedichte zur Verfügung, zum Beispiel als Brennholz. Schon heute kann man mit neuen Methoden der Photovoltaik von dem Kilowatt Sonnenenergie, das auf jeden Quadratmeter fällt, viel mehr abzweigen als eine Pflanze, aber lange nicht genug, um mit den hohen Energiedichten der fossilen Brennstoffe in Konkurrenz zu treten. Eine Tonne Erdöl, die sich gerade noch in einem Würfel von einem Quadratmeter Grundfläche unterbringen läßt, enthält – beim gegenwärtigen Konversionsgrad von Wärme zu Strom – eine elektrische Energie von 3500 Kilowattstunden oder ein funktionelles Potential von 60 Kilowatt pro Quadratmeter.

Man muß die einfallende Energie von sechzig Quadratmetern sammeln, um Sonnenlicht auf die Energiedichte von Erdöl zu bringen. Mit anderen Worten, man muß das tun, was die Öl produzierenden Organismen vor Jahrmillionen auch getan haben: Sonnenenergie vieler Quadratkilometer und vieler Jahre konzentrieren.

Bereits mit einer simplen Linse läßt sich Sonnenlicht am Einfallsort und ohne Zeitverzug auf eine höhere Energiedichte verstärken. Ein Parabolspiegel sammelt und fokussiert noch größere Mengen Sonnenenergie. In den französischen Pyrenäen steht eine Demonstrationsanlage aus Parabolspiegeln, wo Sonnenlicht als chemisch reine Wärmequelle für metallurgische Prozesse seine Vorteile eindrucksvoll zur Geltung bringt.

In Südkalifornien arbeitet ein Pilot-Kraftwerk nach dem gleichen Prinzip: Sonnenlicht wird von Parabolspiegeln gesammelt und auf eine Röhre konzentriert, in der sich Wasser in Dampf verwandelt, der wiederum eine Turbine mit Stromgenerator antreibt. Die physikalischen Grundlagen für die Sammlung und Umwandlung von Sonnenlicht sind bekannt und brauchen nicht mehr erforscht zu werden. Die Herausforderung an den Ingenieur besteht ausschließlich darin, die Wirtschaftlichkeit der Solarenergie auch gegen den künstlich niedrig gehaltenen Preis fossiler Brennstoffe weiterzuentwickeln.

Die erste Antwort auf die Herausforderung war der Einsatz von geschmolzenem Salz anstelle von Wasser, weil Salz eine höhere Wärmekapazität hat als Wasserdampf. Nach diesem Prinzip wurde in der Mojave-Wüste östlich von Los Angeles ein Versuchskraftwerk mit 10 Megawatt elektrischer Leistung gebaut. Das geschmolzene Salz speichert und transportiert die Primärenergie des Sonnenlichts in höherer Quantität pro Masseneinheit; erst in einem Wärmeaustauscher wird die Wärme des geschmolzenen Salzes zum Antrieb der Turbinen in Dampf umgewandelt, in größerer Menge oder mit höherer Temperatur als bei seiner direkten Erzeugung im Parabolspiegel.

Sonnenlicht, das auf der flachen Oberfläche von Wärmekollektoren eingefangen wird, versorgt trotz der geringen Energiedichte in sonnigen Klimazonen viele städtische Haushalte mit Warmwasser. Selbst in höheren Breiten befinden sich Sonnenkollektoren auf Dächern und entlasten manchen Haushalt von Energiekosten. Leider sind die Kollektoren relativ teuer und machen sich bei den heutigen Erdgas- und Heizölpreisen kaum bezahlt. Hätten fossile Brennstoffe höhere Preise, wären auf den Dächern viel mehr Kollektoren. An den hohen Kosten zeigt sich die geringe Energiedichte von Sonnenlicht. Doch die langsame, kontinuierliche Verbesserung der Wirkungsgrade und der unvermeidliche Anstieg der Preise für fossile Brennstoffe teilt der dezentralen Energienutzung mit Hilfe der Solarenergie schon jetzt eine wichtige Rolle dabei zu, den Verbrauch fossiler Brennstoffe zu reduzieren.

In den mittleren und niedrigen Breiten der unterindustrialisierten Welt steht Sonnenenergie fast immer zur Verfügung. Sie könnte Brennholz ersetzen und eine wertvolle Ergänzung der biologischen Energie der Menschen und ihrer Haustiere bilden. Auf den Dörfern des Dekan-Plateaus in Indien wäre ein simpler Reflektor-Sonnenofen, wie ihn Camper auch in gemäßigten Breiten benutzen, sinnvoller eingesetzt als die Feuer aus Rinderdung, mit denen man Wasser kaum zum Kochen bringen kann. Verschiedene Dorfentwicklungsprogramme fördern die Verwendung von Sonnenlicht. Natürlich regt sich auch Widerstand gegen Sonnenöfen, jedoch mehr aus kulturellen Gründen, weniger aus technischen: Viele Leute wollen gerade dann essen, wenn die Sonne untergegangen ist, oder an einem Platz, den die Sonne nicht erreicht.

Das eingefangene Sonnenlicht läßt sich auch ohne weiteres in elektrischen Strom umwandeln. Das Prinzip ist allen bekannt, die beim Photographieren Belichtungsmesser verwenden; Taschenrechner und andere kleine Geräte reagieren sogar auf Lampenlicht. Photovoltaische „Energiesegel" boten die Möglichkeit, erdumkreisende Satelliten mit Betriebsenergie direkt von der Sonne zu versorgen. Im weniger romantischen täglichen Leben stellt sich wieder die Frage, unter welchen Bedingungen die Photovoltaik in großem Maßstab und wirtschaftlich eingesetzt werden kann.*

Falls es gelingt, wäre die Welt Albert Einstein erneut zu Dank verpflichtet. Schließlich war er es, der die merkwürdige Beobachtung, daß in bestimmten Metallen ein Strom entsteht, wenn man sie ins

Licht hält, mit sicherem Instinkt in der Planckschen Zahl verankerte; sie bestimmt die Energie des Lichts in Abhängigkeit zur Wellenlänge und nicht zur Amplitude. Je kürzer die Wellenlänge, um so mehr Energie wird übertragen. Einstein erkannte, daß das Lichtquant – ein Photon oder Korpuskel – seine Energie auf ein Elektron überträgt: der photoelektrische Effekt. Wenn viele Photonen ihre Energie auf viele Elektronen übertragen, entsteht ein elektrischer Strom. Max Planck war von der Wellennatur des Lichts überzeugt und wehrte sich gegen Einsteins Lichtquant und die Doppelnatur des Lichts. Dennoch bleibt das Quant immer Plancks Quant.

Die Wirtschaftlichkeit der Photovoltaik wird an den Herstellungskosten pro Quadratmeter Photozellen gemessen und daran, welcher Prozentsatz der eingestrahlten Sonnenwatt bei elektrischer Spitzenleistung zu diesen Kosten eingefangen werden kann. Die Solarzellen eines Paneels von einem Quadratmeter sollen 1000 DM kosten und zwanzig Prozent des auftreffenden Sonnenlichts von einem Kilowatt in Strom umwandeln; das Paneel gibt 200 Watt ab, zu Anschaffungskosten von DM 5,00 pro Watt. Hinzu kommen die Kosten für die Halterung, für das Aufstellen des Paneels, für das Ausrichten nach der Sonne und für den Grund und Boden, auf dem die Anlage steht. Auch darf man die Kosten für die Umwandlung des erzeugten Gleichstroms in Wechselstrom, der ins Stromnetz eingespeist werden kann, oder für die Speicherung des Stroms nicht vergessen.

In den Vereinigten Staaten rechnet man mit Investitionskapital von 1,10 Dollar pro Watt für ein neues Kohlekraftwerk (in Deutschland mit etwa DM 5,00 pro Watt). Gegen diese Kostenstruktur muß das Solarkraftwerk antreten. Auf das Kohlekraftwerk fallen dann noch die Brennstoffkosten. Die Sonne treibt das Solarkraftwerk, ohne bezahlt zu werden; aber nur für ein Fünftel der Zeit kann sie Spitzenleistung generieren. Die Investition für ein großes Solarkraftwerk ist in den letzten fünfzehn Jahren beträchtlich gesunken, von rund DM 120 pro Watt auf DM 2,50 pro Watt Spitzenleistung; ermöglicht wurde der Preisrückgang durch die gestiegene Produktion der Photozellen und die Verbesserung ihres Wirkungsgrads.

Auch Solarenergie verursacht Umweltkosten, ob sie von Dampfturbinen oder Photozellen aufgenommen wird. Bei einem angenommenen Wirkungsgrad von zwanzig Prozent und 1800 Sonnenstunden im Jahr würden die Paneele eines deutschen Solarkraftwerks von der Größe eines deutschen Kernkraftwerks mit 1350 Megawatt elektrischer Leistung fünfunddreißig Quadratkilometer bedecken. Wollte man das ganze deutsche Stromnetz an die Sonne hängen, brauchte man für die Solarpaneele rund viertausend Quadratkilometer oder mehr als ein Prozent der Landfläche. Das klingt zwar wenig, doch an Ort und Stelle wäre niemand bereit, sich mit der Veränderung der Landschaft abzufinden.

Städte verbrauchen den meisten Strom. In Stadtnähe liegt aber kein Land in der notwendigen Größe. Wollte man in der Oberpfalz, einem Gebiet mit überdurchschnittlicher Sonnenstrahlung, Solarkraftwerke anlegen, dann entstünde nach dem Roden der Wälder eine Technowüste, die das ganze Ökosystem gefährdete. Auch Solarenergie führt zu politischen und ökologischen Planungskontroversen. Schon das Solarpaneel auf dem Dach ist manchem Landschaftsschützer ein Dorn im Auge.

Wer kriegt den Strom und wer den Dreck? Die Frage wird uns weiterbegleiten und ist so neu nicht. Kein Hauptsatz der Thermodymik hat je zu der Vermutung Anlaß gegeben, es gäbe irgendwo etwas für nichts.

Solarer Wasserstoff

Man muß sich Gedanken darüber machen, wie man Solarenergie speichert und zum Verbraucher bringt. Auf den langen Überlandleitungen vom Solarkraftwerk zum Verbraucher geht eine Menge elektrische Energie verloren. Nachts ist das Kraftwerk außer Betrieb. Doch das Kraftwerk kann Wasser elektrolytisch spalten und den entstandenen Wasserstoff speichern. Wird Energie gebraucht, gibt der Wasserstoff die Energie wieder frei; man muß den Prozeß nur umkehren und den Wasserstoff mit Sauerstoff verbrennen. Dabei vereinigen sich die Moleküle wieder zu Wasser. Benutzt man zur Verbrennung Luft statt reinen Sauerstoff, dann entsteht neben Wasserdampf auch unerwünschtes Stickoxid. Die Menge ist von der Verbrennungstemperatur abhängig. Notfalls läßt sich der Schadstoff mit Katalysatoren im Zaum halten, wie sie heute zur Reinigung der Auspuffgase von Kraftfahrzeugen benutzt werden.*

Betreibt man ein herkömmliches Turbinen-Generator-Gespann bei einem Wirkungsgrad von 30 Prozent mit Wasserstoff, dann ergibt die chemische Energie des Wasserstoffs eine Nettoleistung von sechs

Prozent der solaren Primärenergie, die ursprünglich auf die Photozellen gefallen ist. Auf der geographischen Breite der Vereinigten Staaten könnten über den Wasserstoffzyklus pro Quadratmeter Photozellen im Jahr ungefähr hundert Kilowattstunden erzeugt werden. Der geschlossene Kreislauf aus Speicherung und Transport in Form von Wasserstoff läßt sich bei jeder Art von Primärenergie einsetzen – besonders auch bei Kernkraftwerken, die die gleichen Standortschwierigkeiten haben wie Solarkraftwerke.

In Japan steht solarer Wasserstoff als Brennstoff für Kraftwerke im Mittelpunkt des Interesses. Noch vor Ende des Jahrhunderts soll mit dem Projekt „Sunshine" der erste Schritt auf dem Weg zur Befreiung der japanischen Wirtschaft aus der Abhängigkeit von fossilen Brennstoffen gemacht sein. In Deutschland wird in Neunburg vorm Wald bald eine kleine Solarwasserstoffanlage von fünfhundert Kilowatt den Betrieb aufnehmen. Das Gegenstück dazu wird in arabisch-deutscher Zusammenarbeit bei Riad in Saudi-Arabien gebaut.

Die Technik der Elektrolyse des Wassers ist ausgereift, Wasserstoff wird, bei einem Energieverbrauch von rund fünf Kilowattstunden pro Kubikmeter, in großen Mengen produziert. In Gasform fließt Energie weit billiger durch Pipelines als Strom durch Überlandleitungen. Wasserstoff kann durch die gleichen Leitungen strömen wie Erdgas, und dafür gibt es bereits ein Netz von 400 000 Kilometer Länge. Eine Gasleitung von 36 Zoll (rund 90 cm) Durchmesser kann Wasserstoff mit einem Energiegehalt von 11 000 Megawatt übertragen, das ist dreizehnmal so viel wie eine europäische Verbundleitung mit 380 000 Volt Spannung.

Zum Verbrauch läßt sich Wasserstoff entweder in die elektrische Energie zurückverwandeln, die ihn ursprünglich aus dem Wasser befreit hat, oder das Gas kann direkt an den Verbraucher geliefert werden. Er wird die Rolle des Erdgases übernehmen und die Kessel der Industrie heizen. Im Haushalt ist Wasserstoff nicht nur in der Küche sinnvoll. Er bietet sich als verlockende Alternative zum Heizöl an, weil man jeden Raum einzeln heizen kann und nicht auf eine Zentralheizung angewiesen ist. Beim Verbrennen entsteht Wasserdampf und sorgt für gesündere Raumluft.*

Der mobile Kraftfahrzeugpark kann seine Verbrennungsmotoren auf Wasserstoff umstellen. Bei Lastwagen und Bussen können die Verbrennungsmotoren sogar durch leise Elektromotoren ersetzt werden, die ihren Strom aus Brennstoffzellen beziehen, die Strom bei kühler Vereinigung von Wasserstoff und Sauerstoff in genauer Umkehr des Hydrolyseprozesses generieren.*

Wer ein gutes Gedächtnis hat, wird sich noch an das flammende Inferno des Luftschiffs Hindenburg am Ankermast von Lakehurst bei New York erinnern und die Katastrophe mit Wasserstoff in Verbindung bringen. Doch der Transport von Wasserstoffgas in Pipelines ist nicht gefährlicher als der von Erdgas. Am Rhein strömen seit sechzig Jahren jedes Jahr mehr als 100 Milliarden Kubikmeter Wasserstoffgas durch eine zweihundert Kilometer lange Pipeline, ohne daß je eine Panne passiert wäre. Hundert Jahre lang wurde Stadtgas zum Kochen und zur Straßenbeleuchtung verwendet und erst vor wenigen Jahren durch Erdgas ersetzt. Stadtgas besteht aus 50 Prozent Wasserstoff, 25 Prozent Methan und 10 Prozent Kohlenmonoxid. Moderne Technik wird auch dieses bewährte Energiesystem neu beleben und verbessern und dem Wasserstoff ein breites Anwendungsgebiet erschließen.

Beim Betrieb von Kraftfahrzeugen mit Wasserstoff gibt es sowohl das Problem des Volumens als auch das der Sicherheit. Verflüssigung reduziert das Volumen, braucht aber einen massiven Tank, der großem Druck standhält. Wasserstoff läßt sich als Metallhydrid auch chemisch speichern, der Behälter wiegt dann weniger. Wird das Hydrid langsam erwärmt, beispielsweise vom Wasserdampf aus dem Auspuff, dann löst sich der Wasserstoff aus dem Hydrid und kann entweder in Brennstoffzellen durch kühle Vereinigung oder in einem Motor durch heiße Verbrennung unter Zufuhr von Sauerstoff oder Luft in Energie verwandelt werden. Schon lange laufen Versuche, bei denen Busse und Personenwagen von wasserstoffgespeisten Brennstoffzellen oder von Verbrennungsmotoren angetrieben werden.

Je größer der Behälter für Wasserstoff wird, desto geringer wird sein Anteil am Gesamtgewicht. Wasserstoff ist also der ideale Treibstoff für große Fahrzeuge – Lastzüge, Busse und auch für Flugzeuge. Professor Carl-Jochen Winter, Direktor der Abteilung Solar- und Wasserstofftechnik des Stuttgarter Forschungszentrums der Deutschen Forschungsanstalt für Luft- und Raumfahrt, hat berechnet, daß ein Großflugzeug 30 Prozent weniger Startgewicht haben wird, wenn es mit Wasserstoff statt mit fossilem Treibstoff aufgetankt wird. Die Triebwerke werden kleiner sein und leiser. Das erste Flugzeug der Welt mit Wasserstofftriebwerken startete im Jahr 1988; es war ein sowjetisches Passagierflugzeug.

Solarenergie erfüllt sicher nicht alle Energiewünsche der Industrieländer. Für unterindustrialisierte Länder dagegen bietet sich Solarenergie als Lösung von großen und kleinen Problemen an. Die Sonne steht günstiger und arbeitet mehr Stunden mit Spitzenleistung als im Norden. Anstatt Netze von Überlandleitungen aufzubauen, können kleine Anlagen die verstreuten Dörfer wie Inseln separat versorgen, eines Tages auch zu geringeren Kapitalkosten. Produzieren die Anlagen auch noch Wasserstoff, wird die verzweifelte Suche nach Brennholz ein Ende haben.

Ein weiterer Weg, um an Solarenergie zu gelangen, führt über den Wärmeentzug aus der relativ warmen Oberschicht des Meerwassers. Das Wasser nimmt die Sonneneinstrahlung von einem Kilowatt pro Quadratmeter auf und erwärmt sich nach dem Standardmaß von einer Kalorie pro Grad pro Kubikzentimeter. Wird ein Kubikmeter Meerwasser von der Sonne um ein Grad Celsius erwärmt, dann speichert er 4,187 Megajoule (eine Million Kalorien) gleich 1163 Kilowattstunden Energie. Wegen des ständigen Energieaustauschs zwischen Ozean und Atmosphäre wird beileibe nicht alles Sonnenlicht absorbiert; dennoch liegt in den Ozeanen eine Energiereserve, die anzuzapfen sich in Reichweite der Technik befindet.*

Diese „Ozean-Temperatur-Energie-Conversion" (kurz OTEC) wird interessant, wenn das kalte Tiefenwasser von der sonnendurchwärmten Oberschicht nicht allzu weit entfernt und wenigstens zwanzig Grad Celsius kälter ist. Beim Wirkungsgrad heutiger Kraftwerkstechnik lassen sich aus der Wärmedifferenz, die 24 Kilowattstunden beträgt, pro Kubikmeter 8 Kilowattstunden elektrische Energie gewinnen. Das reicht gerade, um den ganzen Aufwand zu rechtfertigen. In einem OTEC-Kraftwerk läßt man das warme Meerwasser (oder ein Kühlmittel wie Ammoniak, das vom Meerwasser erwärmt wurde) im Unterdruck verdampfen; der Unterdruck ist etwa so niedrig wie der Luftdruck in 27 bis 30 Kilometer Höhe in der Atmosphäre: fast ein Vakuum. Der Niedrigstdruckdampf rast wie ein Marssturm durch die helikopterähnlichen Flügel der OTEC-Turbine und überträgt ihnen die Energie von 8 Kilowattstunden pro Kubikmeter, die aus der Temperaturdifferenz zwischen warm und kalt entsteht. Beim Niederschlag in dem von kaltem Meerwasser aus der Tiefe gekühlten Kondensator verliert der Dampf den Rest der Temperaturdifferenz von zwanzig Grad Celsius. Zum Vergleich: Eine Tonne Hochtemperatur-Hochdruckdampf, der in einer konventionellen Kraftwerksturbine auf dem Weg zwischen Eintritt und Austritt 300 Grad Celsius verliert, gibt dabei mehr als 100 Kilowattstunden Energie ab.

Man muß eine Menge Kubikmeter durch die OTEC-Anlage pumpen, um aus dem kleinen Energiepotential des Meerwassers nennenswerte Energie zu gewinnen. Die Pumpen, die warmes und kaltes Wasser heranführen und das Vakuum aufrechterhalten, verbrauchen zwangsläufig einen großen Teil der produzierten Energie; in einer einigermaßen effizienten Pilotanlage waren es 65 von 100 produzierten Kilowattstunden. Das ist nicht mehr, aber auch nicht weniger als die durchschnittliche Effizienz von Wärmekraftwerken mit fossilen Brennstoffen.

So unwahrscheinlich dieser Ansatz zur Energiegewinnung klingt, die USA, Frankreich und Japan hatten bereits eigene OTEC-Pilotanlagen in Betrieb. Die Fülle der nutzbaren Energie reizt. Bei den erwähnten zwanzig Grad Celsius Temperaturdifferenz enthält jeder Kubikkilometer Meerwasser 8 Millionen Megawattstunden Energie, von der ein OTEC-Kraftwerk mit 100 Megawatt Leistung nur einen Bruchteil herauszuziehen braucht. Forschungsziel muß sein, Kosten und Energieverbrauch der Verdampfer, Turbinen und Kondensatoren nach und nach zu senken und leichte, aber feste Werkstoffe zu entwickeln, aus denen sich die gewaltigen Rohre, die zum kalten Meeresgrund reichen, herstellen lassen. Vom Abyssos zum Verbraucher ist es ein weiter Weg, und die erzeugte Energie will verpackt und gespeichert werden. Vielleicht bietet sich erneut Wasserstoff an, den Spezialtanker abholen können.

In einigen Teilen der Erde hätte auch der kondensierte Dampf aus dem OTEC-Kraftwerk eine Verwendung. Als entsalztes Wasser ist er ebenso viel wert wie die erzeugte Energie. Das Wasser vom Meeresboden ist nährstoffreich. Wenn es die Kondensatoren gekühlt hat, kann es als Futtermittel bei der Aquakultur in Teichen oder offenen Oberflächengewässern dienen. Falls die OTEC-Technik in Fahrt kommt, wird mit ihr eine beachtliche Menge Eiweiß an die Oberfläche strömen und zur besseren Nahrungsmittelversorgung der Erde beitragen.

Am Ende wird wahrscheinlich weit mehr Tiefenwasser hochgepumpt werden, als für die Eiweißproduktion sinnvoll genutzt werden kann. Vorsicht ist geboten bei der Überlegung, was mit dem restlichen Eiweiß geschehen soll. Seit ewigen Zeiten ruht der Meeresgrund ungestört. Niemand weiß, was geschieht, wenn die dort lagernden, dem natürlichen Kreislauf entzogenen Nährstoffe wieder in Umlauf kommen. Auch in dieser Energiegewinnung lauert eine Umweltbelastung. Sie kann entweder schlimme Algenblüten hervorbringen oder unerwünschte Maßnahmen notwendig machen, um sie zu vermeiden.

Bei allen Umweltschützern, die nach einer unschädlichen Primärenergiequelle suchen, steht die Biomasse – genauer gesagt, die Phytomasse – hoch im Kurs.* Verbrennt man die Produkte einer Kohlenstoff-Fixierung durch Photosynthese, die gerade oder erst vor kurzer Zeit stattgefunden hat, dann nimmt der Kohlendioxidgehalt der Atmosphäre nicht zu, anders als bei der Verbrennung von fossilen Brennstoffen. Deren Kohlenstoff wurde der Atmosphäre vor vielen Millionen Jahren entzogen, fixiert und in den Schichten der Erde gespeichert, während Atmosphäre und Biosphäre Zeit hatten, sich auf ein neues Gleichgewicht einzustellen. Brasilien hat seine Abhängigkeit von importiertem Erdöl durch den Anbau großer Mengen Zuckerrohr vermindert. Die Verbrennungsmotoren des Landes werden mit Alkohol aus vergorenem Zuckerrohr (Äthanol) betrieben, der entweder in reiner Form oder als „Gasohol" mit Benzin gemischt an der Tankstelle angeboten wird. Ihr Betrieb verändert die Kohledioxidbilanz nicht. Doch jeder weitere Beitrag der Phytomasse zur Weltenergiewirtschaft geht zu Lasten der Nahrungsmittelproduktion; die Phytomasse der Wälder gibt schon heute jedes Jahr mehr Energie ab, als neu fixiert wird.

Dagegen können uns einige Wüstenpflanzen die Augen öffnen, auf welche Weise Phytomasse zur Brennstoffversorgung beitragen kann. Rund um die Welt gedeihen Mitglieder der Familie der Euphorbiazeen oder Wolfsmilchgewächse fast unbeachtet in der Wüste. Die Kohlenwasserstoffe ihres Saftes haben einen höheren Energiegehalt als die Kohlenhydrate im Gewebe der meisten anderen Pflanzen. Schon befassen sich Genetiker mit den Wolfsmilchgewächsen, um ihre Produktivität zu verbessern. Aus der Familie der Sonnenblumen wird Guayule in ariden Gebieten angebaut, um Saft für die Kautschukherstellung zu erzeugen; jetzt denkt man daran, auch Motorenöl aus dem Strauch zu gewinnen.

Leider hängt die dörfliche Wirtschaft in den unterindustrialisierten Ländern noch ausschließlich von der Biomasse ab. In den Hütten werden mehr als 40 Prozent der drei Milliarden Kubikmeter Holz verfeuert, die in den Wäldern der Welt jährlich geschlagen werden.

Im Umkreis der Dörfer kann das Holz gar nicht mehr so schnell nachwachsen, wie es verbrannt wird. Die entwaldeten Ringe um die Dörfer in den Regionen des Trockenfeldbaus südlich und westlich der Sahara werden immer größer. Auf dem Dekan-Plateau in Indien wird jedes Jahr mit 400 Millionen Tonnen Rinderdung gekocht und geheizt, statt das wertvolle Material dem immer unfruchtbarer werdenden Boden zurückzugeben. Der geringe Energiegehalt des Dungs ist für viele Krankheiten verantwortlich; denn er bringt Milch nicht zum Kochen. Sie wird gerade bis zu einer Temperatur erwärmt, bei der sich Krankheitserreger wohlfühlen. Doch schon freundet sich die Dorfbevölkerung in Indien und China mit der Methode an, aus Rinderdung zusammen mit menschlichen Exkrementen und anderen organischen Abfällen Biogas zu erzeugen. Dabei entsteht Methan als Brennstoff und ein sauberer Klärschlamm als Dünger.

Die von den Ölpreis-Schocks aufgerüttelte Weltwirtschaft hat ihr Interesse an anderen Primärenergiequellen verstärkt. Die Wasserkraftreserven der meisten unterindustrialisierten Länder sind so gut wie unerschlossen. In den Industriestaaten, wo Wasserkraft schon an vielen Stellen genutzt wird, bringt jedes neue Projekt die Demonstranten auf die Straße. Für Amateur-Ökologen haben Wind, Flut, Meereswellen und Wärme aus dem Erdinneren höheren Stellenwert. Sie besitzen den Vorteil relativer Unerschöpflichkeit oder sogar der Selbsterneuerung. Leider sind sie unzuverlässig oder unzugänglich, und ein großer Teil ihrer Energie geht in den mechanischen und wärmetechnischen Vorrichtungen verloren, die man braucht, um sie überhaupt nutzbar zu machen. Einige Windfarmen aus Wäldern schlanker, aerodynamisch ausgefeilter Windenergiekonverter sind an das kalifornische Stromnetz angeschlossen. In Dänemark, den Niederlanden und Norddeutschland nimmt die Zahl der Windräder zu. Dagegen sind die wenigen Fjorde und Fluttrichter, in denen Ebbe und Flut gezügelt werden könnten, bisher unangetastet geblieben, weil die Kosten für die Sperrmauern schneller steigen als der Ölpreis.*

Erdwärme wird als Energielieferant dort genutzt, wo heiße Quellen die Wärme freundlicherweise an die Erdoberfläche bringen. Leider liegen nur wenige Quellen gerade dort, wo die Energie gebraucht wird. Außerdem hat heißes Wasser die böse Eigenschaft, Elemente und Stoffe, die Pumpen und Rohre angreifen, aus dem umgebenden Gestein zu lösen und mit nach oben zu bringen. Immerhin geht in Kalifornien, Island und Italien und an manch anderer Stelle der Erde

Strom aus geothermischer Energie ans Netz. Ist man bereit, weiter in die Tiefe zu bohren, dann kann man die geothermische Energie unter unseren Füßen an jeder Stelle der Erde anzapfen. In zehn Kilometer Tiefe unter den Vereinigten Staaten ist das Gestein etwa 150 °C warm. Unter den Rocky Mountains erreicht man die gleiche Temperatur schon in fünf Kilometer Tiefe, und an einigen Stellen ist das Gestein in fünf Kilometer Tiefe schon 300 °C warm. Die Gewinnung von Wärme aus heißem, trockenen Gestein – international als HDR *(Hard Dry Rock)*-Energie bezeichnet – steht noch vor der Entwicklung einer speziell dafür geeigneten Technik. In große Tiefe und in heißes Gestein vorzudringen ist für die Bohrkunst noch eine Herausforderung. Ist es gelungen, muß in der heißen Tiefe das Gestein zerbrochen werden, damit es vom eingepreßten Wasser umspült werden kann, das dann die Wärme in Form von Dampf nach oben bringt. Man wird viel Energie brauchen, um das Wasser in einem geschlossenen Kreislauf zusammen mit dem aus der Turbine zurückkehrenden Kaltdampf wieder in das Gestein zurückzupressen.*

In mehreren Ländern wird aktiv an der Entwicklung der HDR-Technik gearbeitet. Das Forschungszentrum in den Vereinigten Staaten ist das *National Laboratory* in Los Alamos, die berühmt-berüchtigte Schmiede der ersten Atombomben. Bisher waren die einmaligen „Anlagekosten" (Tiefbohrung und Zertrümmerung einer genügend großen Menge Gestein) und die laufenden Betriebskosten (Wasser hinunterzupressen und den Dampf aufzufangen) im Vergleich zu den Energiekosten aus fossilen Brennstoffen zu hoch, um die Hürde der Wirtschaftlichkeit zu nehmen.

In der Vorstellungswelt des Astrophysikers Thomas Gold von der Cornell University existiert ein weiteres unerschöpfliches Energiereservoir. Er beruft sich auf die unbestrittene Tatsache, daß Wasserstoff das häufigste Element der Lithosphäre ist und daß Kohlenstoff ebenfalls zu den häufigen Elementen zählt. Kein Mineral ist unsterblich, aber seine chemischen Bindungen können in den tiefen, turbulenten Bereichen der Lithosphäre aufgebrochen und neu kombiniert werden, Wasserstoff und Kohlenstoff sich aus ihren Bindungen mit anderen Elementen lösen und als Methangas (CH_4) zueinander finden. Irgendwo in den Tiefen der Erde müßte sich Methan unter ungeheurem Druck in Riesenmengen ansammeln, glaubt Gold.

Er bezieht sich auf mysteriöse und auf andere Weise nicht erklärliche Eruptionen und Austritte von Methan am Meeresboden, wo die

Erdkruste jung und dünn ist. Bei einer Tiefbohrung in den kristallinen Kontinentalsockel in Schweden stieß man auf geringe Mengen Methan, die keinen biologischen Ursprung haben konnten. Die Schweden waren so beeindruckt, daß sie sofort eine neue Bohrung ansetzten.

Verbrennt man Methan, dann entsteht, wie immer, Kohlendioxid. Sollte sich Golds These je bewahrheiten, wird man das abiotische Methan trotz dieses Handicaps als fossilen Rohstoff für die petrochemische Industrie gebrauchen können. Es ist sowieso schon ein rein petrochemisches Produkt, denn es ist ohne Hilfe der Biosphäre entstanden.

ENERGIE DURCH BESSERE TECHNIK

Seit 1973 entwickelt sich eine reiche, neuartige Energiequelle. In ihr sammelt sich die Energie, die dank verbessertem Wirkungsgrad der Maschinen und der Sparsamkeit der Verbraucher nicht verwendet wurde. Anders ausgedrückt: die vom niedrigen Preis des Rohöls provozierte Verschwendung wurde eingedämmt und kanalisiert – siehe Punkte c) und d) auf der Amuzegar-Tabelle (siehe S. 204). Die Quelle sprudelt reichlich. Neue Vorschriften der amerikanischen Regierung mit hohen Bußgeldern für alle Automobilhersteller, die sich nicht daran halten, verminderten den Durchschnittsverbrauch der amerikanischen Personenwagen in den ersten zwanzig Jahren um rund sechs Liter pro 100 Kilometer. Dennoch stieg der Benzinverbrauch in den USA um mehr als 10 Prozent. Die Abhängigkeit vom Individualverkehr ließ sich nicht durch Vorschriften beseitigen. Dagegen sparte die Industrie mehr als ein Viertel ihres früheren Energieverbrauchs ein, Haushalte, Einzelhandel und Büros verbrauchten zwanzig Prozent weniger Energie. Viel Primärenergie wurde paradoxerweise eingespart, indem verstärkt elektrischer Strom eingesetzt wurde. Die Zahl der abgenommenen Kilowattstunden stieg um 72 Prozent; doch wegen des verbesserten Wirkungsgrads der Elektrizitätswerke mußten zu ihrer Erzeugung nur 68 Prozent mehr Primärenergie eingesetzt werden. Alles in allem fiel der Primärenergieverbrauch pro Dollar des erwirtschafteten Bruttosozialprodukts um mehr als 25 Prozent in fünfundzwanzig Jahren.*

Noch mehr ist möglich. Effizienter Energieeinsatz wird noch lange der wirtschaftlichste Weg bleiben, auf dem die Industriestaaten das

Angebot von Energie vergrößern. Hohe Kapitalkosten für neue Investitionen und steigende Preise für Bauten und Maschinen haben die Energieversorgungsunternehmen der USA dazu veranlaßt, ihren Kunden Kredite für Energiesparmaßnahmen anzubieten, ja sogar, sich an den Kosten direkt zu beteiligen. Eine besondere Art solcher Investitionen ist die Abwärmenutzung. Darunter versteht man den Einsatz des aus der Turbine strömenden Dampfes zur Raumheizung und zu anderen Zwecken, bei denen Niedrigtemperaturenergie gebraucht wird. In der Sowjetunion und in der ehemaligen DDR wurden ganze Städte auf diese Weise geheizt – eine der wenigen erfolgreichen Demonstrationen zentraler Wirtschaftsplanung.

Die großen Industrie- und Handelskonzerne der USA haben längst ihre eigenen Heizkraftwerke gebaut, um den Vorteil der Doppelnutzung selbst einzuheimsen. Die überschüssige Elektrizität wird an die lokalen Stadtwerke verkauft. Die Aufsichtsbehörden, die die Gestaltung der Stromtarife überwachen, drängen die Stadtwerke, sich an solchen Investitionen zu beteiligen, auch gegen die aus einer bestimmten Ecke geäußerte Drohung, die Leistungsfähigkeit der öffentlichen Stromversorgung sei gefährdet, wenn Großkunden abspringen dürften.

In drei Jahrzehnten, von 1950 bis 1980, war die Kapazität der Kraftwerke am öffentlichen Netz der USA auf das Neunfache gestiegen, im Jahrzehnt bis 1990 nur noch um ein Viertel. Darin spiegeln sich einerseits die wachsende Zahl großer Industriebetriebe, die ihren eigenen Strom herstellen, andererseits die Antwort der übrigen Industrie auf die steigenden Energiekosten sowie Sparwille und Effizienzverbesserung. Im Vergleich zur Industrie liegt vor den Haushalten noch ein weiter Weg, bis sie alle technisch möglichen Sparziele erreicht haben werden.

Die Mauern der neuen Reihenhäuser, die in den Vororten die Einfamilienhäuser ersetzen, sparen Heizenergie. Da die Häuser erschwinglich bleiben sollen, werden leider keine weiteren energiesparenden Maßnahmen ergriffen. Glühbirnen, die pro Watt mehr Licht geben, werden beliebter, ihr Einsatz wird von soziologischen Studien begleitet, die zeigen, daß der Durchschnittshaushalt sein Glück durchaus bei weniger Beleuchtung finden kann. Seit 1990 schreibt die Novelle des *Clean Air Act,* des Luftreinhaltungsgesetzes, auch den Automobilherstellern eine weitere Reduktion des Benzinverbrauchs pro Meile vor.*

Vergleichbare Sparmaßnahmen in anderen Industrieländern werden zur Verringerung des Energieverbrauchs pro Einheit des Bruttosozialprodukts beitragen. Gemeinsam haben die wichtigsten Industrieländer von 1973 bis 1985 den Energieverbrauch pro Kopf um rund fünf Prozent gesenkt, während das Bruttosozialprodukt in der gleichen Zeit um mehr als dreißig Prozent wuchs.

Nach Ansicht ernstzunehmender Wissenschaftler und Ingenieure, die sich mit der Erforschung und der Entwicklung energiesparender Technik befassen, könnte die Weltwirtschaft das zur Entwicklung der unterindustrialisierten Länder erforderliche Wirtschaftswachstum auf das Drei- bis Vierfache tatsächlich schaffen, ohne den Primärenergieverbrauch zu erhöhen. Amory Lovins und seine Mitarbeiter, international geachtete Verfechter höchster Energieeffizienz, haben für jede Art von Energienutzung eine Liste der wirtschaftlichsten Verfahren aufgestellt, von der Raumheizung bis zum Verkehr. Doch Energie wird sparsam erst eingesetzt werden, wenn der Energiepreis die Spartechnik bezahlt macht oder gar erzwingt. Sicher ist, daß das Bruttosozialprodukt der Industrieländer auch weiterhin schneller wachsen wird als der Energieverbrauch.

Sobald die Wirtschaft der unterindustrialisierten Welt wieder in Schwung kommt und der Grad der Industrialisierung zunimmt, wird unweigerlich auch der Weltenergieverbrauch wachsen. Bevor das Bruttosozialprodukt pro Kopf auch nur um ein Quentchen steigt, werden Erzeugung und Verbrauch elektrischer Energie zunehmen; denn von ihr verspricht sich jedes Land den ersten Vorteil der Industrialisierung. Die vorhandenen Kraftwerke und älteren Industrieanlagen sind wenig effizient und verbrauchen bei ihrem Betrieb viel zu viel Energie. Die Landwirtschaft wird sofort großen Bedarf an Stickstoffdünger anmelden; seine Herstellung frißt besonders viel Energie.

Indien und China müssen ihr Wirtschaftswachstum mit den eigenen Kohlenvorräten beschleunigen, auf Kosten der Natur und zu Lasten der Erdatmosphäre. Kaum ein anderes unterindustrialisiertes Land, die Ölländer ausgenommen, besitzt eigene Energievorräte. Im internationalen Handel werden alle Energieträger teurer werden. Die Abhängigkeit der unterindustrialisierten Staaten von importierter Energie wird die Industrieländer zwingen, radikale Maßnahmen zur Neuordnung der Schulden zu ergreifen.

In den unterindustrialisierten Ländern wird Energie, in Steinkohleneinheiten ausgedrückt, pro Kopf in einer Menge von knapp einer Tonne jährlich verbraucht. Wie viele volkswirtschaftliche Angaben zu Verteilungsfragen liegt auch diese Zahl weit über dem geometrischen Mittelwert. Der Durchschnittswert wird von den 1500 Kilogramm der Länder Südamerikas mit ihren Großstädten hochgetrieben, obwohl die Hälfte der Stadtbevölkerung in den Shantytowns lebt und kaum Zugang zu Energie besitzt; das gleiche gilt für die dreißig Prozent der Bevölkerung, die auf dem Lande leben.

In China ist der Energieverbrauch pro Kopf auf 800 Kilogramm Steinkohlenäquivalent geklettert, ein Zeichen dafür, daß es sich auf dem Weg zur Industrialisierung befindet. Auf dem indischen Subkontinent beeinflußt die Wirtschaftsentwicklung das traditionelle dörfliche Leben nur wenig, und der Energieverbrauch liegt bei 200 Kilogramm. In Afrika sind es durchschnittlich 34 Kilogramm importierte Energie, der schwer zu erfassende Brennholzverbrauch ist in der Statistik nicht enthalten. Rechnet man ihn in Form von Steinkohlenäquivalent dazu, wird sich die Ziffer vielleicht verdreifachen. Die Jahresration bleibt dennoch mager im Vergleich zu den neun Tonnen, die jedem Bürger der USA, oder den fünf Tonnen, die den Einwohnern der anderen Industrieländer zur Verfügung stehen.

Jeder Versuch, den künftigen Energiebedarf der Menschheit zu kalkulieren, muß von zehn Milliarden Menschen ausgehen. Es ist zu hoffen, daß sich diese Menschen eines Gesundheitsstandards erfreuen, bei dem freiwillige Geburtenkontrolle das Bevölkerungswachstum, wie in den Industriestaaten, zum Stillstand gebracht hat. Kann dieser Gesundheitstandard nicht erreicht werden, dann wird sich das Bevölkerungswachstum fortsetzen, bis es sich auf einem höheren Niveau eingependelt hat.

Legt man den Lebensstandard der USA zugrunde, dann würde der erstrebte Gesundheitszustand bei einem Energieäquivalent von 90 Milliarden Tonnen Kohle erreicht; beim Standard der übrigen Industrieländer wären 50 Milliarden Tonnen notwendig. Beide Zahlen liegen im Rahmen der Ressourcen, die der Menschheit zur Verfügung stehen. Wäre der angestrebte Standard allerdings mit geringerer Belastung des irdischen Ökosystems zu erreichen, dann wären wir gut beraten, diesen Weg zu wählen. Betrachtet man zunächst den mit den geringsten Mitteln zu erreichenden Standard, dann sieht man den Rahmen, in dem sich die Ansprüche einer zukünftigen Weltbevölkerung an die Erde bewegen werden.

Besonderes verheißungsvoll für die Aussicht auf eine stabile Weltbevölkerung ist die Beobachtung, daß die Wachstumsrate der chinesischen Bevölkerung zwischen 1965 bis heute von 2,5 Prozent auf 1,2 Prozent abnahm, und zwar auf einem Wohlstandsniveau, für das 800 Kilogramm Steinkohlenäquivalent Energieverbrauch pro Kopf genügen. 800 Kilogramm sind weniger als zwanzig Prozent des Pro-Kopf-Verbrauchs der Industrieländer und weniger als zehn Prozent des amerikanischen. Das mag ein Anzeichen dafür sein, daß der demographische Übergang nicht notwendigerweise einen Wohlstand der Weltbevölkerung voraussetzt, der weltweit die Ressourcen in dem befürchteten Maße belastet.

Für die Bevölkerung der übrigen unterindustrialisierten Länder mag, wenn sie Chinas Beispiel folgen will, der Energieverbrauch von 800 Kilogramm Steinkohleäquivalent ein erstes Etappenziel sein. Die moralischen Kategorien der Revolution, der Beginn einer Wirtschaftsdemokratie und der steigende Wohlstand haben die Chinesen motiviert, die angeordnete Geburtenkontrolle zu praktizieren und sich dem von der Regierung ausgeübten Zwang zu beugen.

Die Welt wird sich an die ungleiche Verteilung von Energie gewöhnen müssen. Erstens ist es unwahrscheinlich, daß sich die Menschen in den Industriestaaten mit einer Reduktion ihres Lebensstandards abfinden werden; wohl aber werden sie gezwungen sein, weniger Energie zu verbrauchen, um ihn aufrechterhalten zu können. Die Bevölkerung der Industriestaaten wird bis zur Mitte des nächsten Jahrhunderts 1,5 Milliarden erreichen, und jeder könnte bequem mit fünf Tonnen Steinkohleäquivalent auskommen, wie es in allen Industrieländern mit Ausnahme der USA gang und gäbe ist.

Mitte des nächsten Jahrhunderts werden die heute unterindustrialisierten Staaten sechs oder sieben Milliarden Einwohner haben. Es besteht berechtigte Hoffnung, daß die Industrialisierung bis dahin weit genug fortgeschritten sein wird, um den dafür notwendigen Energieeinsatz auf einem Steinkohleäquivalent von zwei Tonnen pro Person zu halten, dem heutigen Weltdurchschnitt. Wie in China wird die Annäherung an diesen Wert und an den damit verbundenen Wohlstand und Lebensstandard den Eltern die Sicherheit geben, daß ihre erstgeborenen Kinder überleben und die zweite Phase des demographischen Übergangs, das Sinken der Geburtenrate, beschleunigen. Rundet man die Zahlen nach oben ab, dann steht uns für die Mitte des nächsten Jahrhunderts ein Entwicklungsziel vor Augen, das dem irdischen Ökosystem den Verbrauch von 25 Milliarden

Tonnen Steinkohleäquivalent aufbürdet. Gegen Ende des nächsten Jahrhunderts wird eine stabile Weltbevölkerung von zehn Milliarden Menschen beobachten können, daß sich der Weltenergieverbrauch bei fünf Tonnen Steinkohleäquivalent pro Kopf einpendelt.

Auch wenn ständig von Steinkohleäquivalenten gesprochen wird: es ist völlig undenkbar, den anschwellenden Energiestrom durch das Verbrennen fossiler Energieträger zu speisen. Schon bei vier Tonnen pro Kopf würden fossile Brennstoffe der Atmosphäre so viel Kohlendioxid zuführen, wie der natürliche Umsatz der Biosphäre beträgt, falls dieser nicht schon vorher durch kleinere, über der heutigen Zufuhr liegende Immissionen durcheinandergeraten sein sollte. Eine gewisse Zunahme des Kohlendioxids scheint unvermeidlich, denkt man nur an den zunehmenden Verbrauch von selbstgeförderter Kohle in China und Indien. Muß man sich deutlicher ausdrücken, um an die Dringlichkeit zu erinnern, mit der endlich auch alternative Energiequellen erschlossen werden müssen?

Schon in den Vorbereitungsgremien für die Konferenz der Vereinten Nationen für Umwelt und Entwicklung in Rio haben sich die skandinavischen Staaten an die Spitze einer Bewegung gesetzt, die zur Reduktion des Kohlendioxideintrags in die Atmosphäre aufruft. Auf ihren Vorschlag hin hat die Konferenz 1992 eine *Klimakonvention* beschlossen und die Beteiligten zur Verminderung der Immissionen von Treibhausgasen verpflichtet. Leider enthält die Konvention weder verbindliche Mengen noch verbindliche Daten.

Die Alternative zu fossilen Brennstoffen, die am ehesten einsatzfähig wäre, ist unglückseligerweise die Kernkraft. Sollten die Marktkräfte eine Wiederbelebung der Kerntechnik in den Industrieländern erzwingen, dann wird es wenigstens inhärent sichere Reaktorzyklen geben, die den veralteten Unterseebootzyklus ablösen. Man wird endlich alle Kräfte mobilisieren müssen, um die Endlagerung nuklearer Abfälle beherrschen zu lernen, und in den Nichtverbreitungsvertrag müssen neue eiserne Klammern eingezogen werden, um den Mißbrauch von Brennstoff zur Bombenherstellung zu unterbinden.

Der künftige Energiepreis wird mit Gewalt zur Sparsamkeit zwingen. Das bedeutet zunächst, der Verschwendung weiter zu Leibe zu rücken. Ein anderer Energiepreis wird zweifellos auch der Nutzung von Sonnenenergie neuen Auftrieb geben, sei es mit Solarkollektoren oder Windgeneratoren, besonders dann, wenn sie in kleinen, besser verteilten Einheiten aufgestellt werden. Der Sonnenkollektor auf dem

Dach, von dem so viele gutwillige Hausbesitzer enttäuscht worden sind, wird in neuer, verbesserter Form wieder auf dem Markt angeboten werden, und sobald die Nachfrage nach Sonnenkollektoren groß genug ist, werden sich auch Preis und Qualität verbessern.

Man wird sich endlich ernsthaft um die Entwicklung erneuerbarer oder unerschöpflicher Energiequellen bemühen müssen. Langfristig und im großen Maßstab verspricht die photovoltaische Nutzung der Sonnenenergie den größten Erfolg. Die Kurve des Wirkungsgrads der Solarzellen zeigt nach oben und wird früher oder später die Preiskurve der bisherigen Energiequellen schneiden. Von dem Moment an sind Entwicklung und Installation von Solartechnik rentabel.

Ist das Ziel erreicht, könnte sich das Gleichgewicht zwischen den Welten der industrialisierten und der unterindustrialisierten Staaten noch einmal verschieben. Die Sonne kann die arabische Halbinsel zu einer Wasserstoffquelle von der gleichen Bedeutung machen, die heute ihre Erdölquellen haben. 25 000 Quadratkilometer photovoltaische Anlagen, auf einem Prozent der unfruchtbaren Wüste Arabiens aufgestellt, erzeugen jährlich Wasserstoff mit dem Energieäquivalent von mehr als einer halben Milliarde Tonnen Rohöl; das ist die gleiche Menge, die auf der arabischen Halbinsel heute jährlich gefördert wird. Besetzt man ein Prozent des Festlands der Erde mit photovoltaischen Anlagen, dann produzieren sie bereits bei dem heutigen Stand der Technik das Energieäquivalent der 25 bis 50 Milliarden Tonnen Steinkohle des zukünftigen Weltbedarfs, von dem oben gesprochen wurde.

Die Menschheit braucht nicht auf das Gelingen der Kernfusion zu warten, um einen gangbaren Weg zu finden, sich mit aller Energie zu versorgen, die sie braucht oder zu brauchen glaubt, ohne dabei die Biosphäre, deren Teil sie ist, in Gefahr zu bringen. Die notwendigen Investitionen in den Umbau der Energiewirtschaft werden der Weltwirtschaft den notwendigen Stimulus zu einer langfristigen Konjunktur verleihen. Es wird mehrere Jahrzehnte dauern, bis die Energieversorgung gesichert ist; möglicherweise besinnt sich die Menschheit inzwischen auf ihre Grundwerte und findet Zeit, über die gerechte Verteilung des Grundguts Energie nachzudenken.

Die Energie des Ozeans und des Erdinneren sind unsere eiserne Reserve. OTEC-Technik und HDR-Technik können sie mobilisieren. Es sieht so aus, als ob die Spezies *Homo sapiens* nicht ausweglos zu dem Schicksal verdammt ist, an der Verschmutzung des eigenen Nestes zugrunde zu gehen.

5

Landwirtschaftliche Revolution

Auf den Feldern der Welt wächst genug Nahrung für alle, ausreichend jedenfalls, um alle Menschen wohlgenährt und gesund zu erhalten. Trotzdem siechen 400 Millionen Menschen an Unterernährung dahin, und weitere 500 Millionen bekommen nicht genug zu essen. Der Widerspruch löst sich sofort auf, wenn man sich anschaut, wie die Nahrungsmittel auf der Welt verteilt sind. 500 Millionen Menschen leiden an ernährungsbedingten Krankheiten, weil sie zu viel essen. In armen Ländern sterben Menschen, vor allem Kinder, an Kwashiokor, Proteinmangel, oder an Maramus, Kalorienmangel. In reichen Ländern wie in den USA haben fast 20 Prozent der Leute über 45 Jahre mehr als 30 Prozent Übergewicht. Jeder Zweite leidet an Herz- und Kreislaufbeschwerden, weil er zu viel tierisches Fett und zu viel Zucker ißt.

Die falsche Verteilung der Nahrungsmittel ist ein internationales Phänomen. Die Industriestaaten haben in den letzten 150 Jahren ihre landwirtschaftliche Produktion enorm gesteigert. Sie haben die neuesten biologischen Erkenntnisse angewendet und immer größere Energiemengen eingesetzt. Heute produzieren die reichen Länder fast die Hälfte aller Nahrungsmittel der Erde; mehr als genug für ein Viertel der Weltbevölkerung. In der gleichen Zeit hat das Bevölkerungswachstum der unterindustrialisierten Länder alle technischen und gesellschaftlichen Formen der traditionellen Landwirtschaft überholt.

Die falsche Verteilung der Nahrungsmittel ist auch ein nationales Phänomen. In reichen Staaten müssen arme Menschen hungern. In armen Staaten leiden Menschen unter Fettleibigkeit und anderen Stoffwechselerkrankungen, weil sie zu viel und die falsche Nahrung zu sich nehmen.

Von Zeit zu Zeit werden die Bewohner der Industrieländer von der Panik ergriffen, es gebe nicht mehr genug zu essen. Die Produktion, nicht aber die Verteilung der Nahrung jagt ihnen einen Schrecken ein. Als sich die Weltbevölkerung in den fünfziger Jahren daran machte, sich auf die heutige Zahl zu verdoppeln, wurden die Amerikaner von einer solchen Panikwelle erfaßt. Eine mittelgroße Bibliothek von

Bestsellern bezeugt die Verzweiflung über und die Verachtung für die Menschen in den armen Ländern, die die meisten Leser mit den Autoren teilten.*

Indien und China, wo „millionenfach Kinder in die Welt gesetzt werden", konnten nach Ansicht des Demographen William Vogt dem Bevölkerungsgesetz von Malthus nicht entkommen und „auch in den nächsten Jahrzehnten keine bemerkenswerte industrielle Entwicklung durchlaufen". Der Naturschützer Fairfield Osborne malte aus, wie eine Weltbevölkerung von 3,6 Milliarden Menschen im Jahre 2000 die Grenzen der Erde sprengte. William und Paul Packard, Mitglied des Diplomatischen Dienstes der USA der eine, studierter Landwirt der andere, teilten im Jahr 1975 in ihrem Buch „Famine" die Staaten, die von diesem „Hunger" heimgesucht waren, nach einem Dreiklassensystem auf: erstens die Staaten, „in denen das Ungleichgewicht zwischen Nahrung und Einwohnern groß, aber kontrollierbar ist"; zweitens die Staaten, die genügend landwirtschaftliche Reserven besitzen, um mit dem Bevölkerungswachstum Schritt halten zu können; und drittens die Staaten, die rettungslos verloren sind, deren Wachstumstrend jede landwirtschaftliche Produktionssteigerung hinter sich läßt. „Dorthin Nahrungsmittel schicken heißt Sand in den Ozean schütten."

Kurz nach den Packards trat der Biologe Garett Hardin auf und bescherte uns die „Zu-viele-im-Boot"-Ethik. Aus einem Dreiklassensystem folge kein moralischer Zwang, belehrte er seine Leser; Menschen in einem Rettungsboot inmitten von Ertrinkenden seien nicht verpflichtet, auch nur einen einzigen an Bord zu nehmen und sollten bereit sein, jeden Versuch abzuwehren, das Rettungsboot zu entern.

Wenn bei offenbar qualifizierten Fachleuten die Angst um ausreichende Versorgung mit Nahrungsmitteln zu solchen Schlüssen führt, sollte sich jeder Zweifel erübrigen. Natürlich ist der rasante Anstieg der Nahrungsmittelerzeugung seit 1950, der schneller verlief als die Verdoppelung der Weltbevölkerung, kein Beweis dafür, daß die Nahrungsmittelproduktion noch einmal verdoppelt werden kann. Man muß genau wissen, wie es dazu kam, um die Überzeugung zu gewinnen, daß man es noch einmal schafft und, wenn nötig, auch ein drittes Mal. Dann aber steht man vor dem Hauptproblem, der wirklich schwierigen Frage nach der Verteilung.

Die Grundlage der Ernährung in den Hochkulturen Asiens war der Anbau von Reis mit künstlicher Bewässerung. Von Zeit zu Zeit brach eine Hungersnot aus, die Opfer forderte. Die europäischen Kleinbauern dagegen praktizierten noch Wanderfeldbau und brannten Meter für Meter den Urwald nieder, damit die Asche den Boden fruchtbar mache. Die Erträge mußten steigen, um die wachsende Bevölkerung ernähren zu können. Die europäischen Bauern konnten ihre Landwirtschaft in einer gemäßigten Klimazone mit Feldern, die der Regen bewässerte, verbessern und erschlossen größere Flächen für den Ackerbau. Einer europäischen Hochkultur war der Weg geebnet. Man verkürzte den traditionellen Turnus, den Boden brachliegen zu lassen, bis der Wald dort zurückkehrte, wo wenige Jahre Feldbau von fünfzehn bis zwanzig Jahren Brache abgelöst wurden. Feldbau alternierte mit Weidewirtschaft in kurzen Phasen: Stickstoffverbraucher und Stickstofferzeuger wechselten sich ab. Im frühen 18. Jahrhundert erfand in England Jethro Tull die Kultivation mit tierischer Zugkraft und Pflug. Tull hatte in Oxford studiert, bei den *Inns of Court* den Anwaltsberuf erlernt und war schließlich durch eine Erbschaft zur Landwirtschaft gekommen. Er führte die Reihensaat ein, um die Bestellung des Feldes und die Unkrautbekämpfung zu vereinfachen.

Die weitere Entwicklung der Landwirtschaft in England ging von den Bauernhöfen aus und gipfelte Mitte des 19. Jahrhunderts im sogenannten „high-farming" und dem „new-husbandry". Damit wird eine Landwirtschaft mit internen Kreisläufen aus Tierdung und Gründünger bezeichnet: heute wird sie von den Aposteln „biologischer" Landwirtschaft und Gärtnerei gepredigt. Die Landwirtschaft steigerte die Produktivität und die Erträge in einem Maße, daß sich Kapital für die industrielle Revolution ansammeln konnten. Arbeitskräfte wurden freigesetzt, die in die Städte abwanderten.

Technische Neuerungen für den Agrarbetrieb kamen seitdem von außerhalb des Bauernhofs. In den fünfzig Jahren zwischen 1830 und 1880 wurden in Nordamerika nacheinander Mähmaschine, Mähbinder und Mähdrescher erfunden. Die fruchtbaren, ebenen Böden der Prärie forderten diese Entwicklungen geradezu heraus. Mit jeder neuen Maschine vergrößerte sich das Tagwerk, das eine Arbeitskraft bewältigen konnte; mähte eine Arbeitskraft mit der Sense einen Acre*, waren es bald zwei, vier, acht und schließlich achtzehn Acres, die zuerst mit der Mähmaschine, dann mit dem zwei- beziehungsweise vierspännigen Mähbinder und schließlich dem Mähdrescher eingebracht werden konnte. Vergleicht man die mechanisierte Extensivbewirtschaftung der Prärie mit der klassischen Intensivbewirtschaftung der Böden in Europa, dann war der Ernteertrag pro Acre geringer, ja er fiel trotz der Produktivitätssteigerung der menschlichen Arbeitsstunde mehr und mehr zurück.

Jahrelang war die Herstellung von Landmaschinen der bedeutendste Industriezweig in den Vereinigten Staaten, vor allem da seit Anfang dieses Jahrhunderts Traktoren über die Äcker rollten. Die Verbreitung des Traktors hatte eine entscheidende Folge: Mähmaschinen und Mähdrescher wurden nicht nur größer und stärker, sondern die Produktivität erhielt eine neue Dimension. Der Traktor entlastete die Landwirtschaft von der Notwendigkeit, Millionen Acres für das Futter und Milliarden menschlicher Arbeitsstunden für den Einsatz des Energieparks aus Pferdekraft vorzuhalten. Weizen, Mais und Futtergetreide gab es plötzlich in ungeahnten Mengen, als menschliche Nahrung und als Kraftfutter für Vieh und Geflügel.

In der industrialisierten Welt war das Vieh nicht mehr nur der Verwerter der unverdaulichen Zellulose des Pflanzengewebes, die es in ein vom Menschen verdauliches Nahrungsmittel umwandelte; denn im „zweiten Magen" des Rindes, im Pansen, leben in Symbiose Bakterien und helfen, die Zellulose aufzuschließen. Die Rinder wurden zur Endmast mit mehr Getreide gefüttert, als die Menschen zu sich nahmen, die ihr Fleisch verspeisten.

Für die Japaner in den engen Grenzen ihrer Vulkaninseln war eine Landwirtschaft, die effizient mit dem Boden umging, ökonomischer als der Versuch, menschliche Arbeitskraft einzusparen. Die Japaner waren zu Beginn unseres Jahrhunderts die ersten, denen es gelang, den Hektarertrag mit Hilfe von Genetik und Dünger zu steigern, beziehungsweise die für einen bestimmten Ertrag notwendige Fläche zu verringern. Stickstoff in Form von Fischmehl aus Hokkaido und Sojakuchen aus der Mandschurei, wo kein Reis wächst, führte weiter im Süden zum „Reisanbau auf Stickstoffbasis".

Meist selektierten die Bauern ihre Reissorten danach, wie sie auf Stickstoff reagierten; kürzere Stengel garantierten, daß sie die schweren Rispen tragen konnten, nicht umknickten und sich nicht vom Wind niederlegen ließen. In den zwanziger Jahren wuchsen diese Sorten auf mehr als der Hälfte der japanischen Reisfelder; in den japanischen Kolonien Korea und Formosa führte dieser Probelauf der Grünen Revolution rasch zu blühenden Resultaten.

In den USA gingen seit Anfang dieses Jahrhunderts die wichtigsten technischen Neuerungen nicht mehr von den Bauernhöfen aus, sondern wurden in Universitätsinstituten und Forschungsabteilungen entwickelt. Das war die Folge einer Politik, die großen Wert auf Wissenschaft und höhere Ausbildung legte. Während des Bürgerkriegs war der *Morill-Act* beschlossen worden, ein Gesetz, das den neuen Staaten in den weiten Steppen des Westens öffentliche Subventionen zur Gründung von „Neusiedler"-Colleges für Landbau und Technik bescherte.

Am *Michigan State College of Agriculture and Applied Science,* der späteren *Michigan State University,* übertrug William Beal eine Entdeckung von Charles Darwin auf die Züchtung von Mais. Darwin hatte beobachtet, daß aus der Kreuzung von verwandtschaftlich weit voneinander entfernten Sorten ein und derselben Spezies ein Sprößling mit „hybrider Lebenskraft" entstand. Beal pflanzte zwei Maissorten nebeneinander und entfernte bei einer die Narbenfäden, entmannte sie gleichsam. Nachdem sie von der Sorte mit Narbenfäden in der nächsten Reihe befruchtet worden waren, entfalteten die Samen der anderen Sorte tatsächlich die erwartete hybride Kraft. Doch erst weitere Forschungen von George H. Shull vom Carnegie Institut in Washington sowie Edward M. East und Donald Jones von der *Connecticut Agricultural Experiment Station* führten zur Entdeckung der zugrundeliegenden genetischen Gesetze und sicherten den Hybriden einen festen Platz in der Landwirtschaft.

Jedes Jahr wiederholen die Mitarbeiter der Saatzuchtbetriebe die Versuchsanordnung für die Zucht der ersten hybriden Maispflanzen im Aussaatbeet ihres Laboratoriums. Nachdem Anfang der dreißiger Jahre das erste Saatgut offiziell zum Anbau freigegeben worden war, stieg der Maisertrag im amerikanischen Maisgürtel nach zehn Jahren von vierzehn auf einundzwanzig Doppelzentner pro Hektar*. In wenigen Jahren waren neunzig Prozent der Anbaufläche mit dem neuen Saatgut bestellt. Heute werden im Maisgürtel bis zu 80 Doppelzentner pro Hektar geerntet; der Rekord soll bei 192 Doppelzentner pro Hektar liegen. Inzwischen hat sich Hybridmais auf alle Kontinente verbreitet und die Produktivität der Anbauflächen enorm gesteigert. Seine hohen Erträge sind ein wirklich segensreicher Beitrag der Neuen Welt zur menschlichen Ernährung. In der Weltgetreideproduktion steht Mais heute mit 512 Millionen Tonnen (1992) gleichberechtigt neben Weizen mit 557 Millionen und Reis mit 521 Millionen Tonnen.

Beal, Shull, East und Jones haben nicht nur Hybridmais gezüchtet; sie haben auch eine Methode gefunden, wie man die Produktivität jeder Nutz- und Zierpflanze steigern kann. Ihre Methode unterscheidet sich grundsätzlich von der gezielten Auslese, die die traditionell arbeitenden Bauern bis zum Ende des 19. Jahrhunderts einsetzten. Wie der klassische Bauer wählt der heutige Züchter eine Pflanze oder ein Tier wegen eines bestimmten Merkmals aus; doch er kann das Merkmal in den Nachkommen verankern, weil er den genetischen Mechanismus, der das Merkmal weitergibt, wissenschaftlich untersucht hat und steuern kann.

Die Saatzüchter kennen auch die Gefahren und den Nutzen von Genmanipulationen dieser Art. Die Hybridsorten verfügen nur noch über einen Bruchteil der genetischen Eigenschaften der älteren Landrassen, aus denen sie ausgewählt wurden. Im Jahr 1956 fiel ein Fünftel der amerikanischen Maisernte einer Pilzkrankheit zum Opfer. Daraufhin integrierten die Saatzuchtbetriebe ein bestimmtes Merkmal aus dem genetischen Inventar der alten Landrassen in das Saatgut für das nächste Jahr und erzielten damit Resistenz gegen den Pilz. Die Saatzuchtbetriebe passen die genetische Kapazität den ständig wechselnden Belastungen an, denen jede Getreideart durch die Umwelt ausgesetzt wird.

Landwirtschaftliche Genetik ist die Methode eines Industriezweigs, der sich der Öffentlichkeit und den Börsenmaklern entzieht. Im Jahr 1980 erzielte die Branche einen weltweiten Umsatz von 12 Milliarden Dollar, ein Drittel davon in den USA. Fünfzig multinationale Gesellschaften beherrschen den Markt; sie haben kleinere Gesellschaften mit gutem Namen aufgekauft, vor allem bekannte Saatzuchtbetriebe für bestimmte Einzelsorten. In Europa und den USA kauften sie vor allem die Betriebe, die Sortenschutz und sogar Patentschutz auf ihre hauseigenen Varietäten besaßen. Die Marktkonzentration in dieser Nische der Weltwirtschaft ist nicht zu unterschätzen: nach Angaben des *Centre on Transnational Corporations* der Vereinten Nationen ist sie „bei einzelnen Pflanzen besonders schwerwiegend, wenn zum Beispiel drei Multis 80 Prozent der Patent- oder Sortenschutzrechte für Bohnen besitzen und vier Unternehmen über 45 Prozent der Rechte an Baumwolle, 60 Prozent der Rechte an Gartensalat, 48 Prozent der Rechte an Sojabohnen und 36 Prozent der Rechte an Weizen bestimmen".

Die Unternehmen haben ein spezielles Interesse an der Verbreitung hybrider Sorten, weil die Samen hybrider Pflanzen entweder unfruchtbar sind oder ihr Saatgut, wenn es fruchtbar ist, die Eigenschaften, für die es patentiert wurde, nicht fortpflanzen kann. Der Erfolg einer bestimmten Sorte bedeutet Neubestellung von Saatgut für das nächste Jahr. Für die Bauern der Industriestaaten bilden die Kosten für den Einkauf von Saatgut einen gewichtigen Posten auf der jährlichen Gewinn- und Verlustrechnung. Die Bauern der unterindustrialisierten Welt mußten feststellen, daß sie im folgenden Jahr nicht mehr einen winzigen Teil ihrer Ernte aussäen konnten, sondern daß sie von Saatgut abhängig geworden waren, das sie einkaufen müssen; über Nacht war die ganze moderne Landwirtschaftstechnik zu ihnen gekommen und hatte sie in die Weltwirtschaft eingebunden.

GENETISCHE VIELFALT UND VERSORGUNG MIT NAHRUNGSMITTELN

Seit aus den alten Rassen erfolgreich Saatgut mit bestimmten Eigenschaften selektiert wurde, schrumpfte die genetische Basis der Hauptgetreidearten beängstigend schnell. Mittlerweile kümmern sich das *U. S. Department of Agriculture* und amerikanische Universitäten darum, daß systematisch Genbanken für jede Art aufgebaut und erhalten werden. Auf streng geschützten Flächen regenerieren sie nicht nur das Saatgut der Landrassen mit breitgefächertem genetischen Inventar; sie erneuern auch das Saatgut der Vorläufer, jener Wildgräser, aus denen die Indianer einst die wichtigsten Pflanzen züchteten.

Die Erhaltung der genetischen Vielfalt ist das wichtigste Argument zugunsten der Errichtung und Erhaltung von Reservaten, in denen komplette Ökosysteme geschützt werden; es ist ein Argument über Leben und Tod. Inzwischen richtet jeder Staat mit den verfügbaren Mitteln eine Genbank für seine Nutzpflanzen ein. Vor nicht allzu langer Zeit erhielt die amerikanische Genbank für Mais ein wertvolles Geschenk aus dem indischen Unionsstaat Jammu-Kaschmir: Saatgut einer Mais-Landrasse, die dort kontinuierlich angebaut wird, seitdem sie jemand im frühen 19. Jahrhundert aus den USA mitgebracht hatte. Bleibt zu hoffen, daß man in den Steppen Asiens und Nordamerikas die noch älteren, wilden Vorfahren von Weizen und Mais entdecken wird.*

Bei der Steuerung des genetischen Mechanismus ist die Wissenschaft bis ins Molekularsystem vorgedrungen. Eines Tages wird man Eigenschaften auch über Speziesgrenzen hinweg übertragen können, indem man die DNA rekombiniert, das heißt zerschneidet und anders zusammensetzt. Auf der DNA-Kette im Chromosom einer Pflanze läßt sich der Abschnitt, der den Code eines erwünschten Merkmals trägt, aufspüren, herausschneiden und in das Chromosom einer völlig verschiedenen Pflanze einsetzen.

Mais, Sorghum und Zuckerrohr arbeiten mit einer besonders effektiven Methode der Photosynthese, bei der sie vier statt drei Kohlenstoffatome aus dem Kohlendioxid der Atmosphäre in das organische Erstprodukt ihres Stoffwechsels einbinden. Dieses C4-Merkmal auf Pflanzen der C3-Gruppe wie Weizen und Reis zu übertragen steht naturgemäß ganz oben auf der Wunschliste der Gentechniker.

Vielleicht wird es sogar gelingen, Gene über Grenzen auszutauschen, deren evolutionärer Abstand noch wesentlich größer ist. Pflanzen brauchen Stickstoff, um Proteine aufzubauen. Mit dem Wurzelgewebe von Klee, Luzerne und anderen Leguminosen in Symbiose verbundene Bakterien können Stickstoff aus der Atmosphäre aufnehmen und binden. Die Aufgabe besteht darin, die Eigenschaft des Bakteriums in das genetische Gefüge von Weizen, Mais und Reispflanzen einzubauen und den Bedarf an Stickstoffdünger zu reduzieren, seine Verwendung möglicherweise überflüssig zu machen. Darüber hinaus gibt es Gene für die Verträglichkeit von Salz, für Resistenz gegenüber Wassermangel in Dürrezeiten; Gene, mit deren Hilfe Pflanzen Insektenbefall abwehren oder überstehen können; und Gene, die eine größere Toleranz gegenüber der jahreszeitlichen Veränderung des Lichteinfalls garantieren. Pflanzen mit diesen Genen würden auch in höheren oder niedrigeren Breitengraden gedeihen, je nachdem, wo sie heimisch sind.*

Hier öffnet sich Neuland ohne Grenzen; zum Glück im rechten Moment, da urbar zu machendes Neuland auf der Erde knapp wird. Der Motor der industriellen Revolution, die Suche nach und die Anwendung von wissenschaftlicher Erkenntnis, hat die zweite landwirtschaftliche Revolution in Gang gesetzt. Der Zunahme der Weltbevölkerung folgte ein enormer Anstieg der Nahrungsmittelproduktion, zum erstenmal dadurch, daß der Ertrag gesteigert wurde, und nicht über den Umweg, daß mehr Flächen urbar gemacht wurden.

Die zweite landwirtschaftliche Revolution hat die landwirtschaftlichen Betriebe eng in das Wirtschaftssystem der Industriestaaten eingebunden. Oft wird der Abbau von Arbeitsplätzen in der Landwirtschaft beklagt; in den USA waren 1950 mehr als 12 Prozent der

Arbeitskräfte in der Landwirtschaft beschäftigt, 1985 waren es weniger als 3 Prozent. Gelobt wird dagegen, wie viele Menschen ein amerikanischer Farmer ernähren kann; sieben waren es im Jahr 1900, sechzehn im Jahr 1950, und fünfundsiebzig im Jahr 1985. Doch die überraschenden Fakten und Zahlen täuschen und verschleiern eine ganz andere Realität. Tatsächlich sind viel mehr Menschen als früher damit beschäftigt, das Land satt zu machen. Etwa 75 Cents von jedem Dollar, den der Verbraucher im Laden zahlt, gehen an die vielen Arbeitskräfte, die den Farmen zuarbeiten. Sie beginnen mit der Arbeit, lange bevor der Bauer das erste Saatkorn legt, und sind noch tätig, wenn er längst die Ernte eingefahren hat.

In diesem arbeitsteiligen Prozeß stehen die Erzeuger von hybridem Saatgut nahezu an vorderster Stelle. Doch vor ihnen beschäftigen sich damit Wissenschaftler an Hochschulen und Universitäten, finanziert durch die Steuern des Endverbrauchers; zu ihrer eigenen Überraschung hat selbst die Grundlagenforschung die Entwicklung der Landwirtschaft vorangetrieben. In der Produktion der für die Farmer notwendigen Hilfsmittel sind genausoviele Menschen beschäftigt, wie es Farmer gibt. Sie produzieren landwirtschaftliche Maschinen und Treibstoff, Strom, Düngemittel, Pestizide und Pharmazeutika für die Viehzucht. Noch mehr Arbeitskräfte werden für die Nacharbeit gebraucht. Sie besorgen Transport, Lagerung und Kühlung, verarbeiten, konservieren und verpacken die Erzeugnisse, beliefern den Groß- und Einzelhandel und verkaufen an den Konsumenten. Alles in allem ist jeder fünfte Arbeitnehmer damit beschäftigt, die Bevölkerung zu ernähren. Die Nahrungsmittelindustrie ist der größte Industriezweig der USA.

Die eingesetzten Produktionsmittel und der Ertrag eines modernen landwirtschaftlichen Betriebs haben einen gemeinsamen Nenner: Energie. Auf einem typischen deutschen Bauernhof mit fünfundzwanzig Hektar Fläche wurde 1979 genau doppelt so viel Energie eingesetzt wie 1880. Währenddessen ging die Selbsterzeugung von Energie von 97 Prozent auf weniger als 10 Prozent zurück (Bild 29). 1880 bestanden 65 Prozent der eingesetzten Energie aus der Arbeit von Mensch und Tier; die Energie wurde vom Bauernhof selbst durch den Anbau von Nahrung und Futter erzeugt. Die restlichen 32 Prozent der eingesetzten Energie waren im selbsterzeugten Saatgut enthalten, das von der letzten Ernte abgezweigt wurde. Im Gegensatz dazu steht der Betrieb aus dem Jahre 1979; weniger als ein Prozent Energie wird in

Form menschlicher Arbeitskraft selbst erzeugt; tierische Arbeitskraft wird überhaupt nicht mehr benötigt. 99 Prozent des inzwischen doppelt so großen Aufwands an Energie erreichen den Bauernhof über Lieferungen und Leistungen von außen. Nach Abzug der aufge-

Energieverbrauch eines deutschen Bauernhofs

Energiequelle	Energieeinsatz in Prozent	
	1880	1979
Menschliche Arbeitskraft	13	0,4
Tierische Arbeitskraft	52	–
Saatgut	32	10
Kunstdünger	1	49
Landwirtschaftliche Geräte	2	2
Brennstoff	–	23
Strom	–	6
Pflanzenschutzmittel	–	1
Landwirtschaftliche Maschinen	–	8
Summe in Prozent	100	100
	60 Millionen Kilokalorien	120 Millionen Kilokalorien

Energieerzeugung in Form von Nahrungsmitteln

	Fläche in Hektar		Ertrag Tonnen pro Hektar		Energieerzeugung Millionen Kilokalorien	
Erntejahr	1880	1979	1880	1979	1880	1979
Getreide	15	16,7	1,4	5,0	82	325
Kartoffeln	4	8,3	11,0	46,7	41	361
Grünfutter, Weide	6	–	3,2	–	70	–
Summe	25	25			193	686

Bild 29: Der Energieertrag eines fünfundzwanzig Hektar großen deutschen Bauernhofs hat sich zwischen 1880 und 1979 verdoppelt, die aufgewendete Arbeitsenergie hat sich nach dem Ersatz der biologischen Energie von Mensch und Tier durch Energie aus fossilen Brennstoffen vervierfacht. 1880 wurde die eingesetzte Energie fast vollständig auf dem Hof erzeugt; 1979 wurde nahezu die gesamte Energie eingekauft.

wandten Energie war der in Form von Nahrungsmitteln erwirtschaftete Energieertrag 1979 dennoch doppelt so hoch wie 1880.*

Für amerikanische Farmen kann man eine vergleichbare Input-Output-Rechnung aufstellen. David Pimentel von der Cornell Universität und andere haben für die amerikanische Landwirtschaft den steigendem Input von Energie mit dem steigenden Output verrechnet. Dabei wird deutlich, daß die Landwirtschaft vollständig in das industrielle Wirtschaftssystem des Landes eingebunden wurde. Wendet man die standardisierten Umrechnungsfaktoren an und rundet die Zahlen sinnvoll auf oder ab, dann lassen sich Input und Output statt in Kilowattstunden oder Kilojoule auch in Kalorien (streng genommen Kilokalorien) ausdrücken, der bei Essern beliebtesten Energieeinheit.

Das Jahr 1987 zählte in der Geschichte der amerikanischen Landwirtschaft nicht zu den besten Jahren. Die Farmen konnten eine Ernte von 330 Millionen Tonnen Weizen, Mais, Sorghum, Sojabohnen und Reis einbringen. Jede Tonne Getreide besitzt 3,6 Millionen Kilokalorien; die Jahresernte hatte einen Nährwert von 1200 mal 10^{12} oder 1 200 000 Milliarden Kilokalorien oder 1300 Kilogramm Getreide pro Kopf und Jahr.

Damit überstieg die Ernte von 1987 sogar den hohen Jahresbedarf der Amerikaner von durchschnittlich 3600 Kalorien pro Kopf und Tag um mehr als das Dreifache, wenn auch Getreide wenig Protein und essentielle Aminosäuren enthält. Der amerikanische Esser nimmt aber nur 10 Prozent seiner Ernährung in Form von Kalorien zu sich, die direkt aus Getreide stammen. Andererseits kommt die Hälfte seiner Tageskalorien indirekt aus Getreide, wenn auch als Produkt aus dem Schlachthof, aus der Molkerei und der Geflügelfarm. Mehr als die Hälfte der Getreideernte wird an Schlachtvieh und Geflügel verfüttert. Von den ursprünglichen Kalorien des Getreides gelangen auf diesem Umweg nur 15 Prozent in das Nahrungsmittelangebot. Das ist immerhin mehr als der natürliche Verlust auf ein Zehntel, der in der Nahrungskette eines natürlichen Ökosystems von Stufe zu Stufe zu beobachten ist. Die bessere Nutzung resultiert daraus, daß neben dem Fleisch von Schlachtvieh auch die Kalorien von Milch und Eiern lebender Tiere berücksichtigt wird.

Nachdem Mensch und Tier ihr Getreide bekommen hatten, blieb von der Getreideernte des Jahres 1987 ein Überschuß von 28 Prozent zum Verkauf ins Ausland übrig. Die führende Industrienation der Erde sicherte sich ihren Spitzenplatz im internationalen Handel durch den Export von Getreide und anderen landwirtschaftlichen Produkten, und nicht durch Industrieerzeugnisse.

In den übrigen Erzeugnissen der Farmen, im Heu, in Alfalfa und anderem Viehfutter, in Gemüse, Obst und Zucker, ist die andere, knappere Hälfte der von der Landwirtschaft produzierten Kalorien der amerikanischen Nahrungsmittel enthalten. Aus Farmerzeugnissen von 2000 mal 10^{12} Kalorien werden Nahrungsmittel mit knapp 800 mal 10^{12} Kalorien. Ist die Energie der gemeinsame Nenner, entspricht die Menge etwa 500 Millionen Tonnen Getreide oder einem Getreideäquivalent pro Kopf und Jahr von zusätzlichen 2000 Kilogramm. Nach dem Export entfallen auf jeden amerikanischen Verbraucher 1500 Kilogramm pflanzliches Primärgewebe pro Jahr, die seiner Ernährung dienen. Das ist nahezu das Doppelte dessen, was pro Kopf in irgendeinem anderen Industriestaat verzehrt wird.

Auf der Input-Seite, der Seite der Produktionsmittel, entziehen die landwirtschaftlichen Betriebe dem restlichen Industriesystem fast 1000 mal 10^{12} Kalorien Energie in allen möglichen Formen, die natürlich letzten Endes durch Verbrennen fossiler Rohstoffe gewonnen werden. Der größte Teil diente dazu, den Aufwand der biologischen Energie menschlicher Arbeitskraft zu reduzieren. Heute sind die 2,9 Millionen Mannjahre Leistung für die Farmen der kleinste Energieposten, höchstens vier mal 10^{12} Kalorien. Gemessen am gesamten Energieaufwand eines landwirtschaftlichen Betriebs fällt der Posten kaum ins Gewicht. Von allen Energieformen ist es die einzige, die wenigstens teilweise auf der Farm selbst erzeugt wird. Der Rest der eingesetzten Betriebsenergie geht im wesentlichen auf das Konto für Motorentreibstoff.

Auch der Energiegehalt von Treibstoff läßt sich in Kalorien ausdrücken: Der Jahresverbrauch von 30 Millionen Tonnen Benzin und Dieselöl enthält 300 mal 10^{12} Kalorien, ein Drittel des Energieaufwands der Farmen. Damit werden Traktoren und Erntemaschinen betrieben. Zusätzlich müssen 100 mal 10^{12} Kalorien Strom für die Elektromotoren auf den Farmen und für den Privatverbrauch der Familien aufgewendet werden. Auch das sind Kalorien aus lebloser Energie, die den Aufwand an menschlicher Energie niedrig halten. Als letztes stecken 100 bis 200 mal 10^{12} Kalorien in Herbiziden, Insektiziden und ähnlichen arbeitssparenden Erzeugnissen der chemischen Industrie.

Am produktivsten wirkte sich die Energie aus, die in Höhe von 400 mal 10^{12} Kalorien im Kunstdünger enthalten war. Sie steigerte den

Ertrag pro Hektar. Umgekehrt kann man sie auch als ein Mittel betrachten, Nutzfläche zu sparen, so wie der Einsatz der übrigen Energie dazu verhalf, menschliche Arbeitskraft zu sparen. Die meiste Energie wird dazu benutzt, den Stickstoff der Atmosphäre künstlich zu fixieren. Erst mit der im Stickstoffdünger gebundenen Energie entfaltete sich das genetische Potential der Hochleistungssorten, durch deren Verwendung der Hektarertrag in den vergangenen Jahren mehr als verdoppelt werden konnte. Wenn man die gesamte im Kunstdünger gebundene Energie der Einfachheit halber ausschließlich der Getreideernte zurechnet, so fließt das Vierfache der hineingesteckten Energie wieder in die Volkswirtschaft zurück.

In der Energiebilanz einer amerikanischen Farm steht noch ein großzügig bemessener Reserveposten für die Energie, die für Fabrikation der eingesetzten Maschinen und Geräte benötigt würde und die auf die Lebensdauer der Maschinen und Geräte verteilt wird. Diese Energie ersetzt Muskelkraft, wie in der Industrie. Nur wenige Farmer betrachten ihre Arbeit als etwas Besonderes. Für die meisten ist Landwirtschaft ein Unternehmen, mit dem man seinen Lebensunterhalt verdient.

In den 2000 mal 10^{12} Kalorien der Farmerzeugnisse sind bei der Ernte keine Ursprungskalorien mehr direkt enthalten, ausgenommen die Kalorien des Kunstdüngers, dafür aber sehr viele Kalorien Sonnenenergie. Unter normalen Bedingungen enthalten Erzeugnisse wie Getreide, Heu oder Futterpflanzen auf unbewässertem Land dreimal so viele Kalorien, wie beim Pflanzen, Bearbeiten und Ernten aufgewendet wurden. Andere landwirtschaftliche Produkte wie Obst oder Gemüse bringen nur einen Bruchteil der aufgewendeten Energie in Form von Nahrungsmittelkalorien zurück. Dieser Bruchteil kann so klein werden, daß der Gesamtertrag der amerikanischen Landwirtschaft nur noch das Doppelte der aufgewendeten Kalorien enthält. Bis die Nahrungsmittel beim Verbraucher in der Küche gelandet sind, braucht man zum Verarbeiten, Einfrieren, Verpacken, Transport und Vertrieb doppelt so viel Energie wie zur Erzeugung der Nahrungsmittel auf der Farm. Alles in allem dienen in den USA 17 Prozent des Verbrauchs fossiler Brennstoffe dazu, die Bevölkerung zu ernähren und den erzeugten Überschuß in den Häfen zu deponieren. Der Input gespeicherter Sonnenenergie aus fossilen Brennstoffen beträgt genau das Eineinhalbfache des Inputs realer Sonnenenergie, der mit der Ernte eingefahren wird.

Die zweite landwirtschaftliche Revolution hat sich schnell über die ganze Welt verbreitet. Die Hochleistungssorten der Getreidepflanzen und die Düngemittel, die ihre Körner vermehren, haben sich als überraschend anpassungsfähig erwiesen. Der Bauer auf dem Dorf ist es gewohnt, jeden Tag neue Entscheidungen zu treffen; er wurde zum Prototyp des wirtschaftlich denkenden Menschen, der immer bereit ist, in seinem eigenen Interesse rational zu handeln. In der Geschichte der Technik haben sich nur wenige Neuerungen so schnell und so weit verbreitet wie die neuen Methoden der Landwirtschaft. In den unterindustrialisierten Ländern liegt der Durchschnittsertrag pro Hektar immer noch unter demjenigen der Industriestaaten bei weniger als einem Viertel dessen, was ein mit der besten Technik bewirtschafteter Boden erzeugen kann. Dennoch ist es in den unterindustrialisierten Staaten, wo die meisten Armen dieser Welt leben, gelungen, die Nahrungsmittelproduktion auszuweiten, und zwar weitgehend durch gesteigerte Hektarerträge. In den letzten vierzig Jahren hat die Nahrungsmittelproduktion nicht nur mit dem Bevölkerungsanstieg mitgehalten, sie hat ihn übertroffen.

Die Verbreitung der modernen Landwirtschaft in den unterindustrialisierten Staaten wird die nächste Verdopplung der Weltbevölkerung auffangen. Mit der heute bekannten und erprobten Technik ließe sich zweifellos sogar ein stärkerer Bevölkerungsanstieg verkraften. Milliarden Männer, Frauen und Kinder werden sich mit Herz und Hand daran beteiligen, das Versprechen zu verwirklichen, daß es ausreichende Nahrung geben wird. Sie werden auf die großzügige Unterstützung durch die reichen Länder angewiesen sein, besonders bei der Bereitstellung und Finanzierung einer Technik, die die Versorgung mit Produktionsmitteln von außen, vor allem genügend Düngemittel, sicherstellt und dadurch höhere Hektarerträge garantiert. Die Welternte muß auch im nächsten Jahrhundert schneller steigen als der Bedarf einer Weltbevölkerung, die sich zum letztenmal verdoppeln wird.

DIE GRÜNE REVOLUTION

Die grüne Revolution brachte der unterindustrialisierten Welt die moderne Landwirtschaft, trug die zweite landwirtschaftliche Revolution in alle Länder. Kaum bemerkt, hatte sie vor fünfzig Jahren begonnen. Henry A. Wallace, damals nicht mehr Landwirtschaftsminister und noch nicht Vizepräsident der Vereinigten Staaten, reiste vor seinem Amtsantritt nach Mexiko. Zum erstenmal in seinem Leben sah er mit eigenen Augen, was es bedeutete, auf vorwissenschaftlicher Basis Landwirtschaft zu betreiben. In Mexiko wurden nur zehn Doppelzentner Mais pro Hektar geerntet; die Hybridsorten seines eigenen Saatzuchtbetriebs in Iowa erzielten den vierfachen Ertrag. Im Februar 1941 wandte sich Wallace an die *Rockefeller Foundation* in New York, die wegen des Krieges ihre Gelder aus Europa abzog. Wallace legte der Stiftung ans Herz, sich um die Landwirtschaft in Mexiko zu kümmern. Vor Jahresende hatten George Harrar, Sterling Wortman und Warren Weaver, innerhalb der Stiftung für die Wahl der Programme verantwortlich, in der Landwirtschaftlichen Hochschule von Chapingo bei Mexiko City eine *Oficina de Estudios Especiales* eingerichtet und mexikanische Wissenschaftler und Doktoranden als Mitarbeiter eingestellt. In Zusammenarbeit mit Wissenschaftlern aus den USA für Pflanzengenetik und Pflanzenbau stellte sich in Chapingo bald der erste Erfolg ein: Es gelang, eine neue Weizensorte zu züchten. Zu den amerikanischen Wissenschaftlern gehörte auch Norman Borlaugh, dessen entscheidende Arbeit für die grüne Revolution später mit dem Nobelpreis gewürdigt werden sollte.*

In den USA wurden damals schon ertragreiche Weizensorten angebaut. Ihre Entwicklung hatte sich als schwieriger erwiesen als die Züchtung der Hochleistungshybriden von Mais. Wie bei den meisten Pflanzen trägt die Blüte beim Weizen sowohl männliche als auch weibliche Geschlechtsorgane; deswegen läßt sich Weizen im Gegensatz zu Mais nicht leicht kastrieren, und hybride Weizensorten sind nicht so streng hybridisiert wie entsprechende Maissorten; aus der ersten Generation Hybridweizen werden die Nachkommen der zweiten Generation mit den erwünschten Merkmalen selektiert und dann durch Inzucht vermehrt. Die erste Aufgabe, vor der die Wissenschaftler in Chapingo standen, war die Entwicklung neuer, für Klima und Böden Mexikos geeigneter Sorten.

Fünf Jahre nach ihrer Gründung gab die *Oficina* in Chapingo die erste neue Weizensorte zum Anbau in Mexiko frei. Die einheimischen Bauern konnten den Ertrag auf Anhieb von 7,5 auf 32 Doppelzentner pro Hektar steigern. In Sonora, im mexikanischen Nordwesten, entstanden landwirtschaftliche Großbetriebe und bestellten schon bald riesige Flächen mit Weizen der neuen Hochleistungssorten.

Auch an die Bedürfnisse der mexikanischen Kleinbauern wurde in Chapingo gedacht. Ausgelesene Nachkommen der zweiten Generation von Hybridmais ließen unter Zugabe von 100 Kilogramm Stickstoffdünger pro Hektar den Ertrag von zehn auf vierzig Doppelzentner pro Hektar steigen. Die Energie, die in dem Mehrertrag von dreißig Doppelzentnern steckte, war dreizehnmal höher als die Energie, die für die Herstellung des Düngers aufgewendet werden mußte. Da die für das Wachstum der Maispflanzen notwendigen Energieformen, Sonnenlicht und körperliche Arbeit des Kleinbauern, gleich groß blieben, taucht der durch Düngerzugabe erzielte Mehrertrag in der Energiebilanz ohne weiteren Abzug als Reingewinn auf.

Mexiko war bis dahin wie alle lateinamerikanischen Staaten von importierten Nahrungsmitteln abhängig; bereits im Jahr 1956 wurde es zum Nahrungsmittelexporteur. Daß Mexiko heute wieder zu den Nahrungsmittelimporteuren zählt, liegt nicht an der landwirtschaftlichen Produktion, sondern daran, daß die Fragen der Verteilung nicht geklärt sind; die Verteilung von Land steht dabei an erster Stelle.

Mit Chapingo als Vorbild gründete die Ford Foundation gemeinsam mit der Rockefeller Foundation im Jahr 1963 das *International Rice Research Institute* (IRRI) an der landwirtschaftlichen Fakultät der Universität der Philippinen in Manila. Zunächst kreuzte man ertragreiche Japonicasorten mit robusten Indicasorten; daraus ging eine Sorte hervor, die bereits 1966 vom IRRI zum Anbau freigegeben wurde. Im Jahr 1969 wurde der neue Reis auf zehntausend Hektar in Südasien geerntet, und ohne offizielle Vereinbarungen, auf einer gleich großen Fläche in China. Heute wächst auf allen bewässerten Reisfeldern der Philippinen und Indonesiens und auf mehr als der Hälfte der Reisfelder Südasiens und Chinas neuer Reis.*

Mit den neuen Reissorten läßt sich zunächst der Hektarertrag verdoppeln. Doch sie bieten noch andere wichtige Merkmale. IR-8 ist die am weitesten verbreitete Sorte. Sie gedeiht unabhängig von der Dauer des Tageslichts und wächst in allen Breiten. Sie ist resistent gegen Mehltau und Insektenbefall und reift in 120 Tagen, während die alten einheimischen Sorten 160 Tage Reifezeit benötigen; das bedeutet zwei Ernten im Jahr. In der Sorte IR-36 sind Merkmale von dreizehn einheimischen Varietäten aus sechs Ländern vereinigt; auch sie ist gegen Mehltau und Insektenbefall resistent und reift in nur 110 Tagen. Das heißt, daß man sie auf der richtigen Breite dreimal im Jahr pflanzen kann. Sie wird auf 10 Millionen Hektar Fläche in Asien angebaut. Zur Pflege und zum Schutz der Hochleistungssorten unterhält das IRRI eine Genbank mit dreißigtausend Varietäten; in ihr ist nahezu die ganze genetische Kapazität der Spezies* und mit ihr der Einfallsreichtum und die zehntausendjährige Erfahrung der Reiszüchter gespeichert.

Die wissenschaftlichen Grundlagen, auf denen Züchtungen beruhen, gelten natürlich überall. Ortsspezifisch dagegen ist die Technik, die sich der Grundlagen bedient. Eine ertragreiche Sorte muß an die Bodenverhältnisse angepaßt werden, an Ausmaß und Zeiten des natürlichen Regens oder an die Bewässerungsmöglichkeiten und das Tageslicht in jeder Jahreszeit, wenn sie an einem bestimmten Ort optimal wachsen soll. Ein Saatzuchtinstitut allein kann nicht die ganze Welt versorgen.

Unter der Schirmherrschaft des Konsortiums CGIAR *(Consultative Group of International Agricultural Research),* in dem technische Dienste der UN, mehrere Staaten und private Stiftungen vertreten sind, arbeiten heute Pflanzengenetiker und Landwirtschaftsexperten in neun verschiedenen Forschungsinstituten in Asien, Afrika und Lateinamerika. Das IRRI gehört auch dazu und konzentriert sich weiterhin auf den Reis. Chapingo läuft unter der Bezeichnung CIMMYT, den spanischen Initialen für Internationales Forschungsinstitut für Mais- und Weizen. Heute beschäftigt man sich in Chapingo auch mit Gerste und Triticale, der vielversprechenden Hybridpflanze aus Weizen *(Triticum)* und Roggen *(Secale).*

Das *International Center of Tropical Agriculture* (CIAT) in Kolumbien hat den Ertrag der lokalen Reissorten von 30 auf 54 Doppelzentner pro Hektar steigern können und damit den Anbau von Reis in Lateinamerika gefördert. Für den Anbau von Maniok*, auch Cassave genannt, waren seine Forschungen sofort von immenser Bedeutung. Die Knolle stammt aus Lateinamerika, hatte sich aber schon vor langer Zeit in den mittleren Breiten aller Kontinente durchgesetzt, vor allem in Afrika und auf den Inseln des südwestlichen Pazifik. Wie die Kartoffel ist Kassava eine Pflanze, die bei wenig Arbeit reichen Nutzen abwirft. Herkömmliche Sorten bringen es auf zehn Tonnen pro Hektar. Aus den Laboren von CIAT kommen Sorten, die fünfmal so ertragreich sind; sie bringen den Kleinbauern eine Ernte von fünfzig Tonnen pro Hektar.*

Man kann Maniok als Symbol für die Möglichkeiten betrachten, die der Menschheit offenstehen; aber auch für die Arbeit, die der landwirtschaftlichen Forschung noch bevorsteht. Bei den wichtigsten Getreidearten, Weizen, Mais und Reis, wurden die gesteckten Ziele erreicht.

Der „Ernte-Index" – das Verhältnis der Trockengewichte des eßbaren Korns und dem unverdaulichen Rest der Pflanze – konnte von 20 bis 30 Prozent auf mehr als 50 Prozent heraufgezüchtet werden. Damit scheint die äußerste Grenze erreicht zu sein. Wenn die Erträge von Getreidesorten weiter gesteigert werden sollen, dann müssen die Molekularbiologen ans Werk. Vielleicht gelingt ihnen der Gentransfer des C4 Merkmals aus einer anderen Kulturpflanze oder aus irgendeinem Unkraut am Wegesrand.

Andererseits konnten die Ernteerträge von Kartoffeln, Sorghum, Süßkartoffeln und Hirse, die alle reich an Proteinen sind, nicht mit dem Bevölkerungswachstum Schritt halten. Diesem Problem widmen sich die anderen sechs Institute des CGIAR-Netzwerks. Außerdem beschäftigen sie sich mit Fragen der Viehzucht, gesunder Viehhaltung und mit Landwirtschaft in ariden und semiariden Gebieten. Inzwischen haben einige unterindustrialisierte Staaten ihre eigenen Forschungsinstitute gegründet und Teams einheimischer Agrarwissenschaftler gebildet, die höchst erfolgreiche Arbeit leisten, besonders in Indien und China.

Die Hauptgetreidearten brachten in den unterindustrialisierten Ländern immerhin so hohe Erträge, daß im Laufe der Jahre ein zunehmend größerer Teil als Viehfutter abgezweigt und der Proteingehalt der Nahrung deutlich erhöht werden konnte. Mit Unterstützung der FAO ist es den beiden bevölkerungsreichsten Ländern gelungen, eine Proteinquelle anzuzapfen, die keinen Anteil am verdaulichen Pflanzengewebe beansprucht. Nach dem Ausbau der Aquakultur gedeihen in den Fischteichen Chinas mindestens vier Millionen Tonnen Proteine, in Indien zwei Millionen Tonnen. Die Aquakultur der Welt kann rund zehn Millionen Tonnen Eiweiß erzeugen, das sind fast zehn Prozent dessen, was der Fischfang erbringt. Der Lachs kehrt aus der hohen See immer in das Gewässer seiner Geburt zurück, auch wenn es der Brutteich einer Fischfabrik ist. Lachszucht bereichert die Speisekarten der Industriestaaten durch wertvolle Nährstoffe.

Seit 1950 hat sich die Nahrungsmittelproduktion der unterindustrialisierten Staaten mehr als verdoppelt. Ein Teil des Produktionsanstiegs geht auch auf die Ausweitung der bestellten Fläche zurück. China gewann mehr als zehn Prozent landwirtschaftliche Fläche dazu.

In Indien waren es vierzig Prozent, wobei man gefährlich weit auf höchst empfindliche fragile Böden vorgedrungen ist. Insgesamt hat die unterindustrialisierte Welt zwanzig Prozent ihrer landwirtschaftlich genutzten Fläche neu erschlossen. Rechnet man die durch neue Bewässerungsanlagen auf fünfzig Millionen Hektar möglich gewordene zweite Ernte dazu, dann sind 25 Prozent der Ertragssteigerung auf Erschließungsmaßnahmen zurückzuführen. Alles andere ist der Steigerung des Ertrags pro Hektar zu verdanken.

Wenn die unterindustrialisierte Welt das Nahrungsmittelangebot erneut verdoppeln will, muß sie die Erzeugung ein zweites Mal auf die gleiche Weise steigern. In Afrika und Lateinamerika kann notfalls noch jungfräuliches Land erschlossen werden. Dort und im Mittelmeerraum lassen sich vorhandene Anbauflächen durch Fruchtwechsel und Düngergaben intensiver bewirtschaften. Doch wer die wachsende Bevölkerung Afrikas und Lateinamerikas satt machen will, muß sich in erster Linie auf die zweite landwirtschaftliche Revolution stützen und nicht auf die Erweiterung der landwirtschaftlichen Nutzfläche. In Asien gibt es kein Neuland mehr, das landwirtschaftlich zu erschließen wäre. Dort muß sich die wachsende Bevölkerung darum bemühen, nur mit den Neuerungen der landwirtschaftlichen Revolution den notwendigen Anstieg der Lebensmittelversorgung zu erzielen. Die Methoden sind bekannt, sie müssen auf allen Kontinenten aber auf einer größeren Fläche angewendet werden. Die Frage ist, ob die Erde der zusätzlichen Beanspruchung ihrer Ressourcen standhält.

Man kann die Frage präzisieren. Es ist bekannt und wurde im Kapitel *Biosphäre* ausführlich erläutert, daß die Spezies Mensch bereits einen wesentlichen Prozentsatz des jährlichen Umsatzes von Energie und Materie der Biospäre beeinflußt. Menschliches Handeln hat den einen oder anderen Kreislauf des lebenswichtigen Systems durcheinandergebracht. Die Frage ist also, wie man die Biosphäre trotz weiterer Steigerungen der menschlichen Ansprüche auf ihre Energie und ihre Substanz langfristig erhalten kann. Der geringe verbleibende Spielraum zwingt die Menschen, rasch zu begreifen, daß sie innerhalb und nicht außerhalb der natürlichen Ordnung leben.

Im Vergleich zu den globalen Konsequenzen, die das Verbrennen fossiler Rohstoffe mit sich bringt, sind die Einwirkungen der Landwirtschaft auf die Umwelt nur von lokaler Bedeutung. Da aber mehr als ein Zehntel des Festlands landwirtschaftlich genutzt wird, gewinnen die lokalen Einflüsse regionale und globale Dimensionen. Mehr als die Hälfte der Fläche wurde erst seit der Mitte des vergangenen Jahrhunderts erschlossen. In geologischen Zeiteinheiten ist das ein so schneller Vorgang, daß man genausogut von einem einmaligen Ereignis sprechen kann.

Zu den sichtbarsten und folgenschwersten Eingriffen in die Umwelt zählt die fortschreitende Bodenerosion. Das Entstehen einer Humusschicht auf dem Festland und ihr Abtragen ins Meer gehören zu einem natürlichen geologischen Prozeß, der Lithosphäre, Atmosphäre, Hydrosphäre und Biosphäre in abgestimmter Interaktion verbindet. Kontinentale Gesteine, besonders die Felsen der Gebirge, werden in einer gemeinsamen Aktion von Hydrosphäre und Atmosphäre durch Frost und Tauwetter gespalten und zerkleinert. Wind und Wasser transportieren Körner und Staub der Lithosphäre in die Niederungen; dort werden sie im Lauf der Zeit in die Biosphäre integriert. Ihre Korngröße reicht vom groben Sand zum feinen Staub. Ihre Oberflächen addieren sich zu einer für die Biosphäre ungeheuren Angriffsfläche, an der sich organische Materie anheften kann; bei der Berührung werden diejenigen Elemente aus der Lithosphäre gelöst, die für die Stoffwechselzyklen des Lebens unverzichtbar sind. Sogar unter dem schützenden Dach der Bäume gelangt Waldboden durch die Erosion eines Tages zuerst in einen Bach, dann in einen Fluß und zuletzt ins Meer. Unter der Grasnarbe der Savanne wird der Boden zwei- bis dreimal so schnell erodiert. Bei natürlichen Bedingungen bildet sich in höheren Lagen stromaufwärts neuer Boden und gleicht den Bodenverlust durch Erosion wieder aus; der Kreislauf dauert etwa fünfhundert bis tausend Jahre, je nach geologischen Verhältnissen und Klima.

Verständlicherweise beschleunigt das Roden der Wälder und das Pflügen der Savanne die Bodenerosion. Die Erosionsgeschwindigkeit ist eine Funktion menschlichen Handelns: Sie hängt von der Art und Weise des Ackerbaus oder der Forstwirtschaft ab. Schätzungen gehen davon aus, daß der Mensch in den zehntausend Jahren seit der ersten landwirtschaftlichen Revolution mehr als die Hälfte der ursprünglichen Wälder der Erde gerodet hat. Zur Zeit bewirtschaftet er eineinhalb Milliarden Hektar Ackerland – etwa ein Zehntel des Festlands – und nutzt zusätzlich drei Milliarden Hektar Weide.

Die ständige Vermessung der Deltas der großen Ströme ergibt, daß jährlich 90 Milliarden Tonnen Schlamm in den Ozean gewaschen werden. Auf die landwirtschaftliche Nutzfläche umgerechnet, sind das

60 Tonnen Erde pro Hektar oder eine 4 Millimeter dicke Schicht. Die Ackerkrume, die durchschnittlich auf allen Kontinenten rund fünfundzwanzig Zentimeter dick ist, wäre folglich in wenig mehr als sechzig Jahren und damit dreißig- bis zweihundertmal so schnell verschwunden, wie sie entstanden ist. Doch nicht der ganze Schlamm stammt aus bewirtschafteten Flächen. Manchmal kommt er auch, wie beim Gelben Fluß, aus einem gerodeten Hochland. Unter normalen Umständen bräuchte das abgetragene Material Jahrtausende, um vom Hochland in die Auen der großen Flußtäler und von dort ins Meer zu gelangen. 90 Milliarden Tonnen Schlamm belegen, daß der Erosionsprozeß im Vergleich zum natürlichen Kreislauf dreimal so schnell oder schneller fortschreitet.*

Oft erkennt man schon mit bloßem Auge, daß sechzig Tonnen pro Hektar, die dem Ackerboden durch Erosion genommen werden, einfach zu viel sind. Man sieht es im Flußbecken des Irawaddy River in Burma, auf dem Deccan-Plateau in Indien, auf dem hohen Zentralplateau von Madagaskar, im Becken des Acelhuate River in El Salvador: alles Beispiele für eine Erosion, die auf Millionen Hektar Land im erwähnten Tempo oder noch schneller stattfindet. Tausende von Hektar gehen dort jährlich für den Ackerbau verloren; die Desertifikation schreitet voran. Von den Vereinigten Staaten wird alljährlich eine Bodenschicht von zwei Millimeter Dicke abgetragen – zwanzig bis vierzig Tonnen pro Hektar – und geht zwanzigmal schneller verloren, als die Kräfte der Natur benötigen, um sie neu zu bilden.

Eigentlich bedarf es keiner besonderen Technik, um den Erosionsprozeß zu bremsen oder zu verhindern. Abhänge, die steiler geneigt sind als 30 Grad, müssen entweder terrassiert, aufgeforstet oder als Weide genutzt werden. Bei jedem Neigungswinkel über Null Grad spart man Energie und schont den Boden, wenn man längs der Höhenlinie pflügt. Diese Maßnahmen verhindern, stoppen oder füllen die Erosionsrinnen wieder auf, die den Boden zerfurchen. Man kann flachen Boden vor der Erosion schützen, vor allem vor dem Wind, wenn man zwischen Ernte und neuer Saat das Stoppelfeld bewahrt, das von den Mähdreschern ausgedroschene Stroh liegenläßt oder während der Hauptkultur Gründünger aussät. Damit wird vor allem verhindert, daß Regentropfen auf den nackten Ackerboden klatschen und Bodenpartikel in die Luft schleudern, die der Wind fortträgt.

Wer mit dem Flugzeug über die Vereinigten Staaten fliegt, muß als interessierter Beobachter deprimiert feststellen, wie wenig Felder vor Bodenerosion geschützt werden. Familienbetriebe im Osten sind sofort daran zu erkennen, daß sie längs der Höhenlinien pflügen; das sieht man ansonsten selten. Endlose Meilen lang ziehen sich die breiten Streifen der Schichterosion über die Prärien westlich des Mississippi. Wieder liegt das Problem bei der Verteilung: bei der Verteilung wirtschaftlicher Anreize zur Bodenkonservierung.

CHANCEN UND GRENZEN DER BEWÄSSERUNG

Die bevölkerungsreichsten Länder der Erde liegen in Asien. Hier gibt es kein Land mehr, das man urbar machen könnte, aber weite Flächen, die sich zur Bewässerung eignen. Dadurch kann man die Anbaufläche ebenfalls verdoppeln oder gar verdreifachen, weil auf künstlich bewässertem Boden zwei oder drei Ernten im Jahr möglich sind. Man rechnet damit, daß die 220 Millionen Hektar große Bewässerungsfläche – mehr als doppelt so groß wie im Jahr 1950 – bis zum nächsten Jahrhundert sich noch einmal doppeln wird.

Wieder gilt die Grundregel, daß jeder Nutzen einen Preis hat, daß die Bewässerung nicht nur Hoffnungen erfüllt, sondern auch Schaden anrichtet. Zeugen eines angerichteten Schadens sind heute noch die Täler von Euphrat und Tigris; die Böden des Zweistromlandes sind versalzen und zu einem angemessenen Preis nicht wieder fruchtbar zu machen. Das Salz stammt aus derselben Quelle wie das Salz im Meer: Das Süßwasser der Kontinente enthält immer Spuren verschiedener Salze, die es aus der Lithosphäre gelöst hat. Von welchem Salz der Boden verseucht wird, hängt von der geologischen Beschaffenheit des Quellgebiets ab. Das Salz sammelt sich bei trockenem Klima als Verdunstungsrückstand im Ackerboden an, entweder weil überschüssiges Bewässerungswasser verdunstet oder weil Wasser verdunstet, das aus einer von der Bewässerung gespeisten flachen Grundwasserschicht an die Oberfläche aufsteigt.

Ein flacher Grundwasserspiegel kann auch verhindern, daß das Überschußwasser der Bewässerung abfließen kann; der Boden muß drainiert werden, damit die entstandenen Salze aus dem Boden fortgeschwemmt werden können. Das führt zur dritten Gefahrenquelle der Bewässerung: dem Wasserstau.

Untersuchungen der FAO ergaben, daß fast die Hälfte aller bewässerten Böden unter Versalzung, Versauerung oder Wasserstau leidet. Jährlich werden rund zehn Millionen Hektar unfruchtbar. Die gröbsten Fehler wurden in den Ländern der gemäßigten Zone gemacht, auf die eigentlich genügend Regen fällt; hier wäre die Investition für eine Bewässerung nicht nötig gewesen, doch man versprach sich davon Profit. Ist der Schaden erst einmal angerichtet, dann läßt er sich nur noch mit Kosten beheben, die sich aus wirtschaftlichen Gründen von selbst verbieten. Der geschädigte Boden wird zur Gefahr für die ganze Region; das stagnierende Wasser verbreitet Krankheiten bei Tieren und Pflanzen. In Tropen und Subtropen wird Bewässerungswasser zum Lebensraum für Moskitos und Schnecken, die Malaria und Bilharziose übertragen.

Dennoch sind der Landbedarf in manchen Staaten und das Verlangen nach schnellem Gewinn in anderen Staaten Grund genug, die bewässerten Flächen auszudehnen. Auf jeden Fall wird es klüger sein, Geld für die technischen Anlagen zur Prävention der Versalzung in neuen Bewässerungsflächen bereitzustellen, als den Versuch zu machen, die unfruchtbar gewordenen zu sanieren. So sieht es der bekannte ungarische Bodenkundler Istvan Szabolcs, der die Folgen einiger allzu ehrgeiziger Bewässerungsprojekte seines eigenen Landes vor Augen hat.*

Keine der widrigen Nebenwirkungen darf man der Technik selbst anlasten. Sie treten nicht auf, wenn die geologischen Verhältnisse beachtet werden, wenn von Anfang an genug Geld in leistungsfähige Entwässerungssysteme investiert wird und Wasserzuleitung und Wasserableitung sorgfältig gesteuert werden. In China werden seit Jahrtausenden die gleichen Felder bewässert; sie sind so fruchtbar wie eh und je, und im Laufe der zweiten landwirtschaftlichen Revolution stieg ihre Produktivität dank neuer Methoden und neuer Sorten.

Auf ihre Art gefährden oder schädigen auch die ertragssteigernden Dünger und Pestizide die Umwelt. Im frühen 19. Jahrhundert hat Justus von Liebig* das Gesetz vom Minimum formuliert; es erklärt die Notwendigkeit künstlicher Düngung und beschreibt die richtige Zusammensetzung: Das Wachstum einer Pflanze ist stets durch das Element begrenzt, von dem am wenigsten zur Verfügung steht. Auf Kulturflächen ist es fast immer der Stickstoff.

Von sich aus geht Stickstoff mit anderen Elementen keine Verbindungen ein, es sei denn, man erzwingt sie durch den Einsatz von

Energie. (In Verbindungen wie Nitroglyzerin oder anderen nitrathaltigen Explosionsstoffen gibt er die Energie als Detonation schnell wieder ab.) Alle mehrzelligen Organismen sind von wenigen Bakterienfamilien abhängig, die Stickstoff aus der Atmosphäre binden können, um ihn dann in Proteinmoleküle einzubauen. Im Stoffwechselkreislauf der Natur schließt sich der Stickstoffzyklus bei der Verrottung, wenn denitrifizierende Bakterien den Stickstoff wieder an die Atmosphäre zurückgeben.*

Erst seit Beginn dieses Jahrhunderts lohnte es sich auch unter wirtschaftlichen Gesichtspunkten, Stickstoff künstlich zu fixieren. Das geschieht in Großanlagen in einem Umfang, der sich mit der natürlichen Bindung durch Bakterien vergleichen läßt. Die Erfindung kam zum richtigen Zeitpunkt; da sich Panik darüber verbreitete, daß die Nahrungsmittelerzeugung nicht für alle ausreichen und „Stickstoffhunger" drohen würde. Heute gibt es Stickstoffdünger in Hülle und Fülle; er wurde das wichtigste Element in der zweiten landwirtschaftlichen Revolution – und der Hauptbeitrag der Landwirtschaft zur Umweltverschmutzung.

Stickstoffverbindungen beleben den Wachstumsprozeß der Pflanzen. Die reichliche Verwendung von Stickstoff hat die Entstehung von Biomasse in Binnengewässern und küstennahen Gewässern beschleunigt. Verrottende Teile der blühenden Algenteppiche und andere wuchernde Pflanzen verbrauchen Sauerstoff; sofort schlägt das aquatische Ökosystem um, vermindert seine Qualität und droht am wuchernden Unkraut zu ersticken. Robustere Fische verdrängen die Speisefische, Schwimmer verheddern sich in den Schlingpflanzen. Im Laufe vieler Jahre lagert sich auf dem Boden eine dicke Schicht aus verrotteter Biomasse ab. Aus Seen werden Teiche, aus Teichen Sümpfe, aus dem Sumpf eine Wiese oder ein Waldboden.

Der Stickstoffdünger bildet auch Nitrate, Metallsalze, die von den denitrifizierenden Bakterien nicht zersetzt werden können. Nitratverbindungen sind fast für alle Lebensformen unverträglich. Bodenbakterien werden vergiftet und das Ökosystem des Bodens zerrüttet. Nitrate reichern sich im Grundwasser und in den Oberflächengewässern an und sind dann sogar für höhere Lebewesen giftig.

Wer die Belastung der Umwelt durch Stickstoff einschränken will, dem bleibt fast nur eine Möglichkeit: weniger verschwenderisch mit Stickstoffdünger umzugehen. Man kann aber auch moderne Dünger benutzen, die sich schneller zersetzen und deswegen leichter vom

Pflanzengewebe und von den denitrifizierenden Bakterien aufgenommen werden.

Das ist alles leichter gesagt als getan. Der liebgewonnene wirtschaftliche Vorteil erweist sich hartnäckig als Hindernis: man verbucht den Profit für sich selbst und überläßt der Öffentlichkeit den Schaden. Sie muß den Schaden beheben und bezahlen. Vielleicht haben die Molekularbiologen den Schlüssel in der Hand: Sollte es ihnen gelingen, die stickstoffbindenden Gene der Bakterien auf Pflanzen zu transferieren, dann haben sie einen wesentlichen Beitrag dazu geleistet, der Biosphäre eine langsame Vergiftung durch künstlich fixierten Stickstoff zu ersparen.

Solange Stickstoff in ausreichender Menge vorhanden ist, wird das Wachstum der Pflanzen am stärksten dadurch begrenzt, daß zu wenig Phosphor da ist. Im Gegensatz zu Stickstoff ist Phosphor sehr reaktionsfreudig und geht mit vielen anderen Elementen energiereiche Verbindungen ein. Für den Energiestoffwechsel der lebenden Zelle ist Phosphor unentbehrlich. Phosphor ist kein seltenes Element, er kommt aber in der Natur sehr fein verteilt vor und hat sich selten zu Lagerstätten angesammelt. Ein Feld stickstoffgesättigter Pflanzen lechzt nach Phosphor, weil dessen natürliche Konzentration im Boden zu niedrig ist. Da sich die wenigen großen Lagerstätten langsam erschöpfen, schürft die Düngemittelindustrie zur Deckung des steigenden Bedarfs im Schelfmeer nach Phosphor. Dort liegt Phosphor leider meist in Schwermetallverbindungen vor, die aus dem Gestein der Kontinente stammen. Man könnte die Schwermetalle chemisch herauslösen, aber das kostet Geld. So werden die Schwermetallphosphate vorläufig unbehandelt verwendet, bis sich das Risiko zu einem handfesten Schaden ausgewachsen hat.

Pestizide, besonders die Insektizide, schaffen die schlimmsten Umweltprobleme, weil sie bei Tier und Mensch direkt Gesundheitsschäden anrichten. In den Vereinigten Staaten hat die Stabilität von DDT und seine Konzentration in der natürlichen Nahrungskette die natürlichen Feinde der bekämpften Insekten und die Räuber am Ende der Kette nahezu ausgerottet. Der Aufschrei der Öffentlichkeit war eine Lektion für die Industrie, und sofort gerieten auch andere Umweltschäden, die auf die Ansammlung von DDT in der Umwelt zurückgingen, ins Zentrum der Aufmerksamkeit. Die Chemiker in der Industrie, die neue Insektizide entwickelten, um DDT zu ersetzen, bauten ein oder zwei schwache Glieder in die Molekularstruktur ihrer neuen

Verbindungen ein. Jetzt verseuchen die Abbauprodukte der Moleküle die Böden und das Grundwasser der Regionen, in denen die neuen Produkte in großer Menge und über lange Zeit eingesetzt wurden.

Oft schlägt das Gift direkter zu: Die Insekten, die die angebauten Pflanzen bestäuben sollen, und die Bauern auf dem Feld werden vergiftet oder langfristig geschädigt. Die gleichen Schäden folgen aus dem Einsatz von Herbiziden. Es liegt nun einmal in der Natur der Sache, daß Pestizide, die als Gift gegen bestimmte Formen des Lebens eingesetzt werden, ihre giftige Wirkung auch gegen andere entfalten.

Die Nebenwirkungen können nur abgeschwächt werden, wenn man mit diesen Stoffen sparsamer und sorgfältiger umgeht. Man kann mittlerweile Pflanzen durch Züchtung gegen Schädlingsbefall resistent machen; man kann sie dahin züchten, daß sie durch schnelles Wachstum alles Unkraut in ihrer Nähe ersticken. Säen und Pflanzen zum richtigen Zeitpunkt und in einem bestimmten Fruchtwechselrhythmus läßt Schädlinge erst gar nicht auftauchen, oder sie können dadurch leichter bekämpft werden. Pestizide sind vor allem Produktionsmittel, um menschliche Arbeitskraft einzusparen. Sie sind deshalb eher ein Problem der Industriestaaten, weniger der unterindustrialisierten Welt. Dort tritt die menschliche Arbeitskraft an die Stelle der Pestizide: Hacke und Harke sind genauso gut oder sogar besser als Mittel der Unkrautbekämpfung; und Schädlinge können auch einzeln, Stück für Stück von den Pflanzen geklaubt werden.

Nachdem die Bauern der Industriestaaten lange genug von den Vorteilen der neuen Landwirtschaft profitiert hatten, erkannten sie auch die Nachteile. Das amerikanische Landwirtschaftsministerium schloß sich rasch der Ansicht der organisch arbeitenden Bauern an, daß man sich stärker auf die regenerative Kraft des Bodens verlassen und ihn als ein lebendes Ökosystem betrachten muß.*

Nur wenn man dem Boden Pestizide und Herbizide von außen zufügt, kann man jedes Jahr auf demselben Acker dieselbe Pflanze anbauen. Betreibt man mit neuen Landwirtschaftsmethoden Fruchtwechselwirtschaft, dann lassen sich die Erträge um 10 bis 15 Prozent erhöhen. Die Fruchtbarkeit des Bodens steigt, wenn man Dung, Gründünger oder Ernterückstände einarbeitet: Der Boden kann dann Feuchtigkeit besser speichern, seine Struktur verbessert sich, wird krümelig, und seine natürliche Population aus Mikroben, Regenwürmern, Ameisen und anderen Insekten, die den Boden durcharbeiten und lüften, bleibt intakt.

Jedes Jahr liefern die amerikanischen Viehbestände 1,7 Milliarden Tonnen Gülle. In den Ställen des Maisgürtels entstehen davon allein 10 Prozent. Doch die Entfernung von den Maisfeldern ist so beträchtlich, daß die Gülle nicht verwendet wird, sondern zur Eutrophierung des Einzugsgebietes des Mississippi beiträgt. Erst wenn Verordnungen zum Umweltschutz und der Wunsch der Farmer nach Verbesserung der Bodenstruktur zusammenfallen, werden Erfassung und Transport der Gülle nicht mehr als zu teuer abgelehnt werden; dann würde sich der Einsatz von Kunstdünger wesentlich reduzieren, und 40 Millionen Hektar Ackerland könnten entscheidend verbessert werden. Leider gibt es noch keinen unmittelbaren wirtschaftlichen Anreiz für den einzelnen Farmer, diese offensichtliche Verbesserung in Angriff zu nehmen.

Wenn sich die Hoffnungen der zweiten landwirtschaftlichen Revolution in den armen Ländern erfüllen, wird dabei erheblich weniger Schaden für die Umwelt angerichtet werden als in den reichen Ländern. Denn in den armen Ländern wird notgedrungen mit Kunstdünger und Pestiziden sparsamer umgegangen. Und die meisten groben Fehler, die bisher in diesen Ländern gemacht wurden, gehen auf das Konto öffentlicher Stellen, die sich auf Initiative wohlmeinender Berater aus dem Ausland auf großangelegte Pestizidprojekte eingelassen haben. Auch wenn die Bauern der armen Länder neue landwirtschaftliche Methoden einsetzen, werden sie versuchen, ihre traditionelle Unabhängigkeit und Entscheidungsfreiheit zu bewahren.

In ihre Methoden der traditionellen Landwirtschaft haben die Bauern der meisten armen Länder längst alle ihnen bekannten natürlichen Prozesse und Ressourcen einbezogen. Wenn sie heute ihre Erträge steigern wollen, gibt es nur einen Weg: sie müssen sich mit neuen Methoden vertraut machen und sie ihren Bedingungen anpassen. Die Bauern in China, die die herkömmlichen Arbeitsmethoden wahrscheinlich zur höchsten Reife entwickelt haben, können die Hälfte der Ernte auf den Einsatz von Saatgut der Hochleistungssorten, Stickstoffdünger und die hundertfache Energiesteigerung gegenüber den alten Methoden zurückführen – das ist weniger als in den USA. Die meiste Energie steckt im verwendeten Kunstdünger: In China wird die biologische Energie des Menschen, mit der vor der landwirtschaftlichen Revolution der Ertrag allein erwirtschaftet wurde, durch Zufuhr von Energie aus fossilen Brennstoffen vervielfacht, aber nicht ersetzt.

Im Zug der zweiten landwirtschaftlichen Revolution wird der Bedarf an Nahrungsmitteln ebenso steigen wie die Produktion, im Gleichschritt mit dem Bevölkerungswachstum. Im letzten Viertel des nächsten Jahrhunderts werden sich Bedarf und Produktion zusammen mit dem Bevölkerungswachstum auf einem bestimmten Niveau einpendeln. Vorher wird die Nachfrage schnell wachsen, wobei der größte Anstieg in der ersten Hälfte des kommenden Jahrhunderts, in den nächsten fünfzig oder sechzig Jahren, zu erwarten ist. Die Nachfrage läßt sich befriedigen, vorausgesetzt, die Steigerung der Nahrungsmittelproduktion überrundet das Bevölkerungswachstum und bringt der Existenz des Individuums die notwendige Sicherheit, ohne die das Bevölkerungswachstum nicht aufhören wird.

Der Steigerung der Nahrungsmittelproduktion ist damit eine Grenze gesetzt, sie wird sich nicht ins Unendliche ausdehnen lassen. Die Grenze ziehen die freigebige Natur und das technisch Mögliche.

Das Problem der Verteilung

Es bleibt die Frage, wie die Nahrungsmittel verteilt werden. Wer die Nahrungsmittelproduktion rechtzeitig verdoppeln will, muß Wissen, Wohlstand und Macht neu verteilen, und wenn es noch so schwer ist. Wissen, Wohlstand und Macht scheiden auf unserer Welt arme von reichen Staaten und arme von reichen Menschen. Die Landwirtschaft steht im Zentrum des Problems, das wird niemanden überaschen. Die Bauern der reichen Staaten spielen im Wirtschaftssystem ihres eigenen Landes die gleiche Rolle wie die armen Länder in der Weltwirtschaft.*

Abgesehen von der Europäischen Gemeinschaft und Japan ist die Landwirtschaft der reichen Staaten der letzte Wirtschaftssektor, der den Gesetzen der Marktwirtschaft unterliegt. Die Preise gehorchen Angebot und Nachfrage, anders als in den weitgehend zentral gelenkten industriellen Sektoren, in denen durchschnittlich nicht mehr als drei Produzenten einen Industriezweig beherrschen. Sie können die Preise für ihre Produkte kontinuierlich heben und sichern sich durch Absprachen und Wettbewerbsbeschränkungen gegen Preisverfall. Die Bauern stehen vor einer ständigen Inflation der Preise, die sie der Industrie für die gelieferten Produktionsmittel zahlen müssen; sie summieren sich zur Hälfte ihrer Gesamtkosten. Das Machtgefälle zwischen Industrie und Landwirtschaft führt früher oder später in allen Industriestaaten zu Einkommensunterschieden, gegen die die Bauern protestieren. Auf jede „Krise der Landwirtschaft" antwortet die politische Klasse in schöner Regelmäßigkeit mit derselben Maßnahme: Allen Treueschwüren und Bekenntnissen zur freien Marktwirtschaft zum Trotz werden offene oder versteckte Subventionen gezahlt.

Jeder Industriestaat hat seine landwirtschaftliche Lobby; und keine Frage wird mehr strapaziert als die, wie die Subventionen aussehen müssen, um die landwirtschaftlichen Produkte an die Nachfrage auf dem heimischen Markt anzupassen und die Kluft zwischen den Einkommen in der Landwirtschaft und in anderen Gewerbezweigen zu überwinden. In den späten fünfziger und den sechziger Jahren hat die amerikanische Regierung preisdrückende Überschüsse vom Inlandsmarkt genommen und tausendtonnenweise Weizen, Butter und andere Waren aufgekauft. Das Gesetz 480 erlaubte ihre Weiterleitung als Nahrungsmittelhilfe an unterindustrialisierte Länder, um dringende Not zu lindern, vor allem nach Indien. Gleichzeitig zahlte die Regierung Prämien, um die Überschüsse zu reduzieren: Die Bauern wurden belohnt, wenn sie Ackerland stillegten. Zunächst konnten gesteigerte Hektarerträge die Stillegung unterlaufen, doch die Prämien haben inzwischen Anbaufläche und Getreideernte wesentlich reduziert.

Jedes reiche Land schützt sich durch Zollschranken und Importrestriktionen vor wettbewerbsfähigen Nahrungsmittelimporten aus anderen Ländern. In der Europäischen Gemeinschaft werden über dieses Thema immer wieder erbitterte Auseinandersetzungen geführt. Die EG hat sich inzwischen so gegen den Rest der Welt abgegrenzt, daß die Vereinigten Staaten und die Europäische Gemeinschaft nach heftigen Kämpfen im Jahre 1990 die „Uruguay-Runde" des *General Agreement on Tariffs and Trade* (GATT) platzen ließen. Die Gespräche wurden abgebrochen, noch bevor die Verhandlungspartner bei den Maßnahmen angelangt waren, die die Vereinigten Staaten zum Schutze ihrer eigenen Landwirtschaft eingerichtet haben.*

Obwohl es immer weniger Bauern gibt, scheint ihr politischer Einfluß in jedem Land unweigerlich zuzunehmen, besonders wenn für Subventionen und Schutzzölle gekämpft wird. Der Agrarwirtschaftler Vernon Ruttan erkannte, daß ein Staat, der seine Bauern nicht mehr besteuert, sondern subventioniert, seine Industrialisierung erfolgreich abgeschlossen hat.

Anders als in den reichen Staaten haben die Bauern in den armen Staaten weder die politische noch die wirtschaftliche Macht, ihre Gleichbehandlung durchzusetzen. Nahrungsmittel und landwirtschaftliche Rohstoffe stellen seit fünfzig Jahren die Hälfte des Exports der armen Staaten in die reichen Staaten. In Lateinamerika erwirtschaften die landwirtschaftlichen Großbetriebe und Plantagen der Staaten, die kein Erdöl exportieren können, immer noch mehr als 50 Prozent der Exporteinnahmen; in Afrika sind es unter denselben Bedingungen fast 60 Prozent. In den reichen Ländern liegt der Marktanteil der importierten Lebensmittel unter 10 Prozent. Ihr Ausfall würde wohl kaum bemerkt, gäbe es keine Tee- und Kaffeetrinker, deren lauter Protest wohl nicht zu überhören wäre.

Die Ungleichheit, auf der dieser Nahrungsmittelhandel beruht, hat sich seit 1950 verschärft. Die sinkenden Preise für landwirtschaftliche Produkte zeigen einen langfristigen Trend der Weltwirtschaft (Bild 30). Nur ab und zu wird die Entwicklung unterbrochen, wenn kurzfristige Preissteigerungen in den Industriestaaten Panik ausbrechen läßt, wie Anfang der fünfziger Jahre. Vielleicht wird die Welt in unserem Jahrzehnt erneut durch steigende Preise aufgeschreckt. Der Erfolg von Ronald Reagans Landwirtschaftspolitik, die Überschußproduktion der Vereinigten Staaten zu reduzieren, hat nur wenig Spielraum übrig gelassen, falls ein Monsunregen in Südasien ausbleibt oder sich die Dürre in Zentralafrika wiederholt.

Ob als Folge einer Mißernte oder einer freiwilligen Selbstbeschränkung: auf jeden Preisanstieg wird letztlich wieder ein Abwärtstrend des Getreidepreises folgen. Im Zuge der gesamtwirtschaftlichen Entwicklung erobern neue Güter und Dienstleistungen den Markt. Die Ausgaben des Verbrauchers für Nahrungsmittel beanspruchen einen immer kleiner werdenden Teil seines Gesamtbudgets. Die Nahrungsmittelproduktion wird zwar wachsen, solange die Bevölkerung wächst; sie wird aber im Verhältnis zum Bruttosozialprodukt prozentual abnehmen. Für die armen Länder haben sich die Handelsbedingungen für den Export ihrer landwirtschaftlichen Erzeugnisse in die Industriestaaten weiter verschlechtert, in den letzten zehn Jahren um 15 Prozent, in den letzten fünfzehn Jahren um 25 Prozent. Schlimm dabei ist nicht nur das Sinken der Preise für die eigenen Exportgüter, sondern der unbarmherzige Anstieg der Preise für die Industriegüter, die sie zur Aufrechterhaltung der exportbringenden Landwirtschaft einkaufen müssen.

In den unterindustrialisierten Ländern ist und bleibt die Landwirtschaft der größte Wirtschaftszweig. Eine Ausnahme bilden nur die Erdöl exportierenden arabischen Staaten. Ähnlich wie früher die Kolonialherren benutzen die Regierungen die Landwirtschaft nur dazu, den „modernen" urbanen Sektor auszubauen und die Wirtschaftsentwicklung zu finanzieren. Nach der Befreiung wurden die Plantagen, die schon vorher die Hauptlieferanten für den Export gewesen waren, als erste von der neuen Regierung unterstützt und erhielten finanzielle Mittel, obwohl es dort nur für einen Bruchteil der Bevölkerung Arbeit gab. In den ersten Jahrzehnten nach dem Krieg wuchsen ihre Anbau-

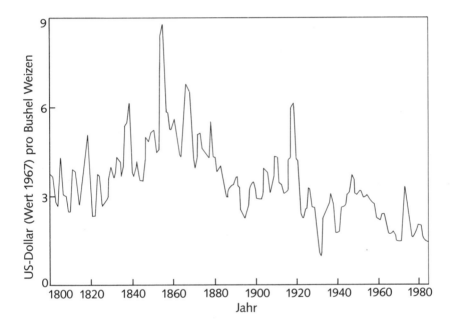

Bild 30: Der Weizenpreis ist heute niedriger als 1880, trotz dazwischenliegender Perioden abrupten Preisanstiegs, der entweder von Mißernten oder von politischen Krisen hervorgerufen wurde. Der Preisrückgang, der auch bei den meisten anderen landwirtschaftlichen Produkten beobachtet wird, spiegelt einerseits die höhere Produktivität der Landwirtschaft wider und andererseits das relative Steigen der Preise für Industrieerzeugnisse und Dienstleistungen. Der Preis wird weltweit in Dollar pro Bushel notiert. Ein Bushel sind 35,24 Liter.

flächen und ihre Produktivität schneller als in der übrigen Landwirtschaft. Wenn sich im Ausland neue Märkte entwickelten, beispielsweise für Erdnüsse, dann ermunterten einzelne afrikanische Staaten ihre Bauern zum Anbau für den Export. Sie müssen die Ernte an staatliche Monopolgesellschaften zu einem Preis verkaufen, der weit unter dem Marktwert liegt, und der Staat verkauft die Produkte zu Weltmarktpreisen ins Ausland, um kostbare Devisen zu kassieren.*

Die selbständigen Bauern blieben sich selbst überlassen. Zugunsten der städtischen Verbraucher wurden die Lebensmittelpreise künstlich niedrig gehalten. Den Bauern fehlte jeglicher Anreiz, mehr zu produzieren, als für ihren Eigenbedarf nötig war, und den Überschuß auf dem Markt zu verkaufen. Da ihnen der Anreiz fehlte, neue Techniken auszuprobieren, stieg die Produktivität auf den für die lokale Nahrungsmittelversorgung wichtigen Bauernhöfen weniger schnell als auf den Plantagen und Großbetrieben, die Exporterzeugnisse produzierten. Infolgedessen wurde die städtische Wirtschaft und der moderne urbane Sektor der unterindustrialisierten Staaten von importierten Nahrungsmitteln abhängig. Der Nahrungsmittelimport der unterindustrialisierten Staaten wuchs zwischen 1970 und 1985 von 4 Milliarden Dollar auf 22 Milliarden Dollar. Und aus politischen Gründen besitzt der Import von Nahrungsmitteln eine höhere Priorität als der Import moderner Ausrüstung mit der Technologie, die dringend nötig wäre, um die wirtschaftliche Entwicklung voranzubringen.

Trotzdem lassen sich die unterindustrialisierten Länder weiterhin von ausländischen Beratern davon überzeugen, daß sie sich auf dem richtigen Weg befinden. Das Marktgesetz vom komparativen Vorteil stellt eine weltweite rationale Arbeitsteilung in Aussicht. Wenn im Maisgürtel der Vereinigten Staaten Getreide am billigsten zu produzieren ist und damit, unter Einsatz aller Kräfte, die ganze Welt satt gemacht werden kann, dann soll man das doch tun. Die unterindustrialisierten Länder haben dann freie Wahl und können sich die Produkte aussuchen, die ihren Beitrag zum Welthandel optimieren. In manchen unterindustrialisierten Ländern folgte die politische Führung solchen Ratschlägen. Mit Darlehen und Krediten aus dem Ausland sowie unter dem Druck der wachsenden Bevölkerung in den Städten wurden in den ersten Jahren Industrialisierungsprogramme mit beeindruckenden, wenn auch nicht immer sinnvollen Projekten gefördert und die Entwicklung des bäuerlichen Hinterlandes vollständig vernachlässigt.*

Erst als das Bevölkerungswachstum und die relative und absolute Zunahme der Untertanen, die in Armut lebten, vor ungefähr zwanzig Jahren ein Umdenken erzwang, änderte sich in vielen unterindustrialisierten Staaten die Einstellung zu den Ratschlägen über die richtige Art des Wirtschaftswachstums. Man besann sich auf die Tatsache, daß 70 Prozent der Bevölkerung oder mehr in der Landwirtschaft beschäftigt waren und den Großteil des Bruttosozialprodukts erwirtschafteten – falls man den Wert der mengenmäßig und statistisch nicht erfaßten Produkte schätzt und mit einbezieht, die kaum über die Grenzen des Dorfes, in dem sie erzeugt wurden, hinausgelangen und nicht in die Volkswirtschaft eingehen. In den traditionellen ländlichen Dorfgemeinschaften herrscht gleichzeitig die weltweit größte Armut. Inzwischen haben sich alle – auch die internationalen Finanzinstitute und die bilateralen Entwicklungshilfebehörden – den langjährigen Standpunkt der technischen Dienste der Vereinten Nationen zu eigen gemacht: Industrialisierung ist ohne die gleichzeitige Entwicklung der Landwirtschaft nicht durchzuführen. Fortschrittliche Politiker einiger unterindustrialisierter Staaten haben begonnen, diesen Konsensus in die Tat umzusetzen.

Das erste Ziel ist es, die Bevölkerung aus eigener Nahrungsmittelerzeugung zu versorgen und die Importe zu ersetzen. Dadurch entsteht auch eine Nachfrage nach Produkten und Dienstleistungen aus dem Umkreis der modernen Agrartechnik, die von einheimischen Unternehmen bereitgestellt werden können. Zur Finanzierung und Ausrüstung dieser Unternehmen greift man am besten auf die freigewordenen Devisen zurück, mit denen bisher die importierten Nahrungsmittel bezahlt wurden. So entsteht allmählich im eigenen Land ein Markt für einheimische Erzeugnisse, von denen einige auch ins Ausland verkauft werden können. An die Stelle von Wirtschaftswachstum ist damit die Wirtschaftsentwicklung getreten: Der Funke der industriellen Revolution ist aus den Städten auf das Land übergesprungen.

Sind die ländlichen Gebiete in den Entwicklungsprozeß einbezogen, entsteht eine starke Nachfrage, die den Fortgang der Entwicklung gewährleistet. Die Volkswirte sprechen von einer hohen Elastizität des Nahrungsmittelbedarfs. Bei einem Einkommensanstieg von einem Prozent steigen die Ausgaben für Nahrungsmittel um 0,8 Prozent. Diese Entwicklung steht im Gegensatz zum Verhalten der Menschen in den Industriestaaten: sie geben bei einem Einkommensanstieg um ein Prozent nur 0,4 Prozent oder weniger für Nahrungsmittel aus. Die zusätzlichen Ausgaben fließen dabei eher in Verarbeitung, Verpackung und Werbung, kurz, in die Befriedigung von „Gourmetgelüsten", statt in Grundnahrungsmittel. In Japan, wo nicht alle Bewohner am wirtschaftlichen Erfolg beteiligt sind, beträgt die Elastizität der Nahrungsmittelnachfrage 0,6 Prozent. Ein japanischer Haushalt wird von einem Einkommensanstieg von einem Prozent nur 0,2 Prozent für Getreideprodukte ausgeben, doch gern das ganze Mehreinkommen in Fleisch von Rindern, die mit Getreide gefüttert wurden, anlegen. In den Vereinigten Staaten liegt die Elastizität der Nachfrage nach Getreideprodukten beim Wert Null. Eine amerikanische Familie würde auch dann nicht mehr Getreideprodukte verbrauchen, wenn sie gratis verteilt würden; es könnte sogar sein, daß der Verbrauch sinken würde.

Der Grund für die hohe Elastizität der Nahrungsmittelnachfrage in den unterindustrialisierten Ländern ist der Hunger. Im Gegensatz zum Verbraucher in den Vereinigten Staaten, dem 1500 Kilogramm Getreideäquivalent zur Verfügung stehen, muß sich der Bewohner eines unterindustrialisierten Staates mit weniger als 400 Kilogramm Getreideäquivalent begnügen. Etwas mehr als die Hälfte werden in Form von Brot, Fladen und anderen Getreideprodukten direkt verzehrt. Nur 200 der 2400 Kalorien Tagesverbrauch bestehen aus tierischem Eiweiß.

Die Durchschnittsmenge und die Zusammensetzung würden einen relativ wenig aktiven Menschen sattmachen. Vor fünfzig Jahren war die Lage noch schlechter: Die verfügbare Durchschnittsmenge lag unter 2000 Kalorien. Doch die besseren Zahlen verschleiern nicht nur die eklatante Ungerechtigkeit bei der Verteilung von Nahrungsmitteln und vor allem die völlig unzureichenden Tagesrationen, mit denen rund 400 Millionen Hungernde auskommen müssen, sie verschleiern auch die Tatsache, daß weitere 600 Millionen unterernährte Männer, Frauen und Kinder nie genügend zu essen bekommen.

Umkehr von Angebot und Nachfrage

Die Misere trifft vor allem die Dörfer: die Kleinbauern, ihre Familien und die Besitzlosen. Ihr Hunger erklärt sich aus den Bedingungen der dörflichen Wirtschaft. Versieht man im Rahmen des weitgehend bargeldlosen Einkommens eines bäuerlichen Kleinbetriebs den Wert der Nahrungsmittel, die eine Familie für den eigenen Bedarf produziert, mit Ziffern, dann erweist sich dieses Einkommen dem Nahrungsmittelbedarf gegenüber als ebenso elastisch wie die Einkommen in der Stadt. Wenn das Einkommen des Bauern steigt, weil die Preise steigen, verbraucht die Familie mehr Nahrungsmittel für sich selbst und verkauft folglich weniger auf dem Markt (Bild 31).*

Dieses Verhalten stellt das Gesetz von Angebot und Nachfrage auf den Kopf. Eigentlich kennt die Volkswirtschaft nur den Verbraucher und den Produzenten, der bei steigendem Preis das Angebot erhöht. Die Angebotskurve verläuft trotz steigender Preise abwärts, weil der hungrige Verbraucher gleichzeitig Produzent ist. Sobald die Preise

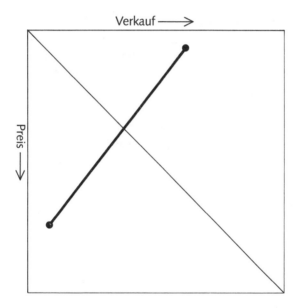

Bild 31: Die Umkehr von Angebot und Nachfrage läßt sich durch eine rückwärts gewandte Angebotskurve ausdrücken (dicke Linie). Sie beschreibt das Verhalten von Kleinbauern, wenn auf dem Markt die Preise steigen. Der Kleinbauer stellt das Gesetz von Angebot und Nachfrage (dünne Linie) auf den Kopf und bringt um so weniger auf den Markt, je höher der Preis wird. In ihrer Doppelrolle als Erzeuger und Verbraucher kann es sich die Familie leisten, mehr zu essen, wenn die Preise hoch sind.

fallen, entwickelt sich die Angebotskurve ebenso in der falschen Richtung. Die Familie ißt weniger, damit sie genügend Nahrungsmittel auf dem Markt verkaufen kann. Denn sie muß die fixen Grundkosten decken, die vom Pachtzins an den Grundbesitzer bis zu den Zinsen an den Geldverleiher reichen.

Die Entwicklung der Landwirtschaft – die Einführung neuer Methoden und neuer Technik – stößt unter diesen Bedingungen auf abschreckende Hindernisse. Eine Regierung kann zwar eine Menge tun: Bewässerungssysteme anlegen und finanzieren, wissenschaftliche Forschung fördern oder besondere Dienstleistungen anbieten; sie kann sich auch zu allererst darum kümmern, 200 Kilogramm Getreideäquivalent pro Kopf zu retten, die alljährlich Schädlingen und schlechter Lagerung zum Opfer fallen. Kurzum, eine Regierung kann viele praktische Maßnahmen ergreifen, um die Produktion zu steigern. Wenn aber die Regierung versucht, die Frage der Verteilung anzugehen, stellen sich ihr Probleme einer völlig neuen Dimension.*

Den Bauern einen größeren wirtschaftlichen Anreiz zu geben ist in jedem armen Land die sicherste Methode zur Produktivitätssteigerung. Doch schon der Versuch kollidiert sofort mit den bestehenden Verteilungsordnungen. Das beginnt bei der Verteilung von Boden. Der Kleinbauer bewirtschaftet eine Fläche, die meistens entweder zu klein ist oder deren Pachtbedingungen langfristig zu unsicher sind, als daß er besondere Maßnahmen zur Steigerung der Produktivität erwägen sollte, nicht einmal den Einsatz eigener Arbeitskraft oder der von Familienmitgliedern. Darauf folgt das Vermarktungssystem. Zwar erwirtschaftet der Bauer in der unterindustrialisierten Welt, nach Abzug aller Mühen und Kosten, für sich selbst durchschnittlich einen relativ gleichhohen Gewinnanteil am Ernteerlös wie der Bauer in einem Industriestaat; doch der Teil des Erlöses, der an den Händler gehen sollte, der Kunstdünger und landwirtschaftliche Geräte verkauft, landet beim Grundbesitzer und beim Geldverleiher. Der Verbraucher in der Stadt erhält die erzeugten Nahrungsmittel mit einem Aufschlag von 60 bis 70 Prozent. Doch dem höheren Preis steht keine Wertschöpfung gegenüber; die Differenz verschwindet durch Wertminderung des Produkts und in den Aufschlägen von Mittelsmännern und Agenten, statt für Verarbeitung, Verpackung und Kühlung ausgegeben zu werden.

Selbst für eine Regierung mit den besten Absichten ist es schwierig, ein solches Dickicht von Beziehungen zu durchdringen. Neue politische Rahmenbedingungen oder direkte Einflußnahme auf Preise oder Marktverhältnisse, die bis zum Kleinbauern durchschlagen, ihm helfen und ihn motivieren könnten, sind sehr schwer durchzusetzen. Tritt der Staat direkt in Aktion und finanziert beispielsweise eine Bewässerungsanlage, dann schnappen sich die Großgrundbesitzer als erste die dicksten Brocken, lassen ihren Pachtbauern nur wenig übrig und den selbständigen Kleinbauern so gut wie nichts. Die Regierung muß die lange Laufzeit und die geringe Verzinsung solcher Investitionen in Kauf nehmen sowie das Risiko von Mißernten durch Schädlingsbefall, Dürre oder Überschwemmung tragen. Deswegen fließt das Kapital in den meisten unterindustrialisierten Staaten in die falsche Richtung: der größte Wirtschaftszweig des Landes wird besteuert, um damit angeblich vordringliche nichtlandwirtschaftliche Projekte zu fördern und die Lebensmittelpreise für die Stadtbevölkerung niedrig zu halten. Jeder Versuch, die traditionelle Organisation der Landwirtschaft anzutasten, beispielsweise durch eine Bodenreform, ruft die politische Opposition der lokalen wirtschaftlichen Machthaber auf den Plan, die in den meisten Ländern auch die politischen Stützen der Regierung sind. Und das ist nur die erste Hürde.

Gegen diese Hindernisse hat sich die zweite landwirtschaftliche Revolution auf allen Kontinenten der Erde durchgesetzt. Den größten Durchbruch erzielte sie in Asien, wo die Bodenknappheit dazu zwang, sich auf die Steigerung der Hektarerträge zu konzentrieren. Die Revolution verdankt ihren Erfolg zwei charakteristischen Merkmalen: Methoden und Technik können sich schnell verbreiten und bedürfen keiner großen Investition, und der Erfolg ist unabhängig von der Dimension des Projekts.

Fünf Jahre nachdem das IRRI die ersten Reis- und Weizensorten freigegeben hatte, waren bereits 20 Millionen Hektar damit bestellt. In China verdreifachten Hochleistungssorten von Reis und Weizen plus Kunstdünger den Ertrag pro Hektar und die Gesamternte. In Indien konnte man Ernte und Hektarertrag verdoppeln; zum erstenmal überholte der Verbrauch im einen Land geernteten Getreides pro Kopf die Bevölkerungszahl. Von Mexiko aus, wo sie entwickelt wurden, verbreiteten sich die neuen Methoden über Lateinamerika; in fast allen Ländern säten Kleinbauern und Großgrundbesitzer auf mehr als der Hälfte ihrer Äcker die neuen Weizensorten und Maishybriden. In Afrika sind Gesamtertrag und Pro-Kopf-Anteil in den letzten fünfzehn Jahren real gesunken; nur in Ländern mit etwas fortschrittlicheren Regierungen, wie in Kenia und Tansania, wurde mit Hilfe der grünen Revolution versucht, der rapiden Zunahme der Bevölkerung auf den Fersen zu bleiben.

Es war nicht zu vermeiden, daß die größeren Bauern als erste den neuen Kurs einschlugen und am meisten davon profitierten. Im Weizenanbaugebiet des Pandschab, der sich auf beiden Seiten der indisch-pakistanischen Grenze erstreckt, hatte die grüne Revolution zur Folge, daß die Traktoren der Großgrundbesitzer 700 000 Kleinpächter von ihrem Land verdrängten. In anderen Gebieten hat sich gezeigt, daß Kleinbauern auf ihrem Land die gleiche Ertragssteigerung erzielen können wie Großbauern, indem sie ihre Äcker erfolgreich mit Saatgut aus Hochleistungssorten bestellen und den Dünger mit der Hand streuen. Bauern sind berühmt für die Sorgfalt, mit der sie ihre Böden bearbeiten. Für viele selbständige Kleinbauern war die grüne Revolution die Rettung; sie garantiert ihnen, daß sie wenigstens das bißchen Besitz und Unabhängigkeit, das sie ihr eigen nennen, auch behalten können.

Wenn Produktion und Produktivität der Landwirtschaft in den unterindustrialisierten Ländern auch in Zukunft wachsen sollen, hat die zweite landwirtschaftliche Revolution noch einen weiten Weg vor sich. In Indien warten riesige Flächen darauf, mit neuen Sorten bestellt zu werden: etwa die Hälfte der Reisfelder, ein Viertel der Weizenfelder und ein Drittel der Maisfelder. Obwohl sich der Verbrauch von Kunstdünger seit 1965 auf fünfzig Kilogramm pro Hektar verachtfacht hat, ist das weniger als ein Drittel dessen, was in China angewendet wird. In Japan bearbeiten vier Arbeitskräfte einen Hektar, doppelt so viele wie in China oder Indien; doch der erzielte Hektarertrag ist viermal so hoch wie in Indien und doppelt so hoch wie in China. Die Methoden der grünen Revolution maximieren den Bodenertrag und lassen dabei großzügig Raum für arbeitsintensive Bewirtschaftung. Es läßt sich ausrechnen, daß Unterbeschäftigung und Arbeitslosigkeit in den ländlichen Regionen Indiens auf die Hälfte reduziert wird, wenn man die japanischen Arbeitsweisen anwendet. Landwirtschaft nach japanischem Vorbild würde das Elend in Indien endgültig zu einem Teil seiner schmerzlichen Geschichte werden lassen.

Gegen den Widerstand der Gesellschaftsordnung in den unterindustrialisierten Staaten und die Unbeweglichkeit und Traditionsschwere ihrer Einrichtungen ist es der zweiten landwirtschaftlichen Revolution gelungen, den Zusammenbruch dieser Ordnung einzuleiten. Gleichzeitig verbesserte sich überall, außer in Afrika, die Ernährungslage der Bevölkerung. Die Eingliederung der Dorfgemeinschaften in die Volkswirtschaft wurde beschleunigt. In den Dörfern wurden aus Bauern, die bisher nur sich selbst und ihre Familien versorgt hatten, Produzenten für den Markt. Schon sind einige unterindustrialisierte Länder Selbstversorger mit Nahrungsmitteln; das war die Ausgangsbasis, von der aus die Industriestaaten den Weg in die industrielle Revolution eingeschlagen haben.

Die zweite landwirtschaftliche Revolution schafft von sich aus eine Notwendigkeit zur Industrialisierung. Unter den verlangten Produktionsmitteln steht Kunstdünger an erster Stelle. Die größeren unterindustrialisierten Länder produzieren bereits fast ihren gesamten Düngemittelbedarf in eigener Regie. Wer die landwirtschaftlichen Produkte über die Dorfgrenzen hinaus auf den Markt bringen will, braucht ein funktionierendes Transportwesen und eine kleine Nahrungsmittelindustrie für Verarbeitung, Konservenherstellung und Kühlung. Wahrscheinlich kann sie sich dadurch finanzieren, daß sie beachtliche Verluste vermeidet, denen landwirtschaftliche Erzeugnisse durch Verderben, falsche Lagerung und Schädlinge im herkömmlichen Marktsystem ausgesetzt sind. Wenn die zweite landwirtschaftliche Revolution den Menschen in allen Ländern zugute kommen soll, muß sie von der industriellen Revolution begleitet werden.

China konnte sich schon vor der Revolution der am höchsten entwickelten traditionellen Landwirtschaft rühmen und sie als Sprungbrett benutzen, um den größtmöglichen Nutzen aus der Anwendung der neuen Technik zu ziehen. Die Effektivität schlägt sich in Zahlen nieder: Seit 1950 konnte die Getreideernte mehr als verdreifacht werden. Der Produktionsanstieg geht im wesentlichen darauf zurück, daß man den Ertrag pro Hektar verdreifachen konnte. Die bewirtschaftete Fläche konnte nur um fünfundzwanzig Prozent erweitert werden, wobei bereits in dieser Zahl fünfzehn Prozent nur die zweite Ernte repräsentieren, die auf sieben Millionen Hektar neu bewässerten Landes eingebracht wurde. Das Ziel wurde erreicht, weil man unverzüglich Reis und Weizen aus Hochleistungssorten anbaute und ihrem Stickstoffbedarf durch die siebenfache Menge Dünger entgegenkam, nahezu 200 Kilogramm pro Hektar. Da sich die Bevölkerung nicht ganz verdoppelte und die Ernte mehr als verdreifachte, stieg die Versorgung mit Getreide um 75 Prozent, von jährlich 200 auf 350 Kilogramm pro Kopf. Zuwachs und Stärkung der Ressource menschliche Arbeitskraft ermöglichten der zentralen Revolutionsregierung, die industrielle Revolution in China schneller als jedes andere Land in der Geschichte zu vollenden.

Der Erfolg wurzelt letztlich in der Revolution der Bauern. Die Ausbeutung durch Großgrundbesitzer und Geldverleiher wurde abgeschafft und durch Dorfkollektive und Genossenschaften ersetzt, die jedem Haushalt ein gewisses Maß an Eigeninitiative bewilligten. Die Zentralregierung brachte den Dorfbewohnern neue landwirtschaftliche Methoden und Maschinen, und die Bauern konnten die Ertragskraft ihres Bodens auf ein höheres Niveau bringen als die Bauern in irgendeinem anderen unterindustrialisierten Land der Welt. Das gleichmäßig verteilte Einkommen der Städter garantierte die gerechte Verteilung des Mehrertrags der landwirtschaftlichen Produktion und stärkte die Ressource Humankapital des ganzen Landes. Die Landbevölkerung erntete bald die Früchte ihres Erfolgs und wurde mit der Lockerung der staatlichen Kontrolle belohnt. Die chinesische Variante bäuerlicher Marktwirtschaft hat viele Bauern zu Millionären gemacht.

Im Jahr der Befreiung, 1947, hatte Indien 400 Millionen Einwohner, fast so viele wie China. Doch die indische Landbevölkerung war ärmer als die chinesische, wenn man die Differenz zwischen dem Getreideertrag pro Kopf in beiden Ländern als Maßstab nimmt; in Indien betrug sie weniger als 150 Kilogramm, in China 200. Die demokratisch gewählte Regierung in Indien setzte sich die Bekämpfung der Armut als oberstes Ziel, wobei weniger revolutionäre Begeisterung den Antrieb gab als moralische Verpflichtung gegenüber dem Schwächeren. Der Stadtbevölkerung war die Aufgabe zugedacht, sich mit aller Kraft für die industrielle Revolution einzusetzen, die wiederum das Leben der Menschen auf dem Land verbessern sollte. Zur Förderung der Kleinbauern wurden Kredit- und Vermarktungsgenossenschaften gegründet und finanziert; 1957 war ihre Zahl auf sechstausend gewachsen. Für ihre Kredite nahmen sie die Ernte, nicht das Land, als Sicherheit; sie garantierten Mindestpreise und legten Ausgleichsvorräte zur Stabilisierung der Preise an, richteten Vorratslager für Düngemittel ein und organisierten die Fortbildung der Bauern, indem sie Ausbilder in die Dörfer schickten, um sie mit neuen Anbaumethoden vertraut zu machen.

An die Strukturen der dörflichen Oligarchie hatte man vorsichtigerweise nicht gerührt, und es war nicht einfach, sie zu umgehen. In einem Bericht der Indischen Staatsbank aus den späten fünfziger Jahren heißt es: „Wenn die örtliche Genossenschaft in die Fänge des dörflichen Geldverleihers gerät, schlimmer noch, wenn Geldverleiher und Großgrundbesitzer in einer Person vereinigt sind, dann wird er Genossenschaft, Kreditgeber und Kreditnehmer, je nach Bedarf und mit einer Leichtigkeit, als ob eine Gottheit die Gestalt von Brahma, Vischnu oder Schiwa annimmt – Schöpfer, Erhalter oder Zerstörer..." Es waren die Schiffsladungen mit amerikanischen Ernteüberschüssen im Wert von 3,3 Milliarden Dollar, die die Inder in den ersten, verzweifelten Jahren vor dem Verhungern retteten.

Im Jahr 1975 hatten Packards in ihrem Buch Indien noch als „unrettbar" eingestuft. Ihrer Prophezeiung zum Trotz konnte das Land seine Nahrungsmittelproduktion zunächst dadurch steigern, daß die landwirtschaftliche Nutzfläche von 140 Millionen auf 160 Millionen Hektar erweitert wurde. Schon vor der Gründung des IRRI in Manila hatte ein indisches Reisforschungsinstitut in Cuttack im Bundesstaat Bihar seine Arbeit aufgenommen. Von Anfang an zerbrachen sich Indiens Wissenschaftler den Kopf, wie der Ertrag pro Hektar zu steigern sei. Ausgehend von einer erbärmlichen Ernte von 55 Millionen Tonnen war es ein schöner Erfolg, daß 1973 mehr als 100 Millionen Tonnen Getreide geerntet werden konnte, eine Steigerung um 85 Prozent. Sie wurde nicht nur durch die Erweiterung der Anbaufläche erzielt, sondern durch die erste, vielversprechende Steigerung der Hektarerträge um mehr als 40 Prozent.

Das Augenmerk der Regierung lag vor allem auf dem Ziel, die 660 Millionen Kubikmeter Regenwasser aufzufangen, die auf das Land als jährliche Monsunregen niedergingen, unberechenbar und oft sintflutartig. Die Fließgeschwindigkeit des Ganges liegt im Schnitt bei 2800 Kubikmeter pro Sekunde; aber sie schwankt zwischen 1700 Kubikmeter zur Trockenzeit und 56000 Kubikmeter während der Monsunregen. Auf unbewässerten Feldern muß das Getreide in den wenigen Wochen reifen und geerntet werden, in denen der Boden von der Feuchtigkeit zehrt, die er beim Regen aufnehmen konnte und die nicht auf der Oberfläche abgeflossen ist und sich in die Flüsse ergossen hat. Könnte man den Boden rund ums Jahr bewässern, dann würden in einem großen Teil Indiens jährlich zwei bis drei Ernten wachsen. Im Jahr 1950 konnte man 100 Millionen Kubikmeter

Regenwasser auffangen und speichern, jetzt sind es mehr als 300 Millionen Kubikmeter. Die Menge nähert sich immerhin der Hälfte des Regenwassers, das der Monsun dem Land jährlich beschert. Damit konnte die bewässerte Fläche in der gleichen Zeit von zwanzig auf vierzig Millionen Hektar verdoppelt werden.

Im Jahr 1985 wurden in Indien 166 Millionen Tonnen geerntet, dreimal so viel wie im Jahr der Befreiung. Wieder ist der Anstieg hauptsächlich dem auf das zweifache erhöhten Ertrag pro Hektar zu danken. Der durchschnittliche Tagesverbrauch einer Person ist von 1700 Kalorien auf 2500 Kalorien gestiegen; das ist immer noch zu wenig. Indien besitzt genügend Ressourcen und technisches Wissen, um 1,2 Milliarden zukünftige Einwohner ausreichend zu ernähren. Die praktische Durchführung müssen Gesellschaft, Wirtschaft und Politik in die Hand nehmen.

Auch in Afrika konnte seit 1950 die Nahrungsmittelproduktion gesteigert werden, aber fast ausschließlich durch Vergrößerung der kultivierten Fläche. Jede neue Familie der rasch wachsenden Bevölkerung nahm sich ein Stück neues Land, um sich zu ernähren. Ihr primitiver Wanderfeldbau mit der unerläßlichen Brache verbietet, jährlich mehr als die Hälfte des Landes zu bestellen. Von 10 Millionen Hektar bester Böden in den Flußtälern werden sie durch Insekten ferngehalten, die bösartige Parasiten und Krankheiten übertragen. Sie überbeanspruchen ihre mageren Böden, zerstören den Urwald und verlieren jährlich Millionen von Hektar an die Sahara, die mit einer Geschwindigkeit von fünf Kilometer pro Jahr in die Sahelzone vorrückt. Nomadenstämme mit ihrem hochentwickelten, erfolgreichen System, sich von Viehherden zu ernähren, die für den Menschen unverdauliches Pflanzengewebe fressen, werden allmählich dazu gezwungen, ihre bewährte Existenzweise aufzugeben und in ihren überweideten Revieren mehr oder weniger seßhaft zu werden, weil sie die Vermehrung ihrer Zahl nicht mehr verkraften. Seit mehr als zehn Jahren sinkt die Nahrungsmittelration für 400 von 500 Millionen Afrikanern kontinuierlich.

Was den Afrikanern am meisten fehlt, sind die einheimischen Fachleute mit fundierter agrarwissenschaftlicher Ausbildung, die in China und Indien die zweite landwirtschaftliche Revolution in Gang setzten. Die erste Generation afrikanischer Studenten, die von afrikanischen Wissenschaftlern ausgebildet worden sind, verläßt gerade die Universitäten in Nigeria, Kenia und Tansania. Dort und in den drei

CGIAR-Zentren in Ibadan, Nairobi und Addis Abeba könnte mehr getan werden, um den jungen Wissenschaftlern den notwendigen politischen Einfluß zu verschaffen, der die afrikanische Geschichte in die richtige Richtung für das nächste Jahrhundert lenkt. Vielleicht erschließen die wissenschaftlichen Arbeitsergebnisse am Internationalen Zentrum für Physiologie und Ökologie der Insekten in Nairobi den Weg, die Krankheitsübertragung in den Flußtälern zu stoppen und 10 Millionen Hektar fruchtbares Land zu erschließen und zu besiedeln. Wem es vor der Aussicht auf zweieinhalb Milliarden Afrikaner im Jahre 2100 graut, tut gut daran, ihnen und ihren Einrichtungen heute zu helfen.

In der zweiten Hälfte unseres Jahrhunderts hat sich die Bevölkerung Lateinamerikas auf mehr als 400 Millionen Menschen verdoppelt. In den meisten der einundzwanzig Staaten Mittel- und Südamerikas wächst die Bevölkerung mit einer Geschwindigkeit von mehr als zwei Prozent, in den bevölkerungsreichsten Ländern von nahezu drei Prozent. Die Wachstumsrate ist der Maßstab für den Grad der Ungerechtigkeit bei der Verteilung von Einkommen und Besitz; sie ist so groß, daß die überwältigende Mehrheit der Bevölkerung Lateinamerikas in Armut leben muß.

Siebzig Prozent der Armen leben in Shantytowns am Rand der großen Städte; sie können nicht viel zur Produktion von Nahrungsmitteln beitragen. Das gilt ebenso für sechzig bis neunzig Prozent der Armen auf dem Land, die weniger als fünf Hektar bewirtschaften und denen in den meisten Staaten weniger als zehn Prozent des Bodens gehört. Die *latifundistas,* fünf bis zehn Prozent der Landbesitzer, denen aber neunzig Prozent des Bodens gehört, haben wenig Anlaß, den Ertrag ihrer Flächen zu steigern. Mit Ausnahme von Argentinien, wo Weizen und anderes Getreide für den Export angebaut wird, und von Mexiko, wo die großen Getreidebauern inzwischen für den heimischen Markt produzieren, haben die *latifundistas* sich bisher kaum für neue landwirtschaftliche Methoden interessiert, geschweige denn Gebrauch davon gemacht. Selbst in Argentinien und in Mexiko ist der Hektarertrag von Getreide nur halb so hoch wie in den USA. Alle lateinamerikanischen Länder, mit Ausnahme von Argentinien, importieren Nahrungsmittel in steigender Menge.

Für eine Bevölkerung von erwartungsgemäß 700 bis 800 Millionen Menschen hält Lateinamerika die größte unerschlossene landwirtschaftliche Fläche der Erde bereit, 140 Millionen Hektar schändlich vernachlässigten Bodens der *latifundistas* – ganz China besitzt nur 110 Millionen Hektar landwirtschaftliche Nutzfläche.

Das zentrale wirtschaftliche Problem, drei ordentliche Mahlzeiten am Tag zu bekommen, ist für die Welt und auch für Lateinamerika gelöst. Das Problem, die Gaben der Natur und der Technik gerecht zu verteilen, wird im kommenden Jahrhundert gelöst werden müssen.

6

Die industrielle Revolution

Menschen wollen nicht nur essen, sie haben auch andere Bedürfnisse. Sie genießen den Luxus, und wenn sie sich lange genug an den Luxus gewöhnt haben, wird er zum Bedürfnis. Irgendwo auf dem Weg von der Not zum Überfluß erreichen sie ein Wohlstandsniveau, auf dem sie, bewußt oder unbewußt, zu rechnen beginnen. Von da an halten sie ihre Vermehrung unter Kontrolle, damit die Erstgeborenen ein besseres Leben haben.

Bis vor wenigen Jahrzehnten nahmen nur die Spitzen der Gesellschaft die Möglichkeit wahr, über ihre Fortpflanzung selbst zu entscheiden. Cornelia, die Tochter von Scipio Africanus und die Frau von Tiberius Sempronius Gracchus, besaß nur zwei „Gemmen": Tiberius Junior und Caius, und dies wird in der Geschichte Roms ausdrücklich hervorgehoben. Erst in der letzten Hälfte unseres Jahrhunderts erklommen ganze Staaten das Wohlstandsniveau, auf dem die Familienplanung beginnt. Sie haben die industrielle Revolution hinter sich und sind beim Bevölkerungswachstum Null angekommen, oder sie stehen kurz davor.

Soll der Rest der Menschheit die gleiche Chance erhalten, dann muß sich die industrielle Revolution über die ganze Welt ausdehnen. Erst wenn sie alle unterindustrialisierten Länder erreicht hat, wird die Weltbevölkerung anfangen, sich zu stabilisieren; bei welcher Zahl und ob die Ressourcen der Welt den dafür notwendigen Wohlstand garantieren können, hängt davon ab, wie schnell die Industrialisierung verläuft und wie groß die Hilfe ist, zu der sich die Industriestaaten bereitfinden.

Wie sehr diese Hilfe gebraucht wird, ist seit fünfzig Jahren bekannt. Am Ende des Zweiten Weltkriegs hatten die Industriestaaten feierlich versprochen, die zur Entwicklung der unterindustrialisierten Länder notwendige wirtschaftliche und technische Hilfe zu leisten, die Bildung von Kapital und den Transfer von Technik zu forcieren. Statt dessen führten sie einen Kalten Krieg, teilten sich in zwei Lager und ließen die unterindustrialisierten Länder bis heute auf die in Aussicht gestellte Hilfe warten.

Wir haben allen Grund zu der Hoffnung, daß die Industrienationen endlich ihre eigenen Interessen erkennen und das gegebene Versprechen einlösen; nach dem abrupten Ende des Wettrüstens ist Geld vorhanden, und Industriekapazität liegt brach. Natürlich ist auch bisher „Entwicklungshilfe" geleistet worden, aber sie verdient diesen Namen nicht. Die Zahlungen waren meist den Zielen des Kalten Krieges unterworfen und für die Wirtschaft des Empfängerlandes entwicklungshemmend. Die Industriestaaten haben noch mehr zu bereuen. Die Menschen der armen Staaten brachten die größten Blutopfer für den Kalten Krieg; heute leben zwei Drittel weiterhin unter den für kriegerische Zwecke nützlichen und von beiden Seiten wohlwollend geduldeten Militärdiktaturen in Not und politischem Chaos.

Die Welt steht an einem Wendepunkt, und es ist sinnvoll, noch einmal die Industrialisierungsmodelle zu betrachten, die die beiden Parteien des Kalten Krieges ihren unterindustrialisierten Mandanten aufgezwungen haben. Teils sind sie aus reiner Ideologie geboren, teils beruhen sie auf eigenen Erfahrungen. Hervorgekehrt wurden die hehren Motive, aus denen sie entstammen. Doch die Führer der nächsten industriellen Revolution müssen sich auf die heutige Wirklichkeit einstellen; Modelle nützen ihnen wenig.

Das Modell der ersten industriellen Revolution ist schon Geschichte. Beim damaligen Stand der Zivilisation konnte die Kraft, die Wirtschaft voranzutreiben, nur daraus fließen, daß das Individuum auf seinen Eigennutz pochte. Auf einem freien Markt bildet sich der Preis, der Angebot und Nachfrage ins Gleichgewicht bringt, dadurch, daß die gleichstarken Herausforderer auf ihren Vorteil aus sind. Der Wert von Waren und Leistungen wird auf diese Weise objektiviert und treibt die wirtschaftliche Entwicklung in eine bestimmte Richtung.

Heute ist dieses Modell in Mode. Ausländische Experten geben den unterindustrialisierten Ländern den Rat, sich durch Handel zu stärken und nicht auf Entwicklungshilfe zu warten. Sie sollen ihre Waren auf dem Weltmarkt zu wettbewerbsfähigen Preisen anbieten, die den komparativen Vorteil widerspiegeln, den sie aus der Verbindung von Ressourcen mit technischer Entwicklung und handwerklicher Fähigkeit gewinnen. Das wäre dann ein fairer wettbewerbsfähiger Preis, und dank solcher Preise würde der freie Handel florieren. Die Erlöse aus den steigenden Rohstoffexporten würde den lokalen Bedarf an importierten Konsumgütern steigern, und der wachsende interne

Markt würde das Feld bereiten, diese Konsumgüter in eigener Produktion herzustellen. Sparkapital würde sich anhäufen und für Investitionen in eine Leichtindustrie bereitstehen, in der importierte Vorprodukte und Teile verarbeitet werden; und letztendlich würde das sogar den Kauf der für diese Produktion notwendigen Maschinen finanzieren. Durch Handel würde die Marktwirtschaft den unterindustrialisierten Staaten den Weg in den Kreis der Industriestaaten ebnen.

Als die industrialisierte Welt am Anfang ihrer Entwicklung stand, faßte Adam Smith die industrielle Revolution durch Marktwirtschaft in eine Formel: „Das Ziel der Marktwirtschaft heißt, ein großes Land durch Produktion und Handel reich zu machen statt durch die Verbesserung der Landwirtschaft, durch die Arbeit in der Industrie der Städte statt durch die Arbeit auf den Feldern."

Anders sieht das Modell der industriellen Revolution in der ehemaligen Sowjetunion aus. Hier bildet die Hoffnung des Volkes auf ein besseres Leben, die es dem Staat zur vorübergehenden Wahrnehmung anvertraut hat, und nicht der Eigennutz des Individuums die Quelle der wirtschaftlichen Antriebsenergie. Der Staat sorgt nach seinem Willen und seinem Plan dafür, daß Rohstoffe gewonnen und eine Grundstoffindustrie aufgebaut wird, wobei die Nachfrage des Marktes weit vorauseilt. Solange sich Kapital ansammeln muß, kann sich jeder den Wunsch nach Konsumgütern nur nach seinen Möglichkeiten erfüllen; doch eines Tages wird die geradlinige Entwicklung zur grenzenlosen Produktion von Konsumgütern führen, so daß sie jedem nach seinem Bedarf zugeteilt werden können. Kein relativer Marktvorteil treibt die Produktionsplanung in eine Richtung, die auf die Maximierung des Gewinns zielt. Das Kapital dient auch anderen Zwecken, zum Beispiel dazu, die Industrie zu dezentralisieren, zurückgebliebene Gebiete aufzubauen oder heroische Ingenieursträume zu verwirklichen wie das „Jahrhundertprojekt", das vorsah, die nach Norden gerichtete Strömung der großen Flüsse Sibiriens umzukehren.

Selbstverständlich ist in der wirklichen Welt weder das eine noch das andere Modell in reiner Form verwirklicht worden. Die unterindustrialisierten Länder tendieren allerdings mehr zum ersten als zum zweiten. Und es gibt China, das Land mit einem Fünftel der Weltbevölkerung, das über beiden Modellen steht.

Zirkuläre und kumulative Verursachung*

In der realen Welt kommen gesellschaftliche und wirtschaftliche Vorgänge selten von allein ins Lot, und sie entwickeln sich auch nicht in aufsteigender Linie. In der Regel bewegen sie sich in einem Teufelskreis, den der schwedische Volkswirtschaftler Gunnar Myrdal als „das Prinzip der zirkulären und kumulativen Verursachung" bezeichnete. Er erklärte das Prinzip mit folgendem Beispiel aus seiner Untersuchung des Rassenproblems in der amerikanischen Gesellschaft: „Die Weißen halten den niedrigen Lebensstandard der Schwarzen durch Diskriminierung auf seinem tiefen Niveau; gleichzeitig wird die Antipathie der Weißen gegen die Schwarzen dadurch gestärkt, daß sie arm sind, in Slums wohnen, eine schlechte Gesundheit haben, ihre Familien zerrüttet sind und die Kriminalität hoch ist."*

Eine ähnliche zirkuläre und kumulative Verursachung hat bis zur Mitte dieses Jahrhunderts zur Konzentration von Industrieunternehmen im Nordosten der USA geführt und den Süden und Westen zum Rohstofflieferanten degradiert. Die Mühlen mahlen so fein: Sogar diskriminierende Frachttarife wurden erlassen, um auch nur die Andeutung einer Industrieansiedlung in den innerstaatlichen Kolonien zu verhindern.

Als die Reichen immer reicher und die Armen immer ärmer wurden, richteten konservative Regierungen in Großbritannien und Deutschland noch vor dem Ende des 19. Jahrhunderts die ersten Sozialstaaten ein, um sozialen Unruhen vorzubeugen. Heute mischt sich jede marktwirtschaftlich orientierte Regierung mit regulatorischen Maßnahmen in den Marktprozeß ein, allein, weil 30 bis 50 Prozent des Bruttosozialprodukts im öffentlichen Sektor erzeugt oder verteilt werden. Damit soll, so Myrdal, „dem blinden Gesetz des kumulativen gesellschaftlichen Wandels vorgebeugt und einer sich anbahnenden Ungleichheit zwischen Regionen, Industriezweigen oder gesellschaftlichen Gruppen möglichst frühzeitig entgegengewirkt werden".

In diesem Sinne versuchte Franklin D. Roosevelt mit dem New Deal, die Rückständigkeit des Südens und Westens der USA zu überwinden; er veranlaßte in beiden Regionen umfangreiche öffentliche Investitionen. Im Zweiten Weltkrieg finanzierte der Bundeshaushalt in beiden Regionen neue Flugzeugwerke und Schiffswerften. Die militärische Beschaffungspolitik setzte eine auf modernster Technik basierende Industrialisierung in Gang, und es entwickelte sich das, was heute als „Sun Belt" bezeichnet wird. Wieder schließt sich ein Kreis der zirkulären und kumulativen Verursachung: Den Bundeshaushalt der Vereinigten Staaten belasteten in den achtziger Jahren am meisten die wirtschaftlichen Interessen der Staaten des Sun Belt, die zur „Wiederbewaffnung" und zu den hohen, unübersehbaren Ausgaben für die *Strategic Defense Initiative,* SDI, führten. Komplementär dazu verloren die früher tonangebenden nordöstlichen Industriegebiete an Bedeutung. Sie wurden zum „Rust Belt" unserer Tage.*

Der Prozeß der zirkulären und kumulativen Verursachung verlief in den staatlichen Planwirtschaften kaum anders. Der sowjetische Volkswirtschaftler Wassily L. Selyunin schrieb: „Dieses Wirtschaftssystem kann dem Menschen nicht dienen; es dient nur sich selbst. Es produziert immer mehr Produktionsmittel, also Maschinen, Ausrüstung, Elektrizität, Treibstoff, Metall, um damit im nächsten Zyklus noch mehr Produktionsmittel zu produzieren, doch keine Konsumgüter, nichts, was ein Mensch gebrauchen oder essen könnte."

Solange es keinen Markt gab, erwiesen sich die Industrieministerien in Moskau als unfähig, die Hoffnung des Volkes auf ein besseres Leben zu erfüllen. Und da nichts leichter ist, als für einen einzigen Kunden zu produzieren, kam die sowjetische Wirtschaft unter die Herrschaft der gleichen militärisch-wirtschaftlichen Clique, vor der der ehemalige General Dwight D. Eisenhower in seiner Abschiedsrede als Präsident seine Landsleute gewarnt hatte.

In der Sowjetunion begann im Frühjahr 1985 die Ära von *Perestroika* und *Glasnost*. Das Zentralkommittee der Kommunistischen Partei legte das „Jahrhundertprojekt" zu den Akten. Die Partei nannte ausdrücklich eine „öffentliche Meinung" als Beweggrund für den Einstellungsbeschluß und gab damit zum erstenmal zu, daß das Volk die Erfüllung seiner Hoffnungen am besten selbst in die Hand nahm.

Offen gesagt, ein Gesellschaftssystem, das der Aufgabe gewachsen ist, alle seine Mitglieder am Nutzen der Industrialisierung teilhaben zu lassen, muß erst noch erfunden werden. Der Markt ist unvollkommen. Der Staat ist unfähig. Der Teufelskreis unvermeidlich. Die Menschen werden immer in ihrem Bemühen verharren, sich selbst den größten Nutzen zu sichern, und nicht alle werden daran denken, daß auch andere Menschen Bedürfnisse haben oder Not leiden.

Vereinte Nationen und wirtschaftliche Entwicklung

In dem kurzen Intervall zwischen dem Ende des Zweiten Weltkriegs und dem Beginn des Kalten Kriegs gründeten die damals noch verbündeten Industrienationen die Organisation der Vereinten Nationen. Weit oben auf der Tagesordnung stand die wirtschaftliche Entwicklung der Kolonien, die befreit und unter die Treuhand der UN gestellt werden sollten. Die notwendige Hilfe sollte von den internationalen technischen und finanziellen Organisationen kommen, die in den ersten Tagen des zurückgekehrten Friedens voller Hoffnung geschaffen worden waren. Die Vollversammlung der Vereinten Nationen berief eine Expertengruppe, die einen Überblick über die Größenordnung der notwendigen Hilfe gewinnen sollte.* Ihr Auftrag lautete, „Maßnahmen zur Förderung der wirtschaftlichen Entwicklung der unterentwickelten Länder" vorzuschlagen.

Die Expertengruppe war hervorragend besetzt. Alle Mitglieder waren erfahrene Wirtschaftswissenschaftler, A. B. Cortez aus Chile, D. R. Gadgil aus Indien, George Hakin aus dem Libanon, W. Arthur Lewis aus Jamaika und T. W. Schultz aus den USA, und alle hatten Erfahrungen als pragmatische Wirtschaftspolitiker. Beide Seiten, Geber und Empfänger, und mehr als eine wissenschaftliche Schule waren vertreten.

Die Fachleute definierten zunächst, was sie unter notwendiger Hilfe verstanden: alle Maßnahmen, die dazu dienten, die unbeschäftigten Arbeitskräfte aus der Landwirtschaft in den Entwicklungsländern in die Industrie zu überführen. Die Nahrungsmittelproduktion könnte angeregt werden und um 2,5 Prozent pro Jahr steigen, schneller als das erwartete Bevölkerungswachstum. Das wiederum würde erlauben, jedes Jahr zusätzlich ein Prozent der Arbeitskräfte in der Industrie zu beschäftigen. Für den erforderlichen Technologietransfer und für die Schaffung von Arbeitsplätzen würden 2500 Dollar pro Person oder jährlich neunzehn Milliarden Dollar gebraucht. Davon sollten Handel und eigene Sparleistungen im Sinne von Adam Smith jährlich fünf Milliarden, vielleicht sogar bis zu neun Milliarden Dollar beisteuern. Die Differenz zwischen den Eigenleistungen der Entwicklungsländer und ihrem Gesamtkapitalbedarf sollte in Höhe von zehn bis vierzehn Milliarden Dollar pro Jahr von den Industriestaaten bereitgestellt werden.

Man kann den Experten nicht vorwerfen, daß ihre Pläne zu bescheiden waren. Damals fand kaum eine Milliarde Dollar im Jahr den Weg von den industrialisierten zu den unterindustrialisierten Staaten, und siebzig Prozent waren allein dafür bestimmt, neue Ölfelder zu erschließen. Und nicht zu vergessen: damals repräsentierten zehn bis vierzehn Milliarden Dollar zwischen zwei und drei Prozent des Bruttosozialprodukts aller Industriestaaten.

Nach Ansicht der Experten mußten, um private Investoren anzulocken, zunächst große Investitionen in den Aufbau der Infrastruktur vorgenommen werden. „Je höher die öffentlichen Investitionen sind, desto höher werden die privaten Investitionen ausfallen." Damit war auch, wenigstens zum Teil, „der Job beschrieben, für den die Internationale Bank für Wiederaufbau und Entwicklung gegründet wurde". Doch die Kreditvergabe durch die Weltbank stieß auf ein „Hindernis". Sie konnte die Kredite im vorgesehenen Umfang nicht vergeben, weil „die Höhe des Kapitals, das zu vier Prozent Zinsen rentabel investiert werden kann, von den Aufwendungen abhängig ist, die gleichzeitig für die Verbesserung der gesellschaftlichen Lebensverhältnisse gemacht werden, besonders für Gesundheitsfürsorge, Schulbildung, Kommunikation und Verkehr".

Diese Investitionen werfen keine direkten Zinsen ab. Deswegen sollten sie als „zwischenstaatliche Zuwendungen" aufgebracht werden. Die Experten hatten sich ausgerechnet, daß Zuwendungen in Höhe von jährlich drei Milliarden Dollar, verteilt von einer internationalen Entwicklungsbehörde, die Pumpe in Gang setzen würden, die den darüber hinaus benötigten Kapitalstrom zum Fließen brächte.

Dem Vorschlag, Kapital für den Aufbau der gesellschaftlichen Infrastruktur zu verschenken, lag eine einfache Rechnung zugrunde: drei Milliarden Dollar pro Jahr könnten die reichen Länder aus ihrem Bruttosozialprodukt (damals 600 Milliarden oder etwa 600 Dollar pro Kopf) „relativ schmerzlos" tranferieren (um J. K. Galbraiths Begriffe über die Entwicklungshilfe zu benutzen), während es für die armen Länder (mit einem Bruttosozialprodukt von 100 Milliarden oder 60 Dollar pro Kopf) „sehr schmerzlich" wäre, diesen Betrag zu ersparen.

Der Expertenbericht wurde vor vier Jahrzehnten vorgelegt. Die sogenannte „Entwicklungshilfe" der Industriestaaten beiderseits des Eisernen Vorhangs hat seitdem auch nicht entfernt die Höhe von 0,5 Prozent ihres Bruttosozialprodukts erreicht, wie es die Experten im Abschlußbericht empfohlen hatten. Der größte Teil des Geldes floß von den Marktwirtschaften in diejenigen unterindustrialisierten Länder, die sich dem Weltmarkt angeschlossen hatten. Weltmarkt heißt, Weltwirtschaft ohne Planwirtschaften, vor allem ohne China. Welcher Teil der Hilfe wirklich als Beitrag zur wirtschaftlichen Entwicklung betrachtet werden kann, bedarf noch genauer Prüfung; ein nicht geringer Prozentsatz der offiziellen „Hilfe" war mit Zielen des Kalten Krieges verbunden.

Am einen Ende der Skala finden wir die reine Entwicklungshilfe, die durch die multilateralen Kanäle der technischen Dienste der UN geflossen ist. Dazu addieren lassen sich noch die von den Industriestaaten geleisteten Kapitaleinlagen der Weltbank und verwandter internationaler Finanzinstitute, obwohl sie schon von einer Partei des Kalten Kriegs boykottiert wurden. Was diesen Instituten zufloß, damit sie „den Job ausführen, für den sie gegründet wurden", waren nie mehr als fünfzehn bis dreißig Prozent der von allen Staaten offiziell deklarierten „Entwicklungshilfe".

KALTER KRIEG UND WIRTSCHAFTLICHE ENTWICKLUNG

Der überwiegende Teil der deklarierten Hilfe floß direkt aus den Händen des Gebers zu einem von ihm ausgewählten Empfänger. An der Verteilung der Mittel, die von den Vereinigten Staaten aufgrund bilateraler Verträge vergeben wurden, lassen sich die Motive und ihr wirklicher Beitrag zur Entwicklung recht gut beurteilen. In vierzig Jahren erhielten „Entwicklungsländer" aufgrund von Verträgen insgesamt 220 Milliarden Dollar (Dollars in ihrem jeweiligen Jahreswert). Die Gesamtsumme entspricht einem Bruchteil (weniger als 0,1 Prozent des damaligen Bruttosozialprodukts) der von den Experten empfohlenen 0,5 Prozent. In der „Entwicklungshilfe" enthalten sind 60 Milliarden Dollar direkte Militärhilfe, die an weniger als zehn „strategisch wichtige" Staaten floß, die auch mehr als die Hälfte der Entwicklungshilfe erhielten.

Folgerichtig erhielten im Verlauf des Vietnamkriegs Empfänger in Indochina 30 Milliarden Dollar für militärische und andere Hilfeleistungen. Weitere 20 Milliarden gingen an Taiwan und Südkorea, schon während des Koreakriegs, aber hauptsächlich während des Vietnamkriegs. 60 Milliarden Dollar wurden dazu verwendet, die östliche Front des Mittelmeers zu stabilisieren. Die Ausgaben begannen mit der Bergung Griechenlands aus dem Halbschatten der Sowjetunion am Ende der vierziger Jahre und schließen die 30 Milliarden Dollar ein, die im Lauf der Zeit auf das Konto Israels geflossen sind.

Die Gründe für den größten Teil der Ausgaben sind mehr als deutlich. Nur schwer läßt sich in den Ausgaben ein Stimulus für die Wirtschaftsentwicklung entdecken, vielleicht im Falle Israels, Taiwans und Südkoreas. Das Trümmerfeld Indochina beweist, daß mit dieser Form der Entwicklungshilfe das Gegenteil erreicht wurde. Das beängstigende Bild, das Afrika der Welt bietet, läßt ähnliche Rückschlüsse auf die Hilfe der Vereinigten Staaten zu, mit der vor allem die Einmischung Südafrikas in Angola und Südwestafrika (jetzt Namibia) unterstützt wurde. Bei Bürgerkriegen und Grenzstreitigkeiten im Sudan, in Somalia und Äthiopien wurde erst die eine Seite mit Waffen und Geld ausgerüstet und darauf die andere, nur um die jeweils entgegengesetzten Unternehmungen der Sowjetunion zu durchkreuzen.

Die zehn Milliarden Dollar aber, die das blockfreie Indien aus amerikanischen Händen empfing, ohne sich dafür politisch einspannen zu lassen, muß man als wirkliche Entwicklungshilfe betrachten. Mehr als die Hälfte der Summe erhielt Indien vor 1965, in Form von damals noch starken Dollars und dringend benötigtem Weizen.

Die Kontenprüfung der offiziellen Entwicklungshilfeausgaben der anderen Industriestaaten beider Lager würde sicherlich zu ähnlichen Ergebnissen führen und zeigen, in welchem Maße die Höhe der Aufwendungen und das sogenannte nationale Interesse des Gebers am Empfängerland voneinander abhängig sind. Bewertet man die offizielle Entwicklungshilfe großzügig, dann sind etwa 30 Prozent der wirtschaftlichen Entwicklung des Empfängerlandes zugeflossen. Bei keinem Industriestaat war es mehr 0,3 Prozent des Bruttosozialprodukts, von den zwei bis drei Prozent, die die Experten vorgeschlagen hatten, war keine Rede mehr.

Keiner kann behaupten, daß wirtschaftliche Hilfe zur wirtschaftlichen Entwicklung versagt habe. Man hat es nie versucht.

In den sechziger Jahren regte sich in den Industriestaaten auch der Eigennutz, die alles bewegende wirtschaftliche Kraft; die unterindustrialisierten Staaten erhielten privates Investitionskapital und normale Bankkredite in einer Höhe, die bald die Summe der zwischenstaatlichen Entwicklungshilfe überschritt. In den achtziger Jahren schwoll der von Petrodollars genährte private Kapitalfluß auf das Doppelte an. Das Privatkapital wurde von einem Wirtschaftswachstum angelockt, das vom Appetit der Industriestaaten auf die Ressourcen der unterindustrialisierten Welt in Gang gesetzt worden war.*

Der langanhaltende Boom war nach dem Ende des Krieges vom Nachholbedarf in den Industrieländern ausgelöst worden und wurde vom niedrigen Ölpreis genährt. Damit begann die zweite Kolonialisierung der unterindustrialisierten Welt. Unter den Volkswirtschaftlern hat Barbara Ward als erste den Zusammenhang zwischen Umwelt und Entwicklung begriffen; sie schrieb, daß „nie zuvor in der Geschichte Menschenwerk tiefer und unmittelbarer in vortechnische Gesellschaften eingedrungen ist" als in diesen vier Jahrzehnten.

Nimmt man Ballen, Fässer und Tonnen zum Maßstab und mißt nicht in inflationsbehafteten Währungen, dann haben sich die Exporte der unterindustrialisierten Länder seit 1959 vervierfacht. Das Wachstum ihrer Volkswirtschaften ist weder wirtschaftlicher noch technischer Entwicklungshilfe zu verdanken. Es ist eine Folge ihrer Integration in die expandierende Marktwirtschaft der industriellen Welt.

Wenn es nach den Zahlen der Buchhalter internationaler Statistiken ginge, wäre der Welthandel schneller gewachsen als die Weltwirtschaft. Nach den Standardregeln der Statistiker ist der Welthandel von 7 bis 8 Prozent der globalen Warenproduktion im Jahr 1950 auf 14 oder 15 Prozent im Jahr 1985 geklettert. Das wäre eine interessante Information, weil der freie Handel in der wirtschaftswissenschaftlichen Literatur als Vorreiter des Wirtschaftswachstums gefeiert wird. Die beim freien Handel abgefallenen Krumen gliederten die unterindustrialisierten Länder in die Weltwirtschaft ein, nicht die Entwicklungshilfe.

Doch die nach den Standardregeln erhobenen Zahlen verleiten auch dazu, die Rolle des Handels überzubewerten, und zwar auf der falschen Seite der statistischen Bilanz. Die europäische Wirtschaft erholte sich nach 1950 von den Kriegsfolgen, und das innereuropäische Handelsvolumen wuchs besonders schnell. Wollte man die europäischen Zahlen mit dem amerikanischen Handelsvolumen vergleichen, dann müßte auch der Handel zwischen den Einzelstaaten der USA mit zum Welthandel gerechnet werden, und die Zahlen würden noch weiter aufgeblasen. Subtrahiert man dagegen den Handel der europäischen Staaten untereinander, die sich inzwischen zur

Europäischen Gemeinschaft zusammenschlossen, vom Welthandelsvolumen des Jahres 1985, dann reduziert sich der Welthandel auf einen Umfang von 10 Prozent der Weltproduktion. Eine weitere notwendige Korrektur bringt die Welthandelsziffer von 1985 noch näher an die von 1950: Wird der Preisaufschlag der OPEC vom Ölpreis abgezogen, dann liegt die statistische Zahl wieder bei 8 Prozent.

Nach diesen Korrekturen bekommt man einen zuverlässigeren Maßstab dafür, welchen Tribut die Industriestaaten bei den unterindustrialisierten Staaten in den letzten vier Jahrzehnten eintrieben und zur Förderung ihres eigenen Wirtschaftswachstum verwendeten. Der Anteil der unterindustrialisierten Staaten am Weltexport kletterte bis 1970 von 23 auf 33 Prozent und bis 1985 auf 44 Prozent (39 Prozent, wenn man den OPEC-Preisaufschlag nicht berücksichtigt). Wenn es überhaupt einen Anstieg des Welthandels relativ zur Weltproduktion gab, dann war er ein Ausdruck des steigenden Verlangens der Industriestaaten nach Agrarerzeugnissen und anderen Rohstoffen der unterindustrialisierten Welt, besonders nach Erdöl.

Als die unterindustrialisierten Volkswirtschaften auf diesem Weg in den freien Weltmarkt integriert worden waren, stieg ihre Wachstumsrate. Die Exporte erreichten 20 Prozent oder mehr des Bruttosozialprodukts; Industriestaaten exportieren im allgemeinen 5 bis 10 Prozent. Die Volkswirtschaften der Erdöl exportierenden Länder erreichten natürlich ganz andere Exportzahlen: Saudi-Arabien exportierte in der Zeit des höchsten OPEC-Preises mehr als 75 Prozent seines Bruttosozialprodukts. Von 1960 bis in die siebziger Jahre wuchs die Wirtschaft der unterindustrialisierten Staaten jährlich um sieben Prozent oder mehr, während das durchschnittliche Wirtschaftswachstum der Industriestaaten bei fünf Prozent lag.

Es war vor allem das steigende Exportvolumen, das zum Wirtschaftswachstum der unterindustrialisierten Länder führte. Investitionen von Kunden stimulierten weiteres Wachstum. Große Konzerne, die man heute als „multinational" oder kurz „Multis" bezeichnet, investierten in exportorientierte Rohstoffunternehmen, die ihnen selbst gehörten. Investitionen in die Infrastruktur wurden von Regierungen der Industriestaaten mit bilateralen und multilateralen Anleihen und Zuschüssen finanziert: Verkehr, Kommunikation, Elektrizitätsversorgung, Städtebau und Hafenanlagen – damit die Rohstoffe, auf die man ein Auge geworfen hatte, leichter exportiert werden konnten. Inzwischen findet man ausländische Investoren auch in der Konsumgüterindustrie und im Dienstleistungssektor, sobald das Wachstum in einem unterindustrialisierten Staat weit genug vorangeschritten ist; sie sollen die Nachfrage der Städter befriedigen, deren Einkommen zusammen mit dem Rohstoffexport in die Höhe geschnellt ist.

In vier Jahrzehnten haben sich die Industriestandorte auf der Weltkarte ein wenig verschoben. 1950 mußten sich die unterindustrialisierten Staaten mit weniger als fünf Prozent der industriellen Wertschöpfung der Welt abfinden; Anfang der achtziger Jahre war ihr Anteil trotz aller Schwierigkeiten auf nahezu fünfzehn Prozent geklettert (Bild 2). Die Arbeit war international neu verteilt worden. Arbeitskräfte in den unterindustrialisierten Staaten hatten der industriellen Welt die arbeitsintensiven Phasen der Herstellung abgenommen, von der Textilproduktion bis zur Montage von Transistorradios. Nach Ricardos Prinzip des komparativen Vorteils, dem dominierenden Modell der Industrialisierung, fand jedes unterindustrialisierte Land durch das Angebot von Rohstoffen oder von billigen Arbeitskräften seinen Platz in der Weltwirtschaft, an dem es seinen komparativen Vorteil ausspielen konnte.

Nach dem alternativen Modell der Industrialisierung richteten sich nur wenige unterindustrialisierten Staaten: China und die zentralgeplanten Volkswirtschaften Nordkoreas und Indochinas; nach 1960 Kuba und seit kurzem Myanmar (früher Burma). Seit Kriegsende haben sich diese Länder freiwillig von der Weltwirtschaft isoliert, oder sie wurden isoliert. China ließ sich von der Sowjetunion nicht beeinflussen; die Chinesen änderten und verbesserten das sowjetische Modell auf dem Gebiet der Landwirtschaft, ließen die wichtige Dorfstruktur unangetastet und konnten sich von Anfang an auf eine gesicherte und steigende Nahrungsmittelproduktion verlassen. Freiwerdende Arbeitskräfte beschleunigten die industrielle Revolution nach zentralgelenktem Plan. An erster Stelle stand der Ausbau der Produktionsmittel. Ein Fünftel des Anteils der unterindustrialisierten Länder an der globalen industriellen Wertschöpfung, der inzwischen auf fünfzehn Prozent gestiegen ist, stammt allein aus China. Anfang der siebziger Jahre fühlte sich das Land gefestigt genug, seine Volkswirtschaft auch Investitionen aus den Marktwirtschaften zu öffnen und sich, früher als im sowjetischen Modell vorgesehen, dem freien Markt auszusetzen.

Nachdem sie der Weltwirtschaft als unabhängige Staaten beigetreten waren, mußten die Mitglieder der Vorkriegs-Kolonialreiche erkennen, daß die Freiheit, selbst zu verhandeln, nicht notwendigerweise zu besseren Preisen für ihre Produkte führte. Immer gab es einen Konkurrenten, den die Not genauso drückte und der den Preis unterbot, oder der Markt ging an altbekannte Ersatzstoffe oder an moderne Kunststoffe verloren. Der neue Anbieter begegnete den unvermeidlichen „Unvollkommenheiten", die das tägliche Leben von der reinen Lehre trennen und das Funktionieren der freien Markwirtschaft in der realen Welt einschränken.

In den Nachkriegsjahren fanden die neuen Staaten bei den ehemaligen Kolonialherren den ersten Markt, der ihren Produkten offenstand und fast exklusiv zugänglich war. Die von altersher gewohnte Exportpalette erschloß die ersten Einkommensquellen. Das gewohnte Ungleichgewicht zwischen Rohstoffen und Industrieerzeugnissen änderte sich nicht. Zollschranken und Einfuhrbeschränkungen schützen nach wie vor alle Industriezweige, die mit höheren Kosten arbeiten, vor den Exportgütern der unterindustrialisierten Welt; jeder Versuch eines unterindustrialisierten Landes, den Wert seiner Exporte durch eigene Bearbeitung zu erhöhen, wird abgewehrt. Anders könnten beispielsweise die Zuckerrübenbauern der USA und anderer Industriestaaten – die für den Anbau doppelt so viele Kalorien verbrauchen, wie die geernteten Zuckerrüben enthalten – mit den Zuckerrohrschnittern der unterindustrialisierten Welt nicht konkurrieren, denn ihr Zuckerrohr enthält doppelt so viele Kalorien, wie beim Anbau eingesetzt wurden. Baumwollfarmer genießen in den Vereinigten Staaten ähnlichen, Textilfabrikanten sogar noch größeren Schutz.

MULTINATIONALE KONZERNE UND ENTWICKLUNG

In zunehmendem Maße mußten die unterindustrialisierten Staaten beobachten, wie immer weniger multinationale Konzerne, die immer größer wurden, den Zugang zu den Märkten ihrer ehemaligen Kolonialherren kontrollierten.* Die Multis sind die Gewinner der Konkurrenz auf dem Weltmarkt: sie wuchsen, während ihre Konkurrenten schwächer wurden. Im Jahr 1985 konnten die 350 größten Multis – jeder zweite hat seinen Sitz in den USA – einen Umsatz von 2700

Milliarden Dollar melden. Das waren dreißig Prozent des Bruttosozialprodukts der Industriestaaten der freien Welt und einige hundert Milliarden Dollar mehr als das gemeinsame Bruttosozialprodukt aller unterindustrialisierten Länder, China eingeschlossen. Entsprechend kontrollieren die Multis einen großen Teil des Welthandels, und der Anteil der internen Konzerntransaktionen dabei nimmt zu; rund 45 Prozent des Binnenhandels der USA finden nur in den Büchern von Konzernen statt; vom restlichen Binnenmarkt kontrollieren sie den Löwenanteil.

Zwanzig unterindustrialisierte Staaten mit dem höchsten Bruttosozialprodukt im Vergleich zu zwanzig multinationalen Konzernen mit dem höchsten Umsatz im Jahr 1985

Staat	Einwohner in Millionen	BSP pro Kopf in US-Dollar	BSP in Milliarden Dollar	Umsatz in Milliarden Dollar	Konzern
China	1124	255	265	96	General Motors
Brasilien	135	1673	225	87	Exxon
Indien	759	255	195	82	Royal Dutch Shell
Mexiko	79	2247	175	56	Mobil Oil
Saudi-Arabien	12	8145	95	53	British Petroleum
Südkorea	41	2104	87	50	Ford
Indonesien	166	500	85	46	IBM
Nigeria	95	806	75	44	Texaco
Argentinien	30	2157	65	29	Chevron
Algerien	22	2648	57	29	DuPont de Nemours
Ägypten	47	1154	54	28	General Electric
Türkei	49	1071	53	28	Toyota
Venezuela	17	2865	50	27	Nippon Oil
Thailand	51	746	38	24	Amoco
Kolumbien	29	1191	34	22	ENI
Philippinen	54	601	33	21	Unilever
Malaysia	15	2000	31	21	Atlantic Richfield
Pakistan	100	309	31	21	Chrysler
Libyen	4	7484	27	21	Hitachi
Syrien	10	1929	20	20	Volkswagen

Bild 32: Gegenüberstellung der Bruttosozialprodukte unterindustrialisierter Staaten mit den Umsätzen multinationaler Gesellschaften. Bruttosozialprodukt und Umsatz bewegen sich in der gleichen Größenordnung. Die Multis sind so stark, und ihre selbstverliehene Souveränität ist so umfassend, daß sie Regierungen zu Konzessionen zwingen können.

Die Multis machen immer mehr Geschäfte außerhalb der eigenen Landesgrenzen, ganz gleich, wo ihr Hauptsitz liegt. Einige haben noch ihren größten Markt im Stammland, verkaufen und produzieren dort mehr als im Rest der Welt und erzielen dort den höchsten Gewinn. Das gilt, mit unterschiedlichem Akzent, für General Motors (1985 der größte Multi), Ford, Dow Chemical, IBM, Daimler-Benz, Siemens, Hoechst, British Petroleum, B. A. T., Imperial Chemicals, Elf Aquitaine, Peugeot, St. Gobain, Sony, Honda, Philips, Ciba-Geigy, Nestlé, Electrolux, um nur einige zu nennen. Die drei zuletzt erwähnten wurden wegen der geringen Größe ihres heimischen Marktes (Niederlande, Schweiz, Schweden) fast gezwungenermaßen zu Multis.

Technik und Management kennen keine Staatsgrenzen. Multinationale Unternehmen berufen leitende Angestellte aus ihren Tochtergesellschaften in die Zentrale und suchen sich Aktionäre in allen Ländern der Welt. Sie haben ihre nationale Identität weitgehend eingebüßt, manchmal sogar willentlich abgeschüttelt. Mit ihrer unkontrollierbaren staatsfreien Macht setzen sie sich über die Souveränität der Nationalstaaten, der großen wie der kleinen, hinweg und erkennen staatliche Souveränität nur dann an, wenn sie ihnen nützt. Sie kaufen Rohstoffe, gründen Werke, verkaufen Waren, berechnen Kosten, erklären Gewinne, zahlen Steuern, immer genau dort und in dem Land, wo sie den größten komparativen Vorteil für sich finden. Verfahren oder Produkte, die in einem Staat verboten sind, können in einem anderen angewendet, hergestellt oder verkauft werden. Folgerichtig werden DDT und andere Pestizide, die in den meisten Industrieländern verboten sind, in unterindustrialisierten Staaten produziert, verkauft und eingesetzt.

Die globalen Strategien der Multis im Wettbewerb auf dem Weltmarkt offenbaren, wie stark sie die Marktkräfte beherrschen. Sie können frei entscheiden, ob sie auf einem Markt Gewinn erzielen und auf einem anderen Wachstum, oder umgekehrt, ob sie mit anderen Multis in Konkurrenz treten oder sich in offener oder stillschweigender Übereinkunft den Weltmarkt aufteilen.

Die multinationalen Konzerne haben die Weltwirtschaft reorganisiert, sie haben Wirtschaftsgrenzen durchlöchert, die Volkswirtschaften der Nationalstaaten zerlegt, zu einem neuen Muster geordnet und die einzelnen Teile voneinander abhängig gemacht. Ihre Manager halten die Fäden in der Hand und werden zur Technokratie ihres Gastlandes; sie entscheiden, wo welche Fabriken gebaut und Maschinen angeschafft werden, mit veralteter oder mit moderner Technik. Sie sind alle von gleichem Holz und verfolgen die gleichen Interessen; sie beherrschen den Weltmarkt und sind dennoch von ihm abhängig. Die Multis, mit einem Umsatz, der ein Viertel des Bruttosozialprodukts der ganzen Welt beträgt, beschäftigen nur 25 Millionen Mitarbeiter; doch ihre Arbeitsplätze sind die besten, ob in den Gastländern oder in der Heimat, und wo immer ihre Besitzer sich aufhalten, gehören sie zur lokalen Elite.

Die wachsende Macht der Multis erzeugt Unruhe. Nicht nur in den unterindustrialisierten Ländern, sondern auch in ihren Heimatstaaten bemühen sich die Regierungen, einen Verhaltenskodex für multinationale Konzerne durchzusetzen. Die Gewerkschaften der Industriestaaten haben bereits das Internationale Arbeitsamt in Genf zu Hilfe gerufen. Kinderärzte veranlaßten die Weltgesundheitsversammlung, internationale Richtlinien für Babynahrung, insbesondere für Muttermilch-Ersatz, zu beschließen, die in den Städten der unterindustrialisierten Staaten angeboten werden. Sogar die OECD, die Organisation für wirtschaftliche Zusammenarbeit und Entwicklung der wichtigsten Industriestaaten, erarbeitete Richtlinien für ihre Mitglieder, um die Versuche besser zu koordinieren, die Multis an der Leine zu halten, mit besonderem Augenmerk auf den persönlichen Datenschutz bei den beobachteten „grenzüberschreitenden Strömen von Personendaten".

Der Wirtschafts- und Sozialrat der Vereinten Nationen (ECOSOC) hat 1977 eine Arbeitsgruppe aus Beamten der Mitgliedsregierungen berufen, die verbindliche Richtlinien für multinationale Konzerne entwerfen sollen. Die Vorstellungen der Regierungen divergierten, doch Einigkeit bestand in den zentralen Punkten: „umfassende Respektierung der nationalen Souveränität; unantastbare Souveränität des Staates über seine natürlichen Ressourcen, sein Vermögen und seine Wirtschaft; Nichteinmischung in innere und äußere Angelegenheiten; das Recht jedes Staates, Regeln für multinationale Konzerne aufzustellen und ihre Einhaltung zu kontrollieren". Einige Delegationen wollten die einschränkenden Richtlinien durch ein „internationales Recht, das das legitime Handeln der Multis schützt und dem Prinzip der Verhältnismäßigkeit der Mittel Geltung verschafft", ausgeglichen sehen. Die Frage, ob die Regeln Gesetzeskraft erlangen sollten, ob die Signatarstaaten verpflichtet seien, ihre Einhaltung zu erzwingen, oder ob man es bei einer Liste von Verhaltensregeln belassen sollte, blieb unentschieden. Im Jahr 1982 legten die Delegierten dem Rat einen Entwurf vor, in dem unterschiedliche Auffassungen in Klammern gesetzt waren; der Rat hat sich bis heute auf keine endgültige Fassung einigen können, geschweige sie in Kraft gesetzt.

Für die meisten unterindustrialisierten Länder bilden Weltmarkt und Multis eine Einheit. Über die Multis sind sie mit der industrialisierten Welt am engsten verbunden. Es bedarf keiner besonderen Erwähnung, daß die Multis in diesen Ländern aus Eigeninteresse operieren und nicht, um die wirtschaftliche Entwicklung ihrer Gastländer zu fördern. Die unterindustrialisierten Länder sind auf sie angewiesen, wenn sie einen Gegenwert für die Rohstoffe aus ihren Feldern, Wäldern und Bergwerken erhalten wollen; die Multis, und nicht ein von unsichtbarer Hand gesteuerter Weltmarkt, herrschen über die Kapitalquelle für ihre weitere Entwicklung.

Fünfundfünfzig Staaten mit 600 Millionen Einwohnern, darunter die 300 Millionen Ärmsten der Armen, erzielen ihre Haupteinnahmen durch den Export von Nahrungsmitteln und Rohstoffen aus der Landwirtschaft und den Urwäldern. Die Nahrungsmittel exportierenden Staaten zehren vom komparativen Vorteil der geographischen Lage, des Klimas und des Bodens, der den Anbau von Kaffee, Tee, Zucker, Gewürzen und Früchten erlaubt, die in den gemäßigten Breiten der Industrieländer kaum oder gar nicht gedeihen.*

Anbau, Ernte und Versand der exportierten Nahrungs- und Genußmittel erfordern nur einen sehr kleinen Teil der Arbeitskräfte des Landes, selten mehr als fünf Prozent. Die Erträge der Plantagen wurden in der ersten Nachkriegszeit durch hohe Forschungsinvestitionen verbessert; an das Getreide und die Knollenpflanzen, von denen die Bevölkerung lebt, dachte keiner. Die Plantagen gehören oft, entweder legal oder real, den Kunden, die die Ernte abnehmen. In manchen Staaten existieren noch halbstaatliche Organisationen, die die Kleinbauern bei ihrem Anbau anleiten und die Ernte vermarkten. Auf beiden Wegen bleibt wenigstens ein kleiner Teil des Exporterlöses im Erzeugerstaat.

Abgesehen von einem kurzen Preisanstieg unmittelbar nach dem letzten Weltkrieg fielen die Preise dieser Güter während der vergangenen vier Jahrzehnte stetig, obwohl die Aufnahmefähigkeit der meisten Absatzmärkte gestiegen ist. Der Preisverfall muß zum überwiegenden Teil den Oligopolen angelastet werden; sie verzerren den Markt. Rund fünfzehn Multis haben mehr als die Hälfte des Welthandels mit

Nahrungs- und Genußmitteln in der Hand. Die Zahl derer, die die Märkte der lukrativsten Güter beherrschen, ist noch kleiner und ihr Marktanteil höher. Beispielsweise wird der halbe Bananenmarkt von drei Firmen, *United Brands* (früher *United Fruit*), *Castle and Cook* und *Del Monte,* kontrolliert. Acht Konzerne beherrschen sechzig Prozent des Kaffeemarktes, Nestlé (der Welt größter Nahrungsmittelkonzern) und *General Foods* (Philip Morris) allein zwanzig Prozent. Drei Viertel des Tabakmarktes gehören vier Tabakhändlern: B. A. T., Rothman's, Philip Morris und R.J. Reynolds. Bei jedem einzelnen Erzeugnis ist die Zahl der Käufer niedriger als die Zahl der Anbieter: die Märkte sind Käufermärkte.

Die Preise werden auch von außen unter Druck gesetzt; mit Zollbarrieren und Einfuhrbeschränkungen schützen die Industriestaaten die unwirtschaftliche Eigenproduktion einiger Nahrungsmittel, vor allem von Zucker. Jeder Versuch eines Exportlandes, den Wert seines Produkts durch Verarbeitung zu erhöhen, stößt sofort auf weitere Zollschranken und administrative Hürden. Sogar wenn alle Schranken und Hürden überwunden sind: Auf der anderen Seite der Grenze warten schon die Multis, die ihren Markt mit allen denkbaren Maßnahmen verteidigen.

Ein Sektor der Nahrungsmittelbranche hat sich besonders gut entwickelt, nahezu unbeeinflußt von Handelsschranken: Feinschmekker- und Luxusgüter. Die Nachfrage nach Grundnahrungsmitteln steigt auch bei höchstem Einkommen nicht weiter, wenn der tägliche Bedarf erst einmal gedeckt ist; der Wohlstand in den Industrieländern weckt die Nachfrage nach Luxusnahrung. Die Verkaufsorganisationen der Multis, deren sensible Nasen jede Marktnische erschnüffeln, reagierten Ende der sechziger Jahre sofort auf das neue Verbraucherverhalten.

Auf eigene Rechnung oder in Gemeinschaftsunternehmen mit Partnern aus den unterindustrialisierten Ländern bauten die Nahrungsmittel-Multis vertikal integrierte Spezialunternehmen auf. Von Pflanzung, Aufzucht oder Fang über Verarbeitung und Verpackung bis zur Verladung und zum Markt werden Gemüse außerhalb der Saison, exotische Früchte, geschlachtetes Geflügel, teure Fleischsorten, filetierte Fische und konservierte Schalentiere angeboten. Da Lohnkosten bei der Lebensmittelverarbeitung eine große Rolle spielen, wurden die neuen Produktionszentren in Mexiko, Thailand und auf den Philippinen konzentriert. Selbst das Familienunternehmen

Dole verließ das heimische Hawaii, wo die Arbeitskräfte gewerkschaftlich organisiert sind; jetzt liegt sein Zentrum für tropische Früchte und Konserven auf den Philippinen. Der Multi ITT (früher *International Telephone and Telegraph*) ist bei seiner Diversifizierungsstrategie über die Herstellung von Gourmetfood in den Kreis der Nahrungsmittelkonzerne vorgestoßen.

Mit der Integration von Produktion und Marketing kann sich ein internationales Unternehmen Zollvergünstigungen erschleichen, weil es sein Erzeugnis je nach Bedarf als heimisches Produkt oder als importierte Ware ausgeben kann; diese Methode wurde zunächst bei den elektronischen Schaltkreisen erprobt, die auf dem Weg zum Käufer im Ausland unterwegs Station machen und montiert werden. Zum wachsenden Gourmet-Markt gehört fast ein Drittel der Nahrungsmittelexporte der unterindustrialisierten Staaten.

Die ärmsten Länder der Welt exportieren aus Plantagen und Urwald pflanzliche Rohstoffe für die Industrie: Jute aus Bangladesch, Kautschuk aus Liberia, Baumwolle aus Mali. Der Exportmarkt für diese Güter ist auf ähnliche Weise verzerrt wie der Weltmarkt für Nahrungsmittel. Die Exporteure, meist halbstaatliche Agenturen, müssen sich zunächst damit abfinden, daß sie Oligopolen gegenüberstehen. Der Markt wird von fünfzehn Multis beherrscht; für jeden Rohstoff hat sich eine Gruppe aus drei bis sieben Käufern gebildet. Am Zielort müssen die natürlichen Rohstoffe außerdem mit anderen Materialien konkurrieren, Kautschuk mit Kunststoff, Jute und Baumwolle mit anderen Naturfasern und mit Polyäthylenfasern.

Baumwolle muß auf einem Weltmarkt angeboten werden, der durch das Textilabkommen der Industriestaaten geregelt ist. Zum Schutz der eigenen Industrie begrenzten sie 1973 die jährliche Zunahme der Textilimporte aus unterindustrialisierten Staaten zunächst auf sechs Prozent, und in den nächsten Verhandlungsrunden setzten sie die erlaubte Zunahme immer weiter herunter. Jeder Industriestaat kann das Abkommen außerdem durch bilaterale Vereinbarungen mit einem Exportland unterschreiten, indem er einen „Marktzusammenbruch" behauptet. Über eine bestimmte Zeit hatten die USA 21 bilaterale Vereinbarungen durchgesetzt. Ungünstig für den Baumwollmarkt und für andere Naturfasern wirkt sich auch aus, daß das relative Stoffgewicht der Textilien kontinuierlich verringert wird.

Einige Multis sind nicht nur Kunden für pflanzliche Rohstoffe, sondern auch die Konkurrenten ihrer Handelspartner, zum Beispiel

Cargill, eine Familiengesellschaft und weltgrößtes Unternehmen für Anbau und Handel von landwirtschaftlichen Erzeugnissen mit Sitz in Minneapolis. Cargill betreibt neben dem Handel in mehreren unterindustrialisierten Staaten eigene Plantagen. Die Konkurrenten der Multis stoßen auf Zollschranken und Einfuhrbeschränkungen, mit denen einheimische Produzenten geschützt werden, von der Kunstfasern produzierenden chemischen Industrie bis zum Baumwollfarmer. Hinter den Schranken warten die Multis, beeinflussen die Warenbörsen und andere Verkaufskanäle und treten als Käufer der Ware ihrer Konkurrenten auf. Nur von einer kurzfristigen Preisstabilisierung nach 1970 unterbrochen, mußten die Rohstoffproduzenten seit 1960 immer mehr Waren zu ständig sinkenden Preisen verkaufen.

Unter den unterindustrialisierten Staaten leben rund ein Dutzend mit zusammen 150 Millionen Einwohnern, vor allem Staaten in Afrika und Südamerika, vom Export mineralischer Rohstoffe, und zwar meist besser als die Exporteure landwirtschaftlicher Produkte. Ihr komparativer Vorteil liegt darin, daß sie Erze besitzen, die einen höheren Metallgehalt aufweisen als die Erze der mageren Lagerstätten und erschöpften Bergwerke in den Industriestaaten.

Die Welt bezieht mehr als 60 Prozent Kupfer und Kupfererz, 85 Prozent Zinn, nahezu 70 Prozent Bauxit (Aluminiumerz) und fast die Hälfte des Eisenerzes aus unterindustrialisierten Staaten. Im Jahr 1985 wurde damit ein Exporterlös von 14 Milliarden Dollar erzielt oder 6 Prozent aller Exporterlöse der unterindustrialisierten Welt. Vom chronischen Sinken der Weltmarktpreise, vom ewigen Streit mit den für jedes Mineral anders zusammengesetzten Oligopolen der Multis getrieben und vom Beispiel der Erdöl exportierenden Staaten angefeuert, hatten die Erz exportierenden Staaten um das Jahr 1980 die meisten Bergwerke verstaatlicht und damit begonnen, die Aufbereitung der Erze selbst in die Hand zu nehmen.*

Dennoch beherrschen die großen multinationalen Buntmetallimporteure weiter den Markt. Sieben Kupfergesellschaften bestimmen an der Londoner Metallbörse und der New Yorker Warenbörse den Kupferpreis. Wohlweislich ist der Zoll für Erz und Erzkonzentrat günstiger als für verhüttetes Metall. Außerdem wird Buntmetallschrott in den Industriestaaten heute mit großer Effizienz wiederverwertet. Vier multinationale Zinnfirmen manipulieren den Zinnmarkt, zwei mit Sitz in unterindustrialisierten Staaten: Patino in Bolivien und die *Overseas Chinese Banking Group* in Singapur. Sechs Aluminiumgesellschaften kaufen drei Viertel der Weltbauxitproduktion und beliefern den Weltmarkt mit mehr als 80 Prozent des benötigten Aluminiumoxids und Aluminiums. Einige Aluminiumhütten betreiben sie in den Bauxitländern auf deren Risiko.

Mit der gesteigerten Wertschöpfung durch Aufbereitung und Verhüttung der Erze verloren die Erzexporteure Teile ihres komparativen Vorteils. Die Buntmetallmultis leiteten ihr Investitionskapital in die Heimat um und verarbeiteten minderwertige Erze mit modernster Technik. Was die Erz exportierenden Länder sich auch einfallen ließen: Der Exporterlös pro Tonne aus Abbau und Verkauf ihrer Ressourcen hat sich in vier Jahrzehnten fast kontinuierlich vermindert.

Erdöl war der einzige Rohstoff, der seinen Produzenten erlaubte, mit ihren Kunden auf gleicher Ebene zu verhandeln. Die Gründe wurden in Kapitel 4 erörtert. Doch auch die OPEC konnte ihre Mitglieder nicht lange bei der Stange halten; das Angebot von Nichtmitgliedern ließ die Preise bröckeln. Im Jahr 1985 war der Erdölpreis wieder unter den ersten OPEC-Preis von 1973 gefallen, wenn man die jahrelange Inflation des Dollars, der als Ölwährung vereinbart ist, abzieht. Die Verbraucher in den Industriestaaten, weniger die Industrie selber, sind zu ihren schlechten Gewohnheiten zurückgekehrt; die Erdöl importierenden Staaten sind heute von den Ölvorräten der unterindustrialisierten Länder abhängiger denn je. Seit 1990 importieren die Vereinigten Staaten wieder die Hälfte des verbrauchten Erdöls, im Ölkrisenjahr 1980 waren es nur 40 Prozent. Parallel zum Rohölimport erhöhte sich die Abhängigkeit von ausländischen Raffinerien. Die Erzeugerländer konnten die Ölgesellschaften zwingen, ihnen auch die Wertschöpfung vom Rohöl zum raffinierten Produkt zu überlassen und innerhalb ihrer Staatsgrenzen neue Raffinerien zu bauen, auch wenn sie oft auf Rechnung der Auftraggeber von den Ölgesellschaften selber betrieben werden.

Ölproduzenten und Ölgesellschaften haben in den letzten beiden Jahrzehnten einen Teil des riesigen Geldstroms in den Abbau und die Weiterverarbeitung von Nichteisenerzen investiert. Bahrein und Dubai betreiben energiefressende Aluminiumhütten. Denn die Ölexporteure machen sich Gedanken, wovon sie nach dem Versiegen des Öls leben sollen. Mit dem Bau von Hütten vergrößern sie den Markt für Erze und Erzkonzentrate und könnten dabei auch den Rohstoffexporteuren helfen, die selber kein Erdöl anzubieten haben.

Der komparative Kostenvorteil der Armut

Alle unterindustrialisierten Länder besitzen den gleichen komparativen Kostenvorteil: Sie verfügen über eine große Arbeitskraft-Reserve; Männer, Frauen und Kinder sind bereit, auch zu niedrigstem Lohn zu arbeiten. Das ist kein Geschenk der Natur, wie günstiges Klima, guter Boden oder ein unterirdischer Ölsee; es ist das Resultat der jüngsten Geschichte, in deren Verlauf sich die Menschheit in arme und reiche Staaten aufteilte. Die industrielle Revolution, auf welche die unterindustrialisierten Staaten hinarbeiten, wird den komparativen Vorteil hoffentlich überwinden; ihn bis dahin auszubeuten empfahl sich auch den gewissenhaftesten Staatsmännern der unterindustrialisierten Länder als erste Stufe der industriellen Wertschöpfung. Die Arbeitskräfte entwickeln sich weiter und steigen von Produzenten minderwertiger Massenware zu Facharbeitern einer modernen Industrie mit höherem Lohn auf, wie es die Japaner vorgemacht hatten. An den Landesgrenzen warteten schon ausländische Unternehmer und drängten danach, den komparativen Vorteil für sich zu nutzen. Im weltumspannenden Netz der Multis wartete Arbeit für viele müßige Hände.

Die großen Textilunternehmen hatten viel Geld in den technischen Vorgang des maschinellen Zupfens von Wolle und Baumwolle sowie in die komplizierte Technik des Spinnens, Strickens und Webens investiert. Doch die meisten Endprodukte wurden noch immer mit der Hand gefertigt.

Die wirtschaftliche Entwicklung der Südstaaten der USA hatte dort den komparativen Vorteil erodiert, dem einst die Textilindustrie aus dem Nordosten nachgezogen war. Die von einer Lobby aus Gewerkschaft und Unternehmen durchgesetzten hohen Zölle konnten nicht verhindern, daß die Vereinigten Staaten zum größten Textilimporteur der Welt aufstiegen. Große Textilunternehmen wie Burlington oder Levi-Strauss verlagerten ihre Produktion nach „draußen".

Sie schickten ihre kapitalintensiv gewebten und automatisch zugeschnittenen Stoffe in den Fernen Osten, nach Lateinamerika und in die Karibik und kauften dort die lohnintensive Arbeit bis zum Fertigprodukt billig ein. Kehrte ihr Stoff als fertiges Kleidungsstück in die USA zurück, mußte nur für den niedrigen Lohnanteil am Endprodukt Zoll gezahlt werden.

Die Japaner verfolgten die gleiche Strategie. Was mit den Textilien geschah, war nur der erste Lernschritt in einer Arbeitsteilung zwischen ihrer Heimat und Ländern wie Korea, Taiwan, Malaysia, Indonesien und Thailand, die sich bald auf weniger lohnintensive Produktionszweige ausdehnen sollte.

In den Dörfern der unterindustrialisierten Länder und in einer städtischen Kleinindustrie wurden schon immer Textilien verarbeitet. Neben Nahrung und Wohnung gehören Textilien zum Grundbedarf. Ein Viertel der nichtlandwirtschaftlichen Arbeitskräfte ist mit Textilverarbeitung der verschiedensten Art beschäftigt und trägt zu den Exporterlösen bei. Am Weltexport von Kleidung ist der Anteil der unterindustrialisierten Staaten seit 1970 von 25 auf 50 Prozent gestiegen. Die industrielle Entwicklung geht damit Hand in Hand. Schon haben kapitalintensivere Branchen der Textilindustrie in unterindustrialisierten Staaten Fuß gefaßt und entwickeln sich weiter, besonders in Indien und im japanischen Einflußbereich.

Zusammen mit den Textilien werden auch Accessoires und Schuhe zu einem wichtigen und wachsenden Devisenbringer. Ähnlich in den technischen Anforderungen der Herstellung und in der Art der Vermarktung sind geringwertige Produkte wie Spielzeug, Kurzwaren, Drogerieschmuck; auch ihre Produktion wird im Zug der neuen internationalen Arbeitsteilung mehr und mehr an die unterindustrialisierten Länder delegiert, an berüchtigte Hinterhofwerkstätten mit Kinderarbeit: Ein komparativer Vorteil, auf den die meisten Industriestaaten nicht mehr zurückgreifen können.

Der modernste Industriezweig unserer Gesellschaft, die Unternehmen der Festkörperelektronik, haben von Anfang an den lohnintensiven Teil der Herstellung an Arbeitskräfte in Niedriglohnländern delegiert. Die scharfe Konkurrenz zwischen Japan und den USA auf dem Gebiet der kapitalintensiven Innovation hat in den vierzig Jahren seit Bestehen der Halbleiterindustrie den Preis einer auf einem Halbleiterchip untergebrachten integrierten Schaltung in steiler Kurve nach unten fallen lassen. Wer auch immer bei der Innovation gerade die Spitze hielt, es gelang ihm nie, im Schutz der Preise des langsamsten, teuersten Produzenten einen Extragewinn zu erzielen. Die Konkurrenten in diesem Kampf konnten es sich nie leisten, die Handarbeit, das Zusammenlöten der Chips mit den übrigen Teilen, daheim ausführen zu lassen. Zunächst fanden sie geschickte Arbeiterinnen und Arbeiter mit der notwendigen Schulbildung und Lernbereitschaft und mit dem Druck, für Niedriglöhne arbeiten zu müssen, in Korea, Taiwan, Hongkong und Singapur. Das Auslagern der Arbeit an Subunternehmer und Niederlassungen hatte auch eine fast ebenso bedeutende Einsparung der Gehälter des mittleren Managements und der Gemeinkosten in der Zentrale zur Folge.

Zu einem Technologie-Transfer höherer Ordnung kam es auf der Grundlage dieser Verhältnisse nicht. Chips und andere Teile wurden eingeführt; ausgeführt wurden montierte Baugruppen und Zwischenstufen, aber kein Endprodukt. Doch aus den Reihen des Managements der Subunternehmer gingen selbständige Unternehmer hervor, die Chips importierten, auf eigene Rechnung und nach eigenen Schaltplänen zusammensetzen ließen und dann wieder exportierten. Die ökonomischen Bedingungen in dieser Nische der Halbleiterelektronik unterschieden sich kaum von den Bedingungen in der Textilindustrie: geringe Kapitalkosten und ein hoher Bonus für brillante Einfälle.

Einige unterindustrialisierte Staaten haben „Sonderwirtschaftszonen" geschaffen, um ausländischen Unternehmen den Zugang zu ihren billigen Arbeitskräften zu erleichtern. Dorthin schickt ein Unternehmer zollfrei Ausgangsmaterial, Zwischenprodukte und Bauteile und läßt sie per Hand verarbeiten oder fertigstellen. Die in den wieder ausgeführten Produkten enthaltene Arbeit macht für eine Reihe von Staaten einen beachtlichen Teil ihres Gesamtexports aus. Das gilt besonders für die sogenannten „Schwellenländer" Südkorea, Hongkong, Singapur, Brasilien und Mexiko. China öffnete Ende der siebziger Jahre dem Weltmarkt seine Grenzen, indem es solche Sonderwirtschaftszonen einrichtete; dabei war es politisch wichtig, jeden Vergleich mit den demütigenden Ausländerkonzessionen aus der Kolonialzeit zu verhindern. Im Jahr 1980 konnte man in den unterindustrialisierten Staaten über fünfzig Sonderwirtschaftszonen mit mehr als einer Million Arbeitern, vor allem aber Arbeiterinnen, finden.

Im letzten Jahrzehnt wurde die Armee der Schlechtbezahlten durch 500 000 Mexikaner verstärkt, die von nordamerikanischen Unternehmen in neugeschaffenen mexikanischen Wirtschaftszonen an den Grenzen zu Texas, Neumexiko, Arizona und Kalifornien beschäftigt werden. Für weniger als einen Dollar pro Stunde übernehmen die mexikanischen Arbeitskräfte den lohnintensiven Zusammenbau von Produkten, für die Xerox, Kodak, RCA, IBM, General Electric, Chrysler und andere Unternehmen noch vor kurzem amerikanische Arbeiter in Detroit, Rochester, Pittsfield und weiteren Städten zu wesentlich höheren Löhnen beschäftigt hatten. Die Mexikaner können mit den niedrigen Löhnen überleben, weil sie in den Elendsvierteln der Grenzstädte in selbstgebauten Bruchbuden hausen, ohne Kanalisation oder sonstige öffentliche Versorgung. Die Summe der von den Unternehmen dadurch eingesparten Löhne wird auf acht Milliarden Dollar pro Jahr geschätzt. All dies geschieht mit Einwilligung der mexikanischen Regierung, die froh ist, ihre Bürger beschäftigt zu sehen, und mit der Zustimmung des amerikanischen Kongresses, der Sonderzölle bewilligte, die nur auf die Wertschöpfung der Niedriglöhne erhoben werden.*

Die Mexikaner nennen die knapp zweitausend Fabriken entlang ihrer Nordgrenze „Maquilas", Knochenmühlen. Technologietransfer findet nicht statt. Am Maquiladora-System läßt sich nicht nur die Armut Mexikos und seiner Bewohner ermessen, es signalisiert auch den Zusammenbruch der sozialen Ordnung und den Verlust von Arbeitsplätzen in den Vereinigten Staaten.

Eine Reihe von unterindustrialisierten Staaten hat Menschen zum Arbeiten exportiert. „Gastarbeiter" aus der Türkei nahmen die Arbeitsplätze auf dem unteren Niveau in einer expandierenden deutschen Wirtschaft ein, während die Deutschen zu anspruchsvoller Beschäftigung und höheren Löhnen aufrückten. Algerier und Schwarzafrikaner aus frankophonen Ländern sind in Frankreich zu Hause; Pakistani, Inder, Westindier und anglophone Afrikaner haben Farbe in die Slums der britischen Städte gebracht. Als die Iraker in Kuwait einmarschierten, vertrieben sie fast eine Million Libanesen, Palästinenser, Ägypter, Pakistani, Inder und Bangladeschi, die die Intelligentsia, die Facharbeiter und die ungelernten Arbeiter für die 600000 eingeborenen Kuwaiti stellten.

Heute müssen die amerikanischen Großstädte, der Staat Florida und die Staaten, die früher zum mexikanischen Reich gehörten, Spanisch als Zweitsprache anerkennen. Trotz mehrerer Amnestien haben immer noch nicht alle illegalen Einwanderer ihren Aufenthalt legalisiert. Die Städte haben im Repräsentantenhaus Stimmen eingebüßt, weil ihre nicht gemeldeten Armen in der Volkszählung von 1990 nicht aufgetaucht sind. Die Listen für legale Einwanderer aus allen Staaten der Welt sind ständig überfüllt, die angelsächsischen Staatsgründer sind zur neuen Minderheit geworden und könnten theoretisch für sich selbst Quotenregelungen fordern.

Die städtische Enklave als Entwicklungskeim

Das durch Export von Nahrungsmitteln, pflanzlichen und mineralischen Rohstoffen und durch Arbeitskraft hervorgerufene Wirtschaftswachstum konzentriert sich auf die Städte der unterindustrialisierten Staaten. Vor allem in den Hauptstädten künden Verwaltungsgebäude (die oft von der früheren Kolonialmacht errichtet wurden) von der Präsenz des Staates; hohe Bürogebäude und komfortable Wohnblocks beherbergen die multikulturelle Gesellschaft derer, die für die Exportindustrie arbeiten. Zu ihr gehören einheimische Bürokraten und Unternehmer, Manager aus dem Ausland und bessergestellte Mitarbeiter der Multis und in ihrem Schlepptau Finanz-, Rechts- und Wirtschaftsberater, ohne deren Dienstleistungen die Multis nicht auskommen.

Das Einkommen dieser Leute, das weit über dem Durchschnittseinkommen und noch weiter über dem mittleren Einkommen der Mehrheit der Einwohner liegt, hält einen Markt für Konsumgüter und Dienstleistungen aufrecht, der vor allem einheimische Ladenbesitzer, Händler und Handwerker ernährt. Die Nachfrage der kaufkräftigen Schicht trägt dazu bei, daß eine moderne Leichtindustrie entsteht: Verarbeitung landwirtschaftlicher Produkte, Abfüllen von Getränken, Druckerei und Verlag, Radio und Fernsehen, Baumaterial, Textilien, Möbel und Haushaltswaren sind die blühendsten Erwerbszweige in den großen Städten der unterindustrialisierten Länder. Die Nachfrage macht den Import von Luxusgütern und Modeartikeln, Arzneimitteln und Unterhaltungselektronik, Kraftfahrzeugen und Haushaltsgeräten notwendig. In den Städten der fortgeschritteneren und größeren Staaten haben multinationale Industriebetriebe bereits Tochtergesellschaften gegründet oder lokale Werkstätten unter Vertrag genommen und lassen die Sachen an Ort und Stelle herstellen.

Konzerne ihrer Größe können selbständig entscheiden, ob es lukrativer ist, einen neuen Markt von außen zu beliefern oder im Land selbst zu fertigen. Der Ausstoß der Produktionsstätten, die im Besitz der Multis sind, kann den wesentlichen Teil zur Industrieproduktion eines unterindustrialisierten Landes beitragen. Das gilt vor allem für Schwellenländer wie Argentinien (dort sind es 33 Prozent der Industrieleistung), Brasilien (44 Prozent), Mexiko (39 Prozent). Diese Produktionsstätten funktionieren ähnlich wie Maquilas: Rohmaterial und Vorprodukte werden über die Einkaufsabteilung der

Muttergesellschaft importiert, von örtlichen Lieferanten wird kaum etwas bezogen. Der Technologietransfer wird dadurch nicht sonderlich gefördert.

Einheimische Unternehmen, die auf ihrem Gebiet erfolgreich sind, entgehen der Aufmerksamkeit der Multis nicht. Lokale Textilunternehmen, Nahrungsmittelbetriebe, Getränkehersteller, Arzneimittelproduzenten und dergleichen aufzukaufen ist oft lukrativer, als selbst eine Tochtergesellschaft zu gründen. Außerdem entledigt man sich nebenbei eines Konkurrenten. In Mexiko gab es sechs pharmazeutische Unternehmen, die aus dem Gewebe heimischer Pflanzen Steroide extrahierten und daraus starke, physiologisch bedeutsame und empfängnisverhütende Hormone herstellten. Alle wurden von internationalen Multis aufgekauft, die jetzt 85 Prozent der mexikanischen Arzneimittelindustrie beherrschen.

Über Exportverbindung zur Außenwelt gelangen nicht nur Einnahmen, Investitionskapital und Produkte aus den Industriestaaten in die unterindustrialisierten Länder, sondern auch soziokulturelle Einflüsse und ein entsprechender Druck aus einer anderen Welt werden spürbar. Konsum- und Lebensgewohnheiten der kaufkräftigen Ausländergemeinde setzen sich mit aller Deutlichkeit und Stärke durch. Die gesellschaftliche Elite der Ausländer und einheimischen Beamten, Manager, Selbständigen und höheren Angestellten repräsentiert einen Lebensstil, den Abgründe von dem landesüblichen trennen. Die von Werbe- und Marketinggewohnheiten der Industriestaaten geprägten Medien setzen noch eins drauf; die 5 bis 6 Prozent der Sendezeit, die Rundfunk und Fernsehen in den Industriestaaten der Werbung widmen, dehnen sich zu 12 bis 20 Prozent in den unterindustrialisierten Staaten.

Die aufgedrängten Konsumgewohnheiten und der vorgeführte neue Lebensstil stehen oft im Widerspruch zu Lebensumständen und Einkommen der Einheimischen. Für die Kinderärzte war dies ein Grund, die Multis wegen ihrer Werbung für Babynahrung in den unterindustrialisierten Staaten vor der Weltgesundheitsversammlung anzuklagen und eine internationale Kontroverse auszulösen. Die aggressive Werbung der vier Tabakmultis in den unterindustrialisierten Ländern fürs Rauchen wird in vielen Industriestaaten ebenfalls für unpassend gehalten. Die Intelligentsia der unterindustrialisierten Länder klagt einhellig darüber, daß mehr Wünsche geschaffen werden als befriedigt werden können. Einige drücken ein Auge zu und sehen in der Werbung eine Vitaminspritze für die wirtschaftliche Entwicklung; andere verdammen das Ganze als Kulturimperialimus.

Die Städte der unterindustrialisierten Länder sind in die Weltwirtschaft einbezogen, kaum aber das Land. In den letzten vier Jahrzehnten entwickelten sich die Städte zu kulturellen und ökonomischen Enklaven der Außenwelt, wobei sich das betreffende Land selbst kaum veränderte. Sie wurden Enklaven des Industriestaats, der am stärksten in die Wirtschaft des betreffenden Landes involviert ist. In Afrika und Asien sind das vor allem die früheren Kolonialmächte; in Lateinamerika und den Philippinen die Vereinigten Staaten, in Ost- und Südostasien verstärkt Japan.

Wie stark die bilaterale Verbindung zwischen einem unterindustrialisierten Staat und dem ihm am nächsten stehenden Industriestaat ist, läßt sich an einer Reihe von Faktoren ablesen: am Umfang des gegenseitigen Handels; an der Höhe der Investitionen der Multis, die im Industriestaat ihren Sitz haben, und an der Höhe der Auslandsschulden bei seinen Banken. Lateinamerika betreibt ein Drittel seines Außenhandels, Import und Export, mit den Vereinigten Staaten, mehr als mit jedem anderen Staat. Über sechzig Prozent der von multinationalen Konzernen in Lateinamerika betriebenen Tochterunternehmen gehören Multis mit Sitz in den USA. Achtzig Prozent aller Auslandsschulden Lateinamerikas werden von amerikanische Banken gehalten.

Im Prozeß der zirkulären und kumulativen Verursachung trug das Wirtschaftswachstum der letzten vierzig Jahre dazu bei, die Staaten der unterindustrialisierten Welt stärker von den Industriestaaten – oft von den gleichen Staaten, die sie vor dem Zweiten Weltkrieg beherrschten – abhängig zu machen als in der Kolonialzeit. Die politische Unabhängigkeit führte nicht zur wirtschaftlichen Unabhängigkeit. In ihrer Abhängigkeit haben die unterindustrialisierten Staaten nicht den Fortschritt und die Leistung erzielen können, die sie bei der notwendigen Industrialisierung schneller vorangebracht hätten.

Die städtischen Gesellschaftsgruppen aus Regierungsbeamten und Geschäftsleuten zeigen normalerweise kein besonderes Interesse, sich neuen Aufgaben zu stellen; für sie ist der inzwischen erreichte Wohlstand eine berauschende Erfahrung. Die Gruppe der einheimischen Kaufleute und Landbesitzer, die über das relativ bescheidene Kapital verfügen, zieht flüssige Mittel vor und parkt Kapital lieber im Ausland, als es zu Hause zu investieren.

Entwicklung in Theorie und Praxis

Jede Regierung in der unterindustrialisierten Welt behauptet, der wirtschaftlichen Entwicklung ihres Landes verpflichtet zu sein, sie zu planen und zu fördern. Solche Erklärungen fanden zunächst den Beifall der Industriemächte, vor allem der Vereinigten Staaten. Im Jahr 1961 machte John F. Kennedy die schnelle Wirtschaftsentwicklung eines Landes mit Hilfe eines nationalen Plans zum zentralen Thema seiner Rede vor der Vollversammlung der Vereinten Nationen, bei der er zur ersten Entwicklungsdekade aufrief. Ein nationaler Entwicklungsplan sollte jedem Land seinen Anteil aus dem versprochenen einen Prozent des Bruttosozialprodukts der Vereinigten Staaten garantieren, mit dem die Entwicklungsdekade finanziert werden sollte.

Einstimmig schlossen sich alle Industriestaaten diesem Versprechen an. Als ihnen ein Jahrzehnt später vorgeworfen wurde, sie hätten ihr Versprechen nicht gehalten, sprachen sie von „realistischeren" 0,7 Prozent. Doch auch daran hat sich kein Industriestaat gehalten, mit der bemerkenswerten Ausnahme von Kanada (unter Premierminister Lester Pearson, dem Träger des Friedensnobelpreises), Schweden (auf Druck von Gunnar und Alva Myrdal) und einem oder zwei weiteren Staaten; von den großen Industriemächten keine Spur.

Fast jeder unterindustrialisierte Staat stellte Fünfjahrespläne für die Wirtschaftsentwicklung auf. Am Anfang bildete die versprochene Wirtschaftshilfe einen integralen Bestandteil des Plans; sie sollte die Lücke zwischen Eigenkapitalbildung und projektiertem Investitionskapital schließen. Als die Entwicklungshilfe ausblieb, gelang es kaum einem Staat, die eigenen Ressourcen an Arbeitskraft und Rohmaterial über den geplanten Umfang hinaus zu mobilisieren, um die Lücke aus eigener Kraft zu schließen und den Plan zu erfüllen. Die meisten blieben „schwache Staaten", wie Myrdal Staaten nannte, in denen Willkür und Ausbeutung über staatliche Intervention triumphieren. Keine Regierung unterwarf einen so großen Prozentsatz des Bruttosozialprodukts einer Wirtschaftslenkung wie die Regierung der USA, die sich gleichzeitig laut gegen jede Einmischung des Staates in wirtschaftliche Angelegenheiten aussprach.

Die Fünfjahrespläne setzten der Wirtschaftsentwicklung hohe Ziele. Überschüssige Arbeitskräfte aus der Landwirtschaft sollten neue Arbeit finden, wie es sich die Expertengruppe vorgestellt hatte. Tröpfchenweise sollte Geld in die Dörfer zurück- und dort von den wirtschaftlich Stärkeren zu den Schwächeren weiterfließen – bis eines Tages das Wirtschaftswachstum alle Menschen aus ihrer Misere befreit hätte.

Die Wirtschaftspolitik, die von den unterindustrialisierten Staaten unter wohlmeinender Beratung durch die Industriestaaten formuliert wurde, ließ die Landwirtschaft lange Zeit links liegen. Fast überall stand die Vorliebe für die Stadt Pate; die Nahrungsmittelpreise wurden niedrig gehalten. Die Stadtbevölkerung fiel politisch mehr ins Gewicht und machte sich lauter bemerkbar. Je mehr Entwurzelte vom Land in die Shantytowns drängten, um so ungebärdiger wurde die Stadtbevölkerung. Wirtschaftspolitik würde immer wieder von drohenden städtischen Unruhen beeinflußt. Die Bauern blieben benachteiligt, weil der Kurs der Landeswährung künstlich hochgehalten wurde, um die Preise für Importe niedrig zu halten. Diese wiederum drücken die Erzeugerpreise, und gleichzeitig verteuert die Inflation alles, was der Bauer einkaufen muß.

Wenn es allerdings um die Steuern geht, schauen die Regierungen gern aufs Land; denn die dörfliche Landwirtschaft bildet in fast allen unterindustrialisierten Ländern den größten Wirtschaftszweig. Der Zwang, Steuern zu zahlen, lähmt die Initiative der meisten Bauern und vergrößert die Abhängigkeit der Stadtbevölkerung von Lebensmittelimporten; das gilt besonders für die Staaten Lateinamerikas und Afrikas.

Nach den meisten Fünfjahresplänen sollte die Wirtschaftsentwicklung durch Importsubstitution gefördert werden. Als Richtwert wurde die Höhe des städtischen Konsumgüterimports gesetzt und von den Beratern aus den Industriestaaten empfohlen. Sie hielten Importsubstitution für die richtige Strategie, weil sie dem Modell der ersten industriellen Revolution entsprach, die mit der Herstellung von Konsumgütern begann und sich darauf, von den Kräften des Marktes getrieben, bis zum Aufbau der Schwerindustrie entwickelte. Die Strategie mußte schon deshalb richtig sein, weil sie das Gegenteil des marxistisch-sowjetischen Modells darstellte, wonach zuerst die Schwerindustrie aufgebaut werden sollte. Dieser Glaube war groß genug, um stillschweigend die Verletzung des Prinzips des freien Handels in Kauf zu nehmen. Man duldete die Festsetzung hoher Zölle, um einer „Industrie in den Kinderschuhen", die durch den Import von Konsumgütern ersetzt werden sollte, den notwendigen

Schutz zu geben. In den siebziger Jahren erhob Indonesien mehr als 50 Prozent Zoll auf Konsumgüter, 25 Prozent auf mittlere Industriegüter und weniger als 20 Prozent auf Kapitalgüter.

Wenn man einem erfolgreichen Konsumgüterproduzenten erlaubt, sich hinter Zollmauern gemütlich einzurichten, entsteht, wie geplant, eine Nachfrage nach Industrieausrüstung, mit der die Konsumgüter hergestellt werden können. Doch jede Maßnahme, auch die Eigenherstellung von Investitionsgütern zu fördern, statt sie zu importieren, trifft auf den Widerstand des Konsumgüterproduzenten, der Konkurrenz wittert, wenn andere einheimische Unternehmer mit Maschinen aus einer Produktion im eigenen Land versorgt würden, mit denen sie die gleichen Konsumgüter herstellen könnten. Der Widerstand gegen solche Pläne ist noch heftiger, wenn ein Multi den einheimischen Konsumgüterproduzenten aufgekauft hat und dank der Zollmauer Gewinne anhäuft.

Nach dieser Erfahrung redeten die Berater aus den Industriestaaten ihren Mandanten die Strategie der Importsubstitution mit dem Hinweis wieder aus, mit ihr würden Interessen geweckt, die jeden Impuls zur Weiterentwicklung erstickten. Nichtsdestoweniger hat Südkorea mit der Strategie der Importsubstitution die ersten 75 Prozent seiner industriellen Expansion erreicht.

Heute werden Südkorea und die anderen Schwellenländer Ostasiens zu Modellstaaten für eine exportorientierte Wirtschaftsentwicklung erklärt, wie sie den unterindustrialisierten Staaten gerne aufgedrängt wird. Die Entwicklungsstrategie basiert in den meisten Ländern auf dem komparativen Vorteil niedriger Löhne. Singapur erzielt neunzig Prozent seiner Exporterlöse in den Sonderwirtschaftszonen. Der Export von Arbeitsleistung fördert das Wachstum, aber nicht zwangsläufig die Entwicklung der Wirtschaft.

STAATLICHE INDUSTRIEUNTERNEHMEN

Staaten mit führungsstarken Regierungen kamen in der wirtschaftlichen Entwicklung am weitesten und rückten bis in die Gruppe der Schwellenländer auf, unabhängig davon, ob sie der Theorie der Importsubstitution, der Exportförderung oder beiden huldigten. Sie haben das komplette Arsenal aus Zollschranken, Preiskontrollen, Kreditlenkung, Steuererleichterungen und direkten Subventionen aufgefahren, um die wirtschaftliche Entwicklung des privaten Unternehmertums zu steuern und zu fördern. Ausnahmslos sind sie auch selber als Unternehmer tätig geworden und haben staatseigene Unternehmen der Schwerindustrie gegründet, aufgebaut, mit dem notwendigen Kapital ausgestattet und ihren Betrieb übernommen.

Im Jahr 1972 besaß und betrieb die Regierung von Südkorea zwölf der sechzehn größten Industrieunternehmen des Landes. Sie hatte damit der Privatindustrie eine Basis aus Stahl und Energie geschaffen, auf der sie aufbauen und langlebige Konsumgüter herstellen konnte. In den siebziger Jahren stammten dreißig Prozent der mexikanischen Industrieproduktion aus Staatsbetrieben; an sie gingen sechzig Prozent der Industrieinvestitionen. Die zehn größten Industrieunternehmen Brasiliens und die neun größten Indonesiens gehören dem Staat. Jedes Jahr bekommt die kapitalintensive staatliche Schwerindustrie Indiens mehr als die Hälfte aller Investitionen, obwohl sie nur fünfzehn Prozent der industriellen Wertschöpfung erwirtschaftet.

Staatliche Industrieunternehmen in unterindustrialisierten Ländern

Land	Anteil der Staatsbetriebe an der Industrie, alles in Prozent			
	Investition	Wertschöpfung	Umsatz	Beschäftigte
Irak	96	40	–	–
Ägypten	81	65	65	70
Bangladesh	80	70	–	–
Pakistan	70	85	40	22
Indien	60	–	19	–
Mexiko	65	30	–	15
Venezuela	60	–	–	–
Sri Lanka	55	65	60	6
Türkei	50	50	–	35
Brasilien	33	20	–	–

Bild 33: Die öffentliche Hand spielt bei der Industrialisierung auch in der freien Marktwirtschaft der unterindustrialisierten Staaten eine besondere Rolle. Staatliche Investitionen werden vorzugsweise in die Grundstoff- und Schwerindustrie gelenkt. Brasilien und Mexiko gelten als „Schwellenländer"; Indiens Marktwirtschaft ist die drittstärkste unter den unterindustrialisierten Staaten; Bangladesch ist das ärmste Land der Welt.

Die Staatsbetriebe in den unterindustrialisierten Ländern haben sich eine beachtliche Stellung in der Weltwirtschaft erobert. Ein halbes Dutzend steht auf der Liste der 350 größten Multis. Sie sind stark genug, um mit anderen Multis gleichberechtigt zu verhandeln. Über Joint Ventures mit privaten Gesellschaften der Industriestaaten sind sie zu bedeutenden Kanälen des Technologietransfers geworden und haben die industrielle Revolution in einer Reihe wichtiger Länder entscheidend vorangetrieben. Das wird noch im Detail erläutert.*

Auf dem Weg der neuen internationalen Arbeitsteilung erhöhte sich der Anteil der unterindustrialisierten Staaten an der Industrieproduktion der Welt. Dennoch vergrößerte sich der Abstand zu den Industriestaaten; denn die Arbeitsteilung beruht auf den niedrigen Löhnen, die ein Resultat des wirtschaftlichen Gefälles sind. In runden Zahlen und im stabilen Dollar des Jahres 1950 berechnet, wuchs das Bruttosozialprodukt der Industriestaaten in den vierzig Jahren zwischen 1950 und 1990 von 600 Milliarden auf 3000 Milliarden Dollar; in der gleichen Zeit erhöhte es sich in den unterindustrialisierten Staaten von 100 Milliarden auf 900 Milliarden Dollar. Es läßt sich leicht nachrechnen, daß die Verfünffachung in den Industriestaaten einen absoluten Zuwachs von 2400 Milliarden Dollar Sozialprodukt erbrachte, der sich auf eine kleine, relativ stabile Bevölkerung verteilte. Die Steigerung in den unterindustrialisierten Ländern auf das Zehnfache erbrachte in absoluten Zahlen nur ein Drittel, 800 Milliarden Dollar, die sich eine wesentlich größere, wachsende Bevölkerung teilen mußte. Das Bruttosozialprodukt pro Kopf (der allgemeine, wenn auch grobe Maßstab für materiellem Wohlstand) wuchs in beiden Welten um den gleichen Prozentsatz; doch in absoluten Zahlen war die Zunahme in den Industriestaaten viermal so hoch.

In den unterindustrialisierten Ländern kam der Zuwachs nur der Stadtbevölkerung zugute. Die Ungerechtigkeit der Einkommensverteilung verschärfte sich nicht nur international, sondern auch national. Die Lebensbedingungen der Dorfbevölkerung änderten sich nicht, mit Ausnahme Schwarzafrikas, wo sie sich verschlechterten und heute mehr Menschen über weniger verfügen als 1950.

Eine „Neue Internationale Wirtschaftsordnung"*

Mit Blick auf die sich erweiternde Kluft zwischen den beiden Welten erscholl Anfang der siebziger Jahre der Ruf nach einer „Neuen Internationalen Wirtschaftsordnung". Mitten im ersten „Ölschock" setzte eine Gruppe von 77 unterindustrialisierten Staaten auf der Vollversammlung der Vereinten Nationen im Jahr 1974 die Proklamation einer neuen Ordnung durch. Die alte Ordnung aus „Ungleichheit, Vormacht, Abhängigkeit, engstirnigem Egoismus und Zersplitterung" sollte von einer Ordnung ersetzt werden, die auf „Gerechtigkeit, Gleichberechtigung souveräner Staaten, fairer Arbeitsteilung, gemeinsamen Zielen und Zusammenarbeit" beruhte. Den industrialisierten Staaten wurde in einer Resolution der Vollversammlung auferlegt, bei der Ausarbeitung der Proklamation in „verhandlungsfähige Sachpunkte" mitzuarbeiten.

Die Industriestaaten beachteten die Resolution kaum. Die Vereinten Nationen kehrten nur kurz in die Schlagzeilen zurück, als die Weltpresse über die verächtliche Zurückweisung der Idee einer neuen Wirtschaftsordnung durch den Botschafter der USA bei den Vereinten Nationen berichtete. Beim GATT, dem allgemeinen Zoll- und Handelsabkommen, von den unterindustrialisierten Staaten längst als „Klub der Reichen" disqualifiziert, ignorierte man die Internationalisierung der Ungerechtigkeit durch Zollschranken und Einfuhrbeschränkungen weiter; es gelang noch nicht einmal, die Differenzen unter den Mitgliedern auszuräumen. Auf Betreiben der unterindustrialisierten Staaten hatte sich 1964 ein „Klub der Armen" zusammengefunden und in der Welthandels- und Entwicklungskonferenz UNCTAD *(United Nations Conference on Trade and Development)* organisiert. UNCTAD registrierte zwar die Fakten und Zahlen der Ungerechtigkeit, besaß aber nicht die Macht, sie zu ändern.

Als sich die Industriestaaten nicht rührten, stellten die unterindustrialisierten Staaten im Jahr 1975 auf einer Sitzung der Organisation für industrielle Entwicklung UNIDO *(United Nations Industrial Development Organization)* in Lima auf eigene Initiative eine Liste verhandlungsfähiger Sachpunkte zusammen. Sie setzten sich das Ziel, bis zum Jahr 2000 fünfundzwanzig Prozent der Weltindustrieproduktion zu erreichen, damit sich die Kluft verkleinert oder schließt. Das bedeutete, die industrielle Wertschöpfung mußte jährlich 4,5 Prozent über der Prognose für die Industriestaaten liegen. Die Industriestaaten sollten deshalb endlich zu ihrem Versprechen stehen, 0,7 Prozent ihres Bruttosozialprodukts als Entwicklungshilfe einzusetzen. Noch wichtiger wäre allerdings, daß sie den Exportgütern der unterindustrialisierten Welt ihre Märkte öffneten. Für ein unterindustrialisiertes Land ist jede Verbesserung des jährlich erwirtschafteten Exporterlöses wichtiger als die großzügigste Entwicklungshilfe. Wenn die von den Sprechern der industrialisierten Marktwirtschaften ständig beschworene Freihandelsdoktrin einen Sinn bekommen soll, dann ist die Forderung, die Märkte zu öffnen, mehr als berechtigt.

Damals wurde gerade eine Analyse der Weltwirtschaft durchgeführt.* Ihre 1977 veröffentlichten Ergebnisse machten es möglich, daß Visionen dieser Größenordnung mit Zahlen belegt werden konnten. Im Jahr 1973 hatte Wassily W. Leontief für die von ihm entwickelte Methode der Input-Output-Analyse, mit der sich die Schätzungen der Expertengruppe von 1949 verfeinern ließen, den Nobelpreis für Wirtschaftswissenschaften erhalten. Makroökonomische Prognosen werden in einer Matrix verankert, in der der mikroökonomisch erfaßte Fluß von Gütern und Dienstleistungen zwischen erzeugenden und verbrauchenden Sektoren einer Volkswirtschaft, die zu einem Sozialprodukt führen, dargestellt ist. Da die mikroökonomisch erfaßten Transaktionen von Sachzwängen bestimmt waren, führt die Input-Output-Tabelle zu einem brauchbaren Modell der Wirtschaft eines Landes; mit seiner Hilfe lassen sich Vorhersagen und Schätzungen für die makroökonomische Ebene erarbeiten und Hypothesen testen, die in den erfaßten mikroökonomischen Daten fest verankert sind. Leontief hat die Analyse der Weltwirtschaft selbst erarbeitet, zusammen mit seinem Kollegen Faye Duchin. Aus den Input-Output-Tabellen für sechzig Staaten schufen sie drei Szenarien für die Entwicklung der Weltwirtschaft bis zum Jahr 2000.

Das erste Szenario ließ die alte Weltwirtschaftsordnung unangetastet. Ein Drittel der unterindustrialisierten Staaten mit zehn Prozent der Weltbevölkerung konnte die Kluft zwischen dem durchschnittlichen Pro-Kopf-Einkommen der industrialisierten Welt und ihrem eigenen vom Neunfachen auf das Dreifache reduzieren. Es waren Länder mit reichen Ressourcen, vor allem die Erdölförderländer. Bei den anderen unterindustrialisierten Staaten mit 59 Prozent der Weltbevölkerung verbreiterte sich die Kluft zwischen den beiden Welten vom Vierzehnfachen auf das Neunzehnfache des Einkommens pro Kopf.

In einem Alternativszenario wurde der Aufwand berechnet, mit dem sich der Unterschied zwischen der Wirtschaftsleistung der Industriestaaten und der Gruppe der unterindustrialisierten Staaten mit 59 Prozent der Weltbevölkerung halbieren ließe; dabei würde sich das Pro-Kopf-Einkommen der unterindustrialisierten Staaten verdoppeln. Bei diesem Szenario mußte das Input-Output-Modell vorsehen, daß die Industriestaaten 3,1 Prozent ihres gemeinschaftlichen Bruttosozialprodukts bereitstellten und gleichzeitig einen geringen Einkommensverlust pro Kopf (ihrer eigenen Bevölkerung) in Kauf nahmen. Da in diesen Ländern damals bereits sechs Prozent des Bruttosozialprodukts in die Rüstung gesteckt wurden, war das Modell, wie jeder zugeben mußte, politisch nicht durchsetzbar.

Im dritten Szenario wurde die „Friedensdividende" untersucht. Ausgehend von einer Reduzierung der Rüstungsausgaben um ein Drittel, sollten erst 15 Prozent, dann 25 Prozent des eingesparten Drittels zur Entwicklungshilfe umgewidmet werden. Diese bescheidene Steigerung der Wirtschaftshilfe – 0,3 bis 0,5 Prozent des Bruttosozialprodukts der Industriestaaten – hätte dazu geführt, daß sich die Kluft wenigstens nicht weiter öffnet. Die Schätzung der Experten in der ersten Studie der Vereinten Nationen im Jahr 1950 erwies sich wieder einmal als realistisch.

Im Jahr 1975 hatte der neue Ölpreis der OPEC den subventionierten Nachkriegsboom endgültig abgewürgt und die Industriestaaten noch tiefer in einen Sumpf der Stagflation gezogen, in dem vor allem die Vereinigten Staaten saßen. Das Wirtschaftsziel Vollbeschäftigung wurde aufgegeben, Sozialausgaben zusammengestrichen. Noch konnten die als ungesicherte Anleihen leichtfertig in Umlauf gebrachten Petrodollars einige unterindustrialisierte Volkswirtschaften am Laufen halten, bis auch sie vom zweiten „Ölschock" von 1979 gebremst wurden.

Seitdem herrscht Flaute in der Weltwirtschaft. Ende der achtziger Jahre kam es zu einer kurzen Erholung; die irakische Invasion Kuwaits bereitete ihr ein schnelles Ende. Die Wirtschaft der Industriestaaten reduzierte die Importe aus den unterindustrialisierten Staaten, verringerte ihre Investitionen, und die staatliche Entwicklungshilfe wurde gekürzt. In den unterindustrialisierten Staaten hörte jedes Wirtschaftswachstum auf, von wenigen Ausnahmen abgesehen.

Egon Glesinger, damals Leiter der Forstbehörde der Ernährungs- und Landwirtschaftorganisation der Vereinten Nationen FAO *(Food and Agricultural Organization)*, ein Mann, der schon dem Völkerbund gedient hatte, schrieb 1960:

> Es gibt eine Schule von Volkswirtschaftlern, die der Meinung sind, Kapitalansammlung sei nur unter Zwang möglich, vor allem, wenn der Spielraum, etwas herauszupressen, am kleinsten ist. Heute jedoch ist die Notwendigkeit, einen solchen Zwang auszuüben, durch die enorme, nicht benötigte Kapazität der Industrienationen abgewendet. Entwicklungshilfe tritt an die Stelle des Diktators.

Solange es keine Entwicklungshilfe gibt, mit der die Notwendigkeit einer Zwangsherrschaft abgewendet werden kann, werden zwei Drittel der unterindustrialisierten Staaten von Diktatoren regiert. Gleichzeitig versuchen Regierungen und Banken der Industriestaaten und internationale Finanzinstitute, den angestrebten Prozeß umzukehren und den Geldstrom von den armen zu den reichen Ländern fließen zu lassen, indem sie darauf bestehen, daß die 1200 Milliarden Dollar Schulden zurückgezahlt werden, die die unterindustrialisierten Staaten mit sich herumschleppen.* Läßt man sich ab und zu herab, fällige Zinsen und Tilgungsraten umzuschulden, dann werden die Schuldner dazu gedrängt oder gezwungen, „stabilisierende Maßnahmen" zu ergreifen und „strukturelle Anpassungen" vorzunehmen, die ihre Kreditwürdigkeit verbessern und private Investoren anlocken sollen.

DIE ALTE INTERNATIONALE WIRTSCHAFTSORDNUNG

Im Weltentwicklungsbericht, den die Weltbank im Jahr 1986 vorlegte, ist festgehalten:

> Die schlechte Wirtschaftsleistung und die Schulden der Entwicklungsländer wurzeln in dem Versagen, sich den äußeren Veränderungen anzupassen, die seit Anfang der siebziger Jahre stattfanden, und in der Stärke der Einwirkungen von außen. Viele Entwicklungsländer versuchten, die Folgen der äußeren Einwirkung, der steigenden Inflation und des sinkenden Wirtschaftswachstums, durch die Aufnahme höherer Kredite, meist mit kurzer Laufzeit und ohne fest vereinbarten Zinssatz, zu kompensieren. Der Übergang zu privaten Bankkrediten mit freien Zinsen in den siebziger

Jahren lieferte die Entwicklungsländer steigenden Zinsen aus und machte sie gegenüber der Kündigung von Krediten durch Privatbanken verwundbar. Die Ölpreiserhöhungen von 1979 und die Rezession seit Anfang der achtziger Jahre brachten die Schwachstellen ans Tageslicht.

Mit den sogenannten „äußeren Einwirkungen", an die sich anzupassen die Schuldnerländer versäumt hätten, war natürlich gemeint, daß der Handel mit den Industriestaaten schrumpfte und die Handelsbedingungen sich verschlechterten. Am meisten litten darunter die ärmsten Länder in Schwarzafrika; sie verloren ihren Lebensunterhalt. So blieb ihnen nichts anderes übrig, als „ihren Zugang zu kurzfristigem Kapital bis an die Grenze des Möglichen auszunützen und ihre Devisenreserven zu plündern".

Rund ein Viertel der Schulden lastet auf den Schwellenländern Lateinamerikas. Sie waren es vor allem, die sich leichtfertig auf private Kredite mit freiem Zinssatz einließen. Dazu verlockt wurden sie von den amerikanischen Banken, die nicht wußten, wohin mit den Petrodollars. Heute sitzen Kreditoren und Debitoren zusammen in der Tinte. Müssen diese Schulden jemals zurückgezahlt werden, dann gewiß nicht von denen, die den Zustrom der geborgten Devisen damit kompensierten, daß sie ihr eigenes Kapital ins Ausland schafften. Die Schulden müssen von Menschen zurückgezahlt werden, die es sich am wenigsten leisten können – einschließlich einer Zinslast, die Hand in Hand mit den wachsenden Schulden der USA zu schwindelnder Höhe aufläuft. Für diese Schulden trägt die gleiche Regierung die Verantwortung, die anderen Ländern zur Entschuldung Deflation und Sparpolitik aufzwingen möchte.

Der Wirtschaftswissenschaftler A. O. Hirschman hat vorgeschlagen, die Schulden der unterindustrialisierten Staaten ganz oder teilweise mit den Etikett „unbeabsichtigte Wirtschaftshilfe" zu versehen und zu streichen. Die Wirtschaftshilfe hätte den Empfängern besser gedient, wäre sie früher und in dem bescheidenen Finanzrahmen geleistet worden, den die Experten der UN im Jahr 1950 vor Augen hatten. Damals wäre eine Hilfe unter Staaten von Vorschlägen begleitet gewesen, wie ein Wirtschaftswachstum ausgelöst werden könnte, und nicht von den trostlosen deflationären Ratschlägen, die heute in aller Munde sind.*

SCHWELLENLÄNDER

Einige unterindustrialisierte Staaten haben es geschafft, eigenes Investitionskapital anzusammeln, wenn auch auf Kosten ihrer Bevölkerung, nachdem die Industriestaaten ihre Pflicht nicht erfüllt und ihr

Stahlproduktion in Industriestaaten und unterindustrialisierten Staaten

	Kapazität in Millionen Tonnen
Industriestaaten	
Europäische Gemeinschaft	206
Vereinigte Staaten	170
Japan	170
Andere Marktwirtschaften	87
GUS (frühere Sowjetunion)	200
Andere frühere Planwirtschaften	97
Summe Industriestaaten	940
Unterindustrialisierte Staaten	
China	52
Brasilien	25
Indien	20
Mexiko	13
Südkorea	12
Argentinien	7
Venezuela	7
Andere unterindustrialisierte Staaten	50
Summe unterindustrialisierte Staaten	186
Weltstahlkapazität	1126

Bild 34: Der Aufbau der Stahlindustrie stand bei sieben Schlüsselstaaten der unterindustrialisierten Welt an erster Stelle der Industrialisierung. Die Hälfte der Bevölkerung aller unterindustrialisierten Staaten lebt in Indien und China, zwei Drittel der Bevölkerung Lateinamerikas leben in Brasilien, Mexiko, Argentinien und Venezuela. Stahlwerke sind die Basis für die Entwicklung einer Schwerindustrie.

Versprechen nicht eingelöst hatten, eben diese Last durch Entwicklungshilfe zu mindern. Von sieben Ländern kann man mit Recht sagen, daß sie unmittelbar vor der industriellen Revolution stehen. Was sie vor den anderen auszeichnet, ist die starke Basis einer eigenen Schwerindustrie. Dazu gehört natürlich China. Alle anderen haben eine Marktwirtschaft, Mexiko und Venezuela sind Erdölexporteure, Südkorea lebt vom Export von Industriegütern. (Es gibt aber auch Öl exportierende Staaten und Länder mit starker Industrieproduktion, die keine vergleichbare Wirtschaftskapazität erreichten.) Die anderen drei marktwirtschaftlich organisierten Schwellenländer sind Indien, Brasilien und Argentinien. Sie haben eine Grundstoff- und Schwerindustrie aufgebaut, um ihren eigenen Markt zu entwickeln, nicht aber zum Export. Jedes Land verdankt die Entstehung seiner Schwerindustrie einer weitsichtigen, aktiven Regierungspolitik, nicht der Nachfrage des Marktes; die Regierungen der Marktwirtschaften führen diese Unternehmen als Staatsbetriebe.

Staatsbetriebe spielten schon bei der ersten industriellen Revolution eine besondere Rolle. Mit einer Konzession des englischen Parlaments und unter Kontrolle der Regierung machte die *East India Company* koloniale Eroberungszüge und eröffnete damit neue Märkte für die Textilindustrie von Lancashire. In Deutschland machte die industrielle Revolution einen großen Schritt nach vorn, als die Regierungen von Bayern, Hannover und Preußen (in Brandenburg und Schlesien) Hochöfen auf Staatskosten bauen ließen. Die industrielle Revolution in Japan ist kaum vorstellbar ohne die *Zaibatsu,* die mit den Vermögen der Feudalzeit alter Ordnung finanzierten großen Industriekonglomerate aus Banken, Handelshäusern und Fabriken, die man als eine Art staatliche Einrichtung betrachten muß. Sie haben damals ebenso erfolgreich gehandelt wie heute die *Keiretsu,* ihre Nachfolger, von denen sich einige noch in den Händen derselben Adelsfamilien befinden.

Zweifellos haben die am weitesten fortgeschrittenen unterindustrialisierten Staaten auch beim sowjetrussischen Modell zur wirtschaftlichen Entwicklung ein Vorbild für das Eingreifen der Regierung in die Wirtschaft gefunden. Indien blieb jedoch neben China der einzige Staat, der sich zum ideologischen Motiv dieser Eingriffe bekannte.

Alle Regierungen hatten zwingende praktische Gründe, in den Markt einzugreifen und in einer Form zu handeln, die fast immer dem kurzfristigen komparativen Vorteil widersprach. Für großangelegte

Investitionen in die Schwerindustrie war kein Privatkapital aufzutreiben; niemand wollte das hohe Risiko eingehen oder lange auf niedrige Dividenden warten. Obwohl ein Staat am Anfang meist nur für ein Unternehmen in jedem Industriezweig Platz hatte, fand sich nicht einmal Kapital, ein privates Monopol zu finanzieren, und keine Regierung hatte ein Interesse daran, das Monopol einem Multi zu überlassen. Nicht nur negative, sondern vor allem positive Motive lagen den Initiativen von seiten der Regierung zugrunde: wirtschaftliche Entwicklung des Hinterlandes, höhere Wertschöpfung für Exportgüter und Förderung der Industrie auf den nächsten Verarbeitungsstufen. Vor allem aber ging es darum, den Teufelskreis der zirkulären und kumulativen Verursachung zu durchbrechen und die Entwicklung in Richtung auf eine wirtschaftlichen Autonomie des Landes zu dirigieren.

Die internationale Finanz- und Wirtschaftspresse diffamierte die Staatsbetriebe als eine unprofitable Belastung der nationalen Wirtschaft. Plötzlich wurden sie zu Wertstücken, nach denen sich Privatunternehmer und Multis die Finger lecken. Bei den Umschuldungsverhandlungen mit den unterindustrialisierten Staaten entdeckten staatliche und private Gläubiger, daß sich ihre Kredite gegen Industriewerte eintauschen lassen.

Der Fortschritt dieser sieben Staaten auf dem Weg zur Industrialisierung führte dazu, daß zur Zeit 15 Prozent der globalen Stahlproduktion in den Händen der unterindustrialisierten Welt liegen; verbraucht werden 24 Prozent. Fünfzig Staaten besitzen eigene Stahlwerke, meist mit Elektrostahlöfen, die aus lokalem oder importiertem Schrott Stahlmatten für den Betonbau und leichte Stahlprofile herstellen. In zwanzig Staaten stehen integrierte Stahl- und Hüttenwerke, in denen aus Eisenerz Stahl geschmolzen wird. Siebzehn Staaten können auf eine Kapazität von mehr als einer Million Jahrestonnen verweisen, sieben auf mehr als 5 Millionen, darunter China mit 52 Millionen, Brasilien mit 25 Millionen, Indien mit 20 Millionen, Mexiko mit 13 Millionen, Südkorea mit 12 Millionen und Argentinien und Venezuela mit je 7 Millionen Jahrestonnen.*

Zusammen produzieren diese Länder 75 Prozent des Stahls der unterindustrialisierten Welt. Mit ihm werden der eigene Maschinenbau und die chemische Industrie versorgt, die der wachsenden Konsumgüterindustrie eine sichere Basis geben. Hier entstehen 85 Prozent der Wertschöpfung der unterindustrialisierten Welt und 53 Prozent der exportierten Industrieerzeugnisse. Wer nach Kandidaten für die nächste industrielle Revolution sucht, muß unter diesen Staaten Ausschau halten. Da Indien und China dazugehören, steht die Hälfte der Bevölkerung der unterindustrialisierten Welt auf der Schwelle zur industriellen Revolution.

Die „offizielle" Liste der Schwellenländer sieht anders aus. Wer dort eingetragen werden will, muß neben einem hohen Industrialisierungsgrad auch ein relativ hohes Pro-Kopf-Einkommen vorzeigen. Als „offizielle" Schwellenländer qualifizieren sich derzeit nur Argentinien, Brasilien, Mexiko und Südkorea sowie die Stadtstaaten Hongkong und Singapur. Die beiden letzten sollen hier nicht weiter betrachtet werden; sie sind eine Art Gewerbegebiet für die Niedriglohnverarbeitung internationaler Multis, nicht aber Staaten auf dem Weg zur wirtschaftlichen Selbständigkeit. Venezuela wird bei den Schwellenländern immer übersehen und ist doch der Staat mit dem höchsten Pro-Kopf-Einkommen in Südamerika, wobei das Einkommen nicht einmal besonders ungleich verteilt ist. China wird davon ausgeschlossen, obwohl es die größte Industrie der unterindustrialisierten Welt besitzt, ebenso Indien mit der drittgrößten; für die Statistiker ist das Pro-Kopf-Einkommen der beiden Staaten zu niedrig.

CHINA

Als China wegen seines Bürgerkriegs noch handlungsunfähig war, führte die sowjetische Regierung eine Abart ihres Entwicklungsmodells vor: sie ließ die von Japan in den dreißiger Jahren aufgebaute Industrie in der Mandschurei demontieren und nach Rußland schaffen. Dennoch nahm China seine Industrialisierung nach dem theoretischen Modell der Sowjetunion mit dem Aufbau der Schwerindustrie in Angriff. Nikita Chruschtschow öffnete in den fünfziger Jahren die Universitäten der UdSSR für angehende Techniker und Naturwissenschaftler aus China und forcierte eine bescheidene wirtschaftliche und technische Hilfe, die das Wiederaufflammen des ideologischen Streits nach 1960 schnell versickern ließ. China fand seinen Weg in die Industrialisierung im wesentlichen ohne fremde Hilfe. Das notwendige Kapital wurde zu Lasten des Konsums „zwangsgespart". Man braucht rund eine Million Tonnen Stahl, um ein Stahlwerk mit der Jahreskapazität von einer Million Tonnen Stahl zu errichten. Die erste

Million war die schwierigste. Bei heute 52 Millionen Tonnen Kapazität werden für den Bau des nächsten Stahlwerks nur zwei Prozent der jährlichen Stahlproduktion gebraucht.*

Chinas industrielle Infrastruktur wurde aus eigenem Stahl gebaut: Eisenbahnen, die das Land zusammenhalten, die ersten Brücken über die beiden großen Ströme, Hochspannungsleitungen und Kommunikationssysteme. Es dauerte nicht lange, bis ein eigener Maschinenbau, der Ausrüstung für Bergbau und Industrie herstellte, und eine eigene chemische Industrie entstanden. Mit 52 Millionen Jahrestonnen war China im Jahr 1990 der viertgrößte Stahlproduzent der Welt. Bei der Zementproduktion steht es an der Spitze, zweiter ist es bei der Kohleförderung, dritter bei der Herstellung von Kunstdünger, fünfter bei der Erdölförderung, der Kunstfaserherstellung und der Stromerzeugung. Nur seine enorme Bevölkerungsgröße und der damit verbundene geringe Ausstoß pro Kopf halten China in der Kategorie der unterindustrialisierten Staaten.

In der Sowjetunion versuchte man, die Industrie von Moskauer Ministerien zentral zu leiten. Anders die Chinesen, die von vornherein sehr viel Verantwortung an die Manager der Werke delegierten; sie wurden oft wie selbständige Unternehmen geführt. Seit den siebziger Jahren überflügelt die Industrieproduktion die Landwirtschaft; heute erbringt sie 43 Prozent des Bruttosozialprodukts, die Landwirtschaft 36 Prozent.

Im Jahr 1973 öffnete sich China, seine industrielle Kapazität als sichere Basis nutzend, der Weltwirtschaft. Wegen der wirtschaftlichen Isolation des Landes war den chinesischen Ingenieuren bis dahin der Zugang zur Spitzentechnologie verwehrt und der Umgang damit nicht vertraut. China ist so groß und sein Markt so attraktiv, daß das Land sogar gegenüber den größten Multis als starker und wählerischer Käufer auftreten kann, trotz aller Stockungen, die beim Aufbau der neuen wirtschaftlichen Beziehungen mit der Außenwelt eintraten. Chinesische Ingenieure, Manager und Unternehmer können sich unter den Multis wählen, wen sie für geeignet halten, sie auf einem neuen Sprung nach vorn zu begleiten, und sie können es sich leisten, darauf zu bestehen, daß eine angebotene Technologie auch „nach internationalem Standard an der Spitze liegt".*

Die Wachstumsrate der chinesischen Bevölkerung nahm zwischen 1949 und 1965 von 2 auf 2,6 Prozent zu, ein Beleg für die längere Lebenserwartung. Dann nahm die Geburtenrate ab und reduzierte das Bevölkerungswachstum um 1,5 Prozentpunkte auf kaum ein Prozent. Der Westen schaute auf die Verordnung von Schwangerschaften in den Kommunen und auf die Kampagnen zur Ein-Kind-Familie mit großer Aufmerksamkeit. Beide Maßnahmen sind undenkbar, wenn die Einkommen der Bevölkerung nicht die Kuznets-Schwelle von 150 Dollar Realeinkommen pro Kopf überschritten hätten (vgl. S. 126), und sie wären verpufft, hätte nicht die Abnahme der Kindersterblichkeit diese Art der Familienplanung zusätzlich motiviert; das Überleben der Kinder war der besseren Ernährung und dem besonderen Gesundheitssystem des Landes zu verdanken. Eine wichtige Rolle spielte die egalitäre Einkommensverteilung, durch die nicht zuletzt auch die revolutionäre Begeisterung gestärkt wurde, sich mit den auferlegten Zwängen abzufinden.

Offen ist, ob die Privatisierung der Landwirtschaft und die Einführung von stärkeren Marktanreizen den staatlichen Druck auf die Familienplanung überflüssig machen wird. Die Berichte über Pannen im Gesundheitssystem und über schwindenden revolutionären Elan nehmen zu. Der Trend geht jedenfalls auf eine Wachstumsrate unter einem Prozent im Jahr 2000.

INDIEN

Im Jahr seiner Befreiung, 1947, besaß Indien eine Rohstahlkapazität von zwei Millionen Tonnen, die sich im Eigentum zweier Unternehmerdynastien befand. Damit konnte die reale Nachfrage des Binnenmarkts befriedigt werden. Für die wirklichen Bedürfnisse von 500 Millionen Menschen, die zu den Ärmsten der Welt gehörten und nicht einmal eine reale Nachfrage nach Lebensmitteln entfalten konnten, reichte die Kapazität nicht. Die Not der Bevölkerung veranlaßte Jawaharlal Nehru, die wirtschaftliche Entwicklung des Landes allen anderen Regierungszielen überzuordnen. Er mußte sich vom revolutionären Sozialismus der Befreiungsbewegung verabschieden, weil er sonst die unentbehrliche Mitarbeit der Unternehmerdynastien und der übrigen Geschäftswelt verloren hätte, und stellte 1950 ein eigenes „Sozialistisches Entwicklungsmodell" vor. Der Privatwirtschaft war darin die Aufgabe zugedacht, reale neue Bedürfnisse zu befriedigen, die während der wirtschaftlichen Entwicklung des Landes auftreten würden.*

Die Zentralregierung übernahm – und übertrug an die Landesregierungen, wo es sinnvoll war – den Aufbau und den Betrieb der Verkehrs-, Elektrizitäts- und Kommunikationsnetze. Zur Entwicklung der Rohstoffbasis und zum Aufbau und Betrieb einer Grundstoffindustrie wurden selbständige, steuerzahlende staatliche Gesellschaften gegründet. Die Regierung besetzte die „Feldherrnhügel der Wirtschaft" mit ihren Leuten und trieb die Entwicklung nach ihrem Plan voran. Nehru selbst reservierte sich den Vorsitz der Plankommission.

Nehru wußte auch ohne Gunnar Myrdal, daß Indien ein „schwacher Staat" war. Als der erste Fünfjahresplan 1947 in Kraft trat, hatte die Regierung weniger als 50 Prozent der Kapazität des Landes zur Kapitalbildung im Griff. Heute kann sie 75 Prozent einsetzen, da sie eine stark progressive Einkommensteuer durchgesetzt hat und praktisch ein Monopol auf alle Exporte besitzt. Mit dem zweiten Fünfjahresplan aus der Feder des bekannten Statistikers P. C. Mahalanobis begann der Aufbau der Schwerindustrie. Es war ein reiner Importsubstitutionsplan für Maschinen und andere Kapitalgüter.

Die ehrgeizigen Ziele des Plans konnten mit indischem Privatkapital nicht finanziert werden. Die Kapitaleigner sahen keinen Sinn darin, die Ressourcen des Landes zu strapazieren, und widersetzten sich der Regierung, manchmal bis zur Sabotage. Die Regierung bemühte sich, über das Kapital hinaus, das sie durch die scharfe Besteuerung der reichen Bürger und aus den sorgfältig gehüteten Exportüberschüssen ansammeln konnte, um weiteres Geld aus der versprochenen Wirtschaftshilfe. Die Bemühungen blieben fruchtlos, abgesehen von der ersten Lebensmittelhilfe durch die Vereinigten Staaten, die hungrige Männer und Frauen zu einsatzfähigem Humankapital werden ließ. Daß die Ziele des zweiten Fünfjahresplans und auch der folgenden nicht ganz erreicht wurden, hing mit dem Ausbleiben der Wirtschaftshilfe direkt zusammen. Seit Mitte der sechziger Jahre verließ man sich nur noch auf die eigene Kraft; Indien schirmte sich vom Weltmarkt ab, isolierte sich fast vollständig.

Heute produzieren Indiens Staatsbetriebe Stahl, Turbinen und Generatoren, ganze Walzwerke, schwere Werkzeugmaschinen, Lokomotiven, Eisenbahnwaggons, Raupenschlepper und Bergwerksausrüstung. Die Staatsbetriebe bauen und betreiben Werften, Erdölraffinerien und petrochemische Werke.

Viele Staatsbetriebe gingen mit internationalen Multis Joint Ventures ein. Im Gegensatz zu kleineren unterindustrialisierten Staaten kann Indien, ebenso wie China, solche Joint Ventures zwingen, Rohstoffe und Vorprodukte nur bei indischen Unternehmen, staatlichen oder privaten, einzukaufen und die hergestellten Teile und Zwischenprodukte zur Fertigstellung und Montage nur an indische Privatunternehmen zu liefern, wenn es in Indien Interessenten dafür gibt. Zu einem ähnlichen Verhalten müssen sich auch die Tochtergesellschaften der Multis verpflichten, sonst erhalten sie keine Niederlassungsgenehmigung. Mit solchen Vereinbarungen sichert sich Indien den erwünschten Technologietransfer und behält die Wertschöpfung im Land. Die Bedingungen scheinen dennoch lukrativ zu sein, denn die solcherart geknebelten Töchter der Multis erwirtschaften heute vierzehn Prozent des indischen Bruttosozialprodukts.

Mit Hilfe seiner Staatsunternehmen baute Indien das größte Eisenbahnnetz Asiens, das Viertgrößte der Welt, außerdem Autobahnen von 1,5 Millionen Kilometer Länge, ein Netz von Pipelines und Hochspannungsleitungen und die notwendigen Kraftwerke. Im Dienst der Landwirtschaft legten Staatsbetriebe alle größeren Kanäle und Bewässerungssysteme an und verdoppelten die bewässerte Fläche; sie liefern Saatgut und stellen Düngemittel her. Der staatliche Nahrungsmittelkonzern betreibt Getreidespeicher, Lagerhallen und Kühlhäuser und kann nicht nur das Grundbedürfnis, sondern auch eine erweiterte Nachfrage nach Lebensmitteln befriedigen. Staatsbetriebe beliefern die private Wirtschaft mit Rohmaterial und Vorprodukten und lassen immer mehr Produkte als Auftragsarbeit von der Privatwirtschaft herstellen.

Die indischen Staatsunternehmen müssen Steuern zahlen und die Hälfte des Investitionskapitals für ihre Expansion selbst erwirtschaften, sogar wenn sie gelegentlich unprofitable Ziele verfolgen müssen, wie die Errichtung eines Werks in einer wirtschaftlich zurückgebliebenen Region. Sie beschäftigen zwei Drittel der Industriearbeiter und erwirtschaften fünfzehn Prozent der Exporterlöse. Das Stahlsyndikat *(Steel Authority of India)* gehört zu den 350 größten Multis der Welt und ist in anderen unterindustrialisierten Staaten mit Joint Ventures engagiert. Bharat Heavy Electricals Ltd. exportiert Kesselanlagen, Turbinen und Generatoren und hat schlüsselfertige Kraftwerke nach Libyen und Saudi-Arabien geliefert. Die *Hindustan Machine Tools Ltd.* verkauft Werkzeugautomaten, die mit Prozessoren von *General Electric* ausgerüstet sind, in die USA.

Die Industrialisierung hält Indiens unterschiedliche und auseinanderstrebende Bevölkerung mit starker Kraft zusammen. Sie machte das Land unabhängig und, im Vergleich zu anderen unterindustrialisierten Staaten, relativ schuldenfrei. Langsam findet die Technik den Weg auf die Dörfer, und die Dörfer werden in den Staat eingegliedert. Über einen geostationären Satelliten und ein zentrales Fernsehgerät in fast jedem Dorf gelangen Nachrichten, Wetterbericht, technischer Unterricht auch in nichtlandwirtschaftlichen Fächern, Hygieneinformationen und Unterhaltungssendungen zu den Bauern. In Indien entsteht zum erstenmal eine Art Gemeinschaftsbewußtsein. Als Maßstab des Fortschritts gilt das schwindende Bevölkerungswachstum, das bisher von 2,3 auf 1,7 Prozent abnahm.

Dennoch zählen heute mehr Inder zu den Ärmsten der Welt als im Jahr der Befreiung. Die industrielle Revolution geht in der größten parlamentarischen Demokratie der Erde nur langsam voran, vielleicht zu langsam.

Pakistan und Bangladesch haben sich am indischen Beispiel orientiert und bauen ihre Industrie ebenfalls mit öffentlichen Mitteln auf. Bei seiner Gründung ließ Pakistan an seinen marktwirtschaftlichen Zielen keinen Zweifel aufkommen und erklärte: „Aufgaben, die erfolgreich von Privatunternehmen übernommen werden können, an staatliche Einrichtungen zu übertragen, würde das Entwicklungstempo begrenzen." Am Ende der Militärdiktatur Ayub Khans Mitte der sechziger Jahre nahm die pakistanische Regierung die Zügel fester in die Hand und erklärte, daß „das Interesse des Privatkapitals für einige Industriezweige nicht geweckt werden kann, weil sie technisch zu komplex sind, zu hohe Investitionen erfordern oder die Gewinnaussichten zu schlecht erscheinen". Die neue Regierung von Zufikar Ali verstaatlichte Banken und Versicherungen und sicherte sich auf diese Weise das für die wirtschaftliche Entwicklung benötigte Kapital.

Ostpakistan wurde im Jahr 1972 zum revolutionärer gesinnten Bangladesch. Im ersten Anlauf wurden alle Finanzinstitute und Industrieunternehmen verstaatlicht. Nimmt man die Stahlproduktion als Maßstab, dann haben Pakistan mit 1,5 und Bangladesch mit 0,5 Millionen Tonnen Jahreskapazität die Industrialisierung kaum begonnen.

Ost- und Südostasien und Japan

Südkorea eroberte den Weltmarkt im Sturm. Von einer Milliarde Dollar im Jahr 1970 trieb es den Export auf 77 Milliarden im Jahr 1991. Als Gegenpol zum kommunistischen Nordkorea bekannte sich

Südkorea sofort zur Marktwirtschaft; aber es stand von Anfang an unter einer autoritären Regierung, die bei keiner Gelegenheit davor zurückschreckte, sich direkt für die Entwicklung des Landes und sein Wirtschaftswachstum zu engagieren. Mit einer Subvention von mehr als zehn Prozent der im Produkt enthaltenen Wertschöpfung wurden die Exporte regelrecht beflügelt. Grundstoffindustrie und Maschinenbau wurden als „führender Wirtschaftszweig" der öffentlichen Hand zugeteilt, als Staatsbetriebe errichtet und geführt. Damit vermied man die Marktverzerrung, mit der gerechnet werden mußte, falls in dem einen oder anderen Industriezweig private Monopole entstünden. Die Regierung drehte den Spieß um und betrieb Marktverzerrung in der anderen Richtung: die Staatsbetriebe mußten den exportorientierten Privatbetrieben Rohmaterial zu Niedrigstpreisen liefern. Bald traten Autohersteller und Maschinenbauer neben die traditionell starke Textil- und Leichtindustrie und erhöhten die Exportleistung, 1985 um elf und 1991 um dreißig Milliarden Dollar.

Stark gestützt wurde die Industrialisierung in Südkorea, genauso wie in Taiwan, durch eine hochproduktive Landwirtschaft. Beide Länder wurden im Zweiten Weltkrieg von den Japanern besetzt, die nicht die geringsten Skrupel besaßen, das alte Feudalsystem zu zerschlagen und eine Bodenreform durchzuführen, denn ohne Großgrundbesitzer ließ sich das Land im Krieg besser verwalten. Die Regierung Südkoreas achtete darauf, daß die entstehende Industriearbeiterschaft von den befreiten Bauern mit genügend Nahrungsmittel versorgt wurde, und lieferte Kunstdünger zu Preisen, die nicht vom Markt, sondern von der Plankommission festgesetzt wurden.

Wenn man Südkorea und Taiwan heute als Schwellenländer einstufen kann, dann ist das eine glänzende Bestätigung der Strategie, die Japan bei seinem Aufstieg auf der Erfolgsleiter der industriellen Wertschöpfung seit Ende des Zweiten Weltkriegs verfolgte. Schon Mitte der sechziger Jahre gerieten die arbeitsintensiven Industriezweige Japans ins Hintertreffen, weil das Pro-Kopf-Einkommen zu schnell gestiegen war. Mit politischer und wirtschaftlicher Unterstützung der Regierung verlagerten die *Keiretsu*-Konglomerate die gefährdeten Industriezweige erst nach Südkorea und Taiwan, später nach Indonesien, Malaysia und Thailand. So entwickelten sich diese Länder zu den wichtigsten Exporteuren von arbeitsintensiven Gütern, Güter, die man noch vor kurzem mit Japan assoziierte. Heute exportiert Südkorea Automobile, aber Japan ist sein wichtigster Handelspartner geblieben. Der größere Teil der südkoreanischen Exporte findet seine Käufer nicht mehr in Japan, sondern in den USA, und die meisten Güter, die Südkorea exportiert, enthalten japanische Teile. In Taiwan verlief die Entwicklung ähnlich.*

Zwei Drittel der Auslandsinvestitionen japanischer Konzerne und Finanzinstitute werden in unterindustrialisierten Staaten angelegt, davon die Hälfte in Ost- und Südostasien. Investitionen von Privatunternehmen werden in großem Umfang mit Regierungsmitteln unterstützt, oft engagiert sich der Staat als erster. Die japanische Export-Import-Bank räumt den Käufern japanischer Waren Kredite ein, ebenso den japanischen Exporteuren, und finanziert japanische Auslandsinvestitionen. Die Bank gewährt auch fremden Regierungen Kredite, wenn sie damit Ressourcen erschließen und entwickeln wollen, die später für die japanische Industrie wertvoll werden könnten, insbesondere Energierohstoffe und Erzlagerstätten. Auf der nächsten Entwicklungsstufe werden andere japanische Institute aktiv: die Finanzierungsgesellschaft für wirtschaftliche Zusammenarbeit, das Büro für gemeinschaftliche Investitionen, die Erdölerschließungsgesellschaft, die Erzbergbau-Agentur und die Gesellschaft für Technische Zusammenarbeit. Japan bietet seinen unterindustrialisierten Partnern einen kompletten Service zur wirtschaftlichen Entwicklung an.

Nimmt man die Stahlproduktion als Maßstab, dann ist die Industrialisierung dank des japanischen Service in Indonesien und Thailand so weit fortgeschritten, daß man dort je zwei Millionen Tonnen Stahlkapazität vorweisen kann, in Malaysia sind es 0,5 Millionen Tonnen. Überall sind es staatliche Industriekonzerne, die zur Beschleunigung der Industrialisierung benutzt werden. In Indonesien und Thailand sorgen Staatsbetriebe durch die Verarbeitung und Verteilung von Lebensmitteln auch dafür, daß der Grundbedarf befriedigt und die weitere Nachfrage bedient werden. In Indonesien werden lohnintensive Industriezweige, wie Textilindustrie, Bauteile für Billighäuser und kleine Herstellungsbetriebe in den Dörfern, öffentlich finanziert.

In Thailand werden Forstwirtschaft, Bergbau, Erdölförderung und Raffinerien vom Staat betrieben und finanziert. Mit einem Wirtschaftswachstum von zehn Prozent wird Thailand wohl der nächste Staat sein, der zur Gruppe der Schwellenländer in der japanischen Einflußsphäre aufsteigt. Vier Milliarden Dollar jährlich, die Hälfte aller direkten Auslandsinvestitionen, machen Japan vor den USA zum größten Investor; japanische Betriebe beschäftigen zehn Prozent der einheimischen Arbeiterschaft. Eine japanische Automontagefabrik beliefert den einheimischen Markt jährlich mit 300 000 Pickups, einem Autotyp, der populär geworden ist, als die Verbindung zu den USA eng war. Inzwischen wurde die Produktion in Thailand weiter gesteigert; die Fahrzeuge werden von Thailand aus direkt in die USA exportiert und fallen nicht unter die von Washington festgesetzte Importquote für japanische Autos.

Der Industrialisierungsprozeß in den unterindustrialisierten Staaten Ost- und Südostasiens hat sich so beschleunigt, daß das Bevölkerungswachstum am Anfang des nächsten Jahrhunderts wahrscheinlich auf ein Prozent sinken wird.

Die arabische Nation

Ob Feudalstaat oder radikale Republik, ob islamisch oder laizistisch, Investitionen aus den Erlösen der Ölproduktion laufen in allen Staaten über die öffentliche Hand. Die Ölvorkommen gehören dem Staat. Staatseigene Raffinerien und petrochemische Werke führen neben dem Rohölexport zur eigenen Wertschöpfung. Der Bau derartiger Anlagen bedingt eine eigene Stahlproduktion: fünf Millionen Tonnen im Iran, drei Millionen in Algerien, zwei Millionen im Irak, eine Million jeweils in Libyen und Syrien. Die Nachfrage nach Rohren mit großem Durchmesser zur Bohrlochverrohrung und für Pipelines machte in einigen Stahlwerken die Installation modernster Walzwerktechnik sinnvoll. Mit einer Gesamtkapazität von weniger als einer Million Tonnen hinken die Feudalstaaten der Entwicklung etwas hinterher.

Politische Unruhe im Inneren und Äußeren, extreme Einkommensunterschiede, Unterdrückung der Frau und islamischer Fundamentalismus stehen dem wirtschaftlichen Fortschritt im Weg, der allein zu einer baldigen Reduktion der Wachstumsraten der Bevölkerung führen könnte; deshalb werden sie zweifellos bis weit ins nächste Jahrtausend bei über 2 Prozent liegen.

SCHWARZAFRIKA

Die industrielle Revolution hat um die Länder Schwarzafrikas einen großen Bogen gemacht. Zwischen ihnen und den übrigen unterindustrialisierten Staaten öffnet sich eine neue Kluft, ähnlich der zwischen unterindustrialisierten Staaten und Industriestaaten. Im Jahr 1963 kamen rund zehn Prozent der industriellen Wertschöpfung der unterindustrialisierten Welt aus Schwarzafrika; 1980 waren es nur fünf Prozent. Natürlich verschleiert der relative Rückgang der Industrieproduktion einen kleinen absoluten Anstieg in einigen Ländern. Zum Beispiel hielten Sambia und Zaire mehr Wertschöpfung im Lande, als sie Ende der siebziger Jahre begannen, ihre Kupfererze selbst zu schmelzen und Kupferbarren zu exportieren. Der Versuch, die wirtschaftliche Entwicklung trotz abnehmender Devisenerlöse oder negativer Devisenbilanzen weiterzutreiben, stürzte alle Staaten Schwarzafrikas in eine tiefe Verschuldung; sie reicht von der Hälfte bis zum Doppelten ihres Bruttosozialprodukts.

Die Art ihrer Schulden – sie haben es eher mit staatlichen als mit privaten Kreditgebern zu tun – schützt die afrikanischen Staaten nicht davor, daß sie zum Ausgleich ihrer Staatshaushalte gedrängt werden, zum Konsumverzicht, zur Abwertung der Währung und zu dem bekannten Bündel der *Austerity*-Maßnahmen. Doch beim Ausmaß ihrer Armut bedeutet *Austerity* nicht nur Verzicht auf Wirtschaftswachstum in der Gegenwart, sondern auch in der Zukunft. Ausgabenkürzungen in den Bereichen Gesundheitsfürsorge, Ernährung und Schule werden sich als Abwertung ihres Humankapitals bei der nächsten Generation bitter auswirken. Die Kluft, die sich für Afrika jenseits der allgemeinen Kluft zwischen industrialisierter und unterindustrialisierter Welt aufgetan hat, wird sich erweitern.

Südlich der Sahara liegt das Bevölkerungswachstum über zwei Prozent. Mancher spekuliert darauf, daß die hohe Wachstumsrate in dieser Region von der Seuche AIDS in Grenzen gehalten wird. Das ist unwahrscheinlich – und sollte sich etwas Derartiges anbahnen, dann werden viele Menschen außerhalb der Region darunter leiden, einschließlich derer, die darüber spekulieren. Wer die überdurchschnittliche Wachstumsrate in Grenzen halten will, muß sich der klassischen Verfahren bedienen und die ansteckende Armut beseitigen, die der Verbreitung von AIDS nicht nur in Afrika, sondern auch in den Armenvierteln der Industriestaaten Vorschub leistet.

LATEINAMERIKA

Zwei Drittel der 440 Millionen Lateinamerikaner leben in den vier Staaten, deren industrielle Revolution in einer eigenen Schwerindustrie verankert ist. Es steht zu hoffen, daß sie bei ihrem stetigen Fortschritt den Rest Lateinamerikas mitziehen werden. Ihre guten Aussichten, und damit die der ganzen Region, sind nur durch ein einziges Handicap getrübt, durch die unglaubliche Ungerechtigkeit in der Verteilung von Einkommen und Vermögen. Die ungleiche Verteilung bedeutet erstens, daß es für die Produkte der Industrie wenig kaufkräftige Verbraucher gibt, und zweitens, daß die Inhaber des Vermögens stärker an schneller Liquidität als an dauerhaften Investitionen interessiert sind.

Argentinien beschritt als erstes Land den Weg zur Industrialisierung, schon vor dem Ersten Weltkrieg. Rindfleisch und Weizen aus den Pampas positionierten Argentinien als starken Exporteur auf dem Weltmarkt. Ihr gewaltiger Reichtum brachte die *latifundistas* mit den Reichen Europas zusammen. Während sie selbst lieber im Ausland investierten, erkannten dagegen die Europäer die Chancen des Landes; in den ersten Jahrzehnten dieses Jahrhunderts ergoß sich ein Strom von europäischem Kapital nach Argentinien. Die erste Investitionswelle verebbte in der Depression der dreißiger Jahre; das Land besaß inzwischen einen Mittelstand und eine städtische Arbeiterschaft, deren wirtschaftliche Interessen denen der Superreichen genau entgegengesetzt waren. Dieser Konflikt gebar die Diktatur eines Juan Perón.

Peróns Ende zog Anfang der sechziger Jahre neue ausländische Investitionen an. Doch die Defizite der Zahlungsbilanz und die mangelnde politische Stabilität führten zu einer Militärdiktatur und ließen die Welle versiegen. Der neuen Zivilregierung haben die Militärs eine Auslandsschuld in Höhe von sechzig Prozent des Bruttosozialprodukts hinterlassen, mit jährlichen Zinsverpflichtungen in Höhe von sechzig Prozent des Exports, und eine lebensbedrohliche Inflation. Ein Präsident peronistischer Färbung, der sich von den Gläubigern des Landes die ganze Palette deflationärer Maßnahmen aufdrängen ließ und dem Ausgleich von Schulden durch Übertragung von Staatsbetrieben zustimmte, hatte schnell seine Anhänger verloren und sah sich dem meuternden Militär gegenüber.

Brasilien, ein Subkontinent mit reichen Ressourcen und einer Bevölkerung von mehr als 150 Millionen, ist zu schnellem Wirtschaftswachstum verdammt, trotz der krassesten Ungerechtigkeit in der Verteilung von Einkommen und Vermögen in ganz Lateinamerika. Die Hoffnung der Menschen war immer auf die Regierung gerichtet, solange sie sich nicht in den Händen einer Militärdiktatur befand. Die vermögenden Brasilianer ließen die Fundamente für die industrielle Revolution lieber von der Regierung legen, als sich persönlich an Projekten mit größerem Risiko und geringeren Gewinnaussichten zu beteiligen. Mehr als einmal mußte die Regierung ihnen sogar die Kastanien aus dem Feuer holen, indem sie in Schwierigkeiten gekommene Firmen übernahm oder in Verpflichtungen aus Joint Ventures mit internationalen Multis eintrat.

Achtzig Prozent des Anlagevermögens der zweihundert größten brasilianischen Unternehmen ist in den Bilanzen von Staatsbetrieben verzeichnet. Petrobras, das Unternehmen, das 96 Prozent der Ölraffinerien und der petrochemischen Industrie des Landes kontrolliert, steht auf der Liste der 350 größten Multis. Von 25 Millionen Tonnen Stahlkapazität befinden sich 20 Millionen in Staatsbesitz. Im Jahr 1980 befanden sich 75 Prozent des neugebildeten Kapitals in öffentlicher Hand.

Die Staatsbetriebe werden von einer neuen Managerklasse geleitet, die sich selbst als *bourgeois of the state* bezeichnet. Sie schert sich nicht darum, ob sich ihr Unternehmen in Staatshand oder Privatbesitz befindet. Der Umfang ihrer Verantwortung und ihre unleugbaren Fähigkeiten stellen sie auf die gleiche Stufe mit ihren Kollegen in den Chefetagen der Multis. Mit Hilfe geschickt formulierter Joint-Venture-Verträge haben sie einen beachtlichen Technologie-Transfer für die brasilianische Industrie mobilisiert.

Der Bremsweg der Weltwirtschaft wurde auch in Brasilien sichtbar. Das kräftige Wachstum erstarb in zweistelliger Inflation, Kapitalflucht und Auslandsschulden bis zur Höhe des halben Bruttosozialprodukts. Jetzt muß sich ein neuer Präsident den deflationären Standardmaßnahmen unterwerfen, die ihm die Gläubiger aufzwingen, und versuchen, mit der steigenden Unzufriedenheit der Bevölkerung fertigzuwerden.

Mexiko und Venezuela haben das Kapital für den Aufbau der Schwerindustrie aus den verstaatlichten Erdölvorkommen erwirtschaftet. Fünfundsechzig Prozent der mexikanischen Industrie gehören der öffentlichen Hand. Die staatliche Pemex fördert Erdöl und betreibt eigene Raffinerien und petrochemische Werke; auch sie steht auf der Liste der 350 größten Multis. Andere Staatsbetriebe produzieren Stahl, chemische Produkte und Kunstdünger.

Die strenge Trennung in Arm und Reich blieb über den ersten Ölboom der zwanziger und dreißiger Jahre hinaus unverändert. Mexikos zweite große Chance, als neue riesige Ölfelder entdeckt wurden und Öl zu OPEC-Preisen verkauft werden konnte, scheint auch verpaßt zu werden.

Als der OPEC-Preis 1980 zusammenbrach und der Ölpreis sowohl relativ als auch absolut Niedrigstwerte erreichte, stürzte sich Mexiko bei amerikanischen Banken in gewaltige Petrodollar-Schulden. So konnte es die „Anpassungen", die ihm jetzt von seinen Gläubigern vorgeschrieben werden, einige Jahre hinausschieben. Bei der wachsenden Verzweiflung über die wirtschaftliche Situation stieß die PRI (Revolutionäre Institutionelle Partei) bei den Präsidentenwahlen 1988 zum erstenmal auf ernstzunehmende Opposition in der Bevölkerung. Nach seinem zweifelhaften Wahlsieg konnte der neue Präsident Carlos Salinas de Gortarí den Vereinigten Staaten mit möglichem Amtsverlust an eine radikale, vielleicht sogar revolutionäre Opposition drohen und eine Umschuldungsaktion durchsetzen, aber immer noch betragen die Schulden mehr als fünfzig Prozent des mexikanischen Bruttosozialprodukts.

Die Regierung Salinas hielt sich brav an die Rezeptur deflationistischer Maßnahmen, zu denen auch die Preisgabe staatlicher Industrieunternehmen gegen Schuldenerlaß zählt. Sie folgte auch der von der Regierung George Bush erteilten Einladung und stellte mit dem Beitritt zur nordamerikanischen Freihandelszone NAFTA die unterbezahlten Arbeitskräfte des Landes in den Dienst der nordamerikanischen Industrie. In Mexiko ist die NAFTA populär; 59 Prozent der Bevölkerung sprachen sich bei der letzten Umfrage dafür aus, sich mit den USA und Kanada zusammenzuschließen, wenn sich ihre wirtschaftlichen Verhältnisse dabei verbesserten.

Jetzt sind Kanada, Mexiko und die Vereinigten Staaten zu einer respektablen Freihandelszone vereinigt. Gegen den starken Widerstand der noch übriggebliebenen amerikanischen Gewerkschaften stießen vierzig Millionen unterbezahlte mexikanische Arbeiter zum nunmehr vereinigten Heer der Beschäftigten. Mit der NAFTA erreichte ein Prozeß seinen Höhepunkt, bei dem der amerikanische Arbeiter die Hauptlast des Beitrags aufgebürdet bekam, den seine Regierung zur wirtschaftlichen Entwicklung der unterindustrialisierten Staaten leistete. Die Arbeitslosigkeit in den USA hat 6,5 Prozent erreicht. Die Freihandelszone muß den drei beteiligten Staaten eine fast unvorstellbare Wirtschaftsexpansion bescheren, bevor die Arbeiter und Angestellten der Vereinigten Staaten wieder daran denken können, ihr Einkommen zu verbessern.

In Venezuela sind Ölförderung, Raffinerie, Schiffahrt voll und ganz in der öffentlichen Hand, sowie 50 bis 75 Prozent in verschiedenen Sektoren der petrochemischen Industrie. Sie zeichnet für Aufbau und Betrieb der Stahlindustrie verantwortlich und kontrolliert 25 bis 50 Prozent der weiterverarbeitenden und Maschinenbau-Industrie. Die Staatsbetriebe sind eng mit der nächsten Verarbeitungsebene verbunden und regen neue Unternehmungen der Privatindustrie an. Auch für unprofitable gesellschaftliche Ziele, die letztendlich zu einer besseren Einkommensverteilung führen, setzt die Regierung einen beachtlichen Teil des verfügbaren Investitionskapitals ein. Im Landesinneren entstand die hervorragend geplante Industriestadt Ciudad Guayana, ein Zentrum der Schwerindustrie in der Nähe großer Rohstoffvorkommen. Mit dem Ziel „sozialer Gleichberechtigung" werden vierundzwanzig Unternehmen der Lebensmittelverarbeitung unterhalten; für die einheimische Landwirtschaft wird Kunstdünger zu subventionierten Preisen produziert, ebenso Fertigteile für den sozialen Wohnungsbau. Die relativ hohe Kaufkraft des einheimischen Marktes absorbiert die Gesamtproduktion der wachsenden Privatindustrie; Exportgüter müssen von staatlichen Betrieben erzeugt werden.*

Als Petrodollars leicht erhältlich waren, türmte auch Venezuela eine Staatsschuld in Höhe von sechzig Prozent seines Bruttosozialprodukts auf. Die Zinsen überstiegen erträgliche fünfzehn Prozent der Exporterlöse nicht, solange Erdöl zum OPEC-Preis verkauft werden konnte. Seit dem Preiszusammenbruch mußte sich auch Venezuela dem Diktat seiner Gläubiger beugen, deflationäre Maßnahmen ergreifen und ihnen Staatsbetriebe als Opfergabe übertragen.

Mit dem abrupten Ende des Kalten Kriegs blieb ein wichtiges Modell wirtschaftlicher Entwicklung auf der Strecke. Wer sich heute auf diesen Abgang beruft, sollte über der Theorie der Marktwirtschaft die Realität nicht vergessen. Der Staat spielte in der ersten industriellen Revolution in Europa eine große Rolle; die Regierungen der unterindustrialisierten Staaten müssen in der bevorstehenden weltweiten industriellen Revolution die gleiche wichtige Rolle wahrnehmen. Der unfähige Staat muß mit dem unvollkommenen Markt zusammengeschirrt werden, um den Teufelskreis der kumulativen Verursachung zu durchbrechen.

7

Soziale Entwicklung der Menschheit

Im vierzigjährigen Kalten Krieg fühlten sich beide Lager dazu berufen, die Hoffnungen und Sehnsüchte der Menschen der Erfüllung näher zu bringen. Die einen verstanden sich als Vorkämpfer der Freiheit, die anderen als Bewahrer des Friedens. Nachdem sich beide Seiten verausgabt hatten und ihre ideologischen Kartenhäuser zusammengestürzt waren, klärte sich die Atmosphäre auf und die wahren Hoffnungen und Sehnsüchte der Menschen wurden sichtbar.

„Die enormen Kräfte der Natur prägen mit ihren ehernen Gesetzen den Schauplatz für die Leiden der Menschen", schrieb Alfred North Whitehead.* „Geburt und Tod, Hitze und Kälte, Hunger, Trennung, Krankheit, die allgemeine Unerreichbarkeit ihrer Ziele tragen das ihre dazu bei, die Seelen der Männer und Frauen zu bedrücken. ... Das Wesen der Freiheit ist die Erreichbarkeit des Ziels. ... Prometheus brachte der Menschheit nicht die Pressefreiheit, er brachte ihr das Feuer."

In den Industriestaaten machten immer mehr Bewohner die Erfahrung, daß ihre Ziele tatsächlich zu erreichen waren. Die Erfahrung, daß eine menschenwürdige Existenz möglich ist, könnten sie bei den heutigen Möglichkeiten mit allen Menschen teilen.

Nur der Mensch hat die Fähigkeit, die ehernen Gesetze der Natur zu überwinden, eine Maschine nicht. Die industrielle Revolution setzt menschliche Leistung frei; sie schafft die Vorbedingungen, dem Leiden ein Ende zu setzen. In den unterindustrialisierten Staaten müssen die Menschen an dem materiellen Segen beteiligt werden, den uns die heutige Etappe der industriellen Revolution beschert – gerade weil sie im Begriff sind, diese Revolution voranzutreiben. Die Weltbevölkerung wächst zu schnell, als daß man sie zwei oder drei Generationen auf den Segen warten lassen könnte.

Wenn sich ihre Wartezeit genauso in die Länge zieht wie vordem in den heutigen Industriestaaten, dann wird es in den schon heute dichtbevölkerten Staaten der Armen so viele Enkelkinder geben, daß sie genausowenig in den Genuß jener Mahlzeit kommen werden wie die Generation, die heute darauf verzichten muß. Im Jahr 1963 sprach

E. P. Thompson in seinem Buch „Die Entstehung der englischen Arbeiterklasse"* von der Hoffnung, daß „Kämpfe, die in England verloren wurden, sich in Asien und Afrika vielleicht noch gewinnen lassen."

Nicht nur in England wurden die Kämpfe verloren; auch auf allen anderen Schauplätzen der industriellen Revolution versuchte die Bevölkerung vergeblich, sich gegen die Unterdrückung und Ausbeutung zu wehren, der sie zum Zweck der Kapitalansammlung ausgesetzt war. Wenn der Kampf in Afrika und Asien noch aussichtsreich sein soll, dann müssen sich die Bewohner der Industriestaaten, also die Enkel derer, die die erste industrielle Revolution durchlitten, bald entscheiden, ob sie ihn unterstützen wollen oder nicht. Zu ihrer Ehrenrettung muß man zunächst einräumen, daß sie immerhin den Transfer von Kapital und Technologie versprochen haben, der den ökonomischen Schaden von Diktaturen begrenzen könnte. Nur wartet das Versprechen schon ein halbes Jahrhundert auf seine Erfüllung. Wenn es nicht so rasch wie möglich eingelöst wird, dann bleibt den Menschen dieser Staaten eine menschenwürdige Existenz auf einer bewohnbaren Erde für immer verwehrt.

Industrielle Revolution bedeutet Umweltschutz

Wer Bevölkerungskontrolle anstrebt, kommt an der industriellen Revolution nicht vorbei. Sie ist der erste Schritt auf dem Weg, das Bevölkerungswachstum zu verlangsamen und schließlich zum Stillstand zu bringen. Das wurde so oft bewiesen, daß es an der Wirksamkeit dieses Rezepts keinen Zweifel mehr geben kann. Deshalb ist die Industrialisierung auch die grundlegende Maßnahme für den Schutz der Umwelt. Verschiedene Gefahren, denen die Umwelt durch Industrie und Technik ausgesetzt ist, kann man mit Hilfe der Technik bewältigen. Die besondere Rücksicht auf die Umwelt verlangt allerdings von den Industriestaaten zwingend, daß sie sich an neuen Zielen orientieren und ihre Institutionen, die über technische Investitionen entscheiden, reformieren. Für die beschleunigte industrielle Revolution der unterindustrialisierten Staaten muß gelten, daß man dort von Anfang an Rücksicht auf die Umwelt walten läßt.

Um das Jahr 1970 erreichte die Wachstumsrate der Weltbevölkerung einen Höchstwert von über 2 Prozent; seitdem ist sie kontinuierlich gesunken und liegt heute bei etwa 1,5 Prozent. Der Rückgang ist zahlreichen Verbesserungen der menschlichen Lebensbedingungen zu verdanken, die auf das mittlerweile weltweite Vorrücken der industriellen Revolution in den letzten fünfzig Jahren folgten. Schon das Ansteigen der Wachstumsrate zwischen 1950 und 1970 konnte man als vielversprechendes Resultat einer gestiegenen Lebenserwartung in den meisten Staaten der Welt werten. Denn bevölkerungsstatistisch gesehen markiert sie den Beginn der ersten Phase des demographischen Übergangs in den armen Staaten, in dessen Verlauf zunächst die Sterberate sinkt. Die sinkende Wachstumsrate seit 1970 kündigt bevölkerungsstatistisch den Beginn der zweiten Phase des demographischen Übergangs an: in mehreren armen Staaten, vor allem in den allergrößten, sinkt auch die Geburtenrate. Im 19. und frühen 20. Jahrhundert benötigten die Bewohner der einzelnen Industriestaaten wesentlich länger als zwanzig Jahre, um von der ersten in die zweite Phase des demographischen Übergangs einzutreten.

Die Geburtenraten hätten niemals abgenommen, wenn es nicht in anderen Bereichen der Bevölkerungsentwicklung entscheidende Verbesserungen gegeben hätte. In das Entwicklungsprogramm der Vereinten Nationen (UNDP: *United Nations Development Program*) werden neben den üblichen Wirtschaftsindikatoren – Bruttosozialprodukt pro Kopf, Beschäftigungsstand in der Industrie, Außenhandelsbilanz und dergleichen – auch Kriterien für die „soziale Entwicklung der Menschheit" einbezogen. Ein entscheidender Faktor ist die Säuglingssterblichkeit, das ist die Zahl der Todesfälle von Säuglingen und Kleinkindern unter fünf Jahren auf tausend Lebendgeburten pro Jahr. Im *Human Development Report* von 1990*, dem ersten der nunmehr jährlich erscheinenden Entwicklungsberichte, konnte das UNDP von einem Rückgang der Todesfälle der Kinder unter fünf Jahren in den unterindustrialisierten Staaten von nahezu 250 pro tausend Lebendgeburten im Jahr 1960 auf weniger als 125 pro tausend im Jahr 1988 berichten. Die Staaten, in denen die Sterblichkeitsrate dieser Altersgruppe am stärksten gesunken war, verzeichneten gleichzeitig einen entsprechenden Rückgang der Fertilität.

Die medizinische Versorgung, für die man in der industrialisierten Welt keine Kosten scheut, hatte nur wenig Anteil am Rückgang der Säuglingssterblichkeit; die wichtigsten Faktoren bestanden in gesünderer Ernährung, besseren hygienischen Bedingungen und dem Zugang zu sauberem Trinkwasser. Natürlich wirkten sich auch die besseren Wirtschaftsindikatoren aus (Bild 35).

Wichtig für die Fertilitätskontrolle sind nicht zuletzt Einschulungsraten und Alphabetisierungsgrad, insbesondere der weiblichen Bevölkerung. In den unterindustrialisierten Staaten stieg die Quote der lese- und schreibkundigen Erwachsenen von 43 Prozent im Jahr 1970 auf 60 Prozent im Jahr 1985. Nach den Schulstatistiken besuchten 87 Prozent der Jungen und 79 Prozent der Mädchen die Grundschule, 45 respektive 33 Prozent die höhere Schule, und 9 respektive 5 Prozent absolvierten ein Hochschulstudium.

Die am leichtesten zu exportierenden Errungenschaften der industriellen Revolution - Gesundheitswesen, medizinische Versorgung, neue landwirtschaftliche Methoden, schulische Ausbildung - haben die unterindustrialisierten Staaten am schnellsten erreicht. Überall beeinflußten sie die Indikatoren der sozialen Entwicklung positiv, in manchen Staaten eilten sie den wirtschaftlichen Indikatoren voraus. Natürlich unterscheiden sich die Indikatoren von Staat zu Staat enorm. Wo die industrielle Revolution weiter fortgeschritten ist oder wo die Regierung, wie in Zimbabwe, Kuba oder Sri Lanka, sehr viel in Bildung und Ausbildung investiert, um ihr Humankapital zu stärken, kann auch jedes Kind die Grundschule besuchen, in anderen Staaten, die sich langsamer entwickeln, nur die Hälfte der Kinder oder noch weniger.

Die statistischen Angaben über den weiblichen Einschulungs- und Alphabetisierungsgrad stehen überall in engem Zusammenhang mit der Empfängnisverhütung; das zeigen die inzwischen regelmäßigen Umfragen in den unterindustrialisierten Staaten. Normalerweise wirken alle Faktoren zusammen. Kampagnen zur Familienplanung haben sich als ziemlich erfolglos erwiesen, wenn sie nicht von anderen Faktoren wie einer Verbesserung der Überlebenschancen der Kinder, der Ernährung, der Gesundheitsfürsorge und der Schulbildung begleitet sind.+ Andererseits weiß man aus der jüngsten Erfahrung, daß dort, wo diese Ansprüche wenigstens teilweise erfüllt sind, eine Bevölkerung schon dann Empfängnisverhütung praktiziert, wenn ihr Lebensstandard noch keineswegs das Niveau erreicht hat, bei dem Empfängnisverhütung in den Industriestaaten üblich wurde.

Daß sehr viel mehr Erwachsene lesen und schreiben können und immer mehr Kinder eine Schule besuchen, muß als außerordentlicher

---

+ Der pakistanische Minister und UN-Beauftragte Mahbub ul Haq bemerkte nach einer Kampagne zur Familienplanung: „Der Armut läßt sich kein Kondom überstreifen."

Erfolg der Entwicklungspolitik vieler unterindustrialisierter Staaten betrachtet werden; unter ihnen befinden sich glücklicherweise die größten, aber keineswegs die reichsten Staaten. In China, wo noch vor relativ kurzer Zeit, etwa um 1950, auf dem Lande fast niemand lesen und schreiben konnte, sind mittlerweile 70 Prozent der Erwachsenen dieser riesigen Bevölkerung dazu in der Lage, und 99 Prozent der chinesischen Jungen und 91 Prozent der Mädchen gehen zur Grundschule – so viele Kinder wie Westeuropa Einwohner besitzt.

Indien investierte weniger, aber es gelang immerhin, in den Jahren zwischen 1970 und 1985 den Prozentsatz der lese- und schreibkundigen Erwachsenen der so heterogenen Bevölkerung von 34 auf 43 Prozent zu erhöhen; nahezu 80 Prozent der indischen Kinder besuchen eine Grundschule, doch das Verhältnis zwischen dem Schulbesuch der Jungen und der Mädchen ist unausgeglichen. Indonesien, unter den unterindustrialisierten Staaten das Land mit der drittgrößten Bevölkerung, begann später, aber es hat seine beiden größeren Nachbarn inzwischen überholt: Statt 54 Prozent können inzwischen 74 Prozent der Erwachsenen lesen und schreiben; 99 Prozent der indonesischen Jungen und 97 Prozent der Mädchen gehen zur Schule. Um es noch einmal zu deutlich sagen: Von keinem heutigen Industriestaat wurde in der entsprechenden Phase seiner wirtschaftlichen Entwicklung ein Fortschritt dieser Größenordnung in einer so kurzen Zeit erzielt.

Trotz aller Erfolge der vergangenen Jahrzehnte blieben die ärmsten Menschen so arm und so zahlreich wie zuvor. Die genannten Entwicklungsindikatoren beschreiben nur die durchschnittlichen Veränderungen der menschlichen Existenzbedingungen in den unterindustrialisierten Staaten. Hinter einem solchen Durchschnitt aber verbergen sich große Unterschiede in den Lebensbedingungen, und das gilt für drei Viertel der Weltbevölkerung. Etwa eine Milliarde Menschen, eine stets gleichbleibende Zahl, hat von den Verbesserungen wenig profitiert. Ihre miserablen Lebensumstände gleichen eher denen der im Jahr 1970 – vor einer Generation – registrierten unterprivilegierten Milliarde als denen ihrer heutigen Zeitgenossen.

Wenn die Zahl gleichbleibt, muß man den Fortschritt in Prozenten ausdrücken. Die Milliarde von 1970 umfaßte 25 Prozent der Weltbevölkerung; die Milliarde von heute nur 20 Prozent.

Die Milliarde vermehrt sich im Schnitt um mehr als 2 Prozent pro Jahr, ohne Hoffnung und ohne Erwartung für die Zukunft. Ihre hohe

Geburtenrate ist die übertriebene Kompensation für die hohe Kindersterblichkeit – von tausend Neugeborenen sterben 250 vor ihrem fünften Geburtstag. Die Menschen leben ohne adäquate Kanalisation, sind Infektionen und Seuchen durch Bakterien und Parasiten ausgesetzt; 750 Millionen haben keinen Zugang zu sauberem Trinkwasser, und ihre tägliche Nahrungsaufnahme liegt zehn Prozent unter der Mindestmenge. Die Hälfte der Kinder unter fünf Jahren ist untergewichtig; ihrer verkümmerten Erwachsenenstatur werden zwei bis fünf Jahre Wuchs fehlen. Unter der einen Milliarde der Ärmsten findet man auch den größten Teil der einen Milliarde Analphabeten der Erde.

Die Hälfte der Milliarde der Ärmsten dieser Welt lebt nördlich und südlich des Himalaja und in Ostasien. Chinas Anteil ist auf 200 Millionen gesunken, auf 20 Prozent seiner Gesamtbevölkerung; immer noch zählen 250 Millionen Inder zu den Ärmsten der Welt; aber auch hier kann man feststellen, daß ihr relativer Anteil an der Bevölkerung sinkt. Weitere 250 Millionen leben in Schwarzafrika, dort aber mit steigender Tendenz; etwa 60 Millionen der Ärmsten leben in den arabischen Staaten und beinahe 100 Millionen in Lateinamerika und in der Karibik. Dort bilden sie nur eine relativ kleine Minderheit, aber sie müssen von einem Einkommen leben, das besonders weit unterhalb des Durchschnittseinkommens ihrer Landsleute liegt. Dasselbe gilt für einige Millionen Arme in den Industriestaaten; in den Jahren seit Beginn der wirtschaftlichen Stagnation hat ihre Zahl stetig zugenommen.*

DIE REZESSION BREMST DIE ENTWICKLUNG

In den letzten zwölf Jahren verlangsamte sich die Aufwärtsentwicklung, kam zum Stillstand oder kehrte sich sogar um. Die Zukunftsaussichten der Ärmsten haben sich weiter verdüstert. Schuld an dieser bedrohlichen Entwicklung sind die gedämpfte Konjunktur und die stagnierende Weltwirtschaft; ihre Anfänge reichen bis in die Mitte der siebziger Jahre zurück.

Das ist kein Zufall und läßt sich nicht mit einer boshaften Laune der Natur erklären – abgesehen vielleicht von der Tatsache, daß die letzten großen Ölreserven der Erde außerhalb des Machtbereichs der westlichen Industriestaaten liegen. Im Jahr 1973 glaubten die Erdöl exportierenden Staaten, ihre Macht reiche aus, den Ölpreis selbst festzusetzen. Als Folge der Preiserhöhung endete der Nachkriegsboom der marktwirtschaftlich orientierten Industriestaaten, weil die Regierungen aus Angst vor einer weitergehenden Inflation, wie sie ein höherer Energiepreis auslösen könnte, das Wirtschaftswachstum mit deflationären Maßnahmen bremsten. Dabei taten sich die konservativen Regierungen Großbritanniens und später auch der Bundesrepublik Deutschland besonders hervor; sie nutzten die Gelegenheit, Politik mit Ideologie zu vermischen; sie beschränkten die Geldmenge, verringerten die Sozialleistungen und gaben der Privatwirtschaft noch freiere Hand.

Die Regierung Reagan ließ die Wirtschaft endgültig von der Leine. Gleichzeitig manövrierte sie das Land noch tiefer in das Defizit, in das es die militärische Intervention in Indochina schon gestürzt hatte. Auf der Einnahmenseite des Staatshaushalts wurden Körperschaftssteuer und Einkommensteuer gesenkt – mit dem Argument, dadurch würde mehr Geld für Investitionen freigesetzt und die Wirtschaft von der sogenannten *Supply-side,* der Angebotsseite her angekurbelt; auf der Ausgabenseite trieb die Regierung die Ausgaben für neue Waffen und militärische Hochtechnologie in die Höhe. Die „unbeeinflußbaren" Kosten für soziale Sicherheit und Wohlfahrt waren von Franklin D. Roosevelts „New Deal" und Lyndon Johnsons „Great Society" bindend vorschrieben und durften nicht angerührt werden. Durch die immer größere Schere zwischen Einnahmen und Ausgaben verdreifachte sich das Haushaltsdefizit innerhalb von zehn Jahren; der jährliche Zinsendienst ist heute der drittgrößte Posten im Budget der USA.

Der Finanzbedarf der Regierung, die die Defizite durch Anleihen ausgleichen mußte, trieb die Zinsen in schwindelnde Höhen; jeder Anreiz für weniger gut verzinsliche langfristige Investitionen, die durch hohe und von Steuersenkungen unbelastete Einkommen möglich gewesen wären, ging verloren. Der Dollarkurs erreichte den höchsten Stand seit Jahren, Importwaren wurden so billig wie nie zuvor und große Teile von der Steuer weniger beschnittenen Gewinne und Einkommen flossen ins Ausland. Die Inflation im eigenen Land wurde zwar vermieden, aber die Außenhandelsbilanz des Landes sank ebenso tief in die roten Zahlen wie der Staatshaushalt. Regierung und besserverdienende Bürger borgten sich das Geld im Ausland und verwandelten das größte Gläubigerland der Welt in den größten

Schuldner der Welt. Die amerikanische Wirtschaft trieb zusammen mit den Volkswirtschaften der anderen Industriestaaten in die Flaute des wirtschaftlichen Nullwachstums.

Der Druck, der auf der Weltwirtschaft lastete, brachte den unterindustrialisierten Staaten Elend und Not. Exporte und Preise sanken, die Handelsbedingungen verschlechterten sich, und ein Staat nach dem anderen geriet in ein Zahlungsbilanzdefizit. Das Wirtschaftswachstum der Schwellenländer wurde noch eine Zeit lang von geborgten Petrodollars in Gang gehalten, die vor allem von den amerikanischen Banken feilgehalten wurden. Die nicht fixierten Zinsen für den mit leicht erhältlichem Geld aufgehäuften Schuldenberg schlugen sich in mörderischen Zinssätzen nieder, weil das amerikanische Schatzamt mit seinem ewigen Kreditbedarf die Zinsen weltweit in die Höhe trieb. Selbst die Schwellenländer mußten immer größere Teile ihrer hohen Exporteinnahmen für die Verzinsung der Kredite opfern. Im Jahr 1983 kehrte sich der Geldstrom endgültig um. Seitdem fließt er von der unterindustrialisierten Welt in die industrialisierte; bis zum Jahr 1990 hatten die unterindustrialisierten Staaten gezwungenermaßen schon 200 Milliarden Dollar Hilfe zur Sanierung der Industriestaaten beigesteuert.

Die schwache und zögerliche Wiederbelebung der westlichen Industriestaaten gegen Ende der achtziger Jahre – die Inflation des Dollars hatte mittlerweile den in Dollar festgesetzten Ölpreis auf den Stand vor dem Eingreifen der OPEC im Jahr 1973 gedrückt – führte nicht dazu, daß auch die Importe aus dem unterindustrialisierten Teil der Welt zunahmen. Die reichen Staaten hatten gelernt, insbesondere zum Nachteil Schwarzafrikas, Kupfer und andere Metalle effizienter zu recyceln und ohne bestimmte nachwachsende Rohstoffe auszukommen. Gleichzeitig wurden die Lebensmittelexporte vieler afrikanischer Staaten vom Markt verdrängt, weil multinationale Unternehmen den Markt, vor allem für Genußmittel und Delikatessen, an sich gerissen hatten und die gleichen Erzeugnisse in ihrem Einflußbereich in Südostasien und der Karibik anbauen ließen.

Mittlerweile waren die Staaten Osteuropas an ihrer unbeweglichen Planwirtschaft gescheitert. Der Zusammenbruch der kommunistischen Regimes in der Sowjetunion und ihren Satelliten befreite auch die DDR und führte zu ihrem Anschluß an die Bundesrepublik Deutschland. Die industrialisierte Welt hatte tiefgreifende Probleme und aufwühlende Ereignisse zu verarbeiten und war vollständig mit sich selbst beschäftigt. Nur wenige Menschen, ausgenommen die Mitarbeiter der Vereinten Nationen und ihrer Unterorganisationen nahmen zur Kenntnis, daß 1990 die vierte Entwicklungsdekade der Vereinten Nationen begonnen hatte – die erste Dekade war 1961 nach einem Vorschlag John F. Kennedys von der UN-Vollversammlung ausgerufen worden.

Die Industriestaaten gaben dennoch einen erneuten Anstoß zur Entwicklung der unterindustrialisierten Welt. Bereits 1985 räumte James A. Baker, damals Finanzminister der USA, vor den Kreditgebern aus der Privatwirtschaft ein, daß die unterindustrialisierten Staaten ihre Schulden, die damals 800 Milliarden Dollar betrugen, ohne eigenes Wirtschaftswachstum nicht verzinsen, geschweige denn jemals zurückzahlen könnten. Das Wirtschaftswachstum würde weitere finanzielle Unterstützung seitens der Gläubiger erfordern. Allerdings machte der „Baker-Plan" weitere Finanzhilfe von Änderungen der Wirtschaftspolitik abhängig, die das Schuldnerland für neue Investitionen aus dem Ausland und für das immer zur Flucht neigende einheimische Kapital attraktiv machten. Schon die Weltbank, der Internationale Währungsfonds und andere Gläubiger hatten versucht, ähnliche Maßnahmen bei den verschuldeten Regierungen durchzusetzen.

Die Art der aufgezwungenen und in die Tat umgesetzten Anpassungsmaßnahmen geben nicht nur den Blick auf die Ideologie der Geldgeber frei, sondern auch auf die ursprünglichen Prioritäten der verschuldeten Regierungen. Die meisten Staaten mußten, um ihren Haushalt auszugleichen, ihre Ausgaben stark einschränken und soziale Entwicklungsprogramme zurückschrauben, bei denen das eigene Wirtschaftswachstum dazu diente, die Lebensbedingungen ihrer Bevölkerung weiterzuentwickeln. Zwischen 1972 und 1988 führten erzwungene Haushaltskürzungen in Staaten mit niedrigem Einkommensniveau, vor allem in Afrika, zur Ausgabenkürzung im Gesundheitsbereich um 50 Prozent, in Staaten mit mittlerem Einkommensniveau um 30 Prozent. Eine ähnliche Beschneidung erfuhren die Bildungsausgaben: in Staaten mit niedrigem Einkommensniveau durchschnittlich von 20,5 auf 9 Prozent des Regierungshaushalts. Auf Anraten ihrer Gläubiger und unter der Last der Schulden mußten sogar die Schwellenländer in Lateinamerika ihre Gesundheits- und Bildungsetats angreifen und senken: Argentinien um 65, Mexiko um 43 und Brasilien um 42 Prozent. Venezuela gelang es, den Gesundheits- und den Bildungsetat als festen Prozentsatz des Staatshaushalts über anderthalb Jahrzehnte konstant zu halten. Nur Indonesien schaffte es als einziger der hochverschuldeten Staaten, den Prozentsatz weiter zu erhöhen.

Die Haushaltskürzungen legten einen gemeinschaftlichen Grundzug der sozialen Ordnung aller unterindustrialisierten Staaten bloß: ein bestimmter Ausgabenposten blieb unverändert. Welcher Etat auch gekürzt werden mußte, die Ausgaben für die öffentliche Verwaltung wurden davon nicht tangiert; ihr prozentualer Anteil am Gesamthaushalt stieg unaufhörlich. Auf der Gehaltsliste der Regierung stehen die Eliten der neuen Gesellschaft. Für den Lebensunterhalt der Besserverdienenden und besser Ausgebildeten, auch für ihre soziale Sicherheit sorgt der Staat. Die aufgeblähte Zahl der Gehaltsempfänger verschlingt häufig sogar die Gelder für die Einrichtung der Büros und das notwendige Büromaterial. In Kenia führte die Kürzung der Etats dazu, daß das Budget für Gehälter der öffentlichen Verwaltung von 60 auf 90 Prozent des Staatshaushalts kletterte.

Einige Staaten, die weniger in die Weltwirtschaft integriert waren und durch ihre Verschuldung weniger ruiniert wurden, haben viel mehr in die soziale Entwicklung investiert, allen voran die beiden größten, Indien und China. Für die Hälfte der Einwohner der unterindustrialisierten Welt nahm die Verbesserung des Gesundheitswesens und der Schulbildung ihren ungebrochenen Fortgang. Von der weltweiten Rezession fast unberührt, konnten beide Staaten den Anstieg des Bruttosozialprodukts pro Kopf auch in den frühen achtziger Jahren erhalten: China um jährlich fünf Prozent, Indien um mehr als zwei Prozent pro Jahr. Auch die übrigen Volkswirtschaften Ostasiens senkten die jährlichen Investitionen in die soziale Entwicklung der Bevölkerung nicht, obwohl sie in die Rezession der Weltwirtschaft hineingezogen wurden.

Die bitterste Konsequenz der allgemeinen Rezession war der Stillstand des Wirtschaftswachstums in so vielen unterindustrialisierten Staaten und damit das Sinken des Bruttosozialprodukts pro Kopf. In Afrika mußten viele Staaten in den siebziger Jahren sogar eine Verringerung der verfügbaren Nahrungsmenge pro Einwohner hinnehmen, weil die Bevölkerung schneller wuchs als die landwirtschaftliche Produktion. Eine außergewöhnliche Dürreperiode zwischen 1984 und 1985 verschärfte die Situation in den achtziger Jahren, und die Produktion nahm effektiv ab. Die Zahl der unterernährten Menschen in Afrika ist wahrscheinlich von 60 Millionen im Jahr 1970 auf 100 Millionen im Jahr 1985 angewachsen. In diesen Staaten werden die Statistiken spät veröffentlicht und sind noch relativ unzuverlässig. Eine Wende zum Schlechteren trifft Frauen und Kinder als erste und am schlimmsten, und wahrscheinlich ist die Sterberate der Kinder unter fünf Jahren wieder angestiegen, statt weiter abzunehmen.

Der ökonomische Niedergang der lateinamerikanischen Staaten wirkte sich auf die ärmsten Menschen der Region am stärksten aus. Nach Angaben der UNICEF starben im Jahr 1984 in Brasilien 32 000 Kinder mehr als im Jahr 1982, die Kindersterblichkeit ist deutlich gestiegen, ebenso wie in Uruguay, Guayana und Guatemala; in Costa Rica und Panama konnte sie wenigstens auf gleichem Niveau gehalten werden. Da die überregionalen Statistiken ein deutliches Sinken der Reallöhne und des Nahrungsmittelverbrauchs zeigen, werden die Menschen in anderen lateinamerikanischen Staaten wohl die gleichen Abstriche an ihren Existenzbedingungen hinzunehmen haben.

DIE ARMUT STRÖMT IN DIE STADT

Dennoch hat es den Anschein, als könnten die Armen vorläufig und noch in der nächsten Zukunft aus eigener Kraft überleben, auch wenn die Sterberaten steigen. Sie rechnen nicht damit, daß ihre Regierung sie in stärkerem Maße unterstützt, und sie kämen nicht auf den Gedanken, daß die Bewohner reicher Staaten an ihrem Schicksal großes Interesse haben könnten oder sogar haben sollten. Unter dem Druck des gewaltigsten Bevölkerungswachstums der Geschichte riskieren sie auf allen Kontinenten einen Salto der Adaption, wie er noch nie zuvor in der Geschichte der Menschheit vollbracht wurde. Sie ziehen vom Dorf, wo sie weder Arbeit noch Recht auf Land besitzen, in die Stadt.*

Vor zwei Jahrzehnten wuchs die Bevölkerung der Städte in den mittleren Breiten noch aus eigener Kraft, weil Lebenserwartung und Geburtenrate der Einwohner gestiegen waren. Mittlerweile wachsen alle Städte, selbst in den Stadtstaaten Mittelamerikas, vor allem deshalb, weil immer mehr Menschen vom Land in die Stadt ziehen. Wenn sich die gegenwärtige Zuwanderungsquote fortsetzt, wird im ersten Jahrzehnt des nächsten Jahrhunderts die Hälfte der Weltbevölkerung in der Stadt leben. Umgekehrt wohnt heute schon mehr als die Hälfte der Stadtbevölkerung der Welt in Städten der unterindustrialisierten Staaten; im Jahr 2000 werden diese Städte zusammen doppelt so viele Einwohner haben wie die Städte aller Industriestaaten. Im Jahr 1990 lagen fünf der zehn Megastädte der Welt mit mehr als 10 Millionen Einwohnern in unterindustrialisierten Staaten; unter den 23 Megastädten, die man für das Jahr 2000 erwartet, werden die unterindustrialisierten Staaten mit 17 vertreten sein (Bild 35). Die

Megastädte und Agglomerationen

Die 25 größten Städte im Jahr 1980	Einwohner in Millionen	Die 25 größten Städte im Jahr 2000	Erwartete Einwohner in Millionen
* Tokio – Yokohama	17,7	Mexiko	25,8
* New York	15,6	São Paolo	24,0
Mexiko	14,5	* Tokio – Yokohama	20,2
São Paolo	12,8	Calcutta	16,5
Shanghai	11,8	Bombay	16,0
* London	10,3	* New York	15,8
Buenos Aires	10,1	Seoul	13,8
Calcutta	9,5	Teheran	13,3
* Los Angeles	9,5	Shanghai	13,3
* Rhein-Ruhr	9,5	Rio de Janeiro	13,3
Rio de Janeiro	9,2	Delhi	13,3
Peking	9,1	Jakarta	13,2
* Paris	8,7	Buenos Aires	13,0
* Osaka – Kobe	8,7	Karachi	12,0
Bombay	8,5	Dhaka	11,2
Seoul	8,5	Kairo – Ghiza	11,1
* Moskau	8,2	Manila	11,1
Tientsin	7,7	* Los Angeles	11,0
Kairo – Giza	6,9	Bangkok	10,7
* Chicago	6,8	* Osaka – Kobe	10,5
* Mailand	6,7	Peking	10,4
Jakarta	6,7	* Moskau	10,4
Manila	6,0	* London	10,0
Delhi	5,9	Tientsin	9,1
Bagdad	3,9	* Paris	8,7

* In Industrieländern

Bild 35: Die Verstädterung der Armut befindet sich in vollem Gang. 15 der 25 größten Städte der Welt befinden sich in unterindustrialisierten Staaten. Im Jahr 2000 wird es in diesen Ländern 17 Megastädte mit mehr als 10 Millionen Einwohnern geben. Die Städte haben sich auf den Zustrom der Menschen schlecht vorbereitet; die Hälfte wird bei ihrer Ankunft in Shantytowns leben müssen.

Hälfte der Bevölkerung aller Städte der unterindustrialisierten Welt wird dann in rund 500 Großstädten mit mehr als einer Million Einwohnern leben.*

Die städtischen Immigranten – in der überwältigenden Mehrheit junge Erwachsene – kommen in die Stadt auf der Suche nach Lebensunterhalt. In die neuen Städte Afrikas gelangen sie auf direktem Wege vom Dorf. Auf den anderen Kontinenten vollzieht sich die Wanderung vom Dorf über die Kleinstadt in die Großstadt im sozialen Netz der Verwandtschaft. Häufig bleibt der Wechsel zunächst befristet: Männer kommen als Saisonarbeiter für ein oder zwei Jahre allein in die Stadt und schicken oder bringen ihren Verdienst nach Hause, bis sie ihre Familien schließlich doch in die Stadt nachziehen lassen. Fast immer finden sie wenigstens für einen Teil der Zeit Beschäftigung, und auf alle Fälle haben sie in der Stadt mehr Möglichkeiten, ihren Lebensunterhalt zu verdienen, als zu Hause auf dem Dorf. In ihrer Gesamtheit tragen sie keinen unbedeutenden Teil zum wirtschaftlichen Wachstum ihrer Länder bei, weil es von ihrer unterbezahlten Arbeit subventioniert wird.

Die Städte der unterindustrialisierten Welt sind auf die Ankunft von immer mehr Menschen schlecht vorbereitet. Die Unterkunft besteht meist nur aus einem einzigen Raum; in Afrika bewohnen ihn durchschnittlich 2,23 Personen, in Asien 2,17 und in Lateinamerika 1,76. Manchmal belegen Familien oder Arbeiter Raum und Bett in Schichten. In islamischen Staaten hausen Menschen in der Moschee; in Kalkutta und Bombay schlafen sie auf dem Bürgersteig.

Frühere Zuwanderer, denen es inzwischen etwas besser geht, bewohnen ältere Häuser in den Slumvierteln im Zentrum und nahe der Innenstadt. Alt-Delhi wurde von seinen früheren Bewohnern verlassen; sie zogen in neue Wohnviertel außerhalb der Stadtgrenze, und ihre zurückgelassenen großen Wohnungen sind jetzt wesentlich dichter belegt. Das nach außen wuchernde New-Delhi hat alte Dörfer aufgesogen; Residenzen dörflicher Großgrundbesitzer, die die Zeiten überdauert haben, dienen jetzt als städtische Slums. Zu Beginn dieses Jahrhunderts errichteten in Bombay Slumlords, private Bauherren, und die städtische Verwaltung die sogenannten *chawls* – drei- oder viergeschossige Behausungen ohne Wasser und ohne Toiletten; noch heute wohnen dort arme Familien. Die Skyline Hongkongs entlang der Küste wird von Neubauten mit fünfzehn Stockwerken, mit Toiletten, Wasser- und Stromanschluß beherrscht und von langen Stangen, die aus den Balkonen der Bewohner herausragen und mit ihrer frisch gewaschenen Wäsche geschmückt sind.*

Neu eingetroffene Zuwanderer bewohnen die Shantytowns, die rund um alle unterindustrialisierten Städte entstehen. Von den 20 Millionen Einwohnern von Mexico City leben 8 Millionen in illegalen Ansiedlungen; in den anderen lateinamerikanischen Großstädten mit ihren *favelas, citas miserias, barraidas* oder *calampas* ist der Prozentsatz ähnlich hoch. In den rapide wachsenden Großstädten Afrikas hausen über 65 Prozent der Einwohner in Shantytowns, und ihr Anteil wächst. Häufig müssen die Zuwanderer diese Siedlungen auf dem am wenigsten bauwürdigen Land anlegen, an steilen Abhängen oder auf nassem Grund, das im allgemeinen nicht zur Ansiedlung bestimmt ist. Gelegentlich gelingt es, bessere Grundstücke auf freiem Gelände außerhalb der Stadtgrenze zu ergattern, die von Spekulanten oder Behörden gehortet wurden, deren Bauprojekte jahrelang liegen geblieben sind.

Seit die ersten dieser unansehnlich und anstößig wirkenden Siedlungen in einer Stadt nach der anderen auftauchten, fühlten sich die Behörden und die besseren Kreise der Stadt aufgerufen, gegen sie zu Felde zu ziehen. Sie wurden niedergebrannt und niedergewalzt, nicht selten mit den guten Wünschen wohlmeinender Berater aus irgendeinem Industriestaat. Sie entstanden immer wieder neu, entweder auf dem gleichen Gelände oder anderswo, und am Stadtrand kamen neue hinzu. Nur der Diktator Augusto Pinochet brachte es fertig, die Shantytowns im Stadtgebiet von Santiago de Chile zu beseitigen und ihre widersetzlichen Bewohner zu zwingen, täglich zwei Stunden für den Weg zur Arbeit in Kauf zu nehmen.

Die Shantytowns, so provisorisch sie erscheinen und so verwundbar sie auch sein mögen, haben alles überlebt und gehören zum Stadtbild der unterindustrialisierten Welt. Sie werden auch noch lange Zeit am Rande der am schnellsten wachsenden Städte der Welt bestehen bleiben. Wie die eigentliche Stadtplanung auch aussehen mag, Shantytowns prägen Gestalt und Wachstum der meisten Städte. Sie entstehen beiderseits der neuen Autostraßen, sie umzingeln und schlucken alte Dörfer, verbinden Städte miteinander und führen zu neuen Agglomerationen.

Der Geograph T. G. McGee* hat für die unterindustrialisierten Staaten aus den indonesischen Wörtern *cota* für Stadt und *desa* für Land den Begriff *cotadesasi* geprägt und bezeichnet damit die Ausdehnung der verschiedenartigsten wirtschaftlichen Aktivitäten in den unterindustrialisierten Staaten von der Stadt aufs Land. Man kennt diese Art der Gewerbeausbreitung auch in der industrialisierten Welt als Ausufern der Städte ins Umland. Dort, jenseits der Stadtgrenze, können sich die Menschen gegen die Unwägbarkeiten des städtischen Arbeitsmarkts notfalls durch die Aufzucht von Schweinen und Hühnern und den Anbau von Gemüse für den Wochenmarkt wappnen. Ihre Arbeitskraft steht einfallsreichen Unternehmern, die ebenfalls das Stadtzentrum verlassen und ihnen aufs Land folgen, um dort kleine Betriebe der Leichtindustrie und des Dienstleistungsgewerbes aufzuziehen, zu niedrigen Löhnen zur Verfügung. Das Wachstum der Innenstädte hat nachgelassen, bemerkenswerterweise selbst in Kalkutta, weil sich immer mehr Menschen zu dieser Lebensform auf dem Lande entschließen.

Außer in Staaten mit diktatorischer Kommandowirtschaft hat es sich als unmöglich erwiesen, den Zuwanderungsstrom von den Dörfern in die Städte zu bremsen. In China mußten, obwohl es den Druck der wachsenden Bevölkerung durch die Ansiedlung von Industrie auf den Dörfern und durch den Bau neuer Industriestädte kanalisieren und umleiten konnte, dennoch rigorose Zuzugsbestimmungen für die Großstädte eingeführt werden. Fidel Castro versuchte auf verschiedenen Wegen, den Zuwanderungsdruck auf Havanna zu vermindern; bei einer Bodenreform wurde ein großer Teil der Bevölkerung auf den *latifundios* der enteigneten Großgrundbesitzer angesiedelt; der Ausbau einer bescheidenen Industrie wurde dezentralisiert, und das durchschnittliche Bruttosozialprodukt von zweitausend Dollar pro Kopf wurde rigoros egalisiert und vor allem dadurch die Wachstumsrate der Bevölkerung auf ein Prozent gesenkt. Die chinesische Regierung mußte sich damit abfinden, daß die alten und dichtbevölkerten Städte weiter wuchsen, weil die Bevölkerung – ein Fünftel der Weltbevölkerung – auch bei der niedrigen Rate von 1,2 Prozent ständig zunahm. Shanghai ist bereits zu einer Agglomeration mit mehr als zehn Millionen Einwohnern geworden; Peking wird voraussichtlich im Jahr 2000 gleichziehen. Mit Hilfe nachahmenswerter Baukampagnen ist es China dennoch gelungen, der Stadtbevölkerung Neubauwohnungen mit gewissem, wenn auch bescheidenem Standard bereitzustellen.

In den Marktwirtschaften der unterindustrialisierten Welt führten nicht alle Bauprogramme zu rühmlichen Resultaten. Die Behörden von Seoul haben in einer Slumsäuberungsaktion hunderttausend Familien vertrieben und ihre Behausungen durch 16 000 neue Wohnungen „ersetzt". Nigeria baute für dreieinhalb Milliarden Dollar, die das Land nur schwer aufbringen konnte, hunderttausend Sozialwohnungen, die prompt von den Besserverdienenden in Beschlag genommen wurden. Die pakistanische Regierung subventionierte in Karachi ein Bauprojekt mit dreißig- bis vierzigtausend Wohneinheiten; nach acht Jahren war das Projekt abgeschlossen, und achthundert Wohneinheiten waren gebaut. In Tansania wurden bei einem Wohnungsbauprojekt aus dem ersten Fünfjahresplan nicht mehr Wohnungen geschaffen als zerstört. „Das Geld wurde ausgegeben, also ist das Projekt abgeschlossen", lautet eine weitverbreitete Redensart, nicht nur in Afrika.

Wohnungen, das mußten sich die meisten Behörden inzwischen eingestehen, sind nicht das eigentliche Problem. Die Shantytowns sind ein Ausdruck des Erfindergeistes der auf sich selbst gestellten Dorfbewohner, die ihre Unterkünfte schon immer selbst gebaut haben. Die Erbauer fallen der Wirtschaft nicht zur Last, sie verwenden natürliche Baustoffe aus der Umgebung, und recyceln Material aus abgerissenen Häusern in der eigentlichen Stadt und von der lokalen Müllkippe. Ihre Behausungen sind dem Klima angepaßt. Innen sind sie oft blitzblank, fast jedes Möbelstück ist handgefertigt und in gepflegtem Zustand. Die Probleme liegen ganz woanders: in erster Linie mangelt es an sauberem Wasser und an Kanalisation.*

Nicht nur in den unterindustrialisierten Staaten ist es die dringlichste Aufgabe der öffentlichen Gesundheitsvorsorge – auf dem Land wie in der Stadt –, in erreichbarer Entfernung für Trinkwasser zu sorgen. Die meisten Krankheiten der armen Bevölkerung werden durch unsauberes Wasser verursacht. Häufig ist es Oberflächenwasser, das ausnahmslos verseucht ist; es müßte gründlich und mit hohen Kosten geklärt werden. Mangels anderer Vorkehrungen kann man in den meisten Shantytowns Wasser nur von den Wasserverkäufern mit ihren kleinen handgezogenen Tankwägelchen beziehen; die Bewohner müssen für das Wasser einen Preis zahlen, mit dem jede Wasserleitung zu finanzieren wäre. Irgendjemand müßte nur die sozialpolitische Initiative ergreifen, damit die Wasserleitung auch wirklich gebaut wird.*

Wenn die Behörden schließlich versuchen, die Bewohner mit Trinkwasser zu versorgen, dann stehen sie einer nicht enden wollenden Nachfrage gegenüber. Die Erfahrung zeigt, daß um so mehr Wasser verbraucht wird, je leichter es verfügbar ist. Von einem Gemeinschaftshahn, der zweihundert Meter Fußweg erfordert, entnimmt der Verbraucher täglich zwanzig bis vierzig Liter. Ein Wasserhahn im Hof des Wohnhauses erhöht den Verbrauch auf vierzig bis sechzig Liter. In den Wohnungen der sozial Bessergestellten mit Küche und Badezimmer werden bis zu zweihundert Liter verbraucht. Trinkwasser, in den meisten Industriestaaten reichlich vorhanden, erweist sich als eine der wichtigsten Segnungen der industriellen Revolution, seine Verfügbarkeit gehört zu den auffälligsten Indikatoren dafür, wie weit sie in einem Lande fortgeschritten ist.

Am gründlichsten – und mit den schlimmsten Folgen – wird Wasser von menschlichen Exkrementen verseucht. Die ästhetische Frage, mit Fäkalien im Rinnstein und mit offenen Kloaken zu leben, ist für die Menschen, die damit leben müssen, offenbar nicht die wichtigste. Sogar ein wohlwollender Beobachter sah sich zu einer bösen Bemerkung über „die Unempfindlichkeit gegenüber der Qualität ihrer unmittelbaren Umgebung" veranlaßt. Die Anpassung an die Umgebung ist von der Armut diktiert.

In einem unterindustrialisierten Land würden die monatlichen Kosten für den Anschluß an die städtische Kanalisation fast die Hälfte des gemeinschaftlichen Monatseinkommens einer Familie mit niedrigem Einkommen erreichen. Über die finanziellen Mittel für diese Form der Entsorgung kann nur politisch entschieden werden und nicht kommerziell. Es liegt auf der Hand, daß Staaten und Familien zunächst mit anderen Bedürfnissen konfrontiert sind, die finanzielle Priorität haben. Von 3119 indischen Städten und Großstädten verfügten im Jahr 1985 acht über eine Kanalisation; 114 Städte mit mehr als 50 000 Einwohnern verschmutzen den Ganges mit dem ungeklärten Abwasser von Häusern und Straßen. Investitionen im Wert von 1000 Milliarden Dollar werden weltweit erforderlich sein, um die Behausungen von mehr als drei Milliarden neuer Stadtbewohner bis zum Jahr 2000 an eine Kanalisation anzuschließen.

Der Stoffwechsel der Stadt strapaziert die Umwelt beträchtlich. Eine Stadt mit einer Million Einwohner in einem Industriestaat verbraucht täglich 625 000 Tonnen Wasser, 2000 Tonnen Nahrungsmittel und 9500 Tonnen Brennstoff. Sie verteilt 500 000 Tonnen Abwasser und 2000 Tonnen Müll auf die nähere Umgebung und belastet die Luft mit 950 Tonnen gasförmigen und festen Verbrennungsrückständen. Die Industriegesellschaft versucht bereits, die Umweltfolgen der Entsorgung mit wachsenden Ausgaben für Abwasserklärung und Recycling zu mindern. Den Städten der Armen bleibt gar nichts anderes übrig, als weiterhin ihre Umwelt zu verwüsten, bis endlich die erforderlichen 1000 Milliarden Dollar investiert sind.

Die Shantytowns mit ihren improvisierten Behausungen, die gegen alle Baugesetze verstoßen und den Städten so lästig sind, werden offiziell überhaupt nicht zur Kenntnis genommen; das heißt auch, daß sie ohne die normalen städtischen Dienstleistungen auskommen müssen – ohne Schulen, öffentlichen Nahverkehr, Müllabfuhr, Polizei, Strom, Wasser oder Kanalisation.

Kommt eine Shantytown dann doch in den Genuß einer dieser Dienstleistungen, dann verlieren die Ärmsten, die sie am nötigsten hätten, mehr als sie gewinnen. Wasser und Kanalisation lassen den Wert der Grundstücke steigen. Falls nicht sofort der öffentliche Wohnungsbau auf dem Gelände beginnt, erhalten die Bewohner die besondere Art von Angeboten, denen sie sich nicht widersetzen können.

In der Industriegesellschaft ist der Anschluß an das System öffentlicher Dienstleistungen ein wichtiger Weg zur Umverteilung von Einkommen und Vermögen; in unterindustrialisierten Staaten vertieft er durch einseitige Bevorzugung die Kluft zwischen arm und reich.

Wenn etwas die Shantytowns ins Zentrum der Aufmerksamkeit rückt, dann ist es das Talent ihrer Bewohner, sich zu organisieren. Sie schützen sich zunächst in einer Art Selbstverteidigung gegen die gemeinen Lebensumstände einer armseligen Existenz, die sie in jeder wirtschaftlichen Nische in schärfste Konkurrenz zueinander bringt. Was über das Leben in diesen Gemeinden gesagt oder gedacht wird, kann nie so schlimm sein, als daß es nicht irgendwann oder irgendwo zuträfe. Laster, Gewalt und Verbrechen sind an der Tagesordnung. Wie in der Unterschicht der nordamerikanischen Gesellschaft wird ein Drittel der Haushalte von einer alleinstehenden Frau geführt. Viele Kinder, vor allem kleinere, sterben bei Unfällen, die auf unsichere Wohnungen und gefährliche Straßen zurückzuführen sind.

In den sechziger Jahren hauste ein Drittel der Einwohner von Rio de Janeiro in *favelas*. Die Anthropologin Janice E. Perlman* stieß bei näherer Betrachtung auf starke und wirksame Organisationsstrukturen. Sie traf auf Gemeinden mit zahlreichen Mitgliedern, einem kleinen Kern von Aktivisten und einem aus der harten Schule des

Lebens in der *favela* hervorgegangenen aggressiven Anführer. Am Anfang stand der Selbstschutz, dann gingen sie dazu über, die Stadtverwaltung herauszufordern. Die älteren Gemeinden erkämpften sich einige der lange geforderten Dienstleistungen – einen öffentlichen Zapfhahn der städtischen Wasserleitung, manchmal sogar Wasseranschluß für einige Haushalte, eine primitive Kanalisation, den Anschluß an das städtische Verkehrsnetz, eine Polizeiwache, eine Schule.

Über kurz oder lang konfrontieren die zugezogenen neuen Einwohner jede Stadt mit ihrer Existenz. Jorge Hadoy hat diesen Prozeß in Lateinamerika näher untersucht und festgestellt, daß „aus dem Mut, sich gegen Unterdrückung zur Wehr zu setzen, ein unkonventionelles Kräftepotential für Städtebau und Verwaltung" entsteht.

Der hohe Organisationsgrad der *favelas* beweist, welch ein geselliges Wesen der Mensch eigentlich ist. Es gibt Fußballklubs und Nähvereine, Kirchengemeinden und Sekten, Musikgruppen und die berühmten Karnevalsvereine, die dem Karneval von Rio erst seinen wahren Glanz verleihen. Auch in anderen Städten machen die Armen das Beste aus ihrer Situation.

LICHT- UND SCHATTENWIRTSCHAFT

Die Verbindung zwischen Shantytown und der eigentlichen Stadt bleibt notgedrungen eng. In den Shantytowns gedeiht eine Schattenwirtschaft, die durch die Verweigerung der Zahlung von Steuern und Abgaben gekennzeichnet und in die Illegalität abgedrängt ist. Die niedrigen Einkommensgruppen der eigentlichen Stadt verteidigen ihren gesellschaftlichen Status eifersüchtig gegen die wirtschaftliche Konkurrenz aus den Shantytowns und versuchen, die Sozialleistungen, die sie selbst dem Staat abgetrotzt haben, zu monopolisieren. Die herrschende Elite findet immer die volle Unterstützung der unteren Einkommensklassen, wenn es darum geht, die Shantytowns und ihre Bewohner an den sozialen und wirtschaftlichen Rand der Gesellschaft zu drängen.

Das wenige Bargeld, das die Leute in den Shantytowns verdienen, beziehen sie aus Dienstleistungen für die reguläre Wirtschaft. Morgens verlassen Männer und Frauen ihre Behausungen und gehen in die Stadt, wo sie als Hausangestellte arbeiten oder in Geschäften, Wäschereien, Hotels, Restaurants, Autowerkstätten und ähnlichen

Dienstleistungsunternehmen die Drecksarbeit verrichten; sie übernehmen Gelegenheitsjobs, Botengänge, arbeiten als Schuhputzer oder fahren Rikschataxis. Kurzum, man findet sie in allen vergessenen Nischen und Ritzen des regulären Wirtschaftslebens.

In jedem unterindustrialisierten Land gehört das Sammeln und Recyceln von Müll zu den wichtigsten Zweigen der Schattenwirtschaft; es beschäftigt ein oder zwei Prozent der Arbeitskräfte.*

Der Begriff „Müll" ist kulturell definiert: Was für die reguläre Wirtschaft Müll ist, das ist für die Schattenwirtschaft Rohstoff. In der Industriegesellschaft fallen durchschnittlich pro Tag und Kopf ein bis zwei Kilogramm Müll an. In der unterindustrialisierten Welt ist es im Schnitt die Hälfte; die oberen Einkommensgruppen produzieren den meisten Müll und erreichen ein ähnliches Volumen wie Gleichverdienende in den Industriestaaten.

Wie alle materiellen Güter ist selbst Müll in den unterindustrialisierten Staaten knapp, vor allem verwertbarer Müll. In London hat Papier einen Anteil von 37 Prozent, in Kalkutta von 3 Prozent, in Brooklyn bestehen 13 Prozent des Mülls aus Metall, in Djakarta 4 Prozent.

In den unterindustrialisierten Gesellschaften beginnt das Recyceln von Papier und Metall gleich am Ursprungsort, am Straßenrand. Wieviel Müll gesammelt und wieviel produziert wird, hängt unmittelbar vom Einkommen der Leute im Wohnviertel ab. In Tunis werden die reichen Stadtviertel zwei- bis dreimal täglich gesäubert, nicht etwa von der Stadtverwaltung, sondern von den Müllsammlern. In Kairo hält der Wahiya-Klan das Monopol für das Sammeln des Hausmülls, der Zabaleen-Klan für das Sortieren des gesammelten Materials und den Verkauf an die Altwarenhändler; unter anderem verkauft der Klan jeden Monat zweitausend Tonnen Papier an den Altpapierhandel.

In Mexiko City gelangt bei ähnlicher Organisation die Hälfte der Papierabfälle direkt in den Verwertungskreislauf zurück, doppelt so viel wie im Weltdurchschnitt. Das Formen von Gegenständen aus Papiermasse, selbst die Herstellung einiger Papiersorten aus Altpapier erfordern nur geringe Investitionen; da der Rohstoff in allen unterindustrialisierten Staaten so eifrig gesammelt und zu so niedrigem Preis gehandelt wird, hat sich das Recyceln von Papier zu einem eigenen kleinen Wirtschaftszweig entwickelt.

Im Gegensatz zu Müll aus dem regulären Wirtschaftsbetrieb der Stadt besteht der Müll in den Shantytowns fast nur noch aus ungenießbaren Speiseresten. In Kalkutta gibt es Kompostieranlagen, deren Rohmaterial sowohl aus der regulären als auch aus der Schattenwirtschaft stammt und die den fertigen Kompost an die Gemüsegärtnereien am Stadtrand liefern.

Auf ihre Weise trägt die Schattenwirtschaft zur Stärkung der regulären Wirtschaft bei und bietet zugleich den Bessergestellten Dienstleistungen an, die sie andernfalls nicht bezahlen könnten. In allen unterindustrialisierten Staaten können Familien mit höherem Einkommen ihr Leben sorgenfrei und großzügig gestalten, weil es ihnen an Personal nicht mangelt. Wenn in Bombay ein Kind den Vorortzug besteigt, um in die Schule zu fahren, setzt sich von zu Hause ein „Träger" in Bewegung, der ihm das Mittagessen zu Fuß nachträgt. In Amedhabad schläft der Diener auf dem Marmorfußboden vor der Tür zum Gästezimmer.

In den Shantytowns werden die Behausungen oft zu einer Art Knochenmühle: Frauen und Kinder müssen Textilien für die Exportwirtschaft des Landes nähen. In Manila besorgen die zerbeulten Jeepneys der Paratransit-Dienste 64 Prozent des öffentlichen Nahverkehrs, in Kapur halten Fahrradrikschas 88 Prozent des Nahverkehrs aufrecht. Die Erbauer der *favelas* haben der Baubehörde der Stadt Rio de Janeiro Behausungen im Wert von 100 Millionen Dollar kostenlos hingestellt. Man schätzt, daß in den ärmsten Staaten Schwarzafrikas das Bruttosozialprodukt der Schattenwirtschaft dem in der Statistik registrierten offiziellen Bruttosozialprodukt die Waage halten kann.

Besonders rege Aktivität entfaltet die Schattenwirtschaft innerhalb der Shantytowns, wenn auch bargeldlos. Dienstleistung wird gegen Dienstleistung getauscht: Einer repariert das Haus, der andere den Lastwagen; der eine wäscht, der andere fegt den Hof. Die Shantytown funktioniert als Selbstversorgungseinheit, deren Leistungsbilanz mit der regulären Wirtschaft stark positiv ausfällt aufgrund der Fülle der Dienstleistungen, die ihre Bewohner gegen Bargeld für die reguläre Wirtschaft erbringen, wenn auch zu niedrigen Preisen.

Die reguläre Wirtschaft vieler unterindustrialisierter Staaten steht auf wackeligen Beinen und ist von der lebenswichtigen Subvention durch die Armen abhängig. Wollte man deren Leistungen in Geld umrechnen, dann wäre der Betrag ein Mehrfaches von dem, was ihre Staaten an Entwicklungshilfe aus den Industriestaaten erhalten. Doch bis sich reguläre Wirtschaft und Schattenwirtschaft zu einem einheitlichen Ganzen vereinigt haben, wird noch viel Zeit vergehen.

Der Sprung in die Stadt, den immer mehr Menschen wagen, eröffnet ihnen den Weg in eine bessere Zukunft. Die Einwohner der Stadt, selbst der Shantytowns, sind gesünder als die Leute auf dem Land; die Sterblichkeit der Kinder unter fünf Jahren und der Frauen im Kindbett ist geringer. Mehr Erwachsene können lesen und schreiben, und ein höherer Prozentsatz der Kinder besucht eine Schule. Einige haben an der Universität studiert. Mit ihrem Zuzug in die Stadt geraten die Menschen in den Sog der industriellen Revolution.

Wer an die besseren Lebensbedingungen in den Industriestaaten gewöhnt ist, wird vielleicht Schwierigkeiten haben, den Wechsel vom Land in die Stadt als grundlegende Existenzveränderung und als Schritt in Richtung auf eine bessere Zukunft nachzuempfinden. Für die neuen Stadtbewohner in den unterindustrialisierten Staaten handelt es sich zweifellos um einen entscheidenden Fortschritt. Mit Lord Kelvin, dem Erfinder der Wärmekraftmaschine (einer prometheischen Tat) können sie ausrufen: „Ich habe einen besseren Weg gefunden". Sie haben zum erstenmal erlebt, daß „das Ziel erreichbar ist".

ENTWICKLUNGSINDEX

Es ist keine Überraschung, daß die Indikatoren des Entwicklungsberichts der Vereinten Nationen über die Lage der Menschheit im großen und ganzen mit den wirtschaftlichen Indikatoren korrelieren und von ihnen mitgezogen werden. Während die unterindustrialisierten Staaten mit der industriellen Revolution vorankamen, profitierten die ersten Shantytowns von der Tausend-Milliarden-Dollar-Investition und erhielten Trinkwasser und Kanalisation. Die Wertschöpfung ihres Kleingewerbes wird sich zu weiteren Tausenden von Milliarden Dollar für die nächsten Investitionen addieren, die Shantytowns in die Städte und die Schattenwirtschaft in die reguläre Wirtschaft integrieren.

Im Entwicklungsbericht von 1990 schlagen die Statistiker des UN-Entwicklungsprogramms eine neue Art Fortschrittsindex vor. Er soll gleichberechtigt neben dem Index „Bruttosozialprodukt pro Kopf" stehen und der „schmalspurigen und fehlgeleiteten Aufmerksamkeit" entgegenwirken, die dieser gewohnten Indexzahl entgegengebracht wird. Der Wert im „Entwicklungsindex" ist der summarische Ausdruck für drei Indikatoren: Lebenserwartung, Schulbildung und ein „Einkommen, das einen anständigen Lebensstandard ermöglicht". Die Lebenserwartung dient wiederum als Zusammenfassung für die Indikatoren humanbiologische Entwicklung und Volksgesundheit. Schulbildung, das versteht sich von selbst, ist die erste Sprosse auf der Leiter, die erklimmen muß, wer an der industriellen Revolution teilnehmen will. Die Zahl der Einwohner, die lesen und schreiben können, spiegelt auch den Zustand anderer Einrichtungen im Bildungswesen eines Staates.

Viel aussagefähiger als das Bruttosozialprodukt pro Kopf ist das „Einkommen, das einen anständigen Lebensstandard ermöglicht". Beim Internationalen Preisvergleich arbeitet ein halbes Dutzend internationaler Behörden zusammen. Die dort errechnete „Kaufkraftparität" zeigt, welchen Lebensstandard das Durchschnittseinkommen in einem bestimmten Land in örtlicher Kaufkraft ermöglicht. Über Wechselkurs und Preisniveau hinaus werden auch nichtmonetäre Lieferungen und Leistungen der Dorfwirtschaft und der Wert von Sozialgütern und Sozialleistungen in zentralgelenkten Volkswirtschaften und in Marktwirtschaften angerechnet. Da die Erfüllung der fundamentalen Bedürfnisse bei wachsendem Einkommen einem abnehmenden Ertragswert unterliegt, werden die Zahlen im Entwicklungsindex in ihre Logarithmen transformiert. Auf diese Weise wird der Abstand zwischen Höchsteinkommen und Niedrigsteinkommen, wie ihn die Bruttosozialprodukt-pro-Kopf-Tabelle ausweist, relativiert.

So ging es etwa im Jahr 1987 einem Durchschnittsschweizer mit 21330 Dollar Bruttosozialprodukt pro Kopf theoretisch 142mal so gut wie einem Durchschnittskongolesen mit 150 Dollar. Berichtigt man die Zahl mit der Kaufkraftparität und transformiert sie in ihren Logarithmus, dann schrumpft die Differenz von 142 auf 20. Man könnte versuchen, den Wert 20 mit eigens dafür angestellten Erhebungen an Ort und Stelle zu beweisen, doch dann müßten sich ganze Teams von Anthropologen, Sozialpsychologen und möglicherweise auch Psychoanalytikern auf den Weg in die Schweiz und nach Zaire machen. Solange das nicht geschehen ist, hört sich der Wert 20 plausibler an. Die Kluft bleibt groß genug.

Vereint man die drei gewählten Indikatoren des Entwicklungsberichts, dann ergibt sich eine integrierte Indexzahl als Resultat. Zugegeben, es ist ein Experiment, aus den vorhandenen Daten einen solchen Index herauszufiltern; dennoch sagt er schon in seiner ersten

Rangordnung der Staaten auf dem Entwicklungsindex im Jahr 1990

Staat	Rang EI	EI −BSP	LE	KS	G %	S %	ABC	FR	Q/Q	BSP/K
Entwicklungsindexziffer größer als 0,8										
Japan	130	4	78	8	4,9	5,0	100	1,7	4,3	15,760
Frankreich	123	4	76	10	6,6	5,3	100	1,8	7,7	15830
Großbritannien	121	8	76	11	5,3	5,3	100	1,8	5,7	10420
Deutschland (BRD alt)	119	−1	75	10	6,3	4,5	100	1,4	5,0	14400
Irland	114	8	74	9	7,8	6,9	99	2,5	5,5	6120
Vereinigte Staaten	112	−17	76	13	4,5	5,3	96	1,8	7,5	18530
Israel	111	3	76	14	2,1	7,3	95	2,9	6,7	6800
Chile	107	34	72	26	2,1	5,2	98	2,7		1310
Tschechoslowakei	106	4	72	15	4,2	5,2	98	2,0		5820
Sowjetunion	105	4	70	32	3,5	5,2	100	2,4		4550
Costa Rica	103	26	75	22	5,4	4,7	93	3,2		1610
Ungarn	101	14	71	19	3,2	3,8	98	1,7	5,2	2240
Argentinien	99	10	71	37	1,6	3,3	96	2,9	11.3	2390
Polen	98	15	72	18	4,0	4,5	98	2,2		2070
Südkorea	97	5	70	33	0,3	4,9	94	2,0	6,8	2690
Kuba	92	26	74	18	3,2	6,2	96	1,7		1600
Mexiko	91	10	69	68	1,7	2,8	90	3,5	19,6	1830
Venezuela	89	−6	70	44	2,7	6,6	87	3,7	18,2	3320
Kuwait	88	−34	73	22	2,9	4,6	70	4,8		14610
Malaysia	85	5	70	32	1,8	7,9	74	3,5	14,4	3850

Erläuterungen:

EI: Rang Entwicklungsindex. Höchster Rang ist 130
EI−BSP: Rang Entwicklungsindex minus Rang Bruttosozialprodukt-Index
LE: Lebenserwartung bei der Geburt
KS: Todesfälle pro tausend Kinder bis zum fünften Lebensjahr
G %: Ausgaben für Gesundheitsfürsorge in Prozent des Bruttosozialprodukts
S %: Schul- und Bildungsausgaben in Prozent des Bruttosozialprodukts
ABC: Lese- und Schreibkundige in Prozent der Bevölkerung
FR: Fertilitätsrate
Q/Q: Einkommen pro Kopf des bestverdienenden Quintels der Bevölkerung geteilt durch das Einkommen pro Kopf des ärmsten Quintels.
BSP/K: Bruttosozialprodukt pro Kopf

Staat	Rang EI	EI –BSP	LE	KS	G %	S %	ABC	FR	Q/Q	BSP/K
Entwicklungsindexziffer größer als 0,5										
Sri Lanka	83	45	71	43	2,1	5,2	87	2,6	8,3	400
Brasilien	81	–5	65	85	1,3	3,4	78	3,4	33,7	2020
Thailand	78	23	66	49	1,3	4,1	91	2,5	8,8	850
Vereinigte Arabische Emirate	77	–50	71	32	1,0	2,2	20	4,8		15830
Irak	76	–20	65	94	0,8	3,7	89	6,3		3020
Libyen	67	–36	62	119	3,0	10,1	66	6,8		5460
China	66	44	70	43	1,4	2,7	69	2,4		290
Philippinen	65	19	64	73	0,7	1,7	86	4,3	10,3	590
Saudi-Arabien	64	–43	64	98	4,0	10,6	50	7,2		6200
Indonesien	54	18	57	119	0,7	3,5	74	3,2	7,3	450
Myanmar (Burma)	50	39	61	95	1,0	2,1	79	4,0		200
Entwicklungsindexziffer kleiner als 0,5										
Kenia	42	12	59	113	1,1	5,0	60	8,1	25,0	790
Kamerun	41	–23	52	153	0,7	2,8	61	5,7		970
Indien	37	12	59	149	0,9	3,4	43	4,3	7,0	300
Pakistan	36	3	58	166	0,2	2,2	30	6,4		350
Tansania	35	23	54	176	1,2	4,2	75	7,1		180
Côte d'Ivoire	32	–20	53	142	1.1	5,0	42	7,4	25,6	740
Nigeria	24	–12	52	174	0,4	1,4	43	5,5		370
Bangladesh	23	6	52	188	0,6	2,2	33	6,4	7,2	470
Zaire	20	15	53	138	0,8	0,4	62	6,1		150
Niger	1	–19	45	228	0,8	4,0	14	7,1		260

Bild 36: Staatliche Investitionen in die soziale Entwicklung zur Stärkung des Humankapitals stehen gemeinsam mit der gerechten Einkommensverteilung in starker Korrelation mit anderen Feldern der sozialen Entwicklung. So zeigt sich ein markanter Unterschied zwischen Brasilien mit einer extrem ungleichen Einkommensverteilung und geringen Aufwendungen für Gesundheit und Schulwesen, hoher Säuglingssterblichkeit und weit verbreitetem Analphabetismus und Staaten wie Venezuela oder Sri Lanka. Die günstige Statistik für soziale Errungenschaften steht in umgekehrten Verhältnis zur Fertilitätsrate. Beste Beispiele sind Kuba und Südkorea. Eine Fertilitätsrate von 2,1 entspricht der Bestandserhaltungsrate. Die Zahlen für China mit einem BSP von 290 Dollar pro Kopf stellen viele reichere Staaten in den Schatten.

Fassung sehr viel mehr darüber aus, wie die Einwohner eines bestimmten Staates leben, als der Wert „Bruttosozialprodukt pro Kopf". Im Entwicklungsindex von 1990 stehen unter 130 Staaten mit mehr als einer Million Einwohnern Japan auf dem obersten Platz 130 und Niger auf dem untersten Platz eins. Auf der Skala „Bruttosozialprodukt pro Kopf" hält Japan dagegen mit 15 760 Dollar nur Platz 126, den vierten Platz von oben nach der Schweiz mit 21 330 Dollar pro Kopf auf Platz 130. Als gemeinsamer Indikator für alle Gesundheitskomponenten im Entwicklungsindex rückt der Indikator Lebenserwartung Japan auf den ersten, die Schweiz auf den dritten Platz. Niger muß seinen Platz mit Zaire tauschen. Obwohl zwanzigster von unten auf der Skala „Bruttosozialprodukt pro Kopf", sinkt der Staat Niger mit einer Lebenserwartung von 45 Jahren und einem Analphabetentum der Erwachsenen von 86 Prozent auf den untersten Platz des Entwicklungsindex. Zaire mit dem niedrigsten Bruttosozialprodukt der Welt pro Einwohner kann mit einer Lebenserwartung von 53 Jahren und einem Analphabetentum von 38 Prozent aufwarten und klettert damit auf dem Entwicklungsindex neunzehn Plätze nach oben, auf Platz 20 (Bild 37).

Mit 18 530 Dollar nehmen die USA Platz 129 auf der BSP-pro-Kopf-Skala ein, den zweiten Platz von oben; auf dem Entwicklungsindex fallen sie auf Platz 112, siebzehn Plätze tiefer, und stehen unterhalb von Irland oder Deutschland, um nur zwei Beispiele zu nennen. Gegen die relativ hohe Lebenserwartung von 76 Jahren steht der niedrige Lebensstandard der Armen des Landes, besonders der schwarzen Armen, und eine Säuglingssterblichkeit von 10 auf 1000 Geburten. Lese- und Schreibfähigkeit steht mit 96 Prozent hinter Japans 100 Prozent und spiegelt die Zerrüttung des Schulwesens in den Städten der USA wider.

Die Reihenfolge auf dem Entwicklungsindex weckt die Neugier, was ein Staat aus seinem Wirtschaftswachstum oder auch dessen Ausbleiben gemacht hat. Zerlegt man die summarische Indexzahl in ihre spezifischen sozialen Indikatoren, dann gewinnt man Einblick in die Sozialpolitik und die gesellschaftlichen Verhältnisse. Im allgemeinen stellt sich bald heraus, daß diejenigen Staaten die besseren Plätze besetzen, die das Problem der Umverteilung der Einkommen angepackt und viel in das Humankapital ihres Landes investiert haben.

Die ersten Plätze auf der Liste der 130 nehmen, wie nicht anders zu erwarten, 31 Industriestaaten ein. Sie tragen die Auszeichnung „hoher

Entwicklungsstandard" zu Recht. Das Pro-Kopf-Einkommen reicht aus, um die Bevölkerung jedes einzelnen Staates, abgesehen von einer sehr kleinen Minderheit, von Armut zu befreien. Das ist möglich, obwohl das Gesamteinkommen der unteren zwanzig Prozent gerade nur ein Zehntel von dem beträgt, was die zwanzig Prozent mit dem höchsten Einkommen auf sich vereinigen. Dabei sind dem unteren Quintel bereits alle Umverteilungsleistungen zugerechnet, mit denen die marktwirtschaftlich organisierten Volkswirtschaften die Unvollkommenheit der Einkommensverteilung durch den Markt auszugleichen versuchen. Nicht berücksichtigt bei den persönlichen Einkommen sind die großen Ausgaben für öffentliche Dienste, Kultur, Bildung und Ausbildung und weitere, nicht numerisch erfaßte Umverteilungsleistungen, die insgesamt 20 Prozent des Bruttosozialprodukts oder mehr umfassen. Das gilt für Marktwirtschaften ebenso wie für die ehemaligen Planwirtschaften.*

Im Entwicklungsbericht 1990 stehen fünfzehn unterindustrialisierte Staaten gemeinsam mit den Industriestaaten in der obersten Klasse. Es ist keine Überraschung, daß die Schwellenländer Südostasiens und Südamerikas dazugehören. Schon ihr hohes Bruttosozialprodukt pro Kopf befördert sie nach oben. Interessant ist, daß sich in der oberen Gruppe vier Staaten befinden, deren BSP pro Kopf niedriger ist als das vieler Staaten, die weit unter ihnen auf dem Entwicklungsindex stehen: Chile, Costa Rica, Kuba und Jamaika.

Chile überspringt 34 Plätze von der BSP-Skala auf den Entwicklungsindex, Costa Rica 26 und Kuba und Jamaika je 25 Plätze. Auch unter der langjährigen Diktatur von Pinochet hat Chile die Ausgaben für Bildung und Ausbildung und für Gesundheitswesen, insbesondere für Schwangeren- und Säuglingsbetreuung bei den unteren Einkommensschichten aufrechterhalten. In den zehn Jahren zwischen 1975 und 1985 stieg die Lebenserwartung von 65 auf 72 Jahre, die Säuglingssterblichkeit fiel von 58 auf 22 von tausend Lebendgeburten; der Alphabetisierungsgrad stieg von 89 auf 98 Prozent. In Chile wie auch in Jamaika konnte mit politischen Maßnahmen die für Lateinamerika typische Disparität der Einkommen wettgemacht werden. In Kuba und Costa Rica hat die besonders gerechte Verteilung der wenn auch niedrigen Einkommen das positive Ergebnis der staatlichen Sozialausgaben verstärkt.

Die Erdöl exportierenden Staaten springen in der entgegengesetzten Richtung von einer Skala zur anderen. Kuweit, Saudiarabien, die

Gegenüberstellung ausgewählter Staaten nach ihrer Rangfolge bei Bruttosozialprodukt und Entwicklungsindex

Rang Bruttosozialproduktindex		Rang Entwicklungsindex	
129	Vereinigte Staaten	Japan	130
127	Verein. Arab. Emirate	Frankreich	123
126	Japan	Großbritannien	121
122	Kuwait	Deutschland (BRD alt)	119
120	Deutschland (BRD alt)	Irland	114
119	Frankreich	Vereinigte Staaten	112
113	Großbritannien	Israel	111
108	Israel	Chile	107
107	Saudi-Arabien	Tschechoslowakei	106
106	Irland	Sowjetunion	105
103	Libyen	Costa Rica	103
102	Tschechoslowakei	Ungarn	101
101	Sowjetunion	Argentinien	99
96	Irak	Polen	98
95	Venezuela	Südkorea	97
92	Südkorea	Kuba	92
89	Argentinien	Mexiko	91
		Venezuela	89
87	Ungarn	Kuwait	88
85	Brasilien	Malaysia	85
83	Polen		
81	Mexiko	Sri Lanka	83
80	Malaysia	Brasilien	81
77	Costa Rica	Thailand	78
73	Chile	Verein. Arab. Emirate	77
66	Kuba	Irak	76
64	Kamerun	Libyen	67
55	Thailand	China	66
52	Côte d'Ivoire	Philippinen	65
46	Philippinen	Saudi-Arabien	64
		Indonesien	54
41	Indonesien	Myanmar (Burma)	50
38	Sri Lanka		
36	Nigeria	Kenia	42
33	Pakistan	Kamerun	41
30	Kenia	Indien	37
25	Indien	Pakistan	36
22	China	Tansania	35
20	Niger	Côte d'Ivoire	32
12	Tansania	Nigeria	24
11	Myanmar (Burma)	Bangladesch	23
6	Bangladesch	Zaire	20
5	Zaire	Niger	1

Vereinigten arabischen Emirate, Oman, Libyen und Algerien fallen beim Vergleich von BSP-Skala und Entwicklungsindex 34 bis 50 Plätze nach unten und finden sich in einer Gruppe wieder, der von den Statistikern „mittlerer Entwicklungsstandard" zugebilligt wird. Doch sie geraten nur deswegen dorthin, weil ihr Bruttosozialprodukt besonders hoch ist; in allen anderen Einzelwerten des Index und der Indikatoren, auf dem er beruht, müssen sich die Ölstaaten mit den ärmsten Staaten der Welt in der Gruppe „niedriger Entwicklungsstandard" vergleichen lassen. Für die Verbesserung von Wohlfahrt und Lebensstandard ihrer relativ kleinen Bevölkerung hätte ein kleiner Tropfen aus der enormen Flut der Öleinnahmen viel bewirken können.

China hält unter den vierzig Staaten mit „mittlerem Entwicklungsstandard" den neunzehnten Rang. Die revolutionäre Verwandlung seiner Gesellschaft hat das Land von seinem niedrigen Platz auf der Bruttosozialprodukt-Skala 44 Plätze nach oben klettern lassen. Sri Lanka hält den zweiten Platz der mittleren Gruppe und hat sich mit Hilfe von mehreren, weniger revolutionären staatlichen Maßnahmen, die von seiner kolonialen Geschichte beeinflußt waren, 45 Plätze nach oben geschoben. Seit 1945 erfreut man sich in Sri Lanka kostenloser medizinischer Versorgung und eines kostenlosen Schulsystems bis zur Universität. Vor 1979 subventionierte der Staat sogar 70 Prozent des Reiskonsums; heute ist nur noch ein kleiner Teil des Verbrauchs subventioniert, kommt aber ausschließlich denen zugute, die der Subvention am dringendsten bedürfen. In der mittleren Gruppe finden sich nach vergleichbaren Sprüngen von 40, 37 und 39 Plätzen außerdem die zentralgelenkten Planwirtschaften Vietnam, Laos und Myanmar (Burma).

Thailand und Indonesien, beides ausgesprochene Marktwirtschaften, erringen dank hoher Sozialausgaben einen Vorsprung von 23 und

---

Bild 37: Gegenüberstellung ausgewählter Staaten nach Höhe des Bruttosozialprodukts pro Kopf und Plazierung auf dem Entwicklungsindex. Staaten mit sehr hohem BSP pro Kopf, aber ungerechter Einkommensverteilung rutschen auf dem Entwicklungsindex weit nach unten ab, Staaten mit gerechter Einkommensverteilung steigen auf. Kuwait und Saudi-Arabien fallen 30 Plätze oder mehr nach unten, Chile, Sri Lanka und China steigen 30 oder mehr Plätze nach oben.

13 Plätzen. Malaysia, die dritte südostasiatische Marktwirtschaft, befindet sich, von japanischen Investitionen zu schnellem Wachstum beflügelt, bereits in der Gruppe „hoher Entwicklungsstandard".

Unter 44 Staaten in der Gruppe „niedriger Entwicklungsstandard" klettern vier innerhalb ihrer Gruppe ganz beachtlich in die Höhe. Kambodscha, ungeachtet des seit 1970 andauernden Bürgerkriegs und der Zerrüttung des Staates als Folge des Vietnamkriegs, steigt von der BSP-Skala zum Entwicklungsindex 38 Plätze auf. In Afrika rangieren dank hoher Ausgaben für Schule und Gesundheitswesen Zaire und Madagaskar 24 und Tansania 23 Plätze über ihrem niedrigen Platz in der Gruppe der ärmsten Staaten der Welt beim Index BSP pro Kopf. Die meisten anderen unter den vierzig ärmsten Staaten verlieren auf dem Entwicklungsindex weitere Plätze. Die Lebensbedingungen in diesen Staaten sind, verglichen mit anderen auf dem Entwicklungsindex, sogar noch schlechter als das niedrige Bruttosozialprodukt pro Kopf befürchten läßt. Dagegen gelingt es Indien mit nachhaltigen Sozialleistungen der Zentralregierung und der Regierungen der fortschrittlicheren Bundesstaaten, seine 800 Millionen Einwohner, mehr als die Gesamtbevölkerung aller anderen Staaten in der niedrigsten BSP-pro-Kopf-Kategorie, auf dem Entwicklungsindex zwölf Plätze nach oben zu bringen.

Das Ende des Bevölkerungswachstums

Die Rangfolge der Staaten auf dem Entwicklungsindex entspricht erstaunlich genau den Schätzungen mehrerer verantwortungsbewußter Dienststellen der Vereinten Nationen und der Weltbank über den Anstieg der Weltbevölkerung. Ihre Prognosen basieren auf dem feinmaschigen demographischen Datennetz, das die internationalen Behörden aus nationalen Erhebungen kompilieren. Mit ständig aktualisierten Daten über die Struktur von Alter und Geschlecht und über Fertilitäts- und Sterberaten kann man die Bevölkerungsstruktur aller Staaten, außer den allerärmsten, in laufend nachgeführten Computermodellen abbilden. Zusammengefaßt ergeben sie ein Modell der Weltbevölkerung, mit dessen Hilfe alle auftretenden Fragen realistisch beantwortet werden können. Das Modell der Weltbevölkerung und die Computersimulation der weiteren Entwicklung bestätigen die bisherigen Schätzungen, daß sich die Weltbevölkerung bis zum Beginn des 22. Jahrhunderts bei einer definitiven Höchstzahl von zehn oder elf Milliarden Menschen eingependelt haben wird.*

Die letzten Vorausberechnungen ergeben, daß die Weltbevölkerung im Jahr 2000 etwas mehr als sechs Milliarden erreichen wird. Es kann nicht mehr überraschen, daß die Fertilität in Staaten, die im Jahr 2000 eine Gesamtbevölkerung von 3,3 Milliarden haben werden, in den ersten zehn Jahren des neuen Jahrtausends bei der „Bestandserhaltungsrate"* stehen bleiben wird. Bei der Zahl von 3,3 Milliarden wird es noch eine Generation lang nicht bleiben, weil die Lebenserwartung noch steigt, und dann wird sie bei einer Gesamtzahl von vermutlich 4,4 Milliarden anhalten.

Zu den 3,3 Milliarden gehört die Bevölkerung, die im Jahr 2000 in Staaten mit „hohem Entwicklungsstandard" lebt, also die der Industriestaaten, von denen viele schon heute bei oder unter der Bestandserhaltungsrate angelangt sind, und die der meisten Schwellenländer, die sich dieser Rate allmählich nähern. Dazu kommt die Bevölkerung von Staaten, die auf der Entwicklungsskala noch in der mittleren Kategorie rangieren.

Den größten absoluten Zuwachs zur Weltbevölkerung erbringt China, das im Jahr 2000 etwa 1,2 Milliarden Einwohner haben wird. Damit das Land bis zum Jahr 2010 bei der Bestandserhaltungsgrenze ankommt, darf sich der gegenwärtige Fertilitätstrend, der von der Regierung durch gerechte Einkommensverteilung und engagierte Investitionen in die weitere Verbesserung der Lebensumstände gepflegt und gefördert wird, auch in Zukunft nicht ändern. Den nächstgrößten Zuwachs in der Kategorie „Bestandserhaltungsrate" wird Indonesien erbringen, mit geschätzten 212 Millionen Einwohnern bis zum Jahr 2000, danach Thailand mit 66 Millionen und Malaysia mit 11 Millionen. Auch die relativ kleinen Bevölkerungen von Chile, Costa Rica, Kuba und Jamaika werden bis dahin bei der Bestandserhaltungsrate angelangt sein.

Im zweiten Jahrzehnt des neuen Jahrtausends wird auch Indien zur Bestandserhaltungsrate vorstoßen; im Jahr 2000 wird seine Bevölkerung 994 Millionen erreicht haben. Die große Zahl junger Frauen unter der indischen Bevölkerung, die die Zeit des Kinderkriegens noch vor sich haben, wird einen letzten Wachstumsschub auslösen, der das Land auf 1,7 Milliarden Einwohner bringen wird, bevor die Zunahme aufhört. Das sind 100 Millionen mehr als die prognostizierte Zahl von 1,6 Milliarden Chinesen.

1,7 Milliarden Inder zu 4,4 Milliarden addiert, ergibt bereits am Ende des zweiten Jahrzehnts nach 2000 rund sechs Milliarden der geschätzten stabilen Weltbevölkerung von zehn bis elf Milliarden. Den Rest von vier bis fünf Milliarden wird die letzte Bevölkerungsexplosion der Erde bis zum Ende des nächsten Jahrhunderts hervorbringen.

Diese Explosion, der wir in hundert Jahren die Hälfte der erwarteten Weltbevölkerung verdanken werden, hat schon begonnen, und zwar bei den Menschen, die in den ärmsten und rückständigsten Staaten leben. Darunter sind in Südasien Pakistan und Bangladesch; danach Iran und die arabischen Staaten im Vorderen Orient und Nordafrika, unter ihnen die reichsten Erdöl exportierenden Staaten; die meisten Staaten Schwarzafrikas und einige rückständige Staaten in Lateinamerika. Gemeinsam beträgt ihre Bevölkerung heute nicht mehr als eine Milliarde Menschen. Aber in mehr als der Hälfte der Staaten wächst sie mit einer Rate von über 3 Prozent pro Jahr, in den übrigen mit einer Rate von über 2,5 Prozent. Bis zum Jahr 2000 werden sich die Einwohner dieser Staaten auf 1,7 Milliarden nahezu verdoppelt haben.

Das grob geschätzte schnelle Bevölkerungswachstum bedeutet, daß diese Menschen jetzt in die erste Phase des demographischen Übergangs eintreten. Damit ist nicht gesagt, daß sie schon am Ende der zweiten Phase angelangt sein werden, wenn sie bis Mitte des 21. Jahrhunderts die Bestandserhaltungsgrenze erreichen. Es werden dann so viele Menschen jünger als fünfzehn Jahre sein, daß sie noch einmal einen gewaltigen Wachstumsschub hervorbringen, der erst am Ende des nächsten Jahrhunderts bei den prognostizierten vier oder fünf Milliarden zum Stillstand kommt.

Die Bevölkerungsexperten der Vereinten Nationen weisen immer wieder darauf hin, daß ihre Vorausberechnungen keine Voraussagen sind. Die Daten und die darin enthaltenen Variablen sind rein demographischer Natur; mögliche Veränderungen äußerer Begleitumstände wurden nicht berücksichtigt, und die unabhängigen Variablen beruhen auf verallgemeinerten Annahmen. Daher kommen die Statistiker bei den schwarzafrikanischen Staaten zu dem Ergebnis, daß „die Fertilitätsraten eine bestimmte Zeit lang konstant bleiben und dann sinken werden, bis die Bestandserhaltungsgrenze erreicht ist". Nicht berücksichtigt ist dabei eine Veränderung der heutigen Bedingungen, die den demographischen Anfangswerten der verschiedenen Regionen der Welt zugrunde liegen, weder der wirtschaftlichen noch der sozialen; doch sie werden den erwarteten Rückgang der Fertilitätsrate in Schwarzafrika beeinflussen. In den Rechenergebnissen steckt implizit die Annahme, daß sich die Trends der letzten Jahrzehnte – die verallgemeinerten „exogenen Variablen" der demographischen Gleichungen – nicht verändern und daß sie sich im Falle Afrikas schon irgendwie verbessern werden.

Es kann durchaus sein, daß der riesige Teil der endgültigen Weltbevölkerung, den die eine Milliarde Menschen aus den ärmsten und rückständigsten Staaten zu verantworten haben wird, noch größer ausfällt. Je weiter Computersimulationen vorausgreifen, desto ungewisser werden die Resultate. Mit Bestimmtheit kann man nur vorhersagen, daß jede Verzögerung vor dem Erreichen der Bestandserhaltungsgrenze jene Bevölkerungsbasis verbreitern wird, von der aus das Wachstum hoffentlich verebben wird. Jedem Rückgang der Fertilität muß erfahrungsgemäß und zwangsläufig die Verbesserung der wirtschaftlichen und der sozialen Verhältnisse vorausgehen.

Auch über den Zeitpunkt, an dem China und Indien die Bestandserhaltungsgrenze erreichen werden, entscheiden die Verhältnisse, auf denen die Trends des Bevölkerungswachstums beruhen. Ihr geschätzter Anteil an der Weltbevölkerung, die als erste die Bestandserhaltungsgrenze erreichen wird, beruht auf der günstigsten Annahme. Der Anteil kann genausogut sehr viel größer ausfallen, wenn sich ihre wirtschaftlichen und sozialen Verhältnisse vor dem Erreichen der Bestandserhaltungsgrenze ändern.

Schätzt man alle wirtschaftlichen und sozialen Umstände pessimistisch ein, dann errechnen die Computerprogramme aus den gleichen demographischen Daten für das 22. Jahrhundert eine Weltbevölkerung von 18 bis 20 Milliarden.

Daß die Rechnung so enden könnte, sollte alle Menschen und Institutionen alarmieren, die die Macht haben, die industrielle Revolution in den unterindustrialisierten Staaten voranzubringen; das Rechenergebnis zwingt dazu, jeden Nutzen, den die industrielle Revolution erbringt, für die Weiterentwicklung der sozialen Verhältnisse der Bevölkerung zu reservieren. Mit Sicherheit läßt sich sagen, daß eine weniger dicht bevölkerte Welt, zumindest aus der Sicht der älteren Generation, für jedermanns Enkel eine glücklichere Welt sein wird.

Wenn die Weltwirtschaft weiter stagniert, könnte die Verlangsamung der Bevölkerungszunahme in der unterindustrialisierten Welt in nächster Zukunft wieder enden; dann müßte man mit einer Endbevölkerung weit oberhalb der Zehnmilliardengrenze rechnen. Andererseits könnte eine konzertierte Aktion aller Staaten und der internationalen Behörden, bei der die industrielle Revolution beschleunigt und vor allen Dingen das Wirtschaftswachstum in Afrika wieder in Gang gesetzt würde, die vorausgesagte Zahl von zehn oder elf Milliarden noch um eine Milliarde oder mehr reduzieren.

In dieser heiklen Situation kommt der alte Adam wieder zum Vorschein. Eigennutz stellt sich, wie immer, das Schlimmste vor: es wird nie genug für alle geben. Darum muß es immer so weitergehen wie bisher, im Krieg aller gegen alle.

Folgerichtig machte der Diktator des Irak am Morgen des ersten Tages nach dem Ende des Kalten Krieges einen Anspruch auf noch mehr Erdöl geltend, als er ohnehin besaß, und besetzte Kuwait. (Dabei verpaßte Saddam Hussein die Gelegenheit, die ganze arabische Welt hinter sich zu bringen, weil er eine Million Arbeiter und Intellektuelle aus den anderen arabischen Staaten aus Kuwait vertrieb und sie zwang, ihre gesamte Habe zurückzulassen.) Operation Wüstensturm rettete Kuwaits Ölvorrat für die Industriestaaten, sorgte dafür, daß Erdöl weiterhin zu Preisen angeboten wird, die den verschwenderischen Umgang mit der zur Neige gehenden Ressource garantieren, und schob die Entwicklung alternativer Energiequellen weiter hinaus. Im Verlauf der unappetitlichen Episode verpestete etwa ein Zehntel der geretteten Erdölmenge die Erde, das Meer und die Luft. Die meisten Araber fanden das nicht besonders bedauerlich; es war ja nicht ihr Öl.

Sie und die übrigen Einwohner der unterindustrialisierten Staaten waren dagegen gehörig beeindruckt, mit welcher Effizienz die Stromversorgung, das Kommunikationsnetz und das Transport- und Verwaltungssystem des Irak über Nacht lahmgelegt wurden; für arabische Verhältnisse hatte der Irak bereits ein relativ hohes Entwicklungsniveau erreicht. Die Bereitstellung von Massenvernichtungstechnik zum schnellen Einsatz an der Peripherie der industriellen Welt übermittelte eine klare Botschaft. Mit den Worten von Kronprinz Hassan von Jordanien: „Wenn die Ölkriege beginnen, sind die Wasserkriege nicht mehr weit – auch nicht die Konflikte über die Folgen von Bodenerosion, Waldvernichtung, hohen Temperaturen und steigenden Meeresspiegeln."

Während die gewohnte alte Zukunft immer noch die Szene beherrscht, wird langsam deutlich, daß sich die Menschen nach einer anderen Zukunft sehen. Die Vereinigten Staaten feierten ihren militärischen Triumph allein. Nur die anhaltende Wirtschaftsflaute bestimmte das politische Verhalten der Industriestaaten, die den Vereinigten Staaten bei der Polizeiaktion der Vereinten Nationen beistanden. Allen Widerständen und Einwänden der USA zum Trotz betreibt die Europäische Union die Integration Osteuropas und der Republiken der früheren Sowjetunion in die Weltwirtschaft. (Ähnlich wie Japan sich seine *Greater East Asia Co-Prosperity Sphere* friedlich eingerichtet hat, erreicht jetzt Deutschlands Drang nach Osten auf friedlichem Weg die Ziele, die im Zweiten Weltkrieg durch Gewalt errungen werden sollten.)

Zahlreiche führende Persönlichkeiten Europas haben begriffen, daß es durch die Wiedervereinigung der industrialisierten Welt endlich möglich wird, den armen und ärmsten Staaten schneller die Hilfe zuteil werden zu lassen, die sie zur Beschleunigung der industriellen Revolution so dringend brauchen; vor allen anderen sollen hier Gro Harlem Brundtland und Richard von Weizsäcker genannt werden. Es gibt auch Anzeichen dafür, daß die amerikanischen Wähler von den Abenteuern ihrer Regierungen genug haben und die Augen auf Washington richten: Die Regierung soll sich mit dem Zerfall des heimischen Wirtschaftssystems befassen, der allmählich die öffentliche Ordnung gefährdet.

DIE WIRTSCHAFTLICHE ENTWICKLUNG BESCHLEUNIGEN

Als erstes müssen die Industriestaaten ihre eigenen Wirtschaftssysteme reaktivieren, denn nichts kann den Weg in eine bessere Welt wirksamer ebnen. Und nichts trägt leichter und schneller zur Reaktivierung der Wirtschaft bei, als weltweit die industrielle Revolution in Gang zu setzen. Marktwirtschaften sind darauf geeicht, ungenutzte industrielle Kapazitäten vorzuhalten und eine gewisse Not – Arbeitslosigkeit und Armut – zu tolerieren. In den früheren Planwirtschaften, wo man sich nie um die Nachfrage der Konsumenten gekümmert hat, liegt eine große industrielle Kapazität brach, die auf die Herstellung von Anlagen, Schwermaschinen und anderen Investitionsgütern spezialisiert ist und auf Aufträge wartet. Die Wiederbelebung der Wirtschaften in den Industriestaaten wird die Nachfrage nach allen Rohstoffen erneuern, die unterindustrialisierte Staaten exportieren wollen, nicht nur die Nachfrage nach Erdöl. Mit den Exporterlösen könnte ein Teil der Industrialisierung finanziert werden. Wenn der Weltmarkt, der die unterindustrialisierten Staaten von sich abhängig gemacht hatte, nicht wieder wächst, dann werden diese Staaten Wachstum nur in Form von Bevölkerungswachstum erleben.

Allerdings kann nicht viel geschehen, solange der Schuldenberg die reichsten wie die ärmsten unterindustrialisierten Staaten bedroht. Er muß erst einmal aus der Welt geschafft werden, damit Regierungen und Privatunternehmen wieder einen weitgespannten Zeithorizont für Planung und Investition bekommen. Aus realistischen Überlegungen ist der größte Teil der Schulden bereits heute als nicht rückzahlbar anzusehen; es läßt sich leicht nachrechnen, daß Zinsen und Amortisation für 1200 Milliarden Dollar die Erlöse aus dem Export der nächsten fünfzig Jahre aller unterindustrialisierten Staaten verschlingen würden. In den achtziger Jahren belief sich der Bruttoexport der armen in die reichen Staaten auf durchschnittlich 300 Milliarden Dollar jährlich. Man könnte einen Teil der Schulden durch den umgekehrten Kapitalfluß der letzten zehn Jahre von den armen Staaten zu den reichen als bezahlt betrachten. Die unglaublichen Zinsen, die in diesem Kapitelfluß enthalten waren, verantwortet ohnehin die miserable amerikanische Wirtschaftspolitik.

Im „Baker-Plan" und später auch im „Brady-Plan" waren bereits Zugeständnisse an die Realität enthalten; Rückzahlungsraten und sogar Zinsen wurden zurückgestellt, neue Darlehen angeboten und als Gegenleistung wurde nur die Beachtung wirtschaftlicher „Disziplin" bei politischen Entscheidungen gefordert. Das gefährdete Finanzsystem der USA ist keineswegs in der Lage, auf die Rückzahlung seines Anteils an den 1200 Milliarden Schulden zu bestehen. Die größten Banken des Landes stehen schon heute auf der Liste der Bankenaufsicht für von Schwierigkeiten bedrohte Institute und bei ihrem Kollaps werden die Steuerzahler für einen großen Teil der Petrodollarschulden der Schwellenländer geradestehen müssen. Die Kredite an die ärmsten Staaten sind fast immer von Regierungen und nicht von Privatinstituten gewährt worden; sie sind am leichtesten auf politischem Wege aus der Welt zu schaffen. Man kann die Schulden in Form von Entwicklungshilfefonds umschichten, wie es so erfolgreich schon einmal geschehen ist, als unter Public Law 480 Überschußweizen nach Indien verschifft wurde (vgl. Kap. 5). Die schwarzafrikanischen Staaten, die ärmsten der Welt, haben 270 Milliarden Dollar

Staatsschulden. Bereits der frühere Generalsekretär der Vereinten Nationen, Xavier Pérez de Cuellar, hatte vorgeschlagen, diese Schulden zu streichen, um die Entwicklung der afrikanischen Staaten wiederzubeleben und den Boden für die viel größeren Investitionen zu ebnen, die noch erforderlich sein werden.

Sobald die Schuldenfrage bereinigt ist, können sich die öffentlichen und privaten Finanzinstitute mit der weiteren Finanzierung der industriellen Revolution befassen. Neue bilaterale und multilaterale Kredite sind am besten angelegt und werden sich am besten rentieren, wenn sie im pragmatischen Geist gegeben werden, der der wahre, wenn auch oft verkannte Genius der Marktwirtschaft ist. Bei Krediten an Regierungen müssen die öffentlichen Ausgaben für Gesundheit und Schulbildung als Investition in Humankapital betrachtet werden und nicht als „laufende Betriebskosten" des Staatshaushalts. Die Geldgeber werden gut daran tun, unbequeme Fragen nach Überbesetzung des Staatsapparats und Korruption zu stellen und nicht auf dem jährlichen Ausgleich des Staatshaushalts zu bestehen. Haushaltsdefizite und ein wenig Inflation sind Stimulus und Symptom wirtschaftlichen Wachstums und auch in Industriestaaten weder unbekannt noch grundsätzlich verpönt. Die Überbewertung einer Währung kann durch die Verbesserung der Handelsbedingungen aufgehoben werden, ohne eine Abwertung zu erzwingen. Ein Staatsbetrieb ist nicht ausschließlich danach zu beurteilen, ob das Ergebnis in seiner Bilanz links oder rechts steht, sondern auch danach, ob er dazu beiträgt, Wertschöpfung im Land zu ermöglichen oder zu halten, ob er beim Technologietransfer eine wichtige Rolle spielt, ob er zur Entwicklung einer zurückgebliebenen Region beiträgt, welche anderen Industriezweige von ihm abhängig sind und was er ganz allgemein für die wirtschaftliche und soziale Entwicklung des Landes leistet.

Den dauerhaftesten Stimulus wird die Weltwirtschaft erhalten, wenn die Industriestaaten freien Welthandel nicht nur predigen, sondern praktizieren. Heute erzwingen sie, wo immer sie können, die Senkung der Schutzzölle, die die unterindustrialisierten Staaten für ihre jungen, noch in den Kinderschuhen steckenden Industrieunternehmen errichteten, und ergreifen gleichzeitig jede denkbare protektionistische Maßnahme zum Schutze ihrer eigenen Wirtschaft. Politisches Kalkül und nicht der Markt bestimmt, welches Produkt mit billiger Arbeit aus den armen Staaten gefertigt sein und importiert werden darf. Bauern haben mehr Einfluß als Textilarbeiter, Textilarbeiter mehr als Arbeiter in der elektronischen Industrie. Doch die Zollschranken, die die Bauern erzwungen haben, mästen nur den Profit der Nahrungsmittelmultis aus dem Vertrieb von Delikatessen und vorgefertigten Mahlzeiten, und die Textilzölle zum Schutz der Textilarbeiter bringen lediglich den vertikal integrierten Großunternehmen einen unverhofften Gewinn, wenn sie beim Import den Mehrwert ihrer im Ausland gefertigten Kleidung nur in Form von Billigarbeit verzollen müssen.

„Die Freiheit des Hechts ist der Tod des Goldfischs", umschrieb der Wirtschaftshistoriker R. H. Tawney ein Grundgesetz der Ökonomie. Die Verbraucher in den reichen Staaten verbindet ein gemeinsames Anliegen mit den Produzenten in den armen Staaten: Sie sind gleichermaßen daran interessiert, alle Knebel abzustoßen, die das Wachstum des Weltmarkts behindern und reiche wie arme Staaten um ihre Zukunft betrügen.

Es genügt als Antwort auf die dringende und unaufschiebbare Notwendigkeit, die industrielle Revolution in der unterindustrialisierten Welt wieder in Gang zu bringen, wenn sich die Industriestaaten wieder auf die Resolution der Vollversammlung der Vereinten Nationen besinnen, mit der 1961 die erste Entwicklungsdekade beschlossen wurde. Die Wirtschaftsentwicklung braucht bestimmte Investitionen, an die nicht der Maßstab normaler Bankkredite angelegt werden kann; sie können mit der großen Nachfrage nach Krediten in den Industriestaaten, von der auch die Kreditkonditionen bestimmt werden, nicht mithalten. Schon die Laufzeit, ein wichtiger Bestandteil der Konditionen, liegt bei Investitionen in die Infrastruktur oder in den Aufbau einer Schwerindustrie so hoch, daß sich ein kommerzieller Kredit nicht auszahlen würde.

Wenn dieses Dilemma überwunden werden soll, müssen die Industriestaaten ihr altes Versprechen einlösen und den unterindustrialisierten Staaten jährlich ein Prozent ihres Bruttosozialprodukts als Entwicklungshilfe zur Verfügung stellen – als Geschenk ohne Fußangeln oder als Darlehen zu akzeptablen Bedingungen. Für das Jahr 1994 hätte die 1961 versprochene Entwicklungshilfe 195 Milliarden Dollar betragen; wenn alles gut geht, wird sie Jahr für Jahr ein wenig höher. Die Summe offenbart den wachsenden Abstand zwischen den Armen und den Reichen; allmählich wird die Wirtschaftshilfe, wenn sie wirklich ausgezahlt wird, groß genug sein, damit die unterindustrialisierten Staaten im vorgesehenen Zeitraum an die Bestandserhaltungsgrenze der Fertilität kommen, und so groß, daß private Investitionen, die Zinsen und Gewinn abwerfen, festen Boden vorfinden; denn sie sind für die Beschleunigung der industriellen Revolution unerläßlich.

Bald werden die Bürger der Industriestaaten ihre Regierungen zwingen, die vor mehr als dreißig Jahren eingegangene Verpflichtung zu honorieren. Nach der Konferenz über Umwelt und Entwicklung in Rio im Juni 1992 hat jeder verstanden, daß Umweltschutz und Entwicklung zwei untrennbare Probleme sind, die zum Wohle der Menschheit gemeinsam bedacht und gelöst werden müssen. Die Zerstörung der Umwelt hat alle Menschen aufgerüttelt; jetzt ist es an der Zeit, daß sie sich mit gleichem Engagement den Fragen der Entwicklung zuwenden. Dabei werden sie erkennen, daß Armut die schlimmste Bedrohung der Umwelt ist, und diese Bedrohung erwächst aus dem Mißbrauch und dem Mißmanagement der industriellen Technik, bei der die Armen als Sklaven der Reichen gehalten werden. Wer ein Herz für die Umwelt hat, muß sich der weltweiten industriellen Revolution anschließen, um die Armut zu beseitigen; denn ein fortgesetztes Wachstum der Weltbevölkerung bleibt die größte Bedrohung für die Umwelt, für die Natur und für den Menschen.

Der Nutzen der Entwicklungshilfe

Bei der Verteilung des einen Prozents, das die Industriestaaten freiwillig von ihrem Bruttosozialprodukt abgeben sollen, kann der Gebende mit gutem Recht moralische Kriterien anwenden, und er hat auch die Macht dazu. Die deutsche Regierung achtet nach den Worten ihres Ministers für wirtschaftliche Zusammenarbeit und Entwicklung „streng darauf, welche Höhe die Militärausgaben der einzelnen Staaten haben und welche Rolle die Menschenrechte und der freie Markt spielen".* Die Steuerzahler bestehen zu Recht darauf, daß Hilfe zunächst an die Staaten geht, die am besten damit umgehen. Sie können verlangen, daß die Hilfe zur sozialen Entwicklung der Menschen verwendet wird und nicht zum Kauf von Waffen. Humankapital ist die beste Investition, denn keine andere Kapitalanlage macht sich besser bezahlt. Kein Geschenk kann eine bessere Anlage finden, denn es bringt Zinsen, die nicht monetarisiert werden können.*

Am schnellsten machen sich Investitionen in das Gesundheitswesen bezahlt, die von dem einem Prozent für die unterindustrialisierten Staaten abgezweigt werden können. Die steckengebliebene Kampagne für die Trinkwasserversorgung der halben Erdbevölkerung, die in den traditionellen Dörfern der unterindustrialisierten Welt lebt, könnte mit Entwicklungshilfekapital wieder in Gang gesetzt werden. Die Weltgesundheitsorganisation WHO hat in einer Untersuchung afrikanischer Lebensbedingungen nachgewiesen, daß mit Wasser angerührte Säuglingsnahrung statistisch für ein Kleinkind gefährlicher ist, als wenn ihm eine AIDS-infizierte Mutter die Brust gibt. Die Kampagne der Weltgesundheitsorganisation, durch die bis zum Jahr 2000 jede Familie mit Trinkwasser in weniger als einem Kilometer Entfernung versorgt werden soll, hat nur noch fünf Jahre Zeit und auf dem Weg zu ihrem Ziel noch nicht einmal die halbe Strecke zurückgelegt.

Zur Zeit erreicht der jährliche Geldstrom von den reichen zu den armen Staaten in Form von Entwicklungshilfe und zinslosen Darlehen nicht mehr als 30 Milliarden Dollar; die WHO erhält davon für ihre Zwecke weniger als fünf Prozent. Im Jahr 1976 starb das letzte Opfer der Pocken; die historische Geißel der Menschheit wurde durch eine Impfkampagne ausgerottet, die von der WHO kurz nach ihrer Gründung begonnen wurde. Im Jahr 1974 konnte die WHO eine zweite Kampagne ins Leben rufen: Impfschutz für alle Kinder auf der Welt gegen Polio, Diphtherie, Keuchhusten und Tetanus. Als sie begann, waren nur 5 Prozent der Kinder geschützt; heute bekommen mehr als 60 Prozent aller Kinder vor Vollendung des ersten Lebensjahres die erforderlichen drei Impfungen; später wurde noch der Schutz gegen Masern hinzugefügt. Die Kosten betragen pro Kind rund 1,20 Dollar.

Die Reduktion der Sterblichkeit der Kinder unter fünf Jahren auf die Hälfte seit 1960 geht im wesentlichen auf diese Kampagne zurück. Noch sterben jährlich 14 Millionen Kinder unter fünf Jahren, davon 90 Prozent an diesen Infektionskrankheiten, weil sie nicht geimpft sind, und an Dehydration bei verschiedenen Arten von Durchfall. Die Mitarbeiter von WHO und UNICEF versuchen, die Zahl der Todesfälle durch Dehydration auf den Dörfern zu senken, indem sie den Müttern beibringen, stets ein Säckchen mit einem Gemisch aus Salz und Zucker im Wert von etwa zehn Cents bereitzuhalten; den Inhalt sollen sie, gemischt mit Trinkwasser – falls vorhanden – ihren Kindern zu trinken geben.

Ähnliche Gesundheits-Grundvorsorge zu lächerlich niedrigen Kosten wird auch gegen andere aus der Armut geborene Krankheiten getroffen.

In den Anden wird dem Speisesalz Jod beigemischt, ebenso im Himalaja und anderen Gebirgen, um Kretinismus oder Kropfbildung vorzubeugen, von denen mehr als 500 Millionen Menschen bedroht sind. Mit Eisenverbindungen im Salz wird die Eisenmangelanämie bekämpft, an der mehr als die Hälfte der Frauen in den ärmsten Staaten leidet. Die Ärzte der WHO haben eine Medizinalausrüstung im Wert von weniger als hundert Dollar zusammengestellt; sie genügt, um die meisten Krankheiten zu behandeln, die normalerweise in einer Dorfgemeinschaft von Armen auftreten. Das chinesische Beispiel zeigt, daß eine Person im Dorf, die mit der Anwendung der Arzneien vertraut gemacht wurde, die Mittel verabreichen und entscheiden kann, welche Patienten an Arzt oder Krankenhaus verwiesen werden müssen.

Gesundheits-Grundvorsorge ist für die armen Staaten ebenso neu wie für die reichen. Die Fachleute der WHO mußten feststellen, daß 75 Prozent der bedauerlich kargen Mittel, die in unterindustrialisierten Staaten für die medizinische Versorgung zur Verfügung stehen – in den ärmsten Staaten weniger als ein Prozent des Bruttosozialprodukts – ausgegeben werden, damit „eine relativ kleine städtische Minderheit teure medizinische Versorgung erhält". Eine von der Weltbank veranlaßte Untersuchung belegt, daß von der nationalen Krankenversicherung Brasiliens für 12 000 Personen mehr Geld ausgegeben wird, um Nierendialyse, Bypass-Operationen und ähnliches zu bezahlen, als für Grundvorsorge und Präventivmaßnahmen für 41 Millionen allerärmster Menschen in den nördlichen und nordöstlichen Bundesstaaten bereitsteht. In den USA hat der angemeldete Bedarf und nicht die effektive Notwendigkeit, angeheizt von den unterschiedlichen Honoraren für Kinderärzte und für Radiologen, die Verteilung der öffentlichen Gesundheitsausgaben pervertiert – und die medizinische Forschung und die Ausbildung dazu.

Vorbild in Fragen der Gesundheits-Grundvorsorge bleibt natürlich China*. Costa Rica, Kuba und Sri Lanka führten eigene Systeme ein; doch sie haben den gleichen positiven Einfluß auf die Bevölkerungsentwicklung. In Lateinamerika verwendete man unbeirrt das Geld, mit dem zwischen 1985 und 1990 eine Million Mitarbeiter für die medizinische Grundvorsorge hätte geschult werden können, zur Ausbildung von 50 000 Fachärzten. Die wirtschaftliche Stagnation ließ die Mittel für die medizinische Vorsorge in Lateinamerika und Schwarzafrika am stärksten schrumpfen; immer weniger Kinder werden geimpft. Nur ein kleiner Bruchteil der versprochenen 200 Milliarden

Dollar könnte die traurige Entwicklung rückgängig machen und den Bemühungen von WHO und anderen Diensten der Vereinten Nationen wieder mehr Durchschlagskraft verleihen.

Bildung und Ausbildung sind die dringendsten Investitionen in die Stärkung des Humankapitals, die aus der Entwicklungshilfe finanziert werden müssen. Die heroischen Anstrengungen der unterindustrialisierten Staaten, die zwischen 1970 und 1985 die Zahl der Kinder, die eine Grundschule besuchten, von 310 Millionen auf 444 Millionen steigerten, wurden von keiner auswärtigen Hilfe finanziert. Die für Bildung und Ausbildung vorgesehene Entwicklungshilfe, die im Jahr 1986 mit fünf Milliarden Dollar ihren Welthöchststand erreichte, wurde für den tertiären Sektor reserviert. Die Rezession der Weltwirtschaft zwang viele Staaten, ihre Ausgaben für Bildung und Ausbildung zu reduzieren, selbst ohne zusätzliches Drängen der Gläubiger. Doch die Reduktion rückte das Ziel, allen Kindern der Welt den Besuch der Grundschule zu ermöglichen, wieder in weite Ferne. Im Jahr 1985 war schätzungsweise 100 Millionen Kindern der Weg zur Schule versperrt, 60 Prozent davon Mädchen. Noch vor der Jahrtausendwende müssen die Schulsysteme für sie Plätze schaffen, und für weitere 100 Millionen Schüler und Schülerinnen aus Staaten, in denen die Zahl der Kinder unter fünfzehn Jahren noch zunimmt. (China und Indien, wo die Zahl der Kinder unter fünfzehn bereits im Sinken begriffen ist, haben Klassenzimmer im Überfluß.)

Der Status der Frauen in den unterindustrialisierten Staaten, vorab in Asien und den arabischen Staaten, sollte das Ausland besonders motivieren, gezielte Hilfe für Schule und Ausbildung ins Auge zu fassen. In der Grundschule sind Mädchen in der Minderheit, nur ein Drittel der Schüler ist weiblich; bis sie das Studentenalter erreichen, ist ihre Gruppe weiter zusammengeschmolzen. Hilfe von außen könnte die allgemeine Bevorzugung der Jungen kompensieren und die dahinterstehenden wirtschaftlichen Überlegungen und andere traditionelle Muster neutralisieren. Schulbildung ist für die jungen Frauen die einzige Möglichkeit, sich auf die Rolle vorzubereiten, die eine sich wandelnde Gesellschaft ihnen zuteilen wird. Erst wenn sie frei sind, werden sie selbst entscheiden können, ob und wann sie ein Kind bekommen wollen. Ohne lesen und schreiben zu können, haben sie weder die Wahl noch die Kraft dazu.

Entwicklungshilfe für Schule und Ausbildung kann ihren Teil zu den zwanzig Milliarden Dollar beitragen, die der Bau von Klassenzimmern für 200 Millionen neue Schüler kosten wird. Sie könnte auch dazu dienen, mehr als 67 Cents pro Kind auszugeben, die derzeit in den armen Staaten für Lehrmittel aufgewendet werden, und den Betrag näher an die vier Dollar heranrücken, die Staaten mit mittlerem Pro-Kopf-Einkommen für die Lehrmittel ihrer Schulkinder übrig haben. Noch ein wichtiges Ziel wartet auf Helfer von außen: die Verkleinerung der Klassen. Kuba berichtete als erstes Land von der positiven Erfahrung, daß die Kinder deutlich weniger Schuljahre bis zum Abschluß der Primärstufe brauchen, und daß die Zahl der Schüler, die die Primärstufe überhaupt nicht abschließen, sinkt, wenn der Lehrer nicht mehr dreißig oder vierzig Kinder, sondern nur achtzehn Kinder unterrichten muß; eine Zahl, die der amerikanische Pädagoge John Dewey als optimal bezeichnete. Da in den ärmsten Staaten die Lehrergehälter 95 Prozent des Schuletats verzehren, ist das ein kostspieliger Vorschlag. Für die Qualität der Schulbildung gibt es allerdings kein besseres Rezept.

Lebensqualität macht sich bezahlt

Es gibt inzwischen Untersuchungen darüber, welche Zinsen auf das Humankapital von einer Investition in die soziale Entwicklung zu erwarten sind. Die Weltbank ließ in 43 unterindustrialisierten Staaten prüfen, welche gesellschaftlichen und welche privaten Gewinne entstehen. Danach trägt die Grundschulausbildung Früchte in Höhe von 24 Prozent der Investition für die Gesellschaft und noch einmal 31 Prozent für das Individuum. Man muß diese Zahlen mit dem Ertrag von Investitionen in Landwirtschaft und Industrie vergleichen, um Bedeutung und Vorrang einer Entwicklungsinvestition in das Schulsystem zu erkennen. Die Ergebnisse der Investition in weiterführende sekundäre und tertiäre Ausbildung sind weniger spektakulär, und der Gewinn des Individuums sinkt unter den Gewinn der Gesellschaft. Die Regierungen der unterindustrialisierten Staaten können daraus ableiten, daß Erhalt und Ausbau der Grundschulausbildung den höchsten Gewinn bringt, vor allem in der Frühphase der industriellen Revolution.

Dieselbe Lektion gilt für die Verteilung von Entwicklungshilfe, die für Schulwesen und Weiterbildung vorgesehen ist. In Schwarzafrika waren die Prioritäten in den achtziger Jahren auf den Kopf gestellt: für jeden Grundschüler wurde jährlich 1,10 Dollar ausgegeben, für jeden Schüler einer weiterführenden Schule 11 Dollar und für jeden Studenten 575 Dollar. Natürlich muß sich die unterindustrialisierte Welt die industrielle Technik zu eigen machen, Forschung und Entwicklung selbst in die Hand nehmen und in eigenen Universitäten und Industrielabors vorantreiben. Aber zunächst einmal muß der Grundstein dafür in Grundschule und Sekundarstufe gelegt werden.

Die nächste wichtige und gewinnbringende Investition in bessere Lebensqualität, an der sich Entwicklungskapital beteiligen kann, sind die 1000 Milliarden Dollar, mit denen noch vor der Jahrtausendwende Trinkwasser und Kanalisation für drei Milliarden neue Stadtbewohner installiert werden sollen. Entwicklungshilfe böte die Möglichkeit, den Plan wirklich bis zum Jahr 2000 in die Tat umzusetzen und Krankheiten, die von verseuchtem Wasser verursacht werden, wenigstens aus den Städten zu verbannen. Auch dieses Projekt könnte das Ergebnis der Volkszählung in hundert Jahren um 500 Millionen reduzieren. Je früher die Investition gemacht wird, desto größer wird die Reduktion sein. Schon vorher wäre die Umweltbelastung behoben, die von den Städten der Armen ausgeht und ihre nähere und weitere Umgebung in Mitleidenschaft zieht.

Ohne Zweifel hat der gebende Teil von Entwicklungshilfe das Recht und auf jeden Fall die Macht, sie mit Auflagen zu versehen; der kluge Geber wird jedoch vermeiden, sich dabei von Ideologien leiten zu lassen. Von Anfang an war die wirtschaftliche Entwicklung der unterindustrialisierten Staaten auch von ideologisch geprägten Eingriffen bestimmt. Man erinnere sich an das Dogma der Importsubstitution, bei der mit Hilfe gezielter Investitionen Importwaren durch eine eigene, notfalls mit hohen Zollschranken geschützte Produktion ersetzt werden sollten; das neue Dogma heißt freier Markt.

Der Markt ist die natürliche Grundlage jeder wirtschaftlichen Betätigung. Er entsteht spontan in jeder Shantytown; über Angebot und Nachfrage subventioniert die Schattenwirtschaft die schwache offizielle Wirtschaft und füllt die Lücken aus, die durch protektionistische Schranken geschaffen wurden. Der Schwarze Markt ergänzte die Planwirtschaft der sozialistischen Staaten von Anfang an; er stellte den Staatsmonopolen einen offenen Markt entgegen. Andererseits hat der „Markt", zum Dogma erhoben, den Schaden nur noch vergrößert, den die Rezession der Weltwirtschaft einem unterindustrialisierten Staat nach dem anderen zufügte. Im Namen der marktwirtschaftlichen Kreditwürdigkeit drang man von außen in die verletzlichsten Bereiche der sozialen Entwicklung ein und verlangte den ärmsten Individuen der Gesellschaft einen grausam hohen Tribut ab.

Die Regierungen der unterindustrialisierten Staaten bestimmen über einen viel geringeren Teil des Sozialprodukts ihrer Volkswirtschaft als die Regierung eines marktwirtschaftlich orientierten Industriestaats. So betrachtet, sind sie weit weniger „sozialistisch", obwohl sie sich gern mit dieser Ketzerei schmücken. Ein pragmatischer Geldgeber wird dem Diktum der mexikanischen Wirtschaftswissenschaftler Rocio und René de Villaréal zustimmen: „In manchen Fällen muß der Staat den Markt erst schaffen, bevor er ihn lenken kann." Der wirtschaftliche Erfolg der Schwellenländer, besonders der vier „Tiger" am Rand des Pazifik, Südkorea, Taiwan, Hongkong und Singapur, beruhte von Anbeginn und auch während späterer Krisen auf gnadenloser Regierungsintervention; das hat noch niemanden im Westen daran gehindert, die freie marktwirtschaftliche Entwicklung dieser Länder bei jeder Gelegenheit als Vorbild hinzustellen.

Die unterindustrialisierten Staaten können nicht warten, bis ihre Märkte von allein eine Nachfrage nach Industriekapazität entwickelt haben. Sie müssen das Rennen zwischen Industrialisierung und Bevölkerungswachstum um jeden Preis gewinnen. Die industrielle Technik ist vorhanden; doch der Privatwirtschaft fehlen die finanziellen Reserven und die Risikobereitschaft, in Großanlagen und Schwerindustrie zu investieren. Die öffentliche Hand ist für die Regierung die einzige verläßliche Institution, die den Teufelskreis der kumulativen Verursachung durchbrechen kann, der ihr Land in neokoloniale Abhängigkeit einzementieren würde. Wenn sie einen Industriebetrieb mit staatlichen Mitteln errichtet, wird sie außer von wirtschaftlichen immer auch von politischen Motiven geleitet sein. Es gibt kein Naturgesetz, nach dem ein solches Unternehmen, das möglicherweise in einem kleinen Wirtschaftssystem zu einem Monopol führt, sich in Privatbesitz befinden oder von einem Multi betreut werden müßte; auf dem Spiel steht mehr als eine Wirtschaftsdoktrin.

Natürlich muß sich ein öffentliches Unternehmen auch dem Problem der Wirtschaftlichkeit stellen. Es gibt eine Reihe staatlicher Industriebetriebe, die das erfolgreich vorführten. Einige eroberten sich einen Platz unter den Multis. Zum Nutzen der Weltwirtschaft wirken sie durch ihre bloße Existenz der Konzentration von Wirtschaftmacht entgegen und entwickeln in ihrem Machtbereich neue Initiativen.

Gleichheit und Entwicklung

Wenn man manche Ratschläge aus dem Lager der Dogmatiker der freien Marktwirtschaft* auf ihre Essenz reduziert, können sie nichts anderes, als Sir Humphrey Davys Hohelied der „ungleichen Verteilung von Arbeit und Vermögen" aufs feinsinnigste nachzuäffen. Sie preisen ehrfurchtsvoll die Neigung der oberen Einkommensschichten zum Sparen, singen betroffen das Lied vom Abstumpfen unternehmerischer Initiative bei der kleinsten Steuererhöhung und sprechen kaum noch vernehmbar über die Notwendigkeit von Sozialabgaben. Im Widerspruch zu ihren Dogmen schreit der Entwicklungsindex, der sich ohne Umweg in der Fertilitätsrate niederschlägt, laut nach einer gerechten Einkommensverteilung. Die Statistik bewies längst, daß aus den oberen Einkommensschichten der unterindustrialisierten Staaten kaum Kapital in inländische Investitionen floß, es sei denn in Form von ungeliebten Steuern.

Wo in den unterindustrialisierten Staaten die Kluft zwischen höchsten und niedrigsten Einkommen am größten ist – in den Erdöl exportierenden Staaten bei hohen Einkommen und in den lateinamerikanischen Staaten mit mittleren Einkommen, aber auch in den ärmsten Staaten in Schwarzafrika –, sind die Fertilitätsraten am höchsten. Die Vermögenden legen ihr Geld in den Industriestaaten an, nicht im eigenen Land. Die Staaten, in denen die Einkommen nicht weit auseinanderklaffen – besonders China, aber auch die übrigen Planwirtschaften, die Volkswirtschaften der Schwellenländer Südkorea und Taiwan und mehrere Marktwirtschaften, zum Beispiel Costa Rica –, nähern sich bereits der Bestandserhaltungsrate. Jedes Land ging einen eigenen Weg der gesellschaftlichen Entwicklung, doch alle ließen sich von dem gleichen Sinn für Gerechtigkeit leiten. Nicht zuletzt gelang es ihnen, die unteren Einkommensschichten dafür zu interessieren, mit ihren kleinen Ersparnissen die Entwicklung von Gemeinschaftseinrichtungen und ähnlichen Projekten zu fördern.*

Für die Zukunft der Erde hat das Streben nach Gerechtigkeit langfristig besondere Relevanz. China und Indien zeigten, daß die Hoffnung berechtigt ist, das Bevölkerungswachstum bei einem viel niedrigeren Bruttosozialprodukt pro Kopf stabilisieren zu können, als vor ihnen die Industriestaaten benötigten, um den demographischen Übergang zu schaffen. Mit der Bevölkerung der beiden Staaten wird nach den Industriestaaten die Hälfte der Weltbevölkerung die Bestandserhaltungsgrenze erreichen. Und für eine lange Zeit werden sie weit weniger als die Hälfte der Umweltzerstörung verursachen, für die die Weltbevölkerung insgesamt die Verantwortung trägt.

Der Zustand der Umwelt und die Bemühung um wirtschaftliche Entwicklung fordern gemeinsam die frühestmögliche Anpassung des Menschen an die begrenzte Leistungsfähigkeit der Biosphäre. Die öffentliche Meinung der reichen Staaten wurde schon lange auf die enge Beziehung zwischen Umwelt und Entwicklung aufmerksam und unterstützt das Verlangen der Wähler, die Landschaft vor weiterer Besiedlung zu schützen und Industrie und Straßenbauer daran zu hindern, sie weiter zuzubetonieren. Aus dem gleichen Verständnis für die Umwelt wird auch der notwendige innenpolitische Druck entstehen, damit die reichen Industriestaaten der unterindustrialisierten Welt in zunehmendem Maße wirtschaftliche Hilfe gewähren. Die Bürger erkannten, daß die durchaus bescheidenen Ansprüche der Armen an die Freigebigkeit der Biosphäre erfüllt werden müssen, wenn die menschliche Spezies den Willen hat, auf der Erde zu überleben. Doch politischer Wille allein wird vielleicht nicht ausreichen, um die Hilfe in dem erforderlichen Umfang und in der verfügbaren kurzen Zeit in Gang zu setzen. Ein tiefverwurzelter, „natürlicher" Druck in der inneren Dynamik der Marktwirtschaft muß dazu beitragen.

DER VOLKSWIRTSCHAFTLICHE ZWANG ZUR ENTWICKLUNGSHILFE

Eine Marktwirtschaft steht unter Wachstumszwang. John Maynard Keynes nannte Wachstum „Ausflucht durch Investition" als Ausgleich für die Ungerechtigkeit der Verteilung von Einkommen und Vermögen. Ohne die relativen Anteile zu verändern, steigert Wirtschaftswachstum das Einkommen am unteren ebenso wie am oberen Ende der Einkommensskala, oder verspricht wenigstens, es zu steigern. Die Massenmedien führen den Unterschied zwischen oben und unten immer wieder gerne und gar zu deutlich vor. Das weckt unternehmerische Initiative, meist bei den Empfängern mittlerer Einkommen. Und doch gibt es Schwellen der Enttäuschung oder Frustration, bei deren Überschreiten die politische Stabilität bedroht ist. Selbst die

Wirtschaft der Vereinigten Staaten, die politisch stabilste von allen, muß eine solche Schwelle besitzen. Vielleicht ist sie nicht viel höher als die Zahl von 6,5 Prozent Arbeitslosen, die von den Wirtschaftswissenschaftlern der Regierung noch als „akzeptabel" hingenommen und als Basis angesehen werden, bei der ein Wirtschaftswachstum ohne Inflation zu erreichen ist.

Die Stagnation der Weltwirtschaft setzte alle Marktwirtschaften unter den steigenden politischen Druck, das Wachstum wieder anzuheizen. Die ehemaligen Planwirtschaften unter den Industriestaaten, die nach dem Kollaps ihres politischen Systems an einem toten Punkt gelandet sind, stehen unter dem gleichen Druck. Den brachliegenden Fabriken und unbeschäftigten Arbeitskräften beider Systeme können die unterindustrialisierten Staaten zwar keinen Markt anbieten, der bereit und in der Lage wäre, Importe zu bezahlen, aber eine lange Bedarfsliste, deren Erfüllung mindestens zwei Generationen in den Industriestaaten mit Arbeit versorgt.

Der spezifische komparative Vorteil, durch den sich alle drei Gruppen unterscheiden, kann zur Grundlage einer für jede Gruppe vorteilhaften Lösung werden, bei der sich die wirtschaftliche Zwangslage und der Handlungsbedarf einer jeden Gruppe produktiv vereinigen. Da die komparativen Vorteile komplementär zueinander sind, bietet sich die Organisation eines neuartigen Welthandels in Dreiecksform an, der das Wirtschaftswachstum wieder in Schwung bringt. Der Welthandel war schon einmal in Dreiecksform organisiert und hat zur Finanzierung der ersten industriellen Revolution wesentlich beigetragen: Sklaven aus Afrika, Baumwolle und Molasse aus Amerika, Textilien und Rum aus Europa wurden im Kreis gehandelt. Die Fähigkeit, Konsumgüter zu erfinden und herzustellen, könnte die Marktwirtschaften über Nacht dazu beflügeln, in den ehemaligen Planwirtschaften eine Nachfrage zu befriedigen, die jetzt deren Wirtschaft destabilisiert. Dort kann die brachliegende Überkapazität für die Produktion von Kapitalgütern eingesetzt werden, um die Nachfrage der unterindustrialisierten Staaten zu stillen, während man Erfahrung sammelt, im eigenen Land mit der Nachfrage nach Konsumgütern umzugehen. Die unterindustrialisierten Staaten müßten, um das Dreieck zu schließen, den neubelebten Weltmarkt mit Rohstoffen versorgen.

Ist der Handel im Dreieck erst einmal in Bewegung, dann wird er unternehmerische Initiativen freisetzen, die auf allen Seiten die brachliegenden Ressourcen mobilisieren. In den Chefetagen der westlichen Industriestaaten, wo man sich von der Konkurrenz der früheren Planwirtschaften auf den neu entstehenden Kapitalgütermärkten der unterindustrialisierten Staaten bedroht fühlt, werden die Herren zweifellos darüber nachdenken, welche ökonomischen Leckerbissen sie ihrer jeweiligen Regierung entlocken könnten, damit ihnen der Technologietransfer in die unterindustrialisierten Staaten schmackhaft gemacht wird.

Seit 1941 war die Regierung in Washington der größte Kunde der amerikanischen Industrie. Der Kalte Krieg machte es der Privatwirtschaft leicht, notwendige, aber ausgebliebene Investitionen durch den Verkauf von Waffen an die Regierung zu ersetzen. Als die Kennedy-Regierung im Jahr 1961 ins Amt kam, waren Investitionen und Nachfrage nach Kapitalgütern nicht hoch genug, um das Wirtschaftswachstum des Landes aufrechtzuerhalten. Eine Steuersenkung blieb erfolglos und brachte die erhoffte Investitionswelle der heimischen Wirtschaft nicht ins Rollen. Nur die Herstellung von Rüstungsgütern entpuppte sich als Stimulus für ein gewisses Wirtschaftswachstum oder hielt die Wirtschaft zumindest in Gang.

Die Produktion von Investitionsgütern oder von Rüstungsgütern schafft Arbeitsplätze, ohne daß dabei Produkte erzeugt werden und auf den Markt kommen, durch deren Kauf die gezahlten Gehälter gleich wieder absorbiert werden. Deshalb schaffen die Gehälter eine zusätzliche Nachfrage nach Konsumgütern und damit zusätzliche Arbeitsplätze in der Konsumgüterindustrie; erst durch diesen Multiplikatoreffekt fördert die Produktion von Rüstungsgütern oder von Investitionsgütern das Wachstum der Wirtschaft oder läßt sie wenigstens auf der Stelle treten. Die Beschaffung von militärischer Ausrüstung hielt die amerikanische Wirtschaft in Schwung, weil dabei ein genügend großer Teil der industriellen Produktion aus dem Markt herausgenommen und von der Regierung buchstäblich wieder vergraben wurde.

Eine Regierung, die Investitionsgüter und Konsumgüter einkauft, um die industrielle Revolution in den unterindustrialisierten Staaten zu stimulieren, erzielt das gleiche volkswirtschaftliche Resultat wie beim Einkauf von Rüstungsgütern, ohne daß sie die nützlichen Güter ebenfalls unterirdisch lagern müßte; sie werden dem Markt entzogen, indem sie ins Ausland verschifft werden. Damit wird im Ausland ein Wirtschaftswachstum angeregt, das über kurz oder lang echte Märkte für langlebige Exportgüter entstehen läßt, an die die Industrie dann auch ohne das Dazwischentreten einer Regierung verkaufen kann.

Für die Regierung der Sowjetunion waren Rüstungsaufträge der Ausweg aus der Unfähigkeit des Systems, Konsumgüter herzustellen und zu vermarkten. Wenn aber keine Waffen mehr herzustellen sind und die Wirtschaft dennoch in Schwung gehalten werden soll, dann haben beide Wirtschaftssysteme Anlaß, zur Beseitigung der Armut auf der Welt gemeinsam Kapitalausrüstungen und Verbrauchsgüter zu produzieren.

ENTWICKLUNGSHILFE KOSTET WENIG

Paul Hoffman, in der freien Wirtschaft erfahrener Vorstand des früheren amerikanischen Automobilkonzerns Studebaker-Packard, übernahm im Jahr 1959 den Vorsitz des UN-Sonderfonds, dem Vorläufer des Entwicklungsprogramms der Vereinten Nationen. Er legte seinen steuerzahlenden Mitbürgern – und auch denen aller anderen Industriestaaten – dringend ans Herz, einmal darüber nachzudenken, wie wenig Entwicklungshilfe tatsächlich kostet und wieviel man mit dem Wenigen erreichen kann. Von jedem Dollar Entwicklungshilfe blieben 80 Cents im eigenen Land zurück, die für Anlagen, Maschinen und andere Güter ausgegeben würden. Die Löhne der Arbeitskräfte, die die Anlagen herstellten, würden andere wirtschaftliche Aktivitäten im Lande auslösen, die mindestens auf einen weiteren Dollar zu veranschlagen seien. Das Netto der Entwicklungshilfe von zwanzig Cents würde im Empfängerland zusätzliche Investitionen von fünf Dollar für den Bau der Industriegebäude oder die Verbesserung der Infrastruktur ankurbeln, ohne die die Anlage nicht in Betrieb genommen werden könne. Das „Sparkapital" für den größeren Teil der Investition sei im Empfängerland längst in Hülle und Fülle vorhanden und warte nur darauf, eingesetzt zu werden: unterbeschäftigte Arbeitskräfte und ungenutzte Ressourcen.

Die Japaner konnten am Beispiel Ost- und Südostasiens eindrucksvoll beweisen, was für jeden Industriestaat gilt: Wenn die eigene Technik in einem unterindustrialisierten Land installiert und die wirtschaftliche Entwicklung mit dieser Technik angestoßen wird, dann wird das Land unweigerlich zu einem Absatzmarkt für weitere Technik des Geberlandes. In der amerikanischen Wirtschaft wird die

Umstellung von der Produktion niemals eingesetzter Waffen auf die Produktion einsatzfähiger Güter zu neuem Wachstum führen. Der größte Handelspartner der USA ist Kanada mit dreißig Millionen Einwohnern. Mit ihnen wickeln die Vereinigten Staaten anderthalbmal so viele Geschäfte ab wie mit der sechzehnmal so großen Bevölkerung Lateinamerikas. Wird der lateinamerikanische Markt durch amerikanische Hilfe auf den kanadischen Entwicklungsstand gebracht, dann könnte das wegen der Herkunft der Entwicklungshilfe zu einem vergleichbaren Marktanteil wie in Kanada führen; der lateinamerikanische Markt für Waren aus den USA würde sich auf das Vierundzwanzigfache vergrößern. Die schizophrenen wirtschaftlichen Verhältnisse auf den Märkten der Staaten Süd- und Mittelamerikas und Schwarzafrikas können aber zur Zeit kaum einen amerikanischen Unternehmer zu besonderer Aktivität veranlassen.

Der massive Technologietransfer für die weltweite industrielle Revolution würde erleichtert, wenn die Nationalstaaten sich entschließen könnten, mehr Souveränität an die neuen multilateralen Behörden abzutreten, die überall auf der Welt entstehen. Die Europäische Gemeinschaft ist sicher besser für Entwicklungshilfe gerüstet als nationale Volkswirtschaften, die in ihren unterschiedlichen Interessensphären mehr oder weniger postimperiale Ziele verfolgen. Die EG ist sicher auch eher bereit, an der Seite der Vereinigten Staaten und Japans die Nothilfe zu leisten, um die wirtschaftliche Entwicklung, zum Beispiel in Schwarzafrika, wieder anzukurbeln.

Die Europäische Gemeinschaft ist eine supranationale Behörde, der man auch einen multinationalen Konzern unterstellen könnte. Eine starke Behörde kann Multis unter Umständen sogar dazu anregen, ein beschleunigtes Wirtschaftswachstum in einem ihrer unterindustrialisierten Gastgeberstaaten als Merkposten in die Investitionsplanung einzubeziehen.

Parallel dazu sind multilaterale Wirtschaftsgemeinschaften der unterindustrialisierten Welt wegen ihrer rationaleren Organisation die geeigneteren Empfänger von Entwicklungshilfe; sie werden innerhalb der Weltwirtschaft später gemeinsame Märkte für Industrie und Handel bilden. Nicht zuletzt werden die neuen Gemeinschaften wie der *Central American Common Market,* die *Carribean Community,* die *West African Economic Community* und die *Association of Southeast Asia Nations* durch die Logik der Ökologie genauso zusammengeschweißt wie durch wirtschaftliche Interessen. Vielen Staaten Schwarzafrikas, deren Wirtschaft überhaupt nicht selbständig existieren kann, erwächst aus der Bündelung der Ressourcen in kontinentüberspannenden oder kleineren Einheiten ein neuer komparativer Vorteil.*

Ökologische Überlegungen werden wahrscheinlich den Ausschlag geben, daß sich bedeutende Wirtschaftsgemeinschaften um die großen Flußtäler gruppieren, um sie zu entwickeln und zu erhalten. Zwei Drittel der Weltbevölkerung leben in den Einzugsgebieten von fünfunddreißig großen Strömen, und nur ein Dutzend liegt innerhalb der Grenzen eines einzigen Staates.

Trotz der explosiven politischen Situation haben sich Syrien, Jordanien, Libanon und Israel von Anfang an stillschweigend an den Plan des amerikanischen Landwirtschaftsexperten Walter C. Lowdermilk gehalten, den er 1940 für die Nutzung des Jordanwassers aufgestellt hat. Wenn in Indochina endlich Frieden eingekehrt sein wird, dann werden die vier Staaten der Halbinsel hoffentlich den Mekong Valley Plan anpacken und den riesigen Strom, der zweimal im Jahr bei Hochwasser fünfzigmal so viel Wasser führt wie bei normalem Wasserstand, für Bewässerung und Stromerzeugung nutzbar machen; dann fände auch ihre Bevölkerung von beinahe 150 Millionen Menschen schneller durch den demographischen Übergang. Der lange Krieg hinderte das Mekong Valley-Konsortium, dem alle Staaten der indochinesischen Halbinsel angehören, nicht daran, bereits die Grundlagen für seine Ausführung zu schaffen. Der Schutz des Amazonasbeckens berührt die Interessen von Kolumbien, Equador, Peru und Bolivien nicht weniger als die von Brasilien; die anhaltende Zerstörung des Regenwaldes führte bereits zu einer gegenseitigen Abstimmung über geplante Maßnahmen.*

Man kann beobachten, daß sich allmählich politische und wirtschaftliche Organisationsformen herausbilden, aus denen eine endgültige politische Ordnung der Welt erwachsen könnte. Die Nationalstaaten sind auf dem Wege, ihre wirtschaftliche Macht an die Kräfte der von ihnen nicht zu kontrollierenden Devisenbörsen und an einen von Multis beherrschten Weltmarkt zu verlieren. Minoritätenprobleme und Regionalkonflikte beschleunigen den Zusammenbruch. Übernationale ökonomisch-ökologische Zusammenschlüsse sind ein Gebot der Vernunft.

Gemeinsam mit der industriellen Revolution kommt weltweit auch die Technologie zur Regeneration und Erhaltung der Biosphäre in Gang. Die erste Sorge gilt dem Anstieg des Energieverbrauchs auf das

Vier- bis Fünffache. Die Herstellung von Wasserstoff mit Solarenergie befindet sich im Stadium von Pilotanlagen, in denen entweder Photovoltaik direkt eingesetzt wird oder im Meerwasser gespeicherte Sonnenenergie nach dem OTEC-Verfahren* nutzbar gemacht wird. In Form von Wasserstoff läßt sich auch geothermische Energie aus dem heißen Erdinneren speichern und transportieren. Vom 21. Jahrhundert an wird Wasserstoff die fossilen Brennstoffe bei allen Verbrennungsvorgängen allmählich ersetzen. Der Energiebedarf der technischen Zivilisation kann dann von der Sonne, die schätzungsweise noch fünf Milliarden Jahre scheinen wird, und von Wasserstoff, dem Element, das im Kosmos am häufigsten vorkommt, gedeckt werden. Der Verbrauch von Energie wird das energetische Gleichgewicht nicht weiterhin stören oder die Temperatur der Erde verändern.

Die Bemühungen, die Landwirtschaft zu vervollkommnen, sollten nie eingestellt werden; ihre Methoden waren dem Alltag bisher immer so weit voraus, daß jeder Bauer zu jeder Zeit doppelt so viel hätte ernten können, wie er im Augenblick erwirtschaftete. Zur Zeit liegen die besten Hektarerträge jeder gängigen Getreidesorte viermal so hoch wie der Weltdurchschnitt. Nur dann, wenn die besten Methoden nicht optimal angewendet werden, wird man die landwirtschaftliche Nutzfläche im nächsten Jahrhundert vergrößern müssen. Auch wenn sich die grüne Revolution über die ganze unterindustrialisierte Welt verbreitet hat, werden örtliche Mißernten nicht zu vermeiden sein, ebensowenig wie die Folgen der jährlichen Klimaschwankungen; das führt zu einer besonderen Verpflichtung der Landwirtschaft in den Industriestaaten. Sie müssen weiter Überschüsse produzieren und auf Vorrat halten, um einer temporären Verknappung oder einer drohenden Hungersnot, besonders in Afrika, gewachsen zu sein.

Sobald der Nahrungsmittelbedarf seinen Höhepunkt erreicht hat, wahrscheinlich in der zweiten Hälfte des 21. Jahrhunderts, werden die gestiegenen Hektarerträge erlauben, die landwirtschaftliche Fläche allmählich zu reduzieren. Vorher wird die kostbare Ressource Boden allerdings durch politische Fehler und falsches menschliches Verhalten und nicht etwa aus Mangel an Wissen bis an den Rand der Erschöpfung ihrer Produktivität ausgebeutet werden. Da schrumpfende Erträge nicht zu verantworten sind, wird man sich über kurz oder lang von allen schlechten Gewohnheiten trennen und Anbaumethoden einführen müssen, bei denen die Bodenfruchtbarkeit erhalten bleibt; der Anfang ist gemacht. Bald wird die Hälfte der Menschheit in Städten leben; das Kompostieren von städtischem Müll erweist sich auch wirtschaftlich als sinnvoll. Der entstandene Kompost düngt den Boden, aus dem er ursprünglich stammt.

Durch modernes Design wird die Menge des verbrauchten Rohmaterials pro Einheit des Bruttosozialprodukts verringert. Ein Personenkraftwagen enthält heute 25 Prozent weniger Stahl als 1950. Die Hochöfen der Stahlwerke werden längst mit Schrott gefüttert. Eine wachsende Weltwirtschaft wird nach mehr Nichteisenmetallen verlangen; der Umfang des Recycling nimmt schon heute zu und ist, zusammen mit besserem Design, dem künftigen Bedarf gewachsen.

Die Ressourcen hochwertiger, selten vorkommender Elemente werden geschont, weil simplere und häufiger vorkommende Stoffe sie ersetzen können. Das Sinnbild dieser Entwicklung in der Technologie von heute ist Silicium. In den verschiedensten Verbindungen mit Sauerstoff, vom Feuerstein bis zu den Tonmineralen, war Silicium der Werkstoff der ersten Handwerker, die später das Tongefäß zur Speicherung der Ernte erfanden. Als Halbleiterchip und lichtleitende Glasfiber ist Silicium heute das Material für das erweiterte menschliche Nervensystem. Es ersetzt nicht nur das früher verwendete Kupfer, es hat Reichweite und Empfindlichkeit des Nervensystems weit über die Möglichkeiten des Kupfers hinaus verstärkt. Silicium ist das Element, das für die Photovoltaik am meisten verspricht; es wird die Industriegesellschaften hoffentlich bald mit elektrischer Energie versorgen. Nach Sauerstoff ist Silicium das zweithäufigste Element der Erdkruste. Die Verwendung in der Hochtechnologie wird dem Einsatz in niederen technischen Bereichen nicht entgegenstehen, wo es als Glas oder Baustoff tonnenweise mehr menschliche Bedürfnisse erfüllt als jedes andere Element. Über die Versorgung mit Kohlenstoff, Stickstoff, Sauerstoff, Wasserstoff und Silicium braucht sich niemand Sorgen zu machen. Die ersten vier Elemente sind der Rohstoff der Biotechnologie; die letzten beiden sind die Ressourcen für die unerschöpfliche Anwendung der physikalischen Technik.

Die Industriegesellschaft muß sich eher darüber Gedanken machen, was mit dem gebrauchten Material geschehen soll. Wie gründlich man auch sammelt und recycelt, immer werden Stoffe übrigbleiben, die beseitigt werden müssen. Von der Müllkippe bis zur Müllverbrennung: was man sich ausdenkt, wird eine nahe oder ferne Umwelt verunstalten oder zerstören. Wenn hier etwas Neues entdeckt wird, dann erschließt sich der Technik wahrlich Neuland.

Vielleicht wird die Beschäftigung mit dem Wasserkreislauf den Anstoß zu einer umfassenden Lösung geben. Der Regen und sein Abfluß transportieren alles, was sich auf dem Land befindet, und schließlich auch das Land selbst ins Meer. Die Abwässer der Industrienationen haben Flußmündungen und Küstengewässer schon auf Jahrzehnte hinaus verseucht, langsam dringt das Gift in die Schelfmeere vor; sie sind die fruchtbarsten Küstengewässer und die schönsten dazu.

Schon vor einer Generation haben einige Ozeanographen angeregt, den natürlichen Kreislauf der Hydrosphäre zu überspringen und den Müll vom Land auf direktem Wege in die Tiefsee zu befördern; man werde die Tiefseegräben schon noch genauer erkunden, deren Boden am weitesten von jedem irdischen Leben entfernt ist. Sie liegen in den Subduktionszonen, wo der vom Erdmantel nach unten gezogene Meeresboden den Müll in die Tiefe der geschmolzenen Gesteine mitnimmt und dort einbindet, woher seine Elemente einst gekommen waren und von wo sie vielleicht eines Tages in neuer Zusammensetzung wieder an die Erdoberfläche zurückkehren werden (Bild 16). Man wird multilaterale Abkommen, politische Institutionen und internationale Abfallverwertungsunternehmen brauchen, die den Müll sammeln und entscheiden, an welche Stelle er kommen soll und ihn dann dorthin transportieren.*

Ein anderes und viel bedrohlicheres Problem ist der Giftmüll. Die chemische und die metallurgische Industrie werden noch lange Zeit Gift hervorbringen, in steigender Menge und in immer neuen Variationen. Das Gift kontaminiert die Abwässer der großen Städte und macht diesen an sich wertvollen Rohstoff unbenutzbar. Hier ist kein technisches Neuland mehr zu entdecken. Böse und kostspielige Erfahrungen bringen die betroffenen Industrien dazu, ihre Prozeßabläufe neu zu durchdenken und entstehende Abfallstoffe an Ort und Stelle in den Herstellungsprozeß zurückzulenken. Die gesonderte Beseitigung giftiger Konsumgüter wie Trockenzellenbatterien kann bei wachsendem Umweltbewußtsein durch Pfand, Belohnung oder Strafe erzwungen werden. Nach dem Beispiel der Konvention von Montreal, mit der die FCKWs geächtet wurden, müssen multilaterale Behörden die Einführung von neuen Stoffen in Produktionsprozesse und Verbrauchsgüter genehmigen und ihre Beseitigung überwachen. Erst dann wird die Hauptmasse des städtischen Mülls kompostierbar werden.

Die Erde im Gleichgewicht

Die nächsten fünfzig Jahre bescheren der Weltbevölkerung die letzte große Wachstumswelle. Gleichzeitig muß die industrielle Revolution mit der größten Welle menschlicher Not zurechtkommen. Hundert Jahre lang werden ungestillter Bedarf und gänzlich unbekannter Bedarf die Industrieproduktion expandieren lassen. Es wird also hundertfünfzig Jahre dauern, bis die Kurve der wirtschaftlichen Expansion ihren Zenit erreicht hat und alle Bedürfnisse der wachsenden Weltbevölkerung erfüllt werden können, die schließlich bei zehn oder elf Milliarden Menschen ihren stationären Zustand erreicht haben wird. Das läßt der Menschheit genug Zeit, über ihre Wertvorstellungen nachzudenken und ihre Gesellschaft neu zu organisieren. Es ist noch nicht lange her, daß die Gesellschaft Wertvorstellungen und Institutionen besaß, die aus der Verwaltung des Mangels Hochkulturen schufen. Dagegen mißlang es der Menschheit bis jetzt nicht nur, die industrielle Revolution zum Vorteil der wachsenden Weltbevölkerung einzusetzen, sie bringt die Erde selbst in Gefahr. Auf der Zeitskala der gesellschaftlichen Evolution vollzog sich die industrielle Revolution so abrupt, daß sich noch keine Wertvorstellungen für die Verteilung des neugewonnenen Reichtums herausbilden konnten.

Die Denkschemata einer Wirtschaft des Wachstums müssen, so viel ist heute schon klar, dem Gedanken einer Wirtschaft der Gerechtigkeit weichen. Die moralische Frage, die implizit in diesem allerletzten Übergang enthalten ist, schlummerte schon immer im Unbewußten der Wirtschaftswissenschaft, seit Adam Smith sie der *invisible hand,* der ‚unsichtbaren Hand' zugeordnet hatte. Die Menschen werden gut daran tun, John Stuart Mill zu konsultieren, wenn sie nach der notwendigen Neuorientierung ihrer Wertvorstellungen für Produktion und Verteilung von Gütern suchen. Er schrieb vor einhundertfünfzig Jahren:*

> Die Volkswirte müssen es stets mehr oder minder deutlich erkannt haben, daß die Zunahme des Nationalvermögens nicht unbegrenzt sei, daß am Ende des sogenannten progressiven Zustandes der stationäre Zustand liege, daß jeder Fortschritt im Vermögen ein Hinausschieben des letzteren sei und jeder Schritt vorwärts uns diesem näher bringe ... Es dürfte die Bemerkung kaum notwendig sein, daß ein stationärer Zustand des Kapitals und der Bevölkerung

keineswegs einen stationären Zustand der menschlichen Verbesserungen in sich schließt. Der Spielraum für alle Arten geistiger Entwicklung sowie des moralischen und sozialen Fortschritts würde dabei nicht verkürzt werden; es wäre ebenso viel Raum vorhanden für die Ausbildung der Kunst des Lebens und mehr Aussicht für das Gelingen derselben, wenn die Kunst des Erwerbens die Geister minder ausschließlich in Anspruch nähme.

Die Verdoppelung der Weltbevölkerung kündigt sich an. Die Menschheit muß die Neuordnung ihrer Werte und Institutionen zustandebringen. Uns bleibt nur noch ein Jahrhundert Zeit, um den stationären Zustand unserer Begierden und unserer Zahl zu erreichen und mit der endlichen Dimension unseres Planeten und dem verletzlichen Kreislauf der Biosphäre in Einklang zu kommen. Es liegt in unseren Händen, diese eine Welt zu gestalten und zu behalten.

Anmerkungen und Literatur

Die Bibliographie weist nicht nur die Herkunft der wissenschaftlichen Aussagen und Daten nach. Sie soll den Leser auch zur gründlicheren Beschäftigung mit Themen anregen, die im eingeschränkten Rahmen dieses Buches nicht erschöpfend behandelt werden konnten. Sind deutsche Übersetzungen der Bücher und Artikel, auf die das Original Bezug nimmt, zugänglich, so wurde aus ihnen zitiert.

Die bibliographischen Anmerkungen sind nach Buchseiten geordnet und daher leicht aufzufinden. Ein Stichwort, das der Anmerkung vorangeht, soll die Orientierung zusätzlich vereinfachen.

Bei der Zusammenstellung der Bibliographie wurde mir erst bewußt, wie lange ich an diesem Buch gearbeitet habe. Eine Anmerkung bezieht sich auf den Leitartikel des *Scientific American* vom Mai 1948. Mit diesem Heft begannen meine Freunde und ich, ein neues Konzept für ein Wissenschaftsmagazin unter dem damals schon 102 Jahre alten Namen *Scientific American* zu verwirklichen. Es ging mir darum, die Verbindung von Geschichte und Naturwissenschaft deutlich zu machen und möglichst vielen Lesern die Ergebnisse der wissenschaftlichen Forschung näherzubringen. Heute wird *Scientific American* in neun Sprachen rund um die Welt gelesen.

KAPITEL 1

Seite 1 Bevölkerungswachstum und Bevölkerungsexplosion:
Bryant Robey, Shea O. Rutstein und Leo Morris, „Familienplanung in Entwicklungsländern." *Spektrum der Wissenschaft* 2/1994.
Nathan Keyfitz, „Probleme des Bevölkerungswachstums." *Spektrum der Wissenschaft* 11/1989.
Herwig Birg, „Die demographische Zeitenwende." *Spektrum der Wissenschaft* 1/1989.
Davidson R. Gwatkin und Sarah K. Brandel, „Bevölkerungsexplosion – ein Ende in Sicht?" *Spektrum der Wissenschaft* 7/1982.

Seite 8 Beschleunigung der industriellen Revolution:
Industriespionage, Schmuggel von Maschinen und Abwerbung von Fachkräften waren wichtige Mittel der Preußischen Gewerbepolitik, um die moderne Dampftechnik im technisch rückständigen Preußen einzuführen. Im Jahr 1826 schickte der König von Preußen Wilhelm Beuth und Friedrich Schinkel nach England. Sie verschafften sich mit hohen Bestechungsgeldern heimlich Zutritt zu verschiedenen Fabriken, skizzierten alles, was ihnen unter die Augen kam, besonders Stahlkonstruktionen und Maschinen und umgingen Ausfuhr- und Auswanderungsverbote der britischen Regierung. Am Ende der Reise brachten sie einen englischen Ingenieur außer Landes, der die einheimischen Schmiede in Maschinenbau unterrichtete (Anm. d. Übersetzers).
Ilja Mieck, „Von der Kopie zur Innovation: Einführung der Dampfkraft in Preußen." *Spektrum der Wissenschaft* 5/1982.

Seite 11 Weitere statistische Angaben sind zu finden in:
Statistisches Jahrbuch 1993 für die Bundesrepublik Deutschland. Stuttgart: J. B. Metzler / C. E. Poeschel 1993.
Statistisches Jahrbuch 1993 für das Ausland. Stuttgart: J. B. Metzler/ C. E. Poeschel 1993.
Statistisches Handbuch 1993 für die Republik Österreich. Wien: Österr. Statist. Zentralamt 1993.
Statistisches Jahrbuch der Schweiz 1993. Bern: Eidgenössisches Statistisches Amt 1993.
1993 Statistical Abstracts of the United States. Washington, D. C.: Bureau of the Census 1993.
Historical Statistics of the United States, Colonial Times to 1970. Washington, D. C.

Eisen und Stahl:
Man braucht nicht in den Archiven zu graben, um festzustellen, daß in der Geschichte nie mehr als 100 000 Tonnen Eisen pro Jahr hergestellt wurden; multipliziert man diese Jahresproduktion mit 10 000 Jahren, die seit der ersten landwirtschaftlichen Revolution vergangen sind, erhält man eine Milliarde Tonnen. Anfang des 19. Jahrhunderts wurden zum ersten Mal eine Million Tonnen pro Jahr erreicht, 10 Millionen Mitte des 19. Jahrhunderts, und 100 Millionen Tonnen kurz vor dem ersten Weltkrieg, sodaß bis 1950 knapp 5 Milliarden Tonnen produ-

ziert wurden. Seitdem kletterte die Produktion von Eisen und Stahl bis auf 750 Millionen Tonnen jährlich und hinterließ weitere 10 Milliarden Tonnen Eisen auf der Erdoberfläche. Jetzt überschreitet die Weltproduktion eine Milliarde Tonnen pro Jahr.

Fossile Brennstoffe:
Siehe Kapitel 4: Energie; Abbildungen 27 und 28.
Gerhard Bischoff und Werner Gocht, *Energietaschenbuch*. Braunschweig/Wiesbaden: Vieweg, 2. Auflage 1984.

Elektrische Energie:
Die Stromerzeugung der Welt betrug 1950 weniger als 1000 Milliarden Kilowattstunden, erreichte 1960 mehr als 2000 Milliarden Kilowattstunden, 1970 knapp 5000 Milliarden und 1990 mehr als 10 000 Milliarden Kilowattstunden.

Seite 12 **Erweiterung der menschlichen Wahrnehmungsfähigkeit:**
Philip Morrison, Charles Eames et al., *Zehn^{Hoch}*. Heidelberg: Verlag Spektrum der Wissenschaft 1982.

Wissenschaftsphilosophie:
Percy Bridgman, *Physikalische Forschung und soziale Verantwortung. Gedanken eines Physikers*. Frankfurt/Wien: Humboldtverlag 1954.

Seite 14 **Die Mechanisierung der Arbeit:**
Themenheft: Werkzeuge, Maschinen, Computer, Roboter. *Spektrum der Wissenschaft* 11/1982.

Seite 15 **Demographischer Übergang:**
Siehe die Noten zu Seite 1

Die Malthusische Gleichung:
Thomas Robert Malthus, *Versuch über das Bevölkerungsgesetz*. Berlin: 2. Auflage Prager 1900. Nachdruck 1964. Malthus rechnet die angenommenen Reihen bis zu acht beziehungsweise zwölf Verdoppelungen und erhält dabei das Verhältnis Nahrung zu Bevölkerung 9 zu 256 beziehungsweise 13 zu 4096.

Seite 16 **Ende des Bevölkerungswachstums:**
World Development Report, 1993. Oxford: World Bank/Oxford University Press 1993. Deutsch: *Weltentwicklungsbericht 1993*. Washington, D. C.: Weltbank und UNO-Verlag Bonn 1993.
Weltbank, *Jahresbericht 1993*. Washington, D. C. 1993.
World Population Prospects: Estimates and Projections as Assessed in 1984. New York: United Nations, Population Division 1986.

Seite 18 Entwaldung:
Robert Repetto, „Die Entwaldung der Tropen, ein ökonomischer Fehlschlag." *Spektrum der Wissenschaft,* Juni 1990.
Peter van Dresser, „The Future of the Amazon." *Scientific American* 5/1948.

Seite 20 Werkzeugmacher:
Richard E. Leaky und Roger Lewin, *Der Ursprung des Menschen.* Frankfurt: S. Fischer 1993.

Seite 21 Zahl der Menschen, die je auf der Erde gelebt haben:
Edward S. Deevey, „The Human Crop." *Scientific American* 4/1956.

Seite 22 Die landwirtschaftliche Revolution:
Robert J. Braidwood, „The Agricultural Revolution." *Scientific American* 9/1960.
Arnold Toynbee, *Menschheit und Mutter Erde.* Düsseldorf: Claasen 1979.

Seite 23 Der Anfang der industriellen Revolution:
John U. Nef, *The Conquest of the Material World.* Chicago: University of Chicago Press 1964.
Jochim Varchmin und Joachim Radkau, *Kraft, Energie und Arbeit.* Reinbek: Deutsches Museum/Rowohlt 1981.
Die Eroberung der Meere:
Elisabeth Mann Borgese, *Das Drama der Meere.* Frankfurt: S. Fischer 1977.
J. H. Parry, *The Discovery of the Sea.* New York: The Dial Press 1974.

Seite 24 Lunar Society:
Lord Ritchie-Calder, „Ein Elitezirkel vor 200 Jahren: Die Lunar Society von Birmingham." *Spektrum der Wissenschaft* 8/1982.

Seite 25 Zwangssparen:
B. S. Keirstead, *Capital, Interest and Profits.* Oxford: Blackwell 1959.

Seite 26 Kohlen-Kapitalismus:
Asa Briggs, „Technology and Economic Development." *Scientific American* 9/1963.
Verborgene Geschichte:
Friedrich Engels, *Die Lage der arbeitenden Klassen in England* 1845; Nachdruck Berlin: Dietz Verlag 1979.

Eric Williams, *Slavery and Capitalism*. Chapel Hill: University of North Carolina Press 1944.

E. P. Thompson, *Die Entstehung der englischen Arbeiterklasse*. Frankfurt: Suhrkamp 1987.

Seite 27 **Kindermord:**
William L. Langer, „Checks on Population Growth." *Scientific American* 2/1972.

Seite 28 **Die Hoffnung von Bretton Woods:**
Alvin H. Hansen, *Die Rolle Amerikas in der Weltwirtschaft*. Wiesbaden: Limes 1947.

Seite 29 **Entwicklungshilfe:**
Measures for the Economic Development of Under-Developed Countries. Lake Success: United Nations 1951.

Themenheft: Technology and Economic Development. *Scientific American* 9/1963.

John Kenneth Galbraith, *Wirtschaftliches Wachstum*. Frankfurt: Europäische Verlagsanstalt 1967.

Seite 30 **Die zwei Kulturen und die Reaktion der „anderen" Kultur:**
Charles Percy Snow, *Die Zwei Kulturen*. Stuttgart: Klett-Cotta 1967.

Seite 34 **Multinationale Konzerne:**
Centre on Transnational Corporations, *Transnational Corporations in World Development; Third Survey 1983,* und *Fourth Survey 1988.* New York: United Nations 1983, 1988.

Kapitalflucht:
Donald R. Lessard, *International Financing for Developing Countries: The Unfulfilled Promise*. Washington, D. C.: The World Bank 1986.

Seite 36 **World Commission on Environment and Development:**
WCED, *Our Common Future*. New York: Oxford University Press 1987.

Seite 37 **Relative Belastung des Bruttosozialprodukts:**
UNIDO (Organisation für industrielle Entwicklung), *Industry in a Changing World*. New York: United Nations 1983.

Im positiven Sinn konnte die Bundesrepublik Deutschland zeigen, was für einen Industriestaat machbar ist, ohne den Lebensstandard der Bevölkerung zu gefährden: Seit der Wende werden jährlich mehr als 100 Milliarden Dollar oder sieben Prozent des Bruttosozialprodukts für laufende Ausgaben und für staatliche und private Investitionen in die neuen Bundesländer transferiert.

Seite 38 Wirtschaftswachstum in der Sowjetunion:
Diverse Statistische Berichte der Vereinten Nationen: Siehe Kapitel 3.
Raymond P. Powell, „Economic Growth of the USSR." *Scientific American* 12/1968.

Seite 41 „Lausige Jobs":
Eli Ginzberg, „Youth Employment." *Scientific American* 5/1980.

Seite 43
New Deal ist die Bezeichnung für Präsident Franklin D. Roosevelts Wirtschaftsprogramme zur Beendigung der Wirtschaftskrise 1933-35 (1. Phase) und 1935-38 (2. Phase).

Seite 44 Nahrungsmittelversorgung:
John Bongaards, „Genug Nahrung für zehn Milliarden Menschen?" *Spektrum der Wissenschaft* 5/1994.
Roger Revelle, „Soil Dynamics and the Sustainable Carrying Capacity of the Earth." In: T. F. Malone and J. S. Roederer, (Hrsg.), *Global Change*. New York: Cambridge University Press 1985.
Bei einer seiner Rechnungen hat Revelle offenbar die üblichen 3600 Kilokalorien pro Kilo Getreide zu 4000 Kilokalorien aufgerundet. Rechnet man mit den konventionellen 3600 Kilokalorien weiter, erhöht sich der absolute Nahrungsmittelbedarf um zehn Prozent.

Seite 46 Energieverbrauch:
Fischer-Weltalmanach 1994. Frankfurt: Fischer 1993.
Gerhard Bischoff und Werner Gocht, *Energietaschenbuch*. Braunschweig und Wiesbaden: Vieweg 1984.

Seite 47 Nachhaltige Entwicklung der Biosphäre:
Robert Repetto, „Die Bewertung natürlicher Ressourcen." *Spektrum der Wissenschaft* 8/1992.
W. C. Clark und R. E. Munn (Hrsg.), *Sustainable Development of the Biosphere*. Cambridge: Cambridge University Press 1986.
Biosphäre und Noosphäre:
Vladimir Iwanowitsch Vernatzky, *The Biosphere*. Nachdruck. London: Synergetic Press 1986.

Teilhard de Chardin, *Werke*, Bd.4: *Die Schau in die Vergangenheit;* Bd. 5: *Die Zukunft des Menschen.* Olten: Walter-Verlag 1965.

KAPITEL 2

Seite 57 Die dynamische Erde:
Themenheft: Die dynamische Erde. *Spektrum der Wissenschaft* 11/1983.
Entwicklung der Atmosphäre:
Thomas Staudacher und Philippe Sarda, „Die Entwicklung der Atmosphäre aus dem Erdmantel." *Spektrum der Wissenschaft* 2/1993.
Seite 59 Ursprung des Lebens:
John Horgan, „Schritte ins Leben." *Spektrum der Wissenschaft* 4/1991.
Chemische Evolution:
Manfred Eigen, *Stufen zum Leben. Die frühe Evolution im Visier der Molekularbiologie.* München: R. Piper 1987.
Manfred Eigen, William Gardiner, Peter Schuster und Ruthild Winkler-Oswatitsch, „Ursprung der genetischen Information." *Spektrum der Wissenschaft* 6/1981.
Richard E. Dickerson, „Chemische Evolution und der Ursprung des Lebens." *Spektrum der Wissenschaft* 9/1979.
DNA ist die Abkürzung für *Deoxyribonucleic Acid;* früher DNS, Desoxyribonukleinsäure.
Seite 60 Tonminerale:
A. G. Cairns, „Bestanden die ersten Lebensformen aus Ton?" *Spektrum der Wissenschaft* 8/1985.
Seite 61 Licht und Leben:
Max Delbrück and Roderick K. Clayton, „Purple Bacteria." *Scientific American* 11/1951.
Evolution der Zelle:
Themenheft: Die Moleküle des Lebens. *Spektrum der Wissenschaft*, 12/1985.
Christian de Duve, *Die Zelle. Expedition in die Grundstruktur des Lebens.* Heidelberg: Verlag Spektrum der Wissenschaft 1986.

Seite 63 Evolution der Atmosphäre:
H. D. Holland und M. Schidlowski, *Mineral Deposits and the Evolution of the Atmosphäre.* Dahlem Workshop Report PC3. Heidelberg: Springer-Verlag 1982.
Manfred Schidlowski, „Die Geschichte der Erdatmosphäre." *Spektrum der Wissenschaft* 4/1981.
Ozonschicht:
Der Abschirmeffekt entsteht, weil ultraviolettes Licht zuerst normale Sauerstoffmoleküle (O_2) in zwei Einzelatome (O) zerlegt, die sich mit anderen Sauerstoffmolekülen zu Ozon (O_3) verbinden. Das Ozon absorbiert wieder Energie der UV- und anderer energiereicher Strahlung, es entstehen Sauerstoffmoleküle (O_2) und Einzelatome.
Richard S. Stolarski, „Das Ozonloch über der Antarktis." *Spektrum der Wissenschaft* 3/1988.

Seite 65 Symbiose und Evolution:
Lynn Margulis, „Symbiosis and Evolution." *Scientific American* 8/1971.
Fossilien aus dem Burgess-Schiefer:
S. C. Mossis und H. B. Whittington, „Die Tierwelt des Burgess-Schiefers." *Spektrum der Wissenschaft* 9/1979.

Seite 69 Kontinentalverschiebung:
J. Tuzo Wilson, „Kontinentaldrift", in: Peter Giese (Hrsg.), *Ozeane und Kontinente.* Heidelberg: Verlag Spektrum der Wissenschaft 1983.
Hans Closs, Peter Giese und Volker Jakobshagen, „Alfred Wegeners Kontinentalverschiebung aus heutiger Sicht." *Spektrum der Wissenschaft* 10/1980.
Artensterben am Ende des Mesozoikums:
Dale A. Russel, „Der Untergang der Dinosaurier." *Spektrum der Wissenschaft* 3/1982.
Steven L. Stanley, „Massensterben im Meer." *Spektrum der Wissenschaft* 8/1984.

Seite 71 Biomasse als Phytomasse:
George Woodwell, „On the Limits of Nature", in: Robert Repetto (Hrsg.), *The Global Possible.* New Haven: Yale University Press 1985.

Seite 73 Photosynthese:
Heinz Gerischer and Joseph J. Katz (Hrsg.), *Light-Induced Charge Separation in Biology and Chemistry;* Dahlem Workshop Report LS12. Weinheim: Verlag Chemie 1979.
William J. Coleman und Govindjee, „Wie Pflanzen Sauerstoff produzieren." *Spektrum der Wissenschaft* 4/1990.

Seite 78 Die Gaia-Hypothese:
James Lovelock, *Unsere Erde wird überleben: Gaia, eine optimistische Ökologie.* München: R. Piper 1982.

Seite 80 Belastung der Biosphäre durch den Menschen:
Gene E. Likens and Robert H. Whittaker, „The Biosphere and Man", in: H. Leith (Hrsg.), *Primary Productivity of the Biosphere.* Heidelberg: Springer-Verlag 1975.
J. Olson, J. A. Watts and L. J. Allison, *Carbon in the Live Vegetation of Major World Ecosystems.* Washington: U. S. Department of Energy TR004 DOE NRB 0037, 1983.

Seite 82 Artenvielfalt und Artentod:
O. H. Frankel and M. E. Soule, *Conservation and Evolution.* Cambrigde: Cambridge University Press 1981.
Edward O. Wilson, „Bedrohung des Artenreichtums." *Spektrum der Wissenschaft* 11/89.

Seite 83 Tropische Böden:
Paul A. Colinveaux, „Der Amazonas-Regenwald." *Spektrum der Wissenschaft* 7/1989.
Wolfgang Weischet, „Schwierigkeiten tropischer Bodenkultur." *Spektrum der Wissenschaft* 7/1984.

Seite 85 Die Belastbarkeit der Biosphäre:
W. C. Clark und R. E. Munn (Hrsg.), *Sustainable Development of the Biosphere.* Cambridge: Cambridge University Press 1986.

Seite 92 Wanderfeldbau:
W. B. Banager, *Policies for the Maintenance of Biological Diversity.* New York: World Commission on Environment and Development WCED 1985.

Seite 94 Europäische Landschaft:
René Dubos, *The Wooing of the Earth.* New York: C. Scribners & Sons 1980.

Seite 99 Fluorchlorkohlenwasserstoffe:
E. D. Goldberg (Hrsg.), *Atmospheric Chemistry.* Dahlem Workshop Report PC4. Heidelberg: Springer-Verlag 1982.

Seite 104 Saurer Regen:
Volker A. Mohnen, „Maßnahmen gegen den sauren Regen." *Spektrum der Wissenschaft* 10/88.
Seite 108 Multinationale Konzerne:
Centre on Transnational Corporations, *Environmental Aspects of the Activities of Transnational Corporations.* New York: United Nations 1985.

KAPITEL 3

Seite 118 Bevölkerungswachstum, Demographischer Übergang und Stabilisierung der Weltbevölkerung:
Siehe Anmerkungen zu den Seiten 1 und 16.
Seite 119 Fertilitätsrate:
Als Fertilitätsrate wird die Zahl der Kinder pro Frau bezeichnet. Sie ist gleich eins, wenn jede Frau im Lauf ihres Lebens im Durchschnitt zwei Kinder zur Welt bringt.
Seite 124 Soziale Gerechtigkeit:
Alexander Herzen, *Vom anderen Ufer.* Hamburg 1850. Nachdruck München: Rogner und Bernhard 1969.
Seite 126 Beschleunigung der industriellen Revolution:
Henry Adams, *Die Erziehung des Henry Adams.* Zürich 1953.
Wirtschaftliches Wachstum und Bevölkerungswachstum in den heutigen Industriestaaten:
Simon Kuznets, *Growth, Population and Income Distribution.* New York: Norton 1979.
Surhendra Patel, „World Economy in Transition." in: R. Feinstein (Hrsg.), *Capitalism, Socialism and Economic Growth.* Cambridge: Cambridge University Press 1967.
John Stuart Mill hat als einer der ersten erkannt, wie eng die Abnahme des Bevölkerungswachstums mit der Beschleunigung der industriellen Produktion zusammenhängt, wenn er sich dabei auch in einen gewissen Widerspruch zu seiner Definition des Bevölkerungswachstums als „dynamisches Element der Nationalökonomie" verstrickt. Ein halbes Jahrhundert nach Malthus schrieb er 1848: „In England sind Lebensunterhalt und Beschäftigung niemals schneller gewachsen als in den letzten 40 Jahren; dabei zeigte jeder Zensus seit 1821 eine

geringere prozentuale Zunahme der Bevölkerung als der vorhergehende" (J.S.Mill, *Principles of Political Economy*, S. 159, vgl. Anm. zu Seite 396).

Seite 130
Die Folgerungen aus den Erhebungen des *Bureau of Home Economics des Departments of Agriculture* wurden in zwei Bänden veröffentlicht:
Edwin G. Nourse et al., *America's Capacity to Produce*, und Harold G. Moulton et al., *America's Capacity to Consume*. Washington: The Brookings Institution 1934. Moulton bestimmte ein „Familien-Minimumeinkommen" von 2500 Dollar pro Jahr, das zur Bezahlung der Nahrungsmittel und anderer Lebensnotwendigkeiten gebraucht würde. 1936 lag dieses Einkommen, das man heute als Armutsgrenze bezeichnet, bei 80 Prozent des Durchschnittseinkommens der USA. 1959 lag die Armutsgrenze bei 50 Prozent, seit 1970 liegt sie bei 30 Prozent des Durchschnittseinkommens. Nach dieser Definition lebten 1989 genau 13 Prozent der Familien der USA in Armut.
In der EU gilt als arm, wessen Einkommen weniger als 50 Prozent des Durchschnittseinkommens seines Landes beträgt. Danach sind 17 Prozent der Bevölkerung der EU arm.
In der Bundesrepublik Deutschland lag die Armutsgrenze 1992 bei 6500 DM Nettoeinkommen. Das entsprach etwa 25 Prozent des Durchschnittseinkommens pro Person von rund 26 000 DM im Jahr 1992. Schätzungsweise leben rund acht Prozent der deutschen Familien in Armut.

Seite 130   Arbeitsplatzverlust durch technischen Fortschritt:
Wassily Leontief and Faye Duchin, *The Future Impacts of Automation on Workers*. New York: Oxford University Press 1986.
Wassily Leontief, „Die Folgen für Arbeitsplätze und Einkommensverteilung." *Spektrum der Wissenschaft* 11/1982.

Seite 133   Kollaps der Gesellschaft:
J. M. Keynes, „Economic Possibilities for Our Grandchildren", in: ders., *Essays in Persuasion*. New York: Norton 1963.

Seite 134   Reiche und arme Wohnviertel:
Robert Heilbronner, *The Economic Problem*. Englewood Cliffs: Prentice-Hall 1968.

Seite 135 Einkommensverteilung:
A. B. Atkinson, *The Economics of Inequity*. Oxford: Clarendon Press 1975.

Seite 136 Kinder in Armut:
Statistical Abstract of the United States 1989, Tabellen 71 und 736.
Ökologie der Kindesentwicklung:
Urie Bonfenbrenner, „The Origins of Alienation." *Scientific American* 8/1974.

Seite 137 Stahl- und Elektrizitätserzeugung der UdSSR:
Global Report 1988/89, Industry and Development. Wien: UNIDO 1988.
Leben in der Sowjetunion:
Basile Kerblay, *La societé Sovietique contemporaine*. Paris: Colin 1977.

Seite 139 Öffentliche Meinung in Polen:
Stefan Nowak, „Wertvorstellungen der Polen." *Spektrum der Wissenschaft* 9/1981.

Seite 141
Eine internationale Beamtenschaft führt die Bücher der Welt. Ihr Ursprung geht auf den Völkerbund der zwanziger Jahre zurück. Heute dient sie dem Generalsekretariat und den technischen Diensten und Finanzinstituten der UN. Hier werden die Daten gesammelt und bearbeitet, auf denen die Generalisierungen der *Conditio Humana* auf dieser und auf den folgenden Seiten aufbaut.

Die wichtigsten Knoten im Netz der Datensammlung sind:
Statistical Office des Generalsekretariats: Department of International Economic and Social Affairs; Population Division, New York; Sekretariat der Welthandels- und Entwicklungskonferenz UNCTAD, Genf; Weltbank und *International Monetary Fund IMF*. Washington/Paris; Ernährungs- und Landwirtschaftsorganisation FAO, Rom; Organisation für industrielle Entwicklung UNIDO, Wien; Weltgesundheitsorganisation WHO, Genf.

Die wachsende Datenflut wird in Jahresberichten veröffentlicht:
Vom Statistical Office des Generalsekretariats: *World Economic Survey; National Accounts Statistics; World Population Prospects*.
Von UNCTAD: *Handbook of International Trade and Development Statistics*.

Von der Weltbank: *Weltentwicklungsbericht (World Development Report)*.
Vom IMF: *World Economic Outlook* (vierteljährlich).
Von der FAO: *State of Food and Agriculture*.
Von der UNIDO: *Global Report*.
Von der WHO: Einzelstatistiken bestimmter Krankheiten und Seuchen.

Seite 143
Von 1946 bis 1985 erhielten Taiwan und Südkorea aus dem Staatshaushalt der USA „foreign grants and credits" von 6 beziehungsweise 15 Milliarden Dollar; inflationsbereinigt waren das allein in den beiden Jahrzehnten von 1946 bis 1966 17 bzw. 26 Milliarden heutiger Dollar.
Quelle: Tabelle 1399 der *Statistical Abstracts of the United States 1990*

Seite 149 Industrielle Revolution in China:
Chen Ding, „Die wirtschaftliche Entwicklung der Volksrepublik China." *Spektrum der Wissenschaft* 11/1980.
Fox Butterfield, *China, Alive in the Bitter Sea*. New York: Random House 1990.
William Hinton, *Fan-shen. A Documentary of Revolution in a Chinese Village*. New York/London: Monthly Review Press 1966.

Seite 153 Kinder in China:
Chinese Academy of Medical Sciences – Institute of Pediatrics, *Studies on the Physical Development of Children. Chinese Medical Journal* (english edition), New series, Vol.3, No. 6, 1977.

Seite 158 Indien und Südostasien:
Gunnar Myrdal, *Asiatisches Drama: Eine Untersuchung über die Zukunft der Nationen*. Frankfurt: Suhrkamp 1973.
Lawrence Veit, *India's Second Revolution*. New York: McGraw-Hill 1976.

Seite 161 Nahrungsmittel als Investitionskapital:
V. M. Dandekar, *Use of Food Surpluses for Economic Development*. Poona: Gokhale Institute for Politics and Economics 1956.

Seite 162 Weltbankkredit für Düngemittelfabrik:
P. C. Mahalanobis, *Talks on Planning*. Calcutta: Indian Statistical Institute 1961.
Lawrence Veit: Siehe Anmerkung zu Seite 158.

Seite 163: Industrielle Revolution in Indien:
Raj Krischna, „Die wirtschaftliche Entwicklung Indiens." *Spektrum der Wissenschaft* 11/1980.
Pitambar Pant, „The Development of India." *Scientific American* 9/1963.
Heimarbeit in Indien:
M. C. Shetty, *Small Scale and Household Industry in India*. Bombay: Asia Publishing House 1963.
Seite 166 Armut in Indien:
Pranab K. Bardhan and T. N. Srinivasan, *Poverty and Income Distribution in India*. Calcutta: Indian Statistical Institute 1974.
Seite 169 Südostasien:
Peter N. Nemetz (Hrsg.): *The Pacific Rim. Investment, Development and Trade*. Vancouver: University of British Columbia Press 1990.
Seite 172 Arabische Nation:
Mohammed Almana, *Arabia Unified, a Portrait of Ibn Saud*. London: Hutchinson and Benham 1980.
Keith Stanley MacLachlan, *Economic Development of the Middle East Oil-Exporting Countries*. London: London Economist Intelligence Unit 1978.
Seite 173 Landwirtschaft in Israel:
G. Stanhill, „Irrigation in Israel." *Proceedings, Israel-China Workshop on Agricultural Water Use Efficiency*. Peking: 1991.
Michael Evenari, *Ökologisch-landwirtschaftliche Forschungen im Negev*. Darmstadt: Technische Hochschule 1982.
Walter C. Lowdermilk, „The Reclamation of a Man-Made Desert." *Scientific American* 3/1960.
Entsalzungstechnik:
P. Glueckstern, „Cost Estimates of Large Reverse Osmosis Systems." *Desalination, No. 81,* Amsterdam: Elsevier 1991.
Seite 174 Stagnation in Afrika:
Olusola Akinrunade and J. Kurt Barling, *Economic Development in Africa*. London: Pinter 1987.
Jaques Giri, *L'Afrique en panne. Vingt-cinq ans de „développement"*. Paris: Éditions Karthala 1986.
René Dumont et Marie-France Mottin, *L'Afrique étranglée*. Paris: Éditions du Seuil 1982.

Organization for African Unity: *Lagos Plan of Action for the Economic Development of Africa 1980–2000.* Genf: International Institute for Labour Studies 1982.

Edward S. Ayensu, *The African Crisis.* WCED 1985.

Seite 176 Zu den Umständen des Todes von Dag Hammarskjøld:
Conor Cruise O'Brian, *Murderous Angels.* Boston: Little, Brown 1968.

Seite 177 Armut und Umwelt in Afrika:
W. Banage, *Policies for the Maintenance of Biological Diversity.* WECD 1985.

Seite 180 Schattenwirtschaft in Deutschland zum Vergleich:
Der nicht genau zu ermittelnde Umfang aus Nachbarschaftshilfe, Kleinsthandel und Schwarzarbeit soll zwischen 10 und 25 Prozent des deutschen Bruttosozialprodukts (BSP) von rund 2500 Milliarden Dollar betragen. Die deutsche Schattenwirtschaft ist damit größer als das gemeinsame BSP aller Staaten Schwarzafrikas. Würde die Hausfrauenarbeit dazugerechnet, erreichte die deutsche Schattenwirtschaft mehr als die Hälfte des offiziellen BSP.

Seite 181 Industrielle Revolution in Lateinamerika:
Raul Prebisch, *Toward a Dynamic of Latin American Development.* Mar el Plata: Economic Commission for Latin America ECLA 1983.

Celso Furtado, *La economia latinoamericana: Formacion historica y problemas contemparáneos.* Mexiko: Siglo XXI, 8. Auflage 1976.

Celso Furtado, *Die wirtschaftliche Entwicklung Brasiliens.* München: Fink 1975.

Pablo Gonzalez Casanova, „Die wirtschaftliche Entwicklung Mexikos." *Spektrum der Wissenschaft* 11/1980.

Kapitel 4

Seite 191 Globales Energiesystem:
Themenheft: Die Krise des globalen Energiesystems. *Spektrum der Wissenschaft* 11/1990.

Seite 197 Agglomerationen:
Themenheft: Cities. *Scientific American* 9/1965.

Seite 203 Ölpreis:
Jihangir Amuzegar, „The Oil Story." *Foreign Affairs,* Vol. 51, No. 4, 1973.

Seite 206 Reserven fossiler Energierohstoffe:
H. William Menard, „Wieviel Erdöl ist noch nicht entdeckt?" *Spektrum der Wissenschaft* 3/1981.
M. King Hubbert, „The Energy Resources of the Earth." *Scientific American* 9/1971.
Gerhard Bischoff und Werner Gocht, *Energietaschenbuch.* Braunschweig: Vieweg, 2. Auflage 1984.

Seite 209 Ölschiefer und Teersande:
Richard A. Dick und Sheldon P. Wimpfen, „Ölgewinnung durch Bergbau." *Spektrum der Wissenschaft* 12/1980.

Seite 211 Kohlevergasung:
Eberhard Nitschke, „Kohlevergasung für Kombikraftwerke." Monatsspektrum, *Spektrum der Wissenschaft* 3/1991.
Günther Ringleb, „Kohlekraftwerk mit integrierter Kohlevergasung." Monatsspektrum, *Spektrum der Wissenschaft* 3/1987.
Neal P. Cochrain, „Oil and Gas from Coal." *Scientific American* 5/1976.

Seite 213 Alternative Kernbrennstoffzyklen:
Harold M. Agnew, „Gasgekühlte Hochtemperaturreaktoren." *Spektrum der Wissenschaft* 8/1981.
Hugh C. McIntyre, „Natural-Uranium Heavy-Water Reactors." *Scientific American* 10/75.
Nach Erscheinen der Originalausgabe machte der Nobelpreisträger Carlo Rubbia einen erwähnenswerten Vorschlag: Er wird bei der CERN in Genf eine Versuchsanlage bauen, bei der in einem Reaktor durch Zufuhr von Neutronen aus einer äußeren Neutronenquelle schwer spaltfähiges Thorium 232 in Uran 233 umgewandelt wird. Der Reaktor soll inhärent sicher sein: er geht von allein aus, wenn die Neutronenquelle abgeschaltet wird. Uran 233 ist im Gegensatz zu Uran 235 oder Plutonium 239 nicht waffenfähig (Anm. d. Übersetzers).

Seite 214 Atomenergie und Proliferation:
Wolf Häfele, Erwin Münch, Wolf Dieter Sellinschegg und Gotthard Stein, „Die Überwachung von Kernmaterial." *Spektrum der Wissenschaft* 2/1985.
David Rose and Richard K. Lester, „Nuclear Power, Nuclear Weapons and International Stability." *Scientific American* 4/1978.

Seite 215 Fusionsreaktoren:
Robert W. Conn, Waleri A. Tschujanow, Nobuyuki Inoue und Donald R. Sweetman, „Der Internationale Thermonukleare Experimental-Reaktor." *Spektrum der Wissenschaft* 6/1992.
Robert W. Conn, „Die Technik von Fusionsreaktoren." *Spektrum der Wissenschaft* 12/1983.

Seite 218 Nichtverstärkte Solarenergie:
Rick Bevington und Arthur H. Rosenfeld, „Energie für Gebäude – das Beispiel USA." *Spektrum der Wissenschaft* 11/1990.
Wolfgang Feist, „Vom konventionellen Wohngebäude über das Niedrigenergie- zum Passivhaus." *Spektrum der Wissenschaft, academie spectrum,* 10/1992.
BINE-Infodienst des BMFT, 12/1992: *Solarhaus Freiburg, 15 Jahre Erfahrung mit Vakuum-Röhrenkollektoren.* Karlsruhe: Gesellschaft für wissenschaftlich-technische Information.

Photovoltaische Sonnenenergie:
Hermann Scheer, *Sonnenstrategie.* München: R. Piper 1993.
Yoshihiro Hamakawa, „Photovoltaische Stromerzeugung." *Spektrum der Wissenschaft* 6/1987
Julie L. Schnapf und Denis A. Baylor, „Die Reaktion von Photorezeptoren auf Licht." *Spektrum der Wissenschaft* 6/1987.

Seite 220 Wasserstoff: Speicherung und Transport von Solarenergie:
Joachim Nitsch, Helmut Klaiß und Joachim Meyer, „Realistisches Szenario für den Einstieg in die Solarenergie- und Wasserstoffwirtschaft." *Forschung und Gesellschaft, Spektrum der Wissenschaft* 4/1992.
Dieter Strese, „Die Ludwig-Bölkow-Studie: Solarstrom wird rentabel." *Bild der Wissenschaft* 7/1988.
A. Voß (Hrsg.), *Perspektiven der Energieversorgung. Gutachten im Auftrag der Landesregierung von Baden-Württemberg.* Stuttgart: 1987.

Seite 221 Wasserstoff als Brennstoff:
Carl-Jochen Winter, „Canned Heat." *The Sciences,* 3–4/1991.
Arnold P. Fickett, „Brennstoffzellen-Kraftwerke." *Spektrum der Wissenschaft* 2/1979.
Hans Schmidt, „Kaltes Feuer." *Bild der Wissenschaft* 9/1991.

Seite 222 Wasserstoff als Kraftstoff für den Verkehr:
Karen Wright, „PKW 2000." *Spektrum der Wissenschaft* 7/1990.
J.J. Reilly und Gary D. Sandrock, „Metallhydride als Wasserstoffspeicher." *Spektrum der Wissenschaft* 4/1980.

Seite 223 Energiegewinnung aus Meerwasser:
Terry R. Penney und Desikan Bharathan, „Energie aus Meereswärme." *Spektrum der Wissenschaft* 3/1987.

Seite 225 Energiegewinnung aus der Biomasse:
David Pimentel et al., „Biomass Energy from Crop and Forest Residues." *Science,* Vol. 212, 5. Juni 1981.
H.-D. Hill, *Benzin aus Pflanzen.* Essen: Nobel-Verlag 1982.

Seite 226 Andere alternative Energiegewinnung:
David A. Greenberg, „Gezeitenkraftwerke und ihre Umwelt." *Spektrum der Wissenschaft* 7/1989.
Peter M. Moretti und Louis V. Divone, „Moderne Windkraftanlagen." *Spektrum der Wissenschaft* 8/1986.
BINE-Infodienst des BMFT, 6/1992, *Nutzung der Windenergie in der Bundesrepublik Deutschland.* Karlsruhe: Gesellschaft für wissenschaftlich-technische Information.
Donald W. Brown et al., „Hot Dry Rock Geothermal Energy," in: Jefferson Tester (Hrsg.), *Energy and the Environment in the 21st Century.* Cambridge, Mass.: MIT Press 1990.

Seite 228 Energiesparen:
Arnold P. Fickett, Clark W. Gellings und Amory B. Lovins, „Rationelle Nutzung elektrischer Energie." *Spektrum der Wissenschaft* 11/1990.
Manfred Rudolph und Helmut Schäfer, „Energiesparen: Möglichkeiten und Grenzen." *Spektrum der Wissenschaft* 10/1982.

Seite 229 Kraftstoffverbrauch von Automobilen:
Charles L. Gray und Frank von Hippel, „Das Auto der Zukunft: leicht, klein und extrem sparsam." *Spektrum der Wissenschaft* 9/1981.

Seite 230 Energie für die Dörfer:
Amulya Reddy und Jose Goldemberg, „Energie für die Entwicklungsländer." *Spektrum der Wissenschaft* 11/1990.

Kapitel 5

Seite 237 Landwirtschaftliches Potential der Erde:
John Bongaarts, „Genug Nahrung für zehn Milliarden Menschen?" *Spektrum der Wissenschaft* 5/1994.

Seite 238 Angst vor dem Verhungern:
William Vogt, *Die Erde rächt sich.* Nürnberg: Nest-Verlag 1950.
Fairfield Osborn, *Unsere ausgeplünderte Erde.* Zürich: Pan-Verlag 1950.
William Packard and Paul Packard, *Famine – 1975!* London: Weidenfeld and Nicholson 1968.
Garren Hardin, „The Lifeboat Ethic." *Psychology Today* 9/1974.

Geschichte der Landwirtschaft:
Klaus Herrmann, *Pflügen, Säen, Ernten. Landarbeit und Landtechnik in der Geschichte.* Reinbek: Deutsches Museum/Rowohlt 1985.

Seite 240
Ein Acre sind 0,4 Hektar oder eineinhalb sächsische Morgen.

Seite 241
In den USA wird der Ertrag in Bushel (35,6 Liter) pro Acre (0,4047 Hektar) gemessen, in Deutschland in Doppelzentner (Dezitonnen oder 100 Kilogramm) pro Hektar. Die Originalwerte sind entsprechend umgerechnet.

Maisentstehung:
Paul C. Mangelsdorf, „Der Ursprung des Mais – eine neue Theorie." *Spektrum der Wissenschaft* 10/1986.

Seite 242 Genbanken:
George W. Beadle, „Die Vorfahren des Mais." *Spektrum der Wissenschaft* 3/1980.

Seite 243 Gentechnik:
Themenheft: Industrielle Mikrobiologie. *Spektrum der Wissenschaft* 11/1981.

Seite 245 Energieeinsatz in der Landwirtschaft:
David Pimentel, „Food Production and the Energy Crisis." *Science* Bd. 182, 2. 11. 1973.

David Pimentel (Hrsg.), *Handbook of Energy Utilization in Agriculture*, Boca Raton, Florida: CRC Press 1980.

Seite 250 Grüne Revolution:
Edwin J. Wellhausen, „The Agriculture of Mexico." *Scientific American* 9/1976.
R. Hertford, *Sources of Change in Mexican Agricultural Production 1940-1965;* Foreign Agricultural Economics Report No. 73. Washington: U.S. Department of Agriculture 1971.

Seite 252 IRRI:
M. S. Swaminathan, „Reis." *Spektrum der Wissenschaft* 3/1984.

Seite 253 Nutzbare Spezies:
Sigmund Rehm und Gustav Espig, *Die Kulturpflanzen der Tropen und Subtropen*. Stuttgart: Ulmer, 2. Auflage 1984

Landwirtschaftliche Technik:
Vernon Ruttan, *Implications of Technical Change for International Relations in Agriculture. Conference on Technology and Agricultural Policy.* Washington: National Academy of Sciences 12/1986.

Seite 256 Quantifizierung der Bodenerosion:
Herbert Friedmann, „The Science of Global Change", in: T. F. Malone and J. S. Roederer (Hrsg.), *Global Change*. New York: Cambridge University Press 1985.

Seite 258 Negative Folgen der Bewässerung:
Istvan Szabolcz, *Agrarian Change,* WCED 1984

Seite 260 Stickstoffkreislauf:
Werner Stumm (Hrsg.), *Global Chemical Cycles and Their Alterations by Man.* Dahlem Konferenzen PC2. Berlin: Abakon 1977.

Seite 262 Organischer Landbau:
Manfred Hoffmann, *Ökologischer Landbau – Grundlagen.* Rendsburg: Rationalisierungs-Kuratorium für Landwirtschaft 1993.
Rolf Diercks, *Alternativen im Landbau.* Stuttgart: Ulmer 1984.

Seite 264 Interessenausgleich:
Bruce L. Gardner, *The Economics of Agricultural Policies.* New York: Macmillan 1987.

Seite 265 Landwirtschaftliche Subventionen in den USA:
Vernon Ruttan, „Technology and the Environment." *American Journal of Agricultural Economics* Vol. 53, No. 5, 12/1971.

Seite 266 Export von Plantagenprodukten:
G. L. Beckford, *Persistent Poverty: Underdevelopment in Plantation Economies.* Oxford: Oxford University Press 1972.

Seite 268 Landwirtschaft in der wirtschaftlichen Entwicklung:
Subrata Chatak and Ken Ingersent, *Agriculture and Economic Development*. Baltimore: Johns Hopkins University Press 1984.
C. K. Eicher and J. M. Staatz (Hrsg.), *Agricultural Development in the Third World*. Baltimore: Johns Hopkins University Press 1984.
Pierre Crosson, „Agricultural Development – Looking to the Future", in: W. C. Clark und R. E. Munn (Hrsg.), *Sustainable Development of the Biosphere*. Cambridge: Cambridge University Press 1986.
Michael Lipteon, *Why Poor People Stay Poor – Urban Bias in World Development*. Cambridge, Mass.: Harvard University Press 1976.

Seite 271 Umkehr des Angebots:
State of Food and Agriculture. Rom: FAO 1961.

Seite 272 Ökonomie der Agrarentwicklung:
T. W. Schultz, *Transforming Traditional Agriculture*. New Haven: Yale University Press 1965.

KAPITEL 6

Seite 286 Zirkuläre und kumulative Verursachung:
Gunnar Myrdal, *Ökonomische Theorie und unterentwickelte Regionen*. Stuttgart: Gustav Fischer 1959.
Frachtraten:
Tennessee Valley Authority, *The Interterritorial Frate Rate Problem of the United States*. Washington: Government Printing Office 1937.
New Deal in den Südstaaten:
Arthur E. Goldschmidt, „The Development of the U. S. South." *Scientific American* 9/1963.

Seite 287 Entwicklungsplanung:
Benjamin Higgins, *Economic Development*. London: Constable, rev. Aufl. 1968.

Seite 288 Expertengruppe:
Measures for the Economic Development of Under-Developed Countries. Lake Success: United Nations 1951.

Seite 292 Unterindustrialisierte Staaten und die Weltwirtschaft:
Barbara Ward und René Dubos, *Wie retten wir unsere Erde?* Freiburg: Herder 1972.

Seite 295 Freier Welthandel:
Jagdish Bhagwati, „Ein Plädoyer für den freien Handel." *Spektrum der Wissenschaft* 1/1994.

Robert E. Hude, „,Circumventing' Democracy: The Political Morality of Trade Negotiations." *New York University Journal of International Law and Politics,* Vol. 25, No. 2, 9-10/1993.

Jagdish Bhagwati, *Geschützte Märkte: Protektionismus und Weltwirtschaft.* Frankfurt: Keip 1990.

Asit Datta, *Welthandel und Welthunger.* München: dtv, 2. Aufl. 1985.

Multinationale Konzerne in der Weltwirtschaft:
Centre on Transnational Corporations, *Transnational Corporations in World Development; Third Survey 1983* und *Fourth Survey 1988.* New York: United Nations 1983, 1988.

Seite 299 Handel und Entwicklung:
A. Fishlow et al., *Rich Nations and Poor Nations in the World Economy.* New York: Council on Foreign Relations 1978.

UNCTAD: *Handbook of international trade and development statistics; Supplement 1987.* New York: United Nations E/F.87.II.D.10, 1988.

UNIDO: *Handbook of Industrial Statistics 1988.* Wien: UNIDO E/F.88.III.E.5, 1988.

Seite 302 Welthandel und Investitionen:
R. Ballance, J. Ansari and H. Singer, *The International Economy and Industrial Development.* Totowa, N.J.: Allenheld, Osmun & Co. 1982.

André Gunder Frank, *Weltwirtschaft in der Krise: Verarmung im Norden, Verelendung im Süden.* Reinbek: Rowohlt 1978.

Seite 307 Maquilas:
Seymour Melman, *Profits without Production.* Philadelphia: University of Pennsylvania Press 1986.

Sandy Tolan, „The Border Boom." *New York Times Magazine,* 1. Juli 1990.

Seite 311 Entwicklungstheorie:
Albert O. Hirschman, *Strategy of Economic Development.* New Haven: Yale University Press 1958.

UNIDO, *Industry in a Changing World.* New York: United Nations (E.83.II.B.6)1983.

C. H. Kirkpatrick et al., *Industrial Structure and Policy in Less Developed Countries.* London: Allen & Unwin 1984.

Robert H. Bates (Hrsg.), *Toward a Political Economy of Development.* Berkeley: University of California Press 1988.

Paul A. Baran, *The Political Economy of Growth.* New York: Monthly Review Press 1957.

Seite 313 **Staatliche Interventionen bei der Industrialisierung:**
Praxy J. Fernandez, ID/WG.298/6 und ID/WG.343/1; Pavel Sicherl ID/WG.298/9; Javed A. Ansari ID/WG.343/3; UNIDO expert group conferences, Wien: Mai 1978 und Oktober 1981. *Industry and Development Global Report 1988:* „Approach to Evaluating Performance of Public Industrial Enterprises." Wien: UNIDO 1989.

Südkorea:
Leroy Jones, *Public Enterprises and Economic Development.* Seoul: Korean Development Institute 1975.

Mexiko:
Rocio Villareal und René Villareal, ID/WG.298/5 und ID/WG.343/3. Wien: UNIDO 1989.

Brasilien:
UNIDO/IS.357.

Indien:
A. K. Roychowdhury et al., UNIDO/IS.367.

Seite 316 **Neue Internationale Wirtschaftsordnung:**
J. N. Bhagwati, *The New International Economic Order in the North-South Debate.* Cambridge, Mass.: MIT Press 1977.

Seite 318 **Abrüstung und Entwicklungshilfe:**
Wassily W. Leontief, *Die Zukunft der Weltwirtschaft.* Oxford: Oxford University Press 1977.

Wassily W. Leontief, „Die Weltwirtschaft im Jahre 2000." *Spektrum der Wissenschaft* 11/1980.

Seite 319 **Wirtschaftshilfe statt Zwangsmaßnahmen:**
Egon Glesinger, „The Mediterranean Project." *Scientific American* 7/1960.

Schulden und wirtschaftliche Entwicklung:
Weltbank, *Weltentwicklungsbericht 1986,* New York: Oxford University Press 1986.

G. K. Helleiner, „Balance of Payments Experience and Growth Prospects of Developing Countries" und Tony Killick, „Unsettled Questions about Adjustment." In: *International Monetary and Financial Issues for the Developing Countries.* New York: UNCTAD E.87.II.D.3, 1987.

Seite 323 Stahlerzeugung in unterindustrialisierten Staaten:
UNIDO, *Picture for 1985 of World Iron and Steel Industry.* Wien: UNIDO ICIS/386, Juni 1980.

Seite 325 Stellung der chinesischen Industrie in der Weltwirtschaft:
Berechnung von Lin Xizin, dem früheren Chefredakteur des *China Industrial Daily.*

Seite 326 Staatsbetriebe auf dem indischen Subkontinent:
The Emergence of Third World Multinationals: *World Development.* Oxford: Pergamon 1989.

Indien:
Bharat Heavy Electricals: V. Krishnamurthy, UNIDO ID/WG.343/9.

Pakistan:
Abid Hussain, UNIDO ID/WG.298/7 und UNIDO ID/WG.343/8.
Reza M. Syed, UNIDO IS/355.

Bangladesch:
Muzaffer Ahmad, UNIDO IS/365.

Seite 330 Japans Engagement in Ost- und Südostasien:
Peter N. Nemetz (Hrsg.), *The Pacific Rim.* Vancouver: University of British Columbia Press 1990.
Peter N. Nemetz, „Selected Issues in Pacific Basin Development." *Journal of Business Administration* Vol. 17, No. 1 und 2, 1987-1988. Vancouver: University of British Columbia.

Seite 337 Venezuela:
UNIDO IS.381.

Kapitel 7

Seite 341 Das Wesen der Freiheit:
Alfred N. Whitehead, *Abenteuer der Ideen.* Frankfurt: Suhrkamp 1971.

Seite 342 Leistungsfähigkeit der Demokratie:
Johano Strasser (Hrsg.), *Die Wende ist machbar*. München: Piper 1994.
E. P. Thompson, *Die Entstehung der englischen Arbeiterklasse*, Frankfurt/M. 1987.
Merkmale der sozialen Entwicklung:
United Nations Development Program (UNDP), *Human Development Report 1990*. New York: Oxford University Press 1990.
Seite 343 Armut:
World Bank, *World Development Report 1990*. New York: Oxford University Press 1990.
Seite 351 Verlagerung der Armut in die Stadt:
U. N. Center for Human Settlements HABITAT, *Global Report 1986*. New York: Oxford University Press 1987.
Jorge E. Hardoy and David Satterthwaite, „Urban Change in the Third World." *Habitat International* Vol. 10, No. 3, 1986.
Themenheft: Cities. *Scientific American* 9/1965.
Seite 354 Zustrom in die Stadt:
Tade Akin Aina, „Africa's... Urban Condition." *Only One Earth Forum 1987*, New York: René Dubos Center for Human Environments 1987.
Soziologie der Shantytown:
Jorge E. Hardoy und David Satterthwaite, „Third World Cities and the Environment of Poverty." *Geoforum*, Vol. 15, No. 3, 1984.
Cotadesasi:
T. G. McGee, „The Urban Transition in Asia." *Only One World Forum*, New York: René Dubos Center for Human Environments 1987.
Seite 356 Städtische Bedürfnisse:
Jorge E. Hardoy und David Satterthwaite, „Shelter, Infrastructure and Services in Third World Cities", *Habitat International* 1986.
Charles Abrams, *Man's Struggle for Shelter*. Cambridge: M. I. T. Press 1964.
Wasser und Kanalisation:
Ralph Gackenheimer, „Urban Infrastructure." *Only One World Forum*, New York: René Dubois Center for Human Environments 1987.

Abel Wolman, „The Metabolism of Cities." *Scientific American* 9/1965.
Siehe auch Anmerkungen zu Seite 351

Seite 358   Armut in Rio de Janeiro:
Janice E. Perlman, *The Myth of Marginality*. Berkeley: University of California Press 1976.

Seite 360   Müll als Rohstoffquelle:
Nadia Khouri-Dagher, „Waste Recycling." Background Paper for WCED 1985.

Seite 367   Wirtschaftsentwicklung und soziale Gerechtigkeit:
Irma Adelman, *Economic Growth and Social Equity in Developing Countries*. Stanford: Stanford University Press 1973.
C. R. Frank et al., *Income Distribution and Economic Growth*. Washington: Brookings Institution 1977.

Seite 371   Bevölkerungswachstum:
Der Weltentwicklungsbericht der Weltbank enthält eine Zusammenfassung der jeweils jüngsten Statistiken des Berichts „World Population Prospects" der Population Division des Generalsekretariats der Vereinten Nationen.

Bestandserhaltungsrate:
Der Begriff wird im Abschnitt „Demographischer Übergang" des 3. Kapitels: „Conditio Humana" ausführlich erläutert.

Seite 379   Kapitalanlage Bevölkerungsentwicklung:
Khadija Haq und Kirdar Uner, *Development for People*. UNDP (E.89.III.B.L.): New York 1989.
Theodore W. Schultz, *In Menschen investieren: die Ökonomik der Bevölkerungsqualität*. Tübingen: Mohr 1986.

Seite 381   China:
Ausführliche Darstellung des chinesischen Gesundheitssystems in Kapitel 3: „Conditio humana", Abschnitt „Industrielle Revolution in China".

Seite 386   Dogmatische Ratschläge:
Weltbank: *World Development Report 1986*, Vorwort. New York: Oxford University Press 1986.

Gegenmeinung:
Hollis Chenery et al., *Redistribution with Growth*. Oxford: Oxford University Press 1974.
Tony Killick, „Twenty-five Years in Development." *Development Review*, Juni 1986.

Georges Chapelin und Hamid Tabatabai, *Development and Adjustment.* New York 1989: UNDP.

Einkommensverteilung, Wirtschaftswachstum und Fertilität:
J. E. Kocher, *Rural Development, Income Distribution and Fertility Decline.* New York: Population Council 1973.
R. E. Looney, *Income Distribution and Economic Growth in Underdeveloped Countries.* New York: Praeger 1975.
W. R. Cline, „The potential Effect of Income Redistribution on Economic Growth in Four Latin American Countries." *Development Digest* Vol. 9, Nr. 4, 1971.

Seite 392 Multilaterale Zusammenschlüsse:
Okito Saburo, „The Future of Multilaterism." Background Paper for WCED 1985.

Entwicklung der Wassereinzugsgebiete großer Ströme:
Maurice A. Garbell, „The Jordan Valley Plan." *Scientific American* 3/1965.
Gilbert F, White, „The Mekong River Plan." *Scientific American* 4/1963.
Scientific Conference on the Conservation and Utilization of Resources, Proceedings Vol. 4 (1950.II.B.5): „Water Resources." Lake Success: Vereinte Nationen 1950.

Seite 393 OTEC-Verfahren:
Siehe Kapitel 4: „Energie", Abschnitt „Solarer Wasserstoff" und zugehörige Anmerkung.

Seite 395 Tiefseegräben als Mülldeponie:
Roger Revelle and M. B. Schäfer, „Ocean Research needed for Safe Disposal of Radioactive Wastes at Sea"; V. G. Bogorov and E. M. Kreps, „Concerning the Possibility of Disposing of Radioactive Waste in Ocean Trenches." Beide in Band XVIII, *Proceedings of the Second International Conference on the Peaceful Uses of Atomic Energy.* Genf: United Nations 1958.
Willard Bascom, „The Disposal of Waste in the Ocean." *Scientific American* 8/1974.

Seite 396
Zitat aus: John Stuart Mill, *Principles of Political Economy*, dt.: *Grundzüge der politischen Ökonomie*, 4. Buch, 6. Kapitel: Vom stationären Zustande. Leipzig 1869.

Nichstaatliche Organisationen und private Initiativen in Deutschland, Liechtenstein, Österreich und der Schweiz

Private Stiftungen für Schulen und Universitäten, für Krankenhäuser, Fürsorgeheime und andere philanthropische Einrichtungen, Bürgerinitiativen und Vereine mit den verschiedensten gesellschaftlichen Zielen bewegen nach einer Schätzung des amerikanischen Wirtschaftswissenschaftlers Eli Ginzburg mehr als zehn Prozent des Bruttosozialprodukts der USA. In diesem unabhängigen „dritten" Sektor ist nicht der Gewinn maßgebend, sondern die Erfüllung eines deklarierten öffentlichen Interesses: hier ist der Ort für Basisdemokratie – nicht an der Wahlurne.

Bürger der USA investieren, abgesehen von Geld, in diese Aktivitäten einen mehr oder weniger großen Teil ihrer Zeit. Programm und Politik der lokalen, regionalen und zentralen Verwaltungen werden auf diese Weise direkter und entscheidender beeinflußt als durch ein Wahlergebnis.

Dieser Einsatz hat Tradition. Alexis Tocqueville beschrieb nach seinem Besuch 1831–1832 in dem Buch *Über die Demokratie in Amerika* treffend das Land, wie es heute noch ist:

> Die Amerikaner jeden Alters, jeden Standes, jeder Geistesrichtung schließen sich fortwährend zusammen ... um Feste zu geben, Seminarien zu begründen, Gasthöfe zu bauen, Kirchen zu errichten, Bücher zu verbreiten, Missionare zu den Antipoden zu entsenden; sie errichten auf diese Weise Spitäler, Gefängnisse, Schulen. Handelt es sich schließlich darum, eine Wahrheit zu verkünden oder ein Gefühl mit Hilfe eines großen Beispiels zu fördern, so gründen sie Vereinigungen.

So stolz die Amerikaner zu Recht auf diese Eigenart sind, so haben sie doch kein Monopol darauf. In jedem Industriestaat gibt es etwas, das ihrem „dritten Sektor" entspricht, und mit der Industrialisierung entstehen auch in der unterindustrialisierten Welt vergleichbare Tendenzen.

Kaum konnten die Russen nach dem Ende der erdrückenden Umarmung durch die stalinistische Diktatur freier atmen, bildeten sich die unterschiedlichsten Initiativen, deren Ziele von der Erhaltung mittelalterlicher Holzkirchen bis zur Rettung des Baikalsees vor der endgültigen Vergiftung durch Papierfabriken reichten. Dank der industriellen Revolution sind diese Ziele erreichbar; das freiwillige Engagement für fest umrissene öffentliche Interessen beweist es auf allen Ebenen.

Für die Vereinten Nationen läuft der direkte Draht zum Bürger über nichtstaatliche Organsationen *(NGO: Nongovernmental Organization)*. Unabhängig von den Regierungen der Mitgliedstaaten bilden die NGO eine weltweite Bürgerschaft freier, unabhängiger Menschen. Das freiwillige Engagement von Bürgern und nicht von Staatsbeamten hat die technischen Dienste der Vereinten Nationen ins Leben gerufen (siehe Kapitel 1: Biologie und Mensch). Der jüngste dieser Dienste, das Umweltprogramm der Vereinten Nationen *(UNEP: United Nations Environmental Programme),* resultierte aus der Konferenz von Stockholm, die von Naturschutz- und Umweltbewegungen im Jahr 1972 organisiert wurden. Inzwischen führte der Einfluß dieser Organisationen dazu, daß in 141 Staaten Umweltministerien oder staatliche Umweltämter geschaffen wurden.

Die Notwendigkeit, sich um die soziale und die wirtschaftliche Entwicklung der unterindustrialisierten Welt zu kümmern und ihr in der Öffentlichkeit und in der Politik gebührend Gehör zu verschaffen, rief zusammen mit der Besorgnis über den Zustand der Umwelt eine große Zahl von Personen und Organisationen auf den Plan. In den USA haben einige hundert Organisationen dieses Ziel auf ihre Fahnen geschrieben. Religiöse Gruppen senden zusammen mit Missionaren Ärzte und Landwirtschaftsexperten „zu den Antipoden" andere sind von der Überzeugungskraft ihrer ökonomischen Theorien überzeugt; einige mobilisieren Fachleute und Lehrkräfte, die ihr Wissen weitergeben; das Handeln vieler Umweltorganisationen entspringt der Einsicht, daß wirtschaftliche Entwicklung ihren Zielen dient.

Die amerikanischen Organisationen geben jährlich rund zwei Milliarden Dollar aus. Abgesehen von einigen Zuschüssen, die den Organisationen vom Kongreß nach intensiver Lobbyarbeit gewährt wurden, stammen diese Gelder aus privaten Händen.

Im deutschsprachigen Europa gibt es wahrscheinlich mehr als fünfhundert ähnliche Gruppen. Ein Zusammenschluß der größten Dienste ist das **Europäische Forum für den Entwicklungsdienst**. Mit dem Motto „*Mitmachen für die Zukunft: Global denken, lokal hadneln*" fanden sich deutsche Organisationen unter der Schirmherrschaft des früheren Bundespräsidenten Richard von Weizsäcker zu dem Projekt **Eine Welt für alle** zusammen. Dort sind Adressen vor allem lokaler Organisationen erhältlich. Eine andere Gruppe von Organisationen gründete als Ansprechpartner die **Projektstelle Umwelt und Entwicklung**. Auch dort erfährt man lokale Adressen. Die meisten Organisationen sind zur Erteilung von Spendenbescheinigungen berechtigt; vom *Deutschen Zentralinstitut für soziale Fragen* geprüfte Organisationen tragen den Zusatz DZI.

Eine Liste österreichischer Organisationen hält der **Österreichische Entwicklungsdienst ÖED** bereit.

Die privaten Hilfswerke der Schweiz sind beim **Institut universitaire d'études du développement IUED** registriert.

DACHVERBÄNDE UND ZENTRALE INFORMATIONSSTELLEN:

FORUM: Europäisches Forum für den Entwicklungsdienst
Thomas-Mann-Straße 52
D-53111 Bonn
Telefon: 02 28–63 44 24
Fax: 02 28–65 04 14

Arbeitskreis „Lernen und Helfen in Übersee"
Thomas-Mann-Straße 52
D-53111 Bonn
Telefon: 02 28–63 44 24
Fax: 02 28–65 04 14

Eine Welt für alle
Adenaueralle 37
D-53113 Bonn
Telefon: 02 28–2 67 98 18
Fax: 02 28–2 67 98 78

Projektstelle Umwelt und Entwicklung
Am Michaelshof 8–10
53177 Bonn
Telefon: 02 28–35 97 04
Fax: 02 28–35 90 96

Österreichischer Informationsdienst für Entwicklungspolitik
Berggasse 7
A-1090 Wien
Telefon: (43) (1) – 317 3990-0
Fax: (43) (1) – 317 3095

Österreichischer Entwicklungsdienst ÖED
Türkenstraße 3
A-1090 Wien
Telefon: (43) (1) – 34 5374
Fax: (43) (1) – 310 0592

UIED: Institut universitaire d'études du développement
24, rue Rothschild
CH-1211 Genève 21
Telefon: (41) (22) – 731 5940
Fax: (41) (22) – 738 4416

Organisationen und Vereine:

Afro-Asiatisches Institut AAI
Türkenstraße 3
A-1090 Wien
Telefon: (43) (1) – 310 5145
Fax: (43) (1) – 310 5145-312

adc Austria
Rüdigergasse 3
A-1050 Wien
Telefon: (43) (1) – 587 8410
Fax: (43) (1) – 587 8411
Führt Projekte zur Gewerbeförderung, Kleinbergbau, Naturerhaltung

und Naturbewirtschaftung durch und fördert den Aufbau einer technischen Infrastruktur.

AMREF Gesellschaft für Medizin und Forschung in Afrika
Mauerkircher Straße 155
D-81925 München
Telefon: 0 89–98 11 29
Fax: 0 89–98 11 89
Aufklärung, Gesundheitserziehung, Familienplanung, Trinkwasserversorgung – Mobile ärztliche Versorgung – Flächendeckender Basisgesundheitsdienst mit einheimischen Kräften in Ostafrika. DZI

Arbeitsgemeinschaft für Entwicklungshilfe AGEH
Theodor-Hürth-Straße 2–6
D-50679 Köln
Telefon: 02 21–88 96-0
Fax: 02 21–88 96-100

Basler Mission
Missionsstraße 21a
CH-4003 Basel
Telefon: (41) (61) – 268 8111
Fax: (41) (61) – 268 8268
Zusammenarbeit und Personalaustausch mit vielen christlichen Kirchen in Asien, Afrika, Lateinamerika und Europa, um den kulturellen und geistigen Austausch zu pflegen und das gemeinsame Leben in der einen Welt mit dem vielstimmigen spirituellen Reichtum der Völker zu füllen. Rund hundert Frauen und Männer sind in sozialen, medizinischen, landwirtschaftlichen und theologischen Berufen in Übersee tätig.

Brot für die Welt
Stafflenbergstraße 76
70184 Stuttgart
Telefon: 07 11–21 59-0
Fax: 07 11–21 59-368
Förderung von Selbsthilfemaßnahmen in der Dritten Welt sowie Überlebenshilfe nach Katastrophen. DZI

Care Deutschland
Herbert-Rabius-Straße 26
D-53225 Bonn
Telefon: 02 28-9 75 63-0
Fax: 02 28-9 75 63 51
Förderung von Projekten in der Dritten Welt und in Osteuropa, Schwerpunkt gesundheitliche Versorgung, Handwerksförderung, Nothilfe. DZI

Care Österreich
Invalidenstraße 11
A-1030 Wien
Telefon: (43) (1) 715 0715
Fax: (43) (1) 715 9715

Christliche Fachkräfte International
Hohenheimer Straße 60
D-70184 Stuttgart
Telefon: 07 11-23 35 64
Fax: 07 11-24 61 69

DED Deutscher Entwicklungsdienst
Kladower Damm
D-14089 Berlin
Telefon: 0 30-3 65 09-0
Fax: 0 30-3 65 09-271
Förderung von Projekten und Programmen, die dazu beitragen, die Lebensbedingungen der Bevölkerung zu verbessern. Einheimische Organisationen und Selbsthilfe-Initiativen werden unterstützt und einheimische Fachkräfte gefördert.

Deutsche Stiftung Weltbevölkerung
Göttinger Chaussee 115
D-30459 Hannover
Telefon: 05 11-2 34 50 50
Fax: 05 11-2 34 50 51
Förderung von Projekten zur Familienplanung in Entwicklungsländern – Öffentlichkeitsarbeit – Wissenschaftsförderung.

Dienste in Übersee
Nikolaus-Otto-Straße 13
D-70771 Leinfelden-Echterdingen
Telefon: 07 11-79 89-0
Fax: 07 11-79 89-123
Vorbereitungskurse und Vermittlung von Fachkräften nach Afrika, Asien und Lateinamerika – Gesellschaftsbezogene Dienste – Erziehung zur Entwicklungsverantwortung.

E. F. Schumacher-Gesellschaft für politische Ökologie
Görresstraße 33
D-80798 München
Telefon: 0 89-52 97 70
Fax: 0 89-52 97 70
Engagiert sich für die Verbreitung der Erkenntnisse E. F. Schumachers: Small is beautiful und ihre Umsetzung in die Tat durch Kampagnen und Initiativen für die nachhaltige Nutzung der natürlichen Ressourcen, für Energiesparen und den Einsatz der Solarenergie, für die schnelle Verbreitung wissenschaftlicher Erkenntnisse der Ökologie durch Veranstaltungen, Initiativen und Publikationen.

Eirene: Internationaler Christlicher Friedensdienst
Engerser Straße 74b
D-56564 Neuwied
Telefon: 0 26 31-83 79-0
Fax: 0 26 31-3 11 60
Entsendet Freiwillige zur Unterstützung von Partnergruppen in der unterindustrialisierten Welt, vor allem in der Kooperationsform des „Solidarischen Lern- und Fachdienstes". Setzt sich in allen Staaten für die Entstehung gerechterer Strukturen ein.

Entwicklungshilfe-Klub
Böcklinstraße 44
A-1020 Wien
Telefon: (43) (1) 265 150
Fax: (43) (1) 218 3793
Zum Klub gehören rund 1500 Gruppen und Einzelspender. Sie finanzieren abgeschlossene, überschaubare Projekte, zum Beispiel den Bau von Brunnen, die Aufforstung kleiner Areale, die Einrich-

tung von Kindergärten, die von Freiwilligen oder Gruppen des Klubs durchgeführt werden. Spenden können an ein bestimmtes Projekt gebunden werden und kommen diesem abzugsfrei zugute.

Europäisches Freiwilligen-Programm EFP
Hans-Böckler-Straße 5
D-53225 Bonn
Telefon: 02 28–40 01-403
Fax: 02 28–40 01-111

EWA
Johann-Herbst-Straße 23
A-5061 Salzburg-Glasenbach
Telefon: (43) (662) – 62 71 12
Fax: (43) (662) – 52 568
Projekte der ökologischen Landwirtschaft, der Bewässerung und des Handwerks im Sahel. Erschließung und Nutzung der natürlichen Ressourcen in Zusammenarbeit mit den Selbsthilfeorganisationen der Region.

EZA: Entwicklungszusammenarbeit mit der Dritten Welt
Plainbachstraße 8
A-5101 Bergheim
Telefon: (43) (662) – 52 178
Fax: (43) (662) – 52 586
Alternative Handelsorganisation zum Import von Handwerks- und Agrarerzeugnissen direkt von organisierten Produzenten in Lateinamerika, Asien und Afrika. EZA informiert über Lebens- und Arbeitsbedingungen und über weltwirtschaftliche Zusammenhänge. Verkauf und Information laufen hauptsächlich über das Netzwerk der Dritte-Welt-Läden und der entwicklungspolitisch engagierten Gruppen.

GAP Deutschland: Globaler Aktions-Plan
Vor dem Moore 9
D-49362 Vechta
Telefon: 0 44 41–8 22 00
Fax: 0 44 41–8 22 20
Ressourcen- und Umweltschutz in den Industrieländern durch den Appell an die privaten Verbraucher, einen ökologischen Zehnjahresplan zu verwirklichen.

gepa Gesellschaft zur Förderung der Partnerschaft
mit der Dritten Welt
Talstraße 20
D-58332 Schwelm
Telefon: 0 23 36–91 82-0
Fax: 0 23 36–1 09 66
Die gepa fördert den fairen Handel. Sie möchte nachweisen, daß fairer Handel unter Beachtung ethisch-sozialer Ziele wirtschaftlich lebensfähig ist. Träger sind Jugendverbände und Hilfswerke der Kirchen. gepa trägt sich selbst und wirbt nicht um Spenden.

GSE: Gesellschaft für solidarische Entwicklungszusammenarbeit
Georenkirchstraße 70
10249 Berlin
Telefon: 0 30–24 06 32 97
Fax: 0 30–24 06 32 52
Bildungs- und Öffentlichkeitsarbeit, vor allem in den neuen Bundesländern, für die eine Welt. Schwerpunkt: schulische Zusammenarbeit. Engagement für Basisprojekte von Selbsthilfegruppen in Afrika, Asien und Lateinamerika.

HELVETAS
St. Moritzstraße 15
CH-8042 Zürich
Telefon: (41) (1) – 363 5060
Fax: (41) (1) – 362 2953
Engagiert sich besonders für benachteiligte Bevölkerungsgruppen in ländlichen Regionen Asiens, Afrikas und Lateinamerikas und fördert Eigenleistungen an der Basis. Ihre 34 000 Mitglieder setzen sich in der Schweiz für Solidarität bei der Entwicklung ein.

Institut für internationale Zusammenarbeit IIZ
Wipplinger Straße 32
A-1010 Wien
Telefon: (43) (1) – 5334 786-0
Fax: (43) (1) – 5334 78-639
Fachorganisation für integrierte ländliche Entwicklungsprogramme. Kampf gegen die Armut im ländlichen Raum durch Hilfe bei standortgerechter Landwirtschaft, angepaßter Technik, Handwerk, Basis-

medizin durch eine partizipative Zusammenarbeit, bei der auch Eigenleistungen und Eigenverantwortung gefordert werden.

Intercooperation: Schweizerische Organisation für Entwicklung und Zusammenarbeit
Maulbeerstraße 10
CH-3001 Bern
Telefon: (41) (31) – 382 0861
Fax: (41) (31) – 382 3605
Auf Non-profit-Basis werden Aufträge in den Bereichen Forst, Landwirtschaft und Selbsthilfeförderung durchgeführt und Programme zur Planung und Durchführung von Entwicklungsvorhaben erstellt, begleitet und überwacht.

Liechtensteinischer Entwicklungsdienst LED
Marianumstraße 45
FL-9490 Vaduz
Telefon: (41) (75) – 232 0975
Fax: (41) (75) – 232 0976
Förderung der eigenständigen und nachhaltigen Entwicklung nach professionellen Kriterien: Finanzierung und Durchführung von Projekten der Schulung, Ausbildung, Frauenförderung, Förderung von Kleinindustrie und Gewerbe.
Arbeitskonzentration auf Nicaragua, Peru und Bolivien, auf die Sahelzone und das südliche Afrika.

Österreichischer Entwicklungsdienst ÖED
Türkenstraße 3
A-1090 Wien
Telefon: (43) (1) – 34 5374
Fax: (43) (1) – 310 0592
Planung, Durchführung und Evaluierung von Entwicklungsprogrammen und -projekten: Personaleinsatz, Finanzierung von Sachmitteln und sonstigen Leistungen. Entwicklungspolitische Bildungsarbeit in Östereich.

Projektstelle Umwelt und Entwicklung
Am Michaelshof 8–10
53177 Bonn
Telefon: 02 28–35 97 04
Fax: 02 28–35 90 96
Koordination der deutschen Entwicklungs- und Umweltverbände zur Umsetzung der Ergebnisse der Rio-Konferenz und Organisation gemeinsamer Bildungs- und Informationsarbeit.

Sozial- und Entwicklungshilfe des Kolpingwerks
Kolpingplatz 5/11
50667 Köln
Telefon: 02 21–2 07 01-0
Fax: 02 21–2 07 01-46
Förderung der Selbsthilfe, Schwerpunkte: Handwerkliche Berufsausbildung und Kleingewerbeförderung in den Entwicklungsländern. DZI

Stiftung Menschen für Menschen
Nußbaumstraße 8
D-80336 München
Telefon: 0 89–59 66 22
Fax: 0 89–59 48 78
Lernen statt Belehren – Gemeinsamkeit statt Überheblichkeit – Hilfe in integrierten Programmen ohne Bedingungen. DZI

Weltfriedensdienst WFD
Hedemannstraße 14
D-10969 Berlin
Telefon: 0 30–2 53 99 00
Fax: 0 30–2 51 18 87
Unterstützt basisorientierte Programme und Projekte zur integrierten ländlichen Entwicklung, vor allem in Afrika und in Palästina und kämpft in den Industriestaaten gegen den Rassismus. DZI

UIED: Institut universitaire d'études du développement
24, rue Rothschild
CH-1211 Genève 21
Telefon: (41) (22) - 731 5940
Fax: (41) (22) - 738 4416
Lehre und Forschung über Entwicklungsländer, insbesondere über Wirtschaft, Politik, Anthropologie und Entwicklung.

UNITE
Schützenmattstraße 37
CH-4051 Basel
Telefon: (41) (61) - 271 6504
Fax: (41) (61) - 271 6544
Koordinationsstelle des schweizerischen Freiwilligenwesens und entwicklungspolitische Plattform ihrer 17 konfessionellen oder politischen Mitgliederorganisationen unterschiedlicher weltanschaulicher Prägung, die Missionen und humanistisch engagierte Gruppen von Freiwilligen entsenden.

WUS: World University Service, Deutsches Kommitee
Goebenstraße 35
D-65195 Wiesbaden
Telefon: 06 11-44 66 48
Fax: 06 11-44 64 89
Versteht sich als Gemeinschaft von Menschen aus dem Bildungsbereich, die für das Menschenrecht auf Bildung eintreten. Führt Projekte durch, lädt zu Seminaren ein, verlegt Publikationen, betreibt Öffentlichkeitsarbeit.

WWF – World Wide Fund for Nature / Fonds Mondial pour la Nature:
Internationale Zentrale
Avenue Mont-Blanc
CH-1196 Gland
Telefon: (41) (22) - 364 9111
Fax: (41) (22) - 364 5385
Förderung von Projekten zur nachhaltigen Entwicklung und zum Naturschutz.

WWF – Deutschland
Hedderichstraße 110
D-60596 Frankfurt am Main
Telefon: 0 69–6 05 00 30
Fax: 0 69–61 72 21

WWF – Austria
Ottakringer Straße 114
A-1162 Wien
Telefon: (43) (1) – 409 1641
Fax: (43) (1) – 409 1641-29

WWF – Schweiz
Färrlibruckstraße 66
CH-8037 Zürich
Telefon: (41) (1) – 272 2044
Fax: (41) (1) – 272 2844

Register

Abwärmenutzung 229
Adams, Henry 126 f.
aerober Stoffwechsel 63, 65
- in der Biomasse 77
Afrika
- Rodung in 91
- Landwirtschaft in Schwarzafrika 178, 273 f., 278 f.
- Schuldenlast 180, 333
- Entwicklung in 175–180
- Unabhängigkeitsbewegungen in 175 f.
- Rückgang der Industrieproduktion in 333
- Bevölkerungswachstum in 177 f., 333
- - erwartetes 371–374
- Armut in 177–180
- Bodenschätze in 179
- Urbanisierung 179 f.
Agrarexporte 265–268, 299 ff.
Agrarpreise, sinkende 266 ff.
Algerien 202
- Entwicklungsindex 369
Amuzegar, Jihangir, Memorandum 204, 228 f.
anaerober Stoffwechsel 61
Angebot und Nachfrage, Nahrungsmittelverteilung und 264–270
Angola s. a. Schwarzafrika 176
Antarktis, Umweltschutz für die 102, 111
Aquakultur 254
Arabische Nation 172 ff., 332
- Industrialisierung in 332
- Bevölkerungswachstum, erwartetes 372

- unterindustrialisierte Länder in 146, 172 ff.
Arbeit, Export zu Niedrigstlöhnen 304–307
Arbeitsbelastung, in unterindustrialisierten Staaten 304–307
Argentinien 182 f., 185 f.
- Industrialisierung 334
s. a. Lateinamerika
Armut
- und Bevölkerungswachstum 124 f., 142 f., 188, 346
- geographische Ausbreitung von 346
- in Indien 166 f.
- Lateinamerika 182 ff.
- nicht behebbare 345
- in Schwarzafrika 177–180
- Umweltbelastung durch 18, 82 f., 179, 358
- Urbanisierung und 17, 351–359
- Ursachen der 22, 24 ff., 134 ff.
- Verschmutzung und 18, 35 f.
Artenverminderung, aus Habsucht 93 f.
Artenvielfalt 79–82
- Verlust der 82 f.
Asien
- landwirtschaftliche Revolution in 273 f.
- Rodung in 91 f.
- Schwellenländer 143 f., 329–332
- Bevölkerungswachstum, erwartetes 371 f.
- unterindustrialisierte Staaten in 145 f. s. a. Unterindustrialisierte Staaten

Athabaska-Teersande 209
Äthiopien 177
  s. a. Schwarzafrika
Atmosphäre
- Kohlendioxid in der 59, 63, 68 f., 75, 77, 99
- Kohlendioxidanreicherung in der 13, 55, 98 f., 209 f.
- Entstehung der 69 f.
- Ursprung des Lebens und 58 ff.
- Sauerstoff in der 63 f., 70 f.
- Verschmutzung 13
- - durch fossile Brennstoffe 98–101
Atomwaffen 129, 212, 214
- Indien und 163 f.
Aufforstung, China 152
Auger, Pierre 31
ausländische Arbeitskräfte 307
Auslandshilfe s. Unterindustrialisierte Staaten, Wirtschaftshilfe für
Auslandsschulden
- unterindustrialisierter Staaten 312, 349 ff.
- Erleichterung 376
- Schwarzafrikas 178 ff.
Aussterben 82 f., 92 f.
Auto
- Verschmutzung durch 13, 98–101
- Verkehrspolitik und 196 ff.
Autotrophe 61

Bahrein 172
Baker-Plan 349, 376
Bangladesch
- Entwicklung in 157, 329
- Überschwemmungen in 100
- Entwicklungsindex 367 s. a. Indien, Indischer Subkontinent
Banken, Kredite an unterindustrialisierte Staaten 33 f.

Baran, Paul A. 138
Baumwolle, Produktion und Absatz 301 f. s. a. Textilabkommen
Beal, William 241
Beschäftigung
- im Dienstleistungsbereich 14, 41 f., 131 ff.
- der städtischen Armen 359–362
„Bevölkerungsbombe" 18
Bevölkerungsexplosion s. demographischer Übergang
Bevölkerungspyramide 118–122
Bevölkerungswachstum 124 f., 143
- Armut und 124 f., 142 f., 188, 346
- Bildung und Ausbildung der Frauen 344, 382
- in China 155 f., 324 ff.
- - erwartetes 371
- Ende des 370–375
- steigender Energieverbrauch und 230–233
- erwartetes 370–375
- in Indien 166 f.
- und industrielle Revolution 3 f., 27 f., 125–129, 342–346
- landwirtschaftliche Entwicklung und 21 ff., 48
- in Lateinamerika 187
- und Ressourcenverbrauch 11–14
- Rückgang 342 f.
- - sinkende Säuglingssterblichkeit 343
- in Schwarzafrika, erwartetes 372 f.
- noch tragbares 43–51
- - Energie für 45
- - Nahrungsmittel für 43 f.
- - Ressourcen für 45 f.
- Verdopplung, Zeitspanne für 11, 15
- Verlangsamung 15, 396 f.

- Verteilung der Biomasse und 85 f.
Bewässerung 258 f.
- in Indien 165
- in Israel 173
Bhabha, Homi 164
Bildung und Ausbildung
- Wirtschaftshilfe für 382 f.
- - Rückkehr zu 383 f.
- Fertilitätskontrolle und 344 f.
Biomasse 71 f.
- Anatomie der 73
- als Energiequelle 225 ff.
- Bestandteile der 73-77
- Stoffwechsel der 73-77, 80 ff.
- Photosynthese in der 73-78
- Produktivität der 80 ff.
- - menschliche Ernährung 85-92
Biosphäre 55-113
- Ausdehnung 70 f.
- Begriff 46 f.
- Einhüllung der Erde 70-79
- Gleichgewicht in der 55-58
- Ursprung des Lebens in der 58-64
Boden, Verteilung von 272
Bodenerosion 87-92
- und Landwirtschaft 256 ff.
Bodenschätze, in Schwarzafrika 179
Bolivien 183 f., 392
s. a. Lateinamerika
Boyd-Orr, John 30 f.
Brady-Plan 376
Brahma Simaj 159
Brasilien 92, 147, 156, 182 f., 185 f., 306, 314, 392
- Industrialisierung in 334 f.
s. a. Lateinamerika
Brennstoffe
- Dung 226
- flüssige s. Kohle, Erdgas, Erdöl

- Holz 191
- - Rodung und 18
s. a. Rodung
Bretton Woods 28
Bruttosozialprodukt, als Entwicklungsindikator 362 ff., 368
Burgess-Schiefer, Fossilien in 65
Burma s. Myanmar

Chile 186 f.
- Entwicklungsindex 367, 368
China
- Aufforstung in 151 f.
- Bevölkerungswachstum 155 f., 324 ff.
- - erwartetes 371
- Bodenerosion 89 ff.
- Energieverbrauch 153 f., 230-233
- Entwicklungsindex 365, 368 f.
- Erziehung und Bildung 153, 345
- Industrielle Revolution in 147-156, 294, 322-326
- kommunistische Revolution 149 ff.
- Landwirtschaft 150-153, 273-276
- staatliches Gesundheitsprogramm 152 f.
Chisholm, Brock 31
Chlorophyll 75
Chromophor 65
Costa Rica 381
- Entwicklungsindex 367 f.
Cotadesasi 354 f.

Davy, Humphry 25, 386
DDT 93, 261
Dehydration, Tod durch 380
demographischer Übergang 15-19, 119-124
- Abschluß 121 ff., 370

– in China 155 f.
– in Indien 167 f.
– in unterindustrialisierten Staaten 372
– in der Sowjetunion 138 f.
  s. a. Bevölkerungswachstum
Desertifikation, in Schwarzafrika 179
Destruenten 79 f.
Deuterium, Fusion mit Tritium 215 f.
Deutschland
– industrielle Revolution 8
– saurer Regen 105 f.
Dienstleistungsgesellschaft, Übergang zur 14, 40 f., 131 ff.
Dinosaurier, Zeitalter der 69 f.
Dirac, P.A.M. 128
Disreali, Benjamin 8
dörfliches Handwerk, Indien 169
Dubos, René 94
Duchin, Faye 317
Dung, als Energiequelle 226
Düngemittel 240, 245, 248, 252, 275–278
– Umweltschäden durch 259–262

East, Edward M. 241
Ecuador 184, 392
  s. a. Lateinamerika
Einkommen, Verteilung des 25, 28, 40, 42, 385
– in der „Arabischen Nation" 172 f.
– in Indien 166 f.
– in Lateinamerika 182 f.
– in unterindustrialisierten Staaten 142
– in den USA 134 ff.
Einstein, Albert 213, 218 f.
Einwanderer
– „Gastarbeiter" 307

– städtische s. Urbanisierung
Eiszeiten 69
elektrische Energie 194 f.
Elektrizität, Erzeugung
– Kosten der 196
Elektrolyse, des Wassers 220
elektromagnetische Kraft 128
Energie 191–234
– alternative Energiequellen 112 f., 226, 393
– – Bedarf 48, 206–213
– – Entwicklung 204 f.
– – geothermische 226 f.
– – hydroelektrische 226
– – Kernkraft 213–215
– – Methangas als 227 f.
– – Ozean-Temperatur-Energie-Conversion (OTEC) 223 f.
– – Phytomasse als 225 f.
– – Sonnenenergie 216–223
– biolgogische 191
– Definition 191 f.
– elektrische 194 f.
– erwarteter Bedarf 45 f.
– für die industrielle Revolution 192–195
– Input und Output in der Landwirtschaft 245–249
– nicht-biologische und allgemeiner Wohlstand 193
– optimale Nutzung 79–83
Energieeinsparung
– beim Ölembargo (1973) 203–206
– durch erhöhte Effektivität 228 ff.
Energiepark 193 f.
Energiequellen, alternative 112 f.
Energieverbrauch
– Flexibilität beim 203 f.
– steigender 45 f., 195 f., 197–200, 392 f.

– – in unterindustrialisierten Staaten 230 ff.
– Umzug in die Vorstädte und 97 f.
England, industrielle Revolution in 8, 23–26
entwickelte Staaten s. industrialisierte Staaten
Entwicklung, wirtschaftliche s. wirtschaftiche Entwicklung
Entwicklungsbericht der UN 1990 362, 367
Entwicklungsdekade 311, 349, 378
Entwicklungsindex 362–370
Erde 70–79
– Magnetfeld 57
s. a. Biosphäre, Einhüllung von der
Erdgas, Verschmutzung durch 195
Erdöl
– Abhängigkeit von 200 f., 204 ff.
– Bedarf und Preis 212
– Embargo der arabischen Staaten 202–205, 346–350
– Preise 202 ff., 302 f.
– – Erhöhung (1973) 202–205, 346–351
– – Erhöhung (1980) 203 ff.
– Produktionskosten 201 f.
– sinkender Bedarf 206, 208
– steigende Nachfrage 199–201
– Transport über die Weltmeere 200 f.
– Verschmutzung durch 98–101, 113, 195
– wirtschaftliche Entwicklung und 173 f.
Erdölexport

– „arabische Nation" 172 ff.
– Lateinamerika 335 ff.
– Schwarzafrika 179
Erhaltung
– Ressourcen 394
– Tierwelt 95 ff.
Erklärung von Rehovot 31
Erosion 87–92
– Landwirtschaft und 255–258
Erwärmung, globale 13, 55, 99 f., 210
Erze
– Export 302 f.
– in Schwarzafrika 179
Europa, industrielle Revolution in 8 f., 23–27
– Bevölkerungswachstum und 125–129
Europäische Gemeinschaft 391
Evolution
– aerober Stoffwechsel in 63
– des Menschen, als Werkzeugmacher 12, 19–23
– der Ökosysteme 64–70
– Photosynthese in der 61, 63
– symbiotische Gemeinschaften 65
– der Zelle 59–64
Expertengruppe 29 f., 288 ff.
Export, aus unterindustrialisierten Staaten
– Arbeit zu Niedrigstlöhnen 304–307
– Erdöl 196–206, 303
– landwirtschaftlicher 265 ff., 299–302
– mineralische Rohstoffe 302 f.
– multinationale Konzerne und 297–303

Familie 136, 138, 158

Familienplanung 167, 344
FCKW (Flourchlorkohlenwasserstoffe) 101 ff.
Fertilitätsrate 118–123
– Nettoproduktionsrate 121
 s. a. Bevölkerungswachstum, demographischer Übergang
Flexibilität, beim Energieverbrauch 203 f.
Flourchlorkohlenwasserstoffe s. FCKW
Food and Agricultural Organization (FAO) 30
Fischzucht 254
Fossile Brennstoffe
– saurer Regen und 104 ff.
– Verschmutzung durch 13, 98–101, 113, 205–208, 210
 s. a. Kohle, Erdgas, Erdöl
Fossilien 65, 68
Frankel, O.H. 95 f.
Freier Handel
– Beschränkungen 295 ff., 312 f., 377 ff.
– als Anreiz zur industriellen Revolution 377 f.
Freier Markt und Planwirtschaft 284–287
– Entwicklung 375–379, 383 ff.

Gaia-Konzept 78
Galbraith, John Kenneth 30, 150, 289
Gandhi, Indira 5
Gandhi, Rajiv 168
„Gastarbeiter" 307
Genbanken für Saatgut 243
General Agreement on Tariffs and Trade (GATT) 29
Genetik in der Landwirtschaft 241–245

Genetische Vielfalt, Verlust der 97 f., 243 f.
geothermische Energie 226 f.
Gerechtigkeit
– Wirtschaft der 396 f.
– wirtschaftliche Entwicklung und 264 f., 369 f., 386 f.
Gestein, heißes, und Energiegewinnung 227
Gesundheitsvorsorge, Wirtschaftshilfe für 380 ff.
Getreide s. Landwirtschaft, Nahrungsmittel
Ghana 176
 s. a. Schwarzafrika
Gleichheit s. Gerechtigkeit
Glesinger, Egon 318 f.
Gold, Thomas 227
Goldschmidt, Arthur E. 19, 151
Gould, Stephen 68
Großbritannien s. England
Grüne Revolution 4, 250–258
Guinea 176
 s. a. Schwarzafrika
Gülle, Verschmutzung durch 263

Halbleiterelektronik, Fortschritte 11, 14, 192, 305
Hardin, Garrett 238
Harrar, George 251
Heisenberg, Werner 128
Herzen, Alexander 22, 124
Heterotrophe 63 f.
– Diversifikation 81
Hirschman, A.O. 320
Historischer Prozeß, Beschleunigung des 11–14
Homo sapiens, biologischer Erfolg 19–23
Hongkong, als Schwellenland 143 f., 324

Hubbert-Tabelle
- für Erdöl 206 ff.
- für Kohle 209
Humankapital, Ausschöpfung
von 152, 377–384
Huxley, Julian 31
Hybridsorten, Züchtung von 240–243
- Grüne Revolution und 250–254
- Verlust der genetischen Vielfalt 97 f., 242 ff.
Hydroelektrizität 226

Import
- Beschränkungen 265, 295 f., 312 f., 377 f.
- landwirtschaftlicher 265
Importsubstitution 312
Indien/Indischer Subkontinent
- Armut 166 f.
- Auslandshilfe 161 f.
- Bevölkerungswachstum 166 f.
- - erwartetes 371
- dörfliche Wirtschaftsformen 168 f.
- Energieverbrauch 230–233
- Fortschritte in Bildung und Ausbildung 344 f.
- industrielle Revolution 147 f., 157–169, 326–329
- Landwirtschaft 275–278
- sozioökonomische Trennlinien (Religion, Ethnien, Kasten) 157–160
- Unabhängigkeitsbewegung 159 f.
- unterindustrialisierte Staaten in 145 f., s. a. dort
Indonesien 170 f., 202
- Fortschritte in Bildung und Ausbildung 345
- Industrialisierung 331

Industrielle Revolution 5–9, 126 ff.
- in der arabischen Nation 332
- in Asien 329–332
- Befreiung aus der Not 3–14
- Bevölkerungswachstum und 3 f., 27 f., 125–129, 342–346
- in China 147–156, 294, 322–326
- Energiequellen für 192–195
- in England 8, 23–26
- erste (in England) 23–27
- in Europa 8 f., 23–27
- als gesellschaftliche Revolution 50
- in Indien 147 f., 157–169, 326–329
- in Japan 5–8, 26 f., 329–332
- kapitalistisches Modell für 284–288
- kommunistisches Modell für 285
- Marktwirtschaft und 284–287
- mechanische Energie und 47 f.
- Militarisierung und 128 f.
- in Rußland 9, 26 f., 38–40
- in der Sowjetunion 136–141
- soziale Belastungen 133–136
- Umweltschutz und 342–346
- Verschmutzung und 13 f.
- Verursachung, zirkuläre und kumulative 286 f.
- Wirtschaftspolitik 376
- zentrale Planung und 284–287, 294
- zweite (in den USA) 9 f., 49 f., 283–338
- - Umweltfolgen aus 10, 49 f.
- - weltweite 10
s. a. Wirtschaftliche Entwicklung, Technologietransfer
Industriestaaten, Wirtschaftshilfe von s. Unterindustrialisierte Staaten, Wirtschaftshilfe für

- Entwicklungsindex für 362–370
- – Bruttosozialprodukt und 362 f., 368
- Stahlerzeugung, Kapazität zur 321, 323 f.
- wirtschaftliche Vereinigung 140 f.

Input-Output-Tabellen 317 f.
Insektizide 261 f.
Internationaler Preisvergleich 363
Internationaler Währungsfond (IMF) 29
Internationales Geophysikalisches Programm 111
Internationales Geosphären-Biosphären-Programm 111
Irak 202
Iran 202
Israel, Landwirtschaft 173

Jamaika, Entwicklungsindex 367
Japan
- Beteiligung an der Wirtschaft Asiens 330 f.
- Entwicklungsindex 364, 366
- industrielle Revolution 5–8, 26
s. a. Asien
Jones, Donald 241
Jouvenel, Bertrand de 22

Kalium 73
Kalter Krieg 31, 40, 341
- Wirtschaftshilfe für unterindustrialisierte Staaten und 290–295
Kambodscha 170
- Entwicklungsindex 370
s. a. Asien
kapitalistisches Modell für die industrielle Revolution 284–288
s. a. Freie Marktwirtschaft
Kassava 253
Kastenwesen 158 f.

Keirstead, B.S. 25
Keramik 192
Kernenergie 112 f.
Kernfusion, Energie aus 214 ff.
Kernkraft 213–216
Kernspaltung 212–216
Keynes, John Maynard 133, 387
Kleinfamilie 136
Klimaveränderungen
- Treibhauseffekt und 13, 55 f., 98 ff.
- urzeitliche 69 f.
Kohle 193, 195, 207–212
- Verbrauch 207–210
- Umweltbelastung durch 98–101, 205–209, 211
- Reserven 207–210
Kohlebergbau 211
Kohlendioxid, in der Atmosphäre 69, 73–78, 99
- Anreicherung in der Atmosphäre 13, 98–101, 209 f.
Kolumbien 183 f., 392
s. a. Lateinamerika
Kommunismus und industrielle Revolution 285
Kondor 93
Kongo 176
s. a. Schwarzafrika
Konvention von Montreal 103
Kuba 294, 368, 381
- Entwicklungsindex 365, 367 f.
Kuwait 173 f.
- Entwicklungsindex 367
Kuznets, Simon 126

Landwirtschaft 199–280
- Bewässerung 165, 173, 238 f., 257
- Beschäftigung in der 244 ff.
- Bodenerosion und 90 ff.

- Brandrodung 91 f.
- in China 150–153, 273–276
- Dünger und 259 ff.
- Energie-Input und -Output 246–249
- Entwicklung der 238–243
- – Bevölkerungswachstum und 20–23
- Erosion und 255–258
- genetische Vielfalt in der 243 ff.
- in Indien 164–167, 276 ff.
- in Israel 173
- in Lateinamterika 182 ff., 279 f.
- in unterindustrialisierten Staaten, Marktwirtschaft und 267–270
- in der Sowjetunion 38 ff.
- in Schwarzafrika 178 f., 273 f., 278 f.
- Mechanisierung in der 239 f.
- Pestizide in der 261 f.
- politische Unterstützung 272 ff.
- Produktivitätssteigerung 240–243, 245–249
- – Grüne Revolution und 4, 250–258
- – Umweltschäden durch 255–263
- – vergrößerte Anbaufläche und 254 ff.
- und Marktwirtschaft 264–268
- Subventionen für die 265
- Unternehmen 92 f.
- Verteilung der Nahrungsmittel und 264–270

landwirtschaftliche Revolution
- erste 21 f.
- zweite 48, 245–250, 274–280

Laos 170

Lateinamerika
- Armut 182 ff.
- Bevölkerungswachstum 187
- Entwicklungsindex 365, 367 f., 372
- Erdölexport 184 ff.
- Exportwirtschaft 182–187
- Kolonisierung 181 f.
- Landwirtschaft 279 f.
- politische Entwicklung 186 f.
- Rodung 91 f.
- unterindustrialisierte Staaten 147 s. a. dort
- Verschuldung 320

Leben
- außerirdisches, Möglichkeit 57 f.
- Ursprung des 58–64

Lebenserwartung, gestiegene 17

Leontief, W.W. 317

Lese- und Schreibfähigkeit
- Fertilitätskontrolle und 344
- Wirtschaftshilfe für 382 f.
- – Rückkehr zur 383 f.

Libyen 173, 202
- Entwicklungsindex 365, 369

Likens, Gene E. 85, 99

Lithosphäre
- als Bestandteil der Biomasse 73, 75
- Kohlenstoffablagerung 68

Lovelock, J.E. 78

Lovins, Amory 230

Luce, Henry R. 94

Luftverschmutzung 13 f., 98–101

Lunar Society in Birmingham 24 f.

Magnetfeld der Erde 57

Mais, hybrider 241 f., 251 f.

Mahalanobis, P.C. 159, 162, 327

Malaysia 170 f.
- Industrialisierung 330 f.
 s. a. Asien

Malthus, Thomas 15, 25, 35, 125

„Maquila" 307

Margulis, Lynn 65
Marktwirtschaft
- Entwicklung 375–379, 383 ff.
- Modelle 284–287
- in unterindustrialisierten Staaten 284 f.
McNamara, Robert S. 35, 177
Mechanische Energie s. Energie
Meere
- als Müllkippe 395
- internationaler Schutz 111
- Produktion von Biomasse 81
- Verschmutzung durch Erdöl 201
Menschheit, Entwicklung der 341–370
- Indikatoren 343, 362–370
- Investitionen in, s. unterindustrialisierte Staaten, Wirtschaftshilfe für
- nach der Ölkrise (1973) 346–351
- Rückkehr der Wirtschaft zu 383 f.
Methan
- als Brennstoff 227 f.
- Wirkung auf die Ozonschicht 99
Mexiko 183–187
- als Billiglohnland für die USA 306 f.
- Industrialisierung 335 f.
Milchstraße 58
Militärhilfe in der Wirtschaftshilfe aus den USA 290 f.
Mill, John Stuart 125, 396 f.
Mittelamerika s. Lateinamerika
Moleküle, organische, Synthese von 59 f.
Monomere 59
Mosambik 176 f.
s. a. Schwarzafrika
Multilaterale Wirtschaftsgemeinschaften 390–393
Multinationale Konzerne

- Verhaltenskodex für 298 f.
- Investitionen in unterindustrialisierten Staaten 33 f.
- Weltwirtschaft und 295–303
- Überseehandel mit verbotenen Produkten 108
- und Züchtung von Hybridsorten 242
Myanmar (Burma) 169 f.
- Entwicklungsindex 365, 369
Myrdal, Gunnar 40, 168, 286, 327

Nahrungsmittel
- als Brennstoff für Energie 191
- Elastizität des Bedarfs 269 f.
- erwarteter Bedarf 43 ff.
- Export 265–268, 298–301
- genetische Vielfalt 243–250
- Grüne Revolution und 4, 250–255
- Preisverfall 265–268, 270–280
- Umkehr von Angebot und Nachfrage 271–280
- Verteilung 273 f., 264–270
Nahrungsmittelkonzerne, internationale 299 f.
Nahrungspflanzen, Zucht von
- Grüne Revolution und 250–254
- Hybridsorten 240–243
Namibia 175, 177
s. a. Schwarzafrika
Nationalstaat, Aufstieg und Niedergang 129
Natrium 73
Natürliche Auslese, Bestandspyramide 118–122
Naturschutzgebiete 96 f.
Nehru, Jawaharlal 159 f., 168
„Neue Internationale Wirtschaftsordnung" 316–319
Niger, Entwicklungsindex 365 f.

Nigeria 176, 202
- Bevölkerungspyramide 120 ff.
Noosphäre 47
Notlage, der Menschheit 3, 10 f.

Ökologie
- Definition 78
ökologische Belastung, durch menschliche 85–92
Ökosysteme
- Diversivikation in den 79 ff.
- Entwicklung der 64–70
- „Insel"- 82
- Stabilität der 82 f.
- Umsatz der Biomasse 79 ff.
Ölkrise (1973), weltweite Auswirkungen 346–351
Öltanker 200 f.
Oman 172 f.
- Entwicklungsindex 369
Organisation Erdöl exportierender Länder (OPEC) 112, 202 ff., 303
Osborn, Fairfield 238
Ostasien 329–332
   s. a. Asien, Schwellenländer
„Ozean-Temperatur-Energie-Conversion" (OTEC) 223 f.
Ozonschicht, Schädigung der
- FCKW 102 ff.
- Methan 99, 103
- Stickoxide 98, 103
- Überschall-Militärflugzeuge 101

Packard, Paul 238
Packard, William 238
Pakistan
- Entwicklung 157
   s. a. Indien/Indischer Subkontinent
Paraguay 183
   s. a. Lateinamerika

Patel, Surhendra 126
Pauli, Wolfgang 128
Peru 184
   s. a. Lateinamerika
Pestizide 108
- Umweltschäden durch 261 f.
Pflügen, längs der Höhenlinie 257 f.
Philippinen 171
Phosphor 73
Phosphordüngemittel 261
Photosynthese 73 ff.
- Ursprung der 63
Phytomasse 71
Planck, Max 128, 219
Planwirtschaft und freie Marktwirtschaft 284–287, 294 f.
Plastikmaterialien 108
Plutonium 213 f.
Polen, politische Veränderungen 139 f.
Polymere 59 f.
Prärie, Verlust der 90
Proteine 59 f.
Przewalski-Pferd 96

Qatar 172 f.
Quantenmechanik 12

radioaktiver Müll 213
Reagan, Ronald 205, 347
Recycling, durch städtische Arme 359 ff.
Regenwald
- Artenvielfalt im 81 f.
- Verlust 18 f.
Reis, Hybridsorten 252
Reisanbau, in China 151 f.
Reptilien, Zeitalter der 69 f.
Ressourcen
- Definition durch Technik 9 f.
   s. a. Kohle, Erdöl

- effiziente Nutzung 394 f.
- erwarteter Bedarf 45 ff.
- Erze
- - Export von 301 ff.
- in Schwarzafrika 179 f.
- politische Auseinandersetzungen und 372

Revelle, Roger 44, 99
Rezession, wirtschaftliche
- Auswirkungen auf unterindustrialisierte Staaten 203 f., 346–351
- Einkommensverteilung und 346–351

Ritchie-Calder, Lord 24
Rodung 18 f.
- Artenverminderung 93
- Artenvernichtung 92 f.
- Bodenerosion und 87–92, 256
- saurer Regen und 104 f.

Roy, Raja Mohan 159
Rußland, industrielle Revolution 8 f., 26 f. s. a. Sowjetunion

Saatgut, hybrides 240–243
Sahelisierung 179
Sambia 176
Saudi-Arabien 142
- Entwicklungsindex 367 f.
  s. a. Arabische Nation
Säuglingssterblichkeit
- demographischer Übergang und 118–123
- Geburtenrate und 17 f.
- Rückgang, Geburtenkontrolle und 343 f.

Sauerstoff, atmosphärischer 61 ff.
Saurer Regen 104 ff., 109, 210 f.
Schattenwirtschaft, der städtischen Armen 359–362
Schulden der unterindustrialisierten Staaten 319 f., 348 ff.

- Ablösung 376
- Schwarzafrikas 180

Schulen s. Bildung und Ausbildung
Schwarzafrika s. Afrika
Schwellenländer 143 f., 147
- China 324 ff.
- Eingreifen der Regierung 322 f.
- Entwicklung in 321–324
- Entwicklungsindex in 365, 369
- exportgestützte Entwicklung in 313
- Indien 326–329
- Kriterien für 324
- in Lateinamerika 334–338
- Liste der 324
- in Ost- und Südostasien 329–332

Seen, Versauerung von 105
Seerechtskonvention 111
Selyunin, Wassily L. 287
Shantytowns 354–359
Shull, George 241
Silicium 73, 394
Simbabwe (Rhodesien) 176
Singapur 143 f.
  s. a. Schwellenländer
Smith, Adam 285, 396
Solarer Wasserstoff 220 ff., 234
Somalia 177
  s. a. Schwarzafrika
Sonderwirtschaftszonen 306
Sonnenenergie 216–225
- Gewinnung durch Photozellen 221 ff., 234
- Kosten 219, 233 f.
- Sammeln von 217 f.
- Speicherung 220–224
- Umweltbelastung 219 f.
- Wärmeentzug aus dem Meer 223

Sonnensystem, Erforschung des 55
Sonnenwind 57
Soulé, E.M. 95 f.

Sowjetunion
- industrielle Revolution 26 f., 136–141
- offizielle Politik und öffentliche Meinung 110
- Urbanisierung 137 f.
Staat, als Abnehmer der Industrie 385, 389 f.
Staatliche Industrieunternehmen, in unterindustrialisierten Staaten 313 ff., 376
Staatliche Projekte, Umweltbelastung durch 110 f.
Städte s. Urbanisierung
Stahlindustrie
- in China 325
- in den Industriestaaten 321
- in den Schwellenländern 321–324
Stickoxide, Ozonschicht und 98, 103
Stickstoffdüngemittel 259 ff.
Stoffwechsel
- aerober 63, 65
- - in der Biomasse 77
- anaerober 61
Südafrika 175
Südamerika s. Lateinamerika
Sudan 177
s. a. Schwarzafrika
Südkorea, als Schwellenland 143 f., 365
Südostasien
- Prosperität 169 ff.
- unterindustrialisierte Staaten 145 f.,
- - Industrialisierung 329 ff.
Szabolecs, Istvan 99

Tagore, Rabindranath 94, 159
Taiwan 330
- als Schwellenland 143 f.
s. a. Asien, Schwellenländer
Tansania 176
Textilabkommen 302
Thailand 170
- Industrialisierung 330 f.
Treibhauseffekt 13 f., 55, 100 f., 210

Überschwemmung, globale Erwärmung und 100
Umweltfragen, globale, und internationale Zusammenarbeit 110 ff., 390, 392
Umweltprogramme, internationale 110 ff., 392 f.
Umweltverschmutzung s. Verschmutzung
Umweltverträglichkeitsprüfung 109
Unterindustrialisierte Regionen 145–148
Unterindustrialisierte Staaten
- arabische 146, 172 ff.
- Arbeitskräfte
- - Export 307
- - Löhne 304–307
- Armut in 124 f., 142 f., 351–362
- in Asien 145 f.
- Aufbau von multilateralen Wirtschaftsgemeinschaften 392 f.
- Ausbeutung durch das Ausland 143 f.
- Bevölkerungswachstum s. dort
- demographischer Übergang in 371 f.
- gestiegener Energieverbrauch in 230 ff.
- Entwicklungsindex 362–370
- gestiegener Export aus 293 f.
- - Multinationale Konzerne und 297–307

- Gesundheitsvorsorge, Wirtschaftshilfe für 380 ff.
- Importsubstitution 312
- auf dem Indischen Subkontinent 145 f., 157–169
- Industrielle Revolution in 9, 283–338
- gestiegene Industrieproduktion 294
- Marktwirtschaft in 284 f.
- „Neue Internationale Wirtschaftsordnung" 316–319
- Nachwirkungen der Wirtschaftsflaute von 1973 346–351
- Ölkrise (1973) und Auswirkungen 203 f.
- in Schwarzafrika 146 f.
- Sonderwirtschaftszonen 306
- Staatsbetriebe in 314 f.
- städtische Enklaven der Entwicklung 308 ff.
- Stahlindustrie in 321, 323
- in Süd- und Südostasien 145 f.
- Technologietransfer an 5, 9 f., 29–37, 288–291
- Urbanisierung in 351–362
- Verkauf von verbotenen Produkten an 108
- wirtschaftliche Ziele von 316–319
- Verschuldung der 319 f., 348 ff.
- – Erleichterung 376
- Wirtschaftshilfe für 31–37, 42 f., 311
- – Kalter Krieg und 290–295
- – Rückgang 346–351
- – – Militärhilfe 290 f.
- – – unzureichende Mittel 310 f., 316–319

- – für Bildung und Ausbildung 382 ff.
- – – Formen der 376–379
- – – zur Gesundheitsvorsorge 380 f.
- – – geringe Kosten der 391–395
- – – Rückkehr zur 383 f., 390–395
- – – UN-Programme für 31 ff., 288 ff.
- – – Versagen der 33 f., 35 ff.
- – – Verwendung von 379–383
- – – mit Vorbedingungen 379, 383 f.
- – – als wirtschaftlicher Stimulus für 38–43, 387–390
- – – Ziele der 378 f.
- Wirtschaftsstrategien für 311 ff.
- Wirtschaftstrends 142 f.
- zweite industrielle Revolution in 270–280

Ursuppe 58 ff., 81

Verbrauch und Produktion in der „Schaffung" von Arbeitsplätzen 133 f.

Verschmutzung
- Armut und 18, 35 f.
- durch Bewässerung 258 f.
- durch Düngemittel 259–262
- durch Erdöl 98–101, 113, 195
- durch Gülle 263
- Industrialisierung und 13 f., 36
- durch Kohle 98–101, 203–209, 211
- der Luft 13 f., 98–101
- durch menschliche Exkremente 357
- durch Pestizide 261 f.
- durch „saubere" Brennstoffe 195
- in städtischen Zentren 234
- Überwachung, Kosten 109 f.

- durch Verbrennung 13 f., 98–101, 205–209, 211
- von Wasser, Fortschritte gegen die 107

Verursachung, zirkuläre und kumulative 286 f., 310

Wälder
- Aufforstung in China 152
- Produktion der Biomasse in 80 f. s. a. Rodung
- Bewirtschaftung 94 f.
- tropische s. Tropische Regenwälder

Waldsterben 105 f.
Wanderfeldbau 91 f.
Wasserkreislauf 395
Wasserstoff
- aus Wasser gewonnen 220–223
- Kernfusion 214 f.

Wasserversorgung, für städtische Arme 356 f.

Weltwirtschaft
- multinationale Konzerne und 295–303
- Rezession 34 f., 317 ff., 346 ff.
- Szenarios 317 ff.

Weizen
- hybrider 251
- Preisverfall 266 f.

Wirtschaft
- dörfliche 16 f., 270–275, 277
- freier Markt
- – und Planwirtschaft 284–287
- – Entwicklung des 375–379, 384

- Licht- und Schattenwirtschaft 359–362, 384 ff.
- Modelle 284–287
- Weltwirtschaft
- – multinationale Konzerne in 295–303
- – Trends 316–319
- Produktion für die Dienstleistungsgesellschaft 14, 41 f.
- Regierungsbeteiligung 5–9, 134, 385, 387–390
- zentral geplante 136–141

Wirtschaft der Gerechtigkeit 396 f.
wirtschaftliche Entwicklung
- Beschleunigung 375–379
- Einkommensverteilung und 386 f.

Wirtschaftskontrolle, staatliche, in Schwellenländern 322 f.

wirtschaftliches Grundproblem, Lösung des 129–136

Wirtschaftsgemeinschaften, multilaterale 391 ff.

Wirtschaftshilfe s. Unterindustrialisierte Staaten, Wirtschaftshilfe für

Wissenschaftliche Fortschritte, beschleunigte 11 f.

Wohnsituation, der städtischen Armen 353

Wortman, Sterling 251

Zaire 176
Zelle, Entstehung 59–64
Zentralafrika 177
s. a. Schwarzafrika
Ziele, Erreichbarkeit der Ziele 341, 362

François Dubet / Didier Lapeyronnie
Im Aus der Vorstädte
Der Zerfall der demokratischen Gesellschaft

Aus dem Französischen
von Rolf Schubert und Bodo Schulze.
252 Seiten, kartoniert, ISBN 3-608-91409-9

Die Vorstädte Frankreichs sind zur Vorhölle geworden. Dort herrscht Krieg: Survival of the fittest. Der Zugang zur Gesellschaft bleibt den Arbeitslosen, Ausländern und Armen versperrt. Eintritt unbezahlbar, Bildung, Sozialisation und Anerkennung unerschwinglich! Das Szenario, das in Deutschland noch keiner wahrhaben will, ist unbequem: Die Demokratie ist zu einer Marktform des Mittelstands geworden. Nicht die Randale in den Vorstädten bringt uns aus dem Gleichgewicht, sondern das Auszählspiel der Etablierten. Wenn unsere Gesellschaft weiterhin als Demokratie gelten will, wird sie die Menschen im Aus der Vorstädte wieder handlungsfähig machen müssen, um sie in den gesellschaftlichen Funktionszusammenhang zurückzuholen. Wir brauchen ein neues Gesellschaftsspiel, es heißt Integration durch Konflikt.

„Die sozialen Probleme in den Vorstädten werden häufig als 'Ausländerprobleme' beschrieben. Die Autoren erteilen den Versuchen, soziale Konflikte zu ethnisieren, eine klare Absage ...
Wir haben es mit einer neuen Kategorie von Bedürftigen zu tun, kurz den Opfern einer Arbeitsgesellschaft, der die Arbeit ausgeht."
Der Tagesspiegel

Klett-Cotta